KB108776

독자의 1초를
아껴주는 정성을
만나보세요!

세상이 아무리 바쁘게 돌아가더라도 책까지 아무렇게나 빨리 만들 수는 없습니다.
인스턴트 식품 같은 책보다 오래 익힌 술이나 장맛이 밴 책을 만들고 싶습니다.
땀 흘리며 일하는 당신을 위해 한 권 한 권 마음을 다해 만들겠습니다.
마지막 페이지에서 만날 새로운 당신을 위해 더 나은 길을 준비하겠습니다.

MICROSERVICES PATTERNS by Chris Richardson

Original English language edition published
by Manning Publications, Inc. USA
Copyright © 2018 by Manning Publications.

Korean edition copyright © 2020 by Gilbut Publishing Co,. Ltd.
All rights reserved.

마이크로서비스 패턴

Microservices Patterns

초판 발행 • 2020년 1월 30일
초판 6쇄 발행 • 2023년 8월 30일

지은이 • 크리스 리처드슨
옮긴이 • 이일웅
발행인 • 이종원
발행처 • (주)도서출판 길벗
출판사 등록일 • 1990년 12월 24일
주소 • 서울시 마포구 월드컵로 10길 56(서교동)
대표 전화 • 02)332-0931 | **팩스** • 02)323-0586
홈페이지 • www.gilbut.co.kr | **이메일** • gilbut@gilbut.co.kr

기획 및 책임편집 • 안윤경(yk78@gilbut.co.kr) | **디자인** • 배진웅 | **제작** • 이준호, 손일순, 이진혁
영업마케팅 • 임태호, 전선하, 지운집, 박성용, 차명환 | **영업관리** • 김명자 | **독자지원** • 송혜란, 윤정아, 홍혜진

교정교열 • 김윤지 | **전산편집** • 박진희 | **출력 및 인쇄** • 북토리 | **제본** • 신정문화사

ISBN 979-11-6521-044-1 93000 (길벗 도서번호 007035)

정가 38,000원

독자의 1초를 아껴주는 정성 길벗출판사

길벗 | IT실용서, IT/일반 수험서, IT전문서, 경제실용서, 취미실용서, 건강실용서, 자녀교육서
더퀘스트 | 인문교양서, 비즈니스서
길벗이지톡 | 어학단행본, 어학수험서
길벗스쿨 | 국어학습서, 수학학습서, 유아학습서, 어학학습서, 어린이교양서, 교과서

페이스북 • www.facebook.com/gbitbook
예제 소스 • https://github.com/gilbutITbook/007035

마이크로서비스 패턴

MICROSERVICES
PATTERNS

크리스 리처드슨 지음
이일웅 옮김

길벗

옳지 않은 것, 불평등한 것, 부당한 일을 당했다면 당당히 이야기하세요.
여기는 여러분의 조국이니까요.
이것이 민주주의입니다. 우리가 만들어 수호하고 후세에 물려줍시다.

– 서굿 마셜(Thurgood Marshall) 대법관

미래는 이미 와 있다. 단지 널리 퍼져 있지 않을 뿐.

윌리엄 깁슨(William Gibson)(SF 작가)

제가 즐겨 인용하는 말입니다. 새로운 아이디어와 기술이 커뮤니티에 스며들어 널리 쓰이기까지는 꽤 시간이 걸린다는 뜻이죠. 제가 마이크로서비스를 처음 접하게 된 사연도 그랬습니다. 2006년에 저는 AWS 에반젤리스트 한 분의 말씀에 깊은 영감을 받아 결국 클라우드 파운드리(Cloud Foundry)의 원형을 만들었고 그렇게 제 여정은 시작되었습니다. (현재 클라우드 파운드리는 이름만 같을 뿐이지만) 당시 클라우드 파운드리는 EC2에 자바 애플리케이션을 자동 배포하는 PaaS(Platform-as-a-Service, 서비스로서의 플랫폼)였고, 이전에 구축된 다른 엔터프라이즈 자바 애플리케이션(enterprise Java application)처럼 WAR(Web Application Archive, 자바 웹 애플리케이션 아카이브) 파일 하나로 구성된 모놀리식(monolithic, 일체형) 아키텍처였습니다.

프로비저닝(provisioning), 구성(configuration), 모니터링(monitoring), 관리(management) 등 복잡한 기능을 한 파일에 욱여넣다 보니 개발/운영 모두 어려움에 봉착했습니다. UI 하나만 바꾸려고 해도 애플리케이션을 전부 테스트한 후에 재배포해야만 했고, 모니터링/관리 컴포넌트가 인-메모리(in-memory) 상태를 관리하는 복합 이벤트 처리(CEP, Complex Event Processing) 엔진에 의존했던 터라 애플리케이션 인스턴스를 여럿 실행할 수도 없었습니다. 정말 부끄러운 이야기이지만, 저는 소프트웨어 개발자고 "너희 중에 죄 없는 자가 먼저 돌로 쳐라."[1]라는 말밖에 할 수 없었죠.

결국 제가 개발한 애플리케이션은 금세 모놀리식 아키텍처가 맞지 않을 정도로 커졌고, 해결 방안은 이베이나 아마존 같은 회사의 소프트웨어 커뮤니티에 이미 나와 있었습니다. 아마존은 2002년 무렵부터 모놀리스를 전환하기 시작했고, 느슨하게 결합된 서비스의 컬렉션으로 대체한 새로운 아키텍처를 구축했습니다. 각 서비스는 그들 말에 따르면 피자 2판짜리 팀(two-pizza team, 피자 2판만 시키면 전원이 다 먹을 수 있을 정도로 작은 팀)이 담당했습니다.

1 　역주　요한복음 8장 7절. 세상에 죄를 짓지 않은(잘못 없는) 사람은 없으니 누구도 다른 사람을 심판할 자격은 없다는 뜻입니다.

아마존은 이 아키텍처를 수립하여 소프트웨어 개발 속도를 높였고 다른 업체보다 훨씬 더 빠르게 혁신하고 효율적으로 경쟁할 수 있게 되었습니다. 결과는 놀라웠죠. 아마존은 11.6초에 한 번씩 변경분을 프로덕션에 반영한다고 합니다!

저는 2010년 초반 다른 프로젝트로 자리를 옮긴 후 소프트웨어 아키텍처의 미래에 완전히 사로잡혔습니다. 〈The Art of Scalability: Scalable Web Architecture, Processes, and Organizations for the Modern Enterprise(확장의 기술: 현대 기업을 위한 확장 가능한 웹 아키텍처, 프로세스, 조직)〉(마이클 T. 피셔(Michael T. Fisher), 마틴 L. 애봇(Martin L. Abbott) 저, Addison-Wesley Professional, 2009)를 읽은 것도 이 무렵인데, 3차원 애플리케이션 모델인 확장 큐브도 이 책에 나옵니다. 확장 큐브의 Y축 확장은 애플리케이션을 기능에 따라 여러 서비스로 분해하라고 합니다. 지금 생각해 보면 참 당연한 이야기이지만, 그 시절에는 "아, 바로 이거다!" 싶었죠. 제가 클라우드 파운드리를 여러 서비스로 아키텍처링할 때 이 책을 읽었으면 큰 도움을 받았을 텐데 정말 아쉽네요!

어쨌든, 저는 2012년 4월에 이 아키텍처 접근 방법을 'Decomposing Applications of Deployability and Scalability(배포 가능성 및 확장성을 가진 애플리케이션의 분해)'[2]라는 주제로 처음 발표했습니다. 그 당시는 서비스마다 각기 다른 언어로 작성 가능한 아키텍처를 가리키는 용어가 따로 없어서 모듈러(modular) 아키텍처, 폴리글랏(polyglot) 아키텍처 등으로 불렀습니다.

그러다 2011년 소프트웨어 아키텍처 워크숍에서 '마이크로서비스'라는 용어가 처음 쓰이기 시작했습니다.[3] 저는 2013년 오레데브(Oredev) 콘퍼런스에서 프레드 조지(Fred George)의 강연을 들으며 이 말을 처음 접하게 되었는데, 마음에 쏙 들었습니다!

2014년 1월, 저는 microservices.io라는 웹 사이트를 만들어 그때까지 경험했던 아키텍처와 디자인 패턴을 기록했습니다. 같은 해 3월 제임스 루이스(James Lewis)와 마틴 파울러(Martin Fowler)가 마이크로서비스에 관한 블로그 게시글[4]을 올렸는데, 이 글 덕분에 마이크로서비스라는 용어가 많은 사람들에게 알려졌고 소프트웨어 커뮤니티는 마이크로서비스 개념 중심으로 뭉치게 되었습니다.

---

2 http://www.slideshare.net/chris.e.richardson/decomposing-applications-for-scalability-and-deployability-april-2012

3 https://en.wikipedia.org/wiki/Microservices

4 https://martinfowler.com/articles/microservices.html

규모가 작고 느슨하게 결합된 팀을 꾸려 빠르고 정확하게 마이크로서비스를 개발(develop)/전달 (deliver, 인도)한다는 아이디어는 조금씩 소프트웨어 커뮤니티에 확산되고 있습니다. 아마 미래의 모습은 지금 여러분의 일상과는 사뭇 다를 것입니다. 아직도 중요한 업무를 처리하는 엔터프라이 즈 애플리케이션은 대규모 팀이 개발한 모놀리스가 많아서 어쩌다 한 번 소프트웨어를 릴리스할 때마다 관련 담당자 모두가 상당히 피곤합니다. IT는 늘 비즈니스 니즈를 따라가기 위해 고군분투 하죠. 이런 상황에서 대체 마이크로서비스 아키텍처를 어떻게 도입해야 할까요?

이 책은 바로 이 질문에 답하려고 합니다. 마이크로서비스가 무엇인지, 어떤 장단점이 있는지, 언 제 어디에 사용할지 차근차근 설명합니다. 또한 분산 데이터 관리 등 앞으로 여러분이 맞닥뜨릴 다양한 설계 난제의 솔루션(solution, 해결책/해법)을 제시하고, 모놀리스를 마이크로서비스 아키텍 처로 리팩터링(refactoring)하는 노하우까지 알려 드립니다. 하지만 이 책은 마이크로서비스 백서가 아니라, 패턴 컬렉션을 중심으로 구성된 참고서입니다. 패턴(pattern)은 특정 상황에서 발생하는 문제를 해결하는, 재사용 가능한 솔루션입니다. 패턴의 진면목은 솔루션의 장단점을 모두 따져 보 고 제대로 구현하려면 어떤 문제점을 해결해야 하는지 기술하는 것입니다. 제 경험상 이런 패턴의 객관성(objectivity) 덕분에 더 올바른 의사 결정을 내릴 수 있었습니다. 부디 여러분도 이 책을 읽 고 마이크로서비스를 성공적으로 개발하는 방법을 깨우칠 수 있길 바랍니다.

집필은 저 혼자 했지만, 이 책이 빛을 보기까지는 많은 분이 고생하셨습니다.

우선 책을 또 쓸 수 있게 배려해 주신 매닝출판사의 에린 투헤이(Erin Twohey), 마이클 스티븐스(Michael Stevens) 씨, 개발 편집자 신시아 케인(Cynthia Kane), 매리나 마이클스(Marina Michaels) 씨 감사합니다. 신시아 씨는 처음 몇 장을 함께 작업하면서 집필을 시작하게 도와주었고, 후임자이신 매리나 씨는 업무를 인수해서 끝까지 저와 함께 하셨습니다. 매리나 씨의 꼼꼼하고 건설적인 비평, 무한히 감사합니다! 그 밖에 이 책을 출간하는 데 고생하신 매닝 팀 여러분 고맙습니다.

기술 개발 편집자 크리스티안 멘너리치(Christian Mennerich) 씨, 기술 교정자 앤디 마일스(Andy Miles) 씨를 비롯하여 모든 객원 리뷰어들, 앤디 키르슈(Andy Kirsch), 안토니오 페솔라노(Antonio Pessolano), 애렉 멜릭-아이다미안(Areg Melik-Adamyan), 케이지 슬라겔(Cage Slagel), 카를로스 큐로토(Carlos Curotto), 드로 헬퍼(Dror Helper), 에로스 페드리니(Eros Pedrini), 휴고 크루즈(Hugo Cruz), 이리나 로마네코(Irina Romanenko), 제시 로잘리아(Jesse Rosalia), 조 저테센(Joe Justesen), 존 구스리에(John Guthrie), 키르시 셰티(Keerthi Shetty), 마이클 마우로(Michele Mauro), 폴 그레벤크(Paul Grebenc), 페두루 라즈(Pethuru Raj), 포티토 콜루셀리(Potito Coluccelli), 쇼바 라이어(Shobha Iyer), 시메온 레이저존(Simeon Leyzerzon), 스리하리 스리하란(Srihari Sridharan), 팀 무어(Tim Moore), 토니 스위츠(Tony Sweets), 트렌트 휘틀리(Trent Whiteley), 웨스 샤딕스(Wes Shaddix), 윌리엄 E. 휠러(William E. Wheeler), 졸탄 하모리(Zoltan Hamori) 씨 감사합니다.

MEAP을 구매하고 포럼을 통해 또는 직접 피드백을 주신 독자 여러분 감사합니다.

제 생각을 표현하고 다듬을 수 있는 기회를 준 모든 콘퍼런스 및 회의 주최자, 참석자 여러분 감사합니다. 제 아이디어를 실천하는 데 도움 드릴 기회를 주신 전 세계 컨설팅, 교육 클라이언트 관계자 여러분께도 감사를 표합니다.

이벤추에이트(Eventuate)사에서 저와 함께 일하며 제품 및 오픈 소스 프로젝트에 기여한 동료 앤드류(Andrew), 발렌타인(Valentin), 아르템(Artem), 스타니스라브(Stanislav) 씨 고맙습니다.

끝으로 지난 18개월 동안 저를 끝까지 지원하고 배려해 준 아내 로라(Laura)와 엘리(Ellie), 토마스(Thomas), 재닛(Janet) 삼둥이에게 정말 감사의 마음을 전합니다. 노트북만 뚫어지게 쳐다보느라 엘리의 축구 시합도 못 갔고, 토마스가 비행 시뮬레이터 조종법을 배우는 것도 못 보았고, 재닛과 새로 생긴 레스토랑에서 주문도 못 했습니다.

모두들 감사해요!

이 책을 번역하면서 수년 전 제가 AA(애플리케이션 아키텍트)로 참여했던 대규모 개발 프로젝트 생각이 많이 났습니다. 프런트엔드/백엔드 개발자만 100여 명에 달할 정도로 대규모 엔터프라이즈 프로젝트였는데, 시스템을 베타 오픈한 이후로 매주 2~3회 저녁 시간에 프로덕션 배포 작업을 하느라 아키텍트 팀은 물론 변경분을 작업한 해당 개발자까지 모두 꼬박 한두 시간 야근을 했던 기억이 납니다. 신규 구축 사업이라 기존 레거시 시스템의 제약을 받을 일도 없었고 성능도 그리 나쁘지 않은 배포 전용 서버도 따로 있었지만, 언제부턴가 아무도 불평하지 않고 응당 그래야 하는 듯이 비효율적인 배포 작업을 반복하고 있는 모습을 보며 이것은 아니다 싶었습니다.

사실 국내 대기업/정부기관 전산 팀 대부분이 아직도 이렇게 비대한 모놀리식 애플리케이션을 개발/운영하면서 '고통스러운' 배포 작업에 '불필요하게' 시달리고 있을 것입니다. 당연한 연례 행사처럼 업무 담당자가 사용하지 않는 시간대에 배포 스케줄을 잡고, 담당 개발자 입회(?)하에 조심스럽게 운영자는 서버 중지/시동 스크립트를 실행하죠. 배포만 고통스러운 것이 아닙니다. 철석같이 믿었던 분산 트랜잭션이 여러 DB를 오가면서 제대로 작동되지 않거나 트랜잭션이 어긋나서 데이터 정합성이 깨져 버리고, 그 원인 규명을 하겠다고 다 같이 달려들어 코드를 하나씩 뜯어보고…… 며칠 밤을 새고 나면 머릿속이 하얘지죠. 사람이 만든 것이니 어쩔 수 없다는 생각은 하지만 막상 사고가 터졌을 때 확인할 부분이 너무 광범위해서 지레 겁먹고 주저앉게 된다면 확실히 문제가 있는 것입니다.

비록 이 책이 권장하는 '마이크로서비스 아키텍처(MSA)'가 이런 모든 문제를 일거에 해소하는 만병통치약이라고 할 수는 없지만, 또 '마이크로서비스'라는 용어가 비교적 최근에 각광받기 시작했을 뿐 '느슨하게 결합된 서비스'라는 개념 자체는 그리 새로운 것도 아니지만, 적어도 여러분이 역자처럼 현장에서 모놀리식의 고질적인 문제들 때문에 하지 않아도 될 고생을 경험했다면 한 번쯤 귀를 기울여 보고 관심을 가져볼 만한 주제가 아닐까 합니다.

이 책의 저자인 크리스 리처드슨은 거의 원조 마이크로서비스 아키텍트로서 아직도 열정적으로 MSA 교육, 컨설팅 활동을 하고 있는 사람입니다. 처음 번역 제의를 받았을 때에는 이런 훌륭한 사람이 쓴 책을 내가 과연 제대로, 정확히 옮길 수나 있을지 두려웠습니다. 수개월에 걸친 악전고투 끝에 마지막 퇴고를 하고 있는 지금 돌이켜 보니, 그간 저도 막연히만 알고 있었던(더 정확히 말하면, 아는 체했던) 지식을 좀 더 깊이 있게 구체화하는 좋은 계기가 되었습니다. 부디 그저 저의 부족한 능력의 결과물이 최대한 많은 분들께 큰 이로움으로 전해졌으면 하는 바람입니다.

늘 옮긴이의 말에 입버릇처럼 쓰면서도 가족에게 미안한 마음은 항상 똑같습니다. 같은 집에 살면서도 원고 작업하는 하숙생처럼 지낸 저를 이해하고 배려해 준 아내와 두 딸 제이, 솔이에게 미안한 마음, 고마운 마음 가득 담아 이 책을 바칩니다.

2019년 가을 무렵에

이일웅

이 책의 목표는 여러분이 마이크로서비스 아키텍처에서 성공적으로 애플리케이션을 개발할 수 있도록 하는 것입니다.

마이크로서비스 아키텍처의 장단점을 함께 살펴보면서 어떤 상황에서 모놀리식 아키텍처가 더 적합한지, 어떤 경우에 마이크로서비스를 활용하는 편이 더 합리적인지 안내합니다.

대상 독자

이 책의 초점은 아키텍처, 개발이므로 개발자, 아키텍트, 최고 기술 책임자(CTO), 기술 부사장(VP) 등 소프트웨어 개발/전달 담당자를 대상으로 합니다.

또한 주로 마이크로서비스 아키텍처의 패턴 및 관련 개념을 설명합니다. 독자 여러분이 사용하는 기술 스택과 상관없이 쉽게 이해할 수 있게 집필하려고 노력했습니다. 엔터프라이즈 애플리케이션 아키텍처/설계의 기본적인 내용 정도만 익숙하면 됩니다. 3계층(three-tier) 아키텍처, 웹 애플리케이션 설계, 관계형 DB(RDBMS), 메시징/REST를 통한 프로세스 간 통신(IPC, Inter-Process Communication), 애플리케이션 보안에 관한 기초 지식은 필요합니다. 스프링 프레임워크에서 자바 언어로 작성된 예제 코드를 이해하려면 스프링 프레임워크도 잘 다룰 줄 알면 좋겠죠.

책 구성

이 책은 총 13개 장으로 구성됩니다.

- **1장**: 모놀리식 애플리케이션이 모놀리식 아키텍처라는 옷이 맞지 않을 정도로 커졌을 때 나타나는 모놀리식 지옥의 징후와 이 지옥을 마이크로서비스 아키텍처를 도입해서 탈출하는 방안을 모색합니다. 이 책 지면을 대부분 할애한 마이크로서비스 아키텍처 패턴 언어란 무엇인지 소개합니다.

- **2장**: 소프트웨어 아키텍처의 중요성과 애플리케이션을 여러 서비스로 분해하는 패턴, 분해하는 과정에서 맞닥뜨리는 갖가지 장애를 극복하는 방법을 설명합니다.

- **3장**: 마이크로서비스 아키텍처에서 견고한 서비스 간 통신을 하기 위해 필요한 패턴을 소개하고, 메시지 기반의 비동기 통신이 최적인 이유를 설명합니다.

- **4장**: 사가(Saga) 패턴을 이용하여 서비스 간 데이터 일관성을 유지하는 방법을 설명합니다. 사가는 비동기 메시징을 통해 편성한 일련의 로컬 트랜잭션입니다.

- **5장**: 도메인 주도 설계(DDD)의 애그리거트 및 도메인 이벤트 패턴을 응용하여 서비스 비즈니스 로직을 어떻게 설계하는지 설명합니다.

- **6장**: 5장에 이어 이벤트 소싱 패턴으로 비즈니스 로직을 개발하는 방법을 설명합니다. 이벤트 소싱은 이벤트를 중심으로 비즈니스 로직을 구성하고 도메인 객체를 저장하는 패턴입니다.

- **7장**: API 조합 패턴, 커맨드 쿼리 책임 분산(CQRS) 패턴을 이용하여 여러 서비스에 분산된 데이터 조회 쿼리를 구현하는 방법을 설명합니다.

- **8장**: 모바일 앱, 브라우저에서 작동되는 자바스크립트 애플리케이션, 서드파티 애플리케이션 등 다양한 외부 클라이언트 요청을 외부 API 패턴으로 처리하는 방법을 다룹니다.

- **9장**: 마이크로서비스 아키텍처의 자동화 테스트 기법을 소개합니다. 내용이 많아 9장과 10장, 두 장에 걸쳐 이야기합니다. 테스트 피라미드는 테스트 유형별 상대적인 비율을 나타낸 개념입니다. 테스트 피라미드의 하부를 떠받치고 있는 단위 테스트를 어떻게 작성하는지 설명합니다.

- **10장**: 9장에 이어 테스트 피라미드에 있는 다른 유형의 테스트(통합 테스트, 컨슈머 주도 계약 테스트, 컴포넌트 테스트)의 작성 방법을 알려 드립니다.

- **11장**: 보안, 외부화 구성 패턴, 서비스 관측성 패턴 등 프로덕션 레디(production-ready, 프로덕션에 언제라도 배포 가능한 상태인) 서비스 개발에 관한 여러 가지 주제를 이야기합니다. 서비스 관측성 패턴은 로그 수집, 애플리케이션 지표, 분산 추적을 포함한 개념입니다.

- **12장**: 가상 머신, 컨테이너, 서버리스 등 서비스 배포 시 사용 가능한 다양한 개발 패턴을 살펴봅니다. 서비스 메시는 마이크로서비스 아키텍처에서 통신을 조정하는 네트워킹 소프트웨어 계층입니다. 서비스 메시를 사용하면 어떤 혜택이 있는지 설명합니다.

- **13장**: 스트랭글러 애플리케이션 패턴에 따라 모놀리식 아키텍처를 마이크로서비스 아키텍처로 단계적으로 리팩터링하는 방법을 소개합니다. 이 스트랭글러 패턴은 새 기능을 서비스로 구현하고 모놀리스에서 모듈을 추출하여 각각 서비스로 전환하는 애플리케이션 개발 패턴입니다.

예제 파일 내려받기

책에서 사용하는 예제 파일은 길벗출판사 웹 사이트에서 도서 이름으로 검색하여 내려받거나 깃허브에서 내려받을 수 있습니다. 자세한 내용은 부록을 참고하세요.

- **길벗출판사 웹 사이트**: http://www.gilbut.co.kr
- **길벗출판사 깃허브**: https://github.com/gilbutITbook/007035

베타 리딩 후기

이 책은 반갑게도 자바 언어로 작성된 예제 코드를 제공하며 다양한 그림과 예제로 각각의 마이크로서비스 아키텍처 패턴에 대해 매우 상세하고 알기 쉽게 설명합니다. 가상의 회사 FTGO의 모놀리식 서비스를 분해하고 마이크로서비스로 변화시켜 가는 과정을 통해 단계별로 마이크로서비스 아키텍처 패턴에 대해 학습할 수 있습니다.

이 책은 마이크로서비스 도입을 고민하는 분들께 마이크로서비스 아키텍처를 올바른 방법으로 적용할 수 있게 도와줄 것이며, 도입하면서 발생하는 많은 문제에 대한 해결법을 제공하는 훌륭한 참고 서적이 될 것입니다.

실습 환경 macOS Mojave 10.14.6 16GB 2.9GHz Intel Core i7, IntelliJ IDEA Ultimate 2019.3

권민승_파킹클라우드

마이크로서비스는 우리가 만든 애플리케이션을 효과적으로 잘 운영하기 위한 하나의 좋은 방법론이라고 생각합니다. 이 책을 완독한다고 해서 마이크로서비스를 적용하여 우리의 애플리케이션을 잘 운영할 수 있을 것이라고 생각하지는 않습니다. 오히려 우리의 애플리케이션 규모에 비해 과할 수 있습니다. 그럼에도 마이크로서비스를 지향하는 애플리케이션을 개발하고 서비스한다면 운영 중 수많은 문제를 겪게 될 것입니다. 이 책을 통해 적절한 문제 해결 방법들에 대한 아이디어를 얻을 수 있을 것입니다.

최용호_넥슨 코리아

처음에는 모놀리식 애플리케이션을 마이크로서비스로 전환하는 것이 매우 어려웠습니다. 육각형 아키텍처(Hexagonal architecture)나 도메인 드리븐 디자인의 바운디드 컨텍스트처럼 찾아보아도 이해하기 어려운 용어들을 이해해야 했고 통신 프로토콜은 무엇으로 할지 분산 트랜잭션은 어떻게 할지처럼 아무도 정해 주지 않는 것들을 정해야 했습니다. 이 책이 이런 모든 것을 이해할 수 있게 하거나 알려 준다고 생각하지는 않지만 적어도 개념을 잡아 주고, 더 자세한 내용을 알고 싶다면 어떤 책을 읽어야 하는지 알려 줍니다. 지금 모놀리식 지옥에 빠져 있다면 일단 이 책을 읽어 보는 것을 추천합니다.

조현석_SW 개발자

마이크로서비스란 점점 커지고 복잡해지는 모놀리식 서비스를 비즈니스 단위로 쪼개고, REST API를 통해 서로 통신할 수 있으면 된다고 생각했습니다. 하지만 하나의 애플리케이션을 여러 서비스로 분해하는 방식은 단순히 크기만 작게 하는 것이 아니라 각 서비스가 가진 응집된 책임이 중요하다는 것을 알 수 있었습니다. 그래야 각 서비스는 독립적으로 개발, 테스트, 배포, 확장할 수 있기 때문입니다.

이 책은 제목처럼 마이크로서비스 아키텍처로 분해하고 구성할 때 겪을 수 있는 다양한 상황과 문제점, 적절한 해결 방식과 사용할 수 있는 기술들을 어떻게 구성할지에 대한 패턴을 가르쳐 줍니다.

각 서비스가 상호 작용하는 방식은 동기식 API보다 비동기 메시징을 이용하여 느슨하게 결합하도록 하는 것이 더 좋고, DB 업데이트와 메시지 전송 간의 트랜잭션을 보장하기 위한 사가(saga) 패턴을 활용하여 가용성을 높이고 데이터 일관성을 유지할 수 있는 설계 방식을 배울 수 있었습니다.

사가 구현 방식을 실제 상황에서 적용하려면 서비스 간의 경계가 분명해야 하므로 도메인 주도 설계(DDD) 방식으로 설계하는 것이 중요합니다. DDD의 이해도가 높지 않아 도메인 모델을 설계하는 방식은 다소 어렵게 느껴졌지만, 단계적이고 체계적인 설명과 직관적인 그림과 소스 코드가 전체적인 큰 그림을 이해하는 데 많은 도움이 되었습니다.

이 책에 담긴 경험과 지식을 잘 이해하고 숙지한다면 모놀리식 지옥에서 탈출할 수 있는 용기와 자신감이 생길 것입니다.

조은우_29CM 백엔드/데브옵스 엔지니어

편집자 후기

책 전체를 아우르는 자바 예제가 있습니다. 가동하는 컨테이너가 14개나 되므로 꽤 높은 사양의 PC가 필요합니다. 실습 관련 사항은 부록을 참고하세요. 가능하면 본문을 전체 읽은 후에 실습하는 것을 권장합니다. 이 책에서 실습은 필수가 아니지만, 직접 실습하지 못하더라도 깃허브에서 예제 코드를 살펴보는 것만으로도 좋습니다. 마이크로서비스를 한 번쯤 접한 적이 있는 분께 추천합니다.

실습 환경 Windows 10(Windows용 Ubuntu 설치), Intel Core i7-7700HQ @2.8GHZ, RAM 16GB

1장　모놀리식 지옥에서 벗어나라 ···· 27

1.1 서서히 모놀리식 지옥에 빠져들다　28
　　1.1.1 FTGO 애플리케이션 아키텍처　29
　　1.1.2 모놀리식 아키텍처의 장점　31
　　1.1.3 모놀리식 지옥의 실상　31

1.2 이 책의 대상 독자　35

1.3 이 책의 학습 내용　36

1.4 마이크로서비스 아키텍처가 답이다　36
　　1.4.1 확장 큐브와 마이크로서비스　37
　　1.4.2 마이크로서비스는 모듈성을 갖고 있다　40
　　1.4.3 서비스마다 DB가 따로 있다　41
　　1.4.4 FTGO 마이크로서비스 아키텍처　41
　　1.4.5 마이크로서비스 아키텍처와 SOA　43

1.5 마이크로서비스 아키텍처의 장단점　44
　　1.5.1 마이크로서비스 아키텍처의 장점　44
　　1.5.2 마이크로서비스 아키텍처의 단점　47

1.6 마이크로서비스 아키텍처 패턴 언어　49
　　1.6.1 마이크로서비스 아키텍처도 만병통치약은 아니다　50
　　1.6.2 패턴 및 패턴 언어　51
　　1.6.3 마이크로서비스 아키텍처 패턴 언어 개요　54

1.7 마이크로서비스 너머: 프로세스와 조직　62
　　1.7.1 소프트웨어 개발/전달 조직　62
　　1.7.2 소프트웨어 개발/전달 프로세스　63
　　1.7.3 마이크로서비스를 받아들이는 인간적 요소　65

1.8 마치며　66

2장 분해 전략 ····· 67

2.1 마이크로서비스 아키텍처란 무엇인가? 68
 2.1.1 소프트웨어 아키텍처의 정의와 중요성 69
 2.1.2 아키텍처 스타일 개요 72
 2.1.3 마이크로서비스 아키텍처는 일종의 아키텍처 스타일이다 75

2.2 마이크로서비스 아키텍처 정의 79
 2.2.1 시스템 작업 식별 81
 2.2.2 서비스 정의: 비즈니스 능력 패턴별 분해 87
 2.2.3 서비스 정의: 하위 도메인 패턴별 분해 91
 2.2.4 분해 지침 92
 2.2.5 서비스 분해의 장애물 94
 2.2.6 서비스 API 정의 98

2.3 마치며 101

3장 프로세스 간 통신 ····· 103

3.1 마이크로서비스 아키텍처 IPC 개요 105
 3.1.1 상호 작용 스타일 105
 3.1.2 마이크로서비스 API 정의 107
 3.1.3 API 발전시키기 108
 3.1.4 메시지 포맷 110

3.2 동기 RPI 패턴 응용 통신 112
 3.2.1 동기 RPI 패턴: REST 113
 3.2.2 동기 RPI 패턴: gRPC 116
 3.2.3 부분 실패 처리: 회로 차단기 패턴 118
 3.2.4 서비스 디스커버리 121

3.3 비동기 메시징 패턴 응용 통신 126
 3.3.1 메시징 개요 127
 3.3.2 메시징 상호 작용 스타일 구현 129
 3.3.3 메시징 기반 서비스의 API 명세 작성 131
 3.3.4 메시지 브로커 132
 3.3.5 수신자 경합과 메시지 순서 유지 136

3.3.6 중복 메시지 처리   137

3.3.7 트랜잭셔널 메시징   139

3.3.8 메시징 라이브러리/프레임워크   143

3.4 비동기 메시징으로 가용성 개선   146

3.4.1 동기 통신으로 인한 가용성 저하   146

3.4.2 동기 상호 작용 제거   148

3.5 마치며   152

4장   트랜잭션 관리: 사가 ····· 153

4.1 마이크로서비스 아키텍처에서의 트랜잭션 관리   155

4.1.1 분산 트랜잭션의 필요성   156

4.1.2 분산 트랜잭션의 문제점   156

4.1.3 데이터 일관성 유지: 사가 패턴   158

4.2 사가 편성   162

4.2.1 코레오그래피 사가   162

4.2.2 오케스트레이션 사가   166

4.3 비격리 문제 처리   171

4.3.1 비정상 개요   172

4.3.2 비격리 대책   173

4.4 주문 서비스 및 주문 생성 사가 설계   178

4.4.1 OrderService 클래스   180

4.4.2 주문 생성 사가 구현   182

4.4.3 OrderCommandHandlers 클래스   190

4.4.4 OrderServiceConfiguration 클래스   191

4.5 마치며   193

5장 비즈니스 로직 설계 ····· 195

5.1 비즈니스 로직 구성 패턴 197
  5.1.1 비즈니스 로직 설계: 트랜잭션 스크립트 패턴 199
  5.1.2 비즈니스 로직 설계: 도메인 모델 패턴 200
  5.1.3 도메인 주도 설계 개요 201

5.2 도메인 모델 설계: DDD 애그리거트 패턴 202
  5.2.1 불분명한 경계 문제 203
  5.2.2 애그리거트는 경계가 분명하다 205
  5.2.3 애그리거트 규칙 206
  5.2.4 애그리거트 입도 209
  5.2.5 비즈니스 로직 설계: 애그리거트 210

5.3 도메인 이벤트 발행 211
  5.3.1 변경 이벤트를 발행하는 이유 212
  5.3.2 도메인 이벤트란 무엇인가? 212
  5.3.3 이벤트 강화 213
  5.3.4 도메인 이벤트 식별 214
  5.3.5 도메인 이벤트 생성 및 발행 216
  5.3.6 도메인 이벤트 소비 220

5.4 주방 서비스 비즈니스 로직 221
  5.4.1 Ticket 애그리거트 223

5.5 주문 서비스 비즈니스 로직 227
  5.5.1 Order 애그리거트 229
  5.5.2 OrderService 클래스 234

5.6 마치며 237

6장 비즈니스 로직 개발: 이벤트 소싱 ····· 239

6.1 이벤트 소싱 응용 비즈니스 로직 개발 240
  6.1.1 기존 영속화의 문제점 241
  6.1.2 이벤트 소싱 개요 243
  6.1.3 동시 업데이트: 낙관적 잠금 251

6.1.4 이벤트 소싱과 이벤트 발행 252

6.1.5 스냅샷으로 성능 개선 254

6.1.6 멱등한 메시지 처리 255

6.1.7 도메인 이벤트 발전시키기 257

6.1.8 이벤트 소싱의 장점 259

6.1.9 이벤트 소싱의 단점 260

6.2 이벤트 저장소 구현 262

6.2.1 이벤추에이트 로컬 이벤트 저장소의 작동 원리 263

6.2.2 자바용 이벤추에이트 클라이언트 프레임워크 267

6.3 사가와 이벤트 소싱을 접목 271

6.3.1 코레오그래피 사가 구현: 이벤트 소싱 272

6.3.2 오케스트레이션 사가 생성 273

6.3.3 이벤트 소싱 기반의 사가 참여자 구현 276

6.3.4 사가 오케스트레이터 구현: 이벤트 소싱 279

6.4 마치며 282

7장 마이크로서비스 쿼리 구현 ····· 285

7.1 API 조합 패턴 응용 쿼리 286

7.1.1 findOrder( ) 쿼리 287

7.1.2 API 조합 패턴 개요 288

7.1.3 API를 조합 패턴으로 findOrder( ) 쿼리 구현 289

7.1.4 API 조합 설계 이슈 290

7.1.5 API 조합 패턴의 장단점 293

7.2 CQRS 패턴 294

7.2.1 CQRS의 필요성 295

7.2.2 CQRS 개요 298

7.2.3 CQRS의 장점 302

7.2.4 CQRS의 단점 303

7.3 CQRS 뷰 설계 304

7.3.1 뷰 DB 선택 305

7.3.2 데이터 접근 모듈 설계 307

7.3.3 CQRS 뷰 추가 및 업데이트 309

7.4 CQRS 뷰 구현: AWS DynamoDB 응용 310

7.4.1 OrderHistoryEventHandlers 모듈 312

7.4.2 DynamoDB 데이터 모델링 및 쿼리 설계 313

7.4.3 OrderHistoryDaoDynamoDb 클래스 318

7.5 마치며 322

8장 외부 API 패턴 ····· **323**

8.1 외부 API 설계 이슈 324

8.1.1 API 설계 이슈: FTGO 모바일 클라이언트 326

8.1.2 API 설계 이슈: 다른 종류의 클라이언트 329

8.2 API 게이트웨이 패턴 330

8.2.1 API 게이트웨이 패턴 개요 331

8.2.2 API 게이트웨이의 장단점 339

8.2.3 API 게이트웨이 사례: 넷플릭스 339

8.2.4 API 게이트웨이 설계 이슈 340

8.3 API 게이트웨이 구현 344

8.3.1 기성 API 게이트웨이 제품/서비스 활용 345

8.3.2 API 게이트웨이 자체 개발 346

8.3.3 API 게이트웨이 구현: GraphQL 355

8.4 마치며 368

9장 마이크로서비스 테스트 1부 ····· **371**

9.1 마이크로서비스 아키텍처 테스트 전략 373

9.1.1 테스트 개요 374

9.1.2 마이크로서비스 테스트 379

9.1.3 배포 파이프라인 387

9.2 서비스 단위 테스트 작성 388

9.2.1 단위 테스트 작성: 엔터티 391

9.2.2 단위 테스트 작성: 밸류 객체 392

9.2.3 단위 테스트 작성: 사가 393

9.2.4 단위 테스트 작성: 도메인 서비스 394

9.2.5 단위 테스트 작성: 컨트롤러 396

9.2.6 단위 테스트 작성: 이벤트/메시지 핸들러 399

9.3 마치며 401

10장 마이크로서비스 테스트 2부 ····· 403

10.1 통합 테스트 작성 404

10.1.1 통합 테스트: 영속화 407

10.1.2 통합 테스트: REST 요청/응답형 상호 작용 409

10.1.3 통합 테스트: 발행/구독 스타일 상호 작용 413

10.1.4 통합 계약 테스트: 비동기 요청/응답 상호 작용 418

10.2 컴포넌트 테스트 개발 424

10.2.1 인수 테스트 정의 425

10.2.2 인수 테스트 작성: 거킨 426

10.2.3 컴포넌트 테스트 설계 428

10.2.4 컴포넌트 테스트 작성: 주문 서비스 430

10.3 종단 간 테스트 작성 435

10.3.1 종단 간 테스트 설계 436

10.3.2 종단 간 테스트 작성 436

10.3.3 종단 간 테스트 실행 437

10.4 마치며 438

11장 프로덕션 레디 서비스 개발 ····· 439

11.1 보안 서비스 개발 440

11.1.1 기존 모놀리식 애플리케이션의 보안 441

11.1.2 마이크로서비스 아키텍처에서의 보안 구현 445

11.2 구성 가능한 서비스 설계 453
  11.2.1 푸시 기반의 외부화 구성 455
  11.2.2 풀 기반의 외부화 구성 456

11.3 관측 가능한 서비스 설계 458
  11.3.1 헬스 체크 API 패턴 459
  11.3.2 로그 수집 패턴 462
  11.3.3 분산 추적 패턴 464
  11.3.4 애플리케이션 지표 패턴 467
  11.3.5 예외 추적 패턴 470
  11.3.6 감사 로깅 패턴 472

11.4 서비스 개발: 마이크로서비스 섀시 패턴 473
  11.4.1 마이크로서비스 섀시 474
  11.4.2 이제는 서비스 메시로 475

11.5 마치며 477

12장 마이크로서비스 배포 ····· 479

12.1 서비스 배포: 언어에 특정한 패키징 포맷 패턴 483
  12.1.1 언어에 특정한 패키징 포맷 패턴의 장점 485
  12.1.2 언어에 특정한 패키징 포맷 패턴의 단점 486

12.2 서비스 배포: 가상 머신 패턴 487
  12.2.1 가상 머신 패턴의 장점 489
  12.2.2 가상 머신 패턴의 단점 490

12.3 서비스 배포: 컨테이너 패턴 491
  12.3.1 서비스를 도커로 배포 493
  12.3.2 컨테이너 패턴의 장점 497
  12.3.3 컨테이너 패턴의 단점 497

12.4 FTGO 애플리케이션 배포: 쿠버네티스 497
  12.4.1 쿠버네티스 개요 498
  12.4.2 쿠버네티스 배포: 음식점 서비스 502
  12.4.3 API 게이트웨이 배포 505
  12.4.4 무중단 배포 506
  12.4.5 배포와 릴리스 분리: 서비스 메시 507

12.5 서비스 배포: 서버리스 패턴 518
12.5.1 AWS 람다를 이용한 서버리스 배포 518
12.5.2 람다 함수 개발 519
12.5.3 람다 함수 호출 520
12.5.4 람다 함수의 장점 521
12.5.5 람다 함수의 단점 522

12.6 REST 서비스 배포: AWS 람다 및 AWS 게이트웨이 522
12.6.1 음식점 서비스를 AWS 람다 버전으로 설계 523
12.6.2 ZIP 파일로 서비스 패키징 528
12.6.3 서버리스 프레임워크로 람다 함수 배포 529

12.7 마치며 530

13장 마이크로서비스로 리팩터링 ····· 533

13.1 마이크로서비스 리팩터링 개요 534
13.1.1 모놀리스를 왜 리팩터링하는가? 535
13.1.2 모놀리스 옥죄기 536

13.2 모놀리스 → 마이크로서비스 리팩터링 전략 540
13.2.1 새 기능을 서비스로 구현한다 540
13.2.2 표현 계층과 백엔드를 분리한다 543
13.2.3 기능을 여러 서비스로 추출한다 544

13.3 서비스와 모놀리스 간 협동 설계 550
13.3.1 통합 글루 설계 551
13.3.2 서비스와 모놀리스에 걸쳐 데이터 일관성 유지 557
13.3.3 인증/인가 처리 562

13.4 새 기능을 서비스로 구현: 배달 실패한 주문 처리 564
13.4.1 배달 지연 서비스 설계 565
13.4.2 배달 지연 서비스를 위한 통합 글루 설계 566

13.5 모놀리스 분해: 배달 관리 추출 569
13.5.1 현행 배달 관리 기능 569
13.5.2 배달 서비스 개요 571
13.5.3 배달 서비스의 도메인 모델 설계 572

13.5.4 배달 서비스의 통합 글루 설계   575

13.5.5 배달 서비스와 상호 작용할 수 있게 모놀리스를 변경   577

13.6 마치며   580

한국어판 부록 A   실습 환경 구성 ····· 583

A.1 실습 준비   584

A.1.1 운영 체제: 윈도 10 Pro   584

A.1.2 하이퍼–V 가상화 지원   585

A.1.3 윈도 리눅스용 하위 시스템(WSL) 기능 활성화   586

A.2 WSL 설치   587

A.3 도커 설치 및 구성   590

A.4 소스 내려받아 빌드하기   593

A.5 컨테이너 실습   597

A.5.1 도커 컴포즈 실행   597

A.5.2 스웨거 접속   598

A.5.3 도커 컴포즈 종료   602

A.6 더 보기   603

찾아보기   605

1 _장

모놀리식 지옥에서
벗어나라

1.1 서서히 모놀리식 지옥에 빠져들다

1.2 이 책의 대상 독자

1.3 이 책의 학습 내용

1.4 마이크로서비스 아키텍처가 답이다

1.5 마이크로서비스 아키텍처의 장단점

1.6 마이크로서비스 아키텍처 패턴 언어

1.7 마이크로서비스 너머: 프로세스와 조직

1.8 마치며

이 장에서 다룰 핵심 내용

- 모놀리식 지옥이 도래할 조짐과 마이크로서비스 아키텍처를 도입하여 이 지옥에서 벗어나는 방법
- 마이크로서비스 아키텍처의 주요 특징과 장단점
- 크고 복잡한 애플리케이션을 데브옵스 스타일로 개발하는 방법
- 마이크로서비스 아키텍처 패턴 언어를 사용하는 이유

푸드투고(FTGO, Food to Go) CTO(최고 기술 책임자)인 메리는 월요일 점심 무렵부터 불편한 기색이 역력합니다. 오전까지는 별 문제가 없었습니다. 지난 주 다른 소프트웨어 아키텍트/개발자들과 함께 멋진 콘퍼런스에 참석해서 지속적 배포, 마이크로서비스 아키텍처 등 최신 소프트웨어 개발 기법을 접하는 뜻깊은 시간을 가졌죠. 마침 예전에 노스캐롤라이나 A&T 주립대학(North Carolina A&T State)에서 컴퓨터 과학 강의를 같이 듣던 친구들도 만나 기술 리더십에 관한 무용담도 나누었습니다. 콘퍼런스를 다녀온 메리는 한껏 자신감에 부풀어 FTGO의 소프트웨어 개발 프로세스를 개선하겠다고 마음먹었습니다.

그런데 사무실로 복귀하여 출근한 날 아침부터 자신감은 이내 사라져 버렸습니다. 수석 엔지니어, 영업부 사람들과 만나 회의를 하며 곤욕을 치루었고, 그다음 개발 팀이 주요 릴리스 날짜를 못 맞추게 된 이유를 두고 2시간이나 넘게 옥신각신했습니다. 불행히도 최근 몇 년간 이런 소모성 회의는 점점 일상처럼 굳어졌습니다. 애자일(agile) 방법론도 도입해 보았지만 개발 속도는 갈수록 더디었고 비즈니스 목표 달성은 그림의 떡처럼 보였습니다. 뭔가 간단한 솔루션이 도통 떠오르지 않는 것이 제일 답답했습니다.

콘퍼런스에 참석한 메리는 FTGO가 모놀리식 지옥에 빠져 고통받는 사례라는 것, 그리고 이를 해결하려면 마이크로서비스 아키텍처를 도입해야 한다는 것을 깨달았지만, 강사가 발표한 마이크로서비스 아키텍처 및 최신 개발 방법론은 왠지 먼 나라 이야기처럼 들렸습니다. 소프트웨어 개발 방식을 개선하는 동시에 도처에 널린 급한 불을 끄는 것이 과연 가능할지 도무지 확신이 없었죠.

다행히 방법이 있습니다. 이 책을 읽는 여러분이 앞으로 배우게 될 내용입니다. 자, 그럼 지금 FTGO가 어떤 문제에 봉착했고, 어쩌다 이 지경에 이르렀는지 차근차근 짚어 봅시다.

1.1 서서히 모놀리식 지옥에 빠져들다

2005년 후반 설립된 FTGO는 현재 미국 온라인 음식 배달 업계를 선도하는 회사입니다. 회사를 해외로 확장할 계획도 갖고 있는데, 필요한 기능을 구현하는 시간이 자꾸 지연되어 과연 그럴 수 있을지 의문입니다.

FTGO 애플리케이션의 주요 기능은 간단합니다. 소비자[1]가 FTGO 웹 사이트 또는 모바일 앱에 접속하여 인근 음식점에 주문하면 배달원[2]이 음식을 픽업해서 소비자에게 배달하는 것입니다. FTGO는 배달원과 음식점에 대금을 지불하며, 음식점은 FTGO 웹 사이트에 접속하여 메뉴를 편집하고 주문을 관리합니다. 대금 지불은 스트라이프(Stripe), 메시지 전송은 트윌리오(Twilio), 이메일 발송은 AWS SES(Simple Email Service) 등 서드파티 웹 서비스를 활용합니다.

여타 성숙한 엔터프라이즈 애플리케이션처럼 FTGO 애플리케이션 역시 하나의 WAR 파일로 구성된 모놀리스(monolith, 일체형)로 개발되었는데, 시간이 흐를수록 점점 커지면서 애플리케이션이 복잡해졌습니다. 개발 팀이 불철주야 노력했지만 진흙잡탕(Big Ball of Mud) 패턴[3]의 화신처럼 굳어졌죠. 이 패턴을 창안한 푸트(Foote)와 요더(Yoder)의 말마따나 "되는 대로 막 쌓아 올려 제멋대로 연결된, 엉성한 테이프로 덕지덕지 도배된 스파게티 코드 범벅(haphazardly structured, sprawling, sloppy, duct-tape and bailing wire, spaghetti code jungle)"이 된 것입니다. 그 결과 소프트웨어 전달 페이스는 느려지기 시작했고, 점점 한물간 프레임워크를 사용하여 애플리케이션을 개발하게 되면서 상황은 심각해졌습니다. 모놀리식 지옥에 빠져 허우적대는 애플리케이션의 전형적인 증상입니다.

1.1.1 FTGO 애플리케이션 아키텍처

전형적인 엔터프라이즈 자바 애플리케이션인 FTGO의 전체 구조는 코어가 비즈니스 로직으로 구성된 육각형 아키텍처(hexagonal architecture)(2장)입니다. UI 구현 및 외부 시스템 통합을 담당하는 다양한 어댑터가 비즈니스 로직을 감싼 모양새입니다(그림 1-1).

---

1 **역주** 원서에 'consumer' 한 단어로 표현된 용어를, 역서에서는 FTGO 앱을 설치하여 모바일에서 음식을 주문하는 비즈니스 관점에서의 '소비자(consumer)'와 큐에서 데이터를 꺼내 소비하는 기술적인 관점에서의 '컨슈머(consumer)'로 각각 다르게 옮깁니다.

2 **역주** 이 글을 쓰는 현재(2019년 12월) 다른 사람에게 음식을 갖다 주는 사람을 '배달원'으로 통칭하여 부르므로 본 역서에서도 '배달원'으로 옮깁니다. '라이더(rider)'라는 말도 많이 쓰지만 이 책의 코드를 읽는 데는 오히려 헷갈릴 수 있습니다.

3 http://www.laputan.org/mud/

육각형 아키텍처를 가진 FTGO 애플리케이션은 모바일 앱과 클라우드 서비스(결제, 메시징, 이메일) 같은 외부 시스템과의 인터페이스와 UI가 구현된 어댑터로 둘러싸인 비즈니스 로직으로 구성된다

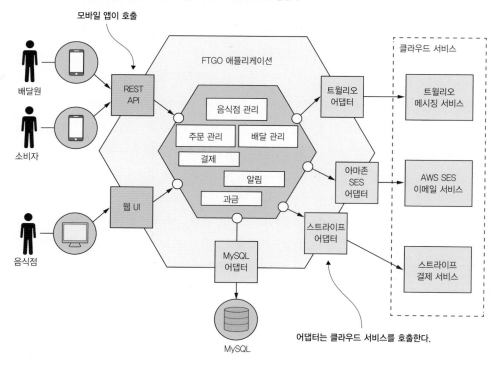

비즈니스 로직은 각자가 도메인 객체 컬렉션인 모듈(예: 주문 관리, 배달 관리, 과금, 지불)로 구성되며, 외부 시스템과 연계하는 어댑터가 여럿 달려 있습니다. REST API, 웹 UI 어댑터 등 비즈니스 요청을 호출하여 처리하는 인바운드 어댑터(inbound adapter)가 있고, 그 밖에 비즈니스 로직에서 MySQL(마이에스큐엘) DB에 접속하거나 트윌리오, 스트라이프 등 클라우드 서비스를 호출하게 해주는 아웃바운드 어댑터(outbound adapter)가 있습니다.

논리적으로는 모듈화한 아키텍처임에도 애플리케이션은 WAR 파일 하나로 패키징합니다. 시스템을 하나의 실행/배포 가능한 컴포넌트로 구성하는, 예전에 많이 썼던 소프트웨어 아키텍처 스타일이죠. 자바 대신 고 언어(GoLang)로 작성했으면 실행 파일 하나를, 루비(Ruby)나 Node.js(노드JS)로 작성했으면 단일 소스 코드 디렉터리 체계를 배포했을 것입니다. 모놀리식 아키텍처가 본질적으로 나쁜 것은 아닙니다. 원 개발자가 처음 모놀리식 아키텍처를 선택할 당시에는 올바른 선택이었겠죠.

1.1.2 모놀리식 아키텍처의 장점

비교적 규모가 작았던 FTGO 영업 초기에는 모놀리식 아키텍처가 장점이 많았습니다.

- **개발이 간단하다**: IDE 등 개발 툴은 단일 애플리케이션 구축에 초점이 맞추어져 있습니다.
- **애플리케이션을 쉽게 변경할 수 있다**: 코드, DB 스키마를 변경해서 빌드/배포하기 용이합니다.
- **테스트하기 쉽다**: 개발자가 애플리케이션을 띄우고, REST API를 호출하고, 셀레늄(Selenuim)[4]으로 UI를 시험하는 종단 간 테스트를 작성합니다.
- **배포하기 쉽다**: 개발자는 서버에 접속하여 톰캣 설치 경로에 WAR 파일을 복사하면 그만입니다.
- **확장하기 쉽다**: 부하 분산기(load balancer) 뒷면에 애플리케이션 인스턴스를 여러 개 실행합니다.

하지만 시간이 흐를수록 개발, 테스트, 배포, 확장하기가 점점 더 어려워졌습니다. 왜 그랬을까요?

1.1.3 모놀리식 지옥의 실상

모놀리식 아키텍처는 근본적으로 한계가 있습니다. FTGO처럼 성공한 애플리케이션은 모놀리식 아키텍처라는 옷이 더 이상 맞지 않게 커집니다. 개발 팀이 스프린트(sprint)[5]를 할 때마다 추가 구현할 스토리가 늘어났고 그만큼 코드베이스와 관리 오버헤드 역시 증가했습니다. 회사가 번창할수록 개발 팀 인원도 계속 충원되었죠.

한때 아담한 크기에 단순했던 FTGO 애플리케이션은 수년간 계속 몸집이 커지면서 거대한 모놀리스로 바뀌었고(그림 1-2), 당초 소규모였던 개발 팀도 이제는 팀별로 기능 분야가 특화된 스크럼 팀만 여럿입니다. 아키텍처가 몸에 맞지 않게 되니 FTGO는 모놀리식 지옥에 빠져 지금은 애자일식 개발/배포도 불가능합니다. 왜 이런 일이 벌어지게 된 것일까요?

---

4 역주 https://www.seleniumhq.org
5 역주 애자일 방법론에 따라 스크럼을 진행할 때 설정하는 반복적인 개발 주기. 제품 기획부터 리뷰까지 진행되는 기간이 1 스프린트입니다.

너무 복잡해서 개발자가 주눅 들다

FTGO 애플리케이션은 우선 너무 복잡합니다. 여느 개발자가 완전히 이해할 수 없을 정도로 내용이 방대해서 버그를 고치고 새 기능을 정확하게 구현하기가 갈수록 힘들고 시간도 오래 걸립니다. 마감일자도 놓치기 일쑤죠.

▼ 그림 1-2 모놀리식 지옥에 빠진 사례. 대규모 FTGO 개발 팀이 단일 소스 코드 저장소에 변경분을 커밋하지만, 코드 커밋부터 프로덕션까지 과정이 길고 험난하며 수동으로 테스트한다. 이런 애플리케이션은 크고, 복잡하고, 불안하며, 관리하기 어렵다

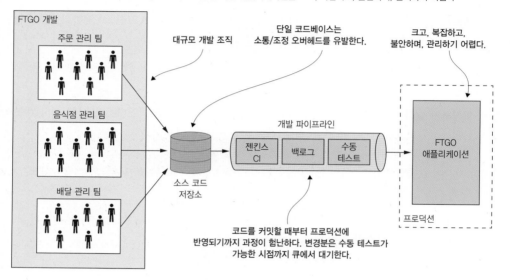

더욱이 이처럼 사람을 숨막히게 만드는 복잡도는 하위로 내려갈수록 더욱 심화됩니다. 코드베이스도 이해하기 어려운데, 개발자가 변경분을 정확히 반영할 리 만무하죠. 또한 변경할 때마다 코드베이스는 한층 더 복잡하고 난해한 코드로 뒤덮입니다. 깔끔하게 모듈화한 아키텍처(그림 1-1)는 이제 먼 나라 이야기가 된 상태에서 FTGO는 점점 도저히 이해할 수 없는 진흙잡탕 괴물로 변신 중입니다.

최근에 참석했던 콘퍼런스에서 메리는 코드 줄 수가 수백만에 달하는 애플리케이션을 대상으로 JAR 파일 수천 개 간의 디펜던시(dependency)[6]를 분석하는 툴의 개발자와 알게 되었습니다. 그때는 FTGO에도 이 툴을 쓰면 뭔가 성과가 있을 것 같았지만, 지금 그녀는 복잡한 애플리케이션에 더 잘 어울리는 아키텍처, 즉 마이크로서비스로 갈아타는 것이 더 낫지 않나 고민 중입니다.

6 　역주　디펜던시(dependency)는 국내 대부분의 역서에서 '의존성', '의존물', '의존체' 등으로 옮겼고 역자 역시 과거 역서에서 그렇게 번역했으나, 단순히 '의존한다'는 의미 외에도 특수한 기술적 의미가 내포되어 있기 때문에 이 책에서는 원어를 그대로 음차합니다.

개발이 더디다

복잡도와 악전고투하는 것과 별개로 개발자의 일상적인 개발 업무도 더디게 진행됩니다. 애플리케이션이 너무 커져서 개발자 IDE의 실행 속도도 느려지고, 자연히 빌드 시간도 오래 걸리죠. 더구나 비대한 몸집에 걸맞게 한 번 시동하는 것도 적잖은 시간이 필요합니다. 코드를 고치고 빌드/실행 후 테스트하기까지 너무 많은 시간이 낭비되어 생산성을 떨어뜨리는 요인이 됩니다.

커밋부터 배포에 이르는 길고 험난한 여정

고친 내용을 프로덕션에 배포하는 일이 아주 길고 고통스럽습니다. 배포 팀은 보통 한 달에 한 번 정도, 금요일 저녁이나 토요일 밤에 프로덕션 배포를 합니다. 메리는 SaaS(Software-as-a-Service, 서비스로서의 소프트웨어) 애플리케이션의 최근 트렌드는 지속적 배포(continuous deployment)라는 사실에 주목합니다. 평일 업무 시간 중에 몇 번이고 원하는 횟수만큼 변경분을 배포하게 해준다는 기술이죠. 실제로 아마존 닷컴은 2011년, 사용자에게 아무 영향을 끼치지 않고도 11.6초마다 한 번씩 변경분을 프로덕션에 배포했습니다! FTGO 애플리케이션을 한 달에 2회 이상 프로덕션에 배포한다는 것은 상상조차 힘든 일이죠. 지속적 배포를 도입하는 것도 사실상 불가능합니다.

FTGO는 부분적으로 애자일을 도입했고 기술 팀을 여러 소그룹으로 나누어 2주짜리 스프린트를 진행합니다. 그러나 완성된 코드가 프로덕션에서 실행되기 전까지는 길고 험난한 여정을 거쳐야 하며, 여러 개발자가 같은 코드베이스에 소스 커밋을 하다 보니 종종 릴리스할 수 없을 때도 있습니다. 기능 브랜치(feature branch)로 이 문제를 해결하면 되겠다 싶었지만 결국 아주 길고 고통스러운 소스 병합(merge) 단계가 개발자를 괴롭혔죠. 그래서 한 팀이 스프린트를 마치면 곧바로 길고 긴 테스트 및 코드 안정화 기간이 필요합니다.

테스트 시간이 너무 긴 것도 변경분을 프로덕션에 반영하는 데 시간이 많이 걸리는 요인입니다. 코드베이스가 너무 복잡하여 변경 영향도가 제대로 파악이 안 되므로 개발자는 CI(Continuous Integration, 지속적 통합) 서버에서 전체 테스트 스위트를 한 번씩 돌려 보아야 합니다. 물론 사람이 손으로 직접 테스트해야 하는 영역도 있습니다. 테스트가 실패하면 원인을 찾고 조치하는 데 시간이 많이 걸리므로 테스트 한 사이클을 완료하는 데만 2~3일이나 걸립니다.

확장하기 어렵다

FTGO 애플리케이션은 모듈마다 리소스(resource, 자원) 요건이 서로 맞지 않아 확장하기 어렵습니다. 예를 들어 데이터 용량이 큰 음식점 데이터는 인-메모리 DB 형태로 저장하는데, 이런 DB는 메모리 칩이 많이 장착된 서버에 배포하는 것이 좋지만, 이미지 처리 모듈은 CPU를 집중 소모하므로 CPU 코어 수가 많은 서버에 배포하는 것이 최적입니다. 이렇게 같은 애플리케이션이라도 리소스 요건이 상이한 모듈이 존재하므로 서버 구성 시 리소스 배분을 신경 써야 합니다.

모놀리스는 확실하게 전달하기 어렵다

신뢰성이 부족한 것도 문제입니다. 애플리케이션 자체가 워낙 덩치가 커서 철저하게 테스트하기 어렵고, 테스트성(testability)[7]이 부족하면 결국 프로덕션에 버그가 발생할 가능성도 높습니다. 실제로 프로덕션이 중단되는 경우도 종종 일어났습니다. 전체 모듈이 같은 프로세스로 실행되는 까닭에 결함 격리(fault isolation)가 되지 않고, 그러다 보니 어떤 모듈에 버그 하나만 있어도 메모리 누수가 발생해서 전체 애플리케이션 인스턴스가 내려가는 일도 드물지 않습니다. 한밤중에 프로덕션이 멎었다는 사실을 문자로 통보받고 싶은 개발자는 없겠죠. 경영진은 더더욱 매출 감소와 시장의 신뢰를 잃길 원하지 않을 것입니다.

갈수록 한물간 기술 스택에 발목이 붙잡히다

끝으로 모놀리식 지옥에서는 아키텍처 때문에 어쩔 수 없이 점점 한물간 기술 스택을 쓸 수밖에 없고, 그 특성상 새로운 프레임워크, 새로운 프로그래밍 언어를 받아들이기 어렵습니다. 최신 기술을 사용하고자 전체 모놀리식 애플리케이션을 재작성하는 것은 비용도 비용이거니와 리스크가 높기 때문에 개발자는 프로젝트 초기에 결정된 기술을 그냥 따를 수밖에 없고, 점점 안 쓰는 기술 스택으로 작성된 애플리케이션을 울며 겨자 먹기로 유지할 수밖에 없습니다.

스프링 프레임워크는 하위 호환성을 보장하면서 지금껏 발전해 왔기 때문에 적어도 이론적으로는 FTGO 역시 업그레이드가 가능할 것 같지만, 불행히도 새 버전의 스프링과 호환되지 않는 프레임워크 버전을 사용 중이고 이 프레임워크를 업그레이드할 시간은 엄두도 못 낼 형편입니다. 사정이 이렇다 보니 애플리케이션 주요 파트가 이제는 점점 퇴물이 되어 가는 프레임워크로 개발되었습니다. FTGO 개발자는 고 언어, Node.js 등 비JVM(자바 가상 머신 기반이 아닌) 언어로 이런저런 실험을 해보고 싶어 하지만 모놀리식 애플리케이션에서는 그저 희망 사항일 뿐입니다.

---

7 **역주** 테스트 가능성, 가테스트성이라고도 합니다. 주어진 테스트 컨텍스트에서 소프트웨어 결과물이 얼마나 테스트하기 쉬운가 하는 정도를 의미합니다. 테스트성이 높을수록 자동화 테스트를 수행해서 결함을 찾기 쉽고, 빠르므로 품질 향상에 큰 도움이 되겠죠.

1.2 이 책의 대상 독자

독자 여러분은 아마도 FTGO사의 메리처럼 모놀리식 아키텍처라는 옷이 맞지 않게 비대해진 애플리케이션 때문에 골머리를 앓고 있는 개발자, 아키텍트, CTO, 기술 책임자일 것입니다. 하루하루 소프트웨어 전달 문제에 시달리며 모놀리식 지옥에서 벗어날 묘안을 찾아 헤매거나, 본인이 속한 조직이 혹여라도 이미 모놀리식 지옥행 열차를 탄 것은 아닌지 두렵기도 하고 더 늦기 전에 방향을 선회할 묘안을 궁리 중이겠죠. 네, 어쨌든 모놀리식 지옥에서 탈출/우회하고 싶은 독자라면 딱 알맞은 책을 고른 것입니다.

이 책은 마이크로서비스 아키텍처 개념을 설명하는 데 대부분의 지면을 할애했습니다. 필자의 목표는 사용 중인 기술 스택과 상관없이 여러분이 곁에 두고 언제든지 찾아볼 수 있는 마이크로서비스 아키텍처 참고서를 완성하는 것입니다. 엔터프라이즈 애플리케이션 아키텍처와 설계에 관한 기본 지식이 필요하며, 특히 다음 항목은 잘 알고 있어야 합니다.

- 3계층 아키텍처
- 웹 애플리케이션 설계
- 객체 지향 설계를 응용한 비즈니스 로직 개발
- **RDBMS 사용법:** SQL과 ACID 트랜잭션
- 메시지 브로커와 REST API를 활용한 IPC
- 인증/인가 등 보안 개념

이 책의 예제 코드는 모두 스프링 프레임워크를 기반으로 작성된 자바 파일이므로 스프링 프레임워크 지식도 어느 정도 있으면 좋습니다.

1.3 이 책의 학습 내용

책거리를 할 즈음 여러분은 다음 내용을 배우게 될 것입니다.

- 마이크로서비스의 주요 특성과 장단점, 사용 시점
- 분산 데이터 관리 패턴
- 효과적인 마이크로서비스 테스트 전략
- 마이크로서비스 배포 옵션
- 모놀리식 아키텍처를 마이크로서비스 아키텍처로 리팩터링하는 전략

또한 여러분은 다음과 같은 일을 할 수 있게 됩니다.

- 마이크로서비스 아키텍처 패턴으로 애플리케이션을 아키텍처링합니다.
- 서비스 비즈니스 로직을 개발합니다.
- 사가를 이용하여 서비스 간 데이터 일관성을 유지합니다.
- 여러 서비스에 걸친 쿼리를 구현합니다.
- 마이크로서비스를 효율적으로 테스트합니다.
- 안전하고, 구성 가능하고, 관측 가능한 프로덕션 레디 서비스를 개발합니다.
- 기존 모놀리식 애플리케이션을 마이크로서비스로 리팩터링합니다.

1.4 마이크로서비스 아키텍처가 답이다

결국 메리는 FTGO 애플리케이션을 마이크로서비스 아키텍처로 전환하기로 했습니다.

소프트웨어 아키텍처는 기능 요건과는 거의 무관합니다. 애플리케이션 기능 요건(functional requirement), 즉 유스 케이스(use case, 용례)는 어느 아키텍처든 구현할 수 있습니다. 실제 FTGO 처럼 성공한 애플리케이션이 진흙잡탕이 되어 버리는 경우가 의외로 많습니다.

그러나 아키텍처는 '~성(-ilities)'으로 끝나는 갖가지 서비스 품질 요건(비기능 요건(nonfunctional requirement))에 적잖이 영향을 미칩니다. FTGO 애플리케이션은 점점 몸집이 커지면서 여러 가지 품질 속성이 악화되었고, 그중 소프트웨어 전달 속도(관리성(maintainability, 유지보수성), 확장성 (extensibility), 테스트성(testability))가 가장 큰 영향을 받았습니다.

평소 훈련이 잘된 팀은 팀원들이 열심히 노력하면 애플리케이션 모듈성을 유지하고 종합적인 자동화 테스트를 작성해서 모놀리식 지옥에 빠지는 속도를 늦출 수 있습니다. 하지만 규모가 큰 팀에서 여러 사람이 모놀리식 애플리케이션 하나에 달라붙어 작업할 때 일어나는 문제들은 불가피하고, 점점 더 쓰지 않는 기술 스택이 쌓여 가는 문제도 어쩔 도리가 없습니다. 팀 차원에서 필연적인 결과를 조금 늦추는 일 외에는 할 수 있는 것이 없죠. 모놀리식 지옥에서 벗어나려면 반드시 마이크로서비스라는 새 아키텍처로 갈아타야 합니다.

요즘은 크고 복잡한 애플리케이션을 구축할 때 마이크로서비스 아키텍처를 당연히 고려하는 추세입니다. 그럼 대체 마이크로서비스란 무엇일까요? (마이크로(micro)서비스라는) 명칭 자체는 크기만 부각되어서 이해하는 데 별로 도움이 되지 않고, 실제로 사람마다 의견이 천차만별입니다. 글자 그대로 아주 작은(예: 코드 줄 수가 100 미만) 서비스라는 사람도 있고, 개발하는 데 2주 정도 걸리는 서비스라고 하는 이도 있습니다. 과거 넷플릭스에 근무했던 애드리안 콕크로프트(Adrian Cockcroft)는 마이크로서비스 아키텍처를 경계 컨텍스트(bounded context)가 있는, 느슨하게 결합된 엘리먼트(element)로 구성된 서비스 지향 아키텍처라고 정의합니다. 괜찮은 표현이지만 조금 난해하게 들립니다. 더 명쾌한 정의는 없을까요?

1.4.1 확장 큐브와 마이크로서비스

필자가 생각하는 마이크로서비스 아키텍처는 〈The Art of Scalability(확장의 기술)〉(마이클 T. 피셔(Michael T. Fisher), 마틴 L. 애봇(Martin L. Abbott) 저, Addison-Wesley Professional, 2009)에서 영감을 받았습니다. 이 책에는 확장 큐브라는 3차원 확장 모델이 나옵니다(그림 1-3).

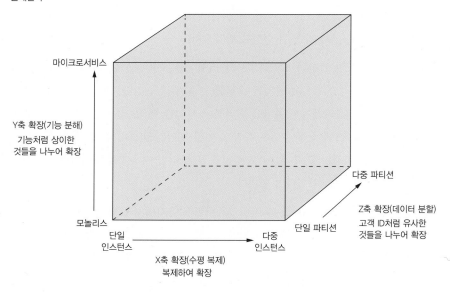

❤ 그림 1-3 확장 큐브는 애플리케이션을 확장하는 세 가지 방법을 정의한다. 첫째, X축 확장은 동일한 다중 인스턴스에 들어온 요청을 부하 분산한다. 둘째, Z축 확장은 요청의 속성에 따라 요청을 라우팅한다. 셋째, Y축 확장은 애플리케이션을 기능에 따라 서비스로 분해한다

마이크로서비스

Y축 확장(기능 분해)
기능처럼 상이한
것들을 나누어 확장

모놀리스

단일
인스턴스

다중
인스턴스

X축 확장(수평 복제)
복제하여 확장

다중 파티션

Z축 확장(데이터 분할)
고객 ID처럼 유사한
것들을 나누어 확장

단일 파티션

이 모델에 따르면 애플리케이션을 X축, Y축, Z축 세 방향으로 확장시킬 수 있습니다.

X축 확장: 다중 인스턴스에 고루 요청 분산

X축 확장은 일반적인 모놀리식 애플리케이션의 확장 수단입니다. 부하 분산기 뒷면에 애플리케이션 인스턴스를 N개 띄워 놓고 부하 분산기는 들어온 요청을 이들 인스턴스에 고루 분배합니다(그림 1-4). 애플리케이션 능력과 가용성을 개선할 수 있는 훌륭한 방법이죠.

❤ 그림 1-4 X축 확장은 부하 분산기 뒷면에 동일한 다수의 모놀리식 애플리케이션 인스턴스를 실행한다

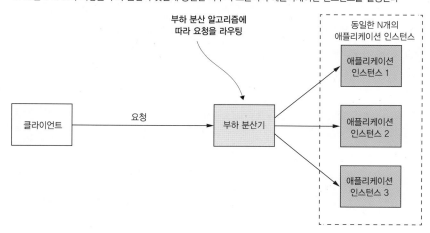

Z축 확장: 요청 속성별 라우팅

모놀리식 애플리케이션의 다중 인스턴스를 실행하는 것은 X축 확장과 같지만, 인스턴스별로 주어진 데이터 하위 집합(subset)만 처리하도록 설정하는 방법입니다(그림 1-5). 인스턴스 앞면에 위치한 라우터는 요청의 속성에 알맞은 인스턴스로 요청을 라우팅합니다(예: userId에 따라 요청을 분산).

그림 1-5에서 각 애플리케이션 인스턴스는 자신에게 배정된 사용자 하위 집합만 처리합니다. 라우터는 요청 헤더 Authorization에 포함된 userId를 보고 N개의 동일한 애플리케이션 인스턴스 중 하나를 선택합니다. Z축 확장은 애플리케이션을 확장해서 증가하는 트랜잭션 및 데이터 볼륨을 처리하기 좋은 수단입니다.

▼ 그림 1–5 Z축 확장은 요청 속성에 따라 요청을 분기하는 라우터 뒷면에 동일한 다수의 모놀리식 애플리케이션 인스턴스를 실행한다. 각 인스턴스는 미리 배정된 데이터 하위 집합을 담당한다

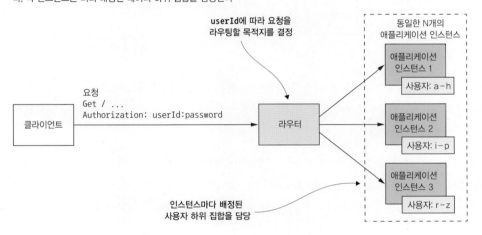

Y축 확장: 기능에 따라 애플리케이션을 서비스로 분해

X축/Z축 확장을 하면 애플리케이션 능력과 가용성은 개선되지만, 애플리케이션이 점점 더 복잡해지는 문제는 해결되지 않습니다. 따라서 Y축 확장, 즉 기능 분해가 필요합니다(그림 1-6). 모놀리식 애플리케이션을 여러 서비스로 쪼개는 것입니다.

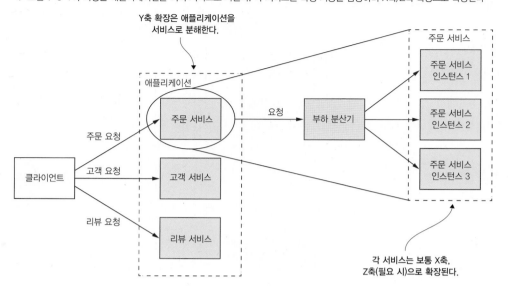

▼ 그림 1-6 Y축 확장은 애플리케이션을 여러 서비스로 나눈다. 각 서비스는 특정 기능을 담당하며 X축/Z축 확장으로 확장된다

서비스는 주문 관리, 고객 관리 등 지엽적 기능이 구현된 미니 애플리케이션입니다. 서비스에 따라 X축/Z축 확장도 가능하죠. 예를 들어 주문 서비스는 여러 서비스 인스턴스를 부하 분산하는 형태로 구성할 수 있습니다.

마이크로서비스 아키텍처는 고수준에서 바라보면 하나의 애플리케이션을 여러 서비스로 기능 분해하는 아키텍처 스타일입니다. 여기서 중요한 것은 크기가 아니라, 각 서비스가 집중된(focused)/응집된(cohesive) 책임을 맡고 있다는 사실입니다. 이 말이 무슨 뜻인지는 뒷부분에서 다시 이야기합니다.

1.4.2 마이크로서비스는 모듈성을 갖고 있다

모듈성(modularity)은 크고 복잡한 애플리케이션을 개발할 때 꼭 필요한 특성입니다. 요즘 애플리케이션은 규모가 방대하고 내용이 너무 복잡해서 어느 한 개인이 전부 다 이해하고 개발할 수 없습니다. 따라서 여러 사람이 이해하고 개발할 수 있게 애플리케이션을 여러 모듈로 분해합니다. 모놀리식 애플리케이션은 프로그래밍 언어 구성체(예: 자바 패키지)와 빌드 아티팩트(artifact)(예: 자바 JAR 파일)를 조합한 단위로 모듈을 정의하지만 실제로 이런 접근 방식은 문제가 많아서 FTGO처럼 연식이 오래된 대부분의 모놀리식 애플리케이션은 점점 상황이 나빠져 진흙잡탕이 되기 쉽습니다.

마이크로서비스 아키텍처는 서비스를 모듈성의 단위로 사용합니다. 각 서비스는 다른 서비스가 함부로 규칙을 어기고 침투하지 못하게 API라는 경계선을 갖고 있어서 다른 서비스 API를 우회하여 그 내부 클래스에 마음대로 들어올 수 없습니다. 따라서 시간이 지나도 애플리케이션 모듈성을 유지하기가 훨씬 수월합니다. 또 서비스를 빌딩 블록처럼 사용하여 독립적으로 배포/확장할 수 있는 부가적인 장점도 있습니다.

1.4.3 서비스마다 DB가 따로 있다

마이크로서비스는 서로 느슨하게 결합되어 있고 오직 API를 통해서만 통신합니다. 그런데 이렇게 느슨하게 결합된 서비스는 각각 자체 DB를 갖고 있습니다. 가령 주문 서비스는 ORDERS 테이블이 있는 DB를, 고객 서비스는 CUSTOMERS 테이블이 있는 DB를 각자 소유합니다. 이렇게 하면 개발 단계에서 다른 서비스 개발자와 일일이 협의하지 않고도 개발자 본인이 담당한 서비스 스키마를 변경할 수 있습니다. 런타임에 서비스는 서로 완전히 분리되어 있기 때문에, 이를테면 다른 서비스가 DB 락을 획득해 내 서비스를 블로킹(blocking, 차단)하는 일 따위는 일어나지 않습니다.

> Note ≡ **걱정 말자. 느슨하게 결합한다고 래리 엘리슨(Larry Ellison, 오라클 설립자 겸 CEO)이 벼락 부자가 될 일은 없다**
>
> 서비스마다 자체 DB를 둔다는 요건은 자체 DB 서버를 설치해야 한다는 것이 아닙니다. 따라서 오라클 RDBMS 라이선스 구매 비용이 10배 상승할 일은 없습니다. 자세한 이야기는 2장에서 다룹니다.

1.4.4 FTGO 마이크로서비스 아키텍처

앞으로 FTGO 애플리케이션을 마이크로서비스 아키텍처로 전환하는 과정을 자세히 살펴볼 것입니다. 그 전에 먼저 이 애플리케이션에 Y축 확장을 적용하면 어떻게 되는지 짚어 봅시다. 그림 1-7을 보면 기능별로 분해된 여러 프런트엔드/백엔드 서비스가 애플리케이션을 이루고 있습니다. 이 모습으로 런타임에 X축/Z축 확장을 하면 서비스마다 인스턴스가 여럿 존재할 것입니다.

프런트엔드 서비스는 API 게이트웨이(8장)와 음식점 웹 UI 같은 것들이 있습니다. 퍼사드(façade, 관문) 역할을 하는 API 게이트웨이는 소비자, 배달원의 모바일 앱이 접속하는 REST API를 제공합니다. 음식점 웹 UI에는 음식점 주인이 메뉴를 관리하거나 주문을 처리하는 웹 인터페이스가 구현되어 있습니다.

FTGO 애플리케이션의 비즈니스 로직은 REST API와 자체 프라이빗(private, 비공개) 데이터 저장
소를 소유한 다양한 백엔드 서비스로 구성됩니다.

- **주문 서비스**(Order Service): 주문을 관리합니다.
- **배달 서비스**(Delivery Service): 음식점에서 소비자에 이르기까지 주문 배달을 관리합니다.
- **음식점 서비스**(Restaurant Service): 음식점 관련 정보를 관리합니다.
- **주방 서비스**(Kitchen Service): 주문한 음식을 준비하는 과정을 관리합니다.
- **회계 서비스**(Accounting Service): 과금/지불을 처리합니다.

▼ 그림 1-7 마이크로서비스 아키텍처 버전의 FTGO 애플리케이션 서비스. API 게이트웨이는 모바일 앱에서 들어온 요청을 서비스
로 보내고, 서비스는 각자의 API를 통해 서로 협동한다

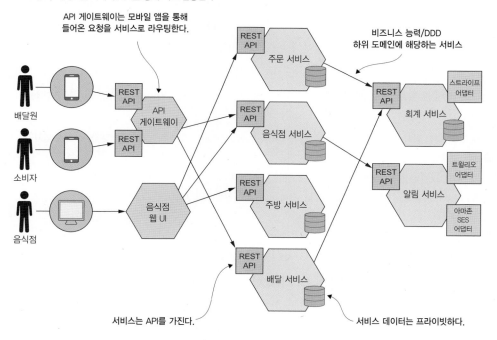

서비스와 API가 아주 분명하게 정의된 것만 다를 뿐 그림 1-7의 서비스는 앞서 소개한 모듈에 그
대로 대응됩니다. 각 서비스를 독립적으로 개발, 테스트, 배포, 확장할 수 있고, 개발자가 타 서비
스의 API를 우회하거나 그 내부 요소에 직접 접근할 수 없기 때문에 모듈성 유지 차원에서도 적합
한 아키텍처입니다.

1.4.5 마이크로서비스 아키텍처와 SOA

"마이크로서비스 아키텍처는 SOA(Service Oriented Architecture, 서비스 지향 아키텍처)와 별반 다를 것이 없다. 전혀 새로운 것이 아니다."라고들 합니다. 고수준에서 바라보면 SOA와 마이크로서비스, 두 아키텍처 모두 시스템을 여러 서비스로 구성하는 아키텍처 스타일입니다. 하지만 좀 더 깊이 들어가면 근본적인 차이점이 있습니다(표 1-1).

▼ 표 1-1 SOA와 마이크로서비스 비교

구분	SOA	마이크로서비스
서비스 간 통신	SOAP, WS* 표준처럼 무거운 프로토콜을 응용한 엔터프라이즈 서비스 버스 중심의 스마트 파이프(smart pipe)	REST나 gRPC처럼 가벼운 프로토콜을 응용한 메시지 브로커 또는 서비스 간 통신 중심의 덤 파이프 (dumb pipe)
데이터	전역 데이터 모델 및 공유 DB	서비스 개별 데이터 모델 및 DB
주요 사례	대규모 모놀리식 애플리케이션	소규모 서비스

일반적으로 SOA, 마이크로서비스 아키텍처는 사용하는 기술 스택이 다릅니다. SOA 애플리케이션은 SOAP 및 WS* 표준 등 무거운 기술을 주로 쓰고, 서비스를 통합하는 비즈니스와 메시지 처리 로직이 포함된 ESB라는 스마트 파이프(smart pipe)를 활용합니다. 마이크로서비스 애플리케이션은 대개 가벼운 오픈 소스 기술을 사용하며, 메시지 브로커(message broker, 중계기)나 REST 또는 gRPC처럼 가벼운 프로토콜 위주의 덤 파이프(dumb pipe)를 통해 서비스 간 통신을 합니다.[8]

데이터 처리 방식도 다릅니다. SOA는 보통 전역 데이터 모델링을 하고 DB도 공유하지만 마이크로서비스는 앞서 말했듯이 각자 자체 DB, 자체 도메인 모델을 소유합니다(도메인 모델은 2장에서 자세히 다룹니다).

서비스의 크기 역시 상이합니다. SOA는 대부분 크고 복잡한 모놀리식 애플리케이션을 통합하는 용도로 씁니다. 마이크로서비스라고 해서 항상 작은 것은 아니지만, 대체로 SOA보다는 훨씬 규모가 작습니다. 어쨌든 SOA 애플리케이션은 덩치 큰 서비스 몇 개로 구성되지만, 마이크로서비스 애플리케이션은 이보다 작은 수십~수백 개의 서비스로 구성됩니다.

---

8   역주 단순히 데이터가 드나드는 통로(dumb pipe)에 그치지 않고 여러 가지 부가 기능을 가미하여 활용성을 높이는 개념을 말합니다.

1.5 마이크로서비스 아키텍처의 장단점

마이크로서비스 아키텍처의 장점과 단점은 무엇인지 살펴봅시다.

1.5.1 마이크로서비스 아키텍처의 장점

마이크로서비스 아키텍처는 다음과 같은 장점이 있습니다.

- 크고 복잡한 애플리케이션을 지속적으로 전달/배포할 수 있습니다.
- 서비스 규모가 작아 관리하기 쉽습니다.
- 서비스를 독립적으로 배포/확장할 수 있습니다.
- 마이크로서비스 아키텍처 덕분에 팀이 자율적으로 움직입니다.
- 결함 격리가 잘됩니다.
- 새로운 기술을 실험하고 도입하기 쉽습니다.

크고 복잡한 애플리케이션을 지속적으로 전달/배포할 수 있다

마이크로서비스 아키텍처로 구축하면 크고 복잡한 애플리케이션을 지속적 전달/배포할 수 있습니다. 데브옵스의 일부이기도 한 지속적 전달/배포(continuous delivery/deployment)는 소프트웨어를 빠르게, 자주, 확실하게 전달하는 관례입니다(1.7절). 고성능 데브옵스 조직은 별 문제없이 변경분을 프로덕션에 배포합니다.

마이크로서비스 아키텍처는 다음 세 가지 방법으로 지속적 전달/배포를 실현합니다.

- **테스트성**: 지속적 전달/배포를 하려면 자동화 테스트가 꼭 필요합니다. 마이크로서비스는 상대적으로 크기가 작아서 자동화 테스트를 작성하기 쉽고 더 빨리 실행되며, 애플리케이션 버그도 적은 편입니다.

- **배포성**: 마이크로서비스는 독립적으로 배포할 수 있어서 개발자가 자신이 담당한 서비스 변경분을 배포할 때 굳이 다른 개발자와 협의할 필요가 없습니다. 그래서 프로덕션에 변경분을 반영하기가 훨씬 수월합니다.
- **자율성, 느슨한 결합**: (피자 2판 팀처럼) 작은 팀이 여럿 결합된 기술 조직을 꾸려 갈 수 있습니다. 팀별로 하나 이상의 관련 서비스를 개발/배포하는 업무만 담당하는 것이죠. 다른 팀과 독립적으로 개발, 배포, 확장할 수 있으므로 개발 속도는 더 빨라집니다(그림 1-8).

지속적 전달/배포를 하면 비즈니스 측면에서도 이점이 있습니다.

- 제품을 시장에 내놓는 시기를 앞당길 수 있고 현장에서도 고객 피드백에 신속히 대응할 수 있습니다.
- 현재 고객들이 기대하는 수준으로 확실하게 서비스를 제공할 수 있습니다.
- 직원들이 급한 불을 끄느라 에너지를 낭비하는 대신 제품의 가치를 전달하는 데 더 많은 시간을 투자할 수 있어 만족도가 높습니다.

바야흐로 마이크로서비스 아키텍처는 소프트웨어 기술에 의존하는 업계의 핵심 화두가 되었습니다.

서비스가 작아 관리하기 용이하다

마이크로서비스는 비교적 크기가 작아서 개발자가 코드를 이해하기 쉽습니다. 코드베이스가 작으면 IDE도 느려지지 않으므로 개발 생산성도 올라갑니다. 아무래도 덩치 큰 모놀리스보다는 각 서비스를 시동하는 시간이 훨씬 빠르기 때문에 개발자가 작업 후 배포하는 과정 역시 더 빠르고 생산적입니다.

▼ 그림 1-8 FTGO 마이크로서비스 애플리케이션은 느슨하게 결합된 서비스로 구성되므로 팀별로 담당 서비스를 독립적으로 개발, 테스트, 배포할 수 있다

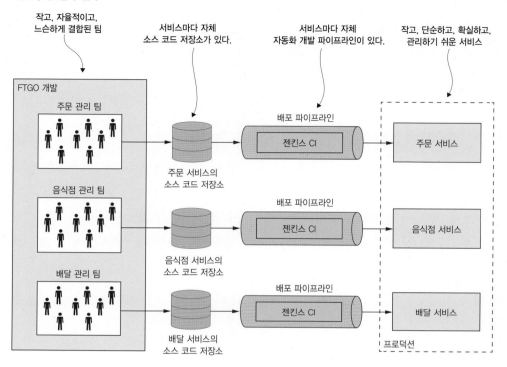

서비스를 독립적으로 배포/확장할 수 있다

마이크로서비스는 독립적으로 X축(복제)/Z축(파티셔닝) 확장을 할 수 있고, 서비스마다 상이한 리소스 요건에 맞추어 하드웨어에 배포할 수 있습니다. 리소스 요건이 전혀 다른(예: CPU 집약적 vs 메모리 집약적) 컴포넌트를 무조건 함께 배포할 수밖에 없었던 모놀리식 아키텍처와는 큰 차이가 있습니다.

결함 격리가 잘된다

마이크로서비스 아키텍처는 결함 격리가 잘됩니다. 가령 어느 서비스에서 메모리 누수가 발생하더라도 해당 서비스만 영향을 받고 다른 서비스는 계속 정상 가동됩니다. 모놀리식 아키텍처는 어느 한곳이 고장나면 전체 시스템이 곤경에 빠집니다.

신기술을 시험/도입하기 쉽다

마지막으로 빼놓을 수 없는 장점은 특정 기술 스택을 연구하느라 오랜 시간을 소비할 필요가 없다는 것입니다. 새로운 서비스를 개발할 때 그 서비스에 가장 알맞은 언어와 프레임워크를 자유롭게 선택할 수 있습니다.

물론 그래도 선택의 폭은 제한적인 경우가 더 많겠지만, 핵심은 이제 더 이상 과거의 결정 때문에 제약받지 않는다는 점입니다.

서비스 규모가 작기 때문에 더 나은 언어와 기술로 얼마든지 재작성할 수 있습니다. 설령 새로운 기술을 시도했다가 실패해도 전체 프로젝트는 그대로 둔 채 그냥 버리면 됩니다. 나중에 다른 언어나 프레임워크를 적용하고 싶어도 프로젝트 초기에 선택한 기술 때문에 심하게 제약을 받는 모놀리식 아키텍처와는 다릅니다.

1.5.2 마이크로서비스 아키텍처의 단점

세상에 만병통치약은 없듯이 마이크로서비스 아키텍처도 많은 단점과 이슈가 있습니다. 물론 이 책은 이런 단점/이슈를 최대한 극복하고 해결하는 방법을 설명할 것입니다. 갖가지 난제가 등장하더라도 필자가 하나씩 해결 방법을 알려 드릴 테니 너무 걱정하지 마세요.

- 딱 맞는 서비스를 찾기가 쉽지 않습니다.
- 분산 시스템은 너무 복잡해서 개발, 테스트, 배포가 어렵습니다.
- 여러 서비스에 걸친 기능을 배포할 때에는 잘 조정해야 합니다.
- 마이크로서비스 아키텍처 도입 시점을 결정하기가 어렵습니다.

딱 맞는 서비스를 찾기가 쉽지 않다

마이크로서비스 아키텍처에 맞게 시스템을 여러 서비스로 분해하는, 구체적으로 정립된 알고리즘은 따로 없습니다. 소프트웨어 개발이 대개 그렇듯 이 작업도 일종의 예술입니다. 따라서 만약 시스템을 잘못 분해할 경우, 모놀리식/마이크로서비스 아키텍처의 단점만 있는 분산 모놀리스(distributed monolith)를 구축하게 됩니다. 반드시 함께 배포해야 하는 결합도가 높은 서비스들로 이루어진 시스템이 탄생하겠죠.

분산 시스템은 복잡하다

분산 시스템(distributed system)이라는 또 다른 복잡성은 개발자가 감당해야 합니다. 서비스 간 통신에 필수적인 IPC 역시 단순 메서드 호출보다는 복잡하며, 사용 불능 또는 지연 시간(latency)이 긴 원격 서비스, 부분 실패한 서비스를 처리할 수 있게 설계해야 합니다.

여러 서비스를 상대로 유스 케이스를 구현하려면 익숙지 않은 기술도 동원해야 합니다. 특히 서비스마다 DB가 따로 있기 때문에 다중 DB에 접속하여 조회하고 트랜잭션을 구현하는 일이 어렵습니다. 그래서 마이크로서비스 아키텍처는 사가라는 기술로 서비스 간 데이터 일관성을 유지합니다(4장). 또 단순 쿼리로는 여러 서비스에 있는 데이터를 조회할 수가 없으므로 API를 조합하거나 CQRS 뷰로 쿼리합니다(7장).

개발자가 많이 쓰는 IDE와 각종 툴 역시 초점은 모놀리식 애플리케이션 개발이고 분산 애플리케이션 개발은 별도로 지원하지 않습니다. 여러 서비스가 연관된 테스트를 자동화하는 것도 쉽지 않은 일입니다. 따라서 마이크로서비스 아키텍처에 특정한 이런 문제를 해결하려면 뛰어난 소프트웨어 개발/전달 스킬을 보유한 우수한 개발자가 필요합니다.

마이크로서비스 아키텍처는 운영 복잡도 역시 가중시킵니다. 종류가 다른 서비스가 여러 인스턴스로 떠 있으니 프로덕션에서 관리해야 할 가동부가 더 늘어나죠. 마이크로서비스를 성공적으로 배포하려면 다음과 같은 기술을 응용하여 플랫폼을 고도로 자동화해야 합니다.

- 넷플릭스 스핀네이커(Netflix Spinnaker) 같은 자동화 배포 툴
- 피보탈 클라우드 파운드리(Pivotal Cloud Foundry) 또는 레드햇 오픈시프트(Red Hat OpenShift) 처럼 바로 쓸 수 있는(off-the-shelf) PaaS
- 도커 스웜(Docker Swarm), 쿠버네티스(Kubernetes) 등 도커 오케스트레이션 플랫폼

다양한 배포 옵션에 대해서는 12장에서 자세히 설명합니다.

여러 서비스에 걸친 공통 기능은 배포할 때 잘 살펴야 한다

여러 서비스에 걸친 기능을 배포할 때에는 여러 개발 팀 간에 세심한 조율이 필요한 경우가 있습니다. 그러므로 서비스 간 디펜던시에 따라 서비스 배포 계획을 빈틈없이 수립해야 합니다. 여러 컴포넌트를 쉽게 원자적으로 업데이트할 수 있는 모놀리식 아키텍처와는 다소 차이가 있죠.

도입 시기를 결정하기 어렵다

애플리케이션 수명 주기 중 어느 시점에 마이크로서비스 아키텍처를 도입할지 결정하는 일도 만만찮습니다. 초기 버전을 개발할 때에는 굳이 마이크로서비스 아키텍처를 사용해서 해결할 이슈가 거의 없습니다. 오히려 정교한 분산 아키텍처를 사용하면 개발 속도가 더딜 수 있고 신속하게 이터레이션(iteration, 반복)하기도 어렵습니다. 따라서 비즈니스 모델과 이를 뒷받침하는 애플리케이션을 재빠르게 발전시켜야 하는 스타트업 회사는 모놀리식 애플리케이션으로 시작하는 것이 좋습니다.

그런 다음 복잡성을 다루는 문제가 중요해지는 시점에 애플리케이션을 여러 마이크로서비스로 기능 분해하는 것이 바람직합니다. 물론 디펜던시가 얽혀 있어서 리팩터링 작업이 만만찮을 수도 있습니다(모놀리스를 마이크로서비스로 리팩터링하는 전략은 13장에서 다룹니다).

이처럼 마이크로서비스 아키텍처는 장점도 많지만 중요한 단점도 있기 때문에 가벼이 도입할 그릇은 아닙니다. 하지만 일반 소비자를 상대하는 웹 애플리케이션이나 SaaS처럼 복잡한 애플리케이션은 대개 마이크로서비스 아키텍처가 잘 맞습니다. 이베이(eBay),[9] 아마존 닷컴(Amazon.com), 그루폰(Groupon), 길트(Gilt) 같은 유명 사이트도 처음에는 모놀리식 아키텍처로 시작했다가 나중에 마이크로서비스 아키텍처로 전환했습니다.

여러분은 마이크로서비스 도입에 따른 다양한 설계/아키텍처 이슈를 해결해야 하며, 그중 상당수는 솔루션이 한두 가지가 아니고 각자 나름대로 트레이드오프(trade-off)가 있습니다. 완벽한 정답은 없죠. 그래서 필자는 여러분이 올바른 의사 결정을 할 수 있도록 마이크로서비스 아키텍처 패턴 언어(pattern language)를 창조했습니다. 이 패턴 언어는 앞으로 이 책에서 마이크로서비스 아키텍처를 설명하면서 하나씩 선보일 것입니다.

MICROSERVICES PATTERNS

1.6 마이크로서비스 아키텍처 패턴 언어

아키텍처와 설계는 전부 결정하기 나름입니다. 여러분의 애플리케이션에 모놀리식 아키텍처가 잘 맞을지, 마이크로서비스 아키텍처가 잘 맞을지 결정하려면 수많은 트레이드오프를 검토해야 하고, 그 결과 마이크로서비스를 채택했다면 그에 수반되는 갖가지 이슈도 해결해야 합니다.

---

9 http://bit.ly/msp-1

다양한 아키텍처와 설계 옵션을 기술하고 더 나은 결정을 내리는 좋은 방법은 패턴 언어를 사용하는 것입니다. 먼저 패턴과 패턴 언어가 필요한 이유를 살펴보고, 마이크로서비스 아키텍처 패턴 언어를 죽 둘러봅시다.

1.6.1 마이크로서비스 아키텍처도 만병통치약은 아니다

1986년, 프레더릭 브룩스(Frederick Brooks)는 〈맨먼스 미신(The Mythical Man-Month)〉(케이앤피북스, 2007)에서 소프트웨어 공학에 만병통치약 따위는 없다고 잘라 말했습니다. 생산성을 갑자기 10배로 만들어 주는 기법/기술 같은 것은 없다는 말이죠. 그로부터 수십 년이 지났지만, 아직도 자신의 묘책이 정답이라고 강변하며 자신이 즐겨 쓰는 기술이 엄청난 생산성 증대로 이어질 것이란 맹목적인 확신을 부르짖는 개발자들이 있습니다.

'엉망이다(suck)/기똥차다(rock) 이분법(dichotomy)'[10]을 답습하는 논쟁은 아직도 진행 중입니다. 이 말은 닐 포드(Neal Ford)가 처음 쓴 것인데, 소프트웨어 세상에서는 만사가 엉망이든 기똥차든 어느 한쪽일 뿐 그 중간은 없다는 말이죠. 대략 이런 논리입니다. "네가 X를 하면 강아지가 죽을 테니 반드시 Y로 해." 동기 대 리액티브, 객체 지향 대 함수형, 자바 대 자바스크립트, REST 대 메시징 논쟁이 다 그런 식입니다. 하지만 현실은 그리 간단하지 않습니다. 모든 기술은 일장일단이 있기에 어떤 기술을 택하더라도 가트너 하이프 사이클(Gartner hype cycle)[11]의 전철을 밟게 되죠. 즉, 새로운 기술은 관심이 최고조에 이르러(기똥찬) 환멸의 구렁텅이로 미끄러지고(엉망인) 결국 생산성이 정체 상태에 빠지게 되는 5단계를 거칩니다(그제서야 그 기술의 트레이드오프가 무엇인지, 언제 사용해야 할지 이해하게 됩니다).

마이크로서비스 역시 만병통치약이 아닙니다. 이 아키텍처가 어떤 애플리케이션에 적합할지는 여러 요인에 따라 달라지므로 무턱대고 마이크로서비스 아키텍처만 쓰라는 말도, 그렇다고 마이크로서비스 아키텍처를 절대 쓰지 말라는 말도 그릇된 조언입니다. 세상만사 다 그렇듯 상황에 따라 다른 것입니다.

어떤 기술을 놓고 다소 과장된 극단적인 논쟁이 벌어지는 근본적인 이유는 본래 감정의 지배를 받기 쉬운 인간의 특성 탓입니다. 조너선 하이트(Jonathan Haidt)는 명저 〈바른 마음: 나의 옳음과 그들의 옳음은 왜 다른가(The Righteous Mind: Why Good People Are Divided by Politics and Religion)〉(웅진지식하우스, 2014)에서 인간의 마음이 움직이는 모습을 코끼리와 코끼리 탄 사람

---

10 http://nealford.com/memeagora/2009/08/05/suck-rock-dichotomy.html

11 https://en.wikipedia.org/wiki/Hype_cycle

에 비유했습니다. 여기서 코끼리는 뇌의 감정 영역을, 코끼리 탄 사람은 이성 영역을 가리킵니다. 대부분의 결정은 감정(코끼리)이 내립니다. 코끼리 탄 사람은 코끼리한테 영향을 끼칠 때도 있지만, 대부분 코끼리의 결정을 정당화하는 근거를 제공합니다.

소프트웨어 개발 커뮤니티에 속한 사람들은 자신의 감정을 극복한 상태에서 기술을 논할 방법을 강구해야 합니다. 그것이 바로 패턴 포맷(pattern format)으로 기술(technology)을 객관적으로 기술(describe)하는 것입니다. 기술을 패턴 포맷으로 나타내면 자연히 그 단점도 드러나게 됩니다.

1.6.2 패턴 및 패턴 언어

패턴은 특정한 상황에서 발생한 문제에 대한 재사용 가능한 해법입니다. 실제로 소프트웨어 아키텍처 및 설계 분야에서 이미 검증된 유용한 아이디어입니다. 패턴 언어는 특정 영역 내부에서 문제를 해결하는 연관된 패턴의 집합입니다. 패턴과 패턴 언어는 크리스토퍼 알렉산더(Christopher Alexander)라는 아키텍트가 실제로 정립한 개념입니다. 그는 253개의 패턴으로 구성된 아키텍처 패턴 언어를 〈패턴 랭귀지(A Pattern Language: Towns, Buildings, Construction)〉(인사이트, 2013)에 담았습니다. 도시 위치를 선정하는 고수준의 문제("마실 물은 어떻게 가져오나")부터 방을 설계하는 저수준의 문제("모든 방은 두 면에 빛을 비춘다")까지 다양한 문제를 해결하는 패턴을 이용하여 도시에서 창문에 이르기까지 물리적인 사물을 배치하는 문제를 해결했습니다.

크리스토퍼 알렉산더가 쓴 글은 소프트웨어 커뮤니티에 큰 반향을 불러일으켰고 결국 패턴, 패턴 언어 개념을 차용하기에 이르렀습니다. 〈GoF의 디자인 패턴: 재사용성을 지닌 객체지향 소프트웨어의 핵심요소(Design Patterns: Elements of Reusable Object-Oriented Software)〉(에릭 감마(Erich Gamma), 리처드 헬름(Richard Helm), 랠프 존슨(Ralph Johnson), 존 블리사이즈(John Vlissides) 저, 프로텍미디어, 2015)는 객체 지향 디자인 패턴을 집대성한 명저입니다. 이 책을 계기로 소프트웨어 개발자 세계에 패턴이 널리 보급되었고, 1990년대 중반부터 소프트웨어 개발자들은 다양한 소프트웨어 패턴을 문서화하기 시작했습니다. 덕분에 소프트웨어 아키텍처 및 설계에 관한 다양한 문제를 패턴에 따라 소프트웨어 엘리먼트를 결합하여 해결할 수 있게 되었죠.

가령 다양한 마이너스 통장(overdraft) 정책을 지원해야 하는 뱅킹 애플리케이션을 구축한다고 합시다. 계좌 잔고 한도 및 초과 인출된 계좌에 부과되는 수수료는 은행 정책마다 다릅니다. 이 문제는 디자인 패턴 교과서에 나오는 전략 패턴(Strategy pattern)으로 해결할 수 있습니다. 전략 패턴에 따르면 이 문제의 솔루션은 다음 세 가지로 구성됩니다.

- 초과 인출 알고리즘을 캡슐화한 전략 인터페이스 Overdraft

- 하나 이상의 전략 구상 클래스(concrete class)(각각 특정 맥락(context)을 표현함)

- 알고리즘을 사용하는 Account 클래스

전략 패턴은 객체 지향 디자인 패턴이므로 솔루션의 엘리먼트는 클래스입니다. 여러 서비스가 협동하는 고수준의 디자인 패턴은 이 절 뒷부분에서 다룹니다.

패턴은 자신이 적용되는 맥락을 반드시 기술해야 한다는 점에서 가치가 큽니다. 패턴이 제시한 솔루션이 어떤 맥락에서는 통하지만 또 다른 어떤 맥락에서는 전혀 통하지 않을 수도 있다는 생각 덕분에 더 나은 방법으로 기술을 논할 수 있게 되었습니다. 예를 들어 넷플릭스 정도 규모의 대기업에서 사용했던 솔루션이 소수의 사용자만 쓰는 애플리케이션에서도 잘 통하리란 보장은 없죠.

물론 패턴은 맥락을 고려하게 만드는 것 외에도, 매우 중요하지만 자주 간과되는 솔루션의 측면도 함께 기술하도록 강제한다는 점에서 효용성이 큽니다. 상용 패턴의 구조는 대략 다음 세 부분으로 구성됩니다.

- 강제 조항(forces)

- 결과 맥락(resulting context)

- 연관 패턴(related patterns)

강제 조항: 문제 해결을 위해 반드시 처리해야 할 이슈

주어진 맥락에서 문제를 해결하고자 할 때 반드시 처리해야 할 강제 조항입니다. 상충하는 강제 조항도 있기 때문에 모든 조항을 전부 충족할 수는 없고, 어느 조항이 더 중요한지는 맥락에 따라 다르므로 우선순위를 정해야 합니다. 예를 들어 코드는 이해하기 쉬워야 하는 동시에 성능도 우수해야 합니다. 리액티브 스타일로 작성한 코드는 동기 코드보다 성능은 우수할지 모르지만 개발자가 이해하기는 상대적으로 어렵습니다. 강제 조항을 명시적으로 나열하면 어느 이슈를 해결해야 할지 명확해집니다.

결과 맥락: 패턴 적용 결과

패턴을 적용한 결과를 다음 세 부분으로 기술하는 영역입니다.

- **장점**: (해결된 강제 조항 등) 패턴의 좋은 점

- **단점**: (미해결 강제 조항 등) 패턴의 나쁜 점

- **이슈**: 패턴 적용 시 발생한 새로운 문제점

결과 맥락은 솔루션을 편견에 치우치지 않은, 좀 더 완전한 시야로 바라보게 합니다. 따라서 더 나은 설계 결정을 내릴 수 있습니다.

연관 패턴: 다섯 가지 관계 유형

한 패턴과 다른 패턴의 관계를 기술하는 영역입니다. 패턴 관계는 다섯 가지 종류가 있습니다.

- **선행자**(predecessor): 이 패턴을 필요하게 만든 선행 패턴. 가령 마이크로서비스 아키텍처 패턴은 모놀리식 아키텍처 패턴을 제외한 나머지 패턴들의 선행자입니다.
- **후행자**(successor): 이 패턴으로 야기된 이슈를 해결하는 패턴. 가령 마이크로서비스 아키텍처 패턴을 적용하려면 서비스 디스커버리 패턴, 회로 차단기 패턴 등 후행자 패턴도 함께 적용해야 합니다.
- **대안**(alternative): 이 패턴의 대체 솔루션을 제공하는 패턴. 가령 모놀리식 아키텍처 패턴과 마이크로서비스 아키텍처 패턴은 서로를 대신할 수 있는 애플리케이션 아키텍처링 수단입니다. 둘 중 하나를 선택하면 됩니다.
- **일반화**(generalization): 문제를 해결하는 일반적인 솔루션에 해당하는 패턴
- **세분화**(specialization): 특정 패턴을 더 세부적으로 나타낸 형태

특정 영역의 문제를 해결하는 연관된 패턴을 한데 묶어 명시적으로 기술하면 어떻게 문제를 해결할 수 있는지 효과적으로 나타낼 수 있습니다(그림 1-9).

▼ 그림 1-9 패턴 사이의 다양한 유형의 관계를 시각화한 그림. 선행자 패턴을 적용하여 야기된 문제는 후행자 패턴으로 해결한다. 동일한 문제를 둘 이상의 패턴이 대체 솔루션이 될 수 있다. 즉, 한 패턴은 다른 패턴을 구체화한 형태일 수 있고, 동일한 영역의 문제 해결 패턴은 한데 묶거나 일반화할 수 있다

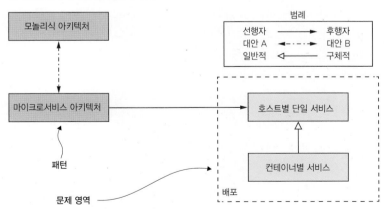

패턴 간 관계 역시 몇 가지 유형이 있습니다.

- 선행자-후행자 관계를 표현
- 같은 문제를 다른 방법으로 해결하는 패턴
- 한 패턴이 다른 패턴을 구체화한 패턴임을 표시
- 특정 영역의 문제에 적용되는 패턴

이렇게 여러 패턴을 연관 지어 패턴 언어라는 포맷으로 도출하고, 이 패턴 언어의 패턴을 사용하여 특정 영역의 문제를 해결하는 것입니다. 그중 필자가 만든 마이크로서비스 아키텍처 패턴 언어는 마이크로서비스를 중심으로 서로 관련된 소프트웨어 아키텍처와 디자인 패턴을 취합한 것입니다.

1.6.3 마이크로서비스 아키텍처 패턴 언어 개요

마이크로서비스 아키텍처 패턴 언어는 전체 애플리케이션을 마이크로서비스 아키텍처로 구성할 때 유용한 패턴의 모음집입니다(그림 1-10). 패턴 언어는 모놀리식 아키텍처 및 마이크로서비스 아키텍처의 구조와 장단점을 기술하기 때문에 무엇보다 마이크로서비스 아키텍처를 사용하는 것이 옳은 일인지 결정할 때 요긴합니다. 이렇게 검토한 결과, 마이크로서비스 아키텍처가 애플리케이션에 적합한 것으로 판단되면 패턴 언어를 이용하여 다양한 아키텍처/설계 이슈를 해결하고 효과적으로 활용할 수 있습니다.

패턴 언어는 여러 그룹의 패턴으로 구성됩니다. 그림 1-10을 봅시다. 왼쪽은 모놀리식 아키텍처 패턴과 마이크로서비스 아키텍처 패턴이 위치한 애플리케이션 아키텍처 패턴 그룹이고, 나머지는 마이크로서비스 아키텍처 패턴 사용 시 각종 이슈를 해결하는 솔루션 패턴을 모아 놓은 패턴 그룹입니다.

❤ 그림 1-10 마이크로서비스 아키텍처 패턴 언어를 고수준에서 바라본 그림. 패턴으로 해결 가능한 문제 영역은 다양하다. 왼쪽은 애플리케이션 아키텍처 패턴(모놀리식/마이크로서비스 아키텍처), 나머지 그룹은 마이크로서비스 아키텍처 패턴의 문제를 해결하는 패턴들이다

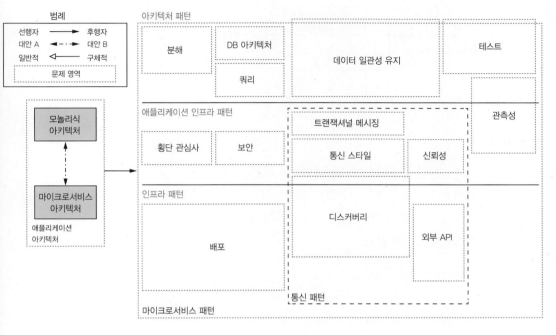

패턴은 다시 세 계층으로 분류됩니다.

- **인프라 패턴**(infrastructure pattern): 주로 개발 영역 밖의 인프라 문제를 해결합니다.
- **애플리케이션 인프라**(application infrastructure): 개발에도 영향을 미치는 인프라 문제를 해결합니다.
- **애플리케이션 패턴**(application pattern): 개발자가 맞닥뜨리는 문제를 해결합니다.

패턴은 해결하려는 문제의 종류별로 묶을 수 있습니다. 주요 패턴 그룹을 하나씩 살펴봅시다.

애플리케이션을 여러 서비스로 분해하는 패턴

한 시스템을 여러 서비스로 분해하는 방법을 결정하는 것이 진짜 기술인데, 다행히 참고할 만한 유용한 전략이 많습니다. 그림 1-11은 애플리케이션 아키텍처를 정의할 때 사용 가능한 두 가지 주요 분해 패턴입니다. 자세한 내용은 2장에서 다룹니다.

▼ 그림 1-11 분해 패턴은 비즈니스 능력에 따라 서비스를 구성하는 방법, DDD 하위 도메인(sub-domain)에 따라 서비스를 구성하는 방법, 두 가지다

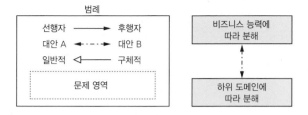

통신 패턴

마이크로서비스 아키텍처로 구축한 애플리케이션은 기본적으로 분산 시스템이기 때문에 프로세스 간 통신(IPC)이 아주 중요합니다. 그러므로 서비스 상호 간, 그리고 외부 세계와 어떻게 통신하면 좋을지 아키텍처/설계 관점에서 다양한 의사 결정을 해야 합니다. 통신 패턴은 크게 다섯 그룹으로 정리할 수 있습니다(그림 1-12).

- **통신 스타일**: 어떤 종류의 IPC를 사용하는가?
- **디스커버리**(discovery, 발견/검색): 서비스 클라이언트는 (이를테면 HTTP 요청을 할 때) 서비스 인스턴스의 IP 주소를 어떻게 가져오는가?
- **신뢰성**: 서비스 불능 시 서비스 간 통신의 신뢰성은 어떻게 보장되는가?
- **트랜잭셔널 메시징**(transactional messaging)[12]: 비즈니스 데이터를 업데이트하는 DB 트랜잭션에 메시지를 송신하고 이벤트를 발행하는 행위를 어떻게 통합하는가?
- **외부 API**: 애플리케이션 클라이언트는 서비스와 어떻게 통신하는가?

---

12 역주 '트랜잭셔널(transactional)'은 '트랜잭션이 개시된 상태에서 그 일부로 참여한', 즉 '트랜잭션이 걸려 있는' 의미를 가진 용어로 본 역서에서는 원어를 그대로 음차하여 옮깁니다.

▼ 그림 1-12 다섯 통신 패턴 그룹

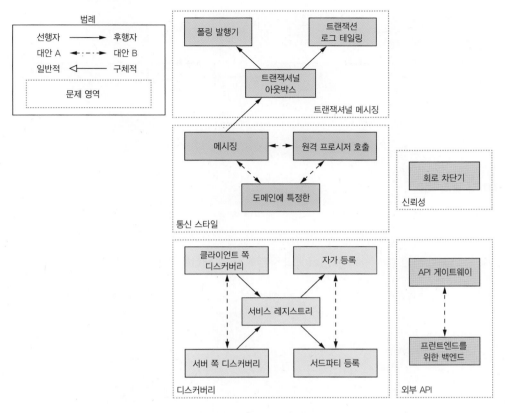

통신 스타일, 디스커버리, 신뢰성, 트랜잭셔널 메시징은 3장에서, 외부 API는 8장에서 각각 설명합니다.

트랜잭션 관리를 위한 데이터 일관성 패턴

마이크로서비스는 각자 DB를 갖고 서로 느슨하게 결합한다고 했습니다. 하지만 서비스마다 DB를 따로 두면 몇 가지 중요한 문제가 생깁니다. 4장에서 자세히 설명하겠지만, 기존의 분산 트랜잭션(distributed transaction, 2PC)은 요즘 애플리케이션에는 안 맞는 방법이라서 사가 패턴(saga pattern)에 따라 데이터 일관성을 유지해야 합니다(그림 1-13). 자세한 내용은 4~6장에서 다룹니다.

▼ 그림 1-13 서비스마다 자체 DB를 갖고 있으므로 사가 패턴에 따라 서비스 간 데이터 일관성을 유지해야 한다

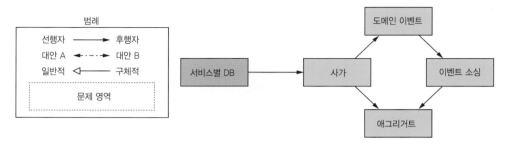

데이터 쿼리 패턴

서비스마다 DB를 두면 각 서비스가 소유한 데이터를 조인하는 쿼리도 문제입니다. 서비스 데이터는 오직 그 서비스의 API를 통해서만 접근할 수 있기 때문에 DB에 분산 쿼리를 사용할 수가 없습니다. 그래서 이런 쿼리는 그림 1-14에 표시된 두 가지 패턴을 응용해서 구현합니다.

▼ 그림 1-14 서비스마다 자체 DB를 갖고 있으므로 두 가지 쿼리 패턴 중 하나를 사용하여 여러 서비스에 흩어진 데이터를 조회한다

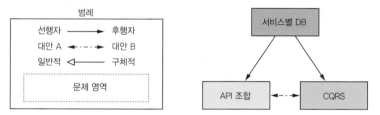

API 조합 패턴(composition pattern)은 하나 이상의 서비스를 호출해서 그 결과를 조합하고, CQRS(Command Query Responsibility Segregation, 커맨드 쿼리 책임 분리)는 하나 이상의 데이터 레플리카(replica, 사본/복제본)를 유지해서 쉽게 쿼리하는 방식입니다. 두 가지 패턴 모두 자세한 내용은 7장에서 이어집니다.

서비스 배포 패턴

애플리케이션 배포 작업은 모놀리스도 늘 쉬운 것은 아니지만, 배포할 애플리케이션이 하나밖에 없기 때문에 무척 직관적입니다. 물론 부하 분산기 뒷면에 애플리케이션 인스턴스를 여러 개 띄워 놓고 다중화하는 작업은 필요하죠.

마이크로서비스 애플리케이션은 다양한 언어와 프레임워크로 구현된 수십~수백 개의 서비스로 이루어져 있기 때문에 배포 작업이 훨씬 더 복잡하고 관리할 가동부(moving part)가 상당히 많습니다. 그래서 그림 1-15의 배포 패턴을 활용해야 합니다.

예전에는 보통 언어에 특정한 패키징 포맷(예: WAR 파일)으로 애플리케이션을 수동 배포했습니다. 하지만 이런 식으로는 마이크로서비스 아키텍처가 오래 버틸 수 없습니다. 고도로 자동화한 배포 인프라가 필요하죠. 개발자가 (CLI 또는 화면 인터페이스 형태의) 단순한 UI로 서비스를 배포/관리하고, 가상 머신(VM), 컨테이너, 서버리스 기술을 응용한 배포 플랫폼이 바람직합니다. 자세한 내용은 12장에서 다룹니다.

▼ 그림 1-15 마이크로서비스의 다양한 배포 패턴. 기존에는 흔히 서비스를 언어에 특정한 패키징 포맷으로 묶어 배포했다. 요즘은 크게 두 가지 방식으로 서비스를 배포한다. 첫째, VM이나 컨테이너에 배포한다. 둘째, 서비스(서버가 없는) 방식이다. 그냥 서비스 코드만 업로드하면 서버리스 플랫폼이 코드를 알아서 실행한다. 서비스 배포 플랫폼은 서비스 배포/관리를 자동화한, 자체 서비스 플랫폼을 사용해야 한다

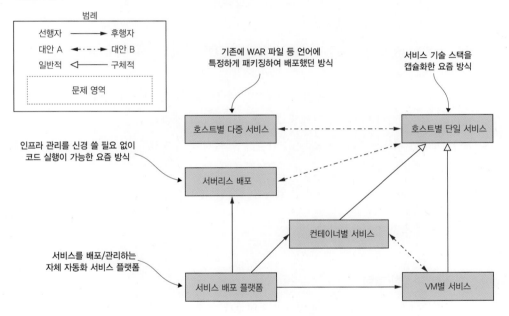

관측성 패턴: 애플리케이션 동작 파악

운영자의 주 임무는 애플리케이션의 런타임 동작을 이해하고 요청 실패, 높은 지연 시간 등 갖가지 문제를 진단/조치하는 일입니다. 모놀리식 애플리케이션도 운영은 똑같이 어렵지만, 요청이 비교적 단순하고 알기 쉽게 처리되므로 비교적 트러블슈팅(troubleshooting)이 수월한 편입니다. 들

어온 요청은 부하 분산되어 특정 애플리케이션 인스턴스로 라우팅되고, 애플리케이션 인스턴스는 DB 쿼리 결과를 수신한 데이터를 클라이언트에 반환합니다. 사용자 요청이 어떻게 처리되었는지는 해당 인스턴스의 로그 파일을 뒤져 보면 되죠.

하지만 마이크로서비스 아키텍처는 요청 결과가 클라이언트에 반환되기까지 어떤 서비스를 어떻게 오갈지 알 수 없기 때문에 로그 파일 하나만으로는 원인을 파악할 수 없고 문제의 원인을 찾고 진단하기가 매우 복잡합니다. 또 지연 시간도 짚어 보아야 할 대상이 많아 원인을 특정하기가 까다롭습니다.

관측 가능한 서비스를 설계하려면 다음과 같은 패턴이 필요합니다.

- **헬스 체크**(health check) **API**: 서비스 헬스(가동 상태)를 반환하는 끝점(endpoint, 엔드포인트)을 표출(expose)합니다.
- **로그 수집**(log aggregation): 서비스 내역을 기록하고 중앙 로깅 서버에 로그를 출력하여 검색/경고 기능을 제공합니다.
- **분산 추적**(distributed tracing): 각 외부 요청마다 ID를 부여하여 서비스를 통과하는 과정을 추적합니다.
- **예외 추적**(exception tracking): 예외가 발생하면 예외 추적 서비스에 보고합니다. 이 서비스는 중복된 예외를 걸러 내고 개발자에게 경고를 보내거나 그 해결 상태를 추적합니다.
- **애플리케이션 지표**(application metrics): 카운터, 게이지 등의 지표(metric, 메트릭)를 측정하여 지표 서버에 표출합니다.
- **감사 로깅**(audit logging): 사용자가 한 일을 기록합니다.

이 패턴은 11장에서 자세히 다룹니다.

서비스 테스트 자동화 패턴

마이크로서비스 아키텍처는 단위 서비스 크기가 비교적 작아서 테스트하기 쉽지만, 서로 다른 여러 서비스가 조화롭게 잘 작동되는지 테스트하는 일이 중요합니다. 느리고 복잡한, 취약한 종단 간 테스트(end-to-end test)는 가급적 피하는 것이 상책입니다. 따라서 다음과 같이 서비스를 따로 분리해서 테스트하는 테스트 단순화 패턴이 필요합니다.

- **컨슈머 주도 계약 테스트**(consumer-driven contract test): 클라이언트가 의도한 대로 서비스가 동작하는지 확인합니다.
- **컨슈머 쪽 계약 테스트**(consumer-side contract test): 클라이언트와 서비스가 상호 통신 가능한 지 확인합니다.
- **서비스 컴포넌트 테스트**(service component test): 서비스를 따로따로 테스트합니다.

테스트 패턴은 9~10장, 두 장에 걸쳐 설명합니다.

횡단 관심사 처리 패턴

마이크로서비스 아키텍처는 관측성 패턴, 디스커버리 패턴 등 모든 서비스가 반드시 구현해야 할 관심사가 한두 가지가 아니고, DB 자격증명(credential, 크리덴셜) 같은 구성 매개변수를 런타임 서비스에 제공하는 외부화 구성 패턴을 적용해야 합니다. 신규 서비스 구축 시 이런 횡단(공통) 관심사(cross-cutting concerns)를 처음부터 다시 개발하려면 시간이 너무 많이 걸립니다. 따라서 횡단 관심사를 처리하는 프레임워크에서 마이크로서비스 섀시(Microservice Chassis) 패턴을 적용하여 서비스를 구축하는 편이 바람직합니다. 자세한 내용은 11장에서 다룹니다.

보안 패턴

마이크로서비스 아키텍처에서는 일반적으로 API 게이트웨이가 신원(identity, 아이덴티티), 역할(role, 롤) 등 사용자 정보를 인증한 후 호출할 서비스에 관련 정보를 전달합니다. 가장 일반적인 솔루션은 JWT(JSON 웹 토큰(Web Token)) 같은 액세스 토큰(Access Token) 패턴(11장)을 적용하는 것입니다. API 게이트웨이는 액세스 토큰을 서비스에 건네고 서비스는 토큰 확인 후 사용자 정보를 조회합니다.

마이크로서비스 아키텍처 패턴 언어에 나오는 패턴들의 초점은 아키텍처/설계 문제를 해결하는 것입니다. 소프트웨어 개발이 성공하려면 올바른 아키텍처뿐만 아니라 프로세스와 조직도 잘 정립되어야 합니다.

1.7 마이크로서비스 너머: 프로세스와 조직

크고 복잡한 대부분의 애플리케이션은 마이크로서비스 아키텍처가 정답에 가깝지만, 올바른 아키텍처뿐만 아니라 올바른 조직, 올바른 개발/배포 프로세스도 수립되어야 소프트웨어 개발에 성공할 수 있습니다. 그림 1-16은 프로세스, 조직, 아키텍처 간의 관계입니다.

♥ 그림 1-16 크고 복잡한 애플리케이션을 더 빠르게, 더 자주, 더 확실하게 전달하려면 지속적 전달/배포, 소규모의 자율적인 팀, 마이크로서비스 아키텍처를 비롯한 다양한 데브옵스 기술을 잘 버무려야 한다

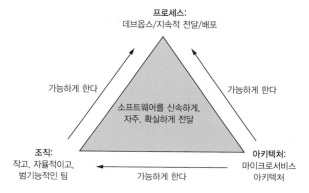

1.7.1 소프트웨어 개발/전달 조직

사업이 성공하면 기술 팀 규모도 커지기 마련입니다. 더 많은 개발자가 더 많은 일을 할 수 있으니 일단 좋은 일이죠. 프레드 브룩스의 〈맨먼스 미신〉에 따르면 크기가 N인 팀의 소통 오버헤드는 $O(N^2)$으로 증가한다고 합니다. 팀이 너무 커지면 소통 오버헤드가 급격히 증가하여 운영 효율이 떨어지죠. 매일 아침마다 팀원 20명과 스탠드업 미팅(standup meeting, 참석자가 서서 하는 회의)을 한다고 생각해 보세요.

그래서 규모가 큰 팀을 여러 팀으로 나누는 것이 좋습니다. 팀당 인원은 많아야 8~12명 정도가 좋습니다. 비즈니스 관점에서 팀의 목표는 명확합니다. 어떤 기능이나 비즈니스 능력(business capability)이 구현된 하나 이상의 서비스를 개발/운영하는 것이죠. 범기능(cross-functional, 여러 기능을 고루 갖춘) 팀을 구성하면 다른 팀과 매번 소통하거나 협의하지 않고 서비스를 독자적으로 개발, 테스트, 배포할 수 있습니다.

> **Note ☰   역 콘웨이 전략(reverse Conway maneuver)**
>
> 마이크로서비스 아키텍처에서 소프트웨어를 효과적으로 전달하려면 콘웨이의 법칙(Conway's law)[13]을 음미할 필요가 있습니다.
>
> > 시스템을 설계하는 조직은…… 그들이 소통하는 구조를 그대로 옮겨 놓은 듯한 결과물을 낼 수밖에 없는 한계가 있다.
> >
> > 멜빈 콘웨이(Melvin Conway)
>
> 즉, 애플리케이션 아키텍처는 그것을 개발하는 조직의 구조를 그대로 반영한다는 뜻입니다. 따라서 이 법칙을 역으로 이용해서[14] 조직의 구조가 마이크로서비스 아키텍처에 고스란히 반영되도록 설계해야 합니다. 이렇게 하면 개발 팀과 서비스를 느슨하게 결합시킬 수 있습니다.

거대한 한 팀보다는 작은 여러 팀의 움직임이 훨씬 빠릅니다. 마이크로서비스 아키텍처는 팀이 자율적으로 움직이게 만드는 핵심 역할을 담당합니다(1.5.1절). 각 팀마다 굳이 다른 팀과 협의할 필요 없이 독립적으로 서비스를 개발, 배포, 확장할 수 있습니다. SLA(Service Level Agreement, 서비스 수준 협약서)[15]를 충족하지 못한 서비스가 있다면, 어느 팀의 누구와 연락해야 할지도 분명해집니다.

무엇보다 개발 조직도 확장성이 좋아집니다. 팀을 늘려 조직을 키울 수 있고, 어떤 팀 하나가 너무 커지면 연관된 서비스 단위로 다시 팀을 나누면 됩니다. 팀은 서로 느슨하게 결합되어 있으므로 대규모 팀의 소통 오버헤드가 발생할 일은 없으며, 생산성에 아무런 영향을 끼치지 않고 인원을 보강할 수 있습니다.

1.7.2 소프트웨어 개발/전달 프로세스

폭포수(waterfall) 개발 프로세스[16]로 마이크로서비스 아키텍처를 구축하는 것은 말이 페라리를 끌고 가는 모양새입니다. 마이크로서비스의 편익을 대부분 날려 버리는 꼴이죠. 애자일 개발 프로세스를 도입하고 스크럼(scrum), 칸반(Kanban) 등을 실천해야 합니다. 데브옵스의 일부인 지속적 전달/배포를 실천하면 금상첨화입니다!

---

13 https://en.wikipedia.org/wiki/Conway%27s_law

14 http://www.thoughtworks.com/radar/techniques/inverse-conway-maneuver

15 역주 서비스를 제공하는 회사와 제공받는 사용자 간에 서비스의 측정 지표 및 목표 등을 기술한 협약서입니다.

16 역주 https://ko.wikipedia.org/wiki/폭포수_모델

지속적 전달은 새 기능, 구성 변경, 버그 조치, 실험 등 갖가지 변경분을 프로덕션 또는 사용자에게 직접 안전하고 신속하게, 일정한 수준으로 계속 전달하는 능력이다.

제즈 험블(Jez Humble)[17]

지속적 전달의 핵심은 소프트웨어를 언제라도 릴리스(release, 출시, 발표, 공개)할 수 있는 능력입니다. 따라서 자동화 테스트 등 높은 수준의 자동화는 필수입니다. 지속적 배포는 이보다 한 발 더 나아가 릴리스 가능한 코드를 프로덕션에 자동 배포하는 것입니다. 지속적 배포를 실천하는 고성능 조직은 하루에 프로덕션 배포를 여러 차례 수행하면서도 프로덕션 중단 사고는 거의 없고, 설령 사고가 발생해도 신속하게 복구합니다.[18] 마이크로서비스 아키텍처는 지속적 전달/배포를 직접 지원합니다(1.5.1절).

Note ☰ **중단 없이 재빠르게 움직여라**

지속적 전달/배포(더 일반적으로는 데브옵스)의 목표는 신속하고 확실하게 소프트웨어를 전달하는 것입니다. 다음은 소프트웨어 개발 수준을 평가하는 네 가지 유용한 잣대입니다.

- **배포 빈도**(deployment frequency): 소프트웨어를 얼마나 자주 프로덕션에 배포하는가?
- **리드 타임**(lead time): 개발자가 변경분을 체크인할 때부터 프로덕션에 배포할 때까지 걸린 시간
- **평균 복구 시간**(MTTR, Mean Time To Recover): 프로덕션 문제 복구에 소요된 시간
- **변경분 실패율**: 프로덕션에 문제를 일으킨 변경분의 비율(%)

예전에는 배포는 가끔씩 하고 리드 타임은 긴 조직이 많았습니다. 보수 기간 동안 개발/운영자는 스트레스를 지독하게 받은 상태로 막바지 이슈를 조치하느라 밤도 곧잘 새곤 했죠. 데브옵스 조직은 하루에 여러 차례 소프트웨어를 릴리스하면서도 외려 프로덕션 이슈는 별로 없습니다. 2014년 자료[19]에 따르면 아마존은 11.6초당 한 번씩 프로덕션에 변경분을 배포하고, 넷플릭스는 소프트웨어 컴포넌트당 리드 타임이 16분에 불과합니다.[20]

---

17 https://continuousdelivery.com/
18 https://puppet.com/resources/whitepaper/state-of-devops-report
19 http://bit.ly/msp-2
20 http://bit.ly/msp-3

1.7.3 마이크로서비스를 받아들이는 인간적 요소

마이크로서비스 아키텍처를 도입하면 아키텍처, 조직, 개발 프로세스가 모두 변화합니다. 앞서 언급한 대로 궁극적으로는 감정적인 존재인 인간의 근무 환경도 달라질 것입니다. 그런데 이런 측면을 무시하면 마이크로서비스를 도입하는 과정에서 뼈저린 우여곡절을 겪을 수도 있습니다.

윌리엄 브리지스(William Bridges), 수잔 브리지스(Susan Bridges)는 베스트셀러 도서인 〈Managing Transitions(변이 관리)〉(Da Capo Lifelong Books, 2017)[21]에서 변이(transition)란 사람들이 변화에 대해 감정적으로 대응하는 과정이라고 말했습니다. 다음은 이 책에 등장하는 3단계 변이 모델입니다.

1. **끝나다**(ending), **빼앗기다**(losing), **놓아주다**(letting go): 사람들이 안락한 영역에서 강제로 내쫓기게 되었을 때 느끼는 감정적인 격변과 저항 기간입니다. 예전부터 하던 대로 못 하니 분통이 터지는 것이죠. 가령 범기능 팀으로 조직 개편을 하면 직원들은 예전 팀 동료를 그리워합니다. 전역 데이터 모델을 담당했던 모델러 역시 각 서비스별로 데이터 모델을 보유한다는 발상 자체가 큰 위협으로 느껴질 것입니다.

2. **중립 지대**(Neutral Zone): 옛 작업 방식과 새 작업 방식 사이의 중간 단계입니다. 아직도 사람들은 혼란스러워 하지만 어떻게든 새로운 방식을 배우고자 노력합니다.

3. **새 출발**(New Beginning): 사람들이 새로운 작업 방식을 열심히 받아들이고 그 혜택을 몸소 경험하기 시작하는 최종 단계입니다.

이 책은 세 변이 단계를 각각 어떻게 관리하는 것이 최선인지, 어떻게 하면 성공적으로 변화할 가능성을 높일 수 있는지 안내합니다. FTGO는 지금 분명 모놀리식 지옥에 빠져 곤란한 상태입니다. 마이크로서비스 아키텍처로 갈아타야 하는데, 그러려면 조직과 개발 프로세스의 변화 역시 불가피합니다. 메리가 목표를 달성하려면 변이 모델과 팀원들의 감정도 잘 살펴야 합니다.

다음 장은 소프트웨어 아키텍처의 목표 및 애플리케이션을 여러 서비스로 분해하는 방법을 다룹니다.

---

21 https://wmbridges.com/books

1.8 마치며

- 모놀리식 아키텍처 패턴은 애플리케이션을 하나의 배포 단위로 구성합니다.

- 마이크로서비스 아키텍처 패턴은 독립적으로 배포 가능하면서 자체 DB를 보유한 서비스들로 시스템을 분해합니다.

- 단순한 애플리케이션은 모놀리식 아키텍처가, 크고 복잡한 애플리케이션은 마이크로서비스 아키텍처가 더 적합한 선택입니다.

- 마이크로서비스 아키텍처를 채택하면 자율적인 소규모 팀들이 작업을 병행할 수 있어서 소프트웨어 개발 속도가 빠릅니다.

- 마이크로서비스 아키텍처는 만병통치약이 아닙니다. 복잡성을 비롯하여 중요한 단점도 있습니다.

- 마이크로서비스 아키텍처 패턴 언어는 마이크로서비스 아키텍처로 애플리케이션을 설계할 때 유용한 패턴들의 모음집입니다. 패턴 언어는 마이크로서비스 아키텍처 도입 여부 결정 시 유용하며, 마이크로서비스 아키텍처를 효과적으로 적용하는 충실한 안내자입니다.

- 소프트웨어 전달 속도를 높이려면 마이크로서비스 아키텍처만으로는 부족합니다. 소프트웨어를 성공적으로 개발하려면 데브옵스 및 자율적인 소규모 팀들이 있어야 합니다.

- 마이크로서비스를 검토할 때 인간적인 측면도 고려해야 합니다. 직원들이 느끼는 감정도 충분히 반영되어야 성공적인 전환이 가능합니다.

2^장

분해 전략

2.1 마이크로서비스 아키텍처란 무엇인가?

2.2 마이크로서비스 아키텍처 정의

2.3 마치며

이 장에서 다룰 핵심 내용

• 소프트웨어 아키텍처의 정의와 중요성

• 분해 패턴을 적용하여 비즈니스 능력 및 하위 도메인별로 애플리케이션을
  서비스로 분해

• DDD의 경계 컨텍스트 개념을 활용하여 복잡하게 얽힌 데이터를 분해하
  기 더 쉽게 풀기

이따금 내가 원하는 것이 뭔지 잘 따져 보아야 할 때가 있습니다. 각고의 노력 끝에 마침내 메리는 경영진을 설득시켜 마이크로서비스 아키텍처로 전환하기로 했습니다. 그녀는 흥분과 두려움이 뒤섞인 가슴을 쓸어안고 뭘 어디서부터 시작하면 좋을지 논의하기 위해 아침부터 아키텍트를 전원 소집했습니다. 회의 내내 다들 배포, 서비스 디스커버리 같은 생소한 마이크로서비스 아키텍처 패턴 언어로 어리둥절하기는 했지만 그리 이해하기 어려운 정도는 아니었습니다. 하지만 진짜 문제는 애플리케이션을 기능에 따라 여러 서비스로 분해하는 마이크로서비스 아키텍처의 핵심 과제입니다. 결국 이 아키텍처의 출발점이자, 가장 중요한 요소는 서비스를 어떻게 정의하느냐 하는 것입니다. 화이트 보드 주위에 모인 FTGO 팀원들은 깊은 시름에 잠겼습니다.

이 장에서 다룰 핵심 내용은 마이크로서비스를 정의하는 방법입니다. 여러분은 애플리케이션을 여러 서비스로 분해하는 다양한 전략을 살펴보면서 서비스가 기술 관심사보다는 비즈니스 관심사를 중심으로 구성된다는 사실을 배우게 될 것입니다. DDD(Domain-Driven Design, 도메인 주도 설계)의 개념을 이용해서 만능 클래스(god class, 갓 클래스)[1]를 제거하는 방법도 소개합니다.

우선 소프트웨어 아키텍처 관점에서 마이크로서비스 아키텍처를 정의한 후, 애플리케이션의 요건 정의부터 마이크로서비스를 정의하는 과정을 기술합니다. 애플리케이션을 여러 서비스로 분해하는 전략과 이 분해 작업을 가로막는 장애물은 무엇인지, 그리고 어떻게 하면 극복할 수 있는지 알려 드립니다.

2.1 마이크로서비스 아키텍처란 무엇인가?

1장에서 마이크로서비스 아키텍처의 핵심 사상은 기능 분해라고 했습니다. 대규모 단일 애플리케이션을 개발하는 대신 애플리케이션을 여러 서비스로 구성하자는 것입니다. 마이크로서비스 아키텍처 자체를 일종의 기능 분해라고도 볼 수 있지만 몇 가지 의문점이 생깁니다. 마이크로서비스 아키텍처는 광의(廣義)의 소프트웨어 아키텍처 개념과 어떤 연관이 있을까요? 그리고 서비스란 무엇이고, 그 크기는 어느 정도가 적당할까요?

---

1 **역주** 애플리케이션 곳곳에 두루 쓰이면서 도저히 나눌 수 없을 정도로 디펜던시가 얽히고설켜 있는 클래스를 말합니다. 역자 경험상 이런 클래스는 어느 시스템이든지 하나씩은 다 있었던 것 같습니다.

이 질문에 답하려면 소프트웨어 아키텍처란 과연 무엇인지 한 걸음 물러나 되새겨 볼 필요가 있습니다. 소프트웨어 아키텍처는 구성 요소 및 그들 간의 디펜던시(dependency, 의존관계)로 엮인 고수준의 구조물입니다. 애플리케이션 아키텍처는 다차원적(multidimensional)이므로 기술하는 방법도 다양합니다. 아키텍처가 중요한 이유는 소프트웨어의 품질 속성, 즉 '~성(-ilities)'으로 끝나는 지표가 아키텍처에 의해 결정되기 때문입니다. 예전에는 확장성, 신뢰성, 보안 등이 아키텍처의 목표였지만, 이제 신속/안전하게 소프트웨어를 전달하는 능력도 매우 중요합니다. 곧 배우겠지만, 마이크로서비스 아키텍처는 관리성, 테스트성, 배포성이 높은 애플리케이션을 구축하는 아키텍처 스타일(architecture style)입니다.

2.1.1 소프트웨어 아키텍처의 정의와 중요성

아키텍처는 분명히 중요합니다. 오라일리 소프트웨어 아키텍처 콘퍼런스(O'Reilly Software Architecture Conference)[2]와 새턴 콘퍼런스(SATURN conference)[3]는 아키텍처만 다루는 유명 콘퍼런스입니다. 많은 개발자가 아키텍트를 꿈꾸며 노력하는데, 그렇다면 아키텍처란 무엇이고 왜 그렇게 중요한 것일까요?

소프트웨어 아키텍처의 정의

소프트웨어 아키텍처를 정의한 문구는 다양합니다.[4] 필자는 그중 렌 바스(Len Bass)와 그가 이끄는 소프트웨어 공학 연구소[5] 직원들이 내린 정의를 가장 선호합니다. 렌 바스는 소프트웨어 아키텍처를 하나의 학과목으로 정착시키는 데 중요한 공헌을 한 사람입니다. 그들은 소프트웨어 아키텍처를 이렇게 정의했습니다.

> 컴퓨팅 시스템의 소프트웨어 아키텍처는 소프트웨어 엘리먼트(element)와 그들 간의 관계, 그리고 이 둘의 속성(property)으로 구성된 시스템을 추론하는 데 필요한 구조(structure)의 집합이다.[6]

〈소프트웨어 아키텍처 문서화(Documenting Software Architectures)〉, 바스(Bass) 등

---

2 https://conferences.oreilly.com/software-architecture

3 https://resources.sei.cmu.edu/news-events/events/saturn/

4 https://en.wikiquote.org/wiki/Software_architecture

5 http://www.sei.cmu.edu

6 역주 https://technical-leader.tistory.com/34

다소 추상적인 문구이지만, 핵심은 애플리케이션 아키텍처가 여러 파트(엘리먼트)로의 분해와 이런 파트 간의 관계(연관성)라는 것입니다. 분해가 중요한 이유는 다음 두 가지 때문입니다.

- 업무(labor)와 지식(knowledge)을 분리합니다. 덕분에 전문 지식을 보유한 사람들(또는 여러 팀)이 함께 생산적으로 애플리케이션 작업을 할 수 있습니다.
- 소프트웨어 엘리먼트가 어떻게 상호 작용하는지 밝힙니다.

소프트웨어 아키텍처의 4+1 뷰 모델

건물의 아키텍처를 구조, 배관, 전기 등의 관점에서 바라보듯이, 애플리케이션 아키텍처를 바라보는 관점도 다양합니다. 필립 크러첸(Phillip Krutchen)은 소프트웨어 아키텍처가 4+1 뷰 모델이라고 기술한 전설적인 논문을 한 편 발표했습니다(〈아키텍처 청사진 – 소프트웨어 아키텍처의 '4+1' 뷰 모델(Architectural Blueprints-The '4+1' View Model of Software Architecture)〉[7]). 4+1 모델은 소프트웨어 아키텍처를 바라보는 상이한 4뷰를 정의합니다. 각 뷰는 아키텍처의 특정한 측면을 기술하고 특정 소프트웨어 엘리먼트와 그들 사이의 관계로 구성됩니다(그림 2-1).

각 뷰의 목적은 다음과 같습니다.

- **논리 뷰**(logical view): 개발자가 작성한 소프트웨어 엘리먼트. 객체 지향 언어라면 클래스, 패키지가 해당되며 결국 상속(inheritance), 연관(association), 의존(depends-on) 등 클래스와 패키지의 관계를 말합니다.
- **구현 뷰**(implementation view): 빌드 시스템의 결과물. 모듈(패키징된 코드)과 컴포넌트(하나 이상의 모듈로 구성된 실행/배포 가능 단위)로 구성됩니다. 자바에서 모듈은 보통 JAR 파일, 컴포넌트는 WAR 파일이나 실행 가능한 JAR 파일입니다. 모듈 간 디펜던시와 컴포넌트/모듈 간 조합 관계도 이 뷰에 포함됩니다.
- **프로세스 뷰**(process view): 런타임 컴포넌트. 각 엘리먼트는 개별 프로세스고, IPC는 프로세스 간 관계를 나타냅니다.
- **배포 뷰**(deployment view): 프로세스가 머신에 매핑되는 방법. 이 뷰의 엘리먼트는 (물리 또는 가상) 머신 및 프로세스고, 머신 간의 관계가 바로 네트워킹입니다. 프로세스와 머신 사이의 관계도 이 뷰에서 기술됩니다.

---

7 http://www.cs.ubc.ca/~gregor/teaching/papers/4+1view-architecture.pdf

▼ 그림 2-1 4+1 뷰 모델은 애플리케이션 아키텍처를 4뷰로 바라본다. 또 각 뷰의 내부 엘리먼트가 함께 요청을 처리하는 과정이 시나리오에 기술되어 있다

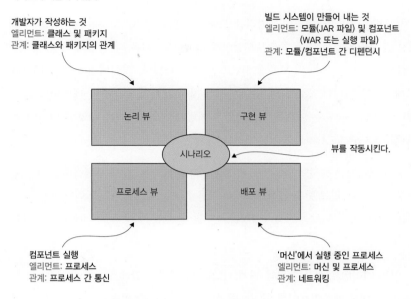

개발자가 작성하는 것
엘리먼트: 클래스 및 패키지
관계: 클래스와 패키지의 관계

빌드 시스템이 만들어 내는 것
엘리먼트: 모듈(JAR 파일) 및 컴포넌트
　　　　(WAR 또는 실행 파일)
관계: 모듈/컴포넌트 간 디펜던시

논리 뷰

구현 뷰

시나리오

뷰를 작동시킨다.

프로세스 뷰

배포 뷰

컴포넌트 실행
엘리먼트: 프로세스
관계: 프로세스 간 통신

'머신'에서 실행 중인 프로세스
엘리먼트: 머신 및 프로세스
관계: 네트워킹

4뷰 외에도 (4+1 모델의 +1에 해당하는) 뷰를 구동시키는 시나리오가 있습니다. 각 시나리오는 특정 뷰 내에서 얼마나 다양한 아키텍처 요소가 협동하여 요청을 처리하는지 기술합니다. 가령 논리 뷰의 시나리오는 클래스가 협동하는 방법을, 프로세스 뷰의 시나리오는 프로세스가 서로 어떻게 협동하는지 나타냅니다.

4+1 뷰 모델은 애플리케이션 아키텍처를 명쾌하게 표현하는 수단입니다. 4뷰는 중요한 아키텍처 측면을, 시나리오는 뷰의 여러 엘리먼트가 협동하는 과정을 명시합니다.

아키텍처의 중요성

애플리케이션 요건은 크게 두 가지 종류로 나눕니다. 첫째, 애플리케이션이 해야 할 일을 정의한 기능 요건입니다. 보통 유스 케이스나 사용자 스토리(user story) 포맷으로 기술하는데, 이 기능 요건과 아키텍처는 거의 무관합니다. 기능 요건은 어느 아키텍처든, 심지어 진흙잡탕에서도 구현할 수 있습니다.

둘째, 이른바 '~성'으로 끝나는 서비스 품질 요건입니다. 아키텍처는 바로 이 요건을 충족시킬 수 있게 설계해야 하므로 아주 중요합니다. 서비스 품질 요건은 확장성, 신뢰성 같은 런타임 품질 외에도 관리성, 테스트성, 배포성처럼 개발 시점의 품질도 해당됩니다. 애플리케이션 아키텍처를 어떻게 선택하느냐에 따라 이런 품질 요건을 얼마나 충족할 수 있을지 결정됩니다.

2.1.2 아키텍처 스타일 개요

실제 건물 아키텍처는 빅토리안(Victorian), 아메리칸 크래프츠맨(American Craftsman), 아트 데코 (Art Deco) 등 정해진 양식을 따르는 경우가 대부분입니다. 이런 스타일은 각 건물의 특성과 자재 를 좌우하는 설계 결정(design decision)의 모음집이라고 볼 수 있습니다. 아키텍처 스타일 개념은 소프트웨어에도 그대로 적용됩니다. 소프트웨어 아키텍처 지식 체계의 선구자인 데이비드 갈란 (David Garlan)과 메리 쇼(Mary Shaw)는 아키텍처 스타일을 이렇게 정의합니다(〈소프트웨어 아키텍 처 개론(An Introduction to Software Architecture)〉, 1994년 1월[8]).

> 아키텍처 스타일은 체계적인 조직의 관점에서 시스템 군을 정의한다. 좀 더 구체적으로 말하면, 아키텍처 스타일은 그 스타일로 만든 인스턴스에서 사용 가능한 컴포넌트와 커넥터(connector) 의 보케블러리(vocabulary, 용어집), 그리고 이들을 조합할 수 있는 제약 조건(constraint)을 결정 한다.

특정 아키텍처 스타일은 엘리먼트(컴포넌트)와 관계(커넥터)의 한정된 팔레트(palette, 사용 가능한 범위)를 제공하며, 이를 토대로 애플리케이션 아키텍처의 뷰를 정의할 수 있습니다. 애플리케이션 은 대부분 아키텍처 스타일을 조합해서 사용합니다. 모놀리식 아키텍처도 구현 뷰를 하나의 (실 행/배포 가능한) 컴포넌트로 구성한 아키텍처 스타일이라고 할 수 있죠. 마이크로서비스 아키텍 처는 애플리케이션을 느슨하게 결합된 여러 서비스로 구성하는 아키텍처 스타일입니다.

계층화 아키텍처 스타일

소프트웨어 엘리먼트를 계층별로 구성하는 계층화 아키텍처(layered architecture)는 전형적인 아키 텍처 스타일입니다. 계층마다 명확히 정의된 역할을 분담하며, 계층 간 디펜던시는 아키텍처로 제 한합니다. 따라서 어떤 계층은 바로 하위에 있는 계층에만 의존하거나(계층화를 엄격히 할 경우), 하위에 위치한 어느 한 계층에 의존합니다.

계층화 아키텍처는 앞서 배운 4뷰 모두 적용할 수 있습니다. 여러분도 잘 아는 3계층 아키텍처가 바로 계층화 아키텍처를 논리 뷰에 적용한 사례로, 애플리케이션 클래스를 다음 세 계층으로 구성 한 아키텍처입니다.

---

8 http://bit.ly/msp-4

- **표현(프레젠테이션) 계층**(presentation layer): 사용자 인터페이스 또는 외부 API가 구현된 계층
- **비즈니스 로직 계층**(business logic layer): 비즈니스 로직이 구현된 계층
- **영속화(퍼시스턴스) 계층**(persistence layer): DB 상호 작용 로직이 구현된 계층

하지만 계층화 아키텍처는 몇 가지 중요한 흠이 있습니다.

- **표현 계층이 하나뿐이다**: 애플리케이션을 호출하는 시스템이 하나밖에 없을까?
- **영속화 계층이 하나뿐이다**: 애플리케이션이 상호 작용하는 DB가 정말 하나뿐일까?
- **비즈니스 로직 계층을 영속화 계층에 의존하는 형태로 정의한다**: 이론적으로 이런 디펜던시 때문에 DB 없이 비즈니스 로직을 테스트하는 것은 불가능합니다.

또 계층화 아키텍처는 잘 설계된 애플리케이션에서 디펜던시를 잘못 나타내는 문제도 있습니다. 일반적으로 비즈니스 로직 계층은 인터페이스나 데이터 접근 메서드가 정의된 인터페이스 리포지터리를 정의하고, 영속화 계층은 리포지터리 인터페이스를 구현한 DAO 클래스를 정의합니다. 결국 실제 디펜던시가 계층화 아키텍처에 기술된 것과는 정반대입니다.

육각형 아키텍처는 이런 문제점을 해결하고자 고안되었습니다.

육각형 아키텍처 스타일

육각형 아키텍처는 논리 뷰를 비즈니스 로직 중심으로 구성하는 계층화 아키텍처 스타일의 대안입니다(그림 2-2). 애플리케이션에 표현 계층 대신 비즈니스 로직을 호출하여 외부에서 들어온 요청을 처리하는 인바운드 어댑터(들)와 영속화 계층 대신 비즈니스 로직에 의해 호출되고 외부 애플리케이션을 호출하는 아웃바운드 어댑터(들)를 둡니다. 비즈니스 로직이 어댑터에 전혀 의존하지 않는다는 것이 이 아키텍처의 가장 중요한 특장점입니다. 외려 어댑터가 비즈니스 로직에 의존하죠.

비즈니스 로직에는 하나 이상의 포트가 있습니다. 포트는 비즈니스 로직이 자신의 외부 세계와 상호 작용하는 방법이 정의된 작업(operation, 오퍼레이션)입니다. 가령 자바라면 인터페이스가 포트겠죠. 포트 종류는 인바운드/아웃바운드 두 가지입니다. 인바운드 포트는 비즈니스 로직이 표출된 API로서, 외부 애플리케이션은 이 API를 통해 비즈니스 로직을 호출합니다(예: 서비스의 퍼블릭(public, 공개) 메서드가 정의된 서비스 인터페이스). 아웃바운드 포트는 비즈니스 로직이 외부 시스템을 호출하는 방법에 관한 것입니다(예: 데이터 접근 작업이 정의된 리포지터리 인터페이스).

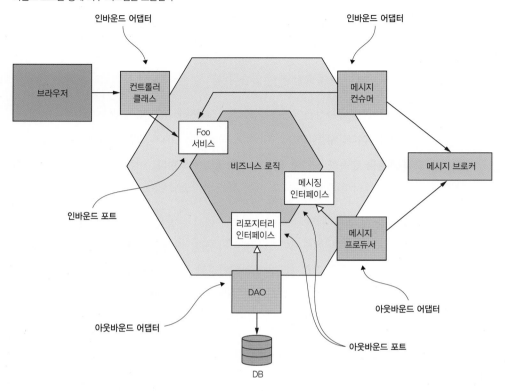

▼ 그림 2-2 육각형 아키텍처 예시. 비즈니스 로직 및 외부 시스템과 통신하는 하나 이상의 어댑터로 구성되어 있다. 비즈니스 로직은 하나 이상의 포트를 지니며, 인바운드 어댑터는 외부 시스템의 요청을 처리하고 인바운드 포트를 호출한다. 아웃바운드 어댑터는 아웃바운드 포트를 통해 외부 시스템을 호출한다

어댑터는 비즈니스 로직 주변을 감싸고 있습니다. 포트처럼 어댑터도 인바운드/아웃바운드 두 종류입니다. 인바운드 어댑터는 외부에서 들어온 요청을 인바운드 포트를 호출해서 처리합니다(예: REST 끝점, 웹 페이지가 구현된 스프링 MVC 컨트롤러, 메시지를 구독하는 메시지 브로커 클라이언트). 동일한 인바운드 포트를 여러 인바운드 어댑터가 호출할 수도 있습니다.

아웃바운드 어댑터는 비즈니스 로직에서 들어온 요청을 외부 애플리케이션/서비스를 호출해서 처리합니다(예: DB 작업이 구현된 데이터 접근 객체(DAO) 클래스, 원격 서비스를 호출하는 프록시(proxy) 클래스). 아웃바운드 어댑터는 이벤트를 발행하기도 합니다.

육각형 아키텍처 스타일의 가장 큰 장점은 비즈니스 로직에 있던 표현/데이터 접근 로직이 어댑터와 분리되었기 때문에 비즈니스 로직이 표현/데이터 접근 로직 어디에도 의존하지 않는다는 점입니다.

이렇게 분리를 하니 비즈니스 로직만 따로 테스트하기도 쉽고, 현대 애플리케이션 아키텍처를 좀 더 정확하게 반영할 수 있습니다. 제각기 특정한 API나 UI가 구현된 인바운드 어댑터가 비즈니스 로직을 호출하고, 비즈니스 로직은 다양한 외부 시스템을 호출하는 아웃바운드 어댑터를 호출하는 구조죠. 육각형 아키텍처는 마이크로서비스 아키텍처를 이루는 각 서비스 아키텍처를 기술하는 가장 좋은 방법입니다.

계층화/육각형 아키텍처 모두 아키텍처 스타일입니다. 둘 다 3계층 아키텍처 형태로 논리 뷰를 구성하고, 아키텍처 구성 요소를 정의하며 그들 간 관계에 제약 조건을 두는 것은 같습니다. 그럼 마이크로서비스 아키텍처를 구현 뷰를 구성하는 아키텍처 스타일로 정의해 봅시다.

2.1.3 마이크로서비스 아키텍처는 일종의 아키텍처 스타일이다

4+1 뷰 모델과 아키텍처 스타일 이야기를 했는데, 이제 모놀리식/마이크로서비스 아키텍처를 정의할 차례입니다. 먼저 모놀리식 아키텍처는 구현 뷰를 단일 컴포넌트(하나의 실행 파일이나 WAR 파일)로 구성한 아키텍처 스타일입니다. 다른 뷰는 일체 등장하지 않습니다. 모놀리식 애플리케이션은 육각형 아키텍처 방식으로 구성한 논리 뷰를 가질 수 있습니다.

> Note ≡ **패턴: 모놀리식 아키텍처**
>
> 애플리케이션을 실행/배포 가능한 단일 컴포넌트로 구성한다.[9]

마이크로서비스 아키텍처도 일종의 아키텍처 스타일입니다. 하지만 구현 뷰를 다수의 컴포넌트(여러 실행 파일이나 WAR 파일)로 구성하는 차이점이 있습니다. 여기서 컴포넌트는 곧 서비스고, 각 서비스는 자체 논리 뷰 아키텍처를 갖고 있습니다. 전형적인 육각형 아키텍처죠. 커넥터는 이런 서비스가 서로 협동할 수 있게 해주는 통신 프로토콜입니다. 그림 2-3은 FTGO 애플리케이션에 적용해 봄직한 마이크로서비스 아키텍처입니다. 여기서 서비스는 각각 주문 관리, 음식점 관리 같은 비즈니스 능력에 해당합니다.

> Note ≡ **패턴: 마이크로서비스 아키텍처**
>
> 애플리케이션을 느슨하게 결합된, 독립적으로 배포 가능한 여러 서비스로 구성한다.[10]

---

9 http://microservices.io/patterns/monolithic.html

10 http://microservices.io/patterns/microservices.html

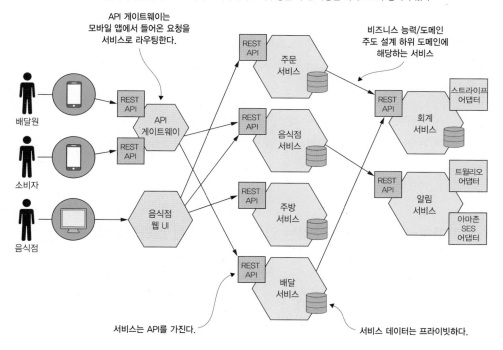

▼ 그림 2-3 FTGO 애플리케이션을 마이크로서비스 아키텍처로 재구성한 예시. 다양한 서비스로 구성되어 있다

마이크로서비스 아키텍처의 핵심 제약 조건은 서비스를 느슨하게 결합한다는 것입니다. 따라서 여러 서비스가 협동하는 방식에도 제약 사항이 있습니다. 이 제약 사항을 이해하려면 먼저 서비스라는 말의 뜻이 정확히 무엇인지, 느슨한 결합이 무엇이고 왜 중요한지 이해해야 합니다.

서비스란 무엇인가?

서비스는 어떤 기능이 구현되어 단독 배포가 가능한 소프트웨어 컴포넌트입니다. 서비스는 클라이언트가 자신이 서비스하는 기능(functionality)에 접근할 수 있도록 커맨드, 쿼리, 이벤트(event)로 구성된 API를 제공합니다. 서비스 작업은 크게 커맨드(command, 명령/CUD)와 쿼리(query, 조회/R)로 나뉩니다(예: createOrder() 커맨드는 주문 생성 후 데이터를 업데이트, findOrderById() 쿼리는 데이터를 조회합니다). 서비스는 클라이언트가 소비하는 OrderCreated 같은 이벤트를 발행하기도 합니다.

서비스 API는 내부 구현 상세를 캡슐화합니다. 모놀리스와 달리 개발자는 API를 우회하여 서비스에 접근하는 코드를 작성할 수 없으므로 마이크로서비스 아키텍처에서 애플리케이션 모듈성은 보장됩니다.

각각의 마이크로서비스는 자체 아키텍처를 갖고 있기 때문에 기술 스택을 독자적으로 구축할 수 있지만, 대부분 육각형 아키텍처 형태를 취합니다. API는 서비스에 구현된 비즈니스 로직과 소통하는 어댑터를 이용하여 구현합니다. 작업 어댑터(operations adapter)는 비즈니스 로직을 호출하고 이벤트 어댑터(events adapter)는 비즈니스 로직이 내어 준 이벤트를 발행합니다.

▼ 그림 2-4 서비스에는 구현체가 캡슐화된 API가 있다. 클라이언트가 호출하는 작업은 이 API에 정의되어 있다. 작업 종류는 데이터를 업데이트하는 커맨드, 데이터를 조회하는 쿼리, 두 가지다. 데이터 변경 시 서비스는 이벤트를 발행하고 클라이언트는 이 이벤트를 구독한다

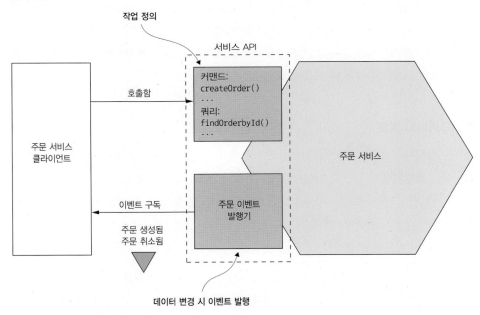

12장에서 배포 기술을 다룰 때 이야기하겠지만, 서비스 구현 뷰는 스탠드얼론(standalone, 독립적으로 움직이는) 프로세스, 컨테이너 내부에서 실행되는 웹 애플리케이션, OSGI 번들, 서버리스 클라우드 기능 등 다양한 컴포넌트를 사용할 수 있습니다. 물론 서비스마다 자체 API를 갖고 독립적 배포가 가능해야 하는 핵심 요건은 동일합니다.

느슨한 결합

느슨하게 결합된 서비스는 마이크로서비스 아키텍처의 주요 특성 중 하나입니다.[11] 서비스는 구현 코드를 감싼 API를 통해서만 상호 작용하므로 클라이언트에 영향을 끼치지 않고 서비스 내부 구

---

11 https://en.wikipedia.org/wiki/Loose_coupling

현 코드를 바꿀 수 있습니다. 느슨하게 결합된 서비스는 유지보수성, 테스트성을 높이고 애플리케이션 개발 시간을 단축하는 효과가 있습니다. 무엇보다 개발자가 서비스를 이해하고, 변경하고, 테스트하기가 더 쉽습니다.

서비스는 느슨하게 결합되고 API를 통해서만 동작하기 때문에 서비스가 직접 DB와 통신하는 일은 불가능합니다. 또 클래스 필드 같은 서비스의 영속적 데이터는 반드시 프라이빗으로 유지해야 합니다. 이렇게 해야 개발자가 자신이 맡은 서비스의 DB 스키마를 변경할 때 다른 서비스 개발자와 조율하느라 시간을 허비하지 않습니다. 서비스가 DB 테이블을 서로 공유하지 않기 때문에 런타임 격리(runtime isolation)도 향상됩니다. 어떤 서비스가 DB 락을 획득하여 다른 서비스를 블로킹하는 일 자체가 불가능하죠. 물론 DB를 공유하지 않기 때문에 여러 서비스에 걸쳐 데이터를 쿼리하고 일관성을 유지하는 일은 더 복잡해지는 단점이 있습니다.

공유 라이브러리의 역할

코드 중복을 방지하기 위해 여러 애플리케이션에서 재사용 가능한 기능을 라이브러리(모듈)로 패키징하는 것은 개발자에게 당연한 일입니다(메이븐이나 npm 같은 리포지터리가 없었으면 얼마나 힘들었을까요?). 그래서 마이크로서비스 아키텍처에서도 공유 라이브러리(shared library)를 사용하고픈 유혹에 빠지기 쉬운데, 서비스 코드 중복을 줄이는 것은 좋지만 의도치 않은 서비스 간 결합도를 유발하지 않도록 조심해야 합니다.

예를 들어 Order라는 비즈니스 객체를 여러 서비스가 업데이트하는 상황을 생각해 봅시다. 필요한 공용 기능을 라이브러리 하나에 모두 패키징해 배포하면 될 테니…… 코드 중복은 안 해도 되겠지만 나중에 요건이 Order에 영향을 주는 방향으로 변경되면 어떻게 될까요? 관련 서비스를 일제히 다시 빌드해서 재배포해야겠죠. 이렇게 변경 가능성이 조금이라도 있는 기능이라면 별도의 서비스로 구현하는 것이 낫습니다.

물론 바뀔 일이 거의 없는 기능은 라이브러리에 담아 쓰는 것이 좋습니다. 가령 제네릭 클래스 Money를 사용하는 서비스마다 구현하는 것은 말도 안 됩니다. 당연히 전체 서비스가 사용 가능한 라이브러리로 공통화해야 하겠죠.

서비스 규모는 별로 중요하지 않다

마이크로서비스라는 용어는 '마이크로(micro, 작은)'라는 어감이 제일 먼저 귀에 꽂히는 것이 문제입니다. 왠지 서비스를 아주 작게 만들어야 할 것 같은 느낌이 들기 때문이죠. 미니 서비스

(miniservice), 나노 서비스(nanoservice) 등 크기를 바탕으로 만든 용어들도 그렇지만, 사실 크기가 중요한 것이 아닙니다.

크기보다는 작은 팀이 가장 짧은 시간에, 다른 팀과 협동하는 부분은 최소로 하여 개발 가능한 서비스를 설계해야 합니다. 이론적으로는 한 팀이 한 서비스를 맡을 수도 있는데, 이런 경우라면 마이크로서비스가 '마이크로'하다고(작다고) 볼 수 없겠죠. 반대로 대규모 팀을 꾸려야 하거나 서비스를 테스트하는 시간이 너무 오래 걸리면 팀과 서비스를 분할해야 합니다. 다른 서비스의 변경분 때문에 내가 맡은 서비스도 계속 바꾸어야 한다거나, 내 서비스 때문에 다른 서비스가 바뀌어야 한다면 서비스가 느슨하게 결합되지 않았다는 반증입니다. 아니면 분산 모놀리스(distributed monolith)를 구축했기 때문에 그럴 수도 있습니다.

마이크로서비스 아키텍처는 작고, 느슨하게 결합된 서비스로 애플리케이션을 구성하기 때문에 유지보수성, 테스트성, 배포성 등 개발 단계의 품질 속성이 개선됩니다. 또 조직 차원에서 소프트웨어를 더 빨리 개발할 수 있고, 주된 목표는 아니지만 애플리케이션 확장성도 향상됩니다. 여러분이 마이크로서비스 아키텍처를 고민 중이라면 먼저 현재 애플리케이션의 서비스를 어떻게 식별하고 서비스를 서로 협동시킬지 결정해야 합니다.

2.2 / 마이크로서비스 아키텍처 정의

마이크로서비스 아키텍처를 어떻게 정의해야 할까요? 다른 소프트웨어 개발도 그렇지만, 일단 도메인 전문가(domain expert)가 문서로 정리한 요건들과 기존 애플리케이션을 출발점으로 삼아야겠죠. 사실 아키텍처를 정의하는 일은 과학보다는 예술에 가깝습니다. 이 절은 애플리케이션 아키텍처를 정의하는 3단계 프로세스를 설명합니다(그림 2-5). 누구나 기계적으로 따라 할 수 있는 과정은 아니라서 실제로 여러 차례 되풀이해야 할 수도 있고 창의성이 필요한 부분도 있습니다.

❤ 그림 2-5 애플리케이션의 마이크로서비스 아키텍처를 정의하는 3단계 프로세스

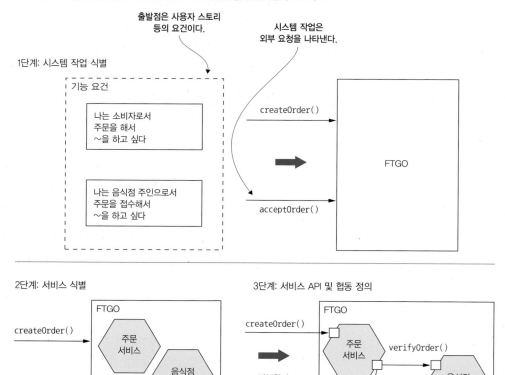

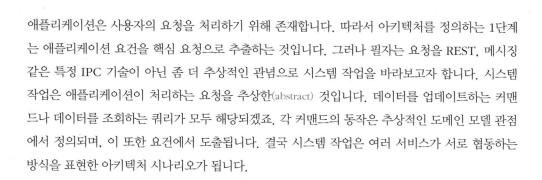

애플리케이션은 사용자의 요청을 처리하기 위해 존재합니다. 따라서 아키텍처를 정의하는 1단계는 애플리케이션 요건을 핵심 요청으로 추출하는 것입니다. 그러나 필자는 요청을 REST, 메시징 같은 특정 IPC 기술이 아닌 좀 더 추상적인 관념으로 시스템 작업을 바라보고자 합니다. 시스템 작업은 애플리케이션이 처리하는 요청을 추상한(abstract) 것입니다. 데이터를 업데이트하는 커맨드나 데이터를 조회하는 쿼리가 모두 해당되겠죠. 각 커맨드의 동작은 추상적인 도메인 모델 관점에서 정의되며, 이 또한 요건에서 도출됩니다. 결국 시스템 작업은 여러 서비스가 서로 협동하는 방식을 표현한 아키텍처 시나리오가 됩니다.

2단계는 어떻게 여러 서비스로 분해할지 결정하는 것입니다. 여러 가지 전략을 선택할 수 있습니다. 비즈니스 아키텍처 시각에서 비즈니스 능력에 따라 서비스를 정의할 수도 있고, DDD의 하위 도메인별로 서비스를 구성하는 전략도 가능합니다. 어떤 전략을 구사하든 최종 결과는 기술 개념이 아닌 비즈니스 개념 중심으로 이루어진 서비스들입니다.

3단계는 서비스별로 API를 정의하는 일입니다. 이를 위해 먼저 1단계에서 식별된 시스템 작업을 각 서비스에 배정해야 합니다. 완전한 홀로서기 작업이 구현된 서비스도 있겠지만, 다른 서비스와 협동할 수밖에 없는 작업이 구현된 서비스도 있습니다. 이때 여러 서비스가 협동하는 방식을 결정해야 하는데, 대부분 서비스에 추가 지원 작업을 두는 형태가 될 것입니다. API 구현 시 사용할 IPC(3장)도 정해야 합니다.

분해 과정에는 장애물이 많습니다. 첫째, 네트워크 지연(network latency)입니다. 서비스 간 왕복이 너무 잦아 실제로 분해할 수 없는 경우도 있습니다. 둘째, 서비스 간 동기 통신으로 인해 가용성이 떨어지는 문제입니다. 해결책은 자기 완비형 서비스(self-contained service) 개념인데, 자세한 내용은 3장에서 다룹니다. 셋째, 여러 서비스에 걸쳐 데이터 일관성을 지키는 요건입니다. 이 문제는 보통 사가(4장)로 해결합니다. 넷째, 애플리케이션 도처에 숨어 있는 만능 클래스입니다. 이런 클래스는 DDD 개념을 활용하면 어렵지 않게 제거할 수 있습니다.

2.2.1 시스템 작업 식별

애플리케이션 아키텍처를 정의하는 첫 단추는 시스템 작업을 정의하는 일입니다. 그 출발점은 사용자 스토리와 이와 연관된 사용자 시나리오(아키텍처 시나리오가 아닙니다) 등의 애플리케이션 요건입니다. 〈Applying UML and Patterns(UML과 패턴 적용하기)〉(크레이그 라르만(Craig Larman) 저, Prentice Hall, 2004)[12]의 객체 지향 설계 프로세스에서 영향을 받은 2단계 프로세스 (그림 2-6)로 시스템 작업을 정의합니다. 1단계는 시스템 작업을 기술하기 위해 필요한 보케블러리를 제공하는 핵심 클래스로 구성된 고수준의 도메인 모델을 생성하는 것입니다. 2단계는 시스템 작업 식별 후 그 동작을 도메인 모델 관점에서 기술하는 것입니다.

---

12 http://bit.ly/msp-5

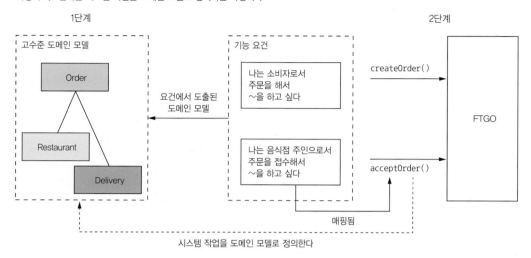

▼ 그림 2-6 시스템 작업은 두 단계 프로세스를 거쳐 애플리케이션 요건으로부터 도출한다. 1단계는 고수준 도메인 모델을 생성하는 과정이고, 2단계는 시스템 작업을 도메인 모델로 정의하는 과정이다

도메인 모델은 주로 사용자 스토리의 명사에서 도출합니다. 이벤트 스토밍(event storming)(5장)이라는 기법을 사용해도 됩니다. 시스템 작업은 주로 동사에서 도출하며, 각각 하나 이상의 도메인 객체와 그들 간의 관계로 기술합니다. 시스템 작업은 도메인 모델을 생성, 수정, 삭제하거나 모델 간 관계를 맺고 끊을 수 있습니다.

고수준 도메인 모델을 정의하는 방법을 알아보고, 시스템 작업을 도메인 모델로 정의해 봅시다.

고수준 도메인 모델 생성

시스템 작업을 정의하려면 우선 고수준의 애플리케이션 도메인 모델을 대략 그려 봅니다. 물론 최종적으로 구현할 모델보다는 훨씬 단순한 모델이죠. 각 서비스는 자체 도메인 모델을 소유하기 때문에 도메인 모델이 하나뿐인 애플리케이션은 없습니다. 너무 지나치게 단순화한 감은 있지만, 고수준 도메인 모델은 시스템 작업의 동작을 기술하는 데 필요한 보케블러리를 정의하기 때문에 이단계에서는 유용합니다.

도메인 모델은 스토리에 포함된 명사를 분석하고 도메인 전문가와 상담하는 등 표준 기법을 활용하여 생성합니다. 예를 들어 주문하기(Place Order) 스토리는 다음과 같이 다양한 사용자 시나리오로 확장시킬 수 있습니다.

전제(Given)

　소비자가 있다.

　음식점이 있다.

　음식점은 소비자의 주소로 제시간에 음식을 배달할 수 있다.

　주문 총액이 음식점의 최소 주문량 조건에 부합한다.

조건(When)

　소비자가 음식점에 음식을 주문한다.

결과(Then)

　소비자 신용카드가 승인된다.

　주문이 PENDING_ACCEPTANCE 상태로 생성된다.

　생성된 주문이 소비자와 연관된다.

　생성된 주문이 음식점과 연관된다.

이 사용자 시나리오에 포함된 명사를 보면 Consumer(소비자), Order(주문), Restaurant(음식점), CreditCard(신용카드) 등 다양한 클래스가 필요할 것 같습니다.

마찬가지로 주문 접수(Accept Order) 스토리는 다음 시나리오로 확장할 수 있습니다.

전제(Given)

　현재 주문은 PENDING_ACCEPTANCE 상태다.

　주문 배달 가능한 배달원이 있다.

조건(When)

　주문을 접수한 음식점은 언제까지 음식을 준비할 수 있다고 약속한다.

결과(Then)

　주문 상태가 ACCEPTED로 변경된다.

　주문의 promiseByTime 값을 음식점이 준비하기로 약속한 시간으로 업데이트한다.

　주문을 배달할 배달원을 배정한다.

시나리오를 보니까 Courier(배달원), Delivery(배달) 클래스가 필요할 것 같습니다. 이런 분석을 몇 차례 거듭하면 MenuItem(메뉴 항목), Address(주소) 등 여타 클래스도 도출되어 그림 2-7과 같이 핵심 클래스로 구성된 도메인 모델이 완성됩니다.

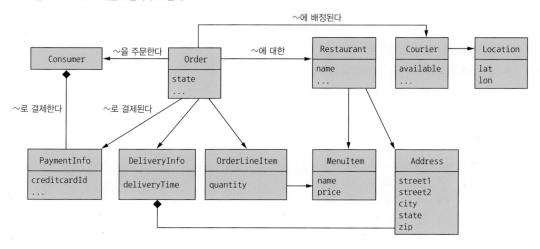

각 클래스의 의미는 다음과 같습니다.

- **Consumer**: 주문을 하는 소비자
- **Order**: 소비자가 한 주문. 어떤 주문인지 나타내며 상태를 추적합니다.
- **OrderLineItem**: Order의 품목
- **DeliveryInfo**: 주문을 배달할 시간/장소
- **Restaurant**: 배달할 주문을 준비하는 음식점
- **MenuItem**: 음식점의 메뉴 항목
- **Courier**: 주문을 배달하는 배달원. 배달원의 가용성 및 현재 위치를 추적합니다.
- **Address**: 소비자 또는 음식점의 주소
- **Location**: 배달원의 위치(위도/경도)

그림 2-7 클래스 다이어그램은 애플리케이션 아키텍처의 단면을 잘 나타내지만, 이 그림을 살아 움직이게 할 시나리오가 없으면 예쁘장한 그림에 지나지 않습니다. 다음은 아키텍처 시나리오에 맞게 시스템 작업을 정의할 차례입니다.

시스템 작업 정의

애플리케이션이 어떤 요청을 처리할지 식별하는 단계입니다. UI는 이 책에서 자세히 다루지 않지 만, 사용자 시나리오마다 화면에서 백엔드 비즈니스 로직을 요청하고 수신한 데이터를 조회/수정

하는 UI는 여러분도 이미 익숙할 것입니다. FTGO는 원래 웹 애플리케이션이라서 대부분 HTTP 요청 기반이지만, 메시징을 이용하는 클라이언트도 있을 테니 특정 프로토콜로 제한할 것이 아니라 요청을 나타내는 시스템 작업 개념을 좀 더 추상하는 것이 좋습니다.

시스템 작업은 크게 다음 두 종류로 나뉩니다.

- **커맨드**(command, 명령): 데이터 생성, 수정, 삭제(CUD)
- **쿼리**(query, 조회): 데이터 읽기(R)

시스템 작업은 결국 REST, RPC, 메시징 끝점으로 구현되겠지만, 지금은 일단 추상적으로 생각하는 것이 좋습니다. 먼저 커맨드를 식별해 봅시다.

시스템 커맨드를 식별하려면 사용자 스토리/시나리오에 포함된 동사를 먼저 분석합니다. 예를 들어 주문하기 스토리를 보면 당연히 주문 생성 작업이 필요하겠죠. 다른 스토리도 대부분 시스템 커맨드와 직접 매핑됩니다.

▼ 표 2-1 FTGO 애플리케이션의 주요 시스템 커맨드

액터	스토리	커맨드	설명
소비자 (Consumer)	주문 생성	createOrder()	주문을 생성한다.
음식점 (Restaurant)	주문 접수	acceptOrder()	음식점에 주문이 접수되었고 주어진 시각까지 음식을 준비하도록 지시한다.
	주문 픽업 준비됨	noteOrderReadyForPickup()	주문한 음식이 픽업 가능함을 알린다.
배달원 (Courier)	위치 업데이트	noteUpdatedLocation()	배달원의 현재 위치를 업데이트한다.
	배달 픽업	noteDeliveryPickedUp()	주문한 음식을 배달원이 픽업했음을 알린다.
	주문 배달됨	noteDeliveryDelivered()	주문한 음식을 배달원이 소비자에게 배달했음을 알린다.

커맨드는 매개변수, 반환값, 동작 방식의 명세를 도메인 모델 클래스로 정의합니다. 이 명세는 작업 호출 시 충족되어야 할 선행 조건(precondition), 작업 호출 후 충족되어야 할 후행 조건(postcondition)으로 구성됩니다. 가령 createOrder() 시스템 작업의 명세는 다음과 같이 정의됩니다.

작업	createOrder(소비자 ID, 결제 수단, 배달 주소, 배달 시각, 음식점 ID, 주문 품목)
반환값	orderId, …
선행 조건	• 소비자가 존재하고 주문을 할 수 있다. • 주문 품목은 음식점의 메뉴 항목에 들어 있다. • 배달 주소/시각은 음식점에서 서비스할 수 있다.
후행 조건	• 소비자 신용카드는 주문 금액만큼 승인 처리되었다. • 주문은 PENDING_ACCEPTANCE 상태로 생성되었다.

선행 조건은 주문하기 시나리오의 전제(given)를, 후행 조건은 주문하기 시나리오의 결과(then)를 나타냅니다. 시스템 작업 호출 시 먼저 선행 조건을 확인한 후, 후행 조건을 만족시키는 액션을 수행합니다.

다음은 acceptOrder() 시스템 작업의 명세입니다.

작업	acceptOrder(restaurantId, orderId, readyByTime)
반환값	-
선행 조건	• order.status는 PENDING_ACCEPTANCE다. • 배달원은 주문을 배달할 수 있다.
후행 조건	• order.status는 ACCEPTED로 변경되었다. • order.readyByTime은 readyByTime으로 변경되었다. • 주문을 배달할 배달원이 배정되었다.

선행/후행 조건을 보니 사용자 시나리오가 잘 반영되어 있습니다.

데이터를 가져오는 쿼리도 중요하지만 아키텍처와 연관된 시스템 작업은 대부분 커맨드입니다.

FTGO 애플리케이션은 커맨드 외에도 사용자가 의사 결정을 하는 데 필요한 정보를 UI에 제공하는 쿼리를 제공해야 합니다. 지금은 특정한 UI 설계를 고려할 단계는 아니지만, 가령 소비자가 주문을 하는 과정을 떠올려 보면 이렇습니다.

1. 사용자는 배달 주소 및 시간을 입력합니다.

2. 시스템은 배달 가능한 음식점을 표시합니다.

3. 사용자는 음식점을 고릅니다.

4. 시스템은 메뉴를 표시합니다.

5. 사용자는 원하는 메뉴를 선택한 후 체크아웃합니다.

6. 시스템은 주문을 생성합니다.

이런 시나리오라면 쿼리가 2개 필요할 것입니다.

- `findAvailableRestaurants(deliveryAddress, deliveryTime)`: 주어진 장소/시간으로 배달 가능한 음식점 목록을 조회합니다.
- `findRestaurantMenu(id)`: 메뉴 항목 등 음식점 정보를 조회합니다.

둘 중 지리 검색(geosearch)이 필요한 `findAvailableRestaurants()`가 더 복잡한 쿼리라서 아키텍처 관점에서는 더 중요합니다. 이 쿼리의 지리 검색 컴포넌트는 배달 주소에 해당하는 곳 주변의 전체 음식점을 검색한 후, 주문을 준비/픽업할 시점에 영업 종료하는 음식점을 필터해야 합니다. 이 쿼리는 소비자가 주문을 할 때마다 실행되므로 성능 역시 중요합니다.

고수준 도메인 모델과 시스템 작업을 보면 애플리케이션이 무슨 일을 하는지 알 수 있기 때문에 아키텍처를 정의하는 데 대단히 유용합니다. 각 시스템 작업의 동작은 도메인 모델 중심으로 기술하는데, 중요한 시스템 작업은 아키텍처 측면에서도 중요한 시나리오를 나타내고 이런 시나리오 자체가 아키텍처를 기술하는 일부가 됩니다.

시스템 작업을 정의한 후에는 애플리케이션 서비스를 식별합니다. 앞서 말했지만, 서비스를 기계적으로 식별하는 방법은 없지만 다양한 분해 전략을 선택할 수는 있습니다. 어떤 전략이든 제각기 상이한 관점에서 문제점을 공략하며 자신의 용어를 사용하지만 최종 결과는 매한가지입니다. 기술 개념이 아닌 비즈니스 개념 중심으로 서비스가 구성된 아키텍처입니다.

2.2.2 서비스 정의: 비즈니스 능력 패턴별 분해

마이크로서비스 아키텍처를 구축하는 첫 번째 전략은 비즈니스 능력에 따라 분해하는 것입니다. 비즈니스 아키텍처 모델링에서 비롯된 비즈니스 능력은 비즈니스가 가치를 생산하기 위해 하는 일을 말합니다. 비즈니스 능력은 업종마다 다릅니다. 가령 보험 회사라면 증권 인수, 클레임 (claim) 관리, 과금, 컴플라이언스 등의 능력이, 온라인 쇼핑몰이라면 주문 관리, 재고 관리, 선적 등의 능력이 있을 것입니다.

비즈니스 능력은 곧 조직이 하는 일이다

비즈니스 능력을 보면 그 조직의 비즈니스가 무엇인지 알 수 있습니다. 조직이 비즈니스를 하는 방법은 그때마다 다르고 급격히 변하기도 하지만 비즈니스 능력은 대체로 크게 달라지지 않습니다. 특히 비즈니스 프로세스를 자동화하는 것이 일반적인 요즘은 더 그렇습니다. 가령 그리 멀지 않은 과거에 우리는 은행에 직접 가서 수표를 예금했지만, 언제부턴가 ATM으로도 수표를 예금할 수 있게 되었고, 요즘은 대부분 스마트폰으로 간편하게 처리합니다. 수표 예금이라는 비즈니스 능력은 거의 불변이지만, 처리하는 방법은 상당히 달라졌죠.

비즈니스 능력 식별

한 조직의 비즈니스 능력은 조직의 목표, 구조, 비즈니스 프로세스를 분석하여 식별합니다. 사실 기술보다 비즈니스 위주라는 점만 제외하면 일종의 서비스로 볼 수도 있습니다. 비즈니스 능력 명세는 입력, 출력, SLA 등 다양한 컴포넌트로 구성됩니다. 예를 들어 보험사의 증권 인수라는 능력의 입력은 소비자 신청서, 출력은 승인과 단가가 되겠죠.

비즈니스 능력은 보통 특정 비즈니스 객체에 집중하며, 여러 개의 하위 능력으로 분해할 수 있습니다. 이를테면 클레임이라는 비즈니스 객체는 클레임 관리 능력을 중심으로 클레임 정보 관리, 클레임 검토, 클레임 지불 관리 등의 하위 능력이 있을 것입니다.

FTGO의 비즈니스 능력도 어렵지 않게 도출할 수 있습니다.

- **공급자 관리**
  - 배달원 관리: 배달 정보 관리
  - 음식점 정보 관리: 음식점 메뉴, 위치, 영업 시간, 기타 정보 관리
- **소비자 관리**: 소비자에 관한 정보 관리
- **주문 접수 및 이행**
  - 주문 관리: 소비자가 주문을 생성/관리할 수 있게 합니다.

---

13 http://microservices.io/patterns/decomposition/decompose-by-business-capability.html

- 음식점 주문 관리: 음식점의 주문 준비 상태를 관리

  - 로지스틱스(logistics, 실행 계획)

  - 배달원 가용성 관리: 배달원이 배달 가능한지 실시간 관리

  - 배달 관리: 주문을 소비자에게 배달

- **회계**

  - 소비자 회계: 소비자 과금 관리

  - 음식점 회계: 음식점 지불 관리

  - 배달원 회계: 배달원 지불 관리

- …

최상위 능력은 공급자 관리, 소비자 관리, 주문 접수 및 이행, 회계입니다. 이외에도 마케팅 같은 최상위 능력도 있겠죠. 최상위 능력 밑에는 하위 능력이 여러 개 있습니다. 가령 주문 접수 및 이행 능력은 5개의 하위 능력으로 분해됩니다.

여기서 흥미로운 것은 음식점에 관련된 세 가지 능력(음식점 정보 관리, 음식점 주문 관리, 음식점 회계)이 저마다 독특한 음식점 작업을 나타내고 있다는 점입니다.

이제 이렇게 도출한 비즈니스 능력으로 서비스를 정의해 봅시다.

비즈니스 능력을 여러 서비스로

비즈니스 능력을 식별한 후 능력에 따라 또는 연관된 능력 그룹에 따라 서비스를 정의합니다. 그림 2-8은 FTGO의 비즈니스 능력을 애플리케이션 서비스에 매핑한 것입니다. 회계 능력처럼 최상위 능력이 바로 매핑된 경우도 있지만, 그 외에는 하위 능력이 서비스에 매핑되어 있습니다.

능력 체계의 어느 수준(level)을 서비스에 매핑할지는 주관적으로 판단할 문제이지만, 필자는 이렇게 하는 것이 타당하다고 생각합니다.

- 공급자 관리 능력의 두 하위 능력은 각각 두 서비스로 매핑했습니다. 음식점과 배달원은 전혀 다른 성격의 공급자이기 때문입니다.

- 주문 접수 및 이행 능력은 서비스마다 상이한 프로세스 단계를 담당하도록 세 서비스로 매핑했습니다. 배달원 가용성 관리와 배달 관리 능력은 밀접한 연관이 있으니 한 서비스로 묶었습니다.

- 회계 능력은 유형별 회계가 대동소이하기 때문에 자체 서비스에 매핑했습니다.

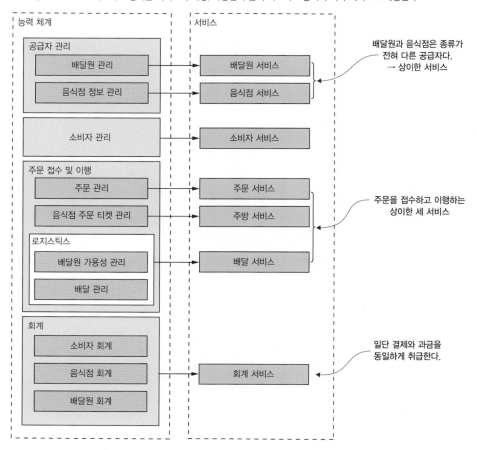

▼ 그림 2-8 FTGO 비즈니스 능력을 서비스에 매핑. 다양한 수준의 비즈니스 능력이 여러 서비스로 매핑된다

(음식점 및 배달원의) 결제 및 (소비자의) 과금 서비스도 분리하는 것이 낫습니다.

이렇게 서비스를 거의 변하지 않는 비즈니스 능력에 따라 구성하면 비교적 안정적인 아키텍처를 구축할 수 있습니다. 나중에 비즈니스 요건이 달라져도 아키텍처를 구성하는 개별 컴포넌트는 아키텍처는 그대로 둔 채 발전(evolve, 진화)시킬 수 있습니다.

그림 2-8에 스케치한 서비스는 아키텍처를 정의한 첫 번째 버전에 불과합니다. 우리가 애플리케이션 도메인을 더 많이 알수록 서비스 역시 점점 더 정교하게 발전할 것입니다. 특히 아키텍처를 정의하는 과정에서는 각각의 핵심 아키텍처 서비스와 나머지 서비스가 어떻게 협동하는지 살피는 과정이 중요합니다. 가령 IPC가 너무 잦아 분해하는 것이 외려 비효율적이라서 서비스를 재결합하는 경우도 있습니다. 반대로 어떤 서비스는 여러 개의 서비스로 나누는 것이 더 나을 정도로 복잡해지는 경우도 있습니다. 어쨌든 여러분이 내린 결정을 재고하게 만드는 갖가지 장애 요소는 잠시 후 2.2.5절에서 다룹니다.

2.2.3 서비스 정의: 하위 도메인 패턴별 분해

DDD는 명저 〈도메인 주도 설계(Domain-driven Design)〉(에릭 에반스(Eric Evans) 저, 위키북스, 2011)에도 나오지만, 객체 지향 도메인 모델 중심의 복잡한 소프트웨어 애플리케이션을 구축하는 방법입니다. 도메인 내부에서 문제 해결이 가능한 형태로 도메인을 모델링하는 기법이죠. DDD는 팀에서 사용할 보케블러리, 즉 공용 언어(ubiquitous language)를 정의합니다. 도메인 모델은 애플리케이션 설계/구현에 밀접하게 반영됩니다. DDD에는 마이크로서비스 아키텍처에 적용하면 정말 유용한 하위 도메인(sub-domain)과 경계 컨텍스트(bounded context) 개념이 있습니다.

> Note ☰ **패턴: 하위 도메인에 따라 분해**
>
> DDD 하위 도메인별로 서비스를 정의한다.[14]

기존에는 전체 비즈니스를 포괄하는 단일 통합 모델을 만들었습니다. 이를테면 소비자, 주문 등의 비즈니스 엔터티를 각각 따로 정의했었죠. 이렇게 모델링하면 하나의 모델에 대해 조직 내 여러 부서의 합의를 이끌어 내기가 정말 어려운 단점이 있습니다. 가령 어떤 부서는 자기네가 필요한 것보다 너무 복잡한 모델이라고 불평할 수 있죠. 더구나 부서마다 상이한 개념을 동일한 용어로(반대로 동일한 개념을 상이한 용어로) 표현하는 일도 비일비재한 탓에 도메인 모델이 외려 혼란을 일으킬 때도 있습니다. DDD는 범위가 분명한 도메인 모델을 여러 개 정의하여 기존 방식의 문제점을 해결하는 전혀 다른 방식의 모델링입니다.

DDD는 도메인을 구성하는 각 하위 도메인(애플리케이션의 문제 공간(problem space)을 가리키는 DDD 용어)마다 도메인 모델을 따로 정의합니다. 하위 도메인은 비즈니스 능력과 같은 방법(비즈니스를 분석하고 상이한 전문 영역을 식별)으로 식별하므로 십중팔구 비즈니스 능력과 유사한 하위 도메인이 도출됩니다. 가령 FTGO의 하위 도메인은 주문 접수, 주문 관리, 주방 관리, 배달, 재무 등이 있습니다. 좀 전에 식별한 비즈니스 능력과 비슷하죠?

도메인 모델의 범위를 DDD 용어로는 경계 컨텍스트(bounded context, 경계가 분명한 컨텍스트)라고 합니다. 경계 컨텍스트는 도메인 모델을 구현한 코드 아티팩트(code artifact)를 포함하며, 마이크로서비스 아키텍처에 DDD를 적용하면 각 서비스(들)가 경계 컨텍스트가 됩니다. 그림 2-9는 각각 자체 도메인 모델을 가진 서비스에 하위 도메인을 매핑한 것입니다.

---

14 http://microservices.io/patterns/decomposition/decompose-by-subdomain.html

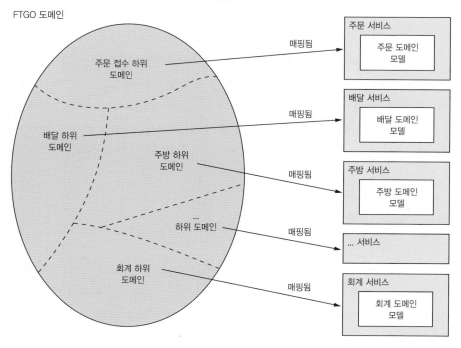

▼ 그림 2-9 하위 도메인을 서비스에 매핑. 각 하위 도메인은 자체 도메인 모델을 가진 서비스로 매핑된다

DDD와 마이크로서비스 아키텍처는 거의 찰떡궁합입니다. DDD의 하위 도메인, 경계 컨텍스트 개념은 마이크로서비스 아키텍처의 서비스와 잘 맞고, 마이크로서비스 아키텍처의 서비스 자율 팀 개념은 도메인 모델을 개별 팀이 소유/개발한다는 DDD 사고방식과 어울립니다. 자체 도메인 모델을 가진 하위 도메인이라는 개념 덕분에 만능 클래스를 제거하고 서비스로 분해하기가 더 수월해집니다.

2.2.4 분해 지침

비즈니스 능력에 따른 분해, 하위 도메인에 따른 분해는 마이크로서비스 아키텍처를 정의하는 주요 수단입니다. 이 밖에도 로버트 C. 마틴(Robert C. Martin)이 〈Designing Object Oriented C++ Applications Using The Booch Method(부치 메서드를 응용한 객체 지향 C++ 애플리케이션 설계)〉(Prentice Hall, 1995)에서 주창한 객체 지향 설계에 근거한 두 가지 원칙이 있습니다. 클래스의 책임을 정의하는 단일 책임 원칙(SRP, Single Responsibility Principle)과 클래스를 패키지로 구성하는 공동 폐쇄 원칙(CCP, Common Closure Principle)입니다. 마이크로서비스 아키텍처에 이 두 원칙을 어떻게 적용할 수 있는지 살펴봅시다.

단일 책임 원칙

소프트웨어 아키텍처/설계의 주요 목표 중 하나는 각 소프트웨어 엘리먼트의 책임을 할당하는 것입니다. 단일 책임 원칙은 다음 한 문장으로 표현됩니다.

> 클래스는 오직 하나의 변경 사유를 가져야 한다.
>
> 로버트 C. 마틴

클래스가 맡은 책임은 각각 그 클래스가 변경될 잠재적 사유입니다. 클래스가 독립적으로 변경 가능한 책임을 여럿 짊어지고 있다면 안정적일 수 없죠. 따라서 SRP에 따라 단일 책임을 가진, 즉 변경 사유가 오직 하나인 클래스를 정의하라는 것입니다.

이 원칙을 마이크로서비스 아키텍처에 적용하면 하나의 책임만 가진 작고 응집된 서비스를 정의할 수 있습니다. 덕분에 더 작고 안정된 서비스를 만들 수 있죠. 새로운 FTGO 아키텍처는 SRP를 실천한 좋은 본보기입니다. 주문 접수부터 주문 준비, 배달에 이르기까지 소비자가 주문한 음식이 배달되는 과정 하나하나 모두 개별 서비스가 맡아 처리합니다.

공동 폐쇄 원칙

다음은 CCP(Common Closure Principle, 공동 폐쇄 원칙)입니다.

> 패키지의 클래스들은 동일한 유형의 변경에 대해 닫혀 있어야 한다. 패키지에 영향을 주는 변경은 그 패키지에 속한 모든 클래스에 영향을 끼친다.
>
> 로버트 C. 마틴

즉, 어떤 두 클래스가 동일한 사유로 맞물려 변경되면 동일한 패키지에 있어야 한다는 것입니다. 가령 동일한 비즈니스 규칙도 상이한 측면을 구현한 클래스가 여럿 있을 수 있죠. 이 비즈니스 규칙이 나중에 바뀌어도 개발자는 가급적 소수(1개가 이상적임)의 패키지에 있는 코드만 고치면 될 수 있게 만들자는 것입니다. CCP를 잘 지키면 애플리케이션의 유지보수성이 현저히 향상됩니다.

CCP를 적용해서 마이크로서비스 아키텍처를 구축하면 동일한 사유로 변경되는 컴포넌트를 모두 같은 서비스로 묶을 수 있습니다. 요건이 바뀌어도 수정/배포할 서비스 개수는 줄어들겠죠. 가능하면 변경 영향도를 정확히 한 팀, 한 서비스에 국한시키는 것이 좋습니다. CCP는 분산 모놀리스 안티패턴(antipattern)의 해독제인 셈입니다.

밥 마틴은 SRP, CCP를 비롯하여 클래스, 패키지 설계 시 적용 가능한 11개의 '객체 지향 설계 원칙(The Principles of Object Oriented Design)'을 개발했습니다. 마이크로서비스 아키텍처 구축 시 정말 유용한 참고 자료이니 그가 쓴 글[15]을 꼭 한 번 읽어 보세요.

SRP, CCP와 더불어 비즈니스 능력/하위 도메인에 따른 분해는 애플리케이션을 서비스로 분해하는 훌륭한 길잡이입니다. 그러나 이런 좋은 기법도 성공적으로 적용하려면 트랜잭션 관리, IPC 등 몇 가지 이슈를 해결해야 합니다.

2.2.5 서비스 분해의 장애물

비즈니스 능력과 하위 도메인별로 서비스를 정의해서 마이크로서비스 아키텍처를 구축하는 전략은 그다지 어려울 것 같지 않아 보이지만, 막상 시도해 보면 장애 요소가 많습니다.

- 네트워크 지연
- 동기 통신으로 인한 가용성 저하
- 여러 서비스에 걸쳐 데이터 일관성 유지
- 데이터의 일관된 뷰 확보
- 분해를 저해하는 만능 클래스

네트워크 지연

네트워크 지연은 분산 시스템의 고질적인 문제입니다. 서비스를 여러 개로 나누면 서비스 간 왕복 횟수가 급증하겠죠. 그래서 한 차례 왕복으로 여러 객체를 한 번에 가져오는 배치 API를 구현하거나, 값비싼 IPC를 언어 수준의 메서드나 함수 호출로 대체하는 식으로 서비스 결합에 따른 지연 시간을 줄입니다.

동기 IPC로 인한 가용성 저하

가용성을 떨어뜨리지 않고 서비스 간 통신을 할 수 있을까요? 가령 주문 서비스의 createOrder()는 타 서비스의 REST API를 동기 호출하는 것이 가장 쉬운 구현 방법이지만, 타 서비스 중 하나라도 불능일 경우 주문은 생성되지 않기 때문에 REST 같은 프로토콜은 가용성이 떨어지는 것이

---

15 http://bit.ly/msp-6

문제입니다. 이 정도는 감수해야 하는 트레이드오프라고 볼 수도 있지만, 비동기 메시징(3장)으로 강한 결합도를 제거하고 가용성을 높이는 방법이 더 좋습니다.

여러 서비스에 걸쳐 데이터 일관성 유지

여러 서비스에 걸쳐 데이터 일관성을 유지하는 일도 난제입니다. 여러 서비스에 있는 데이터를 업데이트하는 시스템 작업이 있겠죠. 가령 음식점이 주문을 접수하면 주방 서비스는 티켓 상태를 변경하고 배달 서비스는 배달 스케줄을 잡아야 하므로 두 서비스 모두 업데이트가 발생합니다. 이때 두 업데이트는 원자적으로(atomically) 일어나야 합니다.

과거에는 커밋 방식의 2단계(2PC) 분산 트랜잭션을 많이 썼지만, 요즘 애플리케이션에는 잘 안 맞기 때문에 사가(saga)라는 전혀 다른 방식으로 트랜잭션을 관리해야 합니다(4장). 사가는 메시징을 이용한 일련의 로컬 트랜잭션입니다. 기존 ACID 트랜잭션보다는 복잡하지만 다양한 상황에서도 잘 동작합니다. 한 가지 단점은 최종 일관성(eventual consistency)[16]을 보장한다는 것입니다. 어떤 데이터를 원자적으로 업데이트해야 한다면 그 데이터를 하나의 서비스 내부에 두어야 하는데, 이는 결국 분해의 걸림돌이 됩니다.

일관된 데이터 뷰 확보

여러 DB에 걸쳐 일관된 데이터 뷰를 확보하기도 어렵습니다. 모놀리식 애플리케이션에서는 ACID 트랜잭션의 속성 덕분에 어떻게 쿼리를 하든 일관된 데이터 뷰가 반환되지만, 마이크로서비스 아키텍처는 각 서비스의 DB가 일관적이라 해도 전역 범위에서 일관된 데이터 뷰는 확보할 수 없습니다. 어떤 데이터를 일관된 뷰로 바라보려면 하나의 서비스 내부에 두어야 하는데, 이 역시 분해의 걸림돌이 될 것입니다. 하지만 다행히 실제로 이것은 거의 문제가 되지 않습니다.

만능 클래스는 분해의 걸림돌

애플리케이션 곳곳에 사용되는 만능 클래스[17]는 그 존재만으로도 분해의 걸림돌입니다. 이런 클래스에는 대부분 애플리케이션의 여러 측면에 관한 비즈니스 로직이 있는데, 굉장히 많은 필드가 다수의 컬럼을 가진 DB 테이블에 매핑된 경우가 많습니다. 이런 클래스는 거의 모든 애플리케이션에 하나쯤은 있죠. 가령 은행 시스템의 계좌, 전자 상거래 시스템의 주문, 보험사 시스템의 정

---

16 역주 당장은 맞지 않지만(실시간 동기화는 불가하지만), 결국 언젠가는(eventually) 데이터가 동기화되어 일관성이 맞추어지는 것을 말합니다.

17 http://wiki.c2.com/?GodClass

책 등 주요 도메인과 연관된 클래스가 그렇습니다. 만능 클래스는 애플리케이션의 여러 측면의 상태/동작을 보이지 않게 감싸고 있기 때문에 이 클래스를 사용하는 전체 비즈니스 로직을 서비스로 분리하려면 골치가 아픕니다.

FTGO 애플리케이션의 Order 클래스도 만능 클래스입니다. 소비자가 주문한 음식을 배달하는 것이 이 애플리케이션의 목표이므로 거의 모든 시스템이 주문과 연관되어 있습니다. 단일 도메인 모델 체제라면 Order는 애플리케이션 곳곳의 상태/동작을 가리키는 아주 큰 클래스일 것입니다.

그림 2-10을 보면 주문 처리, 음식점 주문 관리, 배달, 지불에 해당하는 필드/메서드가 Order 클래스에 몰려 있습니다. 상태 모델도 적잖이 복잡합니다. 한 모델이 완전히 떨어져 있는 다른 애플리케이션 파트의 상태 전이까지 기술하고 있습니다. 이런 구조로는 코드를 여러 서비스로 나누려고 해도 이 클래스 하나 때문에 작업을 진행하기가 버겁습니다.

▼ 그림 2-10 만능 클래스 Order는 하는 일이 너무 많다

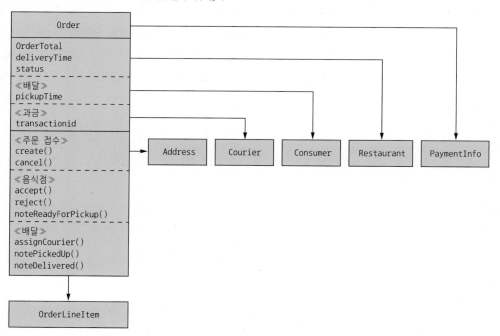

Order 클래스를 라이브러리로 묶고 Order DB를 중앙화해서 주문을 처리하는 모든 서비스가 이 라이브러리를 통해 DB에 접근하도록 만들면 어떨까요? 하지만 이 방법은 마이크로서비스 아키텍처의 핵심 원칙에 위배되어 결국 단단히 결합된 바람직하지 못한 구조가 됩니다. Order 스키마를 변경할 일이 생기면 관련 팀원들이 모두 달려들어 코드를 수정해야겠죠.

다른 솔루션은 주문 DB를 주문 서비스 안으로 캡슐화해서 다른 서비스가 주문 서비스를 통해서만 주문을 조회/수정하게 만드는 것입니다. 그러나 이렇게 하면 주문 서비스는 비즈니스 로직이거의 없는, 빈껍데기 도메인 모델을 가진 데이터 서비스로 전략하겠죠. 두 방법 모두 신통찮아 보이는데, 다행히 DDD라는 멋진 해결책이 있습니다.

가장 좋은 방법은 DDD를 적용하여 각 서비스를 자체 도메인 모델을 갖고 있는 개별 하위 도메인으로 취급하는 것입니다. 즉, FTGO 애플리케이션에서 주문과 조금이라도 연관된 서비스는 모두각자 버전의 Order 클래스를 가진 도메인 모델을 따로 두는 것이죠. 이런 다중 도메인 모델의 가장좋은 사례가 배달 서비스입니다. 그림 2-11은 배달 서비스의 Order 뷰입니다. 이 서비스는 Order대신 Delivery라는 더 적절한 이름의 모델을 사용하며, 배달 상태, 픽업 주소/시간, 배달 주소/시간 등 구조도 아주 단순합니다.

▼ 그림 2-11 배달 서비스 도메인 모델

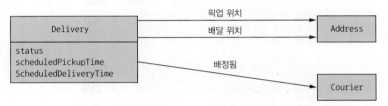

배달 서비스는 다른 주문 속성에는 전혀 관심이 없습니다.

주방 서비스 역시 Order 뷰가 아주 단순합니다. 이 서비스의 Order 버전은 Ticket이라고 합시다. Ticket은 status(상태), requestedDeliveryTime(배달 요청 시간), prepareByTime(준비 완료 시간)속성으로 구성되며, 음식점이 준비해야 할 음식을 나타내는 품목 리스트(TicketLineItem)를 참조합니다(그림 2-12). 소비자, 지불, 배달 등 다른 항목은 관심 없습니다.

▼ 그림 2-12 주방 서비스 도메인 모델

주문 서비스는 역시 뷰가 가장 복잡합니다(그림 2-13). 필드/메서드 개수는 여전히 많지만 원래버전에 비하면 엄청 단순해졌습니다.

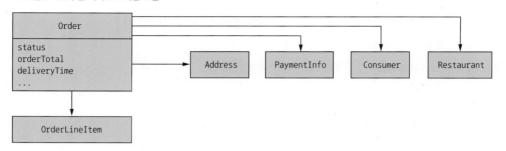

이처럼 각 도메인 모델의 Order 클래스는 Order라는 동일한 비즈니스 엔터티의 상이한 측면을 나타냅니다. 상이한 서비스의 상이한 객체 간 일관성을 유지하는 일은 FTGO 애플리케이션의 몫입니다. 가령 주문 서비스는 소비자 신용카드를 승인 후, 반드시 주방 서비스의 Ticket 생성을 트리거(trigger, 다른 컴포넌트가 주어진 액션을 취하도록 신호)해야 합니다. 마찬가지로 음식점이 주방 서비스를 통해 주문을 거부하면 주문 서비스는 해당 주문을 반드시 취소한 후 이미 승인된 신용카드 내역을 취소해야 합니다. 이런 서비스 간 일관성은 이벤트 주도 메커니즘인 사가를 활용해서 유지할 수 있는데, 자세한 내용은 4장에서 설명합니다.

기술적인 문제 외에도 도메인 모델을 여러 개 두면 UX(User Experience, 사용자 경험) 구현에도 영향이 있습니다. 애플리케이션은 그 자체가 도메인 모델인 UX와 각 서비스의 도메인 모델을 서로 변환해야 합니다. 가령 소비자가 조회한 주문 상태는 여러 서비스에 저장된 Order 정보에서 비롯된 것입니다. 이런 변환 작업은 보통 API 게이트웨이(8장)로 처리합니다.

2.2.6 서비스 API 정의

시스템 작업과 서비스 후보를 목록화했으니 다음은 각 서비스별 API(작업과 이벤트)를 정의할 차례입니다. 서비스 API 작업은 외부 클라이언트 또는 타 서비스가 호출하는 시스템 작업과 서비스 간 협동을 지원하기 위해 타 서비스 호출 전용으로 만든 작업, 둘 중 하나입니다.

서비스 이벤트는 주로 타 서비스와 협동하기 위해 발행합니다. 이벤트를 활용해서 사가를 구현하고 서비스 간 데이터 일관성을 유지하는 방법은 4장에서, 이벤트를 이용해서 CQRS 뷰를 업데이트하고 쿼리를 효과적으로 지원하는 기법은 7장에서 다룹니다. 이벤트는 애플리케이션이 외부 클라이언트에 알림을 보내는 용도로도 쓰입니다(예: 웹 소켓을 통해 브라우저에 이벤트 전달).

서비스 API를 정의하려면 우선 각각의 시스템 작업을 서비스로 매핑한 후, 그 시스템 작업을 구현하려면 어느 서비스가 서로 협동해야 할지 파악해야 합니다. 협동이 필요한 서비스가 있으면 어느 서비스가 어느 API를 타 서비스에 제공해야 할지도 정해야죠. 우선 시스템 작업을 서비스로 배정하는 작업부터 시작합시다.

시스템 작업을 서비스로 배정

제일 먼저 어느 서비스가 요청의 진입점인지 결정해야 합니다. 대부분의 시스템 작업은 자연스레 서비스로 매핑되지만, 간혹 매핑 관계가 분명하지 않을 때도 있습니다. 예를 들어 배달원의 위치를 업데이트하는 noteUpdatedLocation()은 당연히 배달원과 관련이 있기 때문에 배달원 서비스에 배정되어야 할 작업으로 보입니다. 그러나 달리 생각해 보면 배달원의 위치가 필요한 주체는 배달 서비스입니다. 어떤 작업이 제공하는 정보가 필요한 서비스에 그 작업을 배정하는 것이 더 합리적이겠죠. 물론 작업을 처리하는 데 필요한 정보를 갖고 있는 서비스에 배정하는 것이 더 타당한 경우도 있을 것입니다.

▼ 표 2-2 시스템 작업을 애플리케이션 서비스에 매핑

서비스	작업
소비자 서비스	createConsumer()
주문 서비스	createOrder()
음식점 서비스	findAvailableRestaurants()
주방 서비스	acceptOrder() noteOrderReadyForPickup()
배달 서비스	noteUpdatedLocation() noteDeliveryPickedUp() noteDeliveryDelivered()

이렇게 시스템 작업을 각 서비스에 배정한 후, 각 시스템 작업을 처리하기 위해 서비스가 어떻게 협동해야 할지 정합니다.

서비스 간 협동 지원에 필요한 API 확정

서비스 하나로 전부 처리 가능한 시스템 작업(예: 소비자 서비스의 createConsumer())도 있지만, 작업은 대부분 여러 서비스에 걸쳐 있습니다. 요청을 처리하는 데 필요한 데이터가 여러 서비스에

흩어져 있는 경우도 있습니다. 가령 주문을 생성하는 `createOrder()`에서 주문 서비스는 선행 조건을 확인하고 후행 조건을 충족시키기 위해 다음과 같은 서비스를 호출해야 합니다.

- **소비자 서비스**: 소비자가 주문을 할 수 있는지 확인하고 소비자의 지불 정보를 획득합니다.
- **음식점 서비스**: 주문 품목이 올바른지, 소비자가 요청한 배달 주소/시간에 맞추어 해당 음식점이 준비 가능한지, 최소 주문량 이상인지 확인 후 주문 품목별 단가 정보를 조회합니다.
- **주방 서비스**: 티켓을 생성합니다.
- **회계 서비스**: 소비자 신용카드를 승인합니다.

마찬가지로 `acceptOrder()`는 주방 서비스가 배달 서비스를 호출해서 배달원 스케줄을 조정하는 작업이 꼭 필요합니다. 서비스 API를 온전하게 정의하려면 각 시스템 작업을 면밀히 분석해서 서로 어떻게 협동해야 할지 결정해야 합니다.

▼ 표 2-3 서비스별 작업, 협동자

서비스	작업	협동자
소비자 서비스	`verifyConsumerDetails()`	–
주문 서비스	`createOrder()`	소비자 서비스: `verifyConsumerDetails()` 음식점 서비스: `verifyOrderDetails()` 주방 서비스: `createTicket()` 회계 서비스: `authorizeCard()`
음식점 서비스	`findAvailableRestaurants()` `verifyOrderDetails()`	–

주방 서비스	`createTicket()`
	`acceptOrder()`
	`noteOrderReadyForPickup()`
		배달 서비스: `scheduleDelivery()`

배달 서비스	`scheduleDelivery()`
	`noteUpdatedLocation()`
	`noteDeliveryPickedUp()`
	`noteDeliveryDelivered()`
		–

회계 서비스	`authorizeCard()`	–

지금까지 서비스를 식별하고 각 서비스가 어떤 작업을 구현해야 할지 식별했습니다. 물론 아직 어떤 IPC 기술을 사용할지 정하지 않았기 때문에 아키텍처를 추상적으로 스케치한 것에 불과합니다. 또 '작업(operation)'이라는 용어의 느낌이 동기적 요청/응답 기반의 IPC를 떠올리게 하지만 마이크로서비스 아키텍처에서는 비동기 메시징이 중추적인 역할을 한다는 것을 곧 알게 될 것입니

다. 여러 서비스가 서로 협동하는 방식에 영향을 미치는 아키텍처/설계 개념은 이 책 전반에 걸쳐 계속 나옵니다.

3장은 REST 같은 동기 통신 메커니즘, 메시지 브로커를 이용한 비동기 메시징 등 구체적인 IPC 기술을 다룹니다. 동기 통신이 가용성에 어떤 영향을 미치는지 알아보고, 다른 서비스를 동기 호출하지 않는 자기 완비형 서비스 개념을 소개합니다. 자기 완비형 서비스를 구현하는 방법이 바로 7장의 주제인 CQRS 패턴입니다. 이 패턴을 적용하면 주문 서비스는 음식점 서비스 데이터의 레플리카를 갖게 되어 일일이 음식점 서비스를 동기 호출해서 주문이 올바른지 확인할 필요가 없습니다. 음식점 서비스가 자신의 데이터를 업데이트할 때마다 발행한 이벤트를 주문 서비스가 구독하면 레플리카를 항상 최신으로 유지할 수 있죠.

4장은 사가 개념에 대해 소개하고 사가에 참여한 서비스를 조정하는 비동기 메시징의 활용 방법을 설명합니다. 사가는 여러 서비스에 흩어진 데이터를 확실하게 업데이트하고 자기 완비형 서비스를 구현하는 수단입니다. 그 예로 createOrder()를 사가로 구현해 볼 예정입니다. 이 작업은 비동기 메시징을 통해 소비자 서비스, 주방 서비스, 회계 서비스 등 타 서비스를 호출합니다.

8장은 API를 외부 클라이언트에 표출하는 API 게이트웨이 개념을 다룹니다. API 게이트웨이는 단순히 요청을 서비스로 넘기는 것뿐만 아니라, API 조합 패턴(7장)을 이용해서 쿼리 작업도 수행합니다. API 게이트웨이에 로직을 구현해서 여러 서비스를 호출한 후 그 결과를 조합하여 필요한 데이터를 한데 모으는 것입니다. 시스템 작업은 서비스가 아닌 API 게이트웨이에 배정되며, API 게이트웨이에 필요한 쿼리 작업은 서비스에 구현합니다.

2.3 / 마치며

MICROSERVICES PATTERNS

- 아키텍처는 애플리케이션 개발 속도에 직접 영향을 주는 갖가지 '~성(-ilities)'을 좌우합니다 (예: 관리성, 테스트성, 배포성).
- 마이크로서비스 아키텍처는 애플리케이션의 관리성, 테스트성, 배포성을 높이는 아키텍처 스타일입니다.
- 마이크로서비스는 기술적 관심사보다 비즈니스 능력, 하위 도메인 등 비즈니스 관심사 위주로 구성됩니다.

- 서비스를 분해하는 패턴은 크게 두 가지입니다.
  - 비즈니스 능력에 따른 분해: 비즈니스 아키텍처 기반
  - 하위 도메인에 따른 분해: DDD 개념 기반
- DDD를 적용하고 서비스마다 도메인 모델을 따로 설계하면, 의존 관계가 뒤엉켜 분해를 가로막는 만능 클래스를 제거할 수 있습니다.

3^장

프로세스 간 통신

3.1 마이크로서비스 아키텍처 IPC 개요

3.2 동기 RPI 패턴 응용 통신

3.3 비동기 메시징 패턴 응용 통신

3.4 비동기 메시징으로 가용성 개선

3.5 마치며

이 장에서 다룰 핵심 내용

- 다양한 통신 패턴 적용: 원격 프로시저 호출, 회로 차단기, 클라이언트 쪽 디스커버리, 자가 등록, 서버 쪽 디스커버리, 서드파티 등록, 비동기 메시징, 트랜잭셔널 아웃박스, 트랜잭션 로그 테일링, 발행기(publisher, 퍼블리셔) 폴링
- 마이크로서비스 아키텍처에서 IPC의 중요성
- API 정의 및 발전
- 여러 가지 IPC와 각각의 트레이드오프
- 비동기 메시징으로 통신하는 서비스의 장점
- 메시지를 DB 트랜잭션에 태워 확실하게 전송

메리와 FTGO 팀원들은 여느 개발자처럼 IPC를 경험한 바 있습니다. FTGO 애플리케이션은 모바일 앱과 웹 브라우저 자바스크립트가 호출하는 REST API를 제공하며, 트윌리오 메시징 서비스, 스트라이프 지불 서비스 등 클라우드 서비스도 함께 운용 중입니다. 그러나 모놀리식 애플리케이션은 대부분의 모듈이 언어 수준의 메서드나 함수를 통해 서로 호출하기 때문에 REST API나 클라우드 서비스 연계 모듈을 작성하지 않는 이상 IPC는 크게 신경 쓸 필요가 없었습니다.

이와 달리 마이크로서비스 아키텍처는 애플리케이션을 여러 개의 서비스로 구성하며(2장), 서비스는 대부분 요청을 처리하기 위해 서로 협동합니다. 서비스 인스턴스는 여러 머신에서 실행되는 프로세스 형태이므로 반드시 IPC를 통해 상호 작용해야 합니다. 따라서 IPC는 모놀리식 아키텍처보다 마이크로서비스 아키텍처에서 차지하는 비중이 더 큽니다. FTGO 개발 팀은 마이크로서비스 애플리케이션으로 전환하면서 IPC에 많은 시간을 쏟게 될 것입니다.

IPC 기술은 옵션이 다양합니다. 요즘은 (JSON을 주고받는) REST가 대세이지만, 모든 경우를 만족하는 만병통치약은 없으므로 여러 가지 옵션을 잘 검토해야 합니다. 이 장에서는 REST, 메시징 등 다양한 IPC 옵션과 그 트레이드오프를 설명합니다.

IPC는 애플리케이션 가용성에 영향을 미치는 아주 중요한 아키텍처 의사 결정 항목이고 트랜잭션 관리와도 맞물려 있습니다(3~4장). 필자는 비동기 메시징으로 서로 통신하는 느슨하게 결합된 서비스로 구성된 아키텍처를 선호합니다. REST 같은 동기 프로토콜은 대부분 다른 애플리케이션과 통신할 때 사용하죠.

이 장은 먼저 마이크로서비스 아키텍처의 프로세스 간 통신을 개괄합니다. 먼저 REST가 가장 널리 사용되는 원격 프로시저 호출 방식의 IPC를 설명하고, 서비스 디스커버리 및 부분 실패(partial failure) 처리 등의 중요한 토픽을 다룹니다. 그런 다음 비동기 메시징 IPC로 화제를 돌려 메시지 순서가 유지된 상태로 소비자를 확장하고, 중복 메시지를 정확히 걸러내고, 메시징에 트랜잭션을 거는 방법을 설명합니다. 끝으로 타 서비스와 통신하지 않고 비동기 요청을 처리하는 자기 완비형 서비스로 가용성을 높이는 방안까지 소개합니다.

3.1 마이크로서비스 아키텍처 IPC 개요

서비스에 적용 가능한 IPC 기술은 정말 선택의 폭이 넓습니다. HTTP 기반 REST나 gRPC 등 동기 요청/응답 기반의 통신 메커니즘도 있고, AMQP, STOMP 등 비동기 메시지 기반의 통신 메커니즘도 있습니다. 메시지 포맷 역시 JSON, XML처럼 인간이 읽을 수 있는 텍스트 포맷부터 아브로(Avro)나 프로토콜 버퍼(Protocol Buffer)처럼 효율이 우수한 이진(binary, 바이너리) 포맷까지 다양합니다.

3.1.1 상호 작용 스타일

서비스 API에 알맞은 IPC를 선택하기 전에 클라이언트/서비스 간 상호 작용 스타일을 잘 살펴보면, 요건에서 벗어나는 일 없이 특정 IPC 기술의 세부 내용에 빠져 헤매는 일을 방지할 수 있습니다. 상호 작용 스타일의 선택은 전체 애플리케이션의 가용성에 영향을 끼치며(3.4절), 적합한 통합 테스트 전략을 수립하는 데에도 도움이 됩니다.

클라이언트/서비스 상호 작용 스타일은 다양하지만 두 가지 기준으로 분류할 수 있습니다(표 3-1).

첫째, 일대일/일대다 여부입니다.

- **일대일**(one-to-one): 각 클라이언트 요청은 정확히 한 서비스가 처리합니다.
- **일대다**(one-to-many): 각 클라이언트 요청을 여러 서비스가 협동하여 처리합니다.

둘째, 동기/비동기 여부입니다.

- **동기**(synchronous): 클라이언트는 서비스가 제시간에 응답하리라 기대하고 대기 도중 블로킹할 수 있습니다.
- **비동기**(asynchronous): 클라이언트가 블로킹하지 않습니다. 응답은 즉시 전송되지 않아도 됩니다.

▼ 표 3-1 상호 작용은 일대일/일대다, 동기/비동기 여부에 따라 분류

서비스	작업	협동자
동기	요청/응답	–
비동기	비동기 요청/응답 단방향 알림	발행/구독 발행/비동기 응답

일대일 상호 작용도 종류는 다양합니다.

- **요청/응답**(request/response): 클라이언트는 서비스에 요청을 하고 응답을 기다립니다. 클라이언트는 응답이 제때 도착하리라 기대하고 대기 도중 블로킹할 수 있습니다. 결과적으로 서비스가 서로 강하게 결합되는 상호 작용 스타일입니다.

- **비동기 요청/응답**(asynchronous request/response): 클라이언트는 서비스에 요청을 하고 서비스는 비동기적으로 응답합니다. 클라이언트는 대기 중에 블로킹하지 않고, 서비스는 오랫동안 응답하지 않을 수 있습니다.

- **단방향 알림**(one-way notification): 클라이언트는 서비스에 일방적으로 요청만 하고 서비스는 응답을 보내지 않습니다.

동기 요청/응답은 주로 IPC 기술에 직교적(orthogonal, 서로 연관성 없이 독립적)인 상호 작용 스타일입니다. 예를 들어 서비스는 REST나 메시징으로 요청/응답하는 다른 서비스와 소통할 수 있습니다. 2개의 서비스가 메시지 브로커를 통해 통신하는 경우에도 클라이언트 서비스는 응답을 기다리는 도중 블로킹될 수 있습니다. 그렇다고 두 서비스가 느슨하게 결합되었다는 뜻은 아닙니다. 이 문제는 3장 뒷부분에서 IPC가 가용성에 미치는 영향을 이야기할 때 다시 다룹니다.

일대다 상호 작용도 몇 가지 종류가 있습니다.

- **발행/구독**(publish/subscribe): 클라이언트는 알림 메시지를 발행하고, 여기에 관심 있는 0개 이상의 서비스(즉, 관심 있는 서비스가 없는 경우도 있음)가 메시지를 소비합니다.

- **발행/비동기 응답**(publish/async response): 클라이언트는 요청 메시지를 발행하고 주어진 시간 동안 관련 서비스가 응답하길 기다립니다.

각 서비스마다 이런 상호 작용 스타일을 조합해서 사용합니다. FTGO 애플리케이션은 대부분의 서비스가 동기/비동기 API를 모두 지원하며 이벤트도 발행합니다.

3.1.2 마이크로서비스 API 정의

API와 인터페이스는 소프트웨어 개발의 핵심입니다. 애플리케이션은 여러 모듈로 구성되며, 각 모듈마다 자신의 클라이언트가 호출하는 작업이 정의된 인터페이스가 있습니다. 잘 설계된 인터페이스는 유용한 기능은 표출하되 그 구현체는 감추어져 있기 때문에 클라이언트에 영향을 미치지 않고 코드를 고칠 수 있습니다.

모놀리식 애플리케이션은 대부분 프로그래밍 언어에 맞게 인터페이스를 지정합니다. 가령 자바 인터페이스는 클라이언트가 호출하는 메서드 목록이 정해져 있고, 클라이언트는 구현체 클래스를 직접 바라볼 수 없습니다. 자바는 정적 타입 언어(statically typed language)[1]이기 때문에 클라이언트와 인터페이스가 달라 호환되지 않으면 컴파일 자체가 안 됩니다.

마이크로서비스 아키텍처에서는 API와 인터페이스가 똑같이 중요합니다. 서비스 API는 서비스와 그 클라이언트 간의 약속입니다. 클라이언트가 호출 가능한 작업과 서비스가 발행하는 이벤트로 구성되죠(2장). 작업에는 이름, 매개변수, 반환형(return type)이 있습니다. 타입과 필드를 가진 이벤트는 메시지 채널에 발행됩니다(3.3절).

문제는 서비스 API가 단순한 프로그래밍 언어의 일부가 아니라는 점입니다. 정의상 서비스와 클라이언트는 함께 컴파일되지 않습니다. 따라서 새 버전의 서비스가 호환되지 않는 API에 맞물려 배포되어도 컴파일 에러는 안 나고 런타임에 조용히 실패할 것입니다.

어떤 IPC를 선택하든, 서비스 API를 IDL(Interface Definition Language, 인터페이스 정의 언어)로 정확하게 정의해야 합니다. API 우선 방식으로 서비스를 정의하는 문제는 이미 좋은 자료가 많습니다.[2] 인터페이스 명세를 작성한 후 클라이언트 개발자와 함께 의논하는 과정을 몇 차례 되풀이하면서 API를 정의한 후 서비스를 구현합니다. 이렇게 선 설계 후 구현 방식으로 진행하면 클라이언트 니즈에 좀 더 부합한 서비스를 구축할 수 있습니다.

> **Note ☰ 반드시 API를 먼저 설계하라**
>
> 필자는 아주 작은 프로젝트에서도 컴포넌트가 API에 부합하지 않아 곤란했던 적이 많습니다. 백엔드 자바 개발자와 앵귤러JS 프론트엔드 개발자가 둘 다 자기들은 개발이 끝났다고 주장하는데, 막상 애플리케이션을 돌려 보면 전혀 작동되지 않았죠. 프론트엔드와 백엔드가 서로 통신하는 REST 및 웹 소켓 API를 대충 정의했기 때문입니다!

---

1 [역주] 데이터 타입, 즉 자료형이 컴파일 타임에 결정되는 언어(예: C, C++, C#, 자바)를 말합니다. 반면 자바스크립트, 파이썬 등의 동적 타입 언어(dynamically typed language)는 코드 실행 시, 즉 런타임에 타입이 결정됩니다.

2 http://bit.ly/msp-7

API는 어떤 IPC를 사용하느냐에 따라 그 내용이 결정됩니다. 메시징으로 통신하는 API는 메시지 채널, 메시지 타입, 메시지 포맷으로 정의합니다. HTTP로 통신하는 API는 URL, HTTP 동사, 요청/응답 포맷으로 구성되겠죠(API를 정의하는 방법은 이 장 뒷부분에서 설명합니다).

서비스 API가 고정불변인 경우는 거의 없고 시간에 따라 조금씩 발전합니다. 다음은 API를 발전시키는 방법과 그 과정에서 맞닥뜨리게 될 이슈를 알아봅시다.

3.1.3 API 발전시키기

API는 새 기능을 추가하거나 기존 기능을 변경/삭제하는 과정을 거치며 계속 변합니다. 모놀리식 애플리케이션은 API를 변경하고 모든 호출부(caller, 호출하는 코드)를 수정하는 일이 그리 어렵지 않습니다. 자바 같은 정적 타입 언어를 사용한다면 컴파일러를 이용해서 컴파일 에러 목록을 보면 쉽게 찾아갈 수 있죠. 여러 곳에서 사용하는 API를 고치려면 시간이 많이 걸리므로 사실상 변경 범위가 유일한 문제입니다.

마이크로서비스 애플리케이션은 클라이언트를 다른 서비스 팀이 개발한 경우가 대부분이기 때문에 서비스 API를 변경하기가 무척 어렵습니다. 서비스를 사용하는 클라이언트를 모두 찾아 강제로 업그레이드시킬 수도 없겠죠. 또 요즘은 유지보수할 때 서버를 내리지 않기 때문에 규칙적인 단계로 서비스를 업그레이드하여 신구 버전을 동시에 실행합니다.

이런 문제를 해결하려면 전략을 잘 세워야 합니다. API를 변경하는 방법도 어떤 성격의 변경인지에 따라 달라집니다.

시맨틱 버저닝

시맨틱 버저닝 명세(Semvers, Semantic Versioning specification)[3]는 API 버저닝에 관한 유용한 지침서입니다. 여기에는 버전 번호를 사용하고 증가시키는 규칙들이 명시되어 있습니다. 시맨틱 버저닝은 원래 소프트웨어 패키지의 버저닝 용도로 쓰였지만, 분산 시스템의 API 버저닝에도 사용할 수 있습니다.

이 명세에 따르면 버전 번호를 MAJOR.MINOR.PATCH 세 파트로 구성하고 다음 규칙에 따라 각각 증가시킵니다.

---

3 http://semver.org

- **MAJOR**(메이저): 하위 호환되지 않는 변경분을 API에 적용 시
- **MINOR**(마이너): 하위 호환되는 변경분을 API에 적용 시
- **PATCH**(패치): 하위 호환되는 오류 수정 시

이런 버전 번호를 API 어디에 넣을 수 있을까요? REST API라면 메이저 버전을 URL 경로의 첫 번째 엘리먼트로 쓸 수 있고, 메시징 기반의 서비스라면 이 서비스가 발행한 메시지에 버전 번호를 넣을 수 있습니다. 어쨌든 API를 올바르게 버저닝해서 일정한 규칙에 맞게 발전시키는 것이 중요합니다.

하위 호환되는 소규모 변경

변경을 하더라도 가급적 하위 호환성을 보장하는 방향으로 해야 합니다. 뭔가 API에 추가하는 변경은 대부분 하위 호환됩니다.

- 옵션 속성을 요청에 추가
- 속성을 응답에 추가
- 새 작업을 추가

이런 종류의 변경은 새 서비스에 적용해도 기존 클라이언트 역시 별 문제없이 동작합니다. 단 "당신이 하는 일은 보수적으로, 다른 사람들이 하는 일은 관대하게 바라보라(Be conservative in what you do, be liberal in what you accept from others)."는 견고성 원칙(Robustness principle)[4]을 지켜야 합니다. 요청 속성이 누락되어도 서비스는 기본값을 제공하고, 서비스가 필요한 것보다 더 많은 속성을 응답하더라도 클라이언트는 간단히 무시해야 합니다. 클라이언트/서비스가 견고성 원칙을 뒷받침하는 요청/응답 포맷을 사용하면 이런 과정이 매끄럽게 진행됩니다.

중대한 대규모 변경

경우에 따라서는 매우 중요한, 기존 버전과 호환이 안 되는 변경을 API에 적용해야 할 때가 있습니다. 일시에 클라이언트를 강제로 업그레이드하는 것은 불가하므로 일정 기간 동안 서비스는 신구 버전 API를 모두 지원해야 합니다. HTTP 기반의 REST API라면 URL에 메이저 버전 번호를 삽입할 수 있습니다(예: 버전 1 경로는 앞에 /v1/를, 버전 2 경로는 /v2/를 붙임).

---

4 https://en.wikipedia.org/wiki/Robustness_principle

HTTP 컨텐트 협상(content negotiation)을 이용해서 MIME 타입 내부에 버전 번호를 끼워 넣는 방법도 있습니다. 가령 버전 1.x의 주문은 클라이언트가 이렇게 요청합니다.

```
GET /orders/xyz HTTP/1.1
Accept: application/vnd.example.resource+json; version=1
...
```

클라이언트가 버전 1.x 응답을 기대한다고 주문 서비스에 지시한 것입니다.

여러 버전의 API를 지원하려면 API가 구현된 서비스 어댑터에 신구 버전을 올바르게 중계하는 로직이 있어야 합니다. API 게이트웨이는 거의 반드시 버저닝된 API를 사용하며, 심지어는 구 버전 API도 여러 버전을 지원해야 하는 경우도 있습니다(8장).

3.1.4 메시지 포맷

IPC의 핵심은 메시지 교환입니다. 대부분의 메시지는 데이터를 담고 있기 때문에 데이터 포맷은 중요한 설계 결정 항목입니다. 또 IPC 효율, API 사용성, 발전성(evolvability)에도 영향을 미칩니다. 특히 메시징이나 HTTP 프로토콜을 사용하려면 메시징 포맷을 선택해야 합니다. 곧 배우겠지만 gRPC 같은 IPC는 메시지 포맷이 정해져 있습니다. 지금 단계에서는 어느 프로그래밍 언어로 마이크로서비스를 작성하더라도 나중에 다른 언어를 사용해서 작성하게 될 수도 있기 때문에 범언어적(cross-language) 메시지 포맷을 선택하는 것이 중요합니다(예: 자바 직렬화(Java serialization)는 자바에 국한된 기술이므로 사용하지 않음).

메시지 포맷은 크게 텍스트와 이진 포맷으로 분류됩니다.

텍스트 메시지 포맷

JSON, XML 등 텍스트 기반 포맷은 사람이 읽을 수 있고 자기 서술적(self describing, 그 자체만으로도 의미가 분명한) 장점이 있습니다. 여러분도 알다시피, JSON 메시지는 네임드 프로퍼티(named property, 이름을 가진 프로퍼티), XML 메시지는 네임드 엘리먼트와 그 값을 모아 놓은 구조입니다. 메시지 컨슈머는 자신이 관심 있는 값만 골라 쓰고 나머지는 그냥 무시하면 되므로 메시지 스키마가 자주 바뀌어도 하위 호환성은 쉽게 보장됩니다.

XML 문서 구조는 XML 스키마[5]로 명시하는데, JSON에도 이런 메커니즘의 필요성이 점점 개발자 커뮤니티에서 설득력을 얻기 시작했습니다. 그래서 메시지 프로퍼티의 이름/타입 및 필수/옵션 여부가 정의된 JSON 스키마 표준[6]이 제정되었습니다. 이 표준은 애플리케이션에 들어온 메시지를 확인하는 용도로 사용할 수 있고 문서화에도 요긴합니다.

텍스트 메시지 포맷의 단점은 메시지(특히 XML)가 다소 길다는 사실입니다. 모든 메시지에 속성값 이외에 속성명이 추가되는 오버헤드가 있고, 덩치가 큰 메시지는 텍스트를 파싱하는 오버헤드도 있습니다. 따라서 효율/성능이 중요한 경우는 이진 포맷을 고려해 봄직합니다.

이진 메시지 포맷

이진 포맷은 종류가 다양하지만 프로토콜 버퍼[7]와 아브로[8]가 유명합니다. 이 두 포맷은 메시지 구조 정의에 필요한 타입 IDL을 제공하며, 컴파일러는 메시지를 직렬화/역직렬화하는 코드를 생성합니다. 따라서 서비스를 API 우선 접근 방식으로 설계할 수밖에 없습니다! 그리고 정적 타입 언어로 클라이언트를 작성할 경우, 클라이언트가 API를 올바르게 사용하는지 컴파일러로 확인할 수 있습니다.

하지만 아브로 컨슈머는 스키마를 알고 있어야 메시지를 해석할 수 있기 때문에 API 발전 측면에서는 프로토콜 버퍼가 더 용이합니다. 스리프트(Thrift), 프로토콜 버퍼, 아브로를 비교 분석한 블로그 게시글[9]도 있으니 참고하세요.

RPI(Remote Procedure Invocation, 원격 프로시저 호출) 패턴부터 하나씩 메시지를 실어 나르는 IPC를 자세히 살펴봅시다.

---

5 http://www.w3.org/XML/Schema

6 http://json-schema.org

7 https://developers.google.com/protocol-buffers/docs/overview

8 https://avro.apache.org

9 http://bit.ly/msp-8

3.2 / 동기 RPI 패턴 응용 통신

RPI는 클라이언트가 서비스에 요청을 보내면 서비스가 처리 후 응답을 회신하는 IPC입니다. 응답 대기 중에 블로킹하는 클라이언트도 있고, 리액티브한 논블로킹(non-blocking, 차단하지 않는) 아키 텍처를 가진 클라이언트도 있지만, 어쨌든 메시징으로 통신하는 클라이언트와 달리 응답이 제때 도착하리라 가정합니다.

그림 3-1은 RPI의 작동 원리입니다. 클라이언트의 비즈니스 로직은 프록시 인터페이스를 호출합 니다. 이 프록시 인터페이스는 RPI 프록시 어댑터 클래스로 구현합니다. RPI 프록시가 서비스에 전달한 요청은 RPI 서버 어댑터 클래스가 접수하고, 이 클래스는 다시 서비스 인터페이스를 통해 비즈니스 로직을 호출합니다. 비즈니스 로직 처리를 마친 서비스는 다시 RPI 프록시로 응답을 돌 려주고 최종 결과는 클라이언트 비즈니스 로직에 반환됩니다.

> Note ≡ **패턴: 원격 프로시저 호출**
>
> 클라이언트는 REST 같은 동기식 RPI 프로토콜로 서비스를 호출한다.[10]

프록시 인터페이스는 하부(underlying) 통신 프로토콜을 캡슐화합니다. 프로토콜 종류는 다양하지 만 이 절에서는 REST와 gRPC만 대상으로 합니다. 부분 실패를 적절히 처리해서 서비스 가용성 을 높이는 방법과 RPI를 사용하는 마이크로서비스 애플리케이션에서 서비스 디스커버리 메커니 즘이 필요한 이유를 설명합니다.

---

10 http://microservices.io/patterns/communication-style/messaging.html

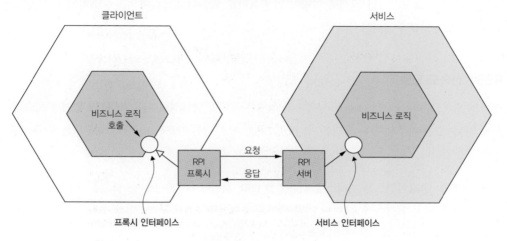

▼ 그림 3-1 클라이언트의 비즈니스 로직은 RPI 프록시 어댑터 클래스로 구현된 프록시 인터페이스를 호출한다. RPI 프록시 클래스가 서비스에 요청하면 RPI 서버 어댑터 클래스가 서비스 비즈니스 로직을 호출해서 요청을 처리한다

3.2.1 동기 RPI 패턴: REST

REST는 (거의 항상) HTTP로 소통하는 IPC입니다. 현재 API 개발은 REST 스타일이 대세입니다.[11] 다음은 창시자인 로이 필딩(Roy Fielding) 박사가 쓴 논문에서 인용한 단락입니다.

> REST는 컴포넌트 상호 작용의 확장성, 인터페이스 일반화, 컴포넌트의 독립적 배포, 상호 작용 지연을 줄이기 위해 중간 컴포넌트, 보안 강화, 레거시 시스템의 캡슐화에 역점을 둔 아키텍처 제약 조건 세트를 제공한다.[12]

리소스는 REST의 핵심 개념입니다. Customer나 Product 같은 비즈니스 객체(들)를 의미하죠. REST는 HTTP 동사(verb)를 사용해서 URL로 참조되는 리소스를 가공(조작)합니다. 여러분도 알다시피, GET 요청은 대부분 XML 문서나 JSON 객체 포맷으로 리소스 표현형(representation)을 반환하고, POST 요청은 새 리소스를 생성하며, PUT 요청은 기존 리소스를 업데이트합니다. 예를 들어 주문 서비스에서 POST /orders는 Order를 생성하는 끝점, GET /orders/{orderId}는 Order를 조회하는 끝점입니다.

---

11 https://en.wikipedia.org/wiki/Representational_state_transfer

12 http://www.ics.uci.edu/~fielding/pubs/dissertation/top.htm

개발자는 대부분 자신이 작성한 HTTP 기반 API가 REST형(RESTful)이라고 주장하지만 로이 필딩 박사가 쓴 블로그 글[13]처럼 실제로 그렇지 않은 API도 많습니다. 그 이유를 이해하기 위해 먼저 REST 성숙도 모델을 알아봅시다.

REST 성숙도 모델

레너드 리처드슨(Leonard Richardson)(필자와 성씨는 같지만 남남입니다)은 REST가 얼마나 성숙했는지 알 수 있는 아주 유용한 모델을 제시했습니다. 이 모델에 따르면 REST의 성숙도는 다음 4단계로 구분됩니다.

- **레벨 0**: 클라이언트는 서비스별로 유일한 URL 끝점에 HTTP POST 요청을 하여 서비스를 호출합니다. 요청을 할 때마다 어떤 액션을 수행할지, 그 대상(예: 비즈니스 객체)은 무엇인지 지정합니다. 필요한 매개변수도 함께 전달합니다.
- **레벨 1**: 서비스는 리소스 개념을 지원합니다. 클라이언트는 수행할 액션과 매개변수가 지정된 POST 요청을 합니다.
- **레벨 2**: 서비스는 HTTP 동사를 이용해서 액션을 수행하고(예: GET은 조회, POST는 생성, PUT은 수정), 요청 쿼리 매개변수 및 본문, 필요 시 매개변수를 지정합니다. 덕분에 서비스는 GET 요청을 캐싱하는 등 웹 인프라를 활용할 수 있습니다.
- **레벨 3**: 서비스를 HATEOAS(Hypertext As The Engine Of Application State, 애플리케이션 상태 엔진으로서의 하이퍼미디어) 원칙에 기반하여 설계합니다. HATEOAS는 GET 요청으로 반환된 리소스 표현형에 그 리소스에 대한 액션의 링크도 함께 태워 보내자는 생각입니다. 가령 클라이언트는 GET 요청으로 주문 데이터를 조회하고 이때 반환된 표현형 내부 링크를 이용해서 해당 주문을 취소할 수도 있습니다. HATEOAS를 사용하면 하드 코딩한 URL을 클라이언트 코드에 욱여넣지 않아도 됩니다.[14]

여러분이 속한 조직의 REST API는 어느 레벨에 해당되나요?

REST API

API는 IDL로 정의해야 한다고 했습니다(3.1절). COBRA, SOAP 같은 오래된 통신 프로토콜과 달리 REST는 원래 IDL이 없었습니다. 하지만 REST API에도 IDL이 필요하다는 공감대가 개발

---

13 http://roy.gbiv.com/untangled/2008/rest-apis-must-be-hypertext-driven
14 http://www.infoq.com/news/2009/04/hateoas-restful-api-advantages

자 커뮤니티에 확산되었고 스웨거(Swagger)라는 오픈 소스 프로젝트를 발전시켜 오픈 API 명세(Open API Specification)[15]가 REST IDL로서 널리 보급되었습니다. 스웨거는 REST API를 개발/문서화하는 도구 세트입니다. 인터페이스 정의를 기반으로 클라이언트 스텁(stub), 서버 스켈레톤(skeleton)을 생성하는 툴이 포함되어 있습니다.

요청 한 번으로 많은 리소스를 가져오기 어렵다

REST 리소스는 Consumer, Order 같은 비즈니스 객체 중심입니다. 따라서 REST API 설계 시 어떻게 하면 클라이언트가 요청 한 번으로 연관된 객체를 모두 가져올 수 있을지 고민하게 됩니다. 예를 들어 특정 주문과 주문한 소비자를 REST로 조회하는 클라이언트가 있다고 합시다. 순수 REST API라면 클라이언트는 적어도 2회 요청(주문 1회, 소비자 1회)을 해야 합니다. 시나리오가 복잡해지면 왕복 횟수가 증가하고 지연 시간이 급증해서 곤란해지겠죠.

이 문제를 해결하는 한 가지 방법은 클라이언트가 리소스를 획득할 때 연관된 리소스도 함께 조회하도록 API가 허락하는 것입니다. 예를 들어 GET /orders/order-id-1345?expand=consumer처럼 쿼리 매개변수로 주문과 함께 반환될 연관 리소스를 지정하면 주문, 소비자를 한꺼번에 조회할 수 있습니다. 그러나 시나리오가 복잡해지면 효율이 떨어지고 구현 시간이 많이 소요되는 문제도 있습니다. 이런 까닭에 데이터를 효율적으로 조회할 수 있게 설계된 GraphQL[16]이나 넷플릭스 팔코(Netflix Falcor)[17] 등 대체 API 기술이 각광받기 시작했습니다.

작업을 HTTP 동사에 매핑하기 어렵다

비즈니스 객체에 수행할 작업을 HTTP 동사에 어떻게 매핑할지도 고민거리입니다. REST API는 데이터를 수정할 때 대개 PUT 동사를 쓰지만, 가령 주문 데이터만 하더라도 이 데이터를 업데이트하는 경로는 주문 취소/변경 등 다양할 수 있습니다. 또 PUT 사용 시 필수 요건인 멱등성(idempotency)이 보장되지 않는 업데이트도 있습니다. 한 가지 해결 방법은 리소스의 특정 부위를 업데이트하는 하위 리소스(sub-resource)를 정의하는 것입니다. 가령 주문 서비스에 주문 취소 끝점 POST /orders/{orderId}/cancel, 주문 변경 끝점 POST /orders/{orderId}/revise를 두는 것입니다. 동사를 URL 쿼리 매개변수로 지정하는 방법도 있지만 REST답지 않아서 gRPC(3.2.2절) 같은 REST 대체 기술이 점점 인기를 끌고 있는 추세입니다.

---

15 http://www.openapis.org

16 http://graphql.org

17 http://netflix.github.io/falcor/

REST의 장단점

REST는 다음과 같은 장점이 있습니다.

- 단순하고 익숙합니다.
- 포스트맨(Postman) 같은 브라우저 플러그인이나 curl 등의 CLI 도구를 사용해서 HTTP API 를 간편하게 테스트할 수 있습니다.
- 요청/응답 스타일의 통신을 직접 지원합니다.
- HTTP는 방화벽 친화적(firewall friendly)[18]입니다.
- 중간 브로커가 필요하지 않기 때문에 시스템 아키텍처가 단순해집니다.

다음과 같은 단점도 있습니다.

- 요청/응답 스타일의 통신만 지원합니다.
- 가용성이 떨어집니다. 중간에서 메시지를 버퍼링하는 매개자 없이 클라이언트/서비스가 직접 통신하기 때문에 교환이 일어나는 동안 양쪽 다 실행 중이어야 합니다.
- 서비스 인스턴스(들)의 위치(URL)를 클라이언트가 알고 있어야 합니다. 요즘 애플리케이션 은 서비스 디스커버리 메커니즘을 이용해서 클라이언트가 서비스 인스턴스 위치를 찾을 수 있으므로 큰 단점은 아닙니다(3.2.4절).
- 요청 한 번으로 여러 리소스를 가져오기 어렵습니다.
- 다중 업데이트 작업을 HTTP 동사에 매핑하기 어려울 때가 많습니다.

REST는 사실상 API 표준이지만 요즘은 흥미로운 대체 기술이 많습니다. 유연하고 효율적인 데이터 조회 기능을 자랑하는 GraphQL(8장)도 있고, 곧이어 설명할 gRPC도 REST를 대체 가능한 기술입니다.

3.2.2 동기 RPI 패턴: gRPC

HTTP는 한정된 동사만 지원하기 때문에 다양한 업데이트 작업을 지원하는 REST API를 설계하기가 쉽지 않습니다. 그래서 등장한 기술이 바로 gRPC[19]입니다. gRPC는 다양한 언어로 클라이언

---

18 **역주** 단일 포트를 사용하고, 인터넷에서 서버 접속이 가능하며, TCP를 사용하는 등 방화벽 입장에서 쉽게 접근 가능한 특성을 지니고 있다는 뜻입니다.

19 http://www.grpc.io

트/서버를 작성할 수 있는 프레임워크입니다.[20] 또 gRPC는 이진 메시지 기반의 프로토콜이므로 (앞서 이진 메시지 포맷을 소개할 때 언급했듯이) 서비스를 API 우선 방식으로 설계할 수밖에 없습니다. gRPC API는 프로토콜 버퍼(구조화 데이터를 직렬화하는 구글의 언어 중립적(language-neutral) 메커니즘) 기반의 IDL로 정의하며, 프로토콜 버퍼 컴파일러로 클라이언트 쪽 스텁 및 서버 쪽 스켈레톤을 생성할 수 있습니다. 이 컴파일러를 이용하면 자바, C#, Node.js, 고 언어 등 다양한 언어의 코드를 생성할 수 있습니다. 클라이언트/서버는 프로토콜 버퍼 포맷의 이진 메시지를 HTTP/2를 통해 교환합니다.

gRPC API는 하나 이상의 서비스와 요청/응답 메시지 데피니션(definition, 정의한 코드)으로 구성됩니다. 자바 인터페이스와 비슷한 서비스 데피니션은 정적 타입 메서드를 모아 놓은 것입니다. gRPC는 단순 요청/응답 RPC는 물론 스트리밍 RPC도 지원하므로 서버가 클라이언트에 메시지 스트림을 응답하는 것도 가능합니다. 반대로 클라이언트가 서버로 메시지 스트림을 보낼 수도 있습니다.

gRPC는 프로토콜 버퍼 메시지 포맷을 사용합니다. 프로토콜 버퍼는 간결하고 효율적인 이진 포맷입니다. 프로토콜 버퍼 메시지는 각 필드마다 번호가 매겨지고 타입 코드가 할당됩니다. 메시지 수신자는 자신이 필요한 필드만 추출하고 모르는 필드는 그냥 건너뛸 수 있기 때문에 하위 호환성을 유지하며 API를 발전시킬 수 있습니다.

예제 3-1은 주문 서비스의 gRPC API 코드입니다. CreateOrderRequest를 매개변수로 받아 CreateOrderReply를 반환하는 createOrder() 등의 메서드가 정의되어 있습니다.

예제 3-1 주문 서비스의 gRPC API

```
service OrderService {
  rpc createOrder(CreateOrderRequest) returns (CreateOrderReply) {}
  rpc cancelOrder(CancelOrderRequest) returns (CancelOrderReply) {}
  rpc reviseOrder(ReviseOrderRequest) returns (ReviseOrderReply) {}
  ...
}

message CreateOrderRequest {
  int64 restaurantId = 1;
  int64 consumerId = 2;
  repeated LineItem lineItems = 3;
  ...
```

---

20 https://en.wikipedia.org/wiki/Remote_procedure_call

```
  }

  message LineItem {
    string menuItemId = 1;
    int32 quantity = 2;
  }

  message CreateOrderReply {
    int64 orderId = 1;
  }
  ...
```

CreateOrderRequest와 CreateOrderReply는 타입이 정해진 메시지(typed message)입니다. CreateOrderRequest 메시지를 보니 int64형 restaurantId 필드가 있고 태그 값은 1입니다.

gRPC는 다음과 같은 장점이 있습니다.

- 다양한 업데이트 작업이 포함된 API를 설계하기 쉽습니다.
- 특히 큰 메시지를 교환할 때 콤팩트하고 효율적인 IPC입니다.
- 양방향 스트리밍 덕분에 RPI, 메시징 두 가지 통신 방식 모두 가능합니다.
- 다양한 언어로 작성된 클라이언트/서버 간 연동이 가능합니다.

다음과 같은 단점도 있습니다.

- 자바스크립트 클라이언트가 하는 일이 REST/JSON 기반 API보다 더 많습니다.
- 구형 방화벽은 HTTP/2를 지원하지 않습니다.

gRPC는 REST를 대체할 만한 유력한 방안이지만, REST처럼 동기 통신하는 메커니즘이라서 부분 실패 문제는 풀어야 할 숙제입니다.

3.2.3 부분 실패 처리: 회로 차단기 패턴

분산 시스템은 서비스가 다른 서비스를 동기 호출할 때마다 부분 실패할 가능성이 항상 존재합니다. 클라이언트/서비스는 모두 개별 프로세스로 동작하기 때문에 서비스가 클라이언트 요청에 제때 응답하지 못하거나, 유지보수 또는 기술적 오류 때문에 서비스가 내려갈 수 있습니다. 서비스에 과부하가 걸려 응답이 매우 늦어지는 경우도 있습니다.

클라이언트는 응답 대기 도중 블로킹되기 때문에 서비스 실패는 클라이언트의 클라이언트로 거슬러 올라가면서 전체 시스템의 중단을 초래할 위험도 있습니다.

> Note ≡ **패턴: 회로 차단기(circuit breaker)**
> 연속 실패 횟수가 주어진 임계치를 초과하면 일정 시간 동안 호출을 즉시 거부하는 RPI 프록시[21]다.

그림 3-2 같은 상황을 생각해 봅시다. API 클라이언트가 애플리케이션에 진입하는 관문인 API 게이트웨이(8장)에 모바일 클라이언트가 REST 요청을 하지만 API 게이트웨이가 요청을 위임한 주문 서비스는 묵묵부답인 상태입니다.

▼ 그림 3-2 API 게이트웨이는 주문 서비스 같은 무응답 서비스로부터 스스로를 지켜야 한다

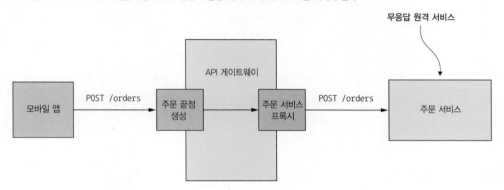

OrderServiceProxy를 그냥 곧이곧대로 구현하면 응답을 기다리며 무한정 블로킹할 것입니다. UX 측면에서도 좋지 않지만, 스레드 같은 주요 리소스가 고갈되어서 결국 API 게이트웨이가 요청을 처리할 수 없게 되겠죠. 당연히 전체 API는 사용 불능 상태가 될 것입니다.

따라서 부분 실패가 애플리케이션 전체에 전파되지 않도록 서비스를 설계해야 합니다. 솔루션은 두 부분으로 나뉩니다.

* 무응답 원격 서비스를 처리하기 위해 OrderServiceProxy 같은 견고한 RPI 프록시를 설계합니다.
* 원격 서비스가 실패하면 어떻게 조치해야 할지 결정합니다.

---

21 http://microservices.io/patterns/reliability/circuit-breaker.html

견고한 RPI 프록시 설계

넷플릭스 기술 블로그[22]를 보면 서비스가 다른 서비스를 동기 호출할 때 자기 스스로를 방어하는 방법이 명쾌하게 기술되어 있습니다.

- **네트워크 타임아웃**: 응답 대기 중에 무한정 블로킹하면 안 되고 항상 타임아웃을 걸어 둡니다. 이렇게 해야 리소스가 마냥 붙잡히지 않습니다.
- **미처리 요청**(outstanding request) **개수 제한**: 클라이언트가 특정 서비스에 요청 가능한 미처리 요청의 최대 개수를 설정합니다. 이 개수에 이르면 더 이상의 요청은 무의미하므로 즉시 실패 처리하는 것이 타당합니다.
- **회로 차단기 패턴**: 성공/실패 요청 개수를 지켜보다가 에러율이 주어진 임계치를 초과하면 그 이후 시도는 바로 실패 처리합니다. 실패된 요청이 많다는 것은 서비스가 불능 상태고 더 이상의 요청은 무의미하다는 뜻입니다. 타임아웃 시간 이후 클라이언트가 재시도해서 성공하면 회로 차단기는 닫힙니다.

넷플릭스 히스트릭스(Netflix Hystrix)[23]는 이와 같이 다양한 패턴이 구현된 오픈 소스 라이브러리입니다. JVM 환경이라면 히스트릭스를 이용하여 RPI 프록시를 구현해 봄직합니다. 닷넷 진영에서는 폴리(Polly)[24]라는 라이브러리가 유명합니다.

불능 서비스 복구

히스트릭스 같은 라이브러리는 부분적인 솔루션에 불과합니다. 무응답 원격 서비스를 어떻게 복구하면 좋을지는 그때그때 상황에 맞게 판단해야 합니다. 그림 3-2와 같이 주문 생성 요청이 실패하는 상황에서는 그냥 알기 쉽게 서비스가 클라이언트에 에러를 반환하는 것이 낫습니다. API 게이트웨이가 할 수 있는 것은 모바일 클라이언트에 에러를 반환하는 것뿐이죠.

부분 실패 시 미리 정해진 기본값이나 캐시된 응답 등 대체 값(fallback value)을 반환하는 방법도 있습니다. 그림 3-3의 GET /orders/{orderId} 끝점은 주문 서비스, 주방 서비스, 배달 서비스 등을 호출해서 그 결과를 조합합니다.

물론 모든 서비스의 데이터가 클라이언트에 똑같이 중요하지는 않습니다. 주문 서비스 데이터가 가장 중요하죠. 서비스가 불능 상태가 되어도 다른 서비스 데이터는 상대적으로 덜 중요하기 때문에 API 게이트웨이는 캐시된 버전의 데이터 또는 에러를 반환합니다. 이를테면 배달 서비스가 불

---

22 http://bit.ly/msp-9
23 https://github.com/Netflix/Hystrix
24 https://github.com/App-vNext/Polly

능 상태가 될 경우, API 게이트웨이가 캐시된 버전의 데이터를 반환하거나 아예 해당 데이터를 응답에서 제거해도 클라이언트는 유용한 정보를 사용자에게 표시할 수 있을 것입니다.

▼ 그림 3-3 API 게이트웨이는 API를 조합해서 GET /orders/{orderId} 끝점을 구현한다. 여러 서비스를 호출해서 수신한 응답을 모바일 앱에 보내는 것이다. 이때 호출한 서비스가 각각 실패할 경우를 대비한 대응 방안이 준비되어 있어야 한다

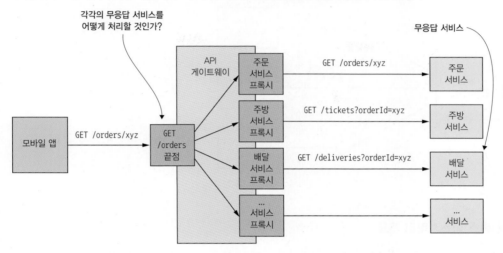

부분 실패를 처리하도록 서비스를 설계하는 것 외에도 RPI 사용 시 해결해야 할 이슈는 많습니다. 어떤 서비스가 다른 서비스를 RPI로 호출할 때 해당 서비스 인스턴스의 네트워크 위치를 알고 있어야 하는 것도 문제입니다. 대수롭지 않은 일 같지만 실제로는 꽤 골치 아픈 문제입니다. 곧이어 설명할 서비스 디스커버리 메커니즘이 꼭 필요한 이유입니다.

3.2.4 서비스 디스커버리

REST API가 있는 어떤 서비스를 호출하는 코드를 개발한다고 합시다. 이 서비스를 호출하는 코드는 서비스 인스턴스의 네트워크 위치(IP 주소 및 포트)를 알고 있어야 요청을 할 수 있습니다. 물리적인 하드웨어를 기반으로 실행되는 기존 애플리케이션은 서비스 인스턴스의 네트워크 위치가 대부분 정적입니다. 어쩌다 한 번 업데이트되는 구성 파일에서 네트워크 위치를 읽어 오면 되죠. 하지만 요즘 클라우드 기반의 마이크로서비스 애플리케이션은 네트워크 위치가 훨씬 동적이라서 이를 식별하는 일이 결코 간단하지 않습니다(그림 3-4).

서비스 인스턴스마다 네트워크 위치가 동적 배정되고, 서비스 인스턴스는 자동 확장, 실패, 업그레이드 등 여러 가지 사유로 계속 달라지므로 클라이언트 코드는 서비스 디스커버리를 사용할 수밖에 없습니다.

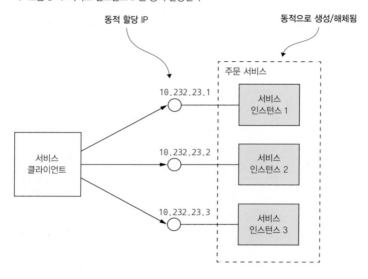

▼ 그림 3-4 서비스 인스턴스 IP는 동적 할당된다

서비스 디스커버리 개요

서비스 IP 주소가 정적으로 구성된 클라이언트 대신 서비스 디스커버리 메커니즘을 사용해야 합니다. 개념은 아주 간단합니다. 핵심은 애플리케이션 서비스 인스턴스의 네트워크 위치를 DB화한 서비스 레지스트리(service registry)입니다.

서비스 인스턴스가 시작/종료할 때마다 서비스 레지스트리가 업데이트됩니다. 클라이언트가 서비스를 호출하면 우선 서비스 디스커버리가 서비스 레지스트리에서 가용 서비스 인스턴스 목록을 가져오고, 그중 한 서비스로 요청을 라우팅합니다.

서비스 디스커버리는 주로 다음 두 가지 방법으로 구현합니다.

- 클라이언트/서비스가 직접 서비스 레지스트리와 상호 작용합니다.
- 배포 인프라로 서비스 디스커버리를 처리합니다(자세한 내용은 12장에서 다룹니다).

애플리케이션 수준의 서비스 디스커버리 패턴 적용

애플리케이션 클라이언트/서비스가 서비스 레지스트리와 직접 통신하는 방법입니다(그림 3-5). 서비스 인스턴스는 자신의 네트워크 위치를 서비스 레지스트리에 등록하고, 서비스 클라이언트는 이 서비스 레지스트리로부터 전체 서비스 인스턴스 목록을 가져와 그중 한 인스턴스로 요청을 라우팅합니다.

▼ 그림 3-5 서비스 레지스트리는 서비스 인스턴스를 추적한다. 클라이언트는 서비스 레지스트리를 쿼리해서 가용한 서비스 인스턴스의 네트워크 위치를 찾는다

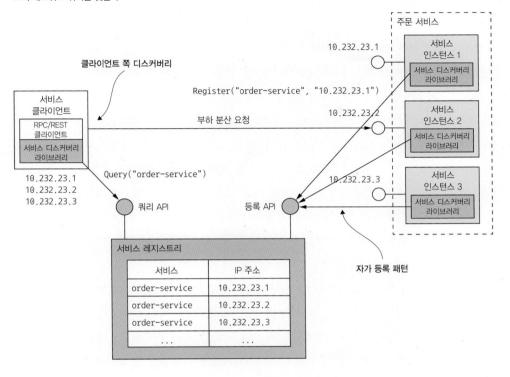

이는 두 가지 패턴을 조합한 서비스 디스커버리 방식입니다. 첫째, 자가 등록(self registration) 패턴입니다. 서비스 인스턴스는 자신의 네트워크 위치를 서비스 레지스트리 등록 API를 호출해서 등록합니다. 헬스 체크 URL(11장)을 제공하는 서비스도 있습니다. 서비스 인스턴스가 현재 건강한지, 요청을 순조롭게 처리할 수 있는 상태인지 서비스 레지스트리가 주기적으로 확인하기 위해 필요한 API 끝점이죠. 서비스 인스턴스가 자신이 전에 등록한 네트워크 위치가 만료되지 않도록 주기적으로 '하트비트(heartbeat, 맥박)' API를 호출해야 하는 서비스 레지스트리도 있습니다.

Note ☰ **패턴: 자가 등록**
서비스 인스턴스는 서비스 레지스트리에 자기 자신을 등록한다.[25]

둘째, 클라이언트 쪽 디스커버리 패턴입니다. 클라이언트는 서비스를 호출할 때 먼저 서비스 레지스트리에 서비스 인스턴스 목록을 요청해서 넘겨받습니다(이 목록을 캐시하면 성능을 높일 수 있

---

25 http://microservices.io/patterns/self-registration.html

습니다). 그런 다음 서비스 클라이언트는 라운드-로빈(round-robin)[26]이나 랜덤(random) 같은 부하 분산 알고리즘을 이용하여 서비스 인스턴스를 선택한 후 요청을 전송합니다.

> Note ≡ **패턴: 클라이언트 쪽 디스커버리**
>
> 서비스 클라이언트는 서비스 레지스트리에 있는 가용 서비스 인스턴스 목록을 조회하고 부하 분산한다.[27]

애플리케이션 수준의 서비스 디스커버리는 넷플릭스와 피보탈 덕분에 대중화되었습니다. 넷플릭스는 유레카(Eureka)라는 고가용성 서비스 레지스트리, 유레카 자바 클라이언트, 리본(Ribbon, 유레카 클라이언트를 지원하는 정교한 HTTP 클라이언트) 등 여러 가지 컴포넌트를 개발하고 오픈 소스화했습니다. 피보탈은 이 넷플릭스 컴포넌트를 아주 쉽게 사용할 수 있게 스프링 클라우드(Spring Cloud)라는 스프링 기반의 프레임워크를 개발했습니다. 스프링 클라우드 기반의 서비스는 유레카에 자동 등록되며, 스프링 클라우드 기반의 클라이언트는 유레카를 기본 서비스 디스커버리로 사용합니다.

애플리케이션 수준의 서비스 디스커버리는 다양한 플랫폼에 서비스가 배포된 경우에도 처리 가능한 장점이 있습니다. 가령 일부 서비스만 쿠버네티스(12장)에 배포하고 나머지는 레거시 환경에서 실행하고 싶을 때도 있겠죠. 쿠버네티스에 기반한 서비스 디스커버리는 쿠버네티스 내부에서만 동작하지만 유레카를 이용하는 애플리케이션 수준의 디스커버리는 두 환경 모두 잘 동작합니다.

그러나 사용하는 언어(즉, 프레임워크)에 맞는 서비스 디스커버리 라이브러리가 필요한 단점도 있습니다. 이를테면 스프링 클라우드는 스프링 개발자에게는 도움이 되겠지만, 다른 자바 프레임워크나 Node.js, 고 언어 등 비JVM 언어를 사용하는 개발자는 다른 서비스 디스커버리 프레임워크를 찾아보아야 하겠죠. 서비스 레지스트리를 직접 설정/관리하는 업무가 가중되는 부담도 있습니다. 따라서 배포 인프라 업체가 제공한 서비스 디스커버리 메커니즘을 활용하는 것이 좋습니다.

플랫폼에 내장된 서비스 디스커버리 패턴 적용

도커나 쿠버네티스 등 최신 배포 플랫폼에는 대부분 서비스 레지스트리, 서비스 디스커버리 메커니즘이 탑재되어 있습니다(12장). 배포 플랫폼은 DNS명, 가상 IP(VIP) 주소, VIP 주소로 해석(resolve, 리졸브)되는 DNS명을 각 서비스마다 부여합니다. 서비스 클라이언트가 DNS명/VIP를

---

26 **역주** 프로세스 간의 우선순위 없이 무조건 들어온 순서대로 일정하게 리소스를 할당하는 방식

27 http://microservices.io/patterns/client-side-discovery.html

요청하면 배포 플랫폼이 알아서 가용 서비스 인스턴스 중 하나로 요청을 라우팅합니다. 배포 플랫폼이 서비스 등록, 서비스 디스커버리, 요청 라우팅을 전부 관장하는 것입니다(그림 3-6).

서비스 IP 주소를 추적하는 서비스 레지스트리는 배포 플랫폼에 내장되어 있습니다. 그림 3-6에서 클라이언트는 order-service라는 DNS명으로 주문 서비스에 접근하고, 이 DNS명은 가상 IP 주소 10.1.3.4로 해석됩니다. 배포 플랫폼은 자동으로 이 세 주문 서비스 인스턴스에 요청을 분배합니다.

▼ 그림 3-6 플랫폼은 서비스 등록, 디스커버리, 요청 라우팅을 담당한다. 등록기는 서비스 인스턴스를 서비스 레지스트리에 등록한다. 서비스마다 네트워크 위치, 즉 DNS명/가상 IP 주소가 지정된다. 클라이언트는 서비스 네트워크 위치에 요청을 하고, 라우터는 서비스 레지스트리를 질의한 후 가용 서비스 인스턴스들에 고루 요청을 부하 분산한다

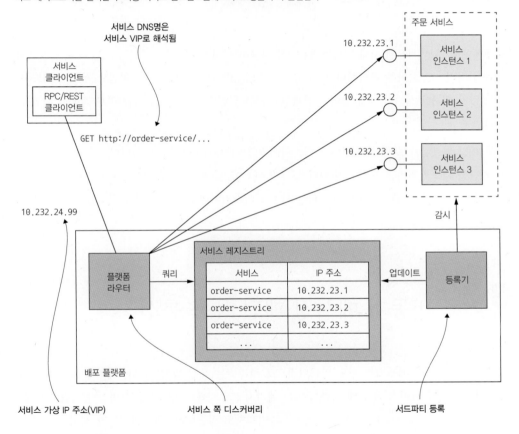

이 방식은 다음 두 패턴을 접목시킨 것입니다.

- **서드파티 등록 패턴**: 서비스가 자신을 서비스 레지스트리에 등록하는 것이 아니라, 배포 플랫폼의 일부인 등록기(registrar, 레지스트라)라는 서드파티(third-party)가 이 작업을 대행합니다.

- **서버 쪽 디스커버리 패턴**: 클라이언트가 서비스 레지스트리를 질의하지 않고 DNS명을 요청합니다. 그러면 서비스 레지스트리를 쿼리하고 요청을 부하 분산하는 요청 라우터로 해석됩니다.

> **Note ☰ 패턴: 서드파티 등록**
>
> 서드파티가 서비스 인스턴스를 서비스 레지스트리에 자동 등록한다.[28]

> **Note ☰ 패턴: 서버 쪽 디스커버리**
>
> 클라이언트가 서비스 디스커버리를 담당한 라우터에 요청한다.[29]

플랫폼에서 기본 제공된 서비스 디스커버리를 사용하면 서비스 디스커버리를 모두 배포 플랫폼이 알아서 처리하므로 아주 편리합니다. 서비스 디스커버리 관련 코드는 클라이언트/서비스 어느 쪽에도 없기 때문에 서비스 개발 언어와 상관없이 모든 클라이언트/서비스에 곧바로 적용할 수 있습니다.

물론 해당 플랫폼으로 배포한 서비스 디스커버리만 지원되는 단점도 있습니다. 가령 쿠버네티스에 기반한 디스커버리는 오직 쿠버네티스로 배포한 서비스에만 적용됩니다. 이런 한계점은 있지만 필자는 가능한 한 플랫폼에서 제공되는 서비스 디스커버리를 사용할 것을 권장합니다.

3.3 비동기 메시징 패턴 응용 통신

메시징은 서비스가 메시지를 서로 비동기적으로 주고받는 통신 방식입니다. 메시징 기반의 애플리케이션은 보통 서비스 간 중개 역할을 하는 메시지 브로커를 사용하지만 서비스가 직접 서로 통신하는 브로커리스(brokerless, 브로커가 없는) 아키텍처도 있습니다. 클라이언트가 서비스에 메시지를 보내 요청을 하면, 요청을 받은 서비스 인스턴스가 응답 가능할 경우 별도의 메시지를 클라

---

28 http://microservices.io/patterns/3rd-party-registration.html
29 http://microservices.io/patterns/server-side-discovery.html

이언트에 응답합니다. 비동기 통신을 하기 때문에 클라이언트가 응답을 기다리며 블로킹하지 않습니다. 클라이언트는 응답을 바로 받지 못할 것이라는 전제하에 작성합니다.

> Note ≡ **패턴: 메시징**
>
> 클라이언트는 비동기 메시징을 통해 서비스를 호출한다.[30]

3.3.1 메시징 개요

메시징 모델은 〈기업 통합 패턴(Enterprise Integration Pattern)〉(그레거 호프(Gregor Hohpe), 바비 울프(Bobby Woolf) 저, 에이콘출판사, 2014)에 잘 정리되어 있습니다. 이 모델에 따르면 메시지는 메시지 채널(message channel)을 통해 교환됩니다. 송신자(애플리케이션 또는 서비스)가 채널에 메시지를 쓰면 수신자(애플리케이션 또는 서비스)는 채널에서 메시지를 읽습니다. 그런데 메시지와 채널이란 무엇일까요?

메시지

메시지는 헤더(header)와 본문(body, 바디)으로 구성됩니다.[31] 헤더에는 송신된 데이터에 관한 메타데이터(metadata)에 해당하는 키/값들로 구성됩니다. 그 밖에도 송신자 또는 메시징 인프라에서 생성된 메시지 ID, 응답이 출력될 메시지 채널을 가리키는 반환 주소(옵션)가 헤더에 있습니다. 메시지 본문은 실제로 송신할 텍스트 또는 이진 포맷의 데이터입니다.

메시지 종류는 다양합니다.

- **문서**(document): 데이터만 포함된 제네릭한 메시지(예: 커맨드에 대한 응답). 메시지를 어떻게 해석할지는 수신자가 결정합니다.
- **커맨드**(command): RPC 요청과 동등한 메시지. 호출할 작업과 전달할 매개변수가 지정되어 있습니다.
- **이벤트**(event): 송신자에게 어떤 사건이 발생했음을 알리는 메시지. 이벤트는 대부분 Order, Customer 같은 도메인 객체의 상태 변화를 나타내는 도메인 이벤트입니다.

---

30 http://microservices.io/patterns/communication–style/messaging.html

31 http://www.enterpriseintegrationpatterns.com/Message.html

이 책에서는 커맨드, 이벤트를 두루 활용하는 방식으로 마이크로서비스 아키텍처에 접근합니다.

메시지 채널

메시지는 채널을 통해 교환됩니다(그림 3-7).[32] 송신자의 비즈니스 로직은 하부 통신 메커니즘을 캡슐화한 송신 포트 인터페이스를 호출합니다. 이 인터페이스는 메시지 송신자 어댑터 클래스로 구현하며, 이 클래스는 메시징 인프라를 추상한 메시지 채널을 통해 수신자에게 메시지를 전달합니다. 수신자의 메시지 핸들러(handler, 처리기) 어댑터 클래스는 메시지를 처리하기 위해 호출되고, 이 클래스는 컨슈머 비즈니스 로직으로 구현된 수신 포트 인터페이스를 호출합니다. 송신자가 채널에 보낼 수 있는 메시지와 수신자가 채널에서 받을 수 있는 메시지의 개수는 무제한입니다.

▼ 그림 3-7 송신자의 비즈니스 로직은 메시지 송신자 어댑터로 구현된 송신 포트 인터페이스를 호출하고, 메시지 송신자는 메시지 채널을 통해 수신자에게 메시지를 전달한다. 그러면 수신자 쪽 메시지 핸들러 어댑터가 호출되어 메시지를 처리하고 수신자의 비즈니스 로직으로 구현된 수신 포트 인터페이스가 호출된다. 여기서 메시지 채널은 메시징 인프라를 추상한 것이다

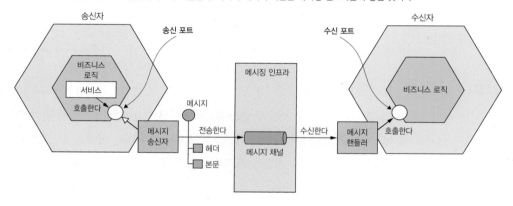

채널은 두 종류가 있습니다.

- **점대점**(point-to-point) **채널**[33]: 채널을 읽는 컨슈머 중 딱 하나만 지정하여 메시지를 전달합니다. 앞서 설명한 일대일 상호 작용 스타일의 서비스가 이 채널을 사용합니다(예: 커맨드 메시지).
- **발행-구독**(publish-subscribe) **채널**[34]: 같은 채널을 바라보는 모든 컨슈머에 메시지를 전달합니다. 앞서 설명한 일대다 상호 작용 스타일의 서비스가 이 채널을 사용합니다(예: 이벤트 메시지).

---

32 http://www.enterpriseintegrationpatterns.com/MessageChannel.html

33 http://www.enterpriseintegrationpatterns.com/PointToPointChannel.html

34 http://www.enterpriseintegrationpatterns.com/PublishSubscribeChannel.html

3.3.2 메시징 상호 작용 스타일 구현

메시징은 3.1.1절에서 설명한 상호 작용 스타일을 모두 지원할 만큼 아주 유연합니다. 스타일에 따라 메시징으로 직접 구현 가능한 것도 있고, 메시징을 토대로 구현해야 하는 것도 있습니다.

요청/응답 및 비동기 요청/응답

요청/응답 및 비동기 요청/응답 방식 모두 클라이언트가 요청을 보내면 서비스는 응답을 반환합니다. 요청/응답은 서비스가 즉시 응답할 것이라고 클라이언트가 기대하지만 비동기 요청/응답은 클라이언트가 그런 기대를 하지 않습니다. 메시징은 원래 성격 자체가 비동기적이라서 비동기 요청/응답만 제공하지만 응답을 수신할 때까지 클라이언트를 블로킹할 수도 있습니다.

클라이언트/서비스는 한 쌍의 메시지를 주고받는 비동기 요청/응답 스타일로 상호 작용합니다. 먼저 클라이언트는 수행할 작업과 매개변수가 담긴 커맨드 메시지를 서비스가 소유한 점대점 메시징 채널에 보냅니다. 그러면 서비스는 요청을 처리한 후 그 결과가 담긴 응답 메시지를 클라이언트가 소유한 점대점 채널로 돌려보냅니다(그림 3-8).

▼ 그림 3-8 응답 채널. 메시지 식별자를 요청 메시지에 넣어 비동기 요청/응답한다. 수신자는 메시지 처리 후 지정된 채널로 응답을 전송한다

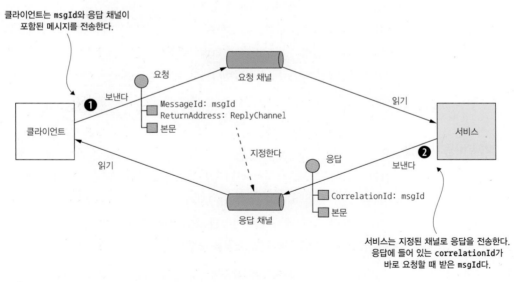

클라이언트는 서비스가 어디로 응답 메시지를 보내야 하는지 알려 주고 이렇게 받은 응답 메시지는 요청과 짝이 맞아야 합니다. 다행히 이 두 가지는 어렵지 않게 해결할 수 있습니다. 클라이언

트는 MessageId 및 응답 채널이 헤더에 명시된 커맨드 메시지를 보내고, 서버는 MessageId와 값이 동일한 CorrelationId가 포함된 응답 메시지를 지정된 응답 채널에 쓰면 됩니다. 클라이언트는 이 CorrelationId를 이용하여 응답 메시지와 요청을 맞추어 볼 수 있습니다.

본래 메시징으로 통신하는 클라이언트/서비스 간 상호 작용은 비동기적입니다. 이론적으로 클라이언트가 응답을 수신할 때까지 블로킹할 수는 있지만, 실제로 클라이언트는 응답을 비동기 처리하고 클라이언트 인스턴스 중 하나가 응답을 처리합니다.

단방향 알림

단방향 알림(one-way notification)은 비동기 메시징을 이용하여 직관적으로 구현할 수 있습니다. 서비스가 소유한 점대점 채널로 클라이언트가 메시지(커맨드 메시지)를 보내면, 서비스는 이 채널을 구독해서 메시지를 처리하는 구조입니다. 물론 단방향이므로 서비스는 응답을 반환하지 않습니다.

발행/구독

메시징은 발행/구독 스타일의 상호 작용을 기본 지원합니다. 클라이언트는 여러 컨슈머가 읽는 발행/구독 채널에 메시지를 발행하고, 서비스는 도메인 객체의 변경 사실을 알리는 도메인 이벤트를 발행합니다(4~5장). 이렇게 도메인 이벤트를 발행한 서비스는 해당 도메인 클래스의 이름을 딴 발행/구독 채널을 소유합니다. 가령 주문 서비스는 Order 이벤트를 Order 채널에 발행하고, 배달 서비스는 Delivery 이벤트를 Delivery 채널에 발행합니다. 서비스는 자신이 관심 있는 도메인 객체의 이벤트 채널을 구독합니다.

발행/비동기 응답

발행/비동기 응답 스타일은 발행/구독과 요청/응답의 엘리먼트를 조합한 고수준의 상호 작용 스타일입니다. 클라이언트는 응답 채널 헤더가 명시된 메시지를 발행/구독 채널에 발행하고, 컨슈머는 CorrelationId가 포함된 응답 메시지를 지정된 응답 채널에 씁니다. 클라이언트는 이 CorrelationId로 응답을 취합하여 응답 메시지와 요청을 맞추어 봅니다.

비동기 API를 갖고 있는 애플리케이션 서비스는 지금까지 설명한 기법을 적어도 하나는 응용합니다. 비동기 API로 작업을 호출하는 서비스에는 요청용 메시지 채널이 있고, 이벤트를 발행하는 서비스는 이벤트 메시지 채널에 이벤트를 발행할 것입니다.

3.3.3 메시징 기반 서비스의 API 명세 작성

서비스의 비동기 API 명세에는 메시지 채널명, 각 채널을 통해 교환되는 메시지 타입과 포맷을 명시하고, 메시지 포맷은 JSON, XML, 프로토콜 버퍼 등 표준 포맷으로 기술해야 합니다(그림 3-9). 그러나 REST, 오픈 API와 달리 채널 및 메시지 타입은 딱히 정해진 문서화 표준이 없으므로 자유롭게 기술하면 됩니다.

서비스 비동기 API는 클라이언트가 호출하는 작업과 서비스에 의해 발행되는 이벤트로 구성됩니다. 작업과 이벤트는 문서화하는 방법이 다릅니다.

▼ 그림 3-9 서비스의 비동기 API는 메시지 채널, 커맨드, 응답, 이벤트 메시지 타입으로 구성된다

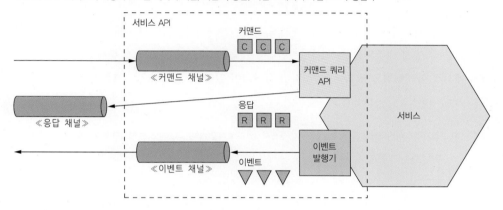

비동기 작업 문서화

서비스 작업은 두 가지 상호 작용 스타일 중 하나로 호출할 수 있습니다.

- **요청/비동기 응답 스타일 API**: 서비스의 커맨드 메시지 채널, 서비스가 받는 커맨드 메시지의 타입과 포맷, 서비스가 반환하는 응답 메시지의 타입과 포맷으로 구성됩니다.
- **단방향 알림 스타일 API**: 서비스의 커맨드 메시지 채널, 서비스가 받는 커맨드 메시지의 타입과 포맷으로 구성됩니다.

서비스는 요청/비동기 응답, 단방향 알림 모두 동일한 요청 채널을 사용할 수 있습니다.

발행 이벤트 문서화

서비스는 발행/구독 스타일로도 이벤트를 발행할 수 있습니다. 이런 스타일의 API 명세는 이벤트 채널, 서비스가 채널에 발행하는 이벤트 메시지의 타입과 포맷으로 구성됩니다.

메시지 그리고 메시징의 채널 모델은 서비스 비동기 API를 설계하는 좋은 수단이지만, 서비스를 구현하려면 메시징 기술을 선택하고 그 기술이 가진 기능으로 어떻게 설계할지 방향을 잡아야 합니다. 메시징 기술을 하나씩 구체적으로 살펴봅시다.

3.3.4 메시지 브로커

메시징 기반의 애플리케이션은 대부분 메시지 브로커를 사용합니다. 메시지 브로커는 서비스가 서로 통신할 수 있게 해주는 인프라 서비스입니다. 물론 서비스가 서로 직접 통신하는 브로커리스 기반의 메시징 아키텍처도 있습니다. 제각기 장단점이 있지만, 일반적으로 브로커 기반의 아키텍처가 더 낫습니다(그림 3-10).

▼ 그림 3-10 브로커리스 아키텍처의 서비스는 서로 직접 통신하지만 브로커 아키텍처의 서비스는 메시지 브로커를 거쳐 통신한다

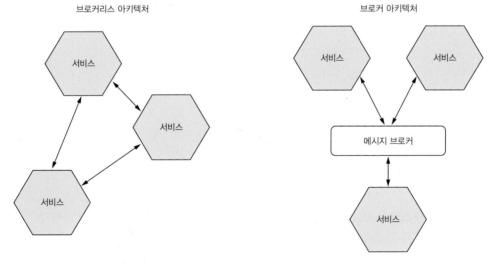

이 책은 브로커 기반의 아키텍처 위주로 설명하지만 브로커리스 아키텍처가 더 좋은 선택인 경우도 있으므로 잠시 짚어 봅니다.

브로커리스 메시징

브로커리스 아키텍처의 서비스는 메시지를 서로 직접 교환합니다. ZeroMQ[35]는 잘 알려진 브로커리스 메시징 기술입니다. 그 자체가 명세이자, 여러 언어를 지원하는 라이브러리 세트입니다. TCP, 유닉스형 도메인 소켓(domain socket), 멀티캐스트(multicast) 등 다양한 전송 기술을 지원합니다.

브로커리스 아키텍처는 다음과 같은 장점이 있습니다.

- 송신자가 보낸 메시지가 브로커를 거쳐 수신자로 이동하는 것이 아니라, 송신자에서 수신자로 직접 전달되므로 네트워크 트래픽이 가볍고 지연 시간이 짧습니다.
- 메시지 브로커가 성능 병목점이나 SPOF(Single Point Of Failure, 단일 장애점)[36]가 될 일이 없습니다.
- 메시지 브로커를 설정/관리할 필요가 없으므로 운영 복잡도가 낮습니다.

다음과 같은 중요한 단점도 있습니다.

- 서비스가 서로의 위치를 알고 있어야 하므로 서비스 디스커버리 메커니즘(3.2.4절) 중 하나를 사용해야 합니다.
- 메시지 교환 시 송신자/수신자 모두 실행 중이어야 하므로 가용성이 떨어집니다.
- 전달 보장(guaranteed delivery) 같은 메커니즘을 구현하기가 더 어렵습니다.

가용성 저하 및 서비스 디스커버리가 필요한 것은 사실 동기 요청/응답을 사용하는 방식도 별반 다르지 않습니다.

이런 한계 때문에 엔터프라이즈 애플리케이션은 대부분 메시지 브로커 기반의 아키텍처를 사용합니다.

브로커 기반 메시징 개요

메시지 브로커는 모든 메시지가 지나가는 중간 지점입니다. 송신자가 메시지 브로커에 메시지를 쓰면 메시지 브로커는 메시지를 수신자에게 전달합니다. 메시지 브로커의 가장 큰 장점은 송신자

---

35 http://zeromq.org

36 역주 시스템 구성 요소 중에서 동작하지 않으면 전체 시스템이 중단되는 요소를 말합니다. 예를 들어 이더넷 케이블과 전원, 이더넷 허브(HUB), 접속 단말들의 NIC(Network Interface Card) 등으로 이루어진 간단한 이더넷(Ethernet) 네트워크 시스템에서 SPOF는 네트워크 허브(HUB) 장치의 전원입니다. 단일 고장점, 단일 실패점이라고도 합니다. (출처: 위키백과)

가 컨슈머의 네트워크 위치를 몰라도 된다는 것입니다. 또 컨슈머가 메시지를 처리할 수 있을 때까지 메시지 브로커에 메시지를 버퍼링할 수도 있습니다.

메시지 브로커 제품은 다양합니다. 다음은 많이 쓰는 오픈 소스 메시지 브로커들입니다.

- ActiveMQ(액티브엠큐)[37]
- RabbitMQ(래빗엠큐)[38]
- 아파치 카프카(Apache Kafka)[39]

AWS 키네시스(Kinesis),[40] AWS SQS(Simple Queue Service)[41] 등 클라우드 기반의 메시징 서비스도 있습니다.

메시지 브로커를 선택할 때에는 다음 항목을 잘 검토해야 합니다.

- **프로그래밍 언어 지원 여부**: 다양한 프로그래밍 언어를 지원할수록 좋습니다.
- **메시징 표준 지원 여부**: AMQP나 STOMP 등 표준 프로토콜을 지원하는 제품인가, 아니면 자체 표준만 지원하는 제품인가?
- **메시지 순서**: 메시지 순서가 유지되는가?
- **전달 보장**: 어떤 종류의 전달 보장을 하는가?
- **영속화**: 브로커가 고장 나도 문제가 없도록 메시지를 디스크에 저장하는가?
- **내구성**: 컨슈머가 메시지 브로커에 다시 접속할 경우, 접속이 중단된 시간에 전달된 메시지를 받을 수 있나?
- **확장성**: 얼마나 확장성이 좋은가?
- **지연 시간**: 종단 간 지연 시간은 얼마나 되나?
- **경쟁사 컨슈머**: 경쟁사의 컨슈머를 지원하는가?

브로커마다 다 일장일단이 있습니다. 지연 시간이 매우 짧은 브로커는 메시지 순서가 유지되지 않거나 메시지 전달이 보장되지 않는다든지, 아니면 메시지를 메모리에만 저장한다든지 하는 단점이 있습니다. 반대로 메시지 전달을 보장하고 메시지를 디스크에 확실히 저장하는 브로커는 지연

---

37 http://activemq.apache.org

38 https://www.rabbitmq.com

39 http://kafka.apache.org

40 https://aws.amazon.com/kinesis/

41 https://aws.amazon.com/sqs/

시간이 긴 편이죠. 어떤 브로커 제품이 최적인지는 애플리케이션 요건에 따라 다릅니다. 심지어 애플리케이션 파트마다 메시징 요건이 다른 경우도 있습니다.

하지만 메시징 순서 유지 및 확장성은 필수 요건입니다. 다음은 메시징 브로커를 이용하여 메시지 채널을 구축하는 방법입니다.

메시지 브로커로 메시지 채널 구현

메시지 채널은 메시지 브로커마다 구현 방식이 조금씩 다릅니다. ActiveMQ 같은 JMS 메시지 브로커에는 큐와 토픽, RabbitMQ 같은 AMQP 기반의 메시지 브로커에는 익스체인지와 큐가 있습니다. 또 아파치 카프카는 토픽, AWS 키네시스는 스트림, AWS SQS는 큐를 갖고 있습니다(표 3-2). 이 장에서 설명한 메시지/채널 추상체(abstraction)보다 더 유연한 메시징 메커니즘을 제공하는 브로커도 있습니다.

▼ 표 3-2 메시지 채널은 메시지 브로커마다 구현 방식이 다르다

메시지 브로커	점대점 채널	발행-구독 채널
JMS	큐	토픽
아파치 카프카	토픽	토픽
AMQP 브로커(예: RabbitMQ)	익스체인지 + 큐	팬아웃 익스체인지, 컨슈머 개별 큐
AWS 키네시스	스트림	스트림
AWS SQS	큐	–

표 3-2에서 점대점 채널만 지원하는 AWS SQS를 제외한 나머지 메시지 브로커들은 점대점, 발행/구독 채널 모두 지원합니다.

브로커 기반 메시징의 장단점

브로커 기반의 메시징은 여러모로 장점이 많습니다.

- **느슨한 결합**: 클라이언트는 적절한 채널에 그냥 메시지를 보내는 식으로 요청합니다. 클라이언트는 서비스 인스턴스를 몰라도 되므로 서비스 인스턴스 위치를 알려 주는 디스커버리 메커니즘도 필요 없습니다.
- **메시지 버퍼링**: 메시지 브로커는 처리 가능한 시점까지 메시지를 버퍼링합니다. HTTP 같은 동기 요청/응답 프로토콜을 쓰면 교환이 일어나는 동안 클라이언트/서비스 양쪽 모두 가동

중이어야 하지만 메시징을 쓰면 컨슈머가 처리할 수 있을 때까지 그냥 큐에 메시지가 쌓입니다. 덕분에 온라인 상점에서 주문 이행 시스템이 느려지거나 불능 상태에 빠지는 사고가 발생해도 컨슈머는 주문을 계속 접수할 수 있습니다. 그냥 언젠가는 처리되겠거니 간주하고 메시지를 차곡차곡 쌓아 두는 것입니다.

- **유연한 통신**: 메시징은 지금까지 설명한 모든 상호 작용 스타일을 지원합니다.
- **명시적 IPC**: RPC 메커니즘은 원격 서비스가 마치 자신이 로컬 서비스인 양 호출을 시도합니다. 하지만 물리 법칙상으로도 그렇고 부분 실패할 가능성이 있기 때문에 사실 서비스와는 완전히 다릅니다.

메시징의 단점은 다음과 같습니다.

- **성능 병목 가능성**: 메시지 브로커가 성능 병목점이 될 위험이 있습니다. 하지만 다행히 요즘 메시지 브로커는 대부분 확장이 잘 되도록 설계되었습니다.
- **단일 장애점 가능성**: 메시지 브로커는 가용성이 높아야 합니다. 그렇지 않으면 시스템의 신뢰성에 흠이 갈 수 있겠죠. 다행히 요즘 브로커는 대부분 고가용성이 보장되도록 설계되었습니다.
- **운영 복잡도 부가**: 메시징 시스템 역시 설치, 구성, 운영해야 할 시스템 컴포넌트입니다.

3.3.5 수신자 경합과 메시지 순서 유지

메시지 순서를 유지한 채 메시지 수신자를 수평 확장(scale-out, 스케일 아웃)할 수 있을까요? 일반적으로 메시지를 동시 처리하려면 서비스 인스턴스를 여럿 두어야 합니다. 물론 단일 서비스 인스턴스라도 스레드를 이용하면 여러 메시지를 동시 처리할 수 있지만, 다수의 스레드와 서비스 인스턴스를 동원하면 애플리케이션 처리율이 증가합니다. 그런데 이렇게 메시지를 동시 처리하면 각 메시지를 정확히 한 번만 순서대로 처리해야 합니다.

예를 들어 동일한 점대점 채널을 읽는 서비스 인스턴스가 3개 있고, 송신자는 주문 생성됨, 주문 변경됨, 주문 취소됨 이벤트 메시지를 차례로 전송한다고 합시다. 단순하게 보면 메시지를 종류별로 정해진 수신자에 동시 전달하면 될 것 같지만, 갖가지 네트워크 이슈나 가비지 컬렉션 문제로 지연이 발생하고 메시지 처리 순서가 어긋나면 시스템이 오동작할 수 있습니다. 다른 서비스가 주문 생성됨 메시지를 처리하기도 전에 주문 취소됨 메시지를 처리하는 진풍경이 벌어지겠죠!

그래서 아파치 카프카, AWS 키네시스 등 요즘 메시지 브로커는 샤딩된(sharded, 파티셔닝된 (partitioned)) 채널을 이용합니다(그림 3-11).

솔루션은 다음 세 부분으로 구성됩니다.

1. 샤딩된 채널은 복수의 샤드로 구성되며, 각 샤드는 채널처럼 작동합니다.

2. 송신자는 메시지 헤더에 샤드 키(보통 무작위 문자열 또는 바이트)를 지정합니다. 메시지 브로커는 메시지를 샤드 키별로 샤드/파티션에 배정합니다. 예를 들어 샤드 키 해시 값을 샤드 개수로 나눈 나머지를 계산해서 샤드를 선택하는 식입니다.

3. 메시징 브로커는 여러 수신자 인스턴스를 묶어 마치 동일한 논리 수신자처럼 취급합니다(아파치 카프카 용어로 컨슈머 그룹(consumer group)이라고 합니다). 메시지 브로커는 각 샤드를 하나의 수신자에 배정하고, 수신자가 시동/종료하면 샤드를 재배정합니다.

▼ 그림 3-11 샤딩된(파티셔닝된) 메시지 채널을 사용해서 메시지 순서가 유지된 상태로 컨슈머를 확장한다. 송신자는 메시지에 샤드 키를 넣고, 메시지 브로커는 이 키에 해당하는 샤드에 메시지를 쓴다. 메시지 브로커는 각 파티션을 복제된 수신자 인스턴스에 배정한다

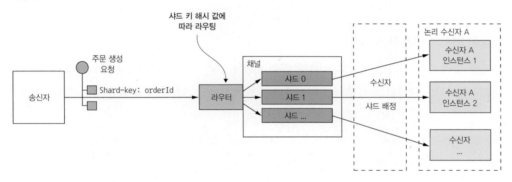

그림 3-11에서 orderId가 각 주문 이벤트 메시지의 샤드 키입니다. 주문별 이벤트는 각각 동일한 샤드에 발행되고, 어느 한 컨슈머 인스턴스만 메시지를 읽기 때문에 메시지 처리 순서가 보장됩니다.

3.3.6 중복 메시지 처리

중복 메시지 처리 문제도 골칫거리입니다. 메시지 브로커가 각 메시지를 꼭 한 번만 전달하면 좋겠지만, 그렇게 강제하려면 그만큼 값비싼 대가를 치러야 합니다. 그래서 메시지 브로커는 보통 적어도 한 번 이상 메시지를 전달하겠노라 약속합니다.

시스템이 정상일 때 '적어도 한 번 전달'을 보장하는 메시지 브로커는 각 메시지를 한 번만 전달합니다. 그러나 클라이언트나 네트워크 또는 브로커 자신이 실패할 경우, 같은 메시지를 여러 번 전달할 수도 있습니다. 메시지 처리 후 DB 업데이트까지 마쳤는데, 메시지를 ACK하기 전에 클라이언트가 갑자기 멎었다고 합시다. 클라이언트가 재시동하면 메시지 브로커는 ACK 안 된 메시지를 다시 보내거나 다른 클라이언트 레플리카에 전송할 것입니다.

메시지 브로커가 메시지를 재전송할 때 원래 순서까지 유지하면 이상적입니다. 클라이언트가 주문 생성됨 이벤트 → 주문 취소됨 이벤트 순서로 처리하는데, 뭔가 문제가 발생해서 '주문 생성됨' 이벤트 ACK를 못 받았다고 합시다. 나중에 메시지 브로커가 주문 생성됨 이벤트만 재전송하면 클라이언트가 주문 취소를 언두(undo, 어떤 행위를 하기 이전 상태로 되돌리는 것)할 가능성이 있기 때문에 주문 생성됨, 주문 취소됨 두 이벤트를 모두 재전송해야 합니다.

중복 메시지를 처리하는 방법은 다음 두 가지입니다.

- 멱등한(idempotent) 메시지 핸들러를 작성합니다.
- 메시지를 추적하고 중복을 솎아 냅니다.

멱등한 메시지 핸들러 작성

동일한 입력 값을 반복 호출해도 아무런 부수 효과가 없을 때 멱등하다(idempotent)고 말합니다. 애플리케이션의 메시지 처리 로직이 멱등하면 중복 메시지는 전혀 해롭지 않습니다. 가령 이미 취소된 주문을 다시 취소하는 작업도 그렇고, 클라이언트가 전달한 ID로 주문을 생성하는 작업도 멱등합니다. 메시지 재전송 시 메시지 브로커가 순서를 유지한다는 전제하에 멱등한 메시지 핸들러는 여러 번 실행해도 별 문제가 없습니다.

그러나 이렇게 멱등한 애플리케이션 로직은 실제로 별로 없습니다. 메시지를 다시 전송하면 순서를 보장하지 않는 메시지 브로커를 사용 중일지도 모릅니다. 중복 메시지와 순서가 안 맞는 메시지는 오류를 일으키기 때문에 중복 메시지를 솎아 내는 메시지 핸들러가 필요합니다.

메시지 추적과 중복 메시지 솎아 내기

소비자 신용카드를 승인하는 메시지 핸들러가 있다고 합시다. 주문별로 정확히 1회 신용카드를 승인해야 하겠죠. 이런 종류의 애플리케이션 로직은 호출될 때마다 영향을 미치므로 중복 메시지 때문에 같은 로직이 여러 번 실행되면 문제가 심각해집니다. 따라서 반드시 메시지 핸들러가 중복 메시지를 걸러 내서 멱등하게 동작하도록 만들어야 합니다.

컨슈머가 메시지 ID를 이용하여 메시지 처리 여부를 추적하면서 중복 메시지를 솎아 내면 간단히 해결됩니다. 이를테면 컨슈머가 소비하는 메시지 ID를 무조건 DB 테이블에 저장하면 되겠죠(그림 3-12).

▼ 그림 3-12 컨슈머는 처리된 메시지 ID를 DB 테이블에 기록해서 중복 메시지를 솎아 낸다. 이전에 메시지를 처리한 적이 있다면 PROCESSED_MESSAGES 테이블에 INSERT할 때 실패할 것이다

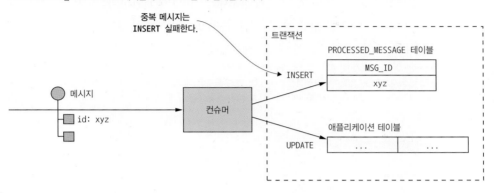

컨슈머는 메시지를 처리할 때 비즈니스 엔터티를 생성/수정하는 트랜잭션의 일부로 메시지 ID를 DB 테이블에 기록합니다. 그림 3-12의 컨슈머는 PROCESSED_MESSAGES라는 전용 테이블(dedicated table)에 메시지 ID가 포함된 로우를 삽입합니다. 중복된 메시지라면 INSERT 쿼리가 실패하고 조용히 무시되겠죠.

전용 테이블 대신 일반 애플리케이션 테이블에 메시지 ID를 기록하는 방법도 있습니다. 한 DB 트랜잭션으로 두 테이블을 업데이트하는 일이 불가능한, 트랜잭션 모델이 제한적인 NoSQL DB 를 쓸 때 유용한 방법입니다(자세한 예제는 7장에서 설명합니다).

3.3.7 트랜잭셔널 메시징

서비스는 보통 DB를 업데이트하는 트랜잭션의 일부로 메시지를 발행합니다. DB 업데이트와 메시지 전송을 한 트랜잭션으로 묶지 않으면, DB 업데이트 후 메시지는 아직 전송되지 않은 상태에서 서비스가 중단될 수 있기 때문에 문제가 됩니다. 이 두 작업이 서비스에서 원자적으로 수행되지 않으면 시스템이 실패할 경우 아주 불안정한 상태가 될 것입니다.

예전에는 DB와 메시지 브로커에 분산 트랜잭션을 적용했었지만, 요즘 애플리케이션에 분산 트랜잭션은 더 이상 어울리지 않습니다(4장). 더구나 현대 메시지 브로커(예: 아파치 카프카)는 대부분 분산 트랜잭션을 지원하지 않습니다.

애플리케이션에서 메시지를 확실하게 발행하려면 어떻게 해야 할까요?

DB 테이블을 메시지 큐로 활용

RDBMS 기반의 애플리케이션이라면 DB 테이블을 임시 메시지 큐로 사용하는 트랜잭셔널 아웃
박스 패턴이 가장 알기 쉬운 방법입니다. 메시지를 보내는 서비스에 OUTBOX라는 DB 테이블을 만
들고(그림 3-13), 비즈니스 객체를 생성, 수정, 삭제하는 DB 트랜잭션의 일부로 OUTBOX 테이블에
메시지를 삽입합니다. 로컬 ACID 트랜잭션이기 때문에 원자성은 자동 보장됩니다.

❤ 그림 3-13 서비스는 메시지를 DB 업데이트 트랜잭션에 태워 OUTBOX 테이블에 INSERT하는 식으로 메시지를 확실하게 발행한
다. 메시지 릴레이는 OUTBOX 테이블에서 메시지를 읽어 메시지 브로커에 발행한다

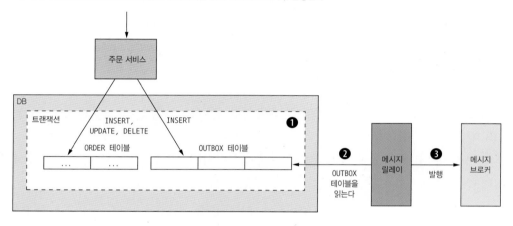

OUTBOX 테이블은 임시 메시지 큐 역할을 합니다. 메시지 릴레이(relay, 중계기)는 OUTBOX 테이블을
읽어 메시지 브로커에 메시지를 발행하는 컴포넌트입니다.

> Note ☰ | **패턴: 트랜잭셔널 아웃박스**
>
> 이벤트나 메시지를 DB에 있는 아웃박스에 저장해서 DB 트랜잭션의 일부로 발행한다.[42]

NoSQL DB도 방법은 비슷합니다. DB에 레코드로 적재된 비즈니스 엔터티에 발행할 메시지 목
록을 가리키는 속성이 있는데, 서비스가 DB 엔터티를 업데이트할 때 바로 이 목록에 메시지를 덧
붙이면 됩니다. 단일 DB 작업이므로 원자적이지만, 문제는 이벤트를 가진 비즈니스 엔터티를 효
과적으로 찾아 발행하는 일입니다.

---

42 http://microservices.io/patterns/data/transactional-outbox.html

메시지를 DB에서 메시지 브로커로 옮기는 방법은 두 가지입니다.

이벤트 발행: 폴링 발행기 패턴

RDBMS를 쓰는 애플리케이션에서 OUTBOX 테이블에 삽입된 메시지를 발행하는 가장 간단한 방법은 메시지 릴레이로 테이블을 폴링해서 미발행 메시지를 조회하는 것입니다. 다음과 같은 쿼리를 주기적으로 실행하면 됩니다.

```
SELECT * FROM OUTBOX ORDERED BY ... ASC
```

메시지 릴레이는 이렇게 조회한 메시지를 하나씩 각자의 목적지 채널로 보내서 메시지 브로커에 발행합니다. 그리고 나중에 OUTBOX 테이블에서 메시지를 삭제합니다.

```
BEGIN
DELETE FROM OUTBOX WHERE ID in (...)
COMMIT
```

> Note ≡ **패턴: 폴링 발행기**
>
> DB에 있는 아웃박스를 폴링해서 메시지를 발행한다.[43]

DB 폴링은 규모가 작을 경우 쓸 수 있는 단순한 방법입니다. 하지만 DB를 자주 폴링하면 비용이 유발되고 NoSQL DB는 쿼리 능력에 따라 사용 가능 여부가 결정됩니다. 애플리케이션이 OUTBOX 테이블을 쿼리하는 대신 비즈니스 엔터티를 쿼리해야 하는 경우도 있는데, 이런 일이 효율적으로 가능할 수도 있고 불가능할 수도 있기 때문입니다. 이런 단점과 한계가 있기 때문에 (어떤 경우에는 유용하지만) DB 트랜잭션 로그 테일링이 좀 더 정교하고 성능이 좋은 방법입니다.

이벤트 발행: 트랜잭션 로그 테일링 패턴

메시지 릴레이로 DB 트랜잭션 로그(커밋 로그)를 테일링(tailing)하는 방법입니다. 애플리케이션에서 커밋된 업데이트는 각 DB의 트랜잭션 로그 항목(log entry, 로그 엔트리)으로 남습니다. 트랜잭션 로그 마이너(transaction log miner)로 트랜잭션 로그를 읽어 변경분을 하나씩 메시지로 메시지 브로커에 발행하는 것입니다(그림 3-14).

---

43 http://microservices.io/patterns/data/polling-publisher.html

▼ 그림 3-14 서비스는 DB 트랜잭션 로그를 뒤져 OUTBOX 테이블에 삽입된 메시지를 발행한다

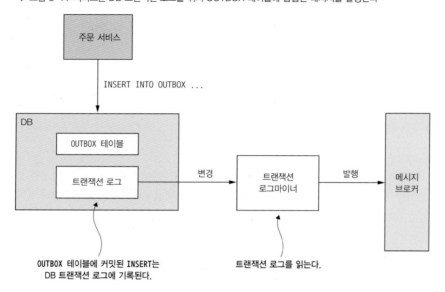

트랜잭션 로그 마이너는 트랜잭션 로그 항목을 읽고, 삽입된 메시지에 대응되는 각 로그 항목을 메시지로 전환하여 메시지 브로커에 발행합니다. RDBMS의 OUTBOX 테이블에 출력된 메시지 또는 NoSQL DB에 레코드로 추가된 메시지를 이런 식으로 발행할 수 있습니다.

> Note ≡ **패턴: 트랜잭션 로그 테일링**
>
> 트랜잭션 로그를 테일링하여 DB에 반영된 변경분을 발행한다.[44]

실제로 이 방식을 응용한 사례가 있습니다.

- **디비지움**(Debezium)[45]: DB 변경분을 아파치 카프카 메시지 브로커에 발행하는 오픈 소스 프로젝트
- **링크드인 데이터버스**(LinkedIn Databus)[46]: 오라클 트랜잭션 로그를 마이닝하여 변경분을 이벤트로 발행하는 오픈 소스 프로젝트. 링크드인에서는 데이터버스를 이용하여 다양한 파생 데이터 저장소를 레코드 체계와 동기화합니다.

---

44 http://microservices.io/patterns/data/transaction-log-tailing.html

45 http://debezium.io

46 https://github.com/linkedin/databus

- **DynamoDB**(다이나모DB) **스트림즈**(streams)[47]: DynamoDB 스트림즈는 최근 24시간 동안 DynamoDB 테이블 아이템에 적용된 변경분(생성, 수정, 삭제)을 시간 순으로 정렬한 데이터를 갖고 있습니다. 애플리케이션은 스트림에서 변경분을 읽어 이벤트로 발행할 수 있습니다.
- **이벤추에이트 트램**(Eventuate Tram)[48]: 필자가 개발한 오픈 소스 트랜잭션 메시징 라이브 러리입니다. MySQL 빈로그(binlog) 프로토콜, Postgres(포스트그레스) WAL(Write-Ahead Logging), 폴링을 응용해서 OUTBOX 테이블의 변경분을 읽어 아파치 카프카로 발행합니다.

조금 이해하기 힘들 수도 있지만 아주 훌륭하게 잘 작동됩니다. 문제는 개발 공수가 제법 소요된 다는 점입니다. DB에 특정한 API를 호출하는 저수준 코드를 직접 작성해도 되고, 디비지움처럼 애플리케이션 변경분을 MySQL, Postgres, MongoDB(몽고DB) 등에 아파치 카프카에 발행하는 오픈 소스 프레임워크를 사용할 수도 있습니다. 디비지움은 DB 수준의 변경분을 포착하는 것이 목표라서 메시지를 주고받는 API는 그 범위 밖이라는 단점이 있습니다. 그래서 필자는 트랜잭션 테일링, 폴링뿐만 아니라 메시징 API까지 제공하는 이벤추에이트 트램 프레임워크를 개발했습니다.

3.3.8 메시징 라이브러리/프레임워크

서비스가 메시지를 주고받으려면 라이브러리가 필요합니다. 메시지 브로커에도 클라이언트 라이 브러리가 있지만 직접 사용하면 다음과 같은 문제가 있습니다.

- 메시지 브로커 API에 메시지를 발행하는 비즈니스 로직이 클라이언트 라이브러리와 결합됩 니다.
- 메시지 브로커의 클라이언트 라이브러리는 대부분 저수준이고 메시지를 주고받는 코드가 꽤 긴 편입니다. 판박이 코드(boilerplate code, 틀에 박힌 단순 반복적인 코드)를 계속 복사 후 붙여넣기 하고 싶은 개발자는 없겠죠. 필자 역시 이 책의 저자로서 저수준 판박이 코드로 도 배된 예제는 싫습니다.
- 메시지 브로커의 클라이언트 라이브러리는 기본적인 메시지 소통 수단일 뿐, 고수준의 상호 작용 스타일은 지원하지 않습니다.

---

47 http://docs.aws.amazon.com/amazondynamodb/latest/developerguide/Streams.html
48 https://github.com/eventuate-tram/eventuate-tram-core

따라서 저수준 세부를 감추고 고수준의 상호 작용 스타일을 직접 지원하는 고수준 라이브러리 또는 프레임워크가 필요합니다. 편의상 이 책은 필자가 개발한 이벤추에이트 트램 프레임워크를 사용해서 예제를 작성했습니다. 이 프레임워크의 자랑은 메시지 브로커의 사용 복잡성을 캡슐화한 간단하고 이해하기 쉬운 API입니다. 메시지를 주고받는 API 외에도 비동기 요청/응답 및 도메인 이벤트 발행 등 고수준 상호 작용 스타일도 함께 지원합니다.

> **Note ≡ 엥? 갑자기 왜 이벤추에이트 프레임워크일까?**
>
> 이 책의 예제 코드는 필자가 트랜잭셔널 메시징, 이벤트 소싱, 사가 등의 용도로 개발한 이벤추에이트 프레임워크를 사용하여 작성했습니다. 마이크로서비스 아키텍처에는 아직 스프링 프레임워크처럼 널리 쓰이는 프레임워크가 없습니다. 이벤추에이트 프레임워크를 안 쓰자니 예제 코드 대부분에 저수준 메시징 API를 직접 쓸 수밖에 없는데, 코드가 매우 복잡하고 장황하기도 하지만 무엇보다 중요한 개념이 흐려질 것입니다.
>
> 어쨌든 이런 이유로 이벤추에이트 트램 프레임워크를 적용했으니 예제 코드를 보면서 여러분이 개발 중인 애플리케이션에 마음껏 활용하세요. 또 프레임워크를 연구해서 여러분의 입맛에 맞게 다시 구현해 보세요.

이벤추에이트 트램에는 중요한 메커니즘 두 가지가 구현되어 있습니다.

- **트랜잭셔널 메시징**: 메시지를 DB 트랜잭션의 일부로 발행합니다.
- **중복 메시지 감지**: 이벤추에이트 트램의 메시지 컨슈머는 중복 메시지를 솎아 냅니다. 컨슈머가 메시지를 한 번만 처리하도록 보장하려면 이런 장치가 꼭 필요합니다(3.3.6절).

지금부터 이벤추에이트 트램 API를 소개합니다.

기초 메시징

기초 메시징 API는 MessageProducer, MessageConsumer 두 인터페이스로 구성됩니다. 프로듀서 서비스는 다음 코드처럼 MessageProducer 인터페이스를 통해 메시지를 메시지 채널에 발행합니다.

```
MessageProducer messageProducer = ...;
String channel = ...;
String payload = ...;
messageProducer.send(destination, MessageBuilder.withPayload(payload).build())
```

컨슈머 서비스는 MessageConsumer 인터페이스를 통해 메시지를 구독합니다.

```
MessageConsumer messageConsumer;
messageConsumer.subscribe(subscriberId, Collections.singleton(destination),
  message -> { ... })
```

이 두 인터페이스는 비동기 요청/응답 및 도메인 이벤트 발행에 관한 핵심 고수준 API입니다.

도메인 이벤트 발행

이벤추에이트 트램은 도메인 이벤트 발행/구독 API를 제공합니다. 도메인 이벤트란 비즈니스 객체를 생성, 수정, 삭제 시 애그리거트(비즈니스 객체)가 발생시킨 이벤트입니다(5장). 서비스는 DomainEventPublisher 인터페이스를 이용하여 도메인 이벤트를 발행합니다.

```
DomainEventPublisher domainEventPublisher;
String accountId = ...;
DomainEvent domainEvent = new AccountDebited(...);
domainEventPublisher.publish("Account", accountId, Collections.singletonList(
  domainEvent));
```

서비스는 DomainEventDispatcher 클래스로 도메인 이벤트를 소비합니다.

```
DomainEventHandlers domainEventHandlers = DomainEventHandlersBuilder
  .forAggregateType("Order")
  .onEvent(AccountDebited.class, domainEvent -> { ... })
  .build();

new DomainEventDispatcher("eventDispatcherId",
  domainEventHandlers,
  messageConsumer);
```

이벤추에이트 트램은 이벤트는 물론 커맨드/응답 기반의 메시징 등 고수준의 메시징 패턴도 지원합니다.

커맨드/응답 메시징

클라이언트는 CommandProducer 인터페이스를 이용하여 커맨드 메시지를 서비스에 보냅니다.

```
CommandProducer commandProducer = ...;

Map<String, String> extraMessageHeaders = Collections.emptyMap();

String commandId = commandProducer.send("CustomerCommandChannel",
  new DoSomethingCommand(),
  "ReplyToChannel",
  extraMessageHeaders);
```

서비스는 CommandDispatcher 클래스로 커맨드 메시지를 소비합니다. 다음 코드처럼 Command Dispatcher는 MessageConsumer 인터페이스를 통해 특정 이벤트를 구독하고 각 커맨드 메시지를 적절한 핸들러 메서드로 디스패치합니다.

```
CommandHandlers commandHandlers = CommandHandlersBuilder
  .fromChannel(commandChannel)
.onMessage(DoSomethingCommand.class, (command) -> {
  ... ; return withSuccess(); })
  .build();

CommandDispatcher dispatcher = new CommandDispatcher("subscribeId",
  commandHandlers, messageConsumer, messageProducer);
```

이벤추에이트 트램 프레임워크는 자바 애플리케이션용 트랜잭셔널 메시징을 기본 지원하며, 트랜잭션이 걸린 상태에서 메시지를 주고받을 수 있는 저수준 API도 함께 제공합니다. 또 도메인 이벤트를 발행/소비하고 커맨드를 전송/처리하는 고수준 API도 있습니다.

3.4 / 비동기 메시징으로 가용성 개선

지금까지 살펴본 것처럼 다양한 IPC는 나름대로 장단점이 있고 그 선택은 가용성에 영향을 미칩니다. 요청을 처리하는 과정에서 타 서비스와 동기 통신을 하면 그만큼 가용성이 떨어지므로 가능한 서비스가 비동기 메시징을 이용하여 통신하도록 설계하는 것이 좋습니다.

먼저 동기 통신의 문제가 무엇인지, 가용성에는 어떤 영향을 미치는지 알아봅시다.

3.4.1 동기 통신으로 인한 가용성 저하

REST는 너무나 대중적이라서 끌리는 IPC이지만, 동기 프로토콜이라는 치명적인 문제점이 있습니다. 즉, 호출한 서비스가 응답할 때까지 HTTP 클라이언트가 마냥 기다려야 하죠. 따라서 서비스가 동기 프로토콜로 통신하면 그만큼 애플리케이션 가용성은 저하될 수밖에 없습니다.

그림 3-15를 봅시다. 주문 생성 REST API를 제공하는 주문 서비스는 유효한 주문인지 확인하기 위해 소비자 서비스, 음식점 서비스를 호출합니다. 소비자/음식점 서비스 역시 REST API를 제공합니다.

❤ 그림 3-15 주문 서비스는 다른 서비스를 그냥 REST 호출한다. 방법은 가장 직관적이지만 모든 서비스가 동시에 가용해야 한다는 전제가 필요하기 때문에 API 가용성이 떨어진다

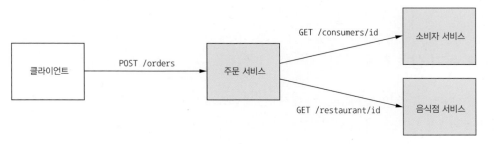

주문 생성의 이벤트 순서는 다음과 같습니다.

1. 클라이언트가 주문 서비스에 HTTP POST /orders 요청을 합니다.

2. 주문 서비스는 소비자 서비스에 HTTP GET /consumers/id를 요청하여 소비자 정보를 조회합니다.

3. 주문 서비스는 음식점 서비스에 HTTP GET /restaurant/id를 요청하여 음식점 정보를 조회합니다.

4. 주문 서비스는 이렇게 조회한 소비자/음식점 정보로 올바른 주문인지 확인합니다.

5. 주문 서비스는 주문을 생성합니다.

6. 주문 서비스는 클라이언트에 HTTP 응답합니다.

세 서비스 모두 HTTP를 사용하기 때문에 주문 생성 요청이 정상 처리되려면 세 서비스 모두 가동 중이어야 합니다. 어느 한 서비스라도 내려가면 주문 생성은 불가능합니다. 수학적으로 표현하면 시스템 작업의 가용성은 그 작업이 호출한 서비스의 가용성을 모두 곱한 값과 같습니다. 가령 주문 서비스와 이 서비스가 호출한 두 서비스의 가용성이 99.5%라면, 전체 가용성은 $99.5\%^3 = 98.5\%$로 더 낮습니다. 더 많은 서비스가 요청 처리에 개입할수록 가용성은 더 낮아지겠죠.

REST 통신만 그런 것이 아닙니다. 어떤 서비스가 다른 서비스의 응답을 받은 이후에 자신의 클라이언트에 응답하는 구조라면 가용성은 떨어집니다. 비동기 메시징을 통해 요청/응답하는 방식도 사정은 마찬가지입니다. 예를 들어 주문 서비스가 메시지 브로커를 거쳐 소비자 서비스에 메시지를 보낸 후 응답을 기다려야 한다면 가용성은 역시 떨어집니다.

그러므로 가용성을 최대화하려면 동기 통신을 최소화해야 합니다. 어떻게 하면 좋을까요?

3.4.2 동기 상호 작용 제거

비동기 API만 있는 서비스를 정의해서 해결하는 방법도 있지만, 항상 그렇게 할 수 있는 것은 아닙니다. 퍼블릭 API는 대개 REST형이라서 서비스에 동기 API를 포함시켜야 할 경우가 많습니다. 다행히 동기 요청을 하지 않아도 동기 요청을 처리할 수 있는 방법이 있습니다.

비동기 상호 작용 스타일

모든 트랜잭션은 이 장 앞부분에서 설명한 비동기 상호 작용 스타일로 처리하는 것이 가장 좋습니다. 가령 클라이언트가 비동기 요청/응답 상호 작용을 통해 주문을 생성했다고 합시다. 클라이언트는 요청 메시지를 주문 서비스에 전송하여 주문을 생성합니다.

그러면 주문 서비스는 다른 서비스와 메시지를 비동기 방식으로 교환하고, 최종적으로(eventually) 클라이언트에 응답 메시지를 전송합니다(그림 3-16).

▼ 그림 3-16 서비스가 동기 호출 대신 비동기 메시징을 통해 서로 통신하면 가용성이 향상된다

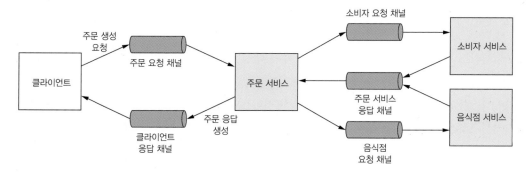

클라이언트/서비스는 메시징 채널을 통해 메시지를 전송해서 서로 비동기 통신합니다. 이런 상호 작용 과정에서는 어느 쪽도 응답을 대기하며 블로킹되지 않습니다.

이런 아키텍처는 메시지가 소비되는 시점까지 메시지 브로커가 메시지를 버퍼링하기 때문에 매우 탄력적입니다. 그러나 REST 같은 동기 프로토콜을 사용하기 때문에 요청 즉시 응답해야 하는 외부 API를 가진 서비스도 있을 것입니다.

서비스에 동기 API가 있는 경우 데이터를 복제하면 가용성을 높일 수 있습니다.

데이터 복제

서비스 요청 처리에 필요한 데이터의 레플리카를 유지하는 방법입니다. 데이터 레플리카는 데이터를 소유한 서비스가 발행하는 이벤트를 구독해서 최신 데이터를 유지할 수 있습니다. 가령 소비자/음식점 서비스가 소유한 데이터 레플리카를 주문 서비스가 이미 갖고 있다면 주문 서비스가 주문 생성을 요청할 때 굳이 소비자/음식점 서비스와 상호 작용할 필요가 없겠죠(그림 3-17).

소비자/음식점 서비스는 각자 데이터가 변경될 때마다 이벤트를 발행하고, 주문 서비스는 이 이벤트를 구독하여 자기 편 레플리카를 업데이트하는 것입니다.

데이터 복제는 경우에 따라 유용합니다. 예를 들어 주문 서비스가 음식점 서비스에서 수신한 데이터를 복제해서 메뉴 항목을 검증하고 단가를 매길 때가 그렇겠죠(5장). 물론 대용량 데이터의 레플리카를 만드는 것은 대단히 비효율적입니다. 가령 소비자 서비스에 있는 엄청난 양의 소비자 데이터를 주문 서비스에 그대로 복제하는 것은 실용적이지 않습니다. 다른 서비스가 소유한 데이터를 업데이트하는 문제도 데이터 복제만으로는 해결되지 않습니다.

▼ 그림 3-17 주문 서비스는 소비자/음식점 데이터의 레플리카를 갖고 있으므로 자기 완비형이다

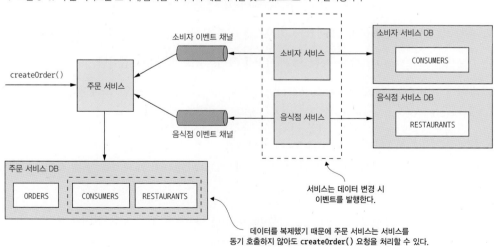

한 가지 해결 방법은 자신의 클라이언트에 응답하기 전까지 다른 서비스와의 상호 작용을 지연시키는 것입니다.

응답 반환 후 마무리

요청 처리 도중 동기 통신을 제거하려면 요청을 다음과 같이 처리하면 됩니다.

1. 로컬에서 가용한 데이터만 갖고 요청을 검증합니다.

2. 메시지를 OUTBOX 테이블에 삽입하는 식으로 DB를 업데이트합니다.

3. 클라이언트에 응답을 반환합니다.

서비스는 요청 처리 중에 다른 서비스와 동기적 상호 작용을 하지 않습니다. 그 대신 다른 서비스에 메시지를 비동기 전송하죠. 이렇게 하면 서비스를 느슨하게 결합시킬 수 있습니다. 다음 장에서 다룰 내용이지만, 마이크로서비스 아키텍처에서는 사가를 이용하여 서비스를 느슨하게 결합합니다.

예를 들어 주문 서비스를 이런 방식으로 구현한다면 먼저 주문을 PENDING 상태로 생성하고, 다른 서비스와 메시지를 교환하여 주문을 비동기 검증합니다. 그림 3-18은 createOrder()를 호출하면 벌어지는 일들입니다. 이벤트 순서는 다음과 같습니다.

1. 주문 서비스는 주문을 PENDING 상태로 생성합니다.

2. 주문 서비스는 주문 ID가 포함된 응답을 클라이언트에 반환합니다.

3. 주문 서비스는 ValidateConsumerInfo 메시지를 소비자 서비스에 전송합니다.

4. 주문 서비스는 ValidateOrderDetails 메시지를 음식점 서비스에 전송합니다.

5. 소비자 서비스는 ValidateConsumerInfo 메시지를 받고 주문 가능한 소비자인지 확인 후, ConsumerValidated 메시지를 주문 서비스에 보냅니다.

6. 음식점 서비스는 ValidateOrderDetails 메시지를 받고 올바른 메뉴 항목인지 음식점에서 주문 배달지로 배달이 가능한지 확인 후, OrderDetailsValidated 메시지를 주문 서비스에 전송합니다.

7. 주문 서비스는 ConsumerValidated 및 OrderDetailsValidated를 받고 주문 상태를 VALIDATED로 변경합니다.

8. ···

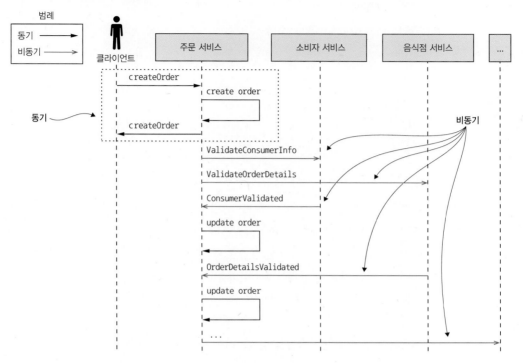

▼ 그림 3-18 주문 서비스는 여타 서비스를 호출하지 않은 채 주문을 생성한 후, 소비자/음식점 등 다른 서비스와 메시지를 교환하여 생성한 Order를 비동기적으로 검증한다

주문 서비스는 어떤 순서로든 ConsumerValidated, OrderDetailsValidated 메시지를 받을 수 있습니다. 이 서비스는 자신이 최초로 수신한 메시지에 따라 주문 상태를 변경합니다. ConsumerValidated를 먼저 받으면 CONSUMER_VALIDATED로, OrderDetailsValidated를 먼저 받으면 ORDER_DETAILS_VALIDATED로 주문 상태를 변경합니다. 주문 서비스는 다른 메시지를 수신할 때 주문 상태를 VALIDATED로 바꿉니다.

주문 서비스는 주문 검증을 마친 후 나머지 주문 생성 프로세스(4장)를 완료합니다. 이렇게 처리하면 혹여 소비자 서비스가 내려가는 사고가 발생하더라도 주문 서비스는 계속 주문을 생성하고 클라이언트에 응답할 수 있습니다. 나중에 소비자 서비스가 재가동되면 큐에 쌓인 메시지를 처리해서 밀린 주문을 다시 검증하면 되죠.

이처럼 요청을 완전히 처리하기 전에 클라이언트에 응답하는 서비스는 클라이언트 코드가 조금 복잡한 편입니다. 가령 주문 서비스는 응답 반환 시 새로 생성된 주문 상태에 관한 최소한의 정보만 보장합니다. 주문 생성 직후 반환되므로 주문 검증이나 소비자 신용카드 승인은 아직 완료 전입니다. 따라서 클라이언트 입장에서 주문 생성 성공 여부를 알아내려면 주기적으로 폴링하거나 주문 서비스가 알림 메시지를 보내 주어야 합니다. 복잡하게 들리지만 그래도 이것이 더 나은 방법입니다. 다음 장에서 다룰 분산 트랜잭션 관리 이슈도 이 방법으로 해결할 수 있기 때문입니다.

3.5 / 마치며

- 마이크로서비스 아키텍처는 분산 아키텍처이므로 IPC가 중요한 역할을 합니다.

- 서비스 API의 발전 과정을 잘 관리해야 합니다. 변경한 코드가 하위 호환되면 클라이언트에 영향을 끼치지 않으므로 적용하기 쉽습니다. API 코드를 많이 뜯어고쳐야 할 경우, 클라이언트가 모두 업그레이드되기 전까지 신구 버전 둘 다 지원되어야 할 필요가 있습니다.

- IPC 기술은 무척 다양하지만 각자 일장일단이 있습니다. 동기 RPC 패턴이냐, 비동기 메시징 패턴이냐는 중요한 설계 결정입니다. 사용성은 동기 RPC 프로토콜(예: REST)이 좋지만, 서비스 가용성을 높이려면 비동기 메시징 기반으로 서비스끼리 통신하는 것이 좋습니다.

- 시스템 전체에 실패가 전파되는 현상을 방지하려면 동기 프로토콜을 쓰는 서비스 클라이언트가 부분 실패(예: 호출한 서비스가 멎거나 지연 시간이 길어지는 등)를 처리할 수 있게 설계해야 합니다. 특히 요청 시 타임아웃을 설정하여 잔존 요청 개수를 제한하고, 회로 차단기 패턴을 이용하여 실패한 서비스가 호출되지 않도록 블로킹해야 합니다.

- 동기 프로토콜을 쓰는 아키텍처는 클라이언트가 서비스 인스턴스의 네트워크 위치를 찾을 수 있게 서비스 디스커버리 장치를 달아 주어야 합니다. 가장 간단한 방법은 배포 플랫폼(서버 쪽 디스커버리 및 서드파티 등록 패턴)에 구현된 서비스 디스커버리 장치를 사용하는 것입니다. 애플리케이션 수준(클라이언트 쪽 디스커버리 및 자가 등록 패턴)에서 서비스 디스커버리를 구현하면 작업량은 더 많지만 다중 배포 플랫폼에서 서비스를 실행하는 경우에도 처리가 가능합니다.

- 메시징 기반으로 아키텍처를 설계할 때에는 하부 메시징 시스템의 세 부분을 추상한 메시지와 채널 모델을 사용하세요. 그런 다음 해당 설계를 (대부분 메시지 브로커 기반의) 특정 메시징 인프라에 매핑합니다.

- 메시징에서 관건은 DB를 원자적으로 업데이트하고 메시지를 발행하는 일입니다. 트랜잭셔널 아웃박스 패턴에 따라 일단 메시지를 DB 트랜잭션의 일부로 DB에 쓰는 것이 좋은 방법입니다. 그리고 나서 별도 프로세스가 폴링 발행기 패턴 또는 트랜잭션 로그 테일링 패턴으로 DB에서 메시지 조회 후 메시지 브로커에 발행하면 됩니다.

4^장

트랜잭션 관리: 사가

4.1 마이크로서비스 아키텍처에서의 트랜잭션 관리

4.2 사가 편성

4.3 비격리 문제 처리

4.4 주문 서비스 및 주문 생성 사가 설계

4.5 마치며

이 장에서 다룰 핵심 내용

- 요즘 애플리케이션에 분산 트랜잭션이 잘 어울리지 않는 이유
- 사가 패턴을 마이크로서비스 아키텍처에 적용하여 데이터 일관성 유지
- 코레오그래피/오케스트레이션 방식으로 사가 편성
- 비격리 문제 조치 대책

마이크로서비스 아키텍처를 고민하기 시작한 메리의 가장 큰 걱정거리는 여러 서비스에 걸친 트랜잭션의 구현 방법입니다. 거의 모든 엔터프라이즈 애플리케이션에서 트랜잭션은 필수 불가결한 구성품입니다. 트랜잭션 없이 데이터 일관성을 유지한다는 것은 생각하기 어렵죠.

ACID(원자성(Atomicity), 일관성(Consistency), 격리성(Isolation), 지속성(Durability)) 트랜잭션은 데이터를 배타적으로 접근해서 처리하는 것처럼 동작하기 때문에 개발자가 할 일이 매우 단순해집니다. 마이크로서비스 아키텍처에서도 단일 서비스 내부의 트랜잭션은 ACID가 보장하지만, 여러 서비스의 데이터를 업데이트하는 트랜잭션은 구현하기가 까다롭습니다.

2장의 createOrder()도 주문 서비스, 주방 서비스, 회계 서비스 등 여러 서비스가 관여된 작업입니다. 이런 작업을 수행하려면 여러 서비스에 걸쳐 트랜잭션을 관리할 수 있는 메커니즘이 필요합니다.

기존 분산 트랜잭션 관리 기법이 요즘 애플리케이션에 잘 맞지 않는 것은 공공연한 사실입니다. 여러 서비스에 걸친 작업의 데이터 일관성을 유지하려면 ACID 트랜잭션 대신 사가(saga)라는 메시지 주도(message-driven) 방식의 로컬 트랜잭션을 사용해야 합니다. 그런데 사가는 ACID에서 I(격리성)가 빠진 ACD(원자성, 일관성, 지속성)만 지원하고 격리가 되지 않기 때문에 동시 비정상(concurrency anomaly)의 영향을 방지하거나 줄일 수 있는 설계 기법(대책, countermeasure)을 적용해야 합니다.

마이크로서비스 도입 과정에서 메리와 FTGO 팀원들에게 가장 큰 걸림돌은 ACID 트랜잭션으로 관리해 오던 단일 DB를 ACD 사가로 관리하는 다중 DB 아키텍처로 전환하는 일일 것입니다. 개발자들은 아무래도 단순 명료한 ACID 트랜잭션 모델이 익숙합니다. 그런데 사실 FTGO 같은 모놀리식 애플리케이션도 교과서대로 ACID 트랜잭션을 사용하지 않는 경우가 많습니다. 많은 애플리케이션이 성능을 높이기 위해 하위 트랜잭션 격리 수준을 사용합니다. 은행 계좌 간 송금처럼 중요한 비즈니스 프로세스에 최종 일관성(eventual consistency)을 적용한 경우도 많고, 스타벅스조차 2단계 커밋을 쓰지 않습니다.[1]

이 장은 마이크로서비스 아키텍처에서 트랜잭션 관리가 어려운 이유를 먼저 알아보고, 기존 분산 트랜잭션 관리 방식을 사용할 수 없는 이유를 설명합니다. 그리고 사가로 데이터 일관성을 유지하는 방법을 살펴본 후, 사가를 편성하는 두 가지 기법을 차례로 소개합니다. 코레오그래피(choreography)는 중앙 제어 장치 없이 참여자(participant)가 각자 서로 이벤트를 교환하는 방식이고, 오케스트레이션(orchestration)은 중앙 제어 장치가 참여자가 해야 할 일을 지시하는 방식입니

---

1 http://www.enterpriseintegrationpatterns.com/ramblings/18_starbucks.html

다.[2] 사가 간 격리가 되지 않아 발생하는 동시 비정상의 영향을 줄이거나 방지할 수 있는 대책도 알아봅니다. 끝으로 사가 예제 코드를 설명합니다.

4.1 마이크로서비스 아키텍처에서의 트랜잭션 관리

엔터프라이즈 애플리케이션은 거의 모든 요청을 하나의 DB 트랜잭션으로 처리합니다. 개발자는 보통 트랜잭션 관리를 간소화한 프레임워크/라이브러리를 사용하고, 그중에는 트랜잭션을 명시적으로 시작, 커밋, 롤백할 수 있는 프로그램형(programmatic, 프로그램으로 직접 코딩하는) API를 제공하는 제품도 있습니다. 스프링 프레임워크는 선언형(declarative)[3] 메커니즘을 제공합니다. 즉, 메서드 선언부에 @Transactional만 붙이면 해당 메서드를 한 트랜잭션으로 자동 실행하므로 개발자가 간편하게 트랜잭셔널 비즈니스 로직을 작성할 수 있습니다.

단일 DB에 접근하는 모놀리식 애플리케이션의 트랜잭션 관리는 어렵지 않습니다. 하지만 다중 DB, 다중 메시지 브로커를 사용하는 모놀리식 애플리케이션이나, 자체 DB를 가진 여러 서비스로 구성된 마이크로서비스 아키텍처는 트랜잭션 관리가 어렵기 때문에 좀 더 정교한 메커니즘이 필요합니다.

사가를 설명하기 전에 먼저 마이크로서비스 아키텍처에서 트랜잭션 관리가 어려운 이유를 알아봅시다.

---

2 **역주** 우리말로 옮기면 코레오그래피(choreography)는 안무, 오케스트레이션(orchestration)은 지휘 정도에 해당합니다. 코레오그래피는 춤을 추는 댄서들이 알아서 서로의 동작을 맞추는 칼군무를, 오케스트레이션은 지휘자 한 사람이 전체 악기 연주자를 통솔하는 교향곡 연주 실황을 떠올리면 이 책의 내용을 이해하는 데 도움이 될 것입니다.

3 **역주** 프로그램이 어떤 방법으로 해야 하는지를 나타내기보다 무엇과 같은지를 설명하는 경우에 '선언형'이라고 합니다. 예를 들어 웹 페이지는 선언형인데, 웹 페이지는 제목, 글꼴, 본문, 그림처럼 '무엇'이 나타나야 하는지를 묘사하는 것이지 '어떤 방법으로' 컴퓨터 화면에 웹 페이지를 나타내야 하는지를 묘사하는 것이 아니기 때문입니다. (출처: 위키백과)

4.1.1 분산 트랜잭션의 필요성

createOrder()는 주문 가능한 소비자인지 확인하고, 주문 내역(order detail)을 확인하고, 소비자의 신용카드를 승인하고, DB에 주문을 생성하는 작업입니다. 모놀리식 애플리케이션에서 이런 작업을 구현하기란 그리 어렵지 않습니다. 주문 검증에 필요한 데이터를 그냥 가져오면 됩니다. 스프링 프레임워크를 사용할 경우, createOrder() 앞에 @Transactional만 붙이면 ACID 트랜잭션이 자동으로 걸려 데이터 일관성이 보장됩니다.

반면 데이터가 여러 서비스에 흩어져 있는 마이크로서비스 아키텍처는 복잡합니다(그림 4-1). createOrder()는 소비자 서비스, 주문 서비스, 주방 서비스, 회계 서비스 등 여러 서비스에 있는 데이터에 접근해야 합니다.

서비스마다 DB가 따로 있기 때문에 여러 DB에 걸쳐 데이터 일관성을 유지할 수 있는 수단을 강구해야 합니다.

4.1.2 분산 트랜잭션의 문제점

예전에는 분산 트랜잭션을 이용해서 여러 서비스, DB, 메시지 브로커에 걸쳐 데이터 일관성을 유지했습니다. X/Open DTP(Distributed Transaction Processing, 분산 트랜잭션 처리) 모델(X/Open XA[4])은 분산 트랜잭션 관리의 사실상 표준(de facto standard)[5]입니다. XA는 2단계 커밋(2PC)을 이용하여 전체 트랜잭션 참여자가 반드시 커밋 아니면 롤백을 하도록 보장합니다. XA 호환 기술 스택은 XA 호환 DB, 메시지 브로커, DB 드라이버, 메시징 API, XA 전역 트랜잭션 ID를 전파하는 프로세스 간 메커니즘으로 구성됩니다. SQL DB는 대부분 XA와 호환되며 메시지 브로커도 일부 제품은 호환됩니다. 예를 들어 자바 EE 애플리케이션은 JTA 기술을 이용하여 분산 트랜잭션을 수행할 수 있습니다.

---

4 https://en.wikipedia.org/wiki/X/Open_XA

5 **역주** 관습, 관례, 제품이나 체계가 시장이나 일반 대중에게 독점적 지위를 가진 것을 말합니다. 공식적 표준(de jure standard)과 대비되는 말입니다. (출처: 위키백과)

▼ 그림 4-1 createOrder()는 여러 서비스의 데이터를 수정하는 메서드이므로 서비스 간 데이터 일관성을 유지할 수단을 강구해야 한다

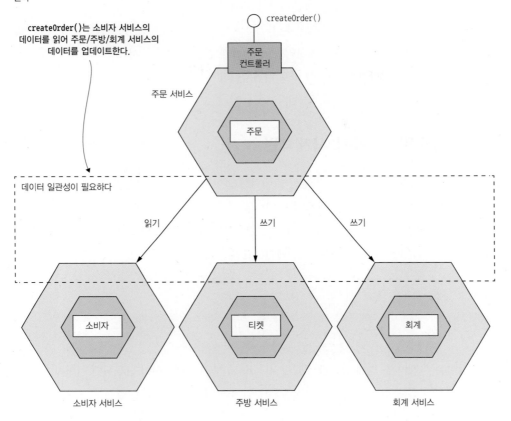

분산 트랜잭션은 간단해 보이지만 문제점도 많습니다. 일단 NoSQL DB(예: MongoDB, 카산드라(Cassandra))와 현대 메시지 브로커(예: RabbitMQ, 아파치 카프카)는 분산 트랜잭션을 지원하지 않으므로 분산 트랜잭션이 필수라면 최근 기술은 상당수 포기할 수밖에 없습니다.

동기 IPC 형태라서 가용성이 떨어지는 문제점도 있습니다. 분산 트랜잭션은 참여한 서비스가 모두 가동 중이어야 커밋할 수 있습니다. 3장에서 배웠듯이, 가용성은 트랜잭션 참여자의 가용성을 모두 곱한 값입니다. 99.5% 가용한 두 서비스가 참여한 트랜잭션의 전체 가용성은 99%로 개별 서비스 가용성보다 낮고, 더 많은 서비스가 참여할수록 가용성은 더 떨어집니다. 에릭 브루어(Eric Brewer)의 CAP 정리(theorem)에 따르면, 시스템은 일관성(consistency), 가용성(availability), 분할 허용성(partition tolerance) 중 두 가지 속성만 가질 수 있습니다.[6] 요즘 아키텍트들은 일관성보다 가용성을 더 우선시하는 편입니다.

---

6 https://en.wikipedia.org/wiki/CAP_theorem

개발자 관점에서 분산 트랜잭션은 로컬 트랜잭션과 프로그래밍 모델이 동일하므로 매력적이지만, 지금까지 설명한 문제점 때문에 요즘 애플리케이션에는 잘 맞지 않습니다. 분산 트랜잭션을 사용하지 않고 메시지를 DB 트랜잭션의 일부로 전송하는 방법은 3장에서 배웠습니다. 마이크로서비스 아키텍처에서 데이터 일관성을 유지하려면, 느슨하게 결합된 비동기 서비스 개념을 토대로 뭔가 다른 메커니즘이 절실합니다. 이것이 바로 사가입니다.

4.1.3 데이터 일관성 유지: 사가 패턴

사가는 마이크로서비스 아키텍처에서 분산 트랜잭션 없이 데이터 일관성을 유지하는 메커니즘입니다. 여러 서비스의 데이터를 업데이트하는 시스템 커맨드마다 사가를 하나씩 정의합니다. 사가는 일련의 로컬 트랜잭션입니다. 각 로컬 트랜잭션은 앞서 언급한 ACID 트랜잭션 프레임워크/라이브러리를 이용하여 서비스별 데이터를 업데이트합니다.

> Note ≡ **패턴: 사가**
>
> 사가는 비동기 메시징을 이용하여 편성한 일련의 로컬 트랜잭션이다. 서비스 간 데이터 일관성은 사가로 유지한다.[7]

시스템 작업은 사가의 첫 번째 단계를 시작합니다. 어느 로컬 트랜잭션이 완료되면 이어서 그다음 로컬 트랜잭션이 실행됩니다. 비동기 메시징으로 단계를 편성하는 방법은 잠시 후 4.2절에서 설명하겠지만, 비동기 메시징은 하나 이상의 사가 참여자가 일시 불능 상태인 경우에도 사가의 전체 단계를 확실히 실행시킬 수 있는 중요한 장점이 있습니다.

사가와 ACID 트랜잭션은 두 가지 중요한 차이점이 있습니다. 첫째, ACID 트랜잭션에 있는 격리성(I)이 사가에는 없습니다(4.3절). 둘째, 사가는 로컬 트랜잭션마다 변경분을 커밋하므로 보상 트랜잭션을 걸어 롤백해야 합니다. 먼저 예제를 봅시다.

예제: 주문 생성 사가

지금부터 설명할 사가 예제는 주문 생성 사가(Create Order Saga)입니다(그림 4-2). 주문 서비스의 createOrder() 작업은 이 사가로 구현합니다. 이 사가의 첫 번째 로컬 트랜잭션은 주문 생성이라는 외부 요청에 의해 시작됩니다. 나머지 5개의 로컬 트랜잭션은 각자 자신의 선행 트랜잭션이 완료되면 트리거됩니다.

---

7 http://microservices.io/patterns/data/saga.html

▼ 그림 4-2 사가로 주문을 생성. createOrder( )는 여러 서비스의 로컬 트랜잭션으로 구성된 사가로 구현한다

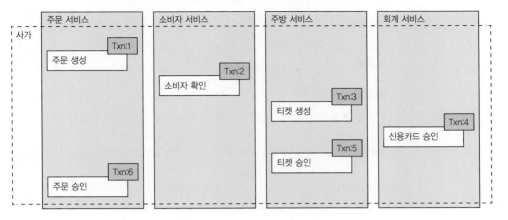

주문 생성 사가는 6개의 로컬 트랜잭션으로 구성됩니다.

1. 주문 서비스: 주문을 APPROVAL_PENDING 상태로 생성합니다.

2. 소비자 서비스: 주문 가능한 소비자인지 확인합니다.

3. 주방 서비스: 주문 내역을 확인하고 티켓을 CREATE_PENDING 상태로 생성합니다.

4. 회계 서비스: 소비자 신용카드를 승인합니다.

5. 주방 서비스: 티켓 상태를 AWAITING_ACCEPTANCE로 변경합니다.

6. 주문 서비스: 주문 상태를 APPROVED로 변경합니다.

서비스는 로컬 트랜잭션이 완료되면 메시지를 발행하여 다음 사가 단계를 트리거합니다. 메시지를 통해 사가 참여자를 느슨하게 결합하고 사가가 반드시 완료되도록 보장하는 것입니다. 메시지 수신자가 일시 불능 상태라면, 메시지 브로커는 다시 메시지를 전달할 수 있을 때까지 메시지를 버퍼링합니다.

언뜻 보기에 직관적인 것 같지만, 몇 가지 풀어야 할 숙제가 있습니다. 도중에 에러가 발생하면 변경분을 어떻게 롤백시킬 수 있을까요?

사가는 보상 트랜잭션으로 변경분을 롤백한다

ACID 트랜잭션은 비즈니스 로직 실행 도중 규칙에 위배되면 쉽게 롤백이 가능합니다. DB에서 ROLLBACK하면 그 시점까지 변경된 내용은 모두 언두되죠. 하지만 사가는 단계마다 로컬 DB에 변경분을 커밋하므로 자동 롤백은 불가능합니다. 가령 주문 생성 사가 4번째 단계에서 신용카드 승

인이 실패하면 1~3번째 단계에서 적용된 변경분을 명시적으로 언두해야 합니다. 즉, 보상 트랜잭션(compensating transaction)을 미리 작성해야 합니다.

(n + 1)번째 사가 트랜잭션이 실패하면 이전 n개의 트랜잭션을 언두해야 합니다. 개념적으로 단계 T_i에는 T_i의 작용(effect)을 언두하는 보상 트랜잭션 C_i가 대응되며, 처음 n개 단계의 작용을 언두하려면 사가는 각 C_i를 역순으로 실행하면 됩니다. 그림 4-3과 같이 $T_1 \cdots T_n$ 순서로 트랜잭션이 실행되다가 T_{n+1}에서 실패할 경우 $T_1 \cdots T_n$을 언두하고 $C_n \cdots C_1$을 순서대로 실행합니다.

▼ 그림 4-3 비즈니스 규칙에 위배되어 어느 사가 단계에서 실패하면 사가는 보상 트랜잭션을 실행하여 이전 단계에서 발생한 업데이트를 언두한다

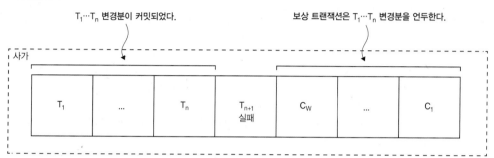

사가는 트랜잭션이 진행하는 반대 방향($C_n \cdots C_1$)으로 보상 트랜잭션을 실행합니다. C_i와 T_i는 순서화(sequencing, 시퀀싱)[8] 원리가 동일하므로 C_i가 끝나면 C_{i-1} 실행이 트리거됩니다.

주문 생성 사가가 실패하는 이유는 여러 가지일 것입니다.

- 소비자 정보가 올바르지 않거나 주문을 할 수 없는 소비자입니다.
- 음식점 정보가 올바르지 않거나 주문 접수가 불가한 음식점입니다.
- 소비자 신용카드가 승인 거절되었습니다.

로컬 트랜잭션이 실패하면 사가는 주문, 티켓을 무효화하는 보상 트랜잭션을 가동합니다. 표 4-1은 주문 생성 사가의 단계별 보상 트랜잭션입니다. 모든 단계에 보상 트랜잭션이 필요한 것은 아닙니다. verifyConsumerDetails() 같은 읽기 전용(read-only) 단계나, 항상 성공하는 단계 다음에 이어지는 authorizeCreditCard() 같은 단계는 보상 트랜잭션이 필요 없습니다.

---

8 역주 '차례대로 동작을 수행하도록 순서를 정하는 것'을 이야기합니다.

주문 생성 사가의 1~3번째 단계는 실패할 가능성이 있는 단계 다음에 있으므로 보상 트랜잭션
(compensatable transaction), 4번째 단계는 절대로 실패하지 않는 단계 다음에 있으므로 피봇 트
랜잭션(pivot transaction), 5~6번째 단계는 항상 성공하기 때문에 재시도 가능 트랜잭션(retriable
transaction)이라고 합니다.

▼ 표 4-1 주문 생성 사가의 보상 트랜잭션

단계	서비스	트랜잭션	보상 트랜잭션
1	주문 서비스	createOrder()	rejectOrder()
2	소비자 서비스	verifyConsumerDetails()	–
3	주방 서비스	createTicket()	rejectTicket()
4	회계 서비스	authorizeCreditCard()	–
5	주방 서비스	approveTicket()	–
6	주문 서비스	approveOrder()	–

예를 들어 소비자의 신용카드 승인이 실패하면 보상 트랜잭션은 다음 순서대로 작동될 것입니다.

1. **주문 서비스**: 주문을 APPROVAL_PENDING 상태로 생성합니다.

2. **소비자 서비스**: 소비자가 주문을 할 수 있는지 확인합니다.

3. **주방 서비스**: 주문 내역을 확인하고 티켓을 CREATE_PENDING 상태로 생성합니다.

4. **회계 서비스**: 소비자의 신용카드 승인 요청이 거부됩니다.

5. **주방 서비스**: 티켓 상태를 CREATE_REJECTED로 변경합니다.

6. **주문 서비스**: 주문 상태를 REJECTED로 변경합니다.

5~6번째 단계는 주방 서비스, 주문 서비스가 수행한 업데이트를 언두하는 보상 트랜잭션입니다.
일반 트랜잭션과 보상 트랜잭션의 순서화는 바로 다음에 설명할 사가 편성 로직이 하는 일입니다.

4.2 / 사가 편성

사가는 단계를 편성하는 로직으로 구성됩니다. 시스템 커맨드가 사가를 시작할 때 이 편성 로직은 첫 번째 사가 참여자를 정하여 로컬 트랜잭션 실행을 지시하고, 트랜잭션이 완료되면 그다음 사가 참여자를 호출하는 과정이 모든 단계가 실행될 때까지 반복됩니다. 도중 하나라도 로컬 트랜잭션이 실패하면 사가는 보상 트랜잭션을 역순으로 실행합니다. 사가 편성 로직은 두 가지 종류가 있습니다.

- **코레오그래피**(choreography): 의사 결정과 순서화를 사가 참여자에게 맡깁니다. 사가 참여자는 주로 이벤트 교환 방식으로 통신합니다.
- **오케스트레이션**(orchestration): 사가 편성 로직을 사가 오케스트레이터에 중앙화합니다. 사가 오케스트레이터는 사가 참여자에게 커맨드 메시지를 보내 수행할 작업을 지시합니다.

4.2.1 코레오그래피 사가

코레오그래피 방식은 사가 참여자가 할 일을 알려 주는 중앙 편성자가 없습니다. 그 대신 사가 참여자가 서로 이벤트를 구독해서 그에 따라 반응하는 것입니다.

주문 생성 사가 구현: 코레오그래피 스타일

그림 4-4는 코레오그래피 스타일로 설계한 주문 생성 사가입니다. 사가 참여자는 서로 이벤트를 주고받으며 소통합니다. 주문 서비스를 시작으로 각 참여자는 자신의 DB를 업데이트하고 다음 참여자를 트리거하는 이벤트를 발행합니다.

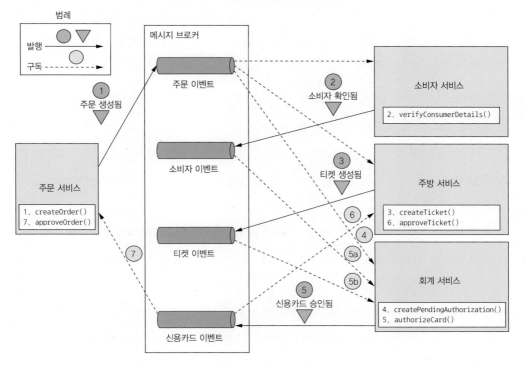

▼ 그림 4-4 코레오그래피로 구현한 주문 생성 사가. 사가 참여자는 서로 이벤트를 교환하며 통신한다

별 문제가 없다면 다음 순서대로 진행될 것입니다.

1. **주문 서비스**: 주문을 APPROVAL_PENDING 상태로 생성 → 주문 생성 이벤트를 발행합니다.

2. **소비자 서비스**: 주문 생성 이벤트 수신 → 소비자가 주문을 할 수 있는지 확인 → 소비자 확인 이벤트를 발행합니다.

3. **주방 서비스**: 주문 생성 이벤트 수신 → 주문 내역 확인 → 티켓을 CREATE_PENDING 상태로 생성 → 티켓 생성됨 이벤트를 발행합니다.

4. **회계 서비스**: 주문 생성 이벤트 수신 → 신용카드 승인을 PENDING 상태로 생성합니다.

5. **회계 서비스**: 티켓 생성 및 소비자 확인 이벤트 수신 → 소비자 신용카드 과금 → 신용카드 승인됨 이벤트를 발행합니다.

6. **주방 서비스**: 신용카드 승인 이벤트 수신 → 티켓 상태를 AWAITING_ACCEPTANCE로 변경합니다.

7. **주문 서비스**: 신용카드 승인됨 이벤트 수신 → 주문 상태를 APPROVED로 변경 → 주문 승인됨 이벤트를 발행합니다.

주문 생성 사가는 어떤 사가 참여자가 주문을 거부해서 실패 이벤트가 발행되는 경우(예: 소비자 신용카드 승인 거부)를 대비해야 합니다. 이런 일이 발생하면 사가는 어떻게든 보상 트랜잭션을 가동하여 이미 수행한 작업을 언두해야 합니다. 예를 들어 회계 서비스에서 소비자 신용카드가 승인 거부된 경우, 이벤트 순서는 다음과 같습니다(그림 4-5).

1. **주문 서비스**: 주문을 APPROVAL_PENDING 상태로 생성 → 주문 생성 이벤트를 발행합니다.

2. **소비자 서비스**: 주문 생성 이벤트 수신 → 소비자가 주문을 할 수 있는지 확인 → 소비자 확인 이벤트를 발행합니다.

3. **주방 서비스**: 주문 생성 이벤트 수신 → 주문 내역 확인 → 티켓 상태를 CREATE_PENDING으로 생성 → 티켓 생성 이벤트를 발행합니다.

4. **회계 서비스**: 주문 생성 이벤트 수신 → 신용카드 승인을 PENDING 상태로 생성합니다.

5. **회계 서비스**: 티켓 생성 및 소비자 확인 이벤트 수신 → 소비자 신용카드 과금 → 신용카드 승인 실패 이벤트를 발행합니다.

6. **주방 서비스**: 신용카드 승인 실패 이벤트 수신 → 티켓 상태를 REJECTED로 변경합니다.

7. **주문 서비스**: 신용카드 승인 실패 이벤트 수신 → 주문 상태를 REJECTED로 변경합니다.

보다시피 코레오그래피 사가 참여자는 발행/구독 방식으로 소통합니다. 그런데 사가에서 발행/구독 방식으로 통신하면 어떤 문제점이 있을까요?

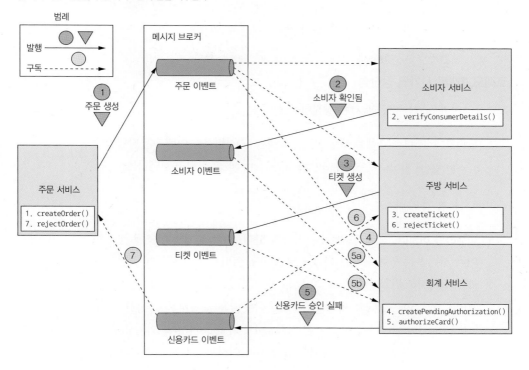

▼ 그림 4-5 소비자 신용카드 인증 실패 시 주문 생성 사가의 이벤트 흐름. 회계 서비스가 신용카드 인증 실패 이벤트를 발행하면 주방 서비스는 티켓을, 주문 서비스는 주문을 거부한다

확실한 이벤트 기반 통신

코레오그래피 방식으로 사가를 구현하려면 두 가지 통신 이슈를 고려해야 합니다. 첫째, 사가 참여자가 자신의 DB를 업데이트하고, DB 트랜잭션의 일부로 이벤트를 발행하도록 해야 합니다. 코레오그래피 사가는 단계별로 DB를 업데이트한 후 이벤트를 발행합니다. 가령 주문 생성 사가에서 주방 서비스는 소비자 확인 이벤트를 받아 티켓을 생성한 후 티켓 생성 이벤트를 발행합니다. 여기서 DB를 업데이트하는 작업과 이벤트를 발행하는 작업은 원자적으로(atomically) 일어나야 합니다. 따라서 사가 참여자가 서로 확실하게 통신하려면 트랜잭셔널 메시징(3장)을 사용해야 합니다.

둘째, 사가 참여자는 자신이 수신한 이벤트와 자신이 가진 데이터를 연관 지을 수 있어야 합니다. 가령 신용카드 승인됨 이벤트를 받은 주문 서비스는 여기에 해당하는 주문을 찾을 수 있어야 합니다. 해결책은 데이터를 매핑할 수 있도록 다른 사가 참여자가 상관관계 ID가 포함된 이벤트를 발행하는 것입니다.

이를테면 주문 생성 사가에서 각 참여자가 orderId를 상관관계 ID로 삼아 다른 참여자에게 건네주면 됩니다. 신용카드 승인됨 이벤트를 받은 회계 서비스는 orderId로 주문 정보를 가져올 수 있고, 주방 서비스도 같은 방법으로 티켓 정보를 가져올 수 있겠죠.

코레오그래피 사가의 장단점

코레오그래피 사가는 다음과 같은 장점이 있습니다.

- **단순함**: 비즈니스 객체를 생성, 수정, 삭제할 때 서비스가 이벤트를 발행합니다.
- **느슨한 결합**: 참여자는 이벤트를 구독할 뿐 서로를 직접 알지 못합니다.

하지만 다음과 같은 단점도 있습니다.

- **이해하기 어렵다**: 오케스트레이션 사가와 달리, 사가를 어느 한곳에 정의한 것이 아니라서 여러 서비스에 구현 로직이 흩어져 있습니다. 어떤 사가가 어떻게 작동되는지 개발자가 이해하기 어려운 편입니다.
- **서비스 간 순환 의존성**: 참여자가 서로 이벤트를 구독하는 특성상, 순환 의존성(cyclic dependency)이 발생하기 쉽습니다. 그림 4-4도 가만 보면 순환 의존성(주문 서비스 → 회계 서비스 → 주문 서비스)이 형성되어 있습니다. 이것이 반드시 문제라고 할 수는 없지만, 순환 의존성은 잠재적인 설계 취약점입니다.
- **단단히 결합될 위험성**: 사가 참여자는 각자 자신에게 영향을 미치는 이벤트를 모두 구독해야 합니다. 이를테면 회계 서비스는 소비자 신용카드를 과금/환불 처리하게 만드는 모든 이벤트를 구독해야 합니다. 따라서 이 서비스는 주문 서비스에 구현된 주문 주기와 맞물려 업데이트되어야 하는 위험이 있습니다.

간단한 사가라면 코레오그래피 방식으로도 충분하지만 복잡한 사가는 아무래도 오케스트레이션 방식이 적합합니다.

4.2.2 오케스트레이션 사가

오케스트레이션 사가에서는 사가 참여자가 할 일을 알려 주는 오케스트레이터 클래스(orchestrator class)를 정의합니다. 사가 오케스트레이터는 커맨드/비동기 응답 상호 작용을 하며 참여자와 통신합니다. 즉, 사가 단계를 실행하기 위해 해당 참여자가 무슨 일을 해야 하는지 커맨드 메시지에 적어 보냅니다. 사가 참여자가 작업을 마치고 응답 메시지를 오케스트레이터에 주면, 오케스트레이터는 응답 메시지를 처리한 후 다음 사가 단계를 어느 참여자가 수행할지 결정합니다.

주문 생성 사가 구현: 오케스트레이션 스타일

그림 4-6은 오케스트레이션 스타일로 설계한 주문 생성 사가입니다. 사가 오케스트레이터인 CreateOrderSaga 클래스가 비동기 요청/응답을 주고받으면서 주방 서비스, 소비자 서비스 같은 사가 참여자를 호출하고 그 처리 과정에 따라 커맨드 메시지를 전송합니다. 그리고 이 클래스는 자신의 응답 채널에서 메시지를 읽어 다음 사가 단계를 결정합니다.

▼ 그림 4-6 오케스트레이션으로 구현한 주문 생성 사가. 주문 서비스에 구현된 사가 오케스트레이터는 비동기 요청/응답을 통해 사가 참여자를 호출한다

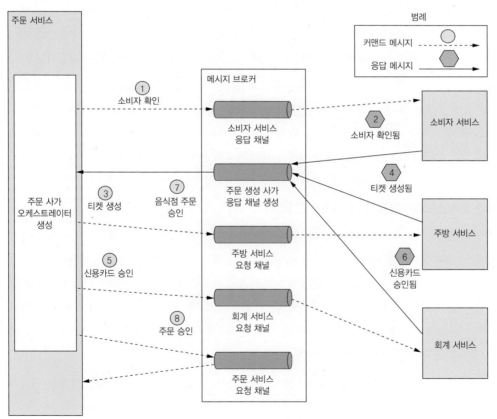

주문 서비스는 먼저 주문 및 주문 생성 사가 오케스트레이터를 생성합니다. 이후 별 문제가 없다면 다음과 같이 진행될 것입니다.

1. 사가 오케스트레이터가 소비자 확인 커맨드를 소비자 서비스에 전송합니다.

2. 소비자 서비스는 소비자 확인 메시지를 응답합니다.

3. 사가 오케스트레이터는 티켓 생성 커맨드를 주방 서비스에 전송합니다.

4. 주방 서비스는 티켓 생성 메시지를 응답합니다.

5. 사가 오케스트레이터는 신용카드 승인 메시지를 회계 서비스에 전송합니다.

6. 회계 서비스는 신용카드 승인됨 메시지를 응답합니다.

7. 사가 오케스트레이터는 티켓 승인 커맨드를 주방 서비스에 전송합니다.

8. 사가 오케스트레이터는 주문 승인 커맨드를 주문 서비스에 전송합니다.

제일 마지막 단계에서 사가 오케스트레이터는 (자신도 주문 서비스의 한 컴포넌트이지만) 커맨드 메시지를 주문 서비스에 전송합니다. 물론 주문 생성 사가가 주문을 직접 업데이트해서 승인 처리해도 되지만, 일관성 차원에서 주문 서비스가 마치 다른 참여자인 것처럼 취급하는 것입니다.

그림 4-6은 다양한 사가 시나리오 중 하나에 불과합니다. 주문 생성 사가의 경우 크게 네 가지 시나리오를 생각해 볼 수 있을 것입니다. 방금 전 살펴본 정상 케이스 외에 소비자 서비스, 주방 서비스, 회계 서비스 중 한곳에 오류가 발생하여 사가가 실패하는 경우가 3개 더 있겠죠. 그래서 가능한 모든 시나리오를 기술하는 상태 기계로 사가를 모델링하면 유용합니다.

사가 오케스트레이터를 상태 기계로 모델링

상태 기계(state machine)[9]는 상태(state)와 이벤트에 의해 트리거되는 상태 전이(transition)로 구성됩니다. 전이가 발생할 때마다 액션(action)이 일어나는데, 사가의 액션은 사가 참여자를 호출하는 작용입니다. 상태 간 전이는 사가 참여자가 로컬 트랜잭션을 완료하는 시점에 트리거되고, 로컬 트랜잭션의 상태와 결과에 따라 상태 전이를 어떻게 하고 어떤 액션을 취할지 결정됩니다. 상태 기계는 효율적으로 테스트할 수 있기 때문에 상태 기계를 이용하여 사가를 모델링하면 설계, 구현, 테스트를 더 쉽게 진행할 수 있습니다.

그림 4-7은 상태 기계로 모델링한 주문 생성 사가입니다. 이 상태 기계를 구성한 상태는 다음과 같습니다.

---

9 **역주** '상태 기계'는 유한 상태 기계(FSM, Finite-State Machine)를 줄인 용어입니다. 컴퓨터 프로그램과 전자 논리 회로를 설계하는 데에 쓰이는 수학적 모델입니다. (출처: 위키백과, https://ko.wikipedia.org/wiki/유한_상태_기계)

- **소비자 확인**: 초기 상태. 사가는 소비자 서비스가 주문 가능한 소비자인지 확인할 때까지 기다립니다.
- **티켓 생성**: 사가는 티켓 생성 커맨드에 대한 응답을 기다립니다.
- **신용카드 승인**: 회계 서비스가 소비자 신용카드를 승인할 때까지 기다립니다.
- **주문 승인됨**: 사가가 성공적으로 완료되었음을 나타내는 최종 상태
- **주문 거부됨**: 참여자 중 하나가 주문을 거부했음을 나타내는 최종 상태

▼ 그림 4-7 주문 생성 사가의 상태 기계 모델

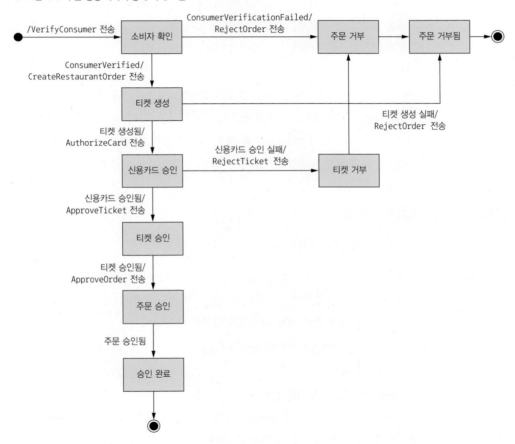

상태 기계는 다양한 상태 전이도 정의합니다. 가령 주문 생성 사가의 상태 기계는 티켓 생성 상태 → 신용카드 승인 또는 주문 거부됨 상태로 전이합니다. 티켓 생성 커맨드를 보내 성공 응답을 받으면 신용카드 승인 상태, 주방 서비스가 티켓 생성을 할 수 없으면 주문 거부 상태로 전이되겠죠.

상태 기계의 초기 액션은 소비자 서비스에 소비자 확인 커맨드를 전송하는 것입니다. 소비자 서비스의 응답에 따라 그다음 전이가 트리거되겠죠. 소비자 확인에 문제가 없으면 사가는 티켓을 만들어 티켓 생성 상태로 전이하지만 그 외에는 주문을 거부하고 주문 거부 상태로 전이합니다. 상태 기계는 사가 참여자의 여러 가지 응답에 따라 다양한 상태 전이를 거치면서 결국 주문 승인됨, 주문 거부됨 두 상태 중 한쪽으로 귀결됩니다.

사가 오케스트레이션과 트랜잭셔널 메시징

오케스트레이션 사가는 DB를 업데이트하는 서비스와 메시지를 발행하는 서비스가 단계마다 있습니다. 예를 들어 주문 서비스는 주문 및 주문 생성 사가 오케스트레이터를 생성한 후 1번 사가 참여자에게 메시지를 보냅니다. 사가 참여자는 자신의 DB를 업데이트한 후 응답 메시지를 보내는 식으로 커맨드 메시지를 처리합니다. 그러면 다시 주문 서비스는 사가 오케스트레이터 상태를 업데이트한 후 커맨드 메시지를 다음 사가 참여자에게 보냅니다. 이런 식으로 참여자의 응답 서비스를 처리하는 것입니다. 이때 서비스는 트랜잭셔널 메시지를 사용해서 DB 업데이트와 메시지 발행 작업을 원자적으로 처리해야 합니다(3장). 주문 생성 사가의 오케스트레이터 구현 및 트랜잭셔널 메시징 적용 방법은 4.4절에서 자세히 설명합니다.

오케스트레이션 사가의 장단점

오케스트레이션 사가는 다음과 같은 장점이 있습니다.

- **의존 관계 단순화**: 오케스트레이터는 참여자를 호출하지만 참여자는 오케스트레이터를 호출하지 않으므로 순환 의존성이 발생하지 않습니다. 즉, 오케스트레이터는 참여자에게 의존하지만 그 반대는 성립되지 않으므로 순환 의존성은 발생하지 않습니다.

- **낮은 결합도**: 각 서비스는 오케스트레이터가 호출하는 API를 구현할 뿐, 사가 참여자가 발행하는 이벤트는 몰라도 됩니다.

- **관심사를 더 분리하고 비즈니스 로직을 단순화**: 사가 편성 로직이 사가 오케스트레이터 한곳에만 있으므로 도메인 객체는 더 단순해지고 자신이 참여한 사가에 대해서는 알지 못합니다. 가령 Order 클래스는 사가를 모르기 때문에 상태 기계 모델은 더욱 간단해져서 주문 생성 사가 실행 도중 APPROVAL_PENDING → APPROVED로 바로 상태 전이됩니다. 또 이 클래스는 사가 단계에 대응되는 중간 상태가 하나도 없으므로 비즈니스 로직은 훨씬 단순해집니다.

오케스트레이션도 단점은 있습니다. 비즈니스 로직을 오케스트레이터에 너무 많이 중앙화하면 똑똑한 오케스트레이터 하나가 깡통 서비스에 일일이 할 일을 지시하는 모양새가 될 수도 있습니다. 이 문제는 오케스트레이터가 순서화만 담당하고 여타 비즈니스 로직은 갖고 있지 않도록 설계하면 해결됩니다.

아주 단순한 사가가 아니라면 가급적 오케스트레이션 방식을 권장합니다. 그런데 사가를 이용할 때 편성 로직보다 더 골치 아픈 이슈가 있습니다. 바로 비격리 문제입니다. 격리가 안 되면 트랜잭션을 어떻게 처리해야 할까요?

4.3 비격리 문제 처리

ACID의 격리성(I)은 동시에 실행 중인 여러 트랜잭션의 결과가 어떤 순서대로 실행된 결과와 동일함을 보장하는 속성입니다. 그래서 각 ACID 트랜잭션이 DB 데이터에 배타적으로 접근하듯이 동작하고, 개발자는 동시 실행되는 비즈니스 로직을 쉽게 작성할 수 있습니다.

그런데 사가는 바로 격리성이 빠져 있습니다. 실제로 사가의 한 트랜잭션이 커밋한 변경분을 다른 사가가 즉시 바라볼 수 있습니다. 이는 두 가지 문제를 야기합니다. 첫째, 한 사가가 실행 중에 접근하는 데이터를 도중에 다른 사가가 바꿔치기할 수 있습니다. 둘째, 한 사가가 업데이트를 하기 이전 데이터를 다른 사가가 읽을 수 있어서 데이터 일관성이 깨질 수 있습니다. 사가는 사실 ACD 트랜잭션으로 보아야 합니다.

- **원자성**(Atomicity): 사가는 트랜잭션을 모두 완료하거나 모든 변경분을 언두해야 합니다.
- **일관성**(Consistency): 서비스 내부의 참조 무결성(referential integrity)은 로컬 DB가, 여러 서비스에 걸친 참조 무결성은 서비스가 처리합니다.
- **지속성**(Durability): 로컬 DB로 처리합니다.

격리가 안 되면 DB 용어로 비정상(anomaly)이 나타날 가능성이 있습니다. 트랜잭션이 차례대로 실행되지 않는 것처럼 데이터를 읽고 쓰게 되는 현상입니다. 그래서 사가를 동시 실행한 결과와 순차 실행한 결과가 달라질 수 있습니다.

일견 비격리는 도저히 용납되지 못할 문제처럼 보이지만, 실제로 성능 향상을 위해 격리 수준을 낮추어 개발하는 경우가 흔합니다. RDBMS는 격리 수준을 트랜잭션마다 다르게 지정할 수 있고,[10] 기본적으로 완전 격리(full isolation)보다 약한 격리 수준을 적용합니다.[11] 그러나 실무에서는 교과서에 나오는 ACID 트랜잭션과 다른 DB 트랜잭션을 사용할 때가 많습니다.

4.3.1 비정상 개요

비격리로 인한 비정상은 다음과 같이 정리할 수 있습니다.

- **소실된 업데이트**(lost updates): 한 사가의 변경분을 다른 사가가 미처 못 읽고 덮어 씁니다.
- **더티 읽기**(dirty reads): 사가 업데이트를 하지 않은 변경분을 다른 트랜잭션이나 사가가 읽습니다.
- **퍼지/반복 불가능한 읽기**(fuzzy/nonrepeatable reads): 한 사가의 상이한 두 단계가 같은 데이터를 읽어도 결과가 달라지는 현상. 다른 사가가 그 사이 업데이트를 했기 때문에 생기는 문제입니다.

소실된 업데이트, 더티 읽기는 가장 흔하지만 처리하기는 가장 까다로운 비정상 현상입니다. 하나씩 자세히 살펴봅시다.

소실된 업데이트

소실된 업데이트는 한 사가의 변경분을 다른 사가가 덮어 쓸 때 일어납니다.

1. 주문 생성 사가 첫 번째 단계에서 주문을 생성합니다.

2. 사가 실행 중 주문 취소 사가가 주문을 취소합니다.

3. 주문 생성 사가 마지막 단계에서 주문을 승인합니다.

주문 생성 사가는 주문 취소 사가가 업데이트한 데이터를 덮어 쓰게 되고, 결국 고객은 자신이 주문 취소한 음식을 배달받게 되겠죠. 해결 방안은 뒷부분에서 다룹니다.

---

10 https://dev.mysql.com/doc/refman/5.7/en/innodb-transaction-isolation-levels.html

11 **역주** 격리 수준(고립화 수준이라고도 함)은 Read Uncommitted, Read Committed, Repeatable Read, Serializable 순서로 읽기 일관성이 점점 완전해집니다. 국내 대기업에서 많이 사용하는 오라클 DB의 기본 격리 수준은 Read Committed입니다.

더티 읽기

더티 읽기는 한 사가가 업데이트 중인 데이터를 다른 사가가 읽을 때 발생합니다. FTGO 애플리케이션의 소비자는 각자 신용 한도(credit limit)가 정해져 있고, 주문 취소 사가는 다음과 같은 트랜잭션으로 구성됩니다.

- **소비자 서비스**: 신용 잔고(available credit)를 늘립니다.[12]
- **주문 서비스**: 주문을 취소 상태로 변경합니다.
- **배달 서비스**: 배달을 취소합니다.

주문 취소 사가와 주문 생성 사가의 실행이 서로 겹쳐(interleaved) 실행 중인데, 소비자가 배달을 취소하기는 너무 늦어서 주문 취소 사가가 롤백되는 경우를 생각해 봅시다. 소비자 서비스를 호출하는 트랜잭션 순서가 이렇게 엉켜 버릴 수 있겠죠.

1. **주문 취소 사가**: 신용 잔고를 늘립니다.

2. **주문 생성 사가**: 신용 잔고를 줄입니다.

3. **주문 취소 사가**: 신용 잔고를 줄이는 보상 트랜잭션이 가동됩니다.

주문 생성 사가는 신용 잔고를 더티 읽기 하게 되고, 소비자는 신용 한도를 초과하는 주문도 할 수 있게 될 것입니다. 실제로 이런 일이 벌어지면 매우 곤란하죠.

애플리케이션에 부정적 영향을 끼치는 비정상은 어떻게 방지할 수 있을까요?

4.3.2 비격리 대책

개발자는 비격리로 인한 비정상을 방지하고 비즈니스에 미치는 영향을 최소화하는 방향으로 사가를 작성할 의무가 있습니다. 부담스럽게 들리겠지만, 이미 앞서 나왔던 *_PENDING 상태(예: APPROVAL_PENDING)도 이상 현상을 예방하는 전략 중 하나입니다. 주문 생성 사가처럼 주문을 업데이트하는 사가는 일단 주문을 *_PENDING 상태로 두고 시작합니다. 현재 주문을 사가로 업데이트하는 중이니 그에 맞게 행동하라고 다른 사가에게 알리는 것입니다.

---

12 **역주** 저자가 다소 뜬금없게 신용 한도, 신용 잔고 같은 용어를 쓰고 있지만, 이 책의 주제인 마이크로서비스 아키텍처를 이해하는 데에는 크게 지장이 없으므로 낯설게 느껴지더라도 대략 '그런 업무 처리 로직이 있다' 정도만 알고 넘어가도 됩니다.

이런 식으로 *_PENDING 상태를 두는 것은 〈Semantic ACID properties in multidatabases using remote procedure calls and update prop agations(논문: 원격 프로시저 호출 및 업데이트 전파를 활용한 다중 DB에서의 시맨틱 ACID 속성)〉(라스 프랭크(Lars Frank), 토르벤 U. 잘레(Torben U. Zahle) 저, 1998)에서 시맨틱 락 대책(semantic lock countermeasure)이라고 칭한 기법의 일례입니다.[13] 이 논문에는 분산 트랜잭션을 사용하지 않는 다중 DB 아키텍처에서 트랜잭션 비격리 문제를 처리하는 방법 등 사가 설계 시 도움이 될 만한 내용이 많습니다.

- **시맨틱 락**(semantic lock): 애플리케이션 수준의 락
- **교환적 업데이트**(commutative updates): 업데이트 작업은 어떤 순서로 실행해도 되게끔 설계합니다.
- **비관적 관점**(pessimistic view): 사가 단계 순서를 재조정하여 비즈니스 리스크를 최소화합니다.
- **값 다시 읽기**(reread value): 데이터를 덮어 쓸 때 그 전에 변경된 내용은 없는지 값을 다시 읽고 확인하여 더티 쓰기(dirty writes)를 방지합니다.
- **버전 파일**(version file): 순서를 재조정할 수 있게 업데이트를 기록합니다.
- **값에 의한**(by value): 요청별 비즈니스 위험성을 기준으로 동시성 메커니즘을 동적 선택합니다.

비격리 대책을 자세히 살펴보기 전에, 먼저 사가의 구조를 나타내는 용어를 몇 가지 소개합니다.

사가의 구조

사가는 다음 세 가지 트랜잭션으로 구성됩니다(그림 4-8).

- **보상 가능 트랜잭션**(compensatable transaction): 보상 트랜잭션으로 롤백 가능한 트랜잭션
- **피봇 트랜잭션**(pivot transaction): 사가의 진행/중단 지점. 피봇 트랜잭션이 커밋되면 사가는 완료될 때까지 실행됩니다. 피봇 트랜잭션은 보상 가능 트랜잭션, 재시도 가능한 트랜잭션 그 어느 쪽도 아니지만, 최종 보상 가능 트랜잭션 또는 최초 재시도 가능 트랜잭션이 될 수는 있습니다.
- **재시도 가능 트랜잭션**(retriable transaction): 피봇 트랜잭션 직후의 트랜잭션. 반드시 성공합니다.

---

13 https://dl.acm.org/citation.cfm?id=284472.284478

▼ 그림 4-8 사가는 롤백 가능한 보상 트랜잭션, 사가의 진행/중단 지점에 위치한 피봇 트랜잭션, 롤백할 필요 없이 완료가 보장되는 재시도 트랜잭션, 이렇게 세 가지 트랜잭션으로 구성된다

보상 가능 트랜잭션:
반드시 롤백을 지원해야 한다.

단계	서비스	트랜잭션	보상 트랜잭션
1	Order Service	createOrder()	rejectOrder()
2	Consumer Service	verifyConsumerDetails()	-
3	Kitchen Service	createTicket()	rejectTicket()
4	Accounting Service	authorizeCreditCard()	-
5	Restaurant Order Service	approveRestaurantOrder()	-
6	Order Service	approveOrder()	-

피봇 트랜잭션:
사가의 진행/중단 트랜잭션.
성공 시 사가는 실행 완료된다.

재시도 가능 트랜잭션:
완료가 보장된다.

주문 생성 사가의 createOrder(), verifyConsumerDetails(), createTicket()은 모두 보상 가능 트랜잭션입니다. createOrder(), createTicket()은 자신의 업데이트를 언두하는 보상 트랜잭션을 갖고 있고, verifyConsumerDetails()는 읽기 전용이라 따로 보상 트랜잭션이 필요 없습니다. 이 사가의 피봇 트랜잭션은 authorizeCreditCard()입니다. 소비자 신용카드가 승인되면 이 사가는 반드시 완료됩니다. approveTicket(), approveOrder()는 피봇 트랜잭션 이후의 재시도 가능 트랜잭션입니다.

보상 가능 트랜잭션과 재시도 가능 트랜잭션의 차이점은 특히 잘 알아 두어야 합니다. 트랜잭션 종류마다 대책에서 하는 역할이 다르기 때문입니다. 마이크로서비스로 전환 시 모놀리스도 사가에 참여해야 하는 경우도 있고, 모놀리스가 재시도 가능 트랜잭션만 실행하면 처리하기가 아주 간단해집니다(13장).

시맨틱 락부터 하나씩 비격리 대책을 알아봅시다.

대책: 시맨틱 락

보상 가능 트랜잭션이 생성/수정하는 레코드에 무조건 플래그를 세팅하는 대책입니다. 레코드가 아직 커밋 전이라서 변경될지 모른다는 표시를 하는 것이죠. 플래그를 세팅해서 다른 트랜잭션이 레코드에 접근하지 못하게 락(lock, 잠금)을 걸어 놓거나, 다른 트랜잭션이 해당 레코드를 처리할 때 조심하도록 경고(warning)합니다. 플래그는 재시도 가능 트랜잭션(사가 완료) 또는 보상 트랜잭션(사가 롤백)에 의해 해제됩니다.

Order.state 필드가 좋은 예입니다. *_PENDING 상태가 바로 시맨틱 락을 구현한 것입니다. 이 필드를 이용하여 주문에 접근하는 다른 사가에 현재 어떤 사가가 주문을 업데이트하고 있음을 알립니다. 가령 주문 생성 사가 첫 번째 단계(보상 가능 트랜잭션)는 APPROVAL_PENDING 상태로 주문을 생성하고 마지막 단계(재시도 가능 트랜잭션)는 이 필드를 다시 APPROVED로 변경합니다. 보상 트랜잭션은 이 필드를 REJECTED로 바꿉니다.

락도 관리해야 하지만 잠금된 레코드를 어떻게 사가로 처리할지 사례별로(case-by-case) 결정해야 합니다. 예를 들어 클라이언트가 시스템 커맨드 cancelOrder()를 호출해서 APPROVAL_PENDING 상태의 주문을 취소하려면 어떻게 처리해야 할까요?

해결 방법은 몇 가지 있습니다. 먼저 cancelOrder()를 실패 처리하고 클라이언트에 나중에 다시 시도하라고 알리는 것입니다. 구현하기는 간단해서 좋지만, 재시도 로직까지 구현해야 하므로 클라이언트가 복잡해집니다.

락이 해제될 때까지 cancelOrder()를 블로킹하는 방법도 있습니다. 시맨틱 락을 사용하면 ACID 트랜잭션 고유의 격리 기능을 되살릴 수 있습니다. 같은 레코드를 업데이트하는 사가를 직렬화시킬 수 있어 프로그래밍 부담이 확 줄어들고, 클라이언트가 재시도해야 하는 부담도 덜 수 있죠. 물론 애플리케이션에서 락을 관리하는 부담은 감수해야 합니다. 또 데드락(deadlock) 감지 알고리즘을 구현해서 데드락이 발생하면 사가를 롤백시켜 데드락을 해소하고 재실행할 수 있게 조치해야 합니다.

대책: 교환적 업데이트

업데이트를 교환적(commutative)으로, 즉 어떤 순서로도 실행 가능하게 설계하면 소실된 업데이트 문제를 방지할 수 있습니다. 이를테면 (마이너스 통장(overdraft checks)은 없다고 가정하면) Account의 debit()과 credit()은 서로 교환적인 작업입니다.

보상 가능 트랜잭션이 계좌를 인출(debit)(또는 입금(credit)) 후 사가를 롤백시켜야 하는 상황이라면 보상 트랜잭션은 단순히 계좌를 입금(또는 인출)해서 업데이트를 언두하면 됩니다. 다른 사가의 업데이트를 덮어 쓸 일은 전혀 없죠.

대책: 비관적 관점

비관적 관점(pessimistic view)은 더티 읽기로 인한 비즈니스 리스크를 최소화하기 위해 사가 단계의 순서를 재조정하는 것입니다. 더티 읽기 예를 들었던 시나리오를 한 번 더 생각해 봅시다. 주문 취소 사가 단계를 다음과 같이 재조정하면 주문 생성 사가가 신용 잔고를 더티 읽기해서 소비자 신용 한도를 초과하는 주문을 생성할 위험성을 줄일 수 있습니다.

1. **주문 서비스**: 주문을 취소 상태로 변경합니다.

2. **배달 서비스**: 배달을 취소합니다.

3. **회계 서비스**: 신용 잔고를 늘립니다.

이렇게 순서를 바꾸면 신용 잔고는 재시도 가능 트랜잭션에서 증가하므로 더티 읽기 가능성은 사라집니다.

대책: 값 다시 읽기

값 다시 읽기(reread value)는 소실된 업데이트를 방지하는 대책입니다. 사가가 레코드를 업데이트하기 전에 값을 다시 읽어 값이 변경되지 않았는지 확인하는 것입니다. 값을 다시 읽었더니 변경되었다면 사가를 중단하고 나중에 재시작합니다. 이 대책은 일종의 낙관적 오프라인 락(Optimistic Offline Lock) 패턴입니다.[14]

이 대책을 주문 생성 사가에 적용하면 주문이 승인되는 도중 취소되는 불상사를 방지할 수 있습니다. 주문 승인 트랜잭션은 해당 주문이 처음 생성된 이후 이전 사가 단계에서 변경되었는지 체크합니다. 변경되지 않았으면 주문을 승인 처리하고, 주문이 취소되었으면 사가를 멈추고 보상 트랜잭션을 가동합니다.

대책: 버전 파일

버전 파일(version file)은 레코드에 수행한 작업을 하나하나 기록하는 대책입니다. 즉, 비교환적(noncommutative) 작업을 교환적(commutative) 작업으로 변환하는 방법입니다. 가령 주문 생성 사가와 주문 취소 사가가 동시 실행된다고 합시다. 시맨틱 락 대책을 쓰지 않으면 주문 생성 사가가 소비자 신용카드를 승인하기 전에 주문 취소 사가가 해당 신용카드를 승인 취소하는 말도 안 되는 상황이 벌어질 수 있습니다.

---

14 https://martinfowler.com/eaaCatalog/optimisticOfflineLock.html

순서가 안 맞는 요청을 회계 서비스가 받아 처리하려면, 작업이 도착하면 기록해 두었다가 정확한 순서대로 실행하면 됩니다. 방금 전 경우라면, 회계 서비스는 일단 승인 취소 요청을 기록하고 나중에 신용카드 승인 요청이 도착하면 이미 승인 취소 요청이 접수된 상태이니 승인 작업은 생략해도 되겠구나라고 인지하는 것입니다.

대책: 값에 의한

끝으로 값에 의한(by value) 대책입니다. 비즈니스 위험성을 기준으로 동시성 메커니즘을 선택하는 것입니다. 애플리케이션 차원에서 각 요청의 속성을 보고 사가를 쓸지, 아니면 분산 트랜잭션을 쓸지 판단하는 것이죠. 위험성이 낮은 요청은 지금까지 설명한 대책이 적용된 사가를, 위험성이 큰 요청(예: 액수가 큰 금전이 오가는 거래)은 분산 트랜잭션을 실행합니다.

애플리케이션이 비즈니스 위험성, 가용성, 확장성을 능동적으로 저울질할 수 있는 전략입니다.

지금까지 살펴본 6개의 대책은 실제로 사가를 구현할 때 고루 활용하게 될 것입니다. 이제 시맨틱 락 대책을 적용하여 주문 생성 사가를 설계/구현하는 예제를 살펴봅시다.

4.4 주문 서비스 및 주문 생성 사가 설계

주문 서비스(그림 4-9)에는 비즈니스 로직이 포함된 OrderService, Order 등의 클래스와 주문 생성 사가를 오케스트레이션하는 CreateOrderSaga 클래스가 있습니다. 주문 서비스는 자신의 사가에도 참여하므로 OrderService를 호출하여 커맨드 메시지를 처리하는 어댑터 클래스 OrderCommandHandlers가 있습니다.

▼ 그림 4-9 주문 서비스와 사가 설계

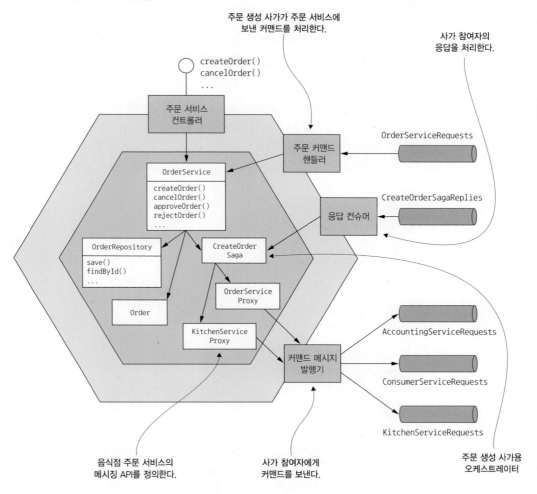

핵심 비즈니스 로직은 OrderService, Order, OrderRepository 세 클래스에 있습니다. 여러분이 익숙한 전형적인 웹 애플리케이션 형태이지만 사가 관련 클래스는 낯설게 느껴집니다. 사가 오케스트레이터인 주문 서비스는 그 자신이 사가 참여자이기도 한 서비스입니다. CreateOrderSaga를 비롯하여 여러 사가 오케스트레이터를 거느리고 있습니다. 사가 오케스트레이터는 사가 참여자 프록시 클래스(예: KitchenServiceProxy, OrderServiceProxy)를 거쳐 사가 참여자에게 커맨드 메시지를 전달합니다. 사가 참여자 프록시는 사가 참여자의 메시징 API가 정의된 클래스입니다. OrderCommandHandlers 클래스는 사가가 주문 서비스에 전송한 커맨드 메시지를 처리합니다.

일단 머릿속에 이 정도 밑그림을 그려 놓고 OrderService 클래스부터 하나씩 살펴봅시다.

4.4.1 OrderService 클래스

OrderService 클래스는 주문 생성/관리를 담당하는 서비스 API 계층이 호출하는 도메인 서비스입니다. 그림 4-10은 OrderService 및 그 협동자들의 관계입니다. OrderService는 Order를 생성/수정하고, OrderRepository를 호출하여 Order를 저장하며, SagaManager를 이용하여 CreateOrderSaga 같은 사가를 생성합니다. SagaManager는 이벤추에이트 트램 사가 프레임워크에서 기본 제공되는, 사가 오케스트레이터와 참여자를 작성하는 클래스입니다.

▼ 그림 4-10 OrderService는 Order를 생성/수정하고 OrderRepository를 호출하여 Order를 저장하며, CreateOrderSaga 가 포함된 사가를 생성한다

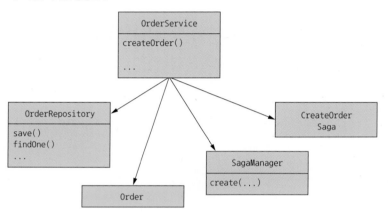

이 클래스는 5장에서 자세히 설명하기로 하고, 지금은 createOrder()에 주목합시다(예제 4-1). 이 메서드는 먼저 주문을 생성한 후, 주문을 검증하기 위해 CreateOrderSaga를 생성합니다.

예제 4-1 OrderService 클래스와 createOrder() 메서드

```
@Transactional    ◀──── 서비스 메서드에 트랜잭션을 적용
public class OrderService {

    @Autowired
    private SagaManager<CreateOrderSagaState> createOrderSagaManager;

    @Autowired
    private OrderRepository orderRepository;
```

```
@Autowired
private DomainEventPublisher eventPublisher;

public Order createOrder(OrderDetails orderDetails) {
  ...
  ResultWithEvents<Order> orderAndEvents = Order.createOrder(...);    ◀── Order 생성
  Order order = orderAndEvents.result;
  orderRepository.save(order);    ◀── DB에 Order 저장

  eventPublisher.publish(Order.class,    ◀── 도메인 이벤트 발행
                          Long.toString(order.getId()),
                          orderAndEvents.events);

  CreateOrderSagaState data =
      new CreateOrderSagaState(order.getId(), orderDetails);    ◀── CreateOrderSaga 생성
  createOrderSagaManager.create(data, Order.class, order.getId());

  return order;
  }

  ...
}
```

createOrder()는 정적 팩토리 메서드 Order.createOrder()를 호출하여 Order를 생성한 후,
JPA 기반 리포지터리 OrderRepository로 Order를 저장합니다. 그리고 새로 저장된 Order
및 OrderDetails의 ID가 포함된 CreateOrderSagaState를 SagaManager.create()에 넘겨
CreateOrderSaga를 생성합니다. SagaManager가 사가 오케스트레이터 인스턴스를 생성하면, 곧
바로 첫 번째 사가 참여자에게 커맨드 메시지가 전달되고 사가 오케스트레이터를 DB에 저장합
니다.

그림 4-11은 CreateOrderSaga 및 관련 클래스들입니다.

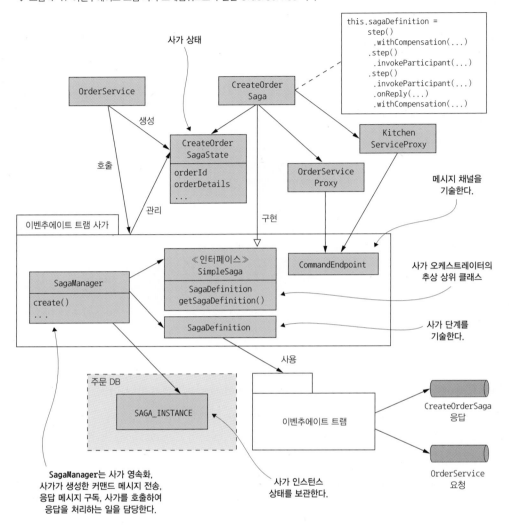

4.4.2 주문 생성 사가 구현

주문 생성 사가의 각 클래스는 다음과 같은 역할을 담당합니다.

- **CreateOrderSaga**: 사가의 상태 기계를 정의한 싱글턴 클래스(singleton class) **Create OrderSagaState**로 커맨드 메시지를 생성하고, 사가 참여자 프록시 클래스(예: **Kitchen ServiceProxy**)가 지정한 메시지 채널을 통해 참여자에게 메시지를 전달합니다.

- **CreateOrderSagaState**: 사가의 저장 상태. 커맨드 메시지를 생성합니다.
- **사가 참여자 프록시 클래스**: 프록시 클래스마다 커맨드 채널, 커맨드 메시지 타입, 반환형으로 구성된 사가 참여자의 메시징 API를 정의합니다.

이런 클래스를 이벤추에이트 트램 사가 프레임워크로 작성하는 것입니다.

이벤추에이트 트램 사가 프레임워크는 사가의 상태 기계를 정의하기 위해 필요한 DSL(Domain Specific Language, 도메인 특화 언어)[15]을 제공합니다. 또 사가의 상태 기계를 실행하고 이벤추에이트 트램 프레임워크를 이용하여 사가 참여자와 메시지를 주고받으며 사가 상태를 DB에 저장합니다.

주문 생성 사가 구현체로 들어갑시다. 먼저 CreateOrderSaga 클래스입니다.

CreateOrderSaga 오케스트레이터

CreateOrderSaga는 그림 4-7 상태 기계를 구현한 클래스입니다. 이 클래스는 사가 기초 인터페이스 SimpleSaga를 구현한 클래스입니다. CreateOrderSaga 클래스의 핵심은 예제 4-2의 사가 데피니션입니다. 주문 생성 사가 단계는 이벤추에이트 트램 사가 프레임워크에서 제공되는 DSL을 이용하여 정의합니다.

예제 4-2 CreateOrderSaga 데피니션

```
public class CreateOrderSaga implements SimpleSaga<CreateOrderSagaState> {

    private SagaDefinition<CreateOrderSagaState> sagaDefinition;

    public CreateOrderSaga(OrderServiceProxy orderService,
                           ConsumerServiceProxy consumerService,
                           KitchenServiceProxy kitchenService,
                           AccountingServiceProxy accountingService) {
        this.sagaDefinition =
                step()
                  .withCompensation(orderService.reject,
                          CreateOrderSagaState::makeRejectOrderCommand)
                .step()
                  .invokeParticipant(consumerService.validateOrder,
                          CreateOrderSagaState::makeValidateOrderByConsumerCommand)
```

---

15 **역주** 특정한 도메인을 적용하는 데 특화된 컴퓨터 언어입니다. 어느 도메인에서나 적용 가능한 범용 언어(general-purpose language)와 반대되는 개념입니다. (출처: 위키백과)

```
            .step()
              .invokeParticipant(kitchenService.create,
                      CreateOrderSagaState::makeCreateTicketCommand)
              .onReply(CreateTicketReply.class,
                      CreateOrderSagaState::handleCreateTicketReply)
              .withCompensation(kitchenService.cancel,
                      CreateOrderSagaState::makeCancelCreateTicketCommand)
            .step()
              .invokeParticipant(accountingService.authorize,
                      CreateOrderSagaState::makeAuthorizeCommand)
            .step()
              .invokeParticipant(kitchenService.confirmCreate,
                      CreateOrderSagaState::makeConfirmCreateTicketCommand)
            .step()
              .invokeParticipant(orderService.approve,
                      CreateOrderSagaState::makeApproveOrderCommand)
            .build();
  }

  @Override
  public SagaDefinition<CreateOrderSagaState> getSagaDefinition() {
    return sagaDefinition;
  }
 }
}
```

CreateOrderSaga 생성자는 사가 데피니션을 생성하여 sagaDefinition 필드에 세팅합니다. getSagaDefinition()은 사가 데피니션을 반환하는 메서드입니다. 사가 세 번째 단계 데피니션(예제 4-3)에서는 KitchenService를 호출하여 티켓을 생성하고 이 티켓을 취소하는 보상 트랜잭션을 정의합니다. step(), invokeParticipant(), onReply(), withCompensation()은 이벤추에이트 트램 사가에서 기본 제공되는 DSL의 일부입니다.

예제 4-3 사가 3단계 데피니션

```
 public class CreateOrderSaga ...

    public CreateOrderSaga(..., KitchenServiceProxy kitchenService,
            ...) {

      ...
      .step()
        .invokeParticipant(kitchenService.create,    ◀── 포워드 트랜잭션 정의
                CreateOrderSagaState::makeCreateTicketCommand)
```

```
        .onReply(CreateTicketReply.class,      성공 응답을 수신하면 handleCreateTicketReply() 호출
            CreateOrderSagaState::handleCreateTicketReply)  ◄──┘
        .withCompensation(kitchenService.cancel,  ◄── 보상 트랜잭션 정의
            CreateOrderSagaState::makeCancelCreateTicketCommand)
    ...
    ;
```

invokeParticipant()는 포워드 트랜잭션(forward transaction)을 정의한 메서드입니다. CreateOrderSagaState.makeCreateTicketCommand()로 CreateTicket 커맨드 메시지를 생성한 후, kitchenService.create에 지정된 채널로 보냅니다. onReply()를 호출해서 주방 서비스로부터 성공 응답을 받으면 CreateOrderSagaState.handleCreateTicketReply()를 호출합니다. 이 메서드는 주방 서비스가 반환한 CreateTicketReply.ticketId를 CreateOrderSagaState.ticketId에 세팅합니다. 보상 트랜잭션은 withCompensation()으로 정의합니다. CreateOrderSagaState. makeCancelCreateTicketCommand()를 호출해서 CancelCreateTicket 커맨드 메시지를 생성한 후, kitchenService.create에 지정된 채널로 메시지를 전송합니다.

다른 사가 단계도 이와 비슷하게 정의합니다. CreateOrderSagaState는 사가가 KitchenService Proxy에 정의된 메시징 끝점(CommandEndpoint)으로 보낼 메시지를 생성합니다.

CreateOrderSagaState 클래스

CreateOrderSagaState(예제 4-4)는 사가 인스턴스의 상태를 나타낸 클래스입니다. OrderService가 이 클래스의 인스턴스를 생성하고, 이벤추에이트 트램 사가 프레임워크가 이 인스턴스를 DB에 저장합니다. CreateOrderSagaState의 주 임무는 사가 참여자에게 보낼 메시지를 만드는 일입니다.

예제 4-4 CreateOrderSagaState는 사가 인스턴스 상태를 저장한다

```
public class CreateOrderSagaState {

  private Long orderId;
  private OrderDetails orderDetails;
  private long ticketId;

  public Long getOrderId() {
    return orderId;
  }
}
```

```java
  private CreateOrderSagaState() {
  }

  public CreateOrderSagaState(Long orderId, OrderDetails orderDetails) {   ◄——
    this.orderId = orderId;
    this.orderDetails = orderDetails;
  }

  CreateTicket makeCreateTicketCommand() {   ◄—— CreateTicket 커맨드 메시지 생성
    return new CreateTicket(getOrderDetails().getRestaurantId(),
                getOrderId(), makeTicketDetails(getOrderDetails())));
  }

  void handleCreateTicketReply(CreateTicketReply reply) {   ◄—— 새로 만든 티켓 ID 저장
    logger.debug("getTicketId {}", reply.getTicketId());
    setTicketId(reply.getTicketId());
  }

  CancelCreateTicket makeCancelCreateTicketCommand() {   ◄——
    return new CancelCreateTicket(getOrderId());   CancelCreateTicket 커맨드 메시지 생성
  }

  ...
```

OrderService가 호출하여 CreateOrderSagaState 인스턴스를 생성

CreateOrderSaga는 CreateOrderSagaState를 호출하여 커맨드 메시지를 생성하고, 생성된 메시지를 KitchenServiceProxy 같은 클래스의 끝점으로 전달합니다.

KitchenServiceProxy 클래스

KitchenServiceProxy 클래스(예제 4-5)는 주방 서비스의 커맨드 메시지 3개의 끝점을 정의합니다.

- **create**: 티켓 생성
- **confirmCreate**: 생성 확인
- **cancel**: 티켓 취소

커맨드 타입, 커맨드 메시지의 목적지 채널, 예상 응답 타입을 CommandEndpoint마다 지정합니다.

```java
public class KitchenServiceProxy {

  public final CommandEndpoint<CreateTicket> create =
      CommandEndpointBuilder
          .forCommand(CreateTicket.class)
          .withChannel(
              KitchenServiceChannels.kitchenServiceChannel)
          .withReply(CreateTicketReply.class)
          .build();

  public final CommandEndpoint<ConfirmCreateTicket> confirmCreate =
      CommandEndpointBuilder
          .forCommand(ConfirmCreateTicket.class)
          .withChannel(
              KitchenServiceChannels.kitchenServiceChannel)
          .withReply(Success.class)
          .build();

  public final CommandEndpoint<CancelCreateTicket> cancel =
      CommandEndpointBuilder
          .forCommand(CancelCreateTicket.class)
          .withChannel(
              KitchenServiceChannels.kitchenServiceChannel)
          .withReply(Success.class)
          .build();
}
```

KitchenServiceProxy 같은 프록시 클래스가 반드시 필요한 것은 아닙니다. 사가가 직접 참여자에게 커맨드 메시지를 보낼 수도 있지만, 프록시 클래스를 사용하면 중요한 이점이 두 가지 있습니다. 첫째, 프록시 클래스는 타입이 정해진 끝점을 정의하므로 엉뚱한 메시지가 서비스에 전달될 일은 거의 없습니다. 둘째, 프록시 클래스는 잘 정의된(well-defined) 서비스 호출 API라서 코드를 이해하고 테스트하기가 쉽습니다. 10장에서는 주문 서비스가 정확히 주방 서비스를 호출하는지 KitchenServiceProxy 테스트를 작성해서 확인하는 방법을 설명합니다. KitchenServiceProxy 없이 이렇게 범위가 한정된 테스트를 작성하기란 불가능합니다.

이벤추에이트 트램 사가 프레임워크

이벤추에이트 트램 사가(그림 4-12)는 사가 오케스트레이터 및 사가 참여자를 모두 작성할 수 있는 프레임워크입니다. 3장에서 설명한 이벤추에이트 트램의 트랜잭셔널 메시징 기능을 활용합니다.

▼ 그림 4-12 이벤추에이트 트램 사가는 사가 오케스트레이터, 사가 참여자 둘 다 작성할 수 있는 프레임워크다

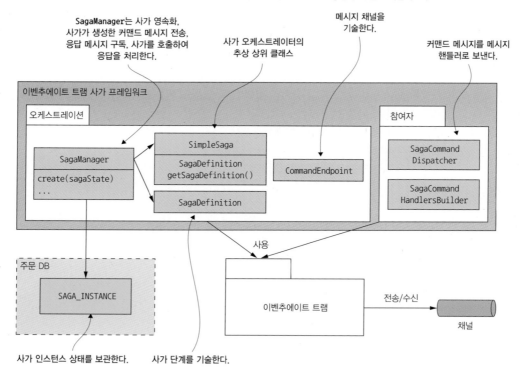

sagas.orchestration 패키지는 이 프레임워크에서 가장 복잡한 부분입니다. 사가 기초 인터페이스 SimpleSaga, 사가 인스턴스를 생성/관리하는 클래스 SagaManager가 이 패키지에 있습니다. SagaManager는 사가를 저장하고, 자신이 생성한 커맨드 메시지를 전송하고, 응답 메시지를 구독하고, 사가를 호출하여 응답을 처리합니다. OrderService가 사가를 생성할 때 이벤트 순서는 다음과 같습니다(그림 4-13).

1. OrderService는 CreateOrderSagaState를 생성합니다.

2. OrderService는 SagaManager를 호출하여 사가 인스턴스를 생성합니다.

3. SagaManager는 사가 데피니션의 첫 번째 단계를 실행합니다.

4. CreateOrderSagaState를 호출하여 커맨드 메시지를 생성합니다.

5. SagaManager는 커맨드 메시지를 사가 참여자(소비자 서비스)에게 보냅니다.

6. SagaManager는 사가 인스턴스를 DB에 저장합니다.

▼ 그림 4-13 OrderService가 주문 생성 사가 인스턴스를 생성할 때 발생하는 이벤트

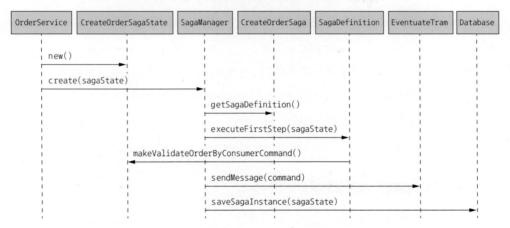

▼ 그림 4-14 SagaManager가 사가 참여자의 응답 메시지를 수신할 때 발생하는 이벤트

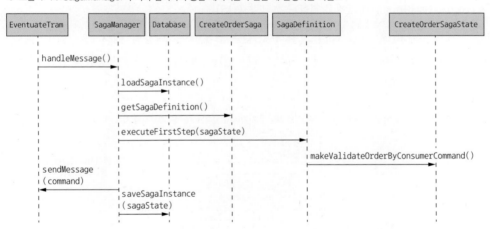

SagaManager가 소비자 서비스의 응답을 수신할 때 이벤트 순서는 다음과 같습니다(그림 4-14).

1. 이벤추에이트 트램은 소비자 서비스의 응답을 SagaManager에 전달합니다.

2. SagaManager는 DB에서 사가 인스턴스를 조회합니다.

3. SagaManager는 그다음 사가 데피니션 단계를 실행합니다.

4. CreateOrderSagaState를 호출하여 커맨드 메시지를 생성합니다.

5. SagaManager는 커맨드 메시지를 사가 참여자(주방 서비스)에게 보냅니다.

6. SagaManager는 업데이트 사가 인스턴스를 DB에 저장합니다.

사가 참여자가 실패하면 SagaManager는 보상 트랜잭션을 역순으로 실행합니다.

그 밖에도 이벤추에이트 트램 사가 프레임워크의 sagas.participant 패키지에는 사가 참여자를 작성하기 위해 필요한 SagaCommandHandlersBuilder, SagaCommandDispatcher 클래스가 있습니다. 이 두 클래스는 커맨드 메시지를 핸들러 메서드로 보내고, 핸들러 메서드는 사가 참여자의 비즈니스 로직을 호출하여 응답 메시지를 생성합니다. 이 두 클래스는 주문 서비스에서 어떻게 활용되는지 알아봅시다.

4.4.3 OrderCommandHandlers 클래스

주문 서비스는 자신의 사가에도 참여합니다. CreateOrderSaga는 주문을 승인/거부하기 위해 주문 서비스를 호출합니다. 사가가 전송한 커맨드 메시지를 담당할 핸들러 메서드는 OrderCommandHandlers 클래스에 정의합니다(그림 4-15).

핸들러 메서드는 OrderService를 호출하여 주문 업데이트 후 응답 메시지를 생성합니다. SagaCommandDispatcher는 커맨드 메시지를 적절한 핸들러 메서드에 보내고 응답을 반환하는 클래스입니다.

▼ 그림 4-15 OrderCommandHandlers는 여러 주문 서비스 사가에서 전송된 커맨드 메시지를 처리한다

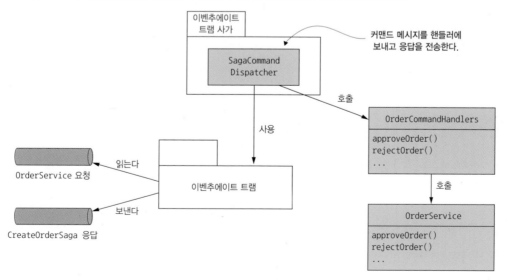

OrderCommandHandlers 클래스 코드를 보면, 커맨드 메시지 타입별 핸들러 메서드를 commandHandlers()에서 매핑하고 있습니다(예제 4-6). 각 핸들러 메서드는 커맨드 메시지를 매개 변수로 받아 OrderService를 호출한 후, 응답 메시지를 반환합니다.

예제 4-6 OrderCommandHandlers 클래스

```
public class OrderCommandHandlers {

  @Autowired
  private OrderService orderService;

  public CommandHandlers commandHandlers() {   ◀── 커맨드 메시지를 각각 적절한 핸들러 메서드로 라우팅
    return SagaCommandHandlersBuilder
      .fromChannel("orderService")
      .onMessage(ApproveOrderCommand.class, this::approveOrder)
      .onMessage(RejectOrderCommand.class, this::rejectOrder)
      ...
      .build();
  }

  public Message approveOrder(CommandMessage<ApproveOrderCommand> cm) {
    long orderId = cm.getCommand().getOrderId();
    orderService.approveOrder(orderId);   ◀── Order를 승인 상태로 변경
    return withSuccess();   ◀── 제네릭 성공 메시지 반환
  }

  public Message rejectOrder(CommandMessage<RejectOrderCommand> cm) {
    long orderId = cm.getCommand().getOrderId();
    orderService.rejectOrder(orderId);   ◀── Order를 거부 상태로 변경
    return withSuccess();
  }
}
```

approveOrder(), rejectOrder()는 OrderService를 호출하여 주문을 업데이트합니다. 사가에 참여 한 다른 서비스도 이런 커맨드 핸들러 클래스를 두고 자신의 도메인 객체를 업데이트합니다.

4.4.4 OrderServiceConfiguration 클래스

주문 서비스는 스프링 프레임워크를 사용합니다. 예제 4-7은 OrderServiceConfiguration 클래스 코드의 일부입니다. 클래스 선언부에 @Configuration을 붙인 스프링 빈 구성 클래스입니다.

```java
@Configuration
public class OrderServiceConfiguration {

  @Bean
  public OrderService orderService(RestaurantRepository restaurantRepository,
    ...
    SagaManager<CreateOrderSagaState> createOrderSagaManager,
  ...) {
    return new OrderService(restaurantRepository,
      ...
      createOrderSagaManager
      ...);
  }

  @Bean
  public SagaManager<CreateOrderSagaState> createOrderSagaManager(
    CreateOrderSaga saga) {
    return new SagaManagerImpl<>(saga);
  }

  @Bean
  public CreateOrderSaga createOrderSaga(OrderServiceProxy orderService,
    ConsumerServiceProxy consumerService, ...) {
    return new CreateOrderSaga(orderService, consumerService, ...);
  }

  @Bean
  public OrderCommandHandlers orderCommandHandlers() {
    return new OrderCommandHandlers();
  }

  @Bean
  public SagaCommandDispatcher orderCommandHandlersDispatcher(
    OrderCommandHandlers orderCommandHandlers) {
    return new SagaCommandDispatcher("orderService",
      orderCommandHandlers.commandHandlers());
  }

  @Bean
  public KitchenServiceProxy kitchenServiceProxy() {
    return new KitchenServiceProxy();
  }
```

```
  @Bean
  public OrderServiceProxy orderServiceProxy() {
    return new OrderServiceProxy();
  }

  ...
}
```

이 클래스에는 orderService, createOrderSagaManager, createOrderSaga, orderCommandHandlers, orderCommandHandlersDispatcher 등 다양한 스프링 빈이 정의되어 있습니다. 또 kitchenService Proxy, orderServiceProxy 등 프록시 클래스를 가리키는 스프링 빈도 있습니다.

CreateOrderSaga는 주문 서비스의 여러 사가 중 하나일 뿐입니다. 기타 여러 시스템 작업 역시 사가를 활용합니다. 예를 들어 cancelOrder()는 주문 취소 사가, reviseOrder()는 주문 변경 사가를 사용합니다. 그러므로 여러 서비스가 REST, gRPC 같은 동기 프로토콜을 사용하는 API를 통해 외부와 통신하지만 서비스 간 통신은 절대 다수가 비동기 메시징을 사용할 것입니다.

지금까지 보다시피, 마이크로서비스 아키텍처는 트랜잭션을 관리하고 비즈니스 로직을 설계하는 부분이 다소 특이합니다. 하지만 사가 오케스트레이터는 아주 단순한, 일종의 상태 기계이므로 사가 프레임워크를 잘 활용하면 코드를 단순화할 수 있습니다. 물론 모놀리식 아키텍처에 비하면 트랜잭션 관리 로직이 복잡해지는 것은 어쩔 수 없지만, 더 큰 혜택을 얻으려면 작은 희생은 감수해야겠죠?

4.5 / 마치며

- 여러 서비스에 흩어져 있는 데이터를 업데이트하는 시스템 작업이 있습니다. 전통적인 XA/2PC 기반의 분산 트랜잭션은 요즘 애플리케이션에는 잘 맞지 않기 때문에 사가 패턴을 적용하는 것이 낫습니다. 사가는 메시징으로 편성한 일련의 로컬 트랜잭션입니다. 로컬 트랜잭션 각자가 한 서비스에 있는 데이터를 수정 후 커밋하기 때문에 비즈니스 규칙에 위배되어 사가를 롤백시켜야 할 경우, 보상 트랜잭션을 실행하여 변경분을 명시적으로 되돌립니다.

- 사가 단계를 편성하는 방식은 코레오그래피, 오케스트레이션, 두 가지입니다. 코레오그래피 사가는 로컬 트랜잭션이 이벤트를 발행하여 다른 참여자가 로컬 트랜잭션을 실행하도록 트리거합니다. 오케스트레이션 사가는 중앙의 사가 오케스트레이터가 참여자에게 로컬 트랜잭션을 실행하라고 커맨드 메시지를 보내 지시합니다. 사가 오케스트레이터를 상태 기계로 모델링하면 개발/테스트가 단순해집니다. 일반적으로 단순한 사가는 코레오그래피, 복잡한 사가는 오케스트레이션 방식이 더 나은 선택입니다.

- 사가는 ACID 트랜잭션과 달리 서로 격리되지 않아서 비즈니스 로직을 설계하기가 어렵습니다. 이런 비격리 ACD 트랜잭션 모델로 인한 동시 비정상은 대체 설계 전략을 적용하여 방지할 수 있습니다. 그래서 데드락이 발생할 위험을 무릅쓰고라도 비즈니스 로직을 단순화하기 위해 잠금을 해야 하는 경우도 있습니다.

5^장

비즈니스 로직 설계

5.1 비즈니스 로직 구성 패턴

5.2 도메인 모델 설계: DDD 애그리거트 패턴

5.3 도메인 이벤트 발행

5.4 주방 서비스 비즈니스 로직

5.5 주문 서비스 비즈니스 로직

5.6 마치며

이 장에서 다룰 핵심 내용

• 비즈니스 로직 패턴 적용: 트랜잭션 스크립트 패턴, 도메인 모델 패턴

• DDD 애그리거트 패턴을 응용한 비즈니스 로직 설계

• 도메인 이벤트 패턴을 마이크로서비스 아키텍처에 적용

엔터프라이즈 애플리케이션의 핵심은 업무 규칙이 구현된 비즈니스 로직입니다. 복잡한 비즈니스 로직을 개발하기란 항상 어렵습니다. FTGO 애플리케이션에도 주문/배달 관리 등 적잖이 복잡한 비즈니스 로직이 있습니다. 메리는 팀원들을 북돋워 객체 지향 설계 원칙을 적용했습니다. 자신의 경험상 복잡한 비즈니스 로직은 객체 지향 설계 원칙이 최선이라고 확신했습니다. FTGO 애플리케이션은 일부 절차적인 트랜잭션 스크립트 패턴(transaction script pattern)을 적용한 경우도 있지만, 대부분의 비즈니스 로직은 JPA 기반의 객체 지향 도메인 모델을 토대로 개발되었습니다.

비즈니스 로직이 여러 서비스에 흩어져 있는 마이크로서비스 아키텍처는 복잡한 비즈니스 로직을 개발하기가 까다롭습니다. 골치 아픈 문제는 크게 두 가지입니다. 첫째, 도메인 모델은 대부분 상호 연관된 클래스가 거미줄처럼 뒤얽혀 있습니다. 모놀리식 애플리케이션에서는 대수롭지 않은 일이지만, 클래스가 여러 서비스에 산재된 마이크로서비스 아키텍처에서는 서비스 경계를 넘나드는 객체 레퍼런스를 제거해야 합니다. 둘째, 마이크로서비스 아키텍처 특유의 트랜잭션 관리 제약 조건하에서도 작동되는 비즈니스 로직을 설계해야 합니다. ACID 트랜잭션이 서비스 내부에서 보장되면 참 좋겠지만, 여러 서비스에 걸쳐 데이터 일관성을 유지하려면 사가 패턴을 적용해야만 합니다(4장).

다행히 이 두 문제는 서비스 비즈니스 로직을 여러 애그리거트로 구성하는 DDD 애그리거트 (aggregate, 집합체) 패턴으로 해결할 수 있습니다. 애그리거트는 한 단위로 취급 가능한 객체를 모아 놓은 것입니다. 마이크로서비스 아키텍처에서 비즈니스 로직을 개발할 때에는 다음 두 가지 이유로 애그리거트가 요긴하게 쓰입니다.

- 애그리거트를 사용하면 객체 레퍼런스가 서비스 경계를 넘나들 일이 없습니다. 객체 참조 대신 기본키(PK, Primary Key)를 이용하여 애그리거트가 서로 참조하기 때문입니다.
- 한 트랜잭션으로 하나의 애그리거트만 생성/수정할 수 있습니다. 따라서 애그리거트는 마이크로서비스 트랜잭션 모델의 제약 조건에 잘 맞습니다.

따라서 ACID 트랜잭션은 반드시 하나의 서비스 내부에만 걸리게 됩니다.

이 장은 먼저 트랜잭션 스크립트 패턴, 도메인 모델 패턴 등 비즈니스 로직을 구성하는 다양한 패턴을 설명합니다. DDD 애그리거트 개념을 소개하고, 왜 애그리거트가 서비스 비즈니스 로직을 구축하는 빌딩 블록으로 적합한지 이야기합니다. 그리고 도메인 이벤트 패턴이란 무엇이고, 서비스가 이벤트를 발행할 때 이 패턴이 왜 유용한지 알아봅니다. 끝으로 주방 서비스, 주문 서비스에 실제로 비즈니스 로직을 구현한 예제를 설명합니다.

MICROSERVICES PATTERNS

5.1 비즈니스 로직 구성 패턴

주문 서비스는 중심에 비즈니스 로직이 있고 인바운드/아웃바운드 어댑터가 주변을 감싼 육각형 아키텍처 구조입니다(그림 5-1). 인바운드 어댑터는 클라이언트 요청을 받아 비즈니스 로직을 호출하고, 비즈니스 로직은 다시 아웃바운드 어댑터를 호출하여 다른 서비스 및 애플리케이션을 실행합니다.

주문 서비스는 비즈니스 로직과 다음 어댑터로 구성됩니다.

- **REST API 어댑터**: 비즈니스 로직을 호출하는 REST API가 구현된 인바운드 어댑터
- `OrderCommandHandlers`: 메시지 채널에서 들어온 커맨드 메시지를 받아 비즈니스 로직을 호출하는 인바운드 어댑터
- **DB 어댑터**: 비즈니스 로직이 DB 접근을 위해 호출하는 아웃바운드 어댑터
- **도메인 이벤트 발행 어댑터**: 이벤트를 메시지 브로커에 발행하는 아웃바운드 어댑터

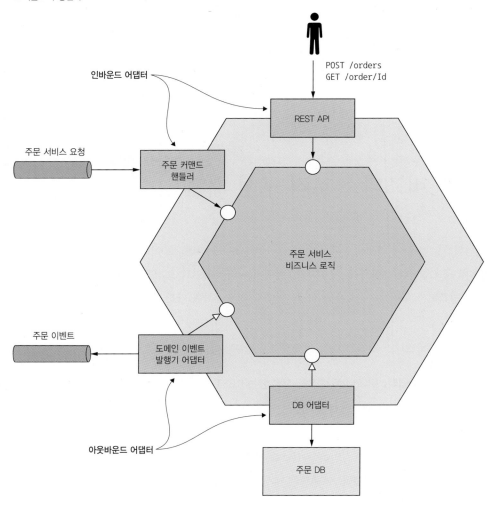

▼ 그림 5-1 주문 서비스는 육각형 아키텍처 구조. 외부 애플리케이션 및 다른 서비스와 연동되는 하나 이상의 어댑터와 비즈니스 로직들로 구성된다

일반적으로 비즈니스 로직은 서비스에서 가장 복잡한 부분입니다. 따라서 어떻게 하면 애플리케이션에 가장 적절한 방법으로 비즈니스 로직을 구성/개발할 수 있을지 의식적으로 고민해야 합니다. 여러분도 한 번쯤 다른 사람이 엉망으로 구성한 코드를 유지보수하느라 애먹었던 경험이 있을 것입니다. 엔터프라이즈 애플리케이션은 대부분 자바 같은 객체 지향 언어로 개발하므로 클래스 및 메서드로 구성되지만, 객체 지향 언어를 써서 개발했다고 비즈니스 로직까지 저절로 객체 지향적으로 설계되는 것은 아닙니다. '비즈니스 로직을 객체 지향적 방식으로 개발할 것인가, 절차적인 방식으로 개발할 것인가' 하는 문제는 매우 중요한 의사 결정 항목입니다. 비즈니스 로직은 절차적 트랜잭션 스크립트 패턴과 객체 지향적 도메인 모델 패턴, 두 가지 패턴으로 구성합니다.

5.1.1 비즈니스 로직 설계: 트랜잭션 스크립트 패턴

필자는 객체 지향 접근 방식을 열렬히 신봉하는 사람이지만, 좀 지나치다 싶을 때(예: 간단한 비즈니스 로직 개발)도 있습니다. 이런 경우에는 차라리 〈Patterns of Enterprise Application Architecture(엔터프라이즈 애플리케이션 아키텍처 패턴)〉(마틴 파울러(Martin Fowler) 저, Addison-Wesley Professional, 2002)의 트랜잭션 스크립트 패턴을 적용하여 절차적인 코드를 작성하는 것이 더 합리적입니다. 객체 지향 설계를 하지 않고 트랜잭션 스크립트라는 메서드를 작성하여 표현 계층에서 들어온 요청을 처리하는 것입니다. 이 방법은 동작(behavior)이 구현된 클래스와 상태(state)를 보관하는 클래스가 따로 존재하는 중요한 특징이 있습니다(그림 5-2).

▼ 그림 5-2 비즈니스 로직을 트랜잭션 스크립트로 구성. 트랜잭션 스크립트 기반으로 설계하면 일반적으로 동작을 하는 클래스와 상태를 보관하는 클래스로 구성된다

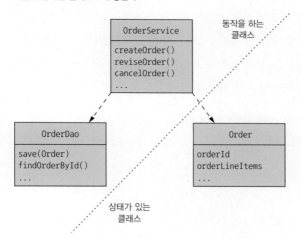

> Note ≡ **패턴: 트랜잭션 스크립트**
> 비즈니스 로직을 요청 타입별로 하나씩 매핑된 절차적 트랜잭션 스크립트 뭉치로 구성한다.

이런 고도의 절차적인 설계 방식은 객체 지향 프로그래밍 언어의 기능에는 거의 의존하지 않습니다. 사실 절차적 설계가 더 적합한 경우라면 굳이 주저할 이유는 없습니다. 복잡한 비즈니스 로직에는 안 맞을지 몰라도 단순한 비즈니스 로직에는 아주 잘 통하기 때문이죠.

5.1.2 비즈니스 로직 설계: 도메인 모델 패턴

절차적 접근 방식은 클래스를 어떻게 구성할지 고민하지 않고 단순하게 코딩할 수 있는 매력이 있지만, 비즈니스 로직이 복잡해지면 거의 관리 불가한 상태로 악화됩니다. 모놀리식 애플리케이션이 점점 비대해지는 경향이 있듯이 트랜잭션 스크립트도 같은 문제점이 있습니다. 지극히 단순한 애플리케이션 개발이 아니라면, 절차적 코드 작성의 치명적인 매력에 사로잡히지 말고 도메인 모델 패턴을 응용한 객체 지향 설계를 하는 것이 좋습니다.

> Note ☰ **패턴: 도메인 모델**
> 비즈니스 로직을 상태와 동작을 가진 클래스로 구성된 객체 모델로 구성한다.

객체 지향적으로 설계한 비즈니스 로직은 비교적 작은 클래스가 그물망처럼 얽힌 객체 모델로 구성됩니다. 이런 클래스는 제각기 문제 영역(problem domain) 개념에 직접 대응됩니다. 상태, 동작 둘 중 하나만 있는 클래스도 있지만 대부분은 상태/동작 모두 갖고 있습니다. 이것이 잘 설계된 클래스의 특징이기도 합니다. 그림 5-3은 도메인 모델 패턴의 일례입니다.

▼ 그림 5-3 비즈니스 로직을 도메인 모델로 구성. 비즈니스 로직은 대부분 상태와 동작을 가진 클래스로 구성된다

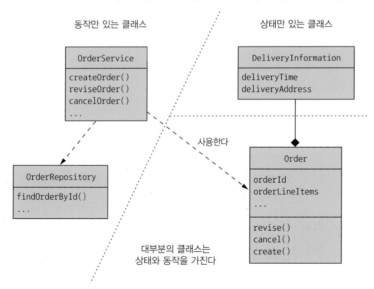

트랜잭션 스크립트 패턴을 적용하면 OrderService 클래스는 각 요청 및 시스템 작업마다 하나의 메서드를 갖게 두지만, 도메인 모델 패턴을 적용하면 서비스 메서드가 단순해집니다. 서비스 메서

200

드가 거의 항상 비즈니스 로직이 잔뜩 포함된 영속화 도메인 객체에 위임하기 때문입니다. 서비스 메서드는 DB에서 도메인 객체를 로드하고 메서드들 중 하나를 호출합니다. 따라서 동작/상태를 모두 가진 Order 클래스의 상태 값은 프라이빗해서 메서드를 통한 간접 접근만 가능합니다(그림 5-3).

객체 지향 설계를 하면 여러모로 좋은 점이 많습니다. 첫째, 설계를 이해/관리하기 쉽습니다. 만사를 관장하는 하나의 거대한 클래스 대신 소수의 책임만 맡은 아담한 여러 클래스들로 구성되기 때문이죠. 여기에 Account, BankingTransaction, OverdraftPolicy 같은 클래스는 실세계에 더 가깝기 때문에 무슨 일을 하는 클래스인지 빨리 이해할 수 있습니다. 둘째, 객체 지향 설계는 테스트하기 쉽습니다. 각 클래스는 독립적으로 테스트할 수 있고, 또 마땅히 그래야 합니다. 셋째, 객체 지향 설계는 잘 알려진 설계 패턴을 응용할 수 있기 때문에 확장하기 쉽습니다. 가령 전략 패턴, 템플릿 메서드 패턴을 적용하면 코드를 변경하지 않아도 컴포넌트를 확장할 수 있습니다.

하지만 도메인 모델 패턴도 마이크로서비스 아키텍처에서는 해결해야 할 문제가 많기 때문에 OOD를 개선한 DDD가 필요합니다.

5.1.3 도메인 주도 설계 개요

〈Domain-Driven Design(도메인 주도 설계)〉(에릭 에반스(Eric Evans) 저, Addison-Wesley Professional, 2003)에 따르면 DDD는 복잡한 비즈니스 로직을 개발하기 위해 OOD를 개선한 접근 방식입니다. 애플리케이션을 여러 서비스로 분해할 때 DDD 하위 도메인이 얼마나 유용한 지는 2장에서 설명했습니다. DDD 방식으로 설계하면 각 서비스는 자체 도메인 모델을 가지며, 애플리케이션 전체 도메인 모델(application-wide domain model)의 문제점을 방지할 수 있습니다. 하위 도메인과 이와 연관된 경계 컨텍스트 개념은 DDD 패턴의 양대 전략입니다.

다음은 DDD에서 도메인 모델을 구축하는 데 흔히 쓰이는 빌딩 블록입니다. 각 클래스가 도메인 모델에서 수행하는 역할과 클래스의 특징을 정의합니다.

- **엔터티**(entity): 영속적 신원을 가진 객체. 두 엔터티가 속성 값이 동일해도 엄연히 다른 객체입니다. 자바 언어는 클래스에 JPA @Entity를 붙여 DDD 엔터티를 나타냅니다.
- **밸류 객체**(value object): 여러 값을 모아 놓은 객체. 속성 값이 동일한 두 밸류 객체는 서로 바꾸어 사용할 수 있습니다(예: 통화와 금액으로 구성된 Money 클래스).

- **팩토리**(factory): 일반 생성자로 직접 만들기에 복잡한 객체 생성 로직이 구현된 객체 또는 메서드. 인스턴스로 생성할 구상 클래스를 감출 수 있으며, 클래스의 정적 메서드로 구현할 수 있습니다.
- **리포지터리**(repository): 엔터티를 저장하는 DB 접근 로직을 캡슐화한 객체
- **서비스**(service): 엔터티, 밸류 객체에 속하지 않은 비즈니스 로직 구현 객체

이 밖에 JPA나 스프링 등 프레임워크에서 지원되는 빌딩 블록도 있고, DDD 골수팬을 제외한 나머지 사람들(필자도 그중 한 사람입니다!)이 일반적으로 무시했던 빌딩 블록이 하나 더 있습니다. 바로 애그리거트(aggregate)입니다. 애그리거트는 마이크로서비스 개발에 정말 유용한 개념입니다. 먼저 애그리거트로 해결할 수 있는 OOD의 고질적인 문제점을 살펴봅시다.

5.2 / 도메인 모델 설계: DDD 애그리거트 패턴

전통적인 객체 지향 설계에 기반한 도메인 모델은 클래스와 클래스 간 관계를 모아 놓은 것입니다. 클래스는 보통 패키지로 구성됩니다. 그림 5-4는 FTGO 애플리케이션의 도메인 모델 중 일부입니다. 서로 연관된 클래스가 그물망처럼 얽힌 전형적인 도메인 모델입니다.

❤ 그림 5-4 전통적인 도메인 모델은 서로 연관된 클래스가 복잡하게 얽혀 있고, Consumer나 Order 같은 비즈니스 객체는 그 경계가 분명하지 않다

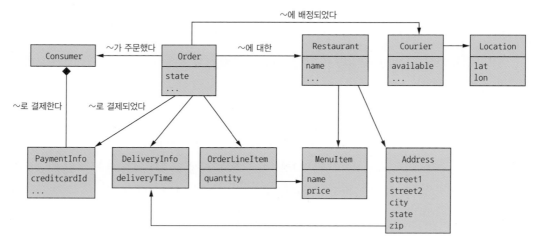

이 예제에는 Consumer, Order, Restaurant, Courier 등 비즈니스 객체에 대응되는 클래스가 있습니다. 그런데 이렇게 기존 도메인 모델을 보면 비즈니스 객체들의 경계가 불분명합니다. 이를테면 어느 클래스가 Order라는 비즈니스 객체의 일부인지 분명하지 않습니다. 경계가 불분명하면 마이크로서비스 아키텍처에서 문제가 생길 가능성이 높습니다.

5.2.1 불분명한 경계 문제

Order라는 비즈니스 객체에 어떤 작업을 수행한다고 합시다. 정확히 무슨 작업을 하는 것이고, 그 범위는 어디까지일까요? 당연히 Order 객체를 조회하거나 어떤 변경을 일으키는 일이겠지만, 실제로 이 객체뿐만 아니라 주문 품목, 지불 정보 등 다른 연관된 데이터도 많습니다. 따라서 그림 5-4만 보아서는 개발자가 도메인 객체의 경계를 대략 짐작할 수밖에 없습니다.

개념적으로도 모호하지만 경계가 분명하지 않으면 비즈니스 객체를 업데이트할 때 문제가 생길 수 있습니다. 비즈니스 객체는 대부분 불변 값(invariant)이 있고 필히 준수해야 할 비즈니스 규칙이 있습니다. 예를 들어 Order 객체는 최소 주문량이라는 불변 값이 있어서 주문을 업데이트할 때 이 값 이상의 양을 주문해야 합니다. 그런데 이렇게 불변 값을 강제하려면 비즈니스 로직을 주의 깊게 설계해야 합니다.

여러 소비자가 주문하는 상황에서 최소 주문량의 충족 여부를 어떻게 보장할 수 있을까요? 가령 샘과 메리라는 두 소비자가 주문을 하는 동시에 주문이 본인의 예산을 초과했는지 결정한다고 합시다. 샘은 사모사(samosa)[1]를, 메리는 난(naan)[2]을 각각 주문할 생각입니다. 애플리케이션 관점에서 두 소비자는 DB에서 주문 및 품목을 조회합니다. 두 사람은 주문 단가를 낮추기 위해 품목을 수정하고, 각자 입장에서 보면 최소 주문량은 충족됩니다. DB 트랜잭션은 다음 순서대로 흘러가겠죠.

---

1   [역주] 사모사란 감자와 채소, 커리 등을 넣은 삼각형 모양의 튀김을 말합니다. 주로 인도나 네팔에서 흔히 볼 수 있으며 간식으로 많이 먹는 대중적인 음식입니다. (출처: 위키백과)
2   [역주] 난은 서남아시아와 남아시아의 납작빵입니다. 밀가루 반죽을 효모로 팽창시켜 만들며, 탄두르에 굽습니다. (출처: 위키백과)

```
소비자 - 메리                              소비자 - 샘

BEGIN TXN                                BEGIN TXN

    SELECT ORDER_TOTAL FROM ORDER            SELECT ORDER_TOTAL FROM ORDER
      WHERE ORDER ID = X                       WHERE ORDER ID = X

    SELECT * FROM ORDER_LINE_ITEM            SELECT * FROM ORDER_LINE_ITEM
      WHERE ORDER_ID = X                        WHERE ORDER_ID = X
    ...                                      ...
    END TXN                                  END TXN

최소 주문량이 충족됨을 확인함

BEGIN TXN

    UPDATE ORDER_LINE_ITEM
      SET VERSION=..., QUANTITY=...
    WHERE VERSION = <loaded version>
      AND ID = ...

END TXN

                                         최소 주문량이 충족됨을 확인함

                                         BEGIN TXN
                                             UPDATE ORDER_LINE_ITEM
                                               SET VERSION=..., QUANTITY=...
                                             WHERE VERSION = <loaded version>
                                               AND ID = ...

                                         END TXN
```

두 소비자는 두 트랜잭션을 통해 품목을 변경합니다. 첫 번째 트랜잭션은 주문 및 품목을 로드하고, UI는 두 번째 트랜잭션 이전에 최소 주문량이 충족됨을 확인합니다. 두 번째 트랜잭션은 낙관적 오프라인 락[3](주문 품목이 첫 번째 트랜잭션이 로드한 이후 불변임을 확인)으로 품목을 업데이트합니다.

3 　역주　낙관적 락(optimistic lock)은 비관적 락(pessimistic lock)의 반대 개념으로 이해하는 것이 더 빠릅니다. 비관적 락은 "내가 업데이트하려는 레코드를 다른 사람도 액세스하려고 할 것이다."라는 비관적인 가정하에 락을 점유/해제하는 정책을 적용하는 것입니다.

샘은 $X만큼, 메리는 $Y만큼 주문 총액을 줄입니다. 결국 이 Order는 더 이상 유효하지 않습니다. 하지만 두 소비자가 업데이트한 후에도 애플리케이션은 이 주문이 최소 주문량 조건을 충족한다고 볼 것입니다. 이처럼 비즈니스 객체 일부를 직접 업데이트하면 결과적으로 비즈니스 규칙을 위반하게 됩니다. DDD 애그리거트는 바로 이런 문제의 해결사입니다.

5.2.2 애그리거트는 경계가 분명하다

애그리거트는 한 단위로 취급 가능한 경계 내부의 도메인 객체들입니다. 하나의 루트 엔터티와 하나 이상의 기타 엔터티 + 밸류 객체로 구성되죠. 비즈니스 객체는 대부분 애그리거트로 모델링합니다. 2장에서 요건 정의서에 적힌 명사를 분석해서 도메인 모델을 대략 생성해 보았는데, 여기서 주문, 소비자, 음식점 같은 명사가 바로 애그리거트입니다.

> Note ≡ **패턴: 애그리거트**
>
> 도메인 모델을 여러 애그리거트로 구성한다. 각 애그리거트는 한 단위로 취급 가능한 객체망이다.

그림 5-5는 Order 애그리거트와 그 경계입니다. 하나의 Order 엔터티와 하나 이상의 OrderLineItem 밸류 객체, 그 밖에 DeliveryInfo, PaymentInfo 등의 밸류 객체로 구성됩니다.

❤ 그림 5-5 경계가 분명한 애그리거트로 구성된 도메인 모델

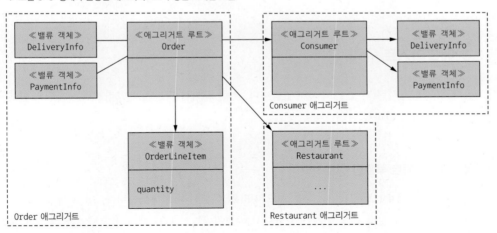

애그리거트는 도메인 모델을 개별적으로 이해하기 쉬운 덩어리(chunk)로 분해합니다. 또 로드, 수정, 삭제 같은 작업 범위를 분명하게 설정합니다. 작업은 애그리거트 일부가 아닌 전체 애그리거트에 작용합니다. 애그리거트는 보통 DB에서 통째로 가져오기 때문에 복잡한 지연 로딩 문제를 신경 쓸 필요가 없습니다. 그리고 애그리거트를 삭제하면 해당 객체가 DB에서 모두 사라집니다.

애그리거트는 일관된 경계

일부가 아니라 전체 애그리거트를 업데이트하므로 좀 전에 설명한 일관성 문제가 해소됩니다. 업데이트 작업은 애그리거트 루트에서 호출되기 때문에 불변 값이 강제되고, 동시성 역시 애그리거트 루트를 (버전 번호나 DB 수준의 락으로) 잠금하여 처리합니다. 예를 들어 클라이언트가 직접 품목 수량을 수정할 수 없고 반드시 주문 애그리거트 루트에 있는 메서드를 호출해야 하기 때문에 최소 주문량 같은 불변 값이 강제되는 원리입니다. 하지만 그렇다고 DB에 있는 전체 애그리거트를 업데이트할 필요는 없습니다. Order 객체와 수정된 OrderLineItem에 해당하는 로우만 업데이트할 수도 있습니다.

애그리거트를 식별하는 일이 관건

DDD 도메인 모델 설계의 핵심은 애그리거트와 그 경계, 그리고 루트를 식별하는 것입니다. 애그리거트의 내부 상세 구조는 부차적인 문제입니다. 그러나 애그리거트는 정해진 규칙을 반드시 준수해야 하기 때문에 도메인 모델의 모듈화뿐만 아니라 장점이 무궁무진합니다.

5.2.3 애그리거트 규칙

애그리거트는 몇 가지 지켜야 할 규칙이 있습니다. 이런 규칙들 덕분에 애그리거트는 자신의 불변 값을 강제하는 자기 완비형 단위가 됩니다.

규칙 #1: 애그리거트 루트만 참조하라

방금 전 예제에서 OrderLineItem을 직접 건드리면 왜 위험한지 설명했습니다. 이 문제를 근본적으로 방지하려면 무엇보다 외부 클래스는 반드시 애그리거트의 루트 엔터티만 참조할 수 있게 제한해야 합니다. 따라서 클라이언트는 애그리거트 루트 메서드만 호출해서 애그리거트를 업데이트할 수 있습니다.

가령 어떤 서비스가 리포지터리를 통해 DB에서 애그리거트를 로드하고 애그리거트 루트 레퍼런스를 얻고자 한다면, 이 서비스는 애그리거트 루트에 있는 메서드를 호출하여 애그리거트를 업데이트해야 합니다. 이 규칙 덕분에 애그리거트는 자신의 불변 값을 강제할 수 있습니다.

규칙 #2: 애그리거트 간 참조는 반드시 기본키를 사용하라

애그리거트는 객체 레퍼런스 대신 신원(예: 기본키)으로 서로를 참조해야 합니다. 그림 5-6에서 Order는 Consumer 객체 레퍼런스 대신 consumerId로 자신의 Consumer를 참조하고, 마찬가지로 Restaurant 역시 restaurantId로 참조합니다.

▼ 그림 5-6 애그리거트는 객체 레퍼런스 대신 기본키로 상호 참조한다. Order 애그리거트는 Consumer/Restaurant 애그리거트 ID를 갖고 있다. 애그리거트 내부에서 객체는 서로를 가리키는 레퍼런스를 갖고 있다

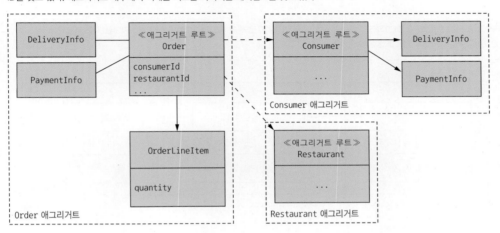

기존 객체 모델링에서는 외래키(FK, Foreign Key)를 나쁜 설계의 조짐으로 여겼습니다. 그래서 이런 접근 방식이 낯설게 느껴지겠지만 여러모로 장점이 많습니다. 객체 레퍼런스 대신 신원을 사용하면, 애그리거트는 느슨하게 결합되고 애그리거트 간 경계가 분명해지기 때문에 혹여 실수로 다른 애그리거트를 업데이트할 일은 일어나지 않습니다. 또 애그리거트가 다른 서비스의 일부인 경우에도 여러 서비스에 걸친 객체 레퍼런스 문제는 없습니다.

애그리거트는 그 자체가 저장 단위이므로 저장 로직도 간단해집니다. 그래서 MongoDB 같은 NoSQL DB에 애그리거트를 저장하기가 한결 쉽습니다. 굳이 지연 로딩을 투명하게 처리할 필요도 없고 그 과정에서 발생하는 부작용이 생길 일도 없습니다. DB를 확장할 때에도 애그리거트를 샤딩하는 편이 더 알기 쉽습니다.

규칙 #3: 하나의 트랜잭션으로 하나의 애그리거트를 생성/수정하라

하나의 트랜잭션으로 오직 하나의 애그리거트만 생성/수정해야 합니다. 수년 전, 필자가 이 말을 처음 들었을 때에는 정말 말도 안 되는 규칙이라고 생각했습니다! 당시 필자가 개발 중인 RDBMS 기반의 전형적인 모놀리식 애플리케이션에서는 한 트랜잭션으로 여러 애그리거트를 업데이트했습니다. 하지만 지금은 이 제약 조건이 마이크로서비스 아키텍처와 완벽하게 맞아 떨어집니다. 대다수 NoSQL DB의 제한된 트랜잭션 모델과도 잘 어울립니다. 트랜잭션을 확실하게 서비스 내부에 담을 수 있기 때문이죠.

단 이 규칙을 준수하려면 여러 애그리거트를 생성/수정하는 작업을 구현하기가 조금 복잡해집니다. 하지만 이것이 바로 4장에서 배운 사가로 해결 가능한 문제입니다. 사가의 각 단계는 정확히 애그리거트 하나를 생성/수정합니다(그림 5-7).

▼ 그림 5-7 트랜잭션은 애그리거트 하나만 생성/수정 가능하므로 여러 애그리거트를 수정하려면 사가를 사용해야 한다. 사가는 각 단계마다 하나의 애그리거트를 생성/수정한다

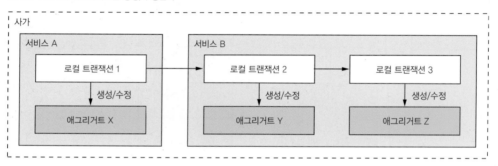

그림 5-7은 세 트랜잭션으로 이루어진 사가입니다. 1번 트랜잭션은 서비스 A의 애그리거트 X를 업데이트합니다. 2~3번 트랜잭션은 모두 서비스 B에 있습니다. 2번 트랜잭션이 애그리거트 Y를, 3번 트랜잭션이 애그리거트 Z를 각각 업데이트합니다.

서비스 하나에서 여러 애그리거트에 걸쳐 일관성을 유지하는 또 다른 방법은 여러 애그리거트를 한 트랜잭션으로 업데이트하는 것입니다. 가령 서비스 B에서 애그리거트 Y·Z를 한 트랜잭션으로 업데이트하면 됩니다. 물론 트랜잭션이 잘 지원되는 RDBMS에서나 가능한 이야기죠. 단순 트랜잭션만 지원하는 NoSQL DB에서는 사가 외에 별다른 수단이 없습니다.

애그리거트 경계는 고정 불변이 아닙니다. 도메인 모델을 개발할 때에는 경계선을 어디에 그을지 잘 선택해야 합니다. 20세기 제국주의 열강들이 국경선을 그을 때 그랬던 것처럼 말이죠.

5.2.4 애그리거트 입도[4]

도메인 모델에서 각 애그리거트의 크기를 결정하는 일은 매우 중요합니다. 일단 애그리거트는 작으면 작을수록 좋습니다. 각 애그리거트의 업데이트는 직렬화되므로 잘게 나뉘어져 있으면 그만큼 애플리케이션이 동시 처리 가능한 요청 개수가 늘고 확장성이 좋아집니다. 두 사용자가 동시에 같은 애그리거트를 업데이트하다가 충돌할 가능성도 줄기 때문에 UX 면에서도 좋습니다. 하지만 다른 한편으로는 애그리거트 자체가 곧 트랜잭션의 범위라서 어떤 업데이트를 원자적으로 처리하려면 애그리거트를 크게 잡아야 할 수도 있습니다.

앞서 FTGO 애플리케이션의 도메인 모델에서는 주문, 소비자를 개별 애그리거트로 분리했지만, 그림 5-8과 같이 주문 애그리거트를 소비자 애그리거트의 일부로 설계하는 방법도 있습니다.

❤ 그림 5-8 Customer, Order 클래스가 포함된 Consumer 애그리거트의 설계안. 애플리케이션이 Consumer와 하나 이상의 Order를 원자적으로 업데이트할 수 있다

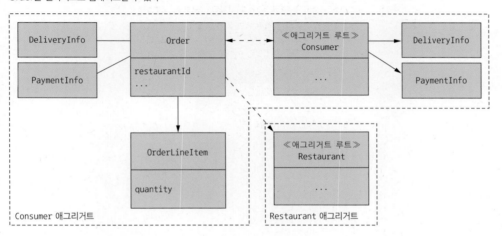

Consumer 애그리거트를 크게 잡으면 Customer 및 하나 이상의 Order를 원자적으로 업데이트할 수 있습니다. 물론 확장성이 떨어지는 단점은 있습니다. 동일한 고객의 상이한 주문을 업데이트하는 트랜잭션이 직렬화되겠죠. 마찬가지로 두 사용자가 동일한 고객의 상이한 주문을 고치려고 하면 충돌이 날 것입니다.

특히 마이크로서비스 아키텍처에서 분해에 걸림돌이 된다는 것이 문제입니다. 주문과 소비자의 비즈니스 로직을 같은 서비스에 두면 서비스가 비대해지겠죠. 그래서 애그리거트는 가급적 잘게 나누는(fine-grained) 것이 최선입니다.

---

4 입도(granularity)는 뭔가를 더 작은 단위(부분, 요소)로 나타내는 정도를 말합니다.

5.2.5 비즈니스 로직 설계: 애그리거트

(마이크로)서비스 비즈니스 로직은 대부분 애그리거트로 구성됩니다. 나머지는 도메인 서비스와 사가에 위치합니다. 사가는 로컬 트랜잭션을 오케스트레이션하여 데이터 일관성을 맞추고, 인바운드 어댑터는 비즈니스 로직의 진입점인 서비스를 호출합니다. 서비스는 리포지터리로 DB에서 애그리거트를 조회하거나, DB에 애그리거트를 저장합니다. 리포지터리는 각각 DB에 접근하는 아웃바운드 어댑터로 구현합니다. 그림 5-9는 애그리거트 기반으로 설계한 주문 서비스의 비즈니스 로직 구성도입니다.

▼ 그림 5-9 애그리거트 기반으로 주문 서비스 비즈니스 로직을 설계

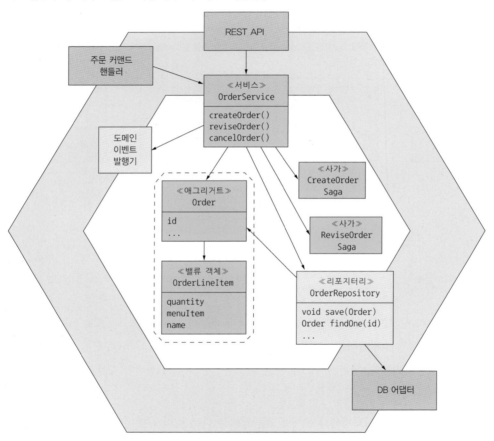

비즈니스 로직은 Order 애그리거트, OrderService, OrderRepository, 하나 이상의 사가(들)로 구성됩니다. OrderService는 OrderRepository를 이용하여 Order를 조회/저장합니다. 주문 서비스에 국한된 간단한 요청은 Order 애그리거트를 직접 업데이트하고, 여러 서비스에 걸친 업데이트 요청은 사가를 생성해서 처리합니다.

코드를 보기 전에 애그리거트와 밀접하게 연관된 도메인 이벤트 개념을 몇 가지 소개합니다.

MICROSERVICES PATTERNS

5.3 도메인 이벤트 발행

메리엄-웹스터 사전에서 이벤트(event)라는 단어를 찾아보면 다음과 같이 씌어 있습니다.[5]

1. Something that happens(뭔가 일어난 것)

2. A noteworthy happening(주목할 만한 사건)

3. A social occasion or activity(사교적 행사나 활동)

4. An adverse or damaging medical occurrence, a heart attack or other cardiac event(건강에 안 좋거나 손상을 일으키는 의료 사고. 심장 마비 등 심장 관련 사고)

DDD 맥락에서 도메인 이벤트는 애그리거트에 발생한 사건입니다. 도메인 이벤트는 도메인 모델에서는 클래스로 표현되며, 대부분 어떤 상태 변경을 나타냅니다. 가령 Order 애그리거트라면 주문 생성됨, 주문 취소됨, 주문 배달됨 등 상태가 바뀌는 이벤트가 발생합니다. 애그리거트는 상태가 전이될 때마다 이에 관련된 컨슈머를 위해 이벤트를 발행합니다.

> Note ☰ **패턴: 도메인 이벤트**
> 애그리거트는 뭔가 생성되거나 중요한 변경이 발생했을 때 도메인 이벤트를 발행한다.

---

5 https://www.merriam-webster.com/dictionary/event

5.3.1 변경 이벤트를 발행하는 이유

다른 구성원(사용자, 다른 애플리케이션 또는 같은 애플리케이션 내부의 다른 컴포넌트)들이 애그리거트의 상태 변경을 궁금해 하기 때문에 도메인 이벤트는 유용합니다. 다음과 같은 상황을 생각해 볼 수 있겠죠.

- 코레오그래피 사가를 이용하여 여러 서비스에 걸쳐 데이터 일관성을 유지합니다(4장).
- 레플리카를 둔 서비스에 소스 데이터가 변경되었음을 알립니다. 7장에서 설명할 CQRS라는 기법입니다.
- 미리 등록된 웹훅(webhook)[6]이나 메시지 브로커를 통해 비즈니스 프로세스의 다음 단계를 진행하도록 다른 애플리케이션에 알립니다.
- 사용자 브라우저에 웹 소켓 메시지를 보내거나, 일래스틱서치 같은 텍스트 DB를 업데이트하기 위해 같은 애플리케이션의 다른 컴포넌트에 알립니다.
- 사용자에게 (텍스트 메시지나 이메일로) 알립니다. '주문한 상품이 배달되었다, 처방전이 준비되어 받아 갈 수 있다, 예약한 항공편 스케줄이 지연되었다' 등의 사실을 알립니다.
- 애플리케이션이 제대로 작동되고 있는지 도메인 이벤트를 모니터링하면서 확인합니다.
- 사용자 행동을 모델링하기 위해 이벤트를 분석합니다.

애플리케이션 DB에서의 애그리거트 상태 전이가 이 모든 상황에서 알림을 트리거하는 장본인입니다.

5.3.2 도메인 이벤트란 무엇인가?

도메인 이벤트는 과거 분사형 동사로 명명한 클래스입니다. 이벤트에 의미를 부여하는 프로퍼티가 있는데, 프로퍼티는 원시 값(primitive value) 또는 밸류 객체(value object)입니다. 가령 OrderCreated 이벤트 클래스에는 orderId 프로퍼티가 있습니다.

도메인 이벤트에는 대부분 이벤트 ID, 타임스탬프 같은 메타데이터도 있습니다.

변경을 일으킨 사용자 신원 정보를 넣기도 하는데, 감사(audit) 용도로 좋습니다. 메타데이터는 상위 클래스에 정의된 이벤트 객체의 일부이거나, 이벤트 객체를 감싼 엔벨로프 객체(envelope

---

6 역주 클라이언트가 관심을 가질 만한 이벤트가 서버에서 발생했을 때 서버 쪽 프로그램이 클라이언트 쪽 프로그램을 호출하는 메커니즘입니다.

object)에 있습니다. 이벤트를 발생시킨 애그리거트 ID는 특정 이벤트 프로퍼티가 아닌 엔벨로프의 일부일 수 있습니다.

OrderCreatedEvent도 도메인 이벤트입니다. 주문 ID가 이벤트 엔벨로프의 일부이기 때문에 필드가 하나도 없습니다.

예제 5-1 OrderCreatedEvent 클래스와 DomainEventEnvelope 인터페이스

```
interface DomainEvent {}

interface OrderDomainEvent extends DomainEvent {}

class OrderCreatedEvent implements OrderDomainEvent {}

interface DomainEventEnvelope<T extends DomainEvent> {
  String getAggregateId();
  Message getMessage();
  String getAggregateType();
  String getEventId();

  T getEvent();
}
```

DomainEvent 인터페이스는 자신을 구현한 클래스가 도메인 이벤트임을 알리는 마커 인터페이스 (marker interface)입니다. 이 인터페이스를 상속한 OrderDomainEvent는 Order 애그리거트가 발행한 OrderCreatedEvent의 마커 인터페이스입니다. DomainEventEnvelope에는 이벤트 객체 및 메타데이터를 조회하는 메서드가 있습니다. 이 인터페이스는 DomainEvent를 상속한 매개변수화 (parameterized) 객체를 받습니다.

5.3.3 이벤트 강화

주문 이벤트를 처리하는 컨슈머를 작성한다고 합시다. 발생한 일은 OrderCreatedEvent 클래스에 고스란히 담겨 있지만, 이벤트 컨슈머가 이 이벤트를 받아 처리하려면 주문 내역이 필요합니다. 필요한 정보를 OrderService에서 직접 가져와도 되지만, 이벤트 컨슈머가 서비스를 쿼리해서 애그리거트를 조회하는 것은 오버헤드를 유발합니다.

그래서 컨슈머에 필요한 정보를 이벤트가 갖고 다니는 이벤트 강화(event enrichment) 기법을 적용합니다. 이벤트를 발행한 서비스를 다시 쿼리해서 데이터를 가져올 필요가 없으니 이벤트 컨슈머가 아주 간단해지죠. 예제 5-2와 같이 Order 애그리거트는 주문 내역까지 OrderCreatedEvent에 넣어 강화할 수 있습니다.

예제 5-2 강화된 OrderCreatedEvent

```
class OrderCreatedEvent implements OrderEvent {
  private List<OrderLineItem> lineItems;
  private DeliveryInformation deliveryInformation;    ◀──── 컨슈머가 필요로 하는 데이터
  private PaymentInformation paymentInformation;
  private long restaurantId;
  private String restaurantName;
  ...
}
```

상세한 주문 내역이 이미 OrderCreatedEvent에 있기 때문에 이제 주문 이력 서비스 같은 이벤트 컨슈머(7장)는 따로 데이터를 조회할 필요가 없습니다.

이벤트 강화 기법은 컨슈머를 단순화하는 이점이 있지만, 컨슈머 요건이 바뀌면 이벤트 클래스도 함께 바꾸어야 하므로 이벤트 클래스의 안정성은 떨어집니다. 변경할 일이 생기면 애플리케이션 곳곳에 영향이 있을 수 있으니 유지보수성도 나빠지겠죠. 모든 컨슈머를 전부 만족시킬 수는 없습니다. 다행히 대부분의 경우는 이벤트 안에 포함시켜야 할 프로퍼티가 명백합니다.

5.3.4 도메인 이벤트 식별

도메인 이벤트는 여러 가지 방법으로 식별할 수 있습니다. 요건 정의서는 알림이 필요한 시나리오를 "X가 일어나면 Y를 수행하라."라는 식으로 보통 기술합니다. FTGO 애플리케이션도 "주문이 접수되면 소비자에게 이메일을 전송하라."라는 요건이 있을 것입니다. 알림 요건은 곧 도메인 이벤트가 필요하다는 뜻입니다.

요즘은 이벤트 스토밍(event storming)이라는 방법을 많이 사용하는 추세입니다. 복잡한 도메인을 이해하기 위해 이벤트 중심으로 워크숍을 하는 것입니다. 각계 도메인 전문가들이 한자리에 모여 큼지막한 화이트 보드나 긴 종이 두루마리에 수많은 점착식 메모지를 붙입니다. 몇 시간 이벤트 스토밍을 하면 애그리거트와 이벤트로 구성된 이벤트 중심적인 도메인 모델이 완성됩니다.

이벤트 스토밍은 다음 3단계를 거칩니다.

1. **이벤트 브레인스토밍**(event brainstorming): 도메인 이벤트를 머릿속에서 쥐어 짜냅니다. 오렌지색 점착식 메모지로 구분된 도메인 이벤트를 모델링 화면에 대략 그려 놓은 타임라인에 배치합니다.

2. **이벤트 트리거**(event trigger) **식별**: 각각의 이벤트를 일으키는 트리거를 식별합니다.
   - 사용자 액션: 파란색 점착식 메모지로 커맨드를 표시
   - 외부 시스템: 자주색 점착식 메모지로 표시
   - 기타 도메인 이벤트
   - 시간 경과

3. **애그리거트 식별**: 각 커맨드 소비 후 적절한 이벤트를 발생시키는 애그리거트를 식별해서 노란색 점착식 메모지로 표시합니다.

그림 5-10은 실제로 필자가 이벤트 스토밍 워크숍을 한 후에 찍은 사진입니다. 참석한 도메인 전문가들이 2시간 만에 다양한 도메인 이벤트, 커맨드, 애그리거트를 도출했습니다. 도메인 모델을 구축하는 첫 단추로 기분 좋게 시작할 수 있었죠.

▼ 그림 5-10 2시간 동안 진행된 이벤트 워크숍 결과. 이벤트는 시간대별로 배열되어 있고 사용자 액션을 나타낸 커맨드, 커맨드에 응답하여 이벤트를 내는 애그리거트가 도출되었다

이벤트 스토밍은 도메인 모델을 신속하게 구축할 수 있는 유용한 기법입니다.

5.3.5 도메인 이벤트 생성 및 발행

도메인 이벤트를 이용한 통신은 비동기 메시징 형태를 취하지만(3장), 비즈니스 로직이 도메인 이벤트를 메시지 브로커에 발행하려면 먼저 도메인 이벤트를 생성해야 합니다.

도메인 이벤트 생성

개념적으로 도메인 이벤트는 애그리거트가 발행합니다. 애그리거트는 자신의 상태가 변경되는 시점과 그 결과 어떤 이벤트를 발행할지 알고 있습니다. 애그리거트가 메시징 API를 직접 호출하는 것도 가능하지만 디펜던시 주입을 할 수 없기 때문에 메시징 API를 메서드 인수로 전달해야 하는 문제가 있습니다. 자칫 인프라 관심사와 비즈니스 로직이 뒤엉켜 버릴 수도 있겠죠.

따라서 애그리거트와 호출하는 서비스(또는 그와 동등한 클래스)의 책임을 분리하는 것이 좋습니다. 서비스는 디펜던시를 주입하여 메시징 API를 가리키는 레퍼런스를 획득할 수 있으므로 이벤트를 발행하기가 더 쉽습니다. 애그리거트는 상태 전이 시 이벤트를 생성하고, 이렇게 생성한 이벤트를 두 가지 방법으로 서비스에 반환합니다. 첫째, 애그리거트 메서드 반환값에 이벤트 목록을 넣습니다. 예제 5-3에서 Ticket 애그리거트의 accept()는 호출부에 TicketAcceptedEvent를 반환합니다.

예제 5-3 Ticket 애그리거트의 accept( ) 메서드

```
public class Ticket {

  public List<TicketDomainEvent> accept(LocalDateTime readyBy) {
    ...
    this.acceptTime = LocalDateTime.now();     ◀── Ticket 업데이트
    this.readyBy = readyBy;
    return singletonList(new TicketAcceptedEvent(readyBy));    ◀── 이벤트 반환
  }
}
```

서비스는 애그리거트 루트 메서드를 호출한 후 이벤트를 발행합니다. 예제 5-4에서 주방 서비스는 Ticket.accept() 호출 후 이벤트를 발행합니다.

예제 5-4 KitchenService는 Ticket.accept( )를 호출한다

```
public class KitchenService {

  @Autowired
```

```
      private TicketRepository ticketRepository;

      @Autowired
      private TicketDomainEventPublisher domainEventPublisher;

      public void accept(long ticketId, LocalDateTime readyBy) {
        Ticket ticket = ticketRepository.findById(ticketId)
          .orElseThrow(() ->
            new TicketNotFoundException(ticketId));
        List<TicketDomainEvent> events = ticket.accept(readyBy);

        domainEventPublisher.publish(Ticket.class, orderId, events);   ◄── 도메인 이벤트 발행
      }
    }
```

accept()는 DB에서 TicketRepository로 Ticket을 가져온 후, 다시 Ticket.accept()로 Ticket을 업데이트합니다. 그런 다음 TicketDomainEventPublisher.publish()를 호출하여 Ticket이 반환한 이벤트를 발행합니다.

정말 간단하지 않나요? 반환형이 없던 메서드가 이제 List<Event>를 반환하고 있으니 조금 복잡해진 것은 있습니다. 잠시 후 예제를 보겠지만, 이 메서드는 원래 반환값 및 List<Event>가 담긴 객체를 반환해야 합니다. 애그리거트 루트의 특정 필드에 이벤트를 차곡차곡 쌓아 두고 서비스가 이벤트를 가져다 발행하는 방법도 있습니다. 예제 5-5는 이렇게 움직이도록 고친 Ticket 클래스입니다.

예제 5-5 Ticket은 도메인 이벤트를 기록하는 상위 클래스 AbstractAggregateRoot를 상속한다

```
public class Ticket extends AbstractAggregateRoot {
  public void accept(LocalDateTime readyBy) {
    ...
    this.acceptTime = LocalDateTime.now();
    this.readyBy = readyBy;
    registerEvent(new TicketAcceptedEvent(readyBy));
  }
}
```

이벤트를 기록하는 registerEvent()가 바로 이 상위 클래스 AbstractAggregateRoot에 정의된 메서드입니다. 서비스는 AbstractAggregateRoot.domainEvents()를 호출해서 이벤트를 가져옵니다.

필자는 메서드가 이벤트를 서비스에 반환하는 전자의 방법을 선호합니다. 하지만 애그리거트 루트에 이벤트를 쌓아 두는 것도 괜찮은 방법입니다. 실제로 스프링 데이터 릴리스 잉갈스(Spring Data Release Ingalls)[7]는 스프링 ApplicationContext에 이벤트를 자동 발행하는 장치를 제공합니다. 그런데 코드 중복을 줄이려면 애그리거트 루트가 AbstractAggregateRoot 같은 상위 클래스를 상속해야 하나, 기존의 다른 상위 클래스를 상속해야 하는 요건과 상충될 수 있겠죠. 또 애그리거트 루트에 있는 메서드가 registerDomainEvent()를 호출하기는 쉽지만, 동일한 애그리거트의 다른 클래스에 있는 메서드는 찾기 어렵기 때문에 어떤 식으로든 애그리거트 루트에 이벤트를 전달해야 합니다.

도메인 이벤트를 확실하게 발행하는 방법

메시지를 로컬 DB 트랜잭션의 일부로 확실하게 전달하는 방법은 3장에서 배웠습니다. 도메인 이벤트도 다를 바 없습니다. 서비스는 DB에서 애그리거트를 업데이트하는 트랜잭션의 일부로 이벤트를 발행하기 위해 트랜잭셔널 메시징을 사용해야 합니다. 이벤추에이트 트램(3장) 프레임워크에는 이런 메커니즘이 구현되어 있습니다. DB 업데이트 트랜잭션의 일부로 이벤트를 OUTBOX 테이블에 삽입하고, 트랜잭션이 커밋되면 이 테이블에 삽입된 이벤트를 메시지 브로커에 발행합니다.

이벤추에이트 트램 프레임워크는 DomainEventPublisher라는 인터페이스를 지원하며, 오버로드된 (overloaded) publish() 메서드가 여러 개 정의되어 있습니다(예제 5-6). 이들 메서드는 애그리거트 타입/ID와 도메인 이벤트 목록을 매개변수로 받습니다.

예제 5-6 이벤추에이트 트램 프레임워크의 DomainEventPublisher 인터페이스

```
public interface DomainEventPublisher {
  void publish(String aggregateType, Object aggregateId,
    List<DomainEvent> domainEvents);
}
```

publish()는 이 프레임워크에 탑재된 MessageProducer 인터페이스를 통해 트랜잭션을 걸어 이벤트를 발행합니다.

물론 DomainEventPublisher 발행기를 서비스가 직접 호출할 수도 있지만, 그러면 서비스가 유효한 이벤트만 발행하리라는 보장이 없습니다. 가령 KitchenService는 Ticket 애그리거트의 이벤트

7　http://bit.ly/msp-10

마커 인터페이스 TicketDomainEvent를 구현한 이벤트만 발행해야 합니다. 더 좋은 방법은 서비스가 AbstractAggregateDomainEventPublisher의 하위 클래스를 구현하는 것입니다(예제 5-7).

AbstractAggregateDomainEventPublisher는 타입-안전한 도메인 이벤트 발행용 인터페이스를 제공하는 추상/제네릭 클래스입니다. 이 클래스의 두 타입 매개변수는 애그리거트 타입(A)과 도메인 이벤트용 마커 인터페이스 타입(E)입니다. publish()로 이벤트를 발행하는 서비스가 이 메서드를 호출하면 애그리거트 타입 A와 타입이 E인 이벤트 목록이 매개변수로 전달됩니다.

예제 5-7 타입-안전한 도메인 이벤트 발행기의 추상 상위 클래스

```
public abstract class AbstractAggregateDomainEventPublisher<A, E extends
  DomainEvent> {

  private Function<A, Object> idSupplier;
  private DomainEventPublisher eventPublisher;
  private Class<A> aggregateType;

  protected AbstractAggregateDomainEventPublisher(
    DomainEventPublisher eventPublisher,
    Class<A> aggregateType,
    Function<A, Object> idSupplier) {
      this.eventPublisher = eventPublisher;
      this.aggregateType = aggregateType;
      this.idSupplier = idSupplier;
  }

  public Class<A> getAggregateType() {
    return aggregateType;
  }

  public void publish(A aggregate, List<E> events) {
    eventPublisher.publish(aggregateType, idSupplier.apply(aggregate),
      (List<DomainEvent>) events);
  }
}
```

publish()는 애그리거트 ID를 조회 후 DomainEventPublisher.publish()를 호출합니다. 예제 5-8은 Ticket 애그리거트의 도메인 이벤트를 발행하는 TicketDomainEventPublisher 클래스입니다.

```java
public class TicketDomainEventPublisher extends
  AbstractAggregateDomainEventPublisher<Ticket, TicketDomainEvent> {

  public TicketDomainEventPublisher(DomainEventPublisher eventPublisher) {
    super(eventPublisher, Ticket.class, Ticket::getId);
  }
}
```

이 클래스는 정의에 따라 TicketDomainEvent의 하위 클래스에 해당하는 이벤트만 발행합니다.

5.3.6 도메인 이벤트 소비

도메인 이벤트는 결국 메시지로 바뀌어 아파치 카프카 같은 메시지 브로커에 발행됩니다. 브로커
가 제공하는 클라이언트 API를 컨슈머가 직접 사용할 수도 있지만, 이벤추에이트 트램 프레임워
크에 있는 DomainEventDispatcher(3장) 같은 고수준 API를 써서 도메인 이벤트를 적절한 핸들러 메
서드로 디스패치하는 것이 더 간편합니다. 예제 5-9는 도메인 이벤트를 처리하는 메서드입니다.

KitchenServiceEventConsumer는 음식점 메뉴가 갱신될 때마다 음식점 서비스가 발행하는 이벤트
를 구독하는 컨슈머입니다. 주방 서비스의 데이터 레플리카를 항상 최신 상태로 유지하죠.

```java
public class KitchenServiceEventConsumer {

  @Autowired
  private KitchenService kitchenService;

  public DomainEventHandlers domainEventHandlers() {      ◀── 이벤트와 이벤트 핸들러를 매핑
    return DomainEventHandlersBuilder
      .forAggregateType("net.chrisrichardson.ftgo.restaurantservice.Restaurant")
      .onEvent(RestaurantMenuRevised.class, this::reviseMenu)
      .build();
  }

  public void reviseMenu(DomainEventEnvelope<RestaurantMenuRevised> de) {   ◀──┐
    long id = Long.parseLong(de.getAggregateId());                RestaurantMenuRevised
    RestaurantMenu revisedMenu = de.getEvent().getRevisedMenu();   이벤트 핸들러
    kitchenService.reviseMenu(id, revisedMenu);
```

```
        }
    }
```

reviseMenu()는 RestaurantMenuRevised 이벤트를 처리합니다. 이 메서드는 kitchenService. reviseMenu()를 호출하여 음식점 메뉴를 업데이트한 후, 이벤트 핸들러가 발행한 도메인 이벤트 목록을 반환합니다.

이제 애그리거트를 이용해서 비즈니스 로직을 구현한 예제를 살펴봅시다.

5.4 / 주방 서비스 비즈니스 로직

주방 서비스는 음식점이 주문을 관리할 수 있게 해주는 서비스입니다. Restaurant 애그리거트와 Ticket 애그리거트는 이 서비스의 메인 애그리거트입니다. Restaurant 애그리거트는 음식점 메뉴 및 운영 시간을 알고 있는 상태에서 주문을 검증할 수 있습니다. 티켓은 배달원이 픽업할 수 있게 음식점이 미리 준비해야 할 주문을 나타냅니다. 그림 5-11은 Restaurant/Ticket 애그리거트 및 기타 주요 서비스 비즈니스 로직과 서비스 어댑터들입니다.

주방 서비스에는 애그리거트 말고도 KitchenService, TicketRepository, RestaurantRepository 등의 주요 비즈니스 로직이 있습니다. 비즈니스 로직의 진입점인 KitchenService에는 Restaurant과 Ticket 애그리거트를 생성/수정하는 메서드가 있습니다. TicketRepository, RestaurantRepository에는 각각 Ticket, Restaurant을 저장하는 메서드가 있습니다.

주방 서비스에는 인바운드 어댑터가 3개 있습니다.

- **REST API**: 음식점 점원이 사용하는 UI가 호출하는 REST API. KitchenService를 호출하여 Ticket을 생성/수정합니다.

- **KitchenServiceCommandHandler**: 사가가 호출하는 비동기 요청/응답 API. KitchenService 를 호출하여 Ticket을 생성/수정합니다.

- **KitchenServiceEventConsumer**: RestaurantService가 발행한 이벤트를 구독합니다. KitchenService를 호출하여 Restaurant을 생성/수정합니다.

아웃바운드 어댑터는 2개입니다.

- **DB 어댑터**: TicketRepository, RestaurantRepository 인터페이스를 구현하여 DB에 접근합니다.
- **DomainEventPublishingAdapter**: DomainEventPublisher 인터페이스를 구현하여 Ticket 도메인 이벤트를 발행합니다.

▼ 그림 5-11 주방 서비스 설계

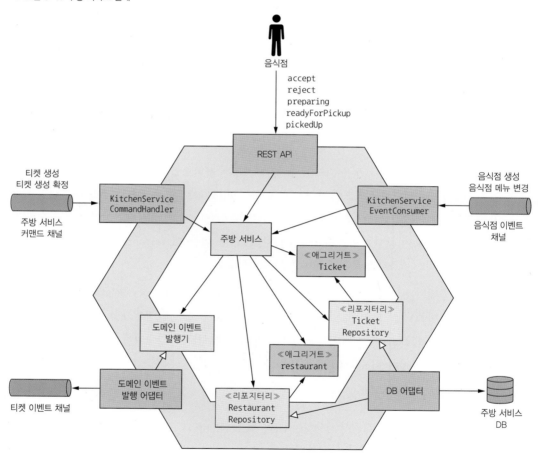

주방 서비스 설계를 좀 더 자세히 살펴봅시다. 먼저 Ticket 애그리거트입니다.

5.4.1 Ticket 애그리거트

Ticket 애그리거트는 음식점 주방 관점에서 바라본 주문을 나타낸 것입니다. 신원, 배달 정보, 지불 내역 등 소비자와 관련된 정보는 하나도 없고, 오직 음식점 주방이 배달원이 픽업할 주문을 준비하는 데에만 집중합니다. KitchenService는 따로 Ticket 애그리거트 ID를 생성하지 않고 OrderService가 전달한 ID를 그대로 사용합니다.

Ticket 클래스 구조

Ticket 클래스는 여러분이 익숙한 기존 도메인 클래스와 비슷하게 생겼습니다. 하지만 다른 애그리거트를 기본키로 참조하는 큰 차이점이 있습니다(예제 5-10).

예제 5-10 JPA 엔터티로 작성한 Ticket 클래스

```
@Entity(table="tickets")
public class Ticket {

  @Id
  private Long id;

  @Enumerated(EnumType.STRING)
  private TicketState state;

  private Long restaurantId;

  @ElementCollection
  @CollectionTable(name="ticket_line_items")
  private List<TicketLineItem> lineItems;

  private LocalDateTime readyBy;
  private LocalDateTime acceptTime;
  private LocalDateTime preparingTime;
  private LocalDateTime pickedUpTime;
  private LocalDateTime readyForPickupTime;
  ...
```

JPA로 저장하는 이 클래스는 TICKETS 테이블에 매핑됩니다. 코드를 보면 restaurantId는 Restaurant 객체를 가리키는 레퍼런스가 아닌, 그냥 Long형 필드입니다. readyBy 필드는 픽업 준비가 완료될 것으로 예상되는 시간입니다. 그 밖에 acceptTime, preparingTime, pickupTime 등 주문 이력 관리에 필요한 필드도 있습니다.

Ticket 애그리거트 동작

Ticket 애그리거트는 Ticket을 생성하는 정적 팩토리 메서드 create()를 비롯하여 음식점이 주문 상태를 업데이트하기 위해 호출하는 메서드를 여럿 갖고 있습니다(예제 5-11).

- **accept()**: 음식점이 주문을 접수했습니다.
- **preparing()**: 음식점이 주문을 준비하기 시작했습니다. 따라서 주문은 더 이상 변경/취소가 불가합니다.
- **readyForPickup()**: 주문 픽업 준비가 끝났습니다.

예제 5-11 Ticket 클래스의 일부 메서드

```java
public class Ticket {

  public static ResultWithAggregateEvents<Ticket, TicketDomainEvent>
    create(long restaurantId, Long id, TicketDetails details) {
    return new ResultWithAggregateEvents<>(new Ticket(restaurantId, id, details));
  }

  public List<TicketPreparationStartedEvent> preparing() {
    switch (state) {
      case ACCEPTED:
        this.state = TicketState.PREPARING;
        this.preparingTime = LocalDateTime.now();
        return singletonList(new TicketPreparationStartedEvent());
      default:
        throw new UnsupportedStateTransitionException(state);
    }
  }

  public List<TicketDomainEvent> cancel() {
    switch (state) {
      case AWAITING_ACCEPTANCE:
      case ACCEPTED:
        this.previousState = state;
        this.state = TicketState.CANCEL_PENDING;
        return emptyList();
      default:
        throw new UnsupportedStateTransitionException(state);
    }
  }
}
```

create()는 Ticket을 생성하고 preparing()은 음식점에서 주문을 준비하기 시작할 때 호출됩니다. preparing()은 주문 상태를 PREPARING으로 변경하고, 그 시간을 기록한 후 이벤트를 발행합니다. cancel()는 사용자가 주문을 취소할 때 호출됩니다. 이 메서드는 취소가 가능한 상태면 주문 상태 변경 후 이벤트를 반환하지만, 취소가 불가능할 경우 예외를 던집니다. 이 세 메서드는 이벤트, 커맨드 메시지, REST API 요청에 반응하여 호출됩니다.

KitchenService 도메인 서비스

KitchenService는 주방 서비스의 인바운드 어댑터가 호출합니다. 주문 상태를 변경하는 accept(), reject(), preparing() 등의 메서드는 각각 애그리거트를 가져와 애그리거트 루트에 있는 해당 메서드를 호출한 후 도메인 이벤트를 발행합니다.

예제 5-12 서비스의 accept() 메서드는 Ticket을 업데이트한다

```
public class KitchenService {

  @Autowired
  private TicketRepository ticketRepository;

  @Autowired
  private TicketDomainEventPublisher domainEventPublisher;

  public void accept(long ticketId, LocalDateTime readyBy) {
    Ticket ticket =
      ticketRepository.findById(ticketId)
          .orElseThrow(() ->
            new TicketNotFoundException(ticketId));
    List<TicketDomainEvent> events = ticket.accept(readyBy);
    domainEventPublisher.publish(ticket, events);   ◀── 도메인 이벤트 발행
  }
}
```

accept()는 음식점에서 새 주문을 접수할 때 다음 두 매개변수를 전달받아 호출됩니다.

- **orderId**: 접수한 주문 ID
- **readyBy**: 주문 픽업 준비가 끝날 것으로 예상되는 시간

이 메서드는 Ticket 애그리거트를 가져와 accept()를 호출합니다. 그리고 생성된 이벤트를 무조건 발행합니다.

KitchenServiceCommandHandler 클래스

KitchenServiceCommandHandler 클래스는 주문 서비스에 구현된 사가가 전송한 커맨드 메시지를 처리하는 어댑터입니다. KitchenService를 호출하여 Ticket을 생성/수정하는 핸들러 메서드가 커맨드별로 정의되어 있습니다(예제 5-13).

예제 5-13 사가가 전송한 커맨드 메시지를 처리한다

```
public class KitchenServiceCommandHandler {

  @Autowired
  private KitchenService kitchenService;

  public CommandHandlers commandHandlers() {    ◀── 커맨드 메시지를 메시지 핸들러에 매핑
    return SagaCommandHandlersBuilder
      .fromChannel(KitchenServiceChannels.kitchenServiceChannel)
      .onMessage(CreateTicket.class, this::createTicket)
      .onMessage(ConfirmCreateTicket.class, this::confirmCreateTicket)
      .onMessage(CancelCreateTicket.class, this::cancelCreateTicket)
      .build();
  }

  private Message createTicket(CommandMessage<CreateTicket> cm) {
    CreateTicket command = cm.getCommand();
    long restaurantId = command.getRestaurantId();
    Long ticketId = command.getOrderId();
    TicketDetails ticketDetails = command.getTicketDetails();

    try {
      Ticket ticket = kitchenService.createTicket(restaurantId,    ◀──┐
        ticketId, ticketDetails);                        KitchenService를 호출하여 Ticket 생성
      CreateTicketReply reply = new CreateTicketReply(ticket.getId());
      return withSuccess(reply);    ◀── 성공 응답 반환
    } catch (RestaurantDetailsVerificationException e) {
      return withFailure();    ◀── 실패 응답 반환
```

```
        }
    }

    private Message confirmCreateTicket (CommandMessage<ConfirmCreateTicket> cm) {
        Long ticketId = cm.getCommand().getTicketId();              ┌─ 주문 확정
        kitchenService.confirmCreateTicket(ticketId);
        return withSuccess();
    }
```

...

커맨드 핸들러 메서드는 모두 KitchenService를 호출한 후, 성공 또는 실패 응답을 반환합니다.

지금까지는 비교적 간단한 서비스 비즈니스 로직이었고, 이제 좀 더 복잡한 주문 서비스를 살펴봅시다.

5.5 주문 서비스 비즈니스 로직

MICROSERVICES PATTERNS

주문 서비스는 주문을 생성, 수정, 취소하는 API를 제공하는 서비스입니다. 당연히 이런 API는 컨슈머가 주로 호출하죠. 그림 5-12는 주문 서비스의 고수준 설계입니다. Order 애그리거트가 중심을 차지하고 있지만, 음식점 서비스 데이터의 부분 레플리카인 Restaurant 애그리거트도 있습니다. 덕분에 주문 서비스가 주문 품목을 검증하고 단가를 책정하는 일도 할 수 있습니다.

비즈니스 로직은 Order/Restaurant 애그리거트 외에도 OrderService, OrderRepository, RestaurantRepository, CreateOrderSaga 같은 여러 사가(4장)로 구성됩니다. Order/Restaurant을 생성/수정하는 메서드를 가진 OrderService는 비즈니스 로직의 진입점이고, OrderRepository/RestaurantRepository에는 각각 Order/Restaurant을 저장하는 메서드가 있습니다. 다음은 주문 서비스의 인바운드 어댑터입니다.

▼ 그림 5-12 주문 서비스 설계. 주문 관리용 REST API가 있다. 이 서비스는 다른 서비스와 여러 메시지 채널을 통해 메시지/이벤트를 주고받는다

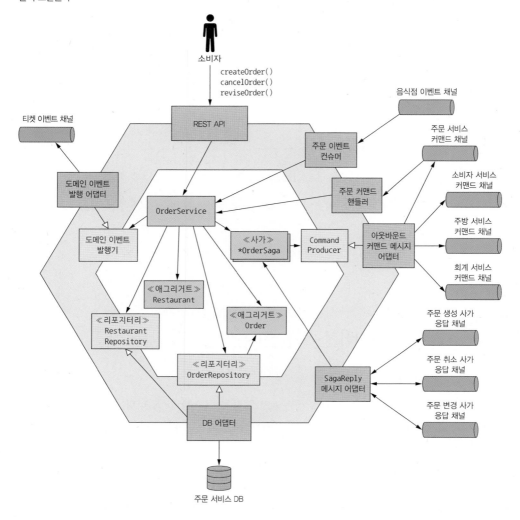

- **REST API**: 컨슈머가 사용하는 UI가 호출하는 REST API. OrderService를 호출하여 Order를 생성/수정합니다.

- **OrderEventConsumer**: 음식점 서비스가 발행한 이벤트를 구독합니다. OrderService를 호출하여 Restaurant 레플리카를 생성/수정합니다.

- **OrderCommandHandler**: 사가가 호출하는 비동기 요청/응답 기반의 API. OrderService를 호출하여 Order를 수정합니다.

- **SagaReplyAdapter**: 사가 응답 채널을 구독하고 사가를 호출합니다.

아웃바운드 어댑터도 몇 개 있습니다.

- **DB 어댑터**: OrderRepository 인터페이스를 구현하여 주문 서비스 DB에 접근합니다.
- **DomainEventPublishingAdapter**: DomainEventPublisher 인터페이스를 구현하여 Order 도메인 이벤트를 발행합니다.
- **OutboundCommandMessageAdapter**: CommandPublisher 인터페이스를 구현한 클래스입니다. 커맨드 메시지를 사가 참여자에게 보냅니다.

5.5.1 Order 애그리거트

Order 애그리거트는 소비자가 한 주문을 나타냅니다. 일단 이 애그리거트의 구조와 메서드를 살펴봅시다.

Order 애그리거트 구조

그림 5-13은 Order 애그리거트의 구조입니다. Order 클래스가 애그리거트 루트고, OrderLine Item, DeliveryInfo, PaymentInfo 등 여러 밸류 객체가 있습니다.

▼ 그림 5-13 Order 애그리거트 설계. 애그리거트 루트를 비롯한 다양한 밸류 객체로 구성된다

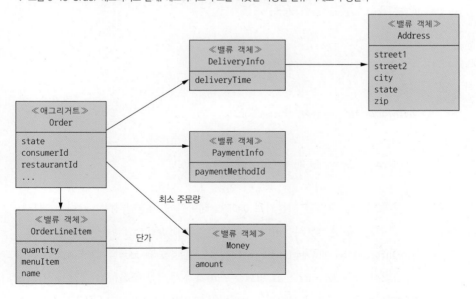

Order 클래스는 여러 OrderLineItem을 갖고 있습니다. Consumer와 Restaurant은 상이한 애그리거 트라서 기본키 값으로 상호 참조합니다. 고객이 원하는 배달 주소/시간이 기록된 DeliveryInfo와 지불 정보가 담긴 PaymentInfo 클래스가 있습니다(예제 5-14).

예제 5-14 Order 클래스와 필드

```
@Entity
@Table(name="orders")
@Access(AccessType.FIELD)
public class Order {

    @Id
    @GeneratedValue
    private Long id;

    @Version
    private Long version;

    private OrderState state;

    private Long consumerId;
    private Long restaurantId;

    @Embedded
    private OrderLineItems orderLineItems;

    @Embedded
    private DeliveryInformation deliveryInformation;

    @Embedded
    private PaymentInformation paymentInformation;

    @Embedded
    private Money orderMinimum = new Money(Integer.MAX_VALUE);
```

JPA로 저장하는 이 클래스는 id 필드를 기본키로 ORDERS 테이블에 매핑됩니다. version 필드는 낙관적 잠금(optimistic locking)을 할 때 사용되며, Order 상태는 OrderState라는 이늄(enum)으로 나타냅니다. deliveryInformation, paymentInformation 필드에는 @Embedded를 붙여 ORDERS 테이블의 해당 컬럼과 매핑합니다. orderLineItems 필드는 소비자가 주문한 품목들이 담긴 내장 객체입니다. Order 애그리거트에는 필드뿐만 아니라, 상태 기계로 기술 가능한 비즈니스 로직도 구현되어 있습니다.

Order 애그리거트 상태 기계

주문을 생성/수정하려면 OrderService는 반드시 다른 서비스와 사가로 협동해야 합니다. OrderService 또는 사가 첫 번째 단계, 둘 중 하나는 Order 메서드를 호출해서 수행 가능한 작업인지 확인한 후 해당 주문을 APPROVAL_PENDING 상태로 변경합니다. 이처럼 중간에 계류(pending) 상태를 두는 것은 시맨틱 락 대책을 적용한 것입니다. 이로써 여러 사가를 확실히 격리할 수 있습니다(4장). 결국 참여한 서비스를 사가가 일단 호출하기만 하면 Order를 업데이트해서 어떤 식으로든 결과가 반영됩니다. Order의 흐름은 그림 5-14의 상태 기계 모델로 나타낼 수 있습니다.

▼ 그림 5-14 Order 애그리거트의 상태 기계 모델

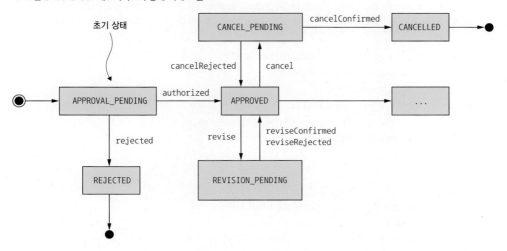

revise(), cancel() 등 다른 주문 서비스 작업도 일단 주문을 계류 상태로 바꾼 후, 사가를 이용하여 해당 작업을 수행할 수 있는지 확인합니다. 문제가 없다면 사가는 작업 결과의 성공을 나타내는 상태로 전이하지만, 그 외에는 주문 상태를 이전으로 되돌려 놓습니다. 예를 들어 cancel()는 주문 상태를 일단 CANCEL_PENDING 상태로 바꾸어 놓고 시작합니다. 주문 취소 사가는 취소 가능한 주문일 경우 CANCELLED로 변경하지만 취소 기한 만료 등의 사유로 주문을 취소할 수 없을 때에는 다시 APPROVED 상태로 되돌립니다.

Order 애그리거트 메서드

Order 클래스에는 각각 하나의 사가에 대응되는 메서드 그룹이 여럿 있습니다. 각 그룹마다 사가가 시작될 때 어느 한 메서드가 호출되고 사가가 끝날 때 다른 메서드가 호출됩니다. 예제 5-15는 주문 생성 과정에서 호출되는 메서드들입니다.

```java
public class Order { ...

  public static ResultWithDomainEvents<Order, OrderDomainEvent>
    createOrder(long consumerId, Restaurant restaurant,
      List<OrderLineItem> orderLineItems) {
      Order order = new Order(consumerId, restaurant.getId(), orderLineItems);
      List<OrderDomainEvent> events = singletonList(new OrderCreatedEvent(
        new OrderDetails(consumerId, restaurant.getId(), orderLineItems,
          order.getOrderTotal()),
        restaurant.getName())));
    return new ResultWithDomainEvents<>(order, events);
  }

  public Order(long consumerId, long restaurantId,
    List<OrderLineItem> orderLineItems) {
    this.consumerId = consumerId;
    this.restaurantId = restaurantId;
    this.orderLineItems = new OrderLineItems(orderLineItems);
    this.state = APPROVAL_PENDING;
}
  ...

  public List<OrderDomainEvent> noteApproved() {
    switch (state) {
      case APPROVAL_PENDING:
        this.state = APPROVED;
        return singletonList(new OrderAuthorized());
      ...
      default:
        throw new UnsupportedStateTransitionException(state);
    }
  }

  public List<OrderDomainEvent> noteRejected() {
    switch (state) {
      case APPROVAL_PENDING:
        this.state = REJECTED;
        return singletonList(new OrderRejected());
      ...
      default:
        throw new UnsupportedStateTransitionException(state);
```

```
        }
    }
```

---

createOrder()는 주문을 생성하고 OrderCreatedEvent를 발행하는 정적 팩토리 메서드입니다. OrderCreatedEvent는 주문 품목, 총액, 음식점 ID, 음식점명 등 주문 내역이 포함된, 강화된 이벤트입니다.

Order는 처음에 APPROVAL_PENDING 상태로 출발합니다. CreateOrderSaga 완료 시 소비자의 신용카드 승인까지 성공하면 noteApproved(), 서비스 중 하나라도 주문을 거부하거나 신용카드 승인이 실패하면 noteRejected()가 호출됩니다. 이렇듯 Order 애그리거트에 있는 메서드는 대부분 애그리거트 상태에 따라 동작이 결정됩니다. Ticket 애그리거트처럼 이벤트 역시 발생시킵니다.

createOrder() 외에도 Order 클래스에는 업데이트 메서드가 여럿 있습니다. 가령 주문 변경 사가는 먼저 revise()를 호출하여 주문 변경이 가능할 경우 confirmRevised()를 호출합니다(예제 5-16).

예제 5-16 Order 클래스의 주문 변경 메서드

```
class Order ...

  public ResultWithDomainEvents<LineItemQuantityChange, OrderDomainEvent>
    revise(OrderRevision orderRevision) {
    switch (state) {
    case APPROVED:
      LineItemQuantityChange change =
        orderLineItems.lineItemQuantityChange(orderRevision);
      if (change.newOrderTotal.isGreaterThanOrEqual(orderMinimum)) {
        throw new OrderMinimumNotMetException();
      }
      this.state = REVISION_PENDING;
      return new ResultWithDomainEvents<>(change, singletonList(new
        OrderRevisionProposed(orderRevision, change.currentOrderTotal,
        change.newOrderTotal)));
    default:
      throw new UnsupportedStateTransitionException(state);
    }
  }
```

```java
public List<OrderDomainEvent> confirmRevision(OrderRevision orderRevision) {
  switch (state) {
  case REVISION_PENDING:
    LineItemQuantityChange licd =
      orderLineItems.lineItemQuantityChange(orderRevision);

    orderRevision
      .getDeliveryInformation()
      .ifPresent(newDi -> this.deliveryInformation = newDi);

    if (!orderRevision.getRevisedLineItemQuantities().isEmpty()) {
      orderLineItems.updateLineItems(orderRevision);
    }

    this.state = APPROVED;
    return singletonList(new OrderRevised(orderRevision,
      licd.currentOrderTotal, licd.newOrderTotal));
  default:
    throw new UnsupportedStateTransitionException(state);
  }
}
```

revise()는 변경된 주문량이 최소 주문량 이상인지 확인하고 문제가 없으면 주문 상태를
REVISION_PENDING으로 바꿉니다. 주방 서비스, 회계 서비스 업데이트가 성공하면 주문 변경 사가
는 confirmRevision()을 호출하여 주문 변경을 마무리합니다.

다음은 이 두 메서드를 호출하는 OrderService 클래스입니다.

5.5.2 OrderService 클래스

OrderService 클래스는 비즈니스 로직의 진입점입니다. 주문을 생성/수정하는 메서드가 모두 이
클래스에 있습니다. 이 클래스를 호출하는 인바운드 어댑터는 REST API 등 다양합니다. 이 클래
스의 메서드는 대부분 사가를 만들어 Order 애그리거트 생성/수정을 오케스트레이션하므로 좀 전
에 보았던 KitchenService 클래스보다 복잡합니다(예제 5-17). OrderService는 OrderRepository,
OrderDomainEventPublisher, SagaManager 등 주입되는 디펜던시가 많습니다. 또 createOrder(),
reviseOrder() 등의 메서드가 정의되어 있습니다.

```
@Transactional
public class OrderService {

  @Autowired
  private OrderRepository orderRepository;

  @Autowired
  private SagaManager<CreateOrderSagaState> createOrderSagaManager;

  @Autowired
  private SagaManager<ReviseOrderSagaState> reviseOrderSagaManagement;

  @Autowired
  private OrderDomainEventPublisher orderAggregateEventPublisher;

  public Order createOrder(long consumerId, long restaurantId,
                           List<MenuItemIdAndQuantity> lineItems) {
    Restaurant restaurant = restaurantRepository.findById(restaurantId)
      .orElseThrow(() -> new RestaurantNotFoundException(restaurantId));

    List<OrderLineItem> orderLineItems =      ◀── Order 애그리거트 생성
      makeOrderLineItems(lineItems, restaurant);

    ResultWithDomainEvents<Order, OrderDomainEvent> orderAndEvents =
      Order.createOrder(consumerId, restaurant, orderLineItems);

    Order order = orderAndEvents.result;

    orderRepository.save(order);      ◀── Order를 DB에 저장

    orderAggregateEventPublisher.publish(order, orderAndEvents.events);  ◀──┐
                                                              도메인 이벤트 발행

    OrderDetails orderDetails =
      new OrderDetails(consumerId, restaurantId, orderLineItems,
        order.getOrderTotal());
    CreateOrderSagaState data = new CreateOrderSagaState(order.getId(),
      orderDetails);

    createOrderSagaManager.create(data, Order.class, order.getId());  ◀──┐
                                                       CreateOrderSaga 생성

    return order;
```

```
        }

    public Order reviseOrder(long orderId, OrderRevision orderRevision) {
        Order order = orderRepository.findById(orderId)   ◄──── Order 조회
            .orElseThrow(() -> new OrderNotFoundException(orderId));
        ReviseOrderSagaData sagaData =
            new ReviseOrderSagaData(order.getConsumerId(), orderId,
                null, orderRevision);
        reviseOrderSagaManager.create(sagaData);   ◄──── ReviseOrderSaga 생성
        return order;
    }
}
```

createOrder()는 먼저 Order 애그리거트를 생성/저장한 후 애그리거트가 발생시킨 도메인 이벤트를 발행하고, 제일 마지막에 CreateOrderSaga를 생성합니다. reviseOrder()는 Order를 조회한 후 ReviseOrderSaga를 생성합니다.

이렇게 보면 마이크로서비스 애플리케이션이 모놀리식 애플리케이션과 아주 다른 것은 결코 아닙니다. 모놀리식 애플리케이션도 서비스와 JPA 기반 엔터티, 리포지터리 등의 클래스로 구성됩니다. 물론 다양한 설계 제약 조건이 부과된 DDD 애그리거트로 도메인 모델을 구성하고, 상이한 애그리거트의 클래스는 객체 레퍼런스가 아닌, 기본키 값으로 상대방을 참조하는 차이점은 있습니다. 그리고 트랜잭션은 꼭 하나의 애그리거트만 생성/수정할 수 있으므로 애그리거트가 상태 변경 시 도메인 이벤트를 발행할 때 유리합니다.

또 사가를 이용하여 여러 서비스에 걸쳐 데이터 일관성을 유지한다는 중요한 차이점이 있습니다. 주방 서비스는 사가에 참여할 뿐 사가를 시작하지는 않지만, 주문 서비스는 주문을 생성하고 수정할 때 사가에 전적으로 의존합니다. 다른 서비스에 있는 데이터가 트랜잭션 관점에서 일관성이 보장되어야 하기 때문입니다. 그래서 OrderService 메서드는 대부분 직접 Order를 업데이트하지 않고 사가를 만듭니다.

이 장에서는 기존 저장 접근 방식, 즉 메시징과 이벤트 발행을 DB 트랜잭션 관리 기능과 연계하여 비즈니스 로직을 구현하는 방법을 살펴보았습니다. 이벤트를 발행하는 코드는 비즈니스 로직과 밀접하게 연관되어 있습니다. 다음 장은 이벤트 중심으로 비즈니스 로직을 작성하는 이벤트 소싱 기법을 다룹니다.

5.6 마치며

- 비즈니스 로직이 단순하다면 절차적 트랜잭션 스크립트 패턴도 괜찮은 방법이지만, 복잡한 비즈니스 로직은 객체 지향적 도메인 모델 패턴에 따라 구현하는 것이 좋습니다.

- 서비스의 비즈니스 로직은 DDD 애그리거트들로 구성하는 것이 좋습니다. DDD 애그리거트는 도메인 모델을 모듈화하고, 서비스 간 객체 참조 가능성을 배제하며, 전체 ACID 트랜잭션을 서비스 내부에 국한시키므로 유용합니다.

- 애그리거트는 도메인 이벤트 생성/수정 시 이벤트를 발행합니다. 도메인 이벤트는 활용 범위가 다양합니다. 4장에서는 코레오그래피 사가를 도메인 이벤트로 구현했고, 7장에서는 데이터 레플리카를 도메인 이벤트로 업데이트하는 방법을 설명할 예정입니다.

5

비즈니스 로직 설계

6장

6 비즈니스 로직 개발: 이벤트 소싱

6.1 이벤트 소싱 응용 비즈니스 로직 개발

6.2 이벤트 저장소 구현

6.3 사가와 이벤트 소싱을 접목

6.4 마치며

이 장에서 다룰 핵심 내용

• 이벤트 소싱 패턴을 응용한 비즈니스 로직 개발

• 이벤트 저장소 구현

• 사가와 이벤트 소싱 기반의 비즈니스 로직 연계

• 이벤트 소싱을 응용한 사가 오케스트레이터 구현

메리는 도메인 이벤트를 발행하는 여러 DDD 애그리거트로 비즈니스 로직을 구성한다는 아이디어(5장)가 참 마음에 들었습니다. 마이크로서비스 아키텍처에서는 이벤트를 잘 활용하면 정말 유용하겠구나 싶었죠. 그래서 그녀는 여러 서비스에 걸쳐 데이터 일관성을 유지하는 코레오그래피 사가(4장)도 이벤트로 구현하기로 했습니다. 또 효율적인 쿼리를 지원하는 CQRS 뷰(7장)라는 레플리카를 활용하기로 마음을 굳혔습니다.

그러나 혹시라도 이벤트 발행 로직이 오류를 양산하는 공장이 되지는 않을까 걱정입니다. 언뜻 보면 이벤트 발행 로직은 상당히 직관적입니다. 애그리거트의 상태를 시작/변경하는 각 애그리거트의 메서드가 이벤트 목록을 반환하면 도메인 서비스는 이 이벤트를 발행합니다. 그런데 다른 한편으로는 이벤트 발행 로직이 비즈니스 로직에 추가되기 때문에 개발자가 실수로 이벤트 발행 로직을 빠뜨려도 비즈니스 로직은 그냥 흘러갈 것입니다. 메리는 이렇게 이벤트를 발행하는 것이 버그의 원천이 되지는 않을지 염려가 되었습니다.

메리는 꽤 오래 전 이벤트 중심으로 비즈니스 로직을 작성하고 도메인 객체를 저장하는 이벤트 소싱 기법을 공부한 적 있습니다. 그 시절에는 모든 변경 이력을 애그리거트에 고스란히 보존하는 이벤트 소싱에 여러모로 매력을 느꼈지만 뚜렷한 확신은 없었습니다. 이제 마이크로서비스 아키텍처에서 도메인 이벤트가 얼마나 중요한지 깨닫고 나니, FTGO 애플리케이션에도 본격적으로 이벤트 소싱을 도입할 가치가 있다는 생각이 들었습니다. 어쨌든 이벤트 소싱을 잘 활용하면 애그리거트가 생성/수정될 때마다 무조건 이벤트를 발행해서 프로그래밍 오류를 제거할 수 있습니다.

이 장은 먼저 이벤트 소싱의 작동 원리를 살펴보고, 이벤트 소싱을 이용하여 비즈니스 로직을 작성하는 방법을 설명합니다. 이벤트 저장소에 각 애그리거트를 일련의 이벤트 시퀀스로 저장하는 방법을 설명합니다. 이벤트 소싱의 장단점과 이벤트 저장소의 구현 방법, 이벤트 소싱 기반의 비즈니스 로직을 간편하게 작성할 수 있는 프레임워크를 소개합니다. 끝으로 이벤트 소싱이 사가 구현에 얼마나 든든한 토대인지 이야기합니다.

6.1 이벤트 소싱 응용 비즈니스 로직 개발

이벤트 소싱은 비즈니스 로직을 구성하고 애그리거트를 저장하는 또 다른 방법입니다. 애그리거트를 일련의 이벤트 형태로 저장하죠. 이벤트는 각 애그리거트의 상태 변화를 나타냅니다. 애플리케이션은 이벤트를 재연(replay)하여 애그리거트의 현재 상태를 재생성합니다.

이벤트 소싱은 여러모로 좋은 점이 많습니다. 애그리거트 이력이 보존되므로 감사/통제 용도로도 가치가 있고, 도메인 이벤트를 확실하게 발행할 수 있어서 마이크로서비스 아키텍처에서 특히 유용합니다. 물론 단점도 있습니다. 비즈니스 로직을 작성하는 방법이 특이해서 어느 정도 학습 시간은 필요하고, 이벤트 저장소를 쿼리하기가 쉽지 않아 CQRS 패턴(7장)을 적용해야 합니다.

6.1.1 기존 영속화의 문제점

클래스는 DB 테이블에, 클래스 필드는 테이블 컬럼에, 클래스 인스턴스는 테이블 각 로우에 매핑하는 것이 기존 영속화 방식입니다. 그림 6-1은 Order 애그리거트(5장)를 ORDER 테이블에 매핑한 그림입니다. 하위 클래스 OrderLineItem은 ORDER_LINE_ITEM 테이블에 매핑됩니다.

▼ 그림 6-1 기존에는 클래스를 테이블에, 객체를 테이블 로우에 영속화 매핑을 했다

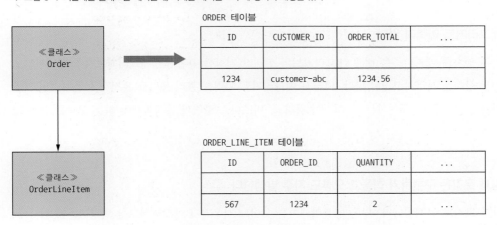

ORDER 테이블

ID	CUSTOMER_ID	ORDER_TOTAL	...
1234	customer-abc	1234.56	...

ORDER_LINE_ITEM 테이블

ID	ORDER_ID	QUANTITY	...
567	1234	2	...

일반적으로 JPA 같은 ORM 프레임워크나 마이바티스(MyBATIS) 등의 저수준 프레임워크를 사용하여 주문 인스턴스를 ORDER 및 ORDER_LINE_ITEM 테이블의 로우 단위로 저장합니다.

---

1 http://microservices.io/patterns/data/event-sourcing.html

엔터프라이즈 애플리케이션은 대부분 이런 식으로 데이터를 저장합니다. 작동은 잘 되지만, 다음과 같은 단점 및 한계가 있습니다.

- 객체-관계 임피던스 부정합(object-Relational impedance mismatch)[2]
- 애그리거트 이력이 없습니다.
- 감사 로깅을 구현하기가 번거롭고 에러가 잘 납니다.
- 이벤트 발행 로직이 비즈니스 로직에 추가됩니다.

객체-관계 임피던스 부정합

객체-관계 임피던스 부정합은 아주 오래된 문제입니다. 테이블 형태의 관계형 스키마와 관계가 복잡한 리치 도메인 모델(rich domain model)[3]의 그래프 구조는 근본적인 개념부터 다릅니다. 결국 이 문제는 객체-관계 매핑(ORM) 프레임워크의 타당성에 관한 논쟁으로 불붙은 바 있습니다. 테드 뉴워드(Ted Neward)는 "객체-관계 매핑은 컴퓨터 과학의 월남전이다."[4]라고 말했습니다. 필자는 하이버네이트로 객체 모델에서 DB 스키마를 추출하여 애플리케이션을 성공적으로 개발한 경험이 있지만, 이는 어떤 개별 ORM 프레임워크의 한계라기보다 더 심오한 문제입니다.

애그리거트 이력이 없다

기존 영속화 메커니즘은 현재 애그리거트의 상태만 저장합니다. 즉, 애그리거트가 업데이트되면 이전 상태는 사라지고 없습니다. 따라서 애그리거트 이력을 관리 용도로 온전히 보존하려면 개발자가 직접 코드를 구현하는 데 시간이 걸리고, 비즈니스 로직과 동기화해야 하는 코드를 중복 생성하게 됩니다.

감사 로깅은 구현하기 힘들고 오류도 자주 발생한다

감사 로깅도 문제입니다. 많은 애플리케이션이 어느 사용자가 애그리거트를 변경했는지 감사 로그를 남겨 추적합니다. 감사는 보안/통제 때문에도 필요하지만 사용자 액션 이력 자체가 중요한 경우도 있습니다. 가령 아사나(Asana), 지라(Jira) 같은 이슈 추적이나 태스크 관리 애플리케이션은

---

2 역주 임피던스 정합(impedance match)이란 전자공학에서 성질이 완전히 다른 전자 회로가 접속하는 것을 말합니다. 이런 의미에서 객체와 관계라는 애초부터 기본 철학과 구조가 다른 둘 사이의 부조화를 떠올리면 됩니다.

3 역주 도메인과 관련된 비즈니스 로직을 직접 도메인 객체에 넣는 도메인 모델입니다. 이와 상반되는 아네믹 데이터 모델(anemic data model)은 데이터 값을 저장하는 VO 역할 정도로만 도메인 객체를 활용합니다.

4 http://blogs.tedneward.com/post/the-vietnam-of-computer-science/

변경 이력을 태스크/이슈로 표시합니다. 감사 로깅은 구현하는 데 시간이 걸리는 것도 문제이지만, 감사 로깅 코드 및 비즈니스 로직이 계속 분화하기 때문에 버그가 날 가능성이 높습니다.

이벤트 발행 로직이 비즈니스 로직에 추가된다

기존 영속화의 또 다른 한계는 도메인 이벤트 발행을 지원하지 않는 점입니다. 도메인 이벤트는 애그리거트가 자신의 상태를 변경한 후 발행하는 이벤트입니다(5장). 마이크로서비스 아키텍처에서는 데이터를 동기화하고 알림을 전송하는 용도로 유용하게 쓰입니다. ORM 프레임워크는 데이터 객체가 변경될 때 애플리케이션이 제공한 콜백을 호출할 수 있지만, 데이터를 업데이트하는 트랜잭션의 일부로 메시지를 자동 발행하는 기능 따위는 없습니다. 따라서 이력, 감사도 그랬듯이 개발자는 이벤트 생성 로직을 추가해야 하는데, 자칫 비즈니스 로직과 동기화되지 않을 위험이 있습니다. 다행히 이벤트 소싱이라는 고마운 솔루션이 있습니다.

6.1.2 이벤트 소싱 개요

이벤트 소싱은 이벤트를 위주로 비즈니스 로직을 구현하고, 애그리거트를 DB에 일련의 이벤트로 저장하는 기법입니다. 각 이벤트는 애그리거트의 상태 변화를 나타냅니다. 애그리거트의 비즈니스 로직은 이벤트를 생산/소비하는 요건 중심으로 구성됩니다.

이벤트를 이용하여 애그리거트를 저장

기존 영속화는 애그리거트를 테이블에, 필드를 컬럼에, 인스턴스를 로우에 각각 매핑하지만 (6.1.1절), 이벤트 소싱은 도메인 이벤트 개념에 기반한 전혀 새로운 방식, 즉 애그리거트를 DB에 있는 이벤트 저장소에 일련의 이벤트로 저장합니다.

예를 들어 Order 애그리거트를 이벤트 소싱으로 저장한다면 Order를 ORDER 테이블에 로우 단위로 저장하는 것이 아니라, Order 애그리거트를 EVENTS 테이블의 여러 로우로 저장합니다(그림 6-2). 각 로우가 바로 주문 생성됨, 주문 승인됨, 주문 배달됨 등의 도메인 이벤트입니다.

▼ 그림 6-2 이벤트 소싱은 각 애그리거트를 일련의 이벤트로 저장한다. RDBMS 기반 애플리케이션은 EVENTS 테이블에 이벤트를 보관할 수 있다

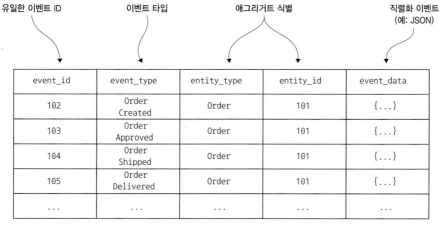

EVENTS 테이블

애그리거트 생성/수정 시 애플리케이션은 애그리거트가 발생시킨 이벤트를 EVENTS 테이블에 삽입합니다. 그리고 애그리거트를 로드할 때 이벤트 저장소에서 이벤트를 가져와 재연을 하는데, 구체적으로 이 작업은 다음 3단계로 구성됩니다.

1. 애그리거트의 이벤트를 로드합니다.

2. 기본 생성자를 호출하여 애그리거트 인스턴스를 생성합니다.

3. 이벤트를 하나씩 순회하며 apply()를 호출합니다.

이벤추에이트 클라이언트(Eventuate Client) 프레임워크(6.2.2절)에도 다음과 같이 애그리거트를 재구성하는 코드가 있습니다.

```
Class aggregateClass = ...;
Aggregate aggregate = aggregateClass.newInstance();
for (Event event : events) {
  aggregate = aggregate.applyEvent(event);
}
// 애그리거트 사용...
```

클래스 인스턴스를 생성한 후 이벤트를 하나씩 순회하면서 애그리거트의 `applyEvent()`를 호출합니다. 함수형 프로그래밍에 익숙한 독자는 이것이 폴드(fold) 또는 리듀스(reduce)[5] 작업이란 사실을 벌써 눈치챘을 것입니다.

이벤트를 가져와 재연하는 방식으로 애그리거트의 인-메모리 상태를 다시 살려 내는 모양새가 조금 낯설고 어색하겠지만, 사실 JPA나 하이버네이트 같은 ORM 프레임워크가 엔터티를 로드하는 방법도 이와 비슷합니다. ORM 프레임워크는 하나 이상의 SELECT 문을 실행하여 현재 저장 상태를 조회하고 해당 객체의 기본 생성자를 이용해서 인스턴스를 생성합니다. 리플렉션을 이용해서 객체를 초기화하는 것입니다. 차이점이 있다면, 이벤트 소싱은 인-메모리 상태를 오직 이벤트만 갖고 온전히 재구성해 낸다는 점입니다.

이벤트는 곧 상태 변화

도메인 이벤트는 애그리거트의 변경을 구독자에게 알리는 장치로, 이벤트는 애그리거트 ID 같은 최소한의 필수 데이터만 넣거나 컨슈머에 유용한 데이터까지 포함시켜 강화할 수 있습니다(5장). 가령 주문 서비스가 주문 생성 시 발행하는 `OrderCreatedEvent`에는 `orderId`만 넣어도 되고, 이 이벤트를 받는 컨슈머가 따로 주문 서비스 데이터를 조회할 필요가 없도록 주문 정보를 몽땅 포함시킬 수도 있습니다. 어떤 이벤트에 무엇을 전달할지는 컨슈머의 필요에 따라 좌우되지만, 이벤트 소싱에서는 주로 애그리거트에 의해 이벤트 및 그 구조가 결정됩니다.

이벤트 소싱에서는 이벤트가 필수입니다. 생성을 비롯한 모든 애그리거트의 상태 변화를 도메인 이벤트로 나타내며, 애그리거트는 상태가 바뀔 때마다 반드시 이벤트를 발생시킵니다. Order 애그리거트는 주문 생성 시 `OrderCreatedEvent`를, 그 이후로는 업데이트될 때마다 `Order*Event`를 발생시킵니다. 컨슈머가 관심을 가질 만한 이벤트만 발생시켰던 것과 비교하면 훨씬 엄격한 요건인 셈이죠.

또 이벤트는 애그리거트가 상태 전이를 하기 위해 필요한 데이터를 갖고 있어야 합니다. 애그리거트의 상태는 애그리거트를 구성한 객체의 필드 값들로 구성됩니다. `Order.state`처럼 객체 필드 값을 바꾸는 정도의 간단한 상태 변화도 있겠지만, 주문 품목 변경 등 객체의 추가/삭제 작업이 동반되는 상태 변화도 있습니다.

---

5   역주 연산(operation)과 누산기(accumulator)로 컬렉션에 있는 값들을 처리하여 더 작은 컬렉션이나 단일 값을 생성하는 작업입니다. 함수형 프로그래밍의 기초 개념에 관심 있는 분들은 〈함수형 사고(Functional Thinking)〉(닐 포드(Neal Ford) 저, 한빛미디어, 2016)를 추천합니다.

그림 6-3을 봅시다. 애그리거트의 현재 상태는 S, 새 상태는 S'입니다. 상태 변화를 나타낸 이벤트 E에는 Order 상태가 S면 order.apply(E)를 호출하여 Order 상태를 S'로 업데이트할 수 있게 데이터가 들어 있어야 합니다. apply()는 다음 절에서 자세히 다루겠지만, 이벤트로 나타낸 상태 변화를 수행하는 메서드입니다.

OrderShippedEvent 같은 이벤트는 데이터는 거의 없고 상태 전이만 나타냅니다. apply()는 Order 상태를 SHIPPED로 변경할 뿐입니다. 하지만 다른 이벤트에는 많은 데이터가 들어 있습니다. 가령 OrderCreatedEvent는 apply()가 Order를 비롯하여 주문 품목 및 지불 정보, 배달 정보 등을 초기화하기 위해 필요한 데이터를 모두 갖고 있어야 합니다. 애그리거트를 이벤트로 저장하기 때문에 orderId만 포함된 아주 작은 OrderCreatedEvent란 있을 수 없습니다.

▼ 그림 6-3 상태 S인 Order에 이벤트 E를 적용하면 상태 S'로 바뀐다. 이벤트는 상태 변경에 필요한 데이터를 갖고 있어야 한다

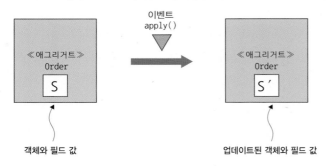

애그리거트 메서드의 관심사는 오직 이벤트

비즈니스 로직은 애그리거트의 업데이트 요청을 애그리거트 루트에 있는 커맨드 메서드를 호출하여 처리합니다. 기존에는 커맨드 메서드가 매개변수를 검증한 후 하나 이상의 애그리거트 필드를 업데이트했지만, 이벤트 소싱을 사용하면 커맨드 메서드가 반드시 이벤트를 발생시킵니다. 애그리거트의 커맨드 메서드를 호출한 결과는 상태 변경을 나타내는 일련의 이벤트입니다(그림 6-4). 이벤트는 DB에 저장되며, 애그리거트에 적용되어 상태를 업데이트합니다.

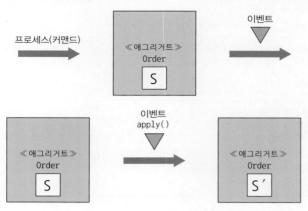

▼ 그림 6-4 커맨드를 처리하면 애그리거트 상태 변경 없이 이벤트가 생성된다. 애그리거트는 이벤트를 적용해서 업데이트한다

이벤트를 발생시켜 적용하려면 (기계적이기는 하지만) 비즈니스 로직을 다시 구성해야 합니다. 이벤트 소싱은 커맨드 메서드 하나를 둘 이상의 메서드로 리팩터링합니다. 첫 번째 메서드는 요청을 나타낸 커맨드 객체를 매개변수로 받아 상태를 어떻게 변경해야 할지 결정합니다. 이 메서드는 매개변수 확인 후 애그리거트 상태는 바꾸지 않고 상태 변경을 나타낸 이벤트 목록을 반환합니다. 물론 수행할 수 없는 커맨드라면 예외를 던집니다.

다른 메서드는 각자 정해진 이벤트 타입을 매개변수로 받아 애그리거트를 업데이트합니다. 이벤트마다 이런 메서드가 하나씩 있습니다. 이벤트는 이미 발생한 상태 변경을 나타내므로 이런 메서드는 실패할 수 없습니다. 각 메서드는 이벤트에 맞게 애그리거트를 업데이트합니다.

이벤추에이트 클라이언트라는 이벤트 소싱 프레임워크(6.2.2절)에서는 이런 메서드를 process()와 apply()라고 명명했습니다. process()는 업데이트 요청 값이 담긴 커맨드 객체를 매개변수로 받아 이벤트 목록을 반환하는 메서드입니다. apply()는 이벤트를 매개변수로 받아 void를 반환하는 메서드입니다. 애그리거트는 각 커맨드 클래스마다 하나의 process()와 애그리거트가 발생시킨 이벤트 타입마다 하나의 apply()를 여러 가지 버전으로 오버로드하여 정의합니다(그림 6-5).

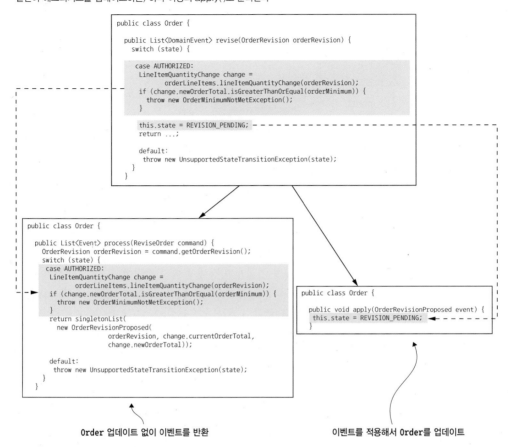

Order 업데이트 없이 이벤트를 반환   **이벤트를 적용해서 Order를 업데이트**

그림 6-5에서 보다시피, revise( ) 메서드는 process( )와 apply( )로 대체됩니다. process( )가 매개변수로 받은 ReviseOrder 커맨드 클래스는 매개변수 객체 도입(introduce parameter object)[6] 패턴에 따라 리팩터링한 것입니다. 이 메서드는 별 문제가 없을 경우 OrderRevisionProposed 이벤트를 반환하지만 주문을 변경할 타이밍을 놓쳤거나 최소 주문량 요건에 맞지 않을 경우 예외를 던집니다. OrderRevisionProposed에 대응되는 apply( )는 주문 상태를 REVISION_PENDING으로 변경합니다.

애그리거트는 다음 순서대로 생성됩니다.

---

6 https://refactoring.com/catalog/introduceParameterObject.html

1. 기본 생성자로 애그리거트 루트를 초기화합니다.

2. process()를 호출하여 새 이벤트를 발생시킵니다.

3. 새 이벤트를 하나씩 순회하면서 apply()를 호출하여 애그리거트를 업데이트합니다.

4. 이벤트 저장소에 새 이벤트를 저장합니다.

애그리거트는 다음 순서대로 업데이트됩니다.

1. 이벤트 저장소에서 애그리거트 이벤트를 로드합니다.

2. 기본 생성자로 애그리거트 루트를 초기화합니다.

3. 가져온 이벤트를 하나씩 순회하며 애그리거트 루트의 apply()를 호출합니다.

4. process()를 호출하여 새 이벤트를 발생시킵니다.

5. 새 이벤트를 순회하면서 apply()를 호출하여 애그리거트를 업데이트합니다.

6. 이벤트 저장소에 새 이벤트를 저장합니다.

실제로 Order 애그리거트를 이벤트 기반 버전으로 작성해 봅시다.

이벤트 소싱 기반의 Order 애그리거트

예제 6-1은 Order 애그리거트를 이벤트 소싱 기반으로 바꾼 코드입니다. 5장에서 보았던 JPA 버전과 마찬가지로 필드는 거의 같고 이벤트도 비슷하지만, 이벤트를 발생시키고 그 이벤트를 적용하여 상태를 업데이트하는 식으로 비즈니스 로직을 구현하는 차이점이 있습니다. createOrder(), revise()처럼 JPA 기반의 애그리거트를 생성/수정하는 메서드가 이벤트 소싱 기반 코드에서는 모두 process(), apply()로 대체됩니다.

예제 6-1 Order 애그리거트 필드와 인스턴스 초기화 메서드

```
public class Order {

    private OrderState state;
    private Long consumerId;
    private Long restaurantId;
    private OrderLineItems orderLineItems;
    private DeliveryInformation deliveryInformation;
    private PaymentInformation paymentInformation;
    private Money orderMinimum;
```

```java
public Order() {
}

public List<Event> process(CreateOrderCommand command) {  ◀──┐
  ... 커맨드 검증 ...                           커맨드 검증 후 OrderCreatedEvent 반환
  return events(new OrderCreatedEvent(command.getOrderDetails()));
}
                                   Order 필드를 초기화해서 OrderCreatedEvent 적용
public void apply(OrderCreatedEvent event) {  ◀──┘
  OrderDetails orderDetails = event.getOrderDetails();
  this.orderLineItems = new OrderLineItems(orderDetails.getLineItems());
  this.orderMinimum = orderDetails.getOrderMinimum();
  this.state = APPROVAL_PENDING;
}
```

클래스 필드는 JPA 버전과 비슷합니다. 유일한 차이점은 애그리거트에 애그리거트 ID를 보관하지 않는 점입니다. 그러나 메서드는 많이 달라졌습니다. 팩토리 메서드 createOrder()는 process(), apply()로 바뀌었습니다. process()는 CreateOrderCommand를 받아 OrderCreatedEvent를 발생시키고, apply()는 OrderCreatedEvent를 받아 Order의 각 필드를 초기화합니다.

이번에는 비즈니스 로직이 좀 더 복잡한 주문 변경 메서드입니다. 기존 클래스에 있던 revise(), confirmRevision(), rejectRevision() 세 메서드는 이벤트 소싱 버전에서 process(), apply()로 바뀌었습니다(예제 6-2).

예제 6-2 process(), apply() 메서드로 Order 애그리거트를 변경한다

```java
public class Order {
                                변경 가능한 Order인지, 변경 주문 수량이
                                최소 주문량 이상인지 확인
  public List<Event> process(ReviseOrder command) {  ◀──┐
    OrderRevision orderRevision = command.getOrderRevision();

    switch (state) {
      case APPROVED: LineItemQuantityChange change =
        orderLineItems.lineItemQuantityChange(orderRevision);
      if (change.newOrderTotal.isGreaterThanOrEqual(orderMinimum)) {
        throw new OrderMinimumNotMetException();
      }
      return singletonList(new OrderRevisionProposed(orderRevision,
        change.currentOrderTotal, change.newOrderTotal));

      default:
        throw new UnsupportedStateTransitionException(state);
```

```
    }
  }

  public void apply(OrderRevisionProposed event) {    ◀── Order를 REVISION_PENDING 상태로 변경
    this.state = REVISION_PENDING;
  }
                                                      확정 가능한 변경 건인지 확인 후
                                                      OrderRevised 이벤트 반환
  public List<Event> process(ConfirmReviseOrder command) {    ◀──┘
    OrderRevision orderRevision = command.getOrderRevision();
    switch (state) {
      case REVISION_PENDING:
        LineItemQuantityChange licd =
          orderLineItems.lineItemQuantityChange(orderRevision);
        return singletonList(new OrderRevised(orderRevision,
          licd.currentOrderTotal, licd.newOrderTotal));
      default:
        throw new UnsupportedStateTransitionException(state);
    }
  }

  public void apply(OrderRevised event) {    ◀── Order 변경
    OrderRevision orderRevision = event.getOrderRevision();
    if (!orderRevision.getRevisedLineItemQuantities().isEmpty()) {
      orderLineItems.updateLineItems(orderRevision);
    }
    this.state = APPROVED;
  }
```

revise()는 process(ReviseOrder), apply(OrderRevisionProposed)로, confirmRevision()은
process(ConfirmReviseOrder), apply(OrderRevised)로 각각 대체되었습니다.

6.1.3 동시 업데이트: 낙관적 잠금

여러 요청이 동일한 애그리거트를 동시에 업데이트하는 일은 드물지 않습니다. 기존 영속화 메커
니즘은 대개 한 트랜잭션이 다른 트랜잭션의 변경을 덮어 쓰지 못하게 낙관적 잠금(버전 컬럼을
이용하여 마지막으로 애그리거트를 읽은 이후 변경되었는지 감지)을 하여 처리합니다. 즉, 애그리
거트 루트를 VERSION 컬럼이 있는 테이블에 매핑하고 애그리거트가 업데이트될 때마다 UPDATE 문
으로 값을 하나씩 증가시킵니다.

여기에 세로 텍스트: 비즈니스 로직 개발: 이벤트 소싱

```
UPDATE AGGREGATE_ROOT_TABLE
SET VERSION = VERSION + 1 ...
WHERE VERSION = <원본 버전>
```

애플리케이션이 애그리거트를 읽는 시점에 버전이 바뀌지 않았다면 UPDATE 문은 성공할 것입니다. 그러나 두 트랜잭션이 같은 애그리거트를 읽는다면 첫 번째 트랜잭션은 성공적으로 애그리거트를 업데이트하고, 두 번째 트랜잭션은 그 사이 버전 번호가 바뀌었으니 실패합니다. 따라서 첫 번째 트랜잭션이 변경한 내용을 다른 트랜잭션이 우발적으로 덮어 쓸 일은 없습니다.

이벤트 저장소 역시 낙관적 잠금 기법으로 동시 업데이트를 처리할 수 있습니다. 이벤트에 딸려 온 버전 정보를 각 애그리거트 인스턴스마다 두고, 애플리케이션이 이벤트를 삽입할 때 이벤트 저장소가 버전 변경 여부를 체크하는 것입니다. 간단하게는 이벤트 번호를 버전 번호로 사용해도 되고, 이벤트 저장소에서 명시적으로 버전 번호를 관리해도 됩니다(6.2절).

6.1.4 이벤트 소싱과 이벤트 발행

이벤트 소싱은 애그리거트를 여러 이벤트로 저장하며, 이 이벤트를 가져와 현재 애그리거트의 상태를 다시 구성합니다. 이벤트 소싱은 일종의 확실한 이벤트 발행 장치로도 활용할 수 있습니다. 이벤트 저장소에 이벤트를 저장하는 것은 원래 원자적인 작업입니다. 저장된 모든 이벤트를 관심 있는 컨슈머에 어떻게 전달하면 좋을까요?

3장에서는 폴링, 트랜잭션 로그 테일링 등 DB에 삽입된 메시지를 트랜잭션의 일부로 발행하는 메커니즘을 살펴보았습니다. 이벤트 소싱 기반의 애플리케이션도 이 둘 중 한 가지 방법으로 이벤트를 발행할 수 있지만, 이벤트를 OUTBOX 테이블에 잠깐 저장했다 지우는 것이 아니라, EVENTS 테이블에 영구 저장하는 중요한 차이점이 있습니다.

이벤트 발행: 폴링

이벤트를 EVENTS 테이블에 저장한다고 가정하면, 이벤트 발행기는 SELECT 문으로 새 이벤트를 계속 폴링하면서 메시지 브로커에 발행합니다. 그런데 문제는 어느 이벤트가 새 이벤트인지 분간하는 일입니다. 만약 EVENT_ID가 단순히 1만큼 증가하면, 이벤트 발행기가 자신이 처리한 마지막 EVENT_ID를 기록하면 될 것 같습니다. 새 이벤트는 SELECT * FROM EVENTS WHERE EVENT_ID > ? ORDER BY EVENT_ID ASC 쿼리로 가져올 수 있겠죠.

그러나 트랜잭션이 이벤트를 발생시키는 순서와 다르게 커밋할 수 있다는 점이 문제입니다. 따라서 이벤트 발행기가 실수로 이벤트를 건너뛰게 될 수도 있습니다(그림 6-6).

▼ 그림 6-6 트랜잭션 A가 트랜잭션 B보다 나중에 커밋되어서 이벤트가 생략된 경우. 폴링하면 EVENT_ID=1020이 보이고 EVENT_ID=1010은 건너뛴다

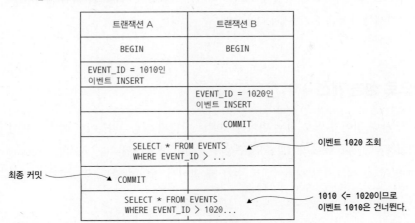

트랜잭션 A가 EVENT_ID = 1010인 이벤트를 삽입하면, 그다음 트랜잭션 B가 EVENT_ID = 1020인 이벤트를 삽입 후 커밋합니다. 이 시점에 이벤트 발행기가 EVENTS 테이블을 쿼리하면 1020 이벤트가 조회됩니다. 트랜잭션 A가 커밋된 후 1010이 보이기 시작해도 이미 버스는 떠난 후라 이벤트 발행기는 그냥 무시합니다.

이런 문제를 해결하는 한 가지 방법은 EVENTS 테이블에 이벤트 발행 여부를 추적할 수 있는 컬럼을 추가하는 것입니다. 즉, 이벤트 발행기가 다음과 같이 처리하면 이벤트를 건너뛸 일은 없습니다.

1. SELECT * FROM EVENTS WHERE PUBLISHED = 0 ORDER BY EVENT_ID ASC 쿼리로 미발행 이벤트를 검색합니다.

2. 메시지 브로커에 이벤트를 발행합니다.

3. UPDATE EVENTS SET PUBLISHED = 1 WHERE EVENT_ID = ? 쿼리로 이벤트가 발행된 것으로 표시합니다.

이벤트 발행: 트랜잭션 로그 테일링

3장에서도 배웠지만, 트랜잭션 로그 테일링은 좀 더 정교한 방법입니다. 이벤트 발행을 확실히 보장하면서도 성능/확장성이 우수합니다. 오픈 소스 이벤트 저장소인 이벤추에이트 로컬(Eventuate Local)도 이 방식으로 DB 트랜잭션 로그를 통해 EVENTS 테이블에 삽입된 이벤트를 읽어 메시지 브로커에 발행합니다. 자세한 내용은 6.2절에서 다룹니다.

6.1.5 스냅샷으로 성능 개선

Order 애그리거트는 상태 전이가 별로 없는 편이라 이벤트가 많지 않습니다. 이런 이벤트는 이벤트 저장소를 쿼리해서 Order 애그리거트를 재구성하는 것이 효율적입니다. 하지만 Account 애그리거트처럼 수명이 긴 애그리거트는 이벤트 수가 꽤 많아서 일일이 로드/폴드하기가 만만 찮습니다.

그래서 주기적으로 애그리거트 상태의 스냅샷을 저장합니다(그림 6-7). 가장 최근에 뜬 스냅샷과 그 이후 발생한 이벤트만 가져오는 식으로 애그리거트 상태를 복원하는 것입니다.

▼ 그림 6-7 스냅샷을 이용하면 모든 이벤트를 로드할 필요가 없어서 성능이 개선된다. 애플리케이션은 스냅샷과 그 이후에 발생한 이벤트만 로드하면 된다

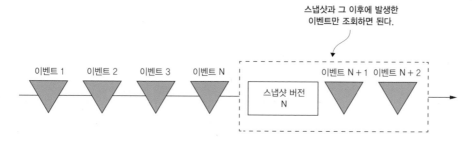

스냅샷 버전이 N이면 N + 1 이후에 발생한 이벤트 2개만 가져오면 애그리거트 상태를 되살릴 수 있습니다. 그 이전 이벤트 N개는 이벤트 저장소에서 가져올 필요가 없겠죠.

스냅샷에서 애그리거트 상태를 복원하려면, 스냅샷으로부터 애그리거트 인스턴스를 생성한 후 이벤트를 하나씩 순회하며 적용합니다. 이벤추에이트 클라이언트 프레임워크(6.2.2절) 내부에서도 다음과 같이 애그리거트를 재구성합니다.

```
Class aggregateClass = ...;
Snapshot snapshot = ...;
Aggregate aggregate = recreateFromSnapshot(aggregateClass, snapshot);
for (Event event : events) {
  aggregate = aggregate.applyEvent(event);
}
// 애그리거트 사용...
```

스냅샷을 사용할 경우, 애그리거트 인스턴스는 기본 생성자가 아닌 스냅샷을 이용하여 재생성합니다. 복잡한 애그리거트라면 메멘토 패턴[7]으로 스냅샷을 뜰 수 있지만, 단순하고 직렬화하기 쉬운 구조의 애그리거트라면 JSON 직렬화 형태로도 스냅샷을 뜰 수 있습니다.

Customer 애그리거트는 구조가 (고객 정보, 신용 한도, 예약 정보 정도로) 아주 단순해서 Customer 의 스냅샷은 해당 상태를 JSON 직렬화한 것입니다. 그림 6-8은 이벤트 #103의 Customer 상태에 해당하는 스냅샷으로부터 Customer를 재생성한 것입니다. 고객 서비스는 스냅샷과 #103 이후에 발생한 이벤트를 로드해야 합니다.

▼ 그림 6-8 고객 서비스 스냅샷 JSON을 역직렬화하고 로드하여 #104~#106 이벤트를 적용하면 Customer를 되살릴 수 있다

EVENTS

event_id	event_type	entity_type	entity_id	event_data
...	...	...	...	...
103	...	Customer	101	{...}
104	Credit Reserved	Customer	101	{...}
105	Address Changed	Customer	101	{...}
106	Credit Reserved	Customer	101	{...}

SNAPSHOTS

event_id	entity_type	event_id	snapshot_data
...	...	...	...
103	Customer	101	{name: "...", ...}
...	...	...	...
...	...	...	...

6.1.6 멱등한 메시지 처리

서비스는 대부분 다른 애플리케이션 또는 서비스로부터 받은 메시지를 소비합니다. 애그리거트가 발행한 도메인 이벤트나 사가 오케스트레이터가 보낸 커맨드 메시지를 소비하겠죠. 그런데 메시지 브로커가 동일한 메시지를 여러 번 전송할 가능성이 있으므로 메시지 컨슈머는 멱등하게 개발해야 합니다(3장).

---

7 https://en.wikipedia.org/wiki/Memento_pattern

메시지 컨슈머가 동일한 메시지를 여러 번 호출해도 안전하다면 멱등한 것입니다. 이벤추에이트 트램 프레임워크도 중복 메시지를 솎아 내서 멱등하게 메시지를 처리합니다. 또 비즈니스 로직이 애그리거트를 생성/수정하는 로컬 ACID 트랜잭션의 일부로 처리한 메시지 ID를 PROCESSED_MESSAGES 테이블에 기록합니다. 이 테이블에 메시지 ID가 있으면 중복 메시지이므로 솎아 내면 됩니다. 이벤트 소싱 기반의 비즈니스 로직은 이런 메커니즘을 강구해야 하는데, 구현 방법은 이벤트 저장소가 사용하는 DB가 관계형 DB인지, NoSQL DB인지에 따라 다릅니다.

RDBMS 이벤트 저장소 사용

RDBMS 기반의 이벤트 저장소를 사용한다면 중복 메시지를 솎아 내는 방법은 동일합니다. 메시지 ID는 PROCESSED_MESSAGES 테이블에, 이벤트는 EVENTS 테이블에 삽입하는 트랜잭션의 일부로 삽입하면 됩니다.

NoSQL 이벤트 저장소 사용

NoSQL 기반의 이벤트 저장소는 트랜잭션 모델이 제한적이라서 메시지를 멱등하게 처리하려면 다른 수단을 강구해야 합니다. 메시지 컨슈머는 이벤트를 저장하고 메시지 ID를 기록하는 작업을 어느 정도 원자적으로 처리해야 합니다. 다행히 아주 간단한 방법이 있습니다. 메시지 컨슈머가 메시지 처리 도중 생성된 메시지 ID를 저장하는 것입니다. 해당 메시지 ID가 애그리거트의 이벤트에 있는지 확인하면 중복 메시지 여부를 알 수 있겠죠.

그러나 메시지 처리 결과 아무 이벤트도 생성되지 않을 수 있습니다. 이벤트가 없다는 것은 메시지 처리 기록 또한 전무하다는 뜻이고, 이후에 같은 메시지를 재전달/재처리하면 이상하게 동작할 수 있겠죠. 예를 들어 다음과 같은 일도 발생할 수 있습니다.

1. 메시지 A는 처리되나, 애그리거트는 업데이트되지 않습니다.

2. 메시지 B가 처리되고 메시지 컨슈머는 애그리거트를 업데이트합니다.

3. 메시지 A가 재전달되고 처리 기록이 없기 때문에 메시지 컨슈머는 애그리거트를 업데이트합니다.

4. 메시지 B는 다시 처리되고……

이런 상황에서 이벤트를 재전달하면 예기치 못한 오류가 발생할 것입니다.

해결 방법은 항상 이벤트를 발행하는 것입니다. 애그리거트가 이벤트를 발생시키지 않을 경우, 오직 메시지 ID를 기록할 목적으로 가짜 이벤트(pseudo event)를 저장하는 것입니다. 당연히 이런 가짜 이벤트는 이벤트 컨슈머가 무시해야 합니다.

6.1.7 도메인 이벤트 발전시키기

이벤트 소싱은 적어도 개념적으로는 이벤트를 영구 저장하지만 사실 이것은 양날의 검과 같습니다. 정확성을 담보로 변경 감사 로그를 제공하여 애플리케이션이 애그리거트 상태를 온전히 재구성할 수 있는 반면, 이벤트 구조는 시간이 흐름에 따라 계속 달라지기 때문에 새로운 문제가 생기게 마련입니다.

애플리케이션은 잠재적으로 여러 버전의 이벤트를 처리해야 합니다. 가령 Order 애그리거트를 로드하는 서비스는 물론 이벤트 구독기(subscriber, 서브스크라이버) 역시 여러 버전의 이벤트를 폴드하게 될 가능성이 있습니다.

우선 이벤트가 어떤 경로를 거쳐 변경되는지 알아보고, 가장 흔히 사용하는 변경 처리 방법을 알아봅시다.

이벤트 스키마

이벤트 소싱에 기반한 애플리케이션의 스키마는 개념상 다음 세 가지로 구성됩니다.

- 하나 이상의 애그리거트로 구성됩니다.
- 각 애그리거트가 발생시키는 이벤트를 정의합니다.
- 이벤트 구조를 정의합니다.

▼ 표 6-1 애플리케이션 이벤트가 발전할 수 있는 다양한 경로

수준	변경	하위 호환성
스키마	새 애그리거트 타입 정의	예
애그리거트 삭제	기존 애그리거트 삭제	아니요
애그리거트 개명	애그리거트 타입명 변경	아니요
애그리거트	새 이벤트 타입 추가	예
이벤트 삭제	이벤트 타입 삭제	아니요
이벤트 개명	이벤트 타입명 변경	아니요
이벤트	새 필드 추가	예
필드 삭제	필드 삭제	아니요
필드 개명	필드명 변경	아니요
필드 타입 변경	필드 타입 변경	아니요

표 6-1에 열거한 변경은 서비스 도메인 모델이 점점 발전하면서 자연스럽게 일어납니다. 가령 서비스 요건이 바뀔 수도 있고 담당 개발자가 도메인을 더 깊이 알게 되어 도메인 모델을 개선시킬 수도 있을 것입니다. 스키마 수준에서는 개발자가 애그리거트 클래스를 추가, 삭제, 개명합니다. 애그리거트 수준에서는 특정 애그리거트가 발생시킨 이벤트 타입이 달라질 수 있습니다. 개발자가 필드 타입이나 필드명을 추가, 삭제, 수정하는 식으로 이벤트 타입 구조를 변경할 수도 있습니다.

다행히 이런 종류의 변경은 대부분 하위 호환성이 보장됩니다. 이벤트에 필드를 추가한다고 그 컨슈머가 영향받을 일은 거의 없겠죠. 컨슈머는 자신이 모르는 필드는 그냥 무시하면 됩니다. 하지만 호환되지 않는 변경도 있습니다. 이벤트명, 필드명이 바뀌면 해당 이벤트 타입의 컨슈머까지 고쳐야 하기 때문입니다.

업캐스팅을 통한 스키마 변화 관리

SQL DB 세계에서 DB 스키마 변경은 보통 마이그레이션(migration, 이전)을 이용하여 처리합니다. 즉, 변경된 새 스키마에 기존 데이터를 옮겨 담는 SQL 스크립트를 실행해서 옮기죠. 스키마 마이그레이션은 버전 관리 시스템에 저장하고 플라이웨이(Flyway)[8] 등의 툴을 써서 DB에 반영합니다.

---

8 역주 https://flywaydb.org/

이벤트 소싱 애플리케이션도 하위 호환이 안 되는 변경을 비슷한 방법으로 처리할 수 있지만, 이벤트를 새 버전의 스키마에 마이그레이션하는 것이 아니라, 이벤트 소싱 프레임워크가 이벤트 저장소에서 이벤트를 로드할 때 바꾸어 줍니다. 보통 업캐스터(upcaster)라고 하는 컴포넌트가 개별 이벤트를 구 버전에서 신 버전으로 업데이트하므로 애플리케이션 코드는 현재 이벤트 스키마를 잘 처리하기만 하면 됩니다.

6.1.8 이벤트 소싱의 장점

이벤트 소싱도 장단점이 고루 있습니다. 먼저 장점입니다.

- 도메인 이벤트를 확실하게 발행합니다.
- 애그리거트 이력이 보존됩니다.
- O/R 임피던스 불일치 문제를 대부분 방지할 수 있습니다.
- 개발자에게 타임 머신을 제공합니다.

도메인 이벤트를 확실하게 발행

이벤트 소싱은 무엇보다 애그리거트 상태가 변경될 때마다 확실히 이벤트를 발행합니다. 이벤트 주도 방식의 마이크로서비스 아키텍처에서는 아주 든든한 기반이죠. 또 이벤트 소싱은 변경을 일으킨 사용자 신원을 이벤트마다 저장하므로 정확한 감사 로그를 제공합니다. 이벤트 스트림은 사용자에게 알림 메시지를 보내거나, 애플리케이션 통합/분석/모니터링 등의 용도로 활용할 수 있습니다.

애그리거트 이력 보존

애그리거트마다 전체 이력이 그대로 보존되고, 애그리거트의 과거 상태를 임시 쿼리로 쉽게 조회할 수 있습니다. 특정 시점의 애그리거트 상태는 그때까지 발생한 이벤트를 폴드하면 알 수 있습니다. 가령 어떤 고객이 과거 특정 시점에 신용 한도가 얼마였는지 쉽게 계산할 수 있습니다.

O/R 임피던스 불일치 문제를 거의 방지

이벤트 소싱은 이벤트를 취합하는 대신 저장합니다. 이벤트는 보통 쉽게 직렬화할 수 있는 단순한 구조입니다. 서비스는 과거 상태를 죽 나열해서 복잡한 애그리거트의 스냅샷을 뜰 수 있습니다. 따라서 애그리거트와 애그리거트를 직렬화한 표현형 사이를 한 수준 더 간접화(indirection)할 수 있습니다.

개발자에게 타임 머신 제공

이벤트 소싱은 애플리케이션 가동 중 발생한 모든 일을 기록합니다. 장바구니에 상품을 추가한 후 바로 제거한 소비자에 관한 새로운 요건을 구현한다고 합시다. 기존 애플리케이션은 이 정보를 보관하지 않기 때문에 새로운 기능을 구현된 이후에는 상품을 추가하고 바로 삭제한 소비자만 정보가 보관될 것입니다. 그러나 이벤트 소싱 애플리케이션은 과거에 똑같은 일을 한 적 있는 소비자도 바로 지원할 수 있습니다. 마치 개발자가 타임 머신을 타고 과거로 돌아가 그 당시에는 미처 예상치 못했던 요건을 구현하듯이 말이죠.

6.1.9 이벤트 소싱의 단점

이벤트 소싱도 단점이 있습니다.

- 새로운 프로그래밍 모델을 배우는 데 시간이 걸립니다.
- 메시징 기반 애플리케이션은 복잡합니다.
- 이벤트를 개량하기가 까다로운 편입니다.
- 데이터를 삭제하기가 어렵습니다.
- 이벤트 저장소를 쿼리하기가 만만찮습니다.

새로운 프로그래밍 모델을 배우려면 시간이 걸린다

이벤트 소싱은 다소 낯설고 새로운 프로그래밍 모델이라서 초기 학습 시간이 어느 정도 필요합니다. 또 기존 애플리케이션에 적용하려면 비즈니스 로직을 다시 작성할 수밖에 없습니다. 하지만 다행히도 마이크로서비스로 전환할 때에는 거의 대부분 기계적인 변환입니다.

메시징 기반 애플리케이션은 복잡하다

메시지 브로커가 적어도 1회 이상 전달하기 때문에 멱등하지 않은 이벤트 핸들러는 중복 이벤트를 감지해 걸러 내야 합니다. 이벤트 소싱 프레임워크를 사용하면 이벤트마다 하나씩 증가하는 ID를 배정할 수 있고, 이벤트 핸들러는 순번이 가장 높은 이벤트 ID를 검색하여 중복 이벤트를 솎아 낼 수 있습니다. 이벤트 핸들러가 애그리거트를 업데이트할 때 이런 일이 자동으로 수행됩니다.

이벤트를 발전시키기 어렵다

이벤트 스키마(그리고 스냅샷)는 시간이 지나면서 조금씩 발전될 것입니다. 이벤트는 영구 저장되므로 애그리거트는 각 스키마 버전별로 이벤트를 폴드해야 하는데, 그러다 보면 버전마다 분기 처리하는 코드로 애그리거트가 도배될 가능성이 높습니다. 이 문제를 해결하는 좋은 방법은 이벤트를 이벤트 저장소에서 가져올 때 최신 버전으로 업그레이드하는 것입니다(6.1.7절). 그러면 애그리거트에 있는 이벤트를 업그레이드하는 코드를 따로 분리할 수 있고, 애그리거트는 최신 버전의 이벤트만 적용하면 되니 만사가 편해집니다.

데이터를 삭제하기 어렵다

애그리거트의 이력 보존은 이벤트 소싱의 주요 목표 중 하나이기 때문에 데이터는 의도적으로 영구 저장됩니다. 이벤트를 소싱할 때 기존에는 데이터를 소프트 삭제(soft delete), 즉 삭제 플래그를 세팅하여 애그리거트를 삭제했습니다. 애그리거트가 삭제 이벤트를 발생시키고 관심 있는 모든 컨슈머에 그 사실을 알리는 것이죠. 그러면 애그리거트에 접근하는 모든 코드는 이 플래그를 체크해서 그에 따라 움직입니다.

소프트 삭제는 여러 종류의 데이터에 적합합니다. 하지만 개인의 삭제 권리를 부여한 유럽 연합 일반 정보 보호 규정(GDPR, General Data Protection Regulation)[9], 즉 애플리케이션은 반드시 이메일 주소 같은 사용자 개인 정보를 망각하는 기능을 갖추어야 한다는 규정을 준수해야 할 경우 문제가 됩니다. 이벤트 소싱 애플리케이션은 이메일 주소를 AccountCreatedEvent에 저장하거나 애그리거트의 기본키로 사용할 수 있으니 문제가 있겠죠. 이벤트를 삭제하지 않고 사용자의 개인 정보를 망각할 방법은 없을까요?

암호화(encryption)를 이용하면 해결할 수 있습니다. 사용자마다 암호 키를 발급해서 별도의 DB 테이블에 저장하고, 애플리케이션은 사용자 개인 정보가 포함된 이벤트를 이벤트 저장소에 저장

---

9 https://gdpr-info.eu/art-17-gdpr/

하기 전에 무조건 이 키로 암호화하면 됩니다. 사용자가 삭제를 요청하면 DB 테이블에 있는 암호화 키 레코드만 삭제하면 그만이죠. 키가 없으면 더 이상 이벤트를 복호화할 길이 없으니 사용자 개인 정보는 사실상 삭제된 것이나 다름없습니다.

사용자 개인 정보 삭제 문제는 이벤트 암호화로 어느 정도 해결할 수 있지만, 이메일 주소 같은 사용자 개인 정보를 애그리거트 ID로 쓸 경우 암호화 키를 폐기하는 정도로는 불충분합니다(이벤트 저장소(6.2절)에도 기본키가 애그리거트 ID인 엔터티 테이블이 있습니다). 이 문제를 해결하는 한 가지 방법은 가명화(pseudonymization)라는 기법을 적용해서 이메일 주소를 UUID 토큰으로 바꾸고 이것을 애그리거트 ID처럼 사용하는 것입니다. 물론 UUID 토큰과 이메일 주소 간 연관 관계는 DB 테이블에 저장합니다. 사용자가 개인 정보 삭제 요청 시 이 테이블에서 해당 레코드만 삭제하면 삭제된 UUID가 해당 이메일 주소와 매핑될 일은 없겠죠.

이벤트 저장소를 쿼리하기 어렵다

신용 한도가 소진된 고객을 찾는다고 합시다. 신용 한도를 가리키는 컬럼은 따로 없기 때문에 SELECT * FROM CUSTOMER WHERE CREDIT_LIMIT = 0 같은 쿼리는 쓸 수 없습니다. 그래서 처음에 신용 한도를 설정한 이후 업데이트한 이벤트를 폴드해서 신용 한도를 계산할 수밖에 없는데, 아마도 SELECT 문이 중첩된 매우 복잡하고 비효율적인 쿼리를 쓰게 될 것입니다. 설상가상으로 NoSQL 이벤트 저장소는 대부분 기본키 검색만 지원하므로 CQRS 방식(7장)으로 쿼리를 구현해야 합니다.

6.2 이벤트 저장소 구현

이벤트 소싱 애플리케이션은 이벤트 저장소에 이벤트를 저장합니다. 이벤트 저장소는 DB와 메시지 브로커를 합한 것입니다. 애그리거트의 이벤트를 기본키로 삽입/조회하는 API가 있어 마치 DB처럼 움직이면서, 이벤트를 구독하는 API도 있어서 메시지 브로커처럼 동작하기도 합니다.

이벤트 저장소는 몇 가지 방법으로 구현할 수 있습니다. 먼저 이벤트 저장소와 이벤트 소싱 프레임워크를 직접 구현하는 방법입니다. 말하자면 RDBMS에 이벤트를 그냥 저장하면 되겠죠. 성능 저하를 감수하고 구독기로 EVENTS 테이블을 폴링할 수도 있지만, 구독기가 모든 이벤트를 순서대로 처리하도록 보장하는 것이 관건입니다(6.1.4절).

성능/확장성이 우수한 다기능의 전용 이벤트 저장소를 두는 방법도 있습니다. 쓸 만한 제품으로는 다음과 같은 것들이 있습니다.

- **이벤트 스토어**(Event Store): 닷넷 기반의 오픈 소스 이벤트 저장소. 이벤트 소싱 분야의 선구자 중 일인인 그렉 영(Greg Young)이 개발했습니다.[10]
- **라곰**(Lagom): 타입세이프(Typesafe)가 전신인 라이트벤드(Lightbend)사가 개발한 마이크로서비스 프레임워크[11]
- **액손**(Axon): 이벤트 소싱 및 CQRS를 사용하는 이벤트 주도형 애플리케이션을 위한 오픈 소스 자바 프레임워크[12]
- **이벤추에이트**(Eventuate): 필자가 창업한 스타트업 회사, 이벤추에이트[13]의 작품입니다. 클라우드 서비스인 이벤추에이트 사스(Eventuate Saas)와 아파치 카프카/RDBMS 기반의 오픈 소스 프로젝트인 이벤추에이트 로컬(Eventuate Local), 두 가지 버전이 있습니다.

프레임워크마다 세부 내용은 조금씩 다르지만 근본 개념은 같습니다. 이 책은 아무래도 필자가 가장 익숙한 이벤추에이트 프레임워크를 사용합니다. 이 프레임워크의 아키텍처는 이벤트 소싱 개념을 직관적이고 알기 쉽게 나타냅니다. 여러분이 개발 중인 애플리케이션에 도입하거나 직접 고쳐 써도 좋고, 이 책에서 습득한 지식을 바탕으로 다른 이벤트 소싱 프레임워크를 이용하여 빌드해도 좋습니다.

6.2.1 이벤추에이트 로컬 이벤트 저장소의 작동 원리

이벤추에이트 로컬은 오픈 소스 이벤트 저장소입니다. 아키텍처는 그림 6-9와 같습니다. 이벤트는 MySQL 등의 DB에 저장됩니다. 애플리케이션은 애그리거트 이벤트를 기본키로 조회/삽입하고, 아파치 카프카 등의 메시지 브로커에서 이벤트를 가져와 소비합니다. 트랜잭션 로그 테일링 장치는 끊임없이 DB에서 메시지 브로커로 이벤트를 퍼 나릅니다.

---

10 https://eventstore.org
11 http://www.lightbend.com/lagom-framework
12 http://www.axonframework.org
13 http://eventuate.io

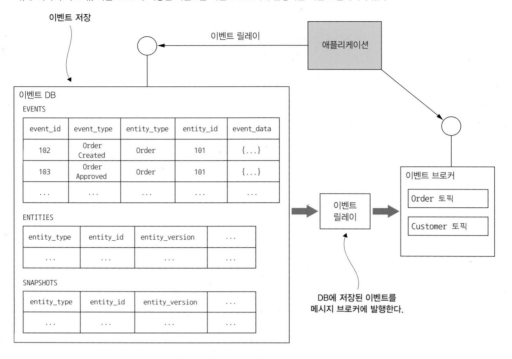

❤️ 그림 6-9 이벤추에이트 로컬의 아키텍처. 이벤트를 저장하는 이벤트 DB(예: MySQL), 구독기에 이벤트를 전달하는 이벤트 브로커(예: 아파치 카프카), 이벤트 DB에 저장된 이벤트를 이벤트 브로커에 발행하는 이벤트 릴레이가 있다

이벤추에이트 로컬의 이벤트 DB 스키마

이벤트 DB는 세 테이블로 구성됩니다.

- **events**: 이벤트를 저장
- **entities**: 엔터티당 로우 하나
- **snapshots**: 스냅샷을 저장

핵심 테이블은 events 테이블입니다. 구조는 그림 6-2와 비슷하고 DDL은 다음과 같습니다.

```
create table events (
  event_id varchar(1000) PRIMARY KEY,
  event_type varchar(1000)
  event_data varchar(1000) NOT NULL,
  entity_type VARCHAR(1000) NOT NULL,
  entity_id VARCHAR(1000) NOT NULL,
  triggering_event VARCHAR(1000)
);
```

triggering_event는 중복 이벤트/메시지를 발견하는 용도의 컬럼입니다. 이벤트를 생성한 메시지/이벤트의 ID를 여기에 저장합니다.

entities 테이블은 엔터티별 현재 버전을 저장합니다. 낙관적 잠금을 구현하는 용도로 쓰입니다.

```
create table entities (
   entity_type VARCHAR(1000),
   entity_id VARCHAR(1000),
   entity_version VARCHAR(1000) NOT NULL,
   PRIMARY KEY(entity_type, entity_id)
);
```

엔터티가 생성되면 이 테이블에 한 로우가 삽입되고, 엔터티가 업데이트될 때마다 entity_version 컬럼도 업데이트됩니다.

snapshots 테이블은 엔터티별 스냅샷을 저장하는 테이블입니다.

```
create table snapshots (
   entity_type VARCHAR(1000),
   entity_id VARCHAR(1000),
   entity_version VARCHAR(1000),
   snapshot_type VARCHAR(1000) NOT NULL,
   snapshot_json VARCHAR(1000) NOT NULL,
   triggering_events VARCHAR(1000),
   PRIMARY KEY(entity_type, entity_id, entity_version)
)
```

스냅샷 엔터티는 entity_type과 entity_id 컬럼으로 지정합니다. snapshot_json 컬럼은 스냅샷을 직렬화한 표현형이고 snapshot_type은 그 타입을 가리킵니다. entity_version은 이 스냅샷의 주인공인 엔터티의 버전입니다.

이 스키마는 find(), create(), update() 3개의 작업을 지원합니다. 먼저 find()는 snapshots 테이블에서 가장 최근 스냅샷을 조회한 후, 스냅샷이 존재하면 events 테이블을 뒤져 event_id가 스냅샷의 entity_version보다 크거나 같은 이벤트를 모두 찾고, 스냅샷이 존재하지 않으면 주어진 엔터티의 이벤트를 모두 조회합니다. 또 entity 테이블에서 엔터티 현재 버전을 가져옵니다.

create()는 entities 테이블에 새 로우를 삽입하고 events 테이블에는 이벤트를 삽입합니다. update()는 events 테이블에 이벤트를 삽입합니다. 또 다음 UPDATE 문으로 entities 테이블에 있는 엔터티 버전을 업데이트해서 낙관적 잠금 체크를 수행합니다.

```
UPDATE entities SET entity_version = ?
WHERE entity_type = ? and entity_id = ? and entity_version = ?
```

이 버전이 처음에 find()로 조회한 이후로 변경되지 않았는지 확인하는 것입니다. 그리고 entity_version을 새 버전으로 업데이트합니다. update()는 한 트랜잭션으로 업데이트하므로 원자성이 보장됩니다.

이벤추에이트 로컬의 이벤트 브로커를 구독하여 이벤트를 소비

서비스는 아파치 카프카로 구현된 이벤트 브로커를 구독해서 이벤트를 소비합니다. 이벤트 브로커에는 애그리거트 종류마다 토픽이 있습니다. 토픽은 파티셔닝된 메시지 채널이라서(3장), 컨슈머는 메시지 순서를 유지한 상태로 수평 확장을 할 수 있습니다. 애그리거트 ID를 파티션 키로 사용하기 때문에 애그리거트가 발행한 이벤트 순서가 보존되는 것입니다. 서비스는 토픽을 구독하여 애그리거트의 이벤트를 소비합니다.

이벤추에이트 로컬 이벤트 릴레이가 이벤트를 DB에서 메시지 브로커로 전파

이벤트 릴레이는 이벤트 DB에 삽입된 이벤트를 이벤트 브로커로 전파합니다. 가능한 한 트랜잭션 로그 테일링을 이용하고 다른 DB를 폴링하기도 합니다. 예를 들어 마스터/슬레이브 복제 프로토콜을 사용하는 MySQL 버전의 이벤트 릴레이라면 마치 자신이 슬레이브인 것처럼 MySQL 서버에 접속하여 binlog(MySQL DB의 업데이트 기록)를 읽습니다. EVENTS 테이블에 이벤트가 삽입되면 해당 아파치 카프카 토픽으로 발행됩니다. 다른 종류의 변경은 이벤트 릴레이가 그냥 무시합니다.

이벤트 릴레이는 스탠드얼론 프로세스로 배포됩니다. 정확하게 재시작하기 위해 주기적으로 binlog에서 현재 위치(파일명, 오프셋)를 읽어 아파치 카프카 전용 토픽에 저장합니다. 시동 시 이벤트 릴레이는 토픽에서 가장 마지막에 기록된 위치를 조회한 후, 해당 위치에서 MySQL binlog를 읽어 들이기 시작합니다.

이벤트 저장소는 이렇게 이벤트 DB, 메시지 브로커, 이벤트 릴레이로 구성됩니다.

6.2.2 자바용 이벤추에이트 클라이언트 프레임워크

이벤추에이트 클라이언트는 이벤추에이트 로컬 이벤트 저장소를 사용하는 이벤트 소싱 애플리케이션의 개발 프레임워크입니다. 이벤트 소싱 기반의 애그리거트, 서비스, 이벤트 핸들러 개발에 필요한 기반을 제공합니다(그림 6-10).

▼ 그림 6-10 이벤추에이트 클라이언트 자바 프레임워크의 메인 클래스 및 인터페이스

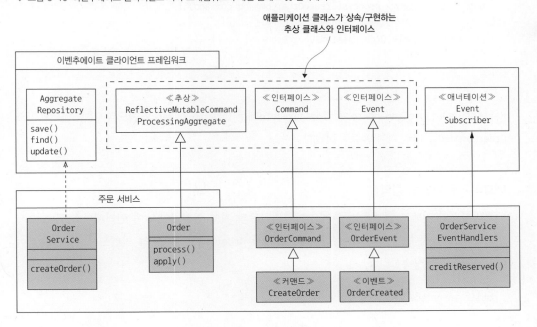

그림 6-10에서 보다시피 애그리거트, 커맨드, 이벤트를 위한 기초 클래스 및 CRUD 기능을 제공하는 AggregateRepository 클래스, 이벤트 구독 API가 준비되어 있습니다.

이 프레임워크의 구성 요소를 하나씩 간략히 살펴봅시다.

애그리거트 정의: ReflectiveMutableCommandProcessingAggregate 클래스

ReflectiveMutableCommandProcessingAggregate는 애그리거트의 기초 클래스입니다. 이 클래스는 두 타입 매개변수(애그리거트 구상 클래스 및 애그리거트 커맨드 클래스의 상위 클래스)를 받는 제네릭 클래스입니다. 긴 이름에 걸맞게 리플렉션을 이용하여 커맨드 및 이벤트를 적절한 메서드에 디스패치합니다. 커맨드는 process()에, 이벤트는 apply()에 각각 디스패치됩니다.

이벤추에이트 버전으로 바꾼 Order 클래스는 ReflectiveMutableCommandProcessingAggregate를 상속합니다(예제 6-3).

예제 6-3 이벤추에이트 버전의 Order 클래스

```
public class Order extends ReflectiveMutableCommandProcessingAggregate<Order,
    OrderCommand> {

    public List<Event> process(CreateOrderCommand command) { ... }

    public void apply(OrderCreatedEvent event) { ... }
    ...
}
```

ReflectiveMutableCommandProcessingAggregate에는 Order와 Order 커맨드의 기초 인터페이스 OrderCommand를 타입 매개변수로 전달합니다.

애그리거트 커맨드 정의

애그리거트의 커맨드 클래스는 주어진 애그리거트의 기초 인터페이스(이 인터페이스도 Command 인터페이스를 상속)를 상속해야 합니다. 그래서 Order 애그리거트의 커맨드도 다음과 같이 OrderCommand를 상속합니다.

```
public interface OrderCommand extends Command {
}

public class CreateOrderCommand implements OrderCommand { ... }
```

OrderCommand 인터페이스는 Command 인터페이스를 상속하며, OrderCommand 인터페이스는 CreateOrderCommand 커맨드 클래스가 구현합니다.

도메인 이벤트 정의

애그리거트의 이벤트 클래스는 메서드가 하나도 없는 마커 인터페이스 Event를 상속합니다. 애그리거트의 모든 이벤트 클래스에 적용할 (Event를 상속한) 공용 기초 인터페이스를 정의하는 것이 좋습니다. 예를 들어 OrderCreated 이벤트는 다음과 같이 정의합니다.

```
interface OrderEvent extends Event {
}

public class OrderCreated implements OrderEvent { ... }
```

이벤트 클래스 OrderCreated는 Order 애그리거트의 이벤트 클래스용 기초 인터페이스 OrderEvent 를 구현합니다. OrderEvent 인터페이스는 다시 Event를 상속합니다.

AggregateRepository 클래스로 애그리거트 생성, 검색, 수정

이벤추에이트 클라이언트 프레임워크는 애그리거트를 생성, 검색, 수정하는 몇 가지 수단을 제공 합니다. 제일 간단한 방법은 AggregateRepository를 이용하는 것입니다. AggregateRepository는 애그리거트 클래스, 애그리거트의 기초 커맨드 클래스를 타입 매개변수로 받는 제네릭 클래스입 니다. 이 클래스에는 다음 세 메서드가 오버로드되어 있습니다.

- **save()**: 애그리거트를 생성
- **find()**: 애그리거트를 검색
- **update()**: 애그리거트를 수정

save(), update()는 애그리거트를 생성/수정하는 판박이 코드를 캡슐화한 메서드라서 아주 편리 합니다. 예를 들어 save()는 커맨드 객체를 매개변수로 받아 다음과 같은 일을 합니다.

1. 기본 생성자로 애그리거트 인스턴스를 만듭니다.

2. process()를 호출하여 커맨드를 처리합니다.

3. apply()를 호출하여 생성된 이벤트를 적용합니다.

4. 생성된 이벤트를 이벤트 저장소에 저장합니다.

update()도 비슷합니다. 애그리거트 ID, 커맨드를 받아 다음과 같은 일을 합니다.

1. 이벤트 저장소에서 애그리거트를 조회합니다.

2. process()를 호출하여 커맨드를 처리합니다.

3. apply()를 호출하여 생성된 이벤트를 적용합니다.

4. 생성된 이벤트를 이벤트 저장소에 저장합니다.

AggregateRepository 클래스는 외부 요청에 대한 응답으로 애그리거트를 생성/수정하는 서비스에 주로 쓰입니다. 예제 6-4는 OrderService가 AggregateRepository를 이용하여 Order를 생성하는 코드입니다.

예제 6-4 OrderService는 AggregateRepository를 사용한다

```java
public class OrderService {
  private AggregateRepository<Order, OrderCommand> orderRepository;

  public OrderService(AggregateRepository<Order, OrderCommand> orderRepository) {
    this.orderRepository = orderRepository;
  }

  public EntityWithIdAndVersion<Order> createOrder(OrderDetails orderDetails) {
    return orderRepository.save(new CreateOrder(orderDetails));
  }
}
```

Order용 AggregateRepository가 OrderService에 주입되고, createOrder()는 CreateOrder 커맨드를 AggregateRepository.save()에 넘겨 호출합니다.

도메인 이벤트 구독

이벤추에이트 클라이언트 프레임워크는 이벤트 핸들러 작성에 필요한 API도 제공합니다. 예제 6-5는 CreditReserved 이벤트 핸들러 코드입니다. @EventSubscriber로 이벤트를 처리할 스프링 빈을 지정합니다. 구독기가 실행되지 않을 때 발행된 이벤트는 구독기가 시작되면 전달될 것입니다. @EventHandlerMethod는 creditReserved()를 이벤트 핸들러로 식별하는 애너테이션입니다.

예제 6-5 CreditReservedEvent 핸들러

```java
@EventSubscriber(id="orderServiceEventHandlers")
public class OrderServiceEventHandlers {

  @EventHandlerMethod
  public void creditReserved(EventHandlerContext<CreditReserved> ctx) {
  CreditReserved event = ctx.getEvent();
    ...
  }
```

이벤트 핸들러는 이벤트 및 관련 메타데이터가 포함된 EventHandlerContext형 매개변수를 받습니다.

6.3 / 사가와 이벤트 소싱을 접목

여러분이 이벤트 소싱 기법으로 하나 이상의 서비스를 구현했다면 그 코드는 예제 6-4와 비슷할 것입니다. 그러나 4장을 정독한 독자라면 알겠지만, 여러 서비스에 걸쳐 데이터 일관성을 유지하려면 서비스가 사가를 시작하거나 사가에 참여해야 할 경우가 많습니다. 예를 들어 주문 서비스는 사가를 이용하여 Order를 검증하며, 주방 서비스, 소비자 서비스, 회계 서비스는 이 사가에 참여합니다. 따라서 사가와 이벤트 소싱 기반의 비즈니스 로직을 연계해야 합니다.

이벤트 소싱에서는 코레오그래피 사가를 쉽게 이용할 수 있습니다. 참여자는 자신의 애그리거트가 발생시킨 도메인 이벤트를 교환하고, 각 참여자의 애그리거트는 커맨드를 처리하고 새로운 이벤트를 발생시키는 식으로 이벤트를 처리합니다. 물론 애그리거트 및 애그리거트를 업데이트하는 이벤트 핸들러 클래스는 여러분이 작성해야 합니다.

하지만 이벤트 소싱 기반의 비즈니스 로직을 오케스트레이션 기반의 사가에 연계하는 일은 훨씬 어려울 수 있습니다. 이벤트 저장소의 트랜잭션 개념이 상당히 제한적이기 때문입니다. 이벤트 저장소를 사용하는 애플리케이션은 애그리거트 하나만 생성/수정하고 결과 이벤트(들)를 발행할 수 있는데, 사가의 각 단계는 다음과 같이 반드시 원자적으로 수행되어야 하는 액션들로 구성됩니다.

- **사가 생성**: 사가를 시작한 서비스는 원자적으로 애그리거트를 생성/수정하고 사가 오케스트레이터를 생성해야 합니다. 예를 들어 주문 서비스의 createOrder()는 Order 애그리거트와 CreateOrderSaga를 생성해야 합니다.
- **사가 오케스트레이션**: 사가 오케스트레이터는 원자적으로 응답을 소비하고, 자신의 상태를 업데이트한 후 커맨드 메시지를 전송해야 합니다.
- **사가 참여자**: 주방 서비스, 주문 서비스 등 사가 참여자는 원자적으로 메시지를 소비하고, 중복 메시지를 솎아 내고, 애그리거트를 생성/수정하고, 응답 메시지를 전송해야 합니다.

이처럼 이벤트 저장소의 트랜잭션 능력과 요건 사이에 맞지 않는 부분이 있기 때문에 오케스트레이션 사가와 이벤트 소싱을 연계하는 작업은 쉽지 않은 도전이 될 가능성이 있습니다.

이벤트 저장소의 RDBMS/NoSQL 사용 여부는 이벤트 소싱과 오케스트레이션 사가의 연계 가능성을 가늠하는 핵심 기준입니다. 이벤추에이트 트램 사가 프레임워크(4장)와 그 하부를 지지하는 트램 메시징 프레임워크(3장)는 RDBMS에서 지원되는 유연한 ACID 트랜잭션에 의존합니다. 사가 오케스트레이터와 참여자는 ACID 트랜잭션을 걸고 DB를 원자적으로 업데이트한 후, 메시지를 교환합니다. 이벤추에이트 로컬 등 RDBMS 기반의 이벤트 저장소를 사용하는 애플리케이션은 융통성 있게 이벤추에이트 트램 사가 프레임워크를 호출해서 이벤트 저장소를 ACID 트랜잭션으로 업데이트할 수 있습니다. 그러나 NoSQL DB를 쓰는 이벤트 저장소는 이벤추에이트 트램 사가 프레임워크와 동일한 트랜잭션에 참여할 수 없기 때문에 다른 방법을 궁리해야 합니다.

우리가 해결해야 할 이슈와 가능한 시나리오를 좀 더 구체적으로 정리합시다.

- 코레오그래피 사가를 구현
- 오케스트레이션 사가를 생성
- 이벤트 소싱 기반의 사가 참여자를 구현
- 이벤트 소싱을 이용하여 사가 오케스트레이터를 구현

이벤트 소싱을 이용하여 코레오그래피 사가를 구현하는 방법을 하나씩 살펴봅시다.

6.3.1 코레오그래피 사가 구현: 이벤트 소싱

이벤트 소싱은 속성상 이벤트가 모든 것을 주도하므로 코레오그래피 사가를 아주 쉽게 구현할 수 있습니다. 애그리거트가 업데이트되면 사가가 이벤트를 발생시키고, 제각기 배정된 이벤트 핸들러는 해당 이벤트를 소비한 후 애그리거트를 업데이트합니다. 이벤트 소싱 프레임워크는 각 이벤트 핸들러를 알아서 멱등하게 만듭니다.

4장에서는 주문 생성 사가를 코레오그래피 기반으로 구현하는 방법을 설명했습니다. ConsumerService, KitchenService, AccountingService는 OrderService의 이벤트를 구독하고, 반대로 OrderService 역시 이 세 서비스의 이벤트를 구독합니다. 각 서비스는 예제 6-5와 비슷한 이벤트 핸들러를 갖고 있습니다. 이벤트 핸들러가 해당 애그리거트를 업데이트하면 또 다른 이벤트가 발생합니다.

이벤트 소싱과 코레오그래피 사가는 찰떡궁합입니다. 이벤트 소싱은 메시징 기반의 IPC, 메시지 중복 제거, 원자적 상태 업데이트와 메시지 전송 등 사가가 필요로 하는 여러 가지 메커니즘을 제 공합니다. 물론 코레오그래피 사가는 단순해서 좋지만 단점도 많습니다. 특히 이벤트 소싱에서만 해당되는 단점이 하나 있습니다.

사가 코레오그래피에 이벤트를 사용하면 이벤트의 목적이 이원화되는 문제입니다. 이벤트 소싱은 상태 변화를 나타내기 위해 이벤트를 이용하는데, 이벤트를 사가 코레오그래피에 갖다 쓰면 애그 리거트는 상태 변화가 없어도 무조건 이벤트를 발생시켜야 합니다. 가령 애그리거트를 업데이트 하면 비즈니스 규칙에 위배될 경우, 애그리거트는 반드시 이벤트를 발생시켜 오류를 보고해야 합 니다. 더 큰 문제는 사가 참여자가 애그리거트를 생성할 수 없는 경우입니다. 에러 이벤트를 발생 시킬 애그리거트가 하나도 없겠죠.

이런 문제가 있어서 조금 더 복잡하지만 오케스트레이션 사가를 구현하는 것이 최선입니다. 오케 스트레이션 사가와 이벤트 소싱을 연계하는 방법은 바로 다음 절에서 다룹니다.

먼저 OrderService.createOrder() 같은 서비스 메서드에서 사가 오케스트레이터를 생성하는 방 법을 살펴봅시다.

6.3.2 오케스트레이션 사가 생성

사가 오케스트레이터는 일부 서비스 메서드에 의해 생성됩니다. OrderService.createOrder() 같 은 다른 서비스 메서드는 애그리거트를 생성/수정하고 사가 오케스트레이터를 생성하는 두 가 지 일을 합니다. 서비스는 이 두 가지 액션을 첫 번째 액션이 수행되면 두 번째 액션은 최종적으 로(eventually) 실행되는 방식으로 수행합니다. 두 액션이 서비스에서 반드시 수행되도록 보장하는 방법은 이벤트 저장소의 종류마다 다릅니다.

사가 오케스트레이터 작성: RDBMS 이벤트 저장소 사용 서비스

RDBMS 이벤트 저장소를 사용하는 서비스에서는 이벤트 저장소를 업데이트하고 사가 오케스트 레이터를 생성하는 작업을 한 트랜잭션으로 묶을 수 있습니다. 예를 들어 OrderService가 이벤추 에이트 로컬 및 트램 사가 프레임워크를 사용한다면 createOrder()는 다음과 같이 구현할 수 있습 니다.

```
class OrderService

  @Autowired
  private SagaManager<CreateOrderSagaState> createOrderSagaManager;

  @Transactional   ◄──── createOrder( )가 DB 트랜잭션 내에서 실행되도록 합니다.
 public EntityWithIdAndVersion<Order> createOrder(OrderDetails orderDetails) {
   EntityWithIdAndVersion<Order> order =
       orderRepository.save(new CreateOrder(orderDetails));   ◄──── Order 애그리거트를 생성합니다.

                                                    CreateOrderSaga를 생성합니다.
    CreateOrderSagaState data =
       new CreateOrderSagaState(order.getId(), orderDetails);  ◄──┘

    createOrderSagaManager.create(data, Order.class, order.getId());

    return order;
  }
  ...
```

예제 6-4의 OrderService와 4장에서 설명한 OrderService를 조합한 형태입니다. 이벤추에이트 로컬은 RDBMS를 사용하므로 이벤추에이트 트램 사가 프레임워크와 동일한 ACID 트랜잭션에 참여할 수 있습니다. 하지만 NoSQL 이벤트 저장소를 사용하는 서비스는 사가 오케스트레이터를 생성하는 것이 이렇게 간단하지 않습니다.

사가 오케스트레이터 작성: NoSQL 이벤트 저장소 사용 서비스

NoSQL 이벤트 저장소를 사용하는 서비스는 이벤트 저장소를 업데이트하고 사가 오케스트레이터를 생성하는 액션을 원자적으로 수행할 수 없습니다. 사가 오케스트레이션 프레임워크가 전혀 다른 DB를 사용할 수도 있겠죠. 설사 동일한 NoSQL DB를 사용한다고 해도 NoSQL DB 특성상 트랜잭션 모델이 제한적이므로 애플리케이션에서 상이한 두 객체를 원자적으로 생성/수정할 수는 없습니다. 그 대신 서비스는 애그리거트가 발생시킨 도메인 이벤트에 반응하여 사가 오케스트레이터를 생성하는 이벤트 핸들러를 갖고 있어야 합니다.

그림 6-11은 주문 서비스가 OrderCreated 이벤트 핸들러로 CreateOrderSaga를 생성하는 과정입니다. 주문 서비스가 Order 애그리거트를 만들어 이벤트 저장소에 저장하면, 이벤트 저장소는 OrderCreated 이벤트를 발행하고 이벤트 핸들러는 이 이벤트를 소비합니다. 이벤트 핸들러는 이벤추에이트 트램 사가 프레임워크를 호출하여 CreateOrderSaga를 생성합니다.

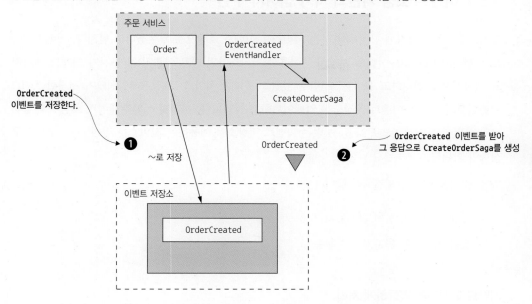

❤ 그림 6-11 서비스가 이벤트 소싱 기반의 애그리거트를 생성한 후, 이벤트 핸들러를 이용하여 사가를 확실히 생성한다

사가 오케스트레이터를 생성하는 이벤트 핸들러를 작성할 때 주의할 점은 중복 이벤트를 처리해야 한다는 사실입니다. 적어도 한 번은 메시지를 전달하기 때문에 사가를 생성하는 이벤트 핸들러가 여러 번 호출될 수도 있겠죠. 사가 인스턴스를 정확히 하나만 생성하도록 할 수는 없을까요?

가장 쉬운 방법은 이벤트의 유일한 속성에서 사가 ID를 추출하는 것입니다. 방법은 두 가지입니다. 첫째, 이벤트를 발생시킨 애그리거트 ID를 사가 ID로 쓰는 것입니다. 애그리거트 생성 이벤트에 반응하여 생성되는 사가에 적합하겠죠.

둘째, 이벤트 ID를 사가 ID로 쓰는 것입니다. 이벤트 ID는 유일하므로 사가 ID 역시 반드시 유일합니다. 중복 이벤트라면 이벤트 핸들러가 사가를 생성 시도할 때 해당 ID가 이미 존재할 테니 실패하겠죠. 동일한 사가 인스턴스가 여럿 존재할 가능성이 있을 경우 괜찮은 방법입니다.

RDBMS 이벤트 저장소를 사용하는 서비스 역시 동일한 이벤트 주도 방식으로 사가를 생성할 수 있습니다. OrderService 같은 서비스가 더 이상 명시적으로 사가 인스턴스를 생성하지 않으므로 느슨한 결합이 장려되는 장점이 있습니다.

6.3.3 이벤트 소싱 기반의 사가 참여자 구현

오케스트레이션 사가에 참여해야 하는 서비스를 이벤트 소싱으로 구현했다고 합시다. 이벤추에이트 로컬처럼 RDBMS 이벤트 저장소를 이용한 서비스라면 별로 어렵지 않게 사가 커맨드 메시지를 원자적으로 처리하고 응답을 보낼 수 있겠죠. 이벤추에이트 트램 프레임워크가 시작한 ACID 트랜잭션의 일부로 이벤트 저장소를 업데이트하는 것입니다. 하지만 이벤추에이트 트램 프레임워크와 동일한 트랜잭션으로 묶을 수 없는 이벤트 저장소를 이용하는 서비스는 전혀 다른 방법을 구사해야 합니다.

다음 두 가지 이슈를 해결해야 합니다.

- 커맨드 메시지를 멱등하게 처리
- 응답 메시지를 원자적으로 전송

커맨드 메시지를 멱등하게 처리

커맨드 메시지를 멱등하게 처리하려면 우선 이벤트 소싱 기반의 사가 참여자가 중복 메시지를 솎아 낼 수 있는 수단을 마련해야 합니다. 다행히 좀 전에 설명한 멱등한 메시지 처리 메커니즘을 활용하면 쉽게 해결할 수 있습니다. 메시지를 처리할 때 생성되는 이벤트에 메시지 ID를 기록하면 사가 참여자는 다음에 애그리거트를 업데이트하기 전에 메시지 ID를 이벤트에서 꺼내 보고 자신이 이전에 이 메시지를 처리한 적이 있는지 확인하는 것입니다.

응답 메시지를 원자적으로 전송

다음 과제는 이벤트 소싱 기반의 사가 참여자가 원자적으로 응답을 전송하는 방법입니다. 이론적으로 사가 오케스트레이터는 애그리거트가 발생시킨 이벤트를 구독할 수 있지만, 그러면 두 가지 문제가 생깁니다. 첫째, 사가 커맨드가 실제로 애그리거트 상태를 변경하지 않을지도 모릅니다. 이럴 경우 애그리거트는 이벤트를 발생시키지 않으니 사가 오케스트레이터에는 아무 응답도 전송되지 않겠죠. 둘째, 이벤트 소싱을 이용하는 사가 참여자와 그렇지 않은 참여자를 사가 오케스트레이터가 다르게 취급해야 합니다. 사가 오케스트레이터가 도메인 이벤트를 수신하려면 자신의 응답 채널뿐만 아니라, 애그리거트의 이벤트 채널도 함께 구독해야 하기 때문입니다.

사가 참여자가 사가 오케스트레이터의 응답 채널로 응답 메시지를 계속 보내는 것이 더 나은 방법이지만, 사가 참여자는 응답 메시지를 직접 보내는 것이 아니라 다음 2단계 프로세스를 거칩니다.

1. 사가 커맨드 핸들러가 애그리거트를 생성/수정할 때, 애그리거트가 발생시킨 진짜 이벤트와 가짜 이벤트 SagaReplyRequested를 모두 이벤트 저장소에 저장합니다.

2. SagaReplyRequested 이벤트 핸들러는 이벤트에 포함된 데이터로 응답 메시지를 만들어 사가 오케스트레이터의 응답 채널에 출력합니다.

예제를 보면서 작동 원리를 알아봅시다.

예제: 이벤트 소싱 기반의 사가 참여자

주문 생성 사가의 참여자 중 하나인 회계 서비스를 봅시다. 그림 6-12는 사가가 전송한 인증 커맨드를 이벤추에이트 사가 프레임워크로 구현한 회계 서비스에서 처리하는 과정입니다.

▼ 그림 6-12 이벤트 소싱 기반의 회계 서비스가 주문 생성 사가에 참여하는 과정

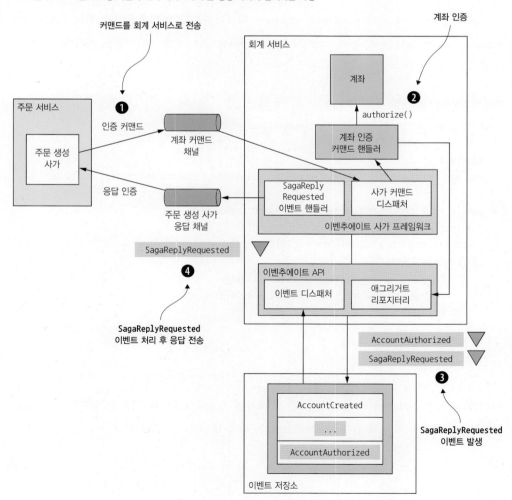

그림을 보면 주문 생성 사가와 회계 서비스가 서로 어떻게 소통하는지 알 수 있습니다. 이벤트 순서는 다음과 같습니다.

1. 주문 생성 사가가 계좌 인증 커맨드를 메시징 채널을 통해 회계 서비스로 보냅니다. 이벤추에이트 사가 프레임워크의 SagaCommandDispatcher는 AccountingServiceCommandHandler를 호출하여 커맨드 메시지를 처리합니다.

2. AccountingServiceCommandHandler는 주어진 Accounting 애그리거트로 커맨드를 전송합니다.

3. 애그리거트가 AccountAuthorizedEvent와 SagaReplyRequestedEvent 두 이벤트를 발생시킵니다.

4. SagaReplyRequested 이벤트 핸들러는 주문 생성 사가에 응답 메시지를 전송하여 SagaReplyRequestedEvent를 처리합니다.

AccountingServiceCommandHandler는 Account 애그리거트를 업데이트하기 위해 Aggregate Repository.update()를 호출하는 식으로 AuthorizeAccount 커맨드 메시지를 처리합니다(예제 6-6).

예제 6-6 사가가 전송한 커맨드 메시지를 처리한다

```
public class AccountingServiceCommandHandler {

  @Autowired
  private AggregateRepository<Account, AccountCommand> accountRepository;

  public void authorize(CommandMessage<AuthorizeCommand> cm) {
    AuthorizeCommand command = cm.getCommand();
    accountRepository.update(command.getOrderId(), command,
      replyingTo(cm)
        .catching(AccountDisabledException.class,
          () -> withFailure(new AccountDisabledReply()))
        .build());
  }

  ...
```

authorize()는 AggregateRepository를 호출하여 Account 애그리거트를 업데이트합니다. update()에 전달된 세 번째 인수 UpdateOptions는 다음 표현식으로 계산합니다.

```
replyingTo(cm)
  .catching(AccountDisabledException.class,
    () -> withFailure(new AccountDisabledReply()))
  .build()
```

UpdateOptions는 다음과 같은 일을 수행하기 위해 update()를 구성합니다.

1. 메시지가 꼭 한 번만 처리되도록 메시지 ID를 멱등성 키로 사용합니다. 앞서 말했듯이 이벤추에이트 프레임워크는 생성된 모든 이벤트에 멱등성 키를 저장하는 식으로 애그리거트 업데이트를 시도하는 중복 메시지를 발견하여 무시합니다.

2. 이벤트 저장소에 저장된 이벤트 목록에 가짜 이벤트 SagaReplyRequestedEvent를 추가합니다. SagaReplyRequestedEventHandler가 이 가짜 이벤트를 받으면 CreateOrderSaga의 응답 채널로 응답을 보냅니다.

3. 애그리거트가 AccountDisabledException을 던질 때 기본 에러 응답 대신 AccountDisabledReply를 전송합니다.

6.3.4 사가 오케스트레이터 구현: 이벤트 소싱

지금까지 이벤트 소싱 기반의 서비스가 사가를 시작하고 사가에 참여하는 방법을 알아보았습니다. 사가 오케스트레이터도 이벤트 소싱을 이용하여 구현할 수 있습니다. 그러면 정말 완벽하게 이벤트 저장소에 기반한 애플리케이션을 개발할 수 있겠죠.

다음은 사가 오케스트레이터를 구현하기 전에 고민해야 할 세 가지 설계 이슈입니다.

1. 사가 오케스트레이터를 어떻게 저장할 것인가?

2. 어떻게 오케스트레이터 상태를 원자적으로 변경하고 커맨드 메시지를 전송할 것인가?

3. 어떻게 사가 오케스트레이터가 정확히 한 번만 메시지를 응답하게 만들 것인가?

4장에서는 RDBMS 기반의 사가 오케스트레이터를 배웠고, 이번에는 같은 문제를 이벤트 소싱을 이용하여 해결해 봅시다.

이벤트 소싱으로 사가 오케스트레이터 저장

사가 오케스트레이터의 일생은 아주 단순합니다. 처음 생성된 다음부터는 사가 참여자의 응답에 반응하며 계속 업데이트됩니다. 그러므로 사가는 다음 이벤트를 이용하여 저장할 수 있습니다.

- **SagaOrchestratorCreated**: 사가 오케스트레이터가 생성되었습니다.
- **SagaOrchestratorUpdated**: 사가 오케스트레이터가 수정되었습니다.

사가 오케스트레이터는 생성될 때 SagaOrchestratorCreated 이벤트, 수정될 때 SagaOrchestrator Updated 이벤트를 발생시킵니다. 이 두 이벤트는 사가 오케스트레이터의 상태 재구성에 필요한 데이터를 갖고 있습니다. 예를 들어 CreateOrderSaga의 이벤트에는 (JSON 등으로) 직렬화한 CreateOrderSagaState가 있습니다(4장).

커맨드 메시지를 확실하게 전송

다음은 어떻게 사가 상태를 원자적으로 업데이트하고 커맨드를 전송하는가 하는 문제입니다. 이 벤추에이트 트램 기반의 사가는 오케스트레이터를 업데이트하고 커맨드 메시지를 메시지 테이블에 삽입하는 작업을 한 트랜잭션으로 묶어 수행했습니다(4장). 이벤추에이터 로컬 같은 RDBMS 이벤트 저장소를 사용하는 애플리케이션은 이와 동일한 방법을 쓸 수 있습니다. 이벤추에이트 SaaS 같은 NoSQL 이벤트 저장소를 사용하는 애플리케이션 역시 트랜잭션 모델이 매우 제한적이기는 하지만 비슷한 방법으로 접근할 수 있습니다.

그 비결은 바로 전송할 커맨드를 나타낸 SagaCommandEvent를 저장하는 것입니다. 그러면 이벤트 핸들러는 이 이벤트를 구독해서 적절한 채널로 각 커맨드 메시지를 전송합니다(그림 6-13).

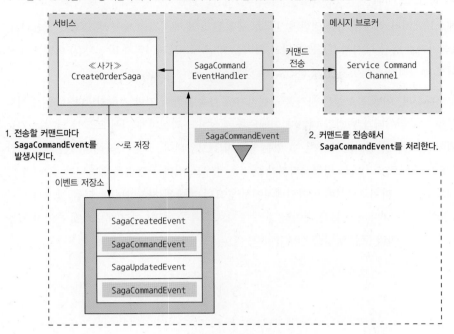

▼ 그림 6-13 이벤트 소싱 기반의 사가 오케스트레이터가 사가 참여자에게 커맨드를 전송하는 과정

사가 오케스트레이터는 다음 두 단계로 커맨드를 전송합니다.

1. 사가 오케스트레이터가 전송하려는 각 커맨드마다 SagaCommandEvent를 발생시킨다. SagaCommandEvent에는 목적지 채널, 커맨드 객체 등 커맨드 전송에 필요한 데이터가 모두 담겨 있습니다. 이런 이벤트는 이벤트 저장소에 저장됩니다.

2. 이벤트 핸들러는 SagaCommandEvent 처리 후 커맨드 메시지를 목적지 메시지 채널로 보냅니다.

이렇게 두 단계로 처리하니 적어도 1회 이상은 커맨드가 전송될 것입니다.

동일한 이벤트를 받아 여러 번 이벤트 핸들러가 호출될 수 있는 구조이기 때문에 SagaCommand Event 핸들러가 중복된 커맨드 메시지를 전송할 수도 있습니다. 하지만 다행히 유일성이 보장된 SagaCommandEvent의 ID를 커맨드 메시지 ID로 사용하면, 중복 메시지는 결국 동일한 ID를 가지게 되므로 사가 참여자는 쉽게 중복 메시지를 걸러 낼 수 있습니다.

응답을 꼭 한 번만 처리

사가 오케스트레이터 역시 앞서 설명한 방법으로 중복된 응답 메시지를 솎아 낼 필요가 있습니다. 오케스트레이터가 응답 메시지 ID를 (응답을 처리할 때 오케스트레이터가 발생시킬) 이벤트에 보관하면 어느 메시지가 중복인지 쉽게 분간할 수 있겠죠.

지금까지 보다시피, 이벤트 소싱은 사가를 구현하기에 아주 훌륭한 기반 기술입니다. 다른 장점도 많지만 무엇보다 데이터가 변경될 때마다 이벤트를 생성하고 확실하게 감사 로그를 남기는 기능이 내장되어 있고 임시 쿼리를 수행할 수 있는 능력이 돋보입니다. 물론 익숙해지려면 학습 시간이 꽤 걸리고, 이벤트 스키마를 발전시키기가 어려운 경우도 있다는 단점은 있습니다. 하지만 그래도 이벤트 소싱은 마이크로서비스 아키텍처에서 중요한 비중을 차지합니다. 다음 장에서는 마이크로서비스 아키텍처에서의 분산 데이터 관리 문제로 화제를 돌려, 여러 서비스에 흩어져 있는 데이터를 가져오는 쿼리 구현 방법을 설명합니다.

6.4 마치며

- 이벤트 소싱은 애그리거트를 일련의 이벤트로 저장하며, 여기서 각 이벤트는 애그리거트의 생성 또는 상태 변화를 나타냅니다. 이벤트를 재생하면 특정 애그리거트 상태를 그대로 재생성할 수 있습니다. 이벤트 소싱 덕분에 도메인 객체의 이력 및 감사 로그를 정확히 남기고 도메인 이벤트를 확실하게 발행할 수 있습니다.
- 스냅샷은 재연해야 할 이벤트 개수를 줄여 성능을 향상시킵니다.
- 이벤트는 DB와 메시지 브로커를 혼합한 형태인 이벤트 저장소에 저장됩니다. 서비스가 이벤트를 이벤트 저장소에 저장하면, 이벤트 저장소는 이벤트를 구독기에 전달합니다.
- 이벤추에이트 로컬은 필자가 MySQL 및 아파치 카프카 기반으로 개발한 오픈 소스 이벤트 저장소입니다. 개발자는 이벤추에이트 클라이언트 프레임워크를 이용하여 애그리거트 및 이벤트 핸들러를 작성할 수 있습니다.
- 애플리케이션에서 이벤트 재연 시 여러 버전의 이벤트를 처리해야 할 수도 있기 때문에 이벤트 발전을 다루는 일이 관건입니다. 따라서 이벤트 저장소에서 이벤트를 가져올 때 최근 버전으로 이벤트를 업그레이드하는 업캐스팅이 좋은 방법입니다.

- 이벤트 소싱 애플리케이션은 데이터를 삭제하기가 까다롭습니다. 개인 정보를 삭제하는 애플리케이션에서 유럽 연합 GDPR 등의 규정을 준수하려면 암호화/가명화 등의 기법을 동원해야 합니다.

- 이벤트 소싱을 이용하면, 이벤트 소싱 기반의 애그리거트가 발행한 이벤트를 리스닝하는 이벤트 핸들러가 서비스에 달려 있기 때문에 코레오그래피 사가를 간단히 구현할 수 있습니다.

- 이벤트 소싱은 사가 오케스트레이터를 구현하기 좋은 수단입니다. 덕분에 이벤트 저장소를 배타적으로 사용하는 애플리케이션을 작성할 수 있습니다.

7^장

마이크로서비스
쿼리 구현

7.1 API 조합 패턴 응용 쿼리

7.2 CQRS 패턴

7.3 CQRS 뷰 설계

7.4 CQRS 뷰 구현: AWS DynamoDB 응용

7.5 마치며

이 장에서 다룰 핵심 내용

• 마이크로서비스 아키텍처에서 데이터를 쿼리하기 어려운 이유

• API 조합 패턴을 응용한 쿼리 구현

• CQRS 패턴을 응용한 쿼리 구현

메리와 FTGO 팀원들은 사가를 이용하여 데이터 일관성을 유지한다는 생각을 점점 당연하게 받아들이기 시작했습니다. 그러나 마이크로서비스로 전환 시 고민해야 할 분산 데이터 관련 문제가 트랜잭션만 있는 것은 아닙니다. 쿼리를 구현하는 방법도 찾아내야 합니다.

FTGO 애플리케이션은 다양한 쿼리 작업을 지원합니다. DB가 하나뿐인 모놀리식 애플리케이션에서는 비교적 쉽게 쿼리를 구현했습니다. 개발자가 할 일은 SELECT 문을 작성하고 필요한 인덱스를 정의하는 작업 정도였죠. 하지만 마이크로서비스 아키텍처에서는 의외로 쿼리를 작성하기가 어렵습니다. 여러 서비스, 여러 DB에 분산된 데이터를 조회해야 하는데, 기존 분산 쿼리 메커니즘은 기술적으로 가능하다 해도 캡슐화에 위배되기 때문에 사용할 수 없습니다.

물론 소비자 서비스의 findConsumerProfile()처럼 어느 한 서비스에 있는 데이터만 조회하는 쿼리도 있지만, 마이크로서비스 아키텍처에서는 findOrder(), findOrderHistory()처럼 여러 서비스에 흩어져 있는 데이터를 반환하는 메서드가 더 많습니다. 이런 쿼리 작업은 구현하기가 그리 간단하지 않습니다.

마이크로서비스 아키텍처에서는 다음 두 가지 패턴으로 쿼리를 구현합니다.

- **API 조합**(composition) **패턴**: 서비스 클라이언트가 데이터를 가진 여러 서비스를 직접 호출하여 그 결과를 조합하는 패턴입니다. 가장 단순한 방법으로 가급적 이 방법을 쓰는 것이 좋습니다.
- **CQRS**(커맨드 쿼리 책임 분산) **패턴**: 쿼리만 지원하는 하나 이상의 뷰 전용 DB를 유지하는 패턴입니다. API 조합 패턴보다 강력한 만큼 구현하기는 더 복잡합니다.

7.1 API 조합 패턴 응용 쿼리

FTGO 애플리케이션에 구현된 다양한 쿼리 중에는 findOrder()처럼 여러 서비스에 있는 데이터를 조회하는 쿼리 작업이 있습니다. 마이크로서비스 아키텍처에서 이런 쿼리를 구현할 때 어떤 문제점이 있는지, API 조합 패턴을 이용하여 findOrder()를 구현하려면 어떻게 해야 하는지 알아봅시다.

7.1.1 findOrder( ) 쿼리

findOrder( )는 기본키로 주문 정보를 조회하는 메서드입니다. orderId를 매개변수로 받아 주문 내역이 포함된 OrderDetails 객체를 반환합니다. 주문 상태 뷰가 구현된, 모바일 기기 또는 웹 애플리케이션 등의 프런트엔드 모듈(frontend module)이 이 메서드를 호출합니다(그림 7-1).

주문 상태 뷰에는 음식점 관점의 주문/지불 등 상태 정보와 (배달 중인 주문일 경우) 배달원의 현재 위치, 배달 예상 시각 등 배달 상태 정보가 표시됩니다.

▼ 그림 7-1 FTGO 프런트엔드 모듈에서 호출되는 findOrder( )는 주문 내역을 반환한다

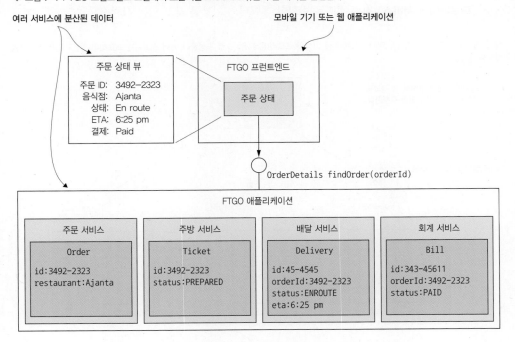

모놀리식 애플리케이션은 전체 데이터가 하나의 DB에 있기 때문에 알기 쉽게 SELECT 문으로 여러 테이블을 조인해서 주문 내역을 조회하면 됩니다. 반면 마이크로서비스 아키텍처로 전환하면 데이터가 여러 서비스에 뿔뿔이 흩어지게 됩니다.

- **주문 서비스**: 주문 기본 정보(주문 내역, 주문 상태 등)
- **주방 서비스**: 음식점 관점의 주문 상태, 픽업 준비까지 예상 소요 시간
- **배달 서비스**: 주문 배달 상태, 배달 예상 정보, 현재 배달원 위치
- **회계 서비스**: 주문 지불 상태

클라이언트가 주문 내역을 조회하려면 이런 모든 서비스에 요청을 해야 합니다.

7.1.2 API 조합 패턴 개요

API 조합 패턴은 데이터를 가진 서비스를 호출한 후 그 반환 결과를 조합해서 가져옵니다(그림 7-2). 이 과정에는 다음 두 종류의 참여자가 개입합니다.

- **API 조합기**: 프로바이더(provider, 제공자) 서비스를 쿼리하여 데이터를 조회합니다.
- **프로바이더 서비스**: 최종 결과로 반환할 데이터의 일부를 갖고 있는 서비스

▼ 그림 7-2 API 조합 패턴은 API 조합기와 둘 이상의 프로바이더 서비스로 구성된다. API 조합기는 프로바이더를 쿼리해서 반환된 결과를 조합한다

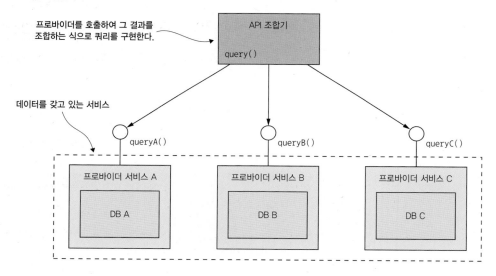

API 조합기는 A, B, C 세 프로바이더 서비스에서 데이터를 조회한 후 그 결과를 조합합니다. API 조합기는 웹 애플리케이션처럼 웹 페이지에 데이터를 렌더링하는 클라이언트일 수도 있고, 쿼리 작업을 API 끝점으로 표출한 API 게이트웨이나 프런트엔드를 위한 백엔드 패턴(8장)의 변형(variant)일 수도 있습니다.

> Note ☰ **패턴: API 조합**
>
> 여러 서비스에 있는 데이터를 API를 통해 조회하고 그 결과를 조합하여 쿼리를 구현한다.[1]

---

1 http://microservices.io/patterns/data/api-composition.html

이 패턴으로 특정 쿼리 작업을 구현할 수 있을지 여부는 데이터가 어떻게 분할되었는지, 데이터를 가진 서비스가 어떤 API 기능을 표출하는지, 사용 중인 DB는 어떤 기능을 제공하는지 등 다양한 요인에 따라 가변적입니다. 예를 들어 프로바이더 서비스가 필요한 데이터를 조회할 수 있는 API를 제공하더라도 애그리거트가 거대한 데이터 뭉치를 비효율적으로 인-메모리 조인을 해야 할 수도 있습니다. 따라서 이 패턴으로 구현할 수 없는 쿼리 작업도 있지만, 다행히 대부분의 경우 이 패턴을 적용해서 쿼리 작업을 구현할 수 있습니다.

7.1.3 API를 조합 패턴으로 findOrder( ) 쿼리 구현

findOrder( )는 단순히 기본키로 EQUI 조인[2]해서 쿼리하는 작업입니다. orderId로 필요한 데이터를 가져올 수 있는 API 끝점은 각 프로바이더 서비스가 당연히 제공하리라 볼 수 있기 때문에 API 조합 패턴으로 구현하기에 제격입니다. 그림 7-3의 주문 검색 조합기는 총 4개의 서비스를 호출한 결과를 조합합니다.

▼ 그림 7-3 API 조합 패턴으로 구현한 findOrder( ) 메서드

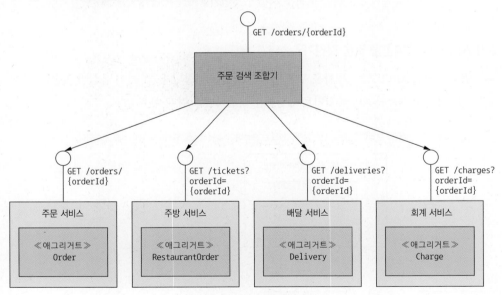

---

2   [역주] 조인 대상이 되는 두 테이블에서 공통적으로 존재하는 컬럼의 값이 일치되는 행을 연결하여 결과를 생성하는 조인 기법

여기서 API 조합기는 쿼리를 REST 끝점으로 표출한 서비스입니다. HTTP 대신 gRPC 같은 다른 IPC 프로토콜을 사용하는 서비스 역시 개념은 같습니다. REST 끝점 GET /order/{orderId}가 구현된 주문 검색 조합기는 orderId로 네 서비스를 호출한 후 수신한 응답을 조인합니다. 각 프로바이더 서비스는 애그리거트 하나에 해당하는 응답을 반환하는 REST 끝점을 제공합니다. 주문 서비스는 기본키로 자신의 Order를 조회하고, 다른 서비스는 orderId를 외래키로 자신의 애그리거트를 조회하는 것입니다.

API 조합 패턴, 아주 간단하죠? 하지만 이 패턴을 응용해서 설계할 때에는 해결해야 할 이슈가 있습니다.

7.1.4 API 조합 설계 이슈

API 조합 패턴에는 다음 두 가지 설계 이슈가 있습니다.

- 어느 컴포넌트를 쿼리 작업의 API 조합기로 선정할 것인가?
- 어떻게 해야 효율적으로 취합 로직을 작성할 것인가?

누가 API 조합기 역할을 맡을 것인가?

우선 쿼리 작업의 API 조합기 역할을 누가 맡을지 결정해야 합니다. 세 가지 옵션이 있습니다. 첫째, 서비스 클라이언트를 API 조합기로 임명하는 것입니다(그림 7-4).

▼ 그림 7-4 API 조합 패턴을 클라이언트에 적용. 클라이언트는 프로바이더 서비스를 쿼리하여 데이터를 조회한다

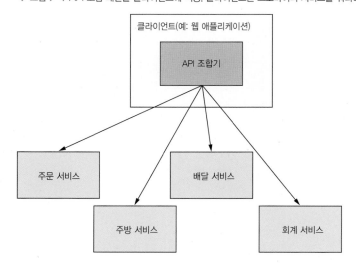

주문 상태 뷰를 구현한 웹 애플리케이션 같은 클라이언트가 동일한 LAN에서 실행 중이라면 가장 효율적으로 주문 내역을 조회할 수 있습니다. 하지만 클라이언트가 방화벽 외부에 있고 서비스가 위치한 네트워크가 느리다면 그리 실용적이지 않습니다(8장).

둘째, 애플리케이션의 외부 API가 구현된 API 게이트웨이를 API 조합기로 만드는 것입니다.

쿼리 작업이 애플리케이션의 외부 API 중 일부라면 이 방법이 타당합니다. 다른 서비스로 요청을 보내는 대신 차라리 API 게이트웨이에 API 조합 로직을 구현하는 것입니다. 모바일 기기 등 방화벽 외부에서 접근하는 클라이언트가 API 호출 한 번으로 여러 서비스의 데이터를 조회할 수 있기 때문에 효율적입니다. API 게이트웨이는 8장에서 자세히 다룹니다.

셋째, API 조합기를 스탠드얼론 서비스로 구현하는 것입니다(그림 7-6).

▼ 그림 7-5 API 조합 패턴을 API 게이트웨이에 적용. 프로바이더 서비스를 쿼리하여 데이터를 조회하고 그 결과를 조합해서 클라이언트에 반환한다

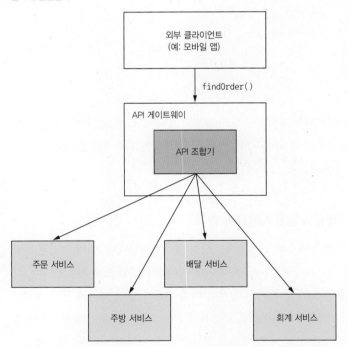

▼ 그림 7-6 여러 클라이언트/서비스에 쓰는 쿼리 기능을 스탠드얼론 서비스로 구현

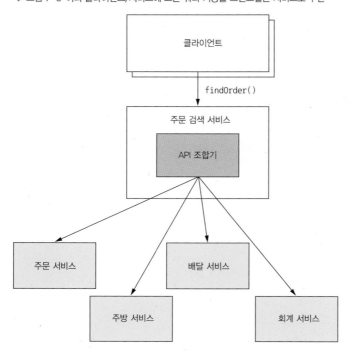

내부적으로 여러 서비스가 사용하는 쿼리 작업이라면 이 방법이 좋습니다. 취합 로직이 너무 복잡해서 API 게이트웨이 일부로 만들기는 곤란하고 외부에서 접근 가능한 쿼리 작업을 구현할 경우에도 좋은 방법입니다.

API 조합기는 리액티브 프로그래밍 모델을 사용해야 한다

분산 시스템을 개발할 때 지연 시간을 최소화하는 문제는 항상 골칫거리입니다. 쿼리 작업의 반응 시간을 최대한 줄이려면 가능한 한 API 조합기가 프로바이더 서비스를 병렬 호출해야 합니다. 가령 주문 검색 애그리거트는 호출 대상인 네 서비스가 서로 의존 관계가 없기 때문에 동시 호출하는 것이 맞습니다. 하지만 어떤 프로바이더 서비스를 호출하기 위해 다른 프로바이더 서비스의 결과를 먼저 가져와야 하는 경우도 있습니다. 이럴 때에는 일부(전체가 아니길 바라며) 프로바이더 서비스를 순차 호출해야 합니다.

그러나 순차/병렬 서비스 호출이 뒤섞인 실행 로직은 복잡해질 수 있습니다. 관리가 용이하고 성능/확장성도 우수한 API 조합기를 작성하려면 자바의 CompletableFuture, RxJava의 옵저버블 (observable), 또는 이와 동등한 추상체에 기반한 리액티브 설계 기법을 동원해야 합니다. 8장에서 API 게이트웨이 패턴을 다룰 때 더 자세히 설명합니다.

7.1.5 API 조합 패턴의 장단점

API 조합 패턴은 마이크로서비스 아키텍처에서 아주 쉽고 단순하게 쿼리 작업을 구현할 수 있게 해주지만, 다음과 같은 단점도 있습니다.

- 오버헤드 증가
- 가용성 저하 우려
- 데이터 일관성 결여

오버헤드가 증가한다

여러 서비스를 호출하고 여러 DB를 쿼리하는 오버헤드는 불가피합니다. 모놀리식 애플리케이션은 클라이언트가 요청 한 번으로, 그것도 대부분 DB 쿼리문 하나로 필요한 데이터를 조회하지만 API 조합 패턴은 여러 번 요청하고 여러 DB 쿼리를 실행해야 합니다. 따라서 그만큼 컴퓨팅/네트워크 리소스가 더 많이 소모되고 애플리케이션 운영 비용도 늘어납니다.

가용성이 저하될 우려가 있다

가용성이 떨어질 수 있습니다. 어떤 작업의 가용성은 더 많은 서비스가 개입할수록 감소한다고 했습니다(3장). 하나의 쿼리 작업에 세 서비스(API 조합기+둘 이상의 프로바이더 서비스)가 반드시 개입되는 구조라서 하나의 서비스로 처리하는 것에 비해 가용성은 현저히 낮습니다. 예를 들어 개별 서비스의 가용성이 99.5%면, 프로바이더 서비스 4개를 호출하는 findOrder() 끝점의 가용성은 99.5%(4+1) = 97.5%가 되겠죠!

가용성을 높이는 전략은 두 가지입니다. 첫째, 프로바이더 서비스가 불능일 경우 API 조합기가 이전에 캐시한 데이터를 반환하는 것입니다. 성능 향상을 목적으로 API 조합기에 캐시된, 프로바이더 서비스의 반환 데이터를 잘 활용하면 가용성을 끌어올릴 수 있습니다. 프로바이더 서비스가 내려가더라도 API 조합기는 (오래 되어 맞지 않는 데이터도 있겠지만) 캐시 데이터를 반환할 수 있습니다.

둘째, API 조합기가 미완성된 데이터를 반환하는 것입니다. 가령 주방 서비스가 일시 불능 상태가 되면 주문 검색 조합기가 이 서비스의 데이터만 제외한 나머지 데이터를 반환합니다. 주방 서비스 데이터가 없어도 UI에서 유용한 정보를 표시하는 데에는 별 지장이 없기 때문이죠. API 설계, 캐싱, 신뢰성 등의 주제는 8장에서 자세히 다룹니다.

데이터 일관성이 결여된다

데이터 일관성이 결여된다는 문제점도 있습니다. 모놀리식 애플리케이션은 대부분 한 트랜잭션으로 쿼리를 수행합니다. (격리 수준에 관한 깨알 같은 조항에 따르면) ACID 트랜잭션은 애플리케이션이 여러 DB에 쿼리를 실행해도 데이터를 일관되게 바라볼 수 있게 보장합니다. 그러나 API 조합 패턴은 여러 DB를 대상으로 여러 쿼리를 실행하기 때문에 일관되지 않은 데이터가 반환될 수 있습니다.

예를 들어 주문 서비스가 조회한 주문 상태는 CANCELLED이지만, 주방 서비스가 조회한 이 주문의 티켓은 아직 취소되지 않았을 수도 있습니다. API 조합기는 이런 모순을 해결해야 하는데, 그러면 코드가 점점 더 복잡해집니다. 설상가상으로 이런 모순된 데이터를 API 조합기가 항상 감지할 수 있는 것은 아니므로 잘못된 데이터가 그대로 클라이언트에 반환될 수도 있습니다.

하지만 이런 단점에도 API 조합 패턴은 꽤 많은 쿼리 기능을 쉽게 구현할 수 있는 수단으로 아주 유용합니다. 효율적으로 구현하기 어려운 (가령 거대한 데이터 뭉치를 인-메모리 조인하는) 쿼리 작업은 곧이어 설명할 CQRS 패턴으로 구현하는 편이 바람직합니다.

7.2 CQRS 패턴

엔터프라이즈 애플리케이션은 대부분 RDBMS에 트랜잭션을 걸어 레코드를 관리하고, 텍스트 검색 쿼리는 일래스틱서치나 솔라 등의 텍스트 검색 DB를 이용해서 구현합니다. 애플리케이션에 따라서 RDBMS와 텍스트 검색 DB를 모두 출력하여 동기화하기도 하고, 주기적으로 RDBMS에서 텍스트 검색 DB로 데이터를 복사하는 경우도 있습니다. 이런 아키텍처로 구축하는 까닭은 여러 DB의 장점을 최대한 활용하자는 의도입니다. 즉, RDBMS 특유의 트랜잭션 기능과 텍스트 검색 DB의 탁월한 쿼리 능력을 융합하여 활용하는 것이죠.

> Note ≡ **패턴: 커맨드 쿼리 책임 분리**
>
> 여러 서비스에 있는 데이터를 가져오는 쿼리는 이벤트를 이용하여 해당 서비스의 데이터를 복제한 읽기 전용 뷰를 유지한다.[3]

---

3 http://microservices.io/patterns/data/cqrs.html

CQRS는 이런 종류의 아키텍처를 일반화한 것입니다. (텍스트 검색 DB뿐만 아니라) 하나 이상의 쿼리가 구현된 하나 이상의 뷰 DB를 유지하는 기법이죠. CQRS는 API 조합 패턴으로는 효율적으로 구현하기 어려운 쿼리 때문에 각광받기 시작했습니다. CQRS의 작동 원리와 장단점을 살펴보고, 언제 CQRS를 사용하는 것이 좋은지 알아봅시다.

7.2.1 CQRS의 필요성

API 조합 패턴을 이용하면 여러 서비스에 있는 데이터를 조회하는 쿼리를 쉽게 구현할 수 있습니다. 하지만 API 조합은 마이크로서비스 아키텍처의 쿼리 문제를 해결하는 반쪽짜리 솔루션에 불과합니다. 이 패턴만으로는 효율적으로 구현하기 어려운 다중 서비스 쿼리가 많기 때문입니다.

단일 서비스 쿼리조차도 구현하기 어려운 경우도 있고, DB가 효율적인 쿼리를 지원하지 않는 경우도 있습니다. 차라리 다른 서비스의 데이터를 조회하는 쿼리를 서비스에 구현하는 것이 더 나을 때도 있습니다. API 조합 패턴으로 구현하기 어려운 다중 서비스 쿼리란 어떤 것들일까요?

findOrderHistory() 쿼리 구현

findOrderHistory()는 다음 매개변수를 받아 소비자의 주문 이력을 조회하는 쿼리 작업입니다.

- **consumerId**: 소비자 식별자
- **OrderHistoryFilter**: 필터 조건. 어느 시점 이후 주문까지 반환할 것인가(필수), 주문 상태(옵션), 음식점명 및 메뉴 항목을 검색할 키워드(옵션)

이 쿼리는 주어진 조건에 부합하는 OrderHistory 객체 목록을 최근 순서로 반환하며, (주문 ID, 주문 상태, 주문 총액, 예상 배달 시각 등 주문별 요약 정보를 표시하는) 주문 이력 뷰를 구현한 모듈에 의해 호출됩니다.

겉보기에 findOrderHistory()는 findOrder()와 비슷하지만 단건 주문 정보가 아닌, 다건 주문 목록을 반환하는 차이점이 있습니다. API 조합기로 각 프로바이더 서비스에 똑같은 쿼리를 실행한 결과를 조합하면 간단히 구현될 것 같지만, 안타깝게도 그렇게 간단하지 않습니다.

모든 서비스가 필터/정렬 용도의 속성을 보관하는 것이 아니기 때문입니다. 이를테면 findOrderHistory()의 OrderHistoryFilter에는 메뉴 항목과 매치할 keywords라는 속성이 있습니다. 하지만 메뉴 항목을 저장하는 서비스는 주문 서비스, 주방 서비스 2개뿐이고, 나머지 배달 서비스, 회계 서비스는 메뉴 항목을 저장하지 않기 때문에 keywords로 데이터를 필터할 수 없습니다. 마찬가지로 주방 서비스, 배달 서비스 둘 다 orderCreationDate 속성으로 정렬하는 것은 불가능합니다.

API 조합기는 이 문제를 두 가지 방법으로 해결할 수 있습니다. 첫째, API 조합기로 데이터를 인-메모리 조인을 합니다(그림 7-7). 어떤 소비자의 모든 주문 데이터를 배달 서비스, 회계 서비스에서 가져온 후 주문 서비스, 주방 서비스에서 가져온 데이터와 조인하는 것입니다.

▼ 그림 7-7 배달 서비스 같은 프로바이더는 필터 속성을 저장하지 않기 때문에 API를 조합해서 소비자 주문 데이터를 효율적으로 가져오기가 어렵다

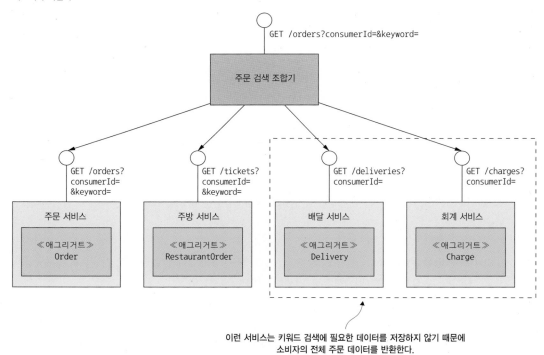

그러나 거대한 데이터 뭉치를 이런 식으로 API 조합기에서 조인하면 급격히 효율이 떨어질 것입니다.

둘째, API 조합기로 주문 서비스, 주방 서비스에서 데이터를 조회하고, 주문 ID를 이용하여 다른 서비스에 있는 데이터를 요청합니다. 하지만 이는 해당 서비스가 대량 조회 API를 제공할 경우에만 현실성 있는 방법입니다. 그렇다고 주문 데이터를 하나하나 요청하는 것은 과도한 네트워크 트래픽이 유발되므로 비효율적입니다.

findOrderHistory() 같은 쿼리 작업은 API 조합기로 하여금 이미 RDBMS 쿼리 실행 엔진에 탑재된 기능을 재탕하는 것밖에 안 됩니다. 작업 자체를 확장성 낮은 DB에서 확장성 높은 애플리케이션으로 이동시키는 의미는 있겠지만 비효율적입니다. 비즈니스 기능을 담당한 개발자가 쿼리 실행 엔진까지 개발하고 있을 시간은 없겠죠.

단일 서비스에 국한되어 있는데 구현하기 어려운 쿼리 작업은 어떤 것들일까요?

어려운 단일 서비스 쿼리: findAvailableRestaurants()

여러 서비스에서 데이터를 가져오는 쿼리만 어려운 것이 아니라, 하나의 서비스에 국한된 쿼리도 구현하기 어려운 경우가 있습니다. 이유는 두 가지입니다. 첫째, 데이터를 가진 서비스에 쿼리를 구현하는 것이 부적절한 경우가 있기 때문입니다. 둘째, 서비스 DB가 (또는 데이터 모델이) 효율적인 쿼리를 지원하지 않기 때문입니다.

예를 들어 findAvailableRestaurants() 쿼리 작업을 봅시다. 이 쿼리는 주어진 시점에, 주어진 위치로 배달 가능한 음식점을 검색합니다. 이 쿼리의 핵심은 배달 주소의 특정 거리 내에 있는 음식점을 지리 공간(geospatial) 검색하는(즉, 위치를 기준으로 찾는) 기능입니다. 이 기능은 가용 음식점을 표시하는 UI 모듈에 의해 호출되며, 주문 프로세스에 있어서 매우 중요한 부분입니다.

findAvailableRestaurants() 쿼리에서 가장 어려운 부분은 효율적으로 지리 공간 쿼리를 수행하는 작업입니다. 이 쿼리를 어떻게 구현할지는 음식점 데이터가 저장된 DB의 능력에 좌우됩니다. 가령 MongoDB, Postgres, MySQL의 지리 공간 확장팩(geospatial extensions)[4]을 이용하면 아주 쉽게 구현할 수 있습니다. 이미 지리 공간 데이터형, 인덱스, 쿼리 기능이 내장된 DB를 사용할 경우, 음식점 서비스는 Restaurant을 location 속성을 가진 DB 레코드로 저장합니다. 그리고 이 속성의 지리 공간 인덱스로 최적화된 지리 공간 쿼리를 이용해서 가용 음식점을 찾는 것입니다.

그러나 사용 중인 DB가 지리 공간 기능을 지원하지 않을 경우, findAvailableRestaurants() 쿼리를 구현하기가 훨씬 까다롭습니다. 음식점 데이터의 레플리카를 지리 공간 쿼리에 맞게 설계된 형태로 유지할 수밖에 없겠죠. 애플리케이션에 따라서 테이블을 일종의 지리 공간 인덱스로 사용하는 DynamoDB용 지리 공간 인덱싱 라이브러리(Geospatial Indexing Library for DynamoDB)를 사용하거나, 음식점 데이터의 레플리카를 (텍스트 검색 DB를 텍스트 쿼리 전용으로 사용하듯이) 전혀 다른 종류의 DB에 저장하면 될 것입니다.

---

4 역주 https://mysqlserverteam.com/mysql-5-7-and-gis-an-example/

문제는 원본 데이터가 변경될 때마다 레플리카를 항상 최신으로 유지하는 일입니다. 다행히 레플리카를 동기화하는 문제는 잠시 후 설명할 CQRS로 해결할 수 있습니다.

관심사를 분리할 필요성

단일 서비스 쿼리가 구현하기 까다로운 또 다른 이유는 데이터를 가진 서비스에 쿼리를 구현하면 안 될 때가 있기 때문입니다. findAvailableRestaurants()는 음식점 서비스에 있는 데이터를 조회하는 쿼리 작업입니다. 음식점 서비스는 음식점 프로필, 메뉴 항목 등을 음식점에서 관리할 수 있게 해주는 서비스입니다. 음식점명, 주소, 요리, 메뉴, 오픈 시간 등 다양한 속성을 저장하죠. 언뜻 보면 마땅히 음식점 데이터를 가진 음식점 서비스에 쿼리를 구현해야 할 것처럼 느껴지지만, 이는 데이터 소유권만 보고 판단할 문제는 아닙니다.

관심사를 어떻게 분리하면 좋을지, 어느 한 서비스에 너무 많은 책임을 부과하지 않으려면 어떻게 해야 할까 하는 문제도 함께 고민해야 합니다. 가령 음식점 서비스 개발 팀의 주 임무는 음식점 주인이 자기가 운영하는 음식점을 잘 관리할 수 있게 해주는 서비스를 개발하는 일이지, 성능이 매우 중요한 대용량 데이터를 조회하는 쿼리를 구현하는 일은 아닐 것입니다. 그리고 만약 이 팀의 개발자가 findAvailableRestaurants() 개발까지 담당할 경우, 나중에 자신이 변경한 코드를 배포하면 만에 하나 소비자가 주문을 못 하게 되지는 않을까 걱정하며 늘 불안에 시달리게 될 것입니다.

그러므로 findAvailableRestaurants() 쿼리는 다른 팀(즉, 주문 서비스 개발 팀)이 구현하고 음식점 서비스는 검색할 음식점 데이터만 제공하는 구조가 낫습니다. findOrderHistory() 쿼리 작업처럼 지리 공간 인덱스를 유지해야 할 경우라면, 쿼리를 구현하기 위해 일부 데이터의 레플리카는 최종 일관된(eventually consistent) 형태를 유지해야 합니다. 이런 요건을 어떻게 CQRS로 충족시킬 수 있을까요?

7.2.2 CQRS 개요

7.2.1절에서 설명한 예제를 정리하면, 마이크로서비스 아키텍처에서는 쿼리를 구현할 때 흔히 다음 세 가지 난관에 봉착하게 됩니다.

- API를 조합하여 여러 서비스에 흩어진 데이터를 조회하려면 값비싸고 비효율적인 인-메모리 조인을 해야 합니다.

- 데이터를 가진 서비스는 필요한 쿼리를 효율적으로 지원하지 않는 DB에, 또는 그런 형태로 데이터를 저장합니다.

- 관심사를 분리할 필요가 있다는 것은 데이터를 가진 서비스가 쿼리 작업을 구현할 장소로 적합하지 않다는 뜻입니다.

이 세 가지 문제를 해결할 수 있는 묘안이 바로 CQRS 패턴입니다.

CQRS는 커맨드와 쿼리를 서로 분리한다

CQRS(커맨드 쿼리 책임 분리)는 이름처럼 관심사의 분리/구분에 관한 패턴입니다. 이 패턴에 따르면 영속적 데이터 모델과 그것을 사용하는 모듈을 커맨드와 쿼리, 두 편으로 가릅니다(그림 7-8). 조회(R) 기능(예: HTTP GET)은 쿼리 쪽 모듈 및 데이터 모델에, 생성/수정/삭제(CUD) 기능(예: HTTP POST, PUT, DELETE)은 커맨드 쪽 모듈 및 데이터 모델에 구현하는 것입니다. 양쪽 데이터 모델 사이의 동기화는 커맨드 쪽에서 발행한 이벤트를 쿼리 쪽에서 구독하는 식으로 이루어집니다.

CQRS 패턴과 상관없이 거의 모든 서비스는 다양한 CRUD 작업이 구현된 API를 갖고 있습니다. 비CQRS 서비스에서는 이런 작업을 보통 DB에 매핑된 도메인 모델로 구현합니다. 성능이 중요한 쿼리는 도메인 모델을 건너뛰고 직접 DB에 접속하기도 합니다. 하나의 영속적 데이터 모델은 커맨드와 쿼리를 모두 지원합니다.

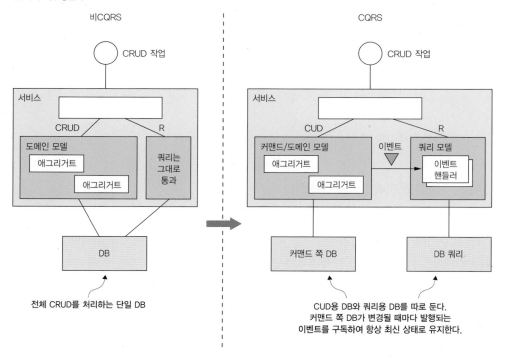

▼ 그림 7-8 왼쪽이 비CQRS 버전, 오른쪽이 CQRS 버전의 서비스다. CQRS는 개별 DB를 가진 커맨드 쪽, 쿼리 쪽 모듈로 서비스를 각각 재구성한다

CQRS 서비스에서 커맨드 쪽 도메인 모델은 CRUD 작업을 처리하고 자체 DB에 매핑됩니다. 조인 없는 단순 쿼리와 기본키 기반의 쿼리도 처리할 수 있습니다. 커맨드 쪽은 데이터가 바뀔 때마다 (이벤추에이트 트램이나 이벤트 소싱 등의 프레임워크를 이용하여) 도메인 이벤트를 발행합니다.

별도로 나뉘어진 쿼리 모델은 다소 복잡한 쿼리를 처리합니다. 비즈니스 규칙을 구현할 정도는 아니기 때문에 그래도 커맨드 쪽보다는 훨씬 단순합니다. 쿼리 쪽은 반드시 지원해야 하는 쿼리에 대해서는 모든 종류의 DB를 지원합니다. 또 쿼리 쪽에는 도메인 이벤트를 구독하고 DB(들)를 업데이트하는 이벤트 핸들러가 있습니다. 쿼리 종류마다 쿼리 모델을 하나씩 가진 다중 쿼리 모델도 있습니다.

CQRS와 쿼리 전용 서비스

CQRS는 서비스 내부에 적용할 수 있을 뿐만 아니라, 이 패턴을 이용하여 쿼리 서비스를 정의하는 것도 가능합니다. 쿼리 서비스에는 커맨드 작업이 전혀 없는 오직 쿼리 작업만으로 구성된 API가 있고, 하나 이상의 다른 서비스가 발행한 이벤트를 구독하여 항상 최신 상태로 유지되는 DB를 쿼리하는 로직이 구현되어 있습니다. 쿼리 쪽 서비스는 여러 서비스가 발행한 이벤트를 구독해서 구축된 뷰를 구현하기 좋은 방법입니다. 이런 뷰는 특정 서비스에 종속되지 않기 때문에 스탠드얼론 서비스로 구현하는 것이 타당합니다. findOrderHistory() 쿼리 작업이 구현된 주문 이력 서비스가 좋은 예입니다. 이 서비스는 주문 서비스, 배달 서비스 등 다른 여러 서비스가 발행한 이벤트를 구독합니다(그림 7-9).

▼ 그림 7-9 주문 이력 서비스의 설계. 쿼리 쪽 서비스다. findOrderHistory()는 DB를 쿼리하는 메서드이므로 다른 서비스가 발행한 이벤트를 계속 구독할 수 있다

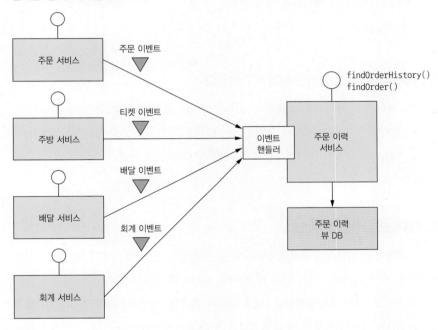

주문 이력 서비스는 여러 서비스가 발행한 이벤트를 구독하고 주문 이력 뷰 DB를 업데이트하는 이벤트 핸들러를 갖고 있습니다. 쿼리 서비스를 구현하는 내용은 7.4절에서 자세히 다룹니다.

쿼리 서비스는 한 서비스가 가진 데이터를 복제한 뷰를 구현하는 수단으로도 유용합니다. 가령 좀 전에 나왔던 findAvailableRestaurants() 쿼리 작업을 가용 음식점 서비스(Available Restaurants Service)라는 별도의 쿼리 서비스에 구현할 수 있습니다. 이 서비스는 음식점 서비스가 발행한 이벤트를 구독해서 효율적인 지리 공간 쿼리에 알맞게 설계된 DB를 업데이트합니다.

여러 면에서 CQRS는 RDBMS를 기록 시스템으로 활용하면서 텍스트 검색 엔진(예: 일래스틱서치)을 이용하여 텍스트 검색 쿼리를 처리하는 대중적인 접근 방식을 이벤트를 기반으로 일반화한 것이라고 볼 수 있습니다. 다만 CQRS는 텍스트 검색 엔진뿐만 아니라 훨씬 다양한 종류의 DB를 활용할 수 있다는 차이점이 있습니다. 또 CQRS 쿼리 쪽 뷰는 이벤트를 구독해서 거의 실시간으로 업데이트됩니다.

7.2.3 CQRS의 장점

CQRS도 일장일단이 있습니다. 먼저 다음과 같은 장점이 있습니다.

- 마이크로서비스 아키텍처에서 쿼리를 효율적으로 구현할 수 있습니다.
- 다양한 쿼리를 효율적으로 구현할 수 있습니다.
- 이벤트 소싱 애플리케이션에서 쿼리가 가능합니다.
- 관심사가 더 분리됩니다.

마이크로서비스 아키텍처에서 효율적인 쿼리가 가능하다

CQRS 패턴은 여러 서비스의 데이터를 조회하는 쿼리를 효율적으로 구현할 수 있게 해줍니다. API 조합 패턴으로 쿼리하면 거대한 데이터 뭉치를 인-메모리 조인하는 값비싸고 비효율적인 작업을 해야 합니다. 여러 서비스에서 데이터를 미리 조인해 놓는 CQRS 뷰를 이용하는 것이 간편하고 훨씬 효율적입니다.

다양한 쿼리를 효율적으로 구현할 수 있다

다양한 쿼리를 애플리케이션/서비스에 효율적으로 구현할 수 있습니다. 단일 영속화 데이터 모델만으로는 갖가지 종류의 쿼리를 지원하기가 쉽지 않고 아예 불가능한 경우도 있습니다. 게다가 일부 NoSQL DB는 쿼리 능력이 매우 제한적입니다. 특정 유형의 쿼리를 지원하는 확장팩이 DB에 설치되어 있어도 특화된 DB를 사용하는 것이 더 효율적입니다. CQRS 패턴을 이용하면 각 쿼리가 효율적으로 구현된 하나 이상의 뷰를 정의하여 단일 데이터 저장소의 한계를 극복할 수 있습니다.

이벤트 소싱 애플리케이션에서 쿼리가 가능하다

CQRS는 이벤트 소싱의 중요한 한계(이벤트 저장소는 기본키 쿼리만 지원)를 극복하게 해줍니다. CQRS 패턴은 하나 이상의 애그리거트 뷰를 정의하고 이벤트 소싱 기반의 애그리거트가 발행한 이벤트 스트림을 구독해서 항상 최신 상태를 유지합니다. 그래서 이벤트 소싱 애플리케이션은 거의 예외 없이 CQRS를 사용합니다.

관심사가 더 분리된다

관심사가 분리되는 장점도 있습니다. 도메인 모델과 그에 대응되는 영속화 데이터 모델은 커맨드, 쿼리를 모두 처리하지 않습니다. CQRS 패턴은 서비스의 커맨드 쪽, 쿼리 쪽에 각각 알맞은 코드 모듈과 DB 스키마를 별도로 정의합니다. 이렇게 관심사를 분리하면 커맨드/쿼리 양쪽 모두 관리하기 간편해지는 이점이 있습니다.

또 CQRS를 이용하면 쿼리를 구현한 서비스와 데이터를 소유한 서비스를 달리할 수 있습니다. 가령 findAvailableRestaurants() 쿼리로 조회한 데이터는 음식점 서비스에 있지만, 이렇게 아슬아슬한 대용량 쿼리는 다른 서비스에 구현하는 것이 더 합당합니다. CQRS 쿼리 서비스는 데이터를 소유한 서비스(들)가 발행한 이벤트를 구독하는 방식으로 뷰를 관리합니다.

7.2.4 CQRS의 단점

CQRS는 장점도 많지만 다음과 같은 단점도 있습니다.

- 아키텍처가 더 복잡합니다.
- 복제 시차(replication lag)를 처리해야 합니다.

아키텍처가 복잡하다

아키텍처가 복잡해집니다. 개발자는 뷰를 조회/수정하는 쿼리 서비스를 작성해야 하며, 별도의 데이터 저장소를 관리해야 하는 운영 복잡도 역시 가중됩니다. 종류가 다양한 DB를 사용하는 애플리케이션이라면 개발/운영 복잡도가 더 가중됩니다.

복제 시차를 신경 써야 한다

커맨드/쿼리 양쪽 뷰 사이의 '시차(lag)'를 처리해야 합니다. 당연히 커맨드 쪽이 이벤트를 발행하는 시점과 쿼리 쪽이 이벤트를 받아 뷰를 업데이트하는 시점 사이에 지연이 발생할 것입니다. 따라서 클라이언트 애플리케이션이 애그리거트를 업데이트한 즉시 뷰를 쿼리하면 이전 버전의 애그리거트를 바라보게 될 수도 있습니다. 이렇게 일관되지 않은 데이터가 최대한 사용자에게 노출되지 않도록 애플리케이션을 개발해야 합니다.

한 가지 방법은 커맨드/쿼리 양쪽 API가 클라이언트에 버전 정보를 전달해서 김빠진 데이터를 분간할 수 있게 만드는 것입니다. 클라이언트는 최신 데이터를 받을 때까지 쿼리 쪽 뷰를 계속 폴링하겠죠. 자세한 내용은 잠시 후 이어집니다.

네이티브 모바일 앱이나 SPA(Single Page Application, 단일 페이지 애플리케이션) 같은 UI 애플리케이션은 쿼리를 하지 않고 커맨드가 성공하면 자신의 로컬 모델을 업데이트하는 방법으로 복제 시차를 해소할 수 있습니다. 커맨드가 반환한 데이터로 자체 모델을 업데이트하는 것이죠. 별다른 문제가 없다면 사용자 액션으로 쿼리가 트리거될 때 뷰는 최신 상태가 될 것입니다. 하지만 모델을 업데이트하려면 UI 코드가 서버 쪽 코드를 복제해야 하는 단점이 있습니다.

보다시피 CQRS는 일장일단이 있으니 가능한 한 API 조합 패턴을 사용하고, 꼭 필요할 경우에 한하여 CQRS를 사용하세요.

7.3 CQRS 뷰 설계

CQRS 뷰 모듈에는 하나 이상의 쿼리 작업으로 구성된 API가 있습니다. 하나 이상의 서비스가 발행한 이벤트를 구독해서 최신 상태로 유지된 DB를 조회하는 쿼리 API입니다. 뷰 모듈은 뷰 DB와 세 하위 모듈로 구성됩니다(그림 7-10).

❤ 그림 7-10 CQRS 뷰 모듈 설계. 이벤트 핸들러는 쿼리 API 모듈로 조회한 뷰 DB를 업데이트한다

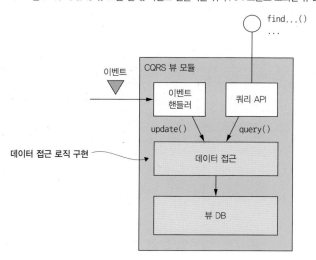

이벤트 핸들러, 쿼리 API 모듈은 데이터 접근 모듈을 통해 DB를 조회/수정합니다. 이벤트 핸들러 모듈은 이벤트를 구독해서 DB를 업데이트하고, 쿼리 API 모듈은 데이터를 조회합니다.

뷰 모듈을 개발할 때에는 몇 가지 중요한 설계 결정을 해야 합니다.

- DB를 선정하고 스키마를 설계해야 합니다.
- 데이터 접근 모듈을 설계할 때 멱등한/동시 업데이트 등 다양한 문제를 고려해야 합니다.
- 기존 애플리케이션에 새 뷰를 구현하거나 기존 스키마를 바꿀 경우, 뷰를 효율적으로 (재)빌드할 수 있는 수단을 강구해야 합니다.
- 뷰 클라이언트에서 복제 시차를 어떻게 처리할지 결정해야 합니다.

7.3.1 뷰 DB 선택

신중하게 DB를 선택하고 스키마를 잘 설계해야 합니다. DB와 데이터 모델의 주목적은 뷰 모듈의 쿼리 작업을 효율적으로 구현하는 것입니다. DB를 선택할 때 이런 쿼리 작업의 특성이 주된 검토 항목이지만, DB 역시 이벤트 핸들러가 수행하는 업데이트 작업을 효율적으로 지원 가능해야 합니다.

SQL 대 NoSQL DB

거의 최근까지 DB 세상은 SQL 기반의 RDBMS의 독무대였지만, 웹이 점차 확산되면서 많은 기업이 RDBMS로는 자사의 웹 확장 요건을 충족시킬 수 없다는 것을 깨닫게 되었습니다. 그 결과, 이른바 NoSQL DB가 태동하게 된 것이죠. NoSQL DB는 대부분 트랜잭션 기능이 제한적이고 범용적인 쿼리 능력은 없지만, 어떤 유스 케이스는 유연한 데이터 모델, 우수한 성능/확장성 등 SQL 기반 DB보다 더 낫습니다.

NoSQL DB는 CQRS 뷰와 잘 맞는 편입니다. 특유의 강점이 발휘되고 약점은 무시할 만하죠. NoSQL DB의 풍성한 데이터 모델과 우수한 성능 역시 CQRS 뷰에 유리합니다. 또 CQRS 뷰는 단순 트랜잭션만 사용하고 고정된 쿼리만 실행하므로 NoSQL DB의 제약 사항에도 영향을 받지 않습니다.

물론 SQL DB를 사용하여 CQRS 뷰를 구현하는 것이 타당한 경우도 있습니다. 사실 최신 하드웨어에서 실행되는 최신 RDBMS는 예전보다 성능이 뛰어나고, 아무래도 대부분의 개발자, DB 관리자, IT 운영자는 NoSQL보다 SQL DB가 더 익숙합니다. 그리고 SQL DB는 확장판을 설치해서 비관계형 기능(예: 지리 공간 데이터형 및 쿼리)을 추가할 수 있습니다. 리포팅 엔진(reporting engine) 때문에 어쩔 수 없이 SQL DB를 써야 하는 경우도 있습니다.

표 7-1에서 보다시피 다양한 옵션이 있습니다. DB 종류마다 경계선이 흐려지면서 막상 선택을 하기가 복잡해진 부분은 있습니다. 가령 RDBMS인 MySQL은 JSON을 아주 잘 지원하지만 JSON 포맷의 문서 지원은 MongoDB의 강점 중 하나입니다.

▼ 표 7-1 쿼리 쪽 뷰 스토어

~가 필요하면	~를 사용한다	예시
JSON 객체를 PK로 검색	문서형 스토어 (예: MongoDB, DynamoDB) 키-값 스토어(예: 레디스)	고객별 MongoDB 문서로 주문 이력 관리
쿼리 기반의 JSON 객체 검색	문서형 스토어	MongoDB, DynamoDB로 고객 뷰 구현
텍스트 쿼리	텍스트 검색 엔진(예: 일래스틱서치)	주문별 일래스틱서치 문서로 주문 텍스트 검색 구현
그래프 쿼리	그래프 DB(예: Neo4j)	고객, 주문, 기타 데이터의 그래프로 부정 탐지 구현
전통적인 SQL 리포팅/BI	관계형 DB	표준 비즈니스 리포트 및 분석

업데이트 작업 지원

뷰 데이터 모델에서는 쿼리뿐만 아니라 이벤트 핸들러가 실행할 업데이트 작업 역시 효율적으로 구현되어야 합니다. 이벤트 핸들러는 대개 뷰 DB에 있는 레코드를 기본키로 찾아 수정/삭제할 것입니다. 예를 들어 findOrderHistory() 쿼리의 CQRS 뷰를 설계한다고 합시다. 이 뷰는 주문 서비스에서 이벤트를 수신받아 그대로 해당 레코드를 업데이트합니다.

하지만 외래키를 이용하여 레코드를 수정/삭제해야 하는 경우도 있습니다. Delivery* 이벤트 핸들러가 그런 경우겠죠. 만약 Delivery와 Order가 1:1 관계라면 Delivery.id는 Order.id와 같다고 볼 수 있습니다. 정말 그렇다면 Delivery* 이벤트 핸들러는 주문 DB 레코드를 쉽게 업데이트할 수 있습니다.

그러나 Delivery가 자신의 기본키를 갖고 있거나 Order와 Delivery가 1:다 관계인 경우라면 어떨까요? DeliveryCreated 같은 이벤트는 orderId가 포함되어 있겠지만, 그렇지 않은 Delivery* 이벤트도 있을 것입니다. 예를 들어 DeliveryPickedUp 이벤트의 핸들러는 deliveryId를 외래키로 이용하여 주문 레코드를 업데이트해야 합니다.

일부 DB 자료형은 외래키 기반의 업데이트 작업을 효율적으로 지원합니다. 가령 RDBMS나 MongoDB를 사용 중이라면 필요한 컬럼의 인덱스를 생성하면 되지만, 다른 NoSQL DB에서는 비기본키(non-primary key) 기반으로 업데이트하기가 결코 쉽지 않습니다. 애플리케이션이 업데이트할 레코드를 결정하려면 외래키에서 기본키로 매핑 가능한 데이터를 DB에 갖고 있어야 합니다. 예를 들어 기본키 기반의 수정/삭제만 지원되는 DynamoDB를 사용한다면, 먼저 DynamoDB 보조 인덱스(secondary index)(잠시 후 설명합니다)를 쿼리해서 수정/삭제할 항목의 기본키를 결정해야 합니다.

7.3.2 데이터 접근 모듈 설계

이벤트 핸들러와 쿼리 API 모듈은 DB에 직접 접근하지 않습니다. 그 대신 데이터 접근 객체 (DAO) 및 헬퍼 클래스로 구성된 데이터 접근 모듈을 사용합니다. DAO는 이벤트 핸들러가 호출한 업데이트 작업과 쿼리 모듈이 호출한 쿼리 작업을 실질적으로 수행합니다. 또 고수준 코드에 쓰이는 자료형과 DB API 간 매핑, 동시 업데이트 처리 및 업데이트 멱등성 보장 등 DAO는 하는 일이 많습니다.

동시성 처리

동일한 DB 레코드에 대해 DAO가 여러 동시 업데이트를 처리하는 경우가 있습니다. 뷰가 한 종류의 애그리거트가 발행한 이벤트를 구독한다면 동시성 이슈는 없습니다. 특정 애그리거트 인스턴스가 발행한 이벤트는 순차적으로 처리되기 때문에 어느 한 애그리거트 인스턴스에 해당되는 레코드가 동시에 업데이트될 일은 없습니다. 하지만 뷰가 여러 종류의 애그리거트가 발행한 이벤트를 구독할 경우, 여러 이벤트 핸들러가 동일한 레코드에 달려들어 업데이트할 수 있습니다.

예를 들어 동일한 주문을 대상으로 Order* 이벤트 핸들러와 Delivery* 이벤트 핸들러가 동일한 시간에 호출되어 해당 주문의 DB 레코드를 업데이트하는 DAO가 동시에 호출될 수 있겠죠. DAO는 동시 업데이트로 서로가 서로의 데이터를 덮어 쓰지 않도록 작성되어야 합니다. 만약 DAO가 레코드를 읽고 업데이트된 레코드를 쓴다면 낙관적 잠금이든, 비관적 잠금(pessimistic locking)이든 둘 중 하나를 적용해야 합니다. DB 레코드를 먼저 읽지 않고 업데이트하는 식으로 동시 업데이트를 처리하는 DAO는 다음 절에서 예를 들어 설명합니다.

멱등한 이벤트 핸들러

이벤트 핸들러는 같은 이벤트를 한 번 이상 넘겨받고 호출될 수 있습니다(3장). 쿼리 쪽 이벤트 핸들러가 멱등한 경우, 즉 중복 이벤트를 처리해도 결과가 정확히 동일하다면 문제될 일은 아닙니다. 최악의 경우, 뷰 데이터 저장소는 일시적으로 동기화가 안 될 것입니다. 예를 들어 그림 7-11에서 주문 이력 뷰를 유지하는 이벤트 핸들러는 (사실 그럴 일은 없겠지만) 배달 픽업됨, 주문 배달됨, 배달 픽업됨, 주문 배달됨으로 이벤트를 받아 호출됩니다. 메시지 브로커가 최초로 배달 픽업됨, 주문 배달됨 이벤트를 전달한 후, 네트워크 오류 등 어떤 문제가 생겨 이전 시점의 이벤트 전달을 재개하면 결국 배달 픽업됨, 주문 배달됨 이벤트를 다시 전달하게 될 것입니다.

▼ 그림 7-11 배달 픽업됨, 주문 배달됨 이벤트는 두 번 전달된다. 이 때문에 뷰에서 주문 상태는 일시적으로 최신 데이터가 아닐 수 있다

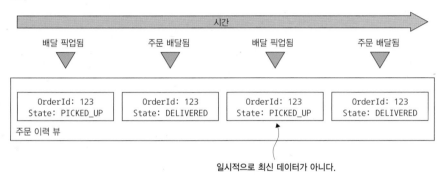

두 번째 배달 픽업됨 이벤트를 이벤트 핸들러가 처리한 이후, 주문 이력 뷰는 주문 배달됨 이벤트가 처리되기 전까지는 일시적으로 과거 주문 상태를 바라보게 됩니다. 이벤트 핸들러가 중복 이벤트를 알아서 솎아 내면 이런 일이 발생하지 않겠죠.

중복 이벤트 때문에 부정확한 결과가 나온다면 멱등한 이벤트 핸들러가 아닙니다. 가령 은행 잔고를 증가시키는 이벤트 핸들러는 당연히 멱등하지 않겠죠. 비멱등적 이벤트 핸들러는 자신이 뷰 데이터 저장소에서 처리한 이벤트 ID를 기록해 두었다가 중복 이벤트가 들어오면 솎아 내야 합니다 (3장).

이벤트 핸들러는 반드시 이벤트 ID를 기록하고 데이터 저장소를 원자적으로 업데이트해야 합니다. 그 방법은 DB 종류마다 다릅니다. 뷰 데이터 저장소가 SQL DB면, 이벤트 핸들러가 처리 완료한 이벤트를 뷰 업데이트 트랜잭션의 일부로 PROCESSED_EVENTS 테이블에 삽입할 수 있습니다. 그러나 트랜잭션 능력이 제한적인 NoSQL DB면, 이벤트 핸들러는 자신이 업데이트하는 데이터 저장소 '레코드'(예: MongoDB의 문서, DynamoDB의 테이블 아이템)에 이벤트를 저장해야 합니다.

이벤트 핸들러가 모든 이벤트 ID를 일일이 기록할 필요는 없습니다. 이벤추에이트처럼 이벤트 ID가 그냥 하나씩 증가하는 구조라면 주어진 애그리거트 인스턴스에서 전달받은 max(eventId)를 각 레코드에 저장하면 됩니다. 레코드가 단일 애그리거트 인스턴스에 해당된다면 이벤트 핸들러는 max(eventId)만 기록하면 됩니다. 여러 애그리거트의 이벤트가 조합된 결과를 나타내는 레코드는 [애그리거트 타입, 애그리거트 ID] → max(eventId) 맵을 담고 있어야 합니다.

실제로 DynamoDB로 구현한 주문 이력 뷰를 보면 다음과 같이 이벤트 추적 속성을 가진 항목이 있습니다.

```
{...
  "Order3949384394-039434903" : "0000015e0c6fc18f-0242ac1100e50002",
  "Delivery3949384394-039434903" : "0000015e0c6fc264-0242ac1100e50002",
}
```

다양한 서비스에서 발행된 이벤트가 조합된 뷰입니다. 자세한 내용은 다시 설명하겠지만, 각 이벤트 추적 속성명은 ≪애그리거트 타입≫≪애그리거트 ID≫로, 값은 eventId로 세팅합니다.

클라이언트 애플리케이션이 최종 일관된 뷰를 사용할 수 있다

CQRS를 적용하면 커맨드 쪽을 업데이트한 직후 쿼리를 실행하는 클라이언트가 자신이 업데이트한 내용을 바라보지 못하게 될 가능성이 있다고 했습니다. 메시징 인프라의 지연 시간은 불가피하기 때문에 이 뷰는 최종 일관됩니다. 커맨드와 쿼리 모듈 API를 이용하면 클라이언트가 비일관성을 감지하게 만들 수 있습니다. 커맨드 쪽 작업이 클라이언트에 발행된 이벤트의 ID가 포함된 토큰을 반환하고, 클라이언트는 이 토큰을 쿼리 작업에 전달하면 해당 이벤트에 의해 뷰가 업데이트되지 않았을 경우 에러가 반환될 것입니다. 이런 중복 이벤트 감지 메커니즘을 뷰 모듈에 구현할 수 있습니다.

7.3.3 CQRS 뷰 추가 및 업데이트

CQRS 뷰는 애플리케이션이 살아 있는 동안 계속 추가/수정될 것입니다. 새 쿼리를 지원하기 위해 새 뷰를 추가해야 할 때도 있고, 스키마가 변경되거나 뷰 업데이트 코드의 버그를 조치하기 위해 뷰를 재생성해야 할 경우도 있을 것입니다.

뷰를 추가/수정하는 작업은 개념만 보자면 간단합니다. 새 뷰를 생성하려면 쿼리 쪽 모듈을 개발하고, 데이터 저장소를 세팅하고, 서비스를 배포합니다. 쿼리 쪽 모듈의 이벤트 핸들러가 모든 이벤트를 처리하고 뷰는 언젠가 최신 상태가 되겠죠. 기존 뷰를 수정하는 작업도 이벤트 핸들러를 변경한 후 뷰를 재생성합니다. 그러나 이 방법은 실제로 잘 통하지 않는다는 것이 문제입니다.

아카이빙된 이벤트를 이용하여 CQRS 뷰 구축

우선 메시지 브로커는 메시지를 무기한 보관할 수 없습니다. 기존 메시지 브로커(예: RabbitMQ)는 컨슈머가 메시지를 처리한 직후 메시지를 삭제하며, 미리 설정된 시간 동안 메시지를 보관 가능한 최신 브로커(예: 아파치 카프카) 역시 이벤트를 영구 보관하지는 않습니다. 그러므로 필요한 이벤트를 메시지 브로커에서 전부 읽기만 해서는 뷰를 구축할 수 없습니다. 따라서 이를테면 AWS S3 같은 곳에 아카이빙된(archived), 더 오래된 이벤트도 같이 가져와야 합니다. 아파치 스파크처럼 확장 가능한 빅데이터 기술을 응용하면 가능합니다.

CQRS 뷰를 단계적으로 구축

전체 이벤트를 처리하는 시간/리소스가 점점 증가하는 것도 뷰 생성의 또 다른 문제점입니다. 결국 언젠가 뷰는 너무 느려지고 비용도 많이 들 것입니다. 해결 방법은 2단계 증분 알고리즘(two-step incremental algorithm)을 적용하는 것입니다. 1단계는 주기적으로 각 애그리거트 인스턴스의 스냅샷을 그 이전의 스냅샷과 이 스냅샷이 생성된 이후 죽 발생한 이벤트를 바탕으로 계산합니다. 2단계는 이렇게 계산된 스냅샷과 그 이후 발생한 이벤트를 이용하여 뷰를 생성합니다.

7.4 CQRS 뷰 구현: AWS DynamoDB 응용

이제 실제로 AWS DynamoDB를 이용하여 findOrderHistory() 쿼리 작업의 CQRS 뷰를 구현할 때 고민해야 할 갖가지 설계 이슈를 살펴봅시다. DynamoDB는 아마존 클라우드에서 서비스로 사용 가능한 확장성이 우수한 NoSQL DB입니다. DynamoDB는 완전 관리형(fully managed) DB라서 테이블의 처리 능력을 동적으로 가감할 수 있습니다. DynamoDB의 데이터 모델은 JSON 객체처럼 계층적인 이름-값 쌍이 포함된 테이블로 구성됩니다.

findOrderHistory()의 CQRS 뷰는 여러 서비스의 이벤트를 소비하기 때문에 스탠드얼론 주문 뷰 서비스로 구현합니다. 이 서비스에는 findOrderHistory(), findOrder() 두 작업이 구현된 API가 있습니다. findOrder()는 API 조합 패턴으로 구현할 수도 있지만, 이 뷰는 이 작업을 무료로 제공합니다. 그림 7-12는 서비스 설계입니다. 주문 이력 서비스에는 여러 가지 모듈이 있지만, 개발/테스트를 단순화하기 위해 모듈마다 책임을 나누어 구현합니다. 각 모듈이 하는 일은 다음과 같습니다.

- **OrderHistoryEventHandler**: 여러 서비스가 발행한 이벤트를 구독하며 OrderHistoryDAO를 호출합니다.
- **OrderHistoryQuery API 모듈**: 앞서 설명한 REST 끝점을 구현합니다.
- **OrderHistoryDataAccess**: DynamoDB 테이블 및 관련 헬퍼 클래스를 조회/수정하는 메서드가 정의된 OrderHistoryDAO를 포함합니다.
- **ftgo-order-history**: 주문이 저장된 DynamoDB 테이블

▼ 그림 7-12 주문 이력 서비스 설계. OrderHistoryEventHandlers는 이벤트를 받아 DB를 업데이트하고 OrderHistoryQuery는 DB에서 주문 이력을 조회한다. 두 모듈은 OrderHistoryDataAccess 모듈을 통해 DB에 접근한다

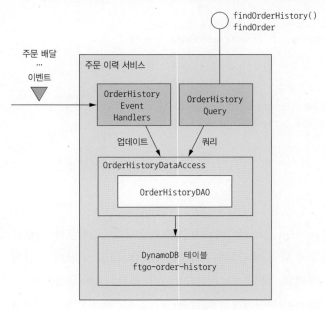

이벤트 핸들러, DAO, DynamoDB 테이블을 어떻게 설계하는지 자세히 살펴봅시다.

7.4.1 OrderHistoryEventHandlers 모듈

OrderHistoryEventHandlers는 이벤트를 소비해서 DynamoDB 테이블을 업데이트하는 이벤트 핸들러로 구성된 모듈입니다. 예제 7-1에서 보다시피 이벤트 핸들러는 이벤트로부터 전달받은 인수를 OrderHistoryDao 메서드에 넘겨 호출하는 한 줄짜리 단순 메서드입니다.

예제 7-1 OrderHistoryDao를 호출하는 이벤트 핸들러

```java
public class OrderHistoryEventHandlers {

  private OrderHistoryDao orderHistoryDao;

  public OrderHistoryEventHandlers(OrderHistoryDao orderHistoryDao) {
    this.orderHistoryDao = orderHistoryDao;
  }

  public void handleOrderCreated(DomainEventEnvelope<OrderCreated> dee) {
    orderHistoryDao.addOrder(makeOrder(dee.getAggregateId(), dee.getEvent()),
      makeSourceEvent(dee));
  }

  private Order makeOrder(String orderId, OrderCreatedEvent event) {
    ...
  }

  public void handleDeliveryPickedUp(DomainEventEnvelope<DeliveryPickedUp> dee) {
    orderHistoryDao.notePickedUp(dee.getEvent().getOrderId(),
      makeSourceEvent(dee));
  }

...
```

이벤트 핸들러는 하나의 DomainEventEnvelope형 매개변수를 받습니다. 이벤트와 이벤트에 관한 메타데이터가 이 매개변수에 담겨 있습니다. 가령 OrderCreated 이벤트가 발생하면 handleOrderCreated()가 호출되고, 이 메서드는 다시 orderHistoryDao.addOrder()를 호출해서 DB에 Order를 생성합니다. 마찬가지로 DeliveryPickedUp 이벤트가 발생하면 handleDeliveryPickedUp(), orderHistoryDao.notePickedUp()이 연달아 호출되어서 DB에 있는 Order 상태를 업데이트합니다.

handleOrderCreated(), handleDeliveryPickedUp() 두 메서드가 호출하는 헬퍼 메서드 makeSource
Event()는 이벤트를 발생시킨 애그리거트 타입과 ID, 그리고 이벤트 ID가 포함된 SourceEvent를
생성합니다. OrderHistoryDao에서 SourceEvent를 이용하여 업데이트 멱등성을 보장하는 방법은
다음 절에서 설명합니다.

7.4.2 DynamoDB 데이터 모델링 및 쿼리 설계

다른 NoSQL DB처럼 DynamoDB도 데이터 접근 능력이 RDBMS에 훨씬 못 미치는 수준이기
때문에 데이터를 어떻게 저장하면 좋을지 잘 설계해야 합니다. 특히 쿼리는 스키마 설계에 결정적
인 영향을 끼치므로 다음과 같은 설계 이슈를 검토해야 합니다.

- ftgo-order-history 테이블의 설계
- findOrderHistory 쿼리 전용 인덱스 정의
- findOrderHistory 쿼리 구현
- 쿼리 결과 페이지네이션
- 주문 업데이트
- 중복 이벤트 감지

ftgo-order-history 테이블 설계

DynamoDB의 저장 모델은 아이템이 테이블과 인덱스로 구성됩니다. 테이블은 아이템을 담고
있고, 인덱스는 테이블 아이템에 접근하는 대체 수단을 제공합니다. 아이템은 네임드 속성(named
attribute) 컬렉션입니다. 속성 값은 문자열 등의 스칼라 값, 값이 여러 개인 문자열 컬렉션, 아니면
또 다른 네임드 속성의 컬렉션입니다. RDBMS에서는 로우가 아이템에 해당하지만 DynamoDB
는 훨씬 더 유연해서 전체 애그리거트를 저장할 수도 있습니다.

이런 유연성 덕분에 OrderHistoryDataAccess 모듈은 각 Order를 DynamoDB 테이블 ftgo-
order-history의 아이템 하나로 저장할 수 있습니다. Order 클래스의 필드는 각 아이템의 속성에
매핑됩니다(그림 7-13). orderCreationTime, status 같은 단순 필드는 단일 값 아이템 속성에 매
핑되고, lineItems 필드는 타임 라인당 맵 하나씩, 맵 리스트 형태의 속성에 매핑됩니다. 말하자
면 객체의 JSON 배열이라고 볼 수 있죠.

ftgo-order-history 테이블

기본키					
orderId	consumerId	orderCreationTime	status	lineItems	...
...	xyz-abc	22939283232	CREATED	[{...}. {...}, ...]	...
...	...	...	...	...	...

기본키는 중요한 테이블 정의 항목입니다. DynamoDB 애플리케이션은 테이블 아이템을 기본키로 삽입/수정/조회합니다. 기본키는 당연히 orderId가 되어야 합니다. 그래야 주문 이력 서비스가 orderId로 주문을 구별해서 삽입/수정/조회하겠죠. 그런데 어떻게 테이블 기본키가 지원되는 데이터 접근 작업의 종류에 영향을 미치는 것일까요?

findOrderHistory 쿼리 전용 인덱스 정의

ftgo-order-history 테이블은 기본키로 Order를 조회/수정할 수 있게 지원하지만 최근 순서로 정렬된 주문 검색 결과를 여럿 반환하는 findOrderHistory() 같은 쿼리는 지원하지 않습니다. 이 쿼리가 DynamoDB의 query() 작업을 사용하기 때문인데, 이는 테이블이 두 스칼라 속성이 조합된 기본키를 갖고 있어야 수행 가능한 작업입니다. 첫 번째 속성은 파티션 키(partition key)입니다. DynamoDB가 Z축 확장(1장)할 때 이 키를 보고 아이템의 저장소 파티션을 선택하기 때문에 파티션 키라고 합니다. 두 번째 속성은 정렬 키(sort key)입니다. query() 작업은 주어진 파티션 키를 갖고 있고, 주어진 범위 내의 정렬 키를 갖고 있으면서, 필터 표현식(옵션)에 맞는 아이템 목록을 주어진 정렬 키로 정렬하여 반환합니다.

findOrderHistory() 쿼리 작업은 소비자가 한 주문을 최근 순서로 정렬한 후 반환하기 때문에 consumerId가 파티션 키, orderCreationDate가 정렬 키인 기본키가 있어야 합니다. 그러나 (consumerId, orderCreationDate)는 유일한 데이터를 가리키지 않으므로 ftgo-order-history 테이블의 기본키로는 적합하지 않습니다.

해결 방법은 findOrderHistory()가 ftgo-order-history 테이블의 (DynamoDB 용어로) 보조 인덱스(secondary index)를 쿼리하는 것입니다. 이 인덱스는 (consumerId, orderCreationDate)를 비유일(non-unique) 키로 갖고 있습니다. RDBMS 인덱스처럼 DynamoDB의 인덱스도 테이블이 업데이트될 때 자동 업데이트되는 것은 똑같지만, 비식별(non-key) 속성을 가질 수 있다는 차이점이 있습니다. 비식별 속성은 애플리케이션이 테이블에서 가져올 필요 없이 쿼리로 반환되는 값이라서 그만큼 성능이 향상됩니다. 또 필터 용도로도 쓸 수 있습니다. 그림 7-14는 테이블과 인덱스 구조입니다.

`ftgo-order-history-by-consumer-id-and-creation-time`이라는 긴 이름의 인덱스가 있습니다. 이 인덱스의 속성은 기본키 속성(`consumerId`, `orderCreationTime`)과 비식별 속성(`orderId`, `status`)을 포함합니다.

▼ 그림 7-14 ftgo-order-history 테이블과 인덱스 설계

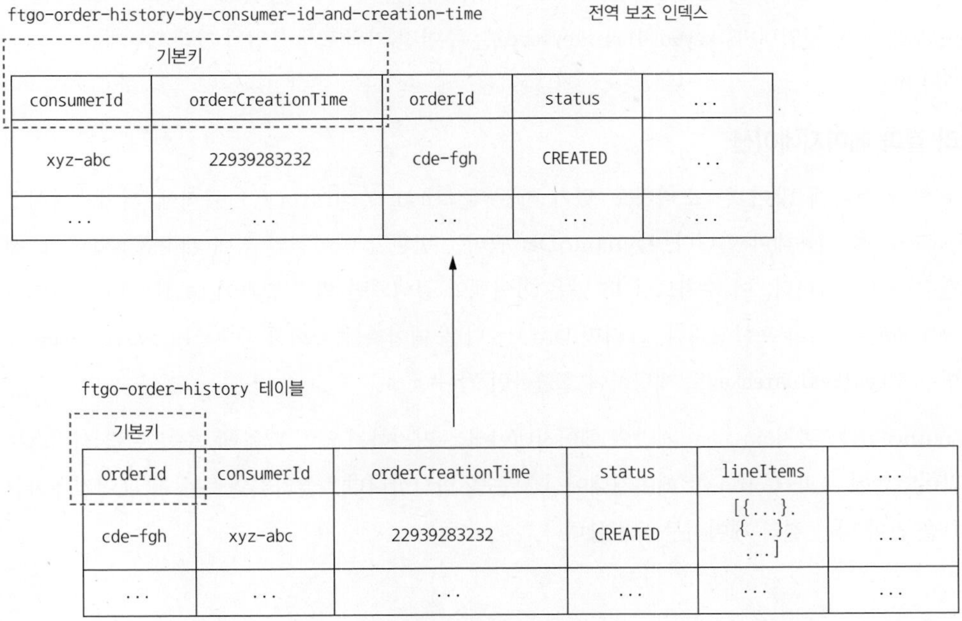

`ftgo-order-history-by-consumer-id-and-creation-time`　　　　　전역 보조 인덱스

기본키				
consumerId	orderCreationTime	orderId	status	...
xyz-abc	22939283232	cde-fgh	CREATED	...
...	...	...	...	

ftgo-order-history 테이블

기본키					
orderId	consumerId	orderCreationTime	status	lineItems	...
cde-fgh	xyz-abc	22939283232	CREATED	[{...}, {...}, ...]	...
...	...	...	...	...	...

`ftgo-order-history-by-consumer-id-and-creation-time` 인덱스 덕분에 OrderHistory DaoDynamoDb는 최근 순서로 정렬된 소비자 주문 정보를 효율적으로 조회할 수 있습니다.

findOrderHistory 쿼리 구현

`findOrderHistory()` 쿼리 작업에는 검색 기준(search criteria)(예: 주문 조회 시작/종료일자 등)에 해당하는 `filter`라는 필터 매개변수가 있습니다. DynamoDB `query()` 작업은 정렬 키에 범위 제약을 걸 수 있는 조건 표현식을 지원하므로 쉽게 구현할 수 있습니다. 그 밖의 비식별 속성에 해당되는 검색 기준은 불(Boolean) 표현식인 필터 표현식(filter expression)을 이용하여 구현 가능합니다. DynamoDB `query()` 작업은 필터 표현식에 맞는 아이템만 골라 반환합니다. 예를 들어

OrderHistoryDaoDynamoDb에서 CANCELLED 상태인 주문은 orderStatus = :orderStatus 필터 표현식(:orderStatus는 자리끼우개(placeholder, 플레이스홀더) 매개변수)으로 검색합니다.

음식점명, 메뉴 항목 중 하나가 주어진 키워드에 해당되는 주문 검색은 키워드 필터 기준을 구현하기가 조금 까다롭습니다. OrderHistoryDaoDynamoDb는 음식점명과 메뉴 항목을 토큰화(tokenizing)한 후 키워드들을 keywords라는 세트 값 속성(set-valued attribute, 값이 여러 개인 속성)에 저장하는 방식으로 키워드 검색을 합니다. contains(keywords, :keyword1) OR contains(keywords, :keyword2)처럼 contains() 함수를 쓴 필터 표현식으로 키워드가 포함된 주문 정보를 찾는 것입니다(:keyword1과 :keyword2는 주어진 키워드가 삽입될 자리끼우개).

쿼리 결과 페이지네이션

주문을 엄청나게 많이 한 소비자도 있기 때문에 findOrderHistory() 쿼리에 페이지네이션(pagination)을 적용해야 합니다. DynamoDB 쿼리는 반환할 아이템의 최대 개수를 pageSize 매개변수로 지정합니다. 이 수치보다 더 많은 아이템이 검색되면 쿼리 결과에 LastEvaluatedKey라는 NOT NULL 속성이 포함됩니다. 그러면 DAO는 다음 페이지를 조회할 때 exclusiveStartKey 매개변수를 LastEvaluatedKey로 세팅하여 호출하면 됩니다.

DynamoDB는 위치(position) 기반의 페이지네이션은 지원하지 않기 때문에, 주문 이력 서비스는 클라이언트에 오파크(opaque) 페이지네이션 토큰을 반환합니다.[5] 클라이언트는 이 페이지네이션 토큰을 받아 다음 결과 페이지를 요청합니다.

주문 업데이트

DynamoDB는 아이템을 추가/수정하는 PutItem(), UpdateItem() 작업을 각각 제공합니다. PutItem()은 기본키로 찾은 아이템을 생성 또는 대체하는 작업입니다. 이 작업을 이용하여 OrderHistoryDaoDynamoDb가 주문을 삽입/수정할 수는 있지만, 동일한 아이템을 동시 업데이트할 경우 정확히 처리된다는 보장이 없습니다.

가령 두 이벤트 핸들러가 동일한 아이템을 동시에 업데이트한다고 합시다. 각 이벤트 핸들러는 OrderHistoryDaoDynamoDb를 호출하여 DynamoDB에서 아이템을 가져와서 메모리상에서 변경한 후, DynamoDB에 PutItem()으로 업데이트하겠죠. 따라서 이벤트 핸들러 A가 이벤

---

5 역주 알기 쉽게 페이지 번호(page)와 조회 건수(size)를 매개변수로 전달하는 위치 기반의 페이지네이션(간단히 '페이징'이라고 합니다) 대신 오파크(opaque, 불투명한, 이해하기 어려운) 페이지네이션 토큰을 반환하는 것은 페이지네이션의 구현 로직 때문에 클라이언트가 영향받는 일이 없도록 느슨하게 결합하려는 의도입니다.

트 핸들러 B의 변경분을 덮어 쓸 가능성이 있습니다. DynamoDB의 낙관적 잠금 메커니즘을 OrderHistoryDaoDynamoDb에 적용하면 소실된 업데이트는 방지할 수 있지만, UpdateItem() 작업을 이용하는 것이 훨씬 더 간단하고 효과적입니다.

UpdateItem()은 개별 아이템 속성을 업데이트하고, 필요 시 아이템을 생성하는 작업입니다. 상이한 이벤트 핸들러가 상이한 Order 아이템 속성을 업데이트하므로 이 메서드를 사용하는 것이 맞습니다. 또 주문을 테이블에서 미리 가져올 필요가 없기 때문에 더 효율적입니다.

앞서 언급했지만, 이벤트에 반응하여 DB를 업데이트하는 작업은 중복 이벤트를 솎아 낼 수 있어야 합니다. DynamoDB에서는 어떻게 처리할까요?

중복 이벤트 감지

주문 이력 서비스의 모든 이벤트 핸들러는 멱등합니다. 각 이벤트 핸들러는 하나 이상의 Order 아이템 속성을 세팅합니다. 따라서 중복 이벤트 문제는 그냥 무시하고 넘어갈 수도 있지만, 중복 이벤트를 접수한 이벤트 핸들러가 Order 아이템 속성을 과거 값으로 세팅할 가능성은 항상 있기 때문에 간혹 Order 아이템이 일시적으로 최신 상태가 아닐 수 있습니다. 이런 Order 아이템은 나중에 이벤트가 재전달될 때까지는 정확한 값이 아닙니다.

이처럼 데이터가 동기화되지 않는 현상을 방지하려면 중복 이벤트를 솎아 내야 합니다. Order HistoryDaoDynamoDb는 아이템마다 업데이트를 일으킨 이벤트를 일일이 기록해서 중복 이벤트를 감지합니다. UpdateItem() 작업의 조건부 업데이트(conditional update, 어떤 조건을 만족하는 경우에만 업데이트) 메커니즘을 활용하면 중복 이벤트가 아닐 때에만 아이템을 업데이트할 수 있습니다.

조건 표현식이 참일 때에만 조건부 업데이트가 수행됩니다. 조건 표현식은 속성 자체가 존재하는지, 주어진 값인지 확인합니다. OrderHistoryDaoDynamoDb DAO는 (수신한 이벤트 ID의 최댓값과 동일한) ≪애그리거트 타입≫≪애그리거트 ID≫ 속성을 이용하여 각 애그리거트 인스턴스에서 전달받은 이벤트를 추적할 수 있습니다. 즉, 이 속성이 존재하고 그 값이 자신의 ID보다 같거나 작은 이벤트면 중복 이벤트인 셈입니다. OrderHistoryDaoDynamoDb DAO는 이 조건부 표현식을 사용합니다.

```
attribute_not_exists(≪애그리거트 타입≫≪애그리거트 ID≫)
   또는 ≪애그리거트 타입≫≪애그리거트 ID≫ < :이벤트 ID
```

조건부 표현식은 속성이 존재하지 않거나 eventId가 가장 마지막에 처리된 이벤트 ID보다 클 경우에만 업데이트를 허용합니다.

예를 들어 어떤 이벤트 핸들러가 ID가 3949384394-039434903인 Delivery 애그리거트에서 ID가 123323-343434인 DeliveryPickup 이벤트를 받았다고 합시다. 추적 속성명은 Delivery3949384394-039434903입니다. 이벤트 핸들러는 이 속성 값이 123323-343434보다 크거나 같으면 중복이라고 간주합니다. 이벤트 핸들러가 호출한 query()는 다음 조건부 표현식을 이용하여 Order 아이템을 업데이트합니다.

```
attribute_not_exists(Delivery3949384394-039434903)
   또는 Delivery3949384394-039434903 < :이벤트 ID
```

7.4.3 OrderHistoryDaoDynamoDb 클래스

OrderHistoryDaoDynamoDb는 ftgo-order-history 테이블의 아이템을 읽고 쓰는 메서드가 구현된 클래스입니다. 이 클래스의 업데이트 메서드는 OrderHistoryEventHandler가, 쿼리 메서드는 OrderHistoryQuery API가 각각 호출합니다. addOrder()부터 하나씩 예제 메서드를 살펴봅시다.

addOrder() 메서드

addOrder()는 order, sourceEvent 두 매개변수를 받아 ftgo-order-history 테이블에 Order를 추가하는 메서드입니다(예제 7-2). OrderCreated 이벤트에서 획득한 Order를 order 매개변수로 받아 추가하는 것입니다. sourceEvent에는 이벤트를 발생시킨 애그리거트의 aggregateType, aggregateId, eventId가 있습니다. sourceEvent는 조건부 업데이트를 구현하는 용도로 쓰입니다.

예제 7-2 addOrder() 메서드는 Order를 추가/수정한다

```
public class OrderHistoryDaoDynamoDb ...

    @Override
    public boolean addOrder(Order order, Optional<SourceEvent> eventSource) {
        UpdateItemSpec spec = new UpdateItemSpec()
            .withPrimaryKey("orderId", order.getOrderId())    ◀── 업데이트할 Order의 기본키
            .withUpdateExpression("SET orderStatus = :orderStatus, " +    ◀──┐
                "creationDate = :cd, consumerId = :consumerId, lineItems =" +  │
                " :lineItems, keywords= :keywords, restaurantName=" +    속성을 업데이트하는 표현식
                ":restaurantName")
            .withValueMap(new Maps()    ◀── 업데이트 표현식의 자리끼우개 값들
            .add(":orderStatus", order.getStatus().toString())
            .add(":cd", order.getCreationDate().getMillis())
```

```
      .add(":consumerId", order.getConsumerId())
      .add(":lineItems", mapLineItems(order.getLineItems()))
      .add(":keywords", mapKeywords(order))
      .add(":restaurantName", order.getRestaurantName())
      .map())
    .withReturnValues(ReturnValue.NONE);

  return idempotentUpdate(spec, eventSource);
}
```

addOrder()는 AWS SDK의 일부로서 업데이트 작업이 기술된 UpdateItemSpec[6]을 생성합니다. 그런 다음 중복 업데이트를 방지하는 조건부 표현식을 추가한 후 업데이트를 수행하는 헬퍼 메서드 idempotentUpdate()를 호출합니다.

notePickedUp( ) 메서드

notePickedUp()은 DeliveryPickedUp 이벤트 핸들러가 호출하는 메서드입니다. Order 아이템의 deliveryStatus를 PICKED_UP으로 변경합니다(예제 7-3).

예제 7-3 notePickedUp( ) 메서드는 Order를 PICKED_UP 상태로 변경한다

```
public class OrderHistoryDaoDynamoDb ...

  @Override
  public void notePickedUp(String orderId, Optional<SourceEvent> eventSource) {
    UpdateItemSpec spec = new UpdateItemSpec()
      .withPrimaryKey("orderId", orderId)
      .withUpdateExpression("SET #deliveryStatus = :deliveryStatus")
      .withNameMap(Collections.singletonMap("#deliveryStatus",
        DELIVERY_STATUS_FIELD))
      .withValueMap(Collections.singletonMap(":deliveryStatus",
        DeliveryStatus.PICKED_UP.toString()))
      .withReturnValues(ReturnValue.NONE);
    idempotentUpdate(spec, eventSource);
  }
```

UpdateItemSpec 생성 후 idempotentUpdate()를 호출하는 로직은 addOrder()와 같습니다.

---

6   역주 http://bit.ly/msp-11

idempotentUpdate( ) 메서드

idempotentUpdate( )는 중복 업데이트를 방지하는 UpdateItemSpec에 조건부 표현식을 추가한 후 아이템을 업데이트합니다(예제 7-4).

예제 7-4 idempotentUpdate( )는 중복 이벤트를 무시한다

```
public class OrderHistoryDaoDynamoDb ...

    private boolean idempotentUpdate(UpdateItemSpec spec, Optional<SourceEvent>
      eventSource) {
      try {
        table.updateItem(eventSource.map(es -> es.addDuplicateDetection(spec))
          .orElse(spec));
        return true;
      } catch (ConditionalCheckFailedException e) {
        // 아무것도 안 한다.
        return false;
      }
    }
```

sourceEvent를 받은 idempotentUpdate( )는 SourceEvent.addDuplicateDetection( )을 호출해서 방금 전 설명한 조건부 표현식을 UpdateItemSpec에 추가합니다. 그리고 중복 이벤트일 경우 updateItem( )이 던진 ConditionalCheckFailedException 예외를 붙잡아 아무 일도 하지 않습니다.

findOrderHistory( ) 메서드

findOrderHistory( )는 보조 인덱스 ftgo-order-history-by-consumer-id-and-creation-time을 이용하여 ftgo-order-history 테이블을 쿼리해서 소비자 주문을 조회합니다(예제 7-5). 이 메서드는 소비자를 식별하는 consumerId와 필터 조건이 지정된 filter, 두 매개변수를 전달받아 UpdateItemSpec처럼 AWS SDK에 내장된 QuerySpec을 생성합니다. 그런 다음 인덱스를 쿼리하고, 그 결과 반환된 아이템을 OrderHistory 객체로 변환합니다.

예제 7-5 findOrderHistory( ) 메서드는 소비자가 한 주문 목록을 조회한다

```
public class OrderHistoryDaoDynamoDb ...

    @Override
    public OrderHistory findOrderHistory(String consumerId, OrderHistoryFilter
      filter) {
```

```
QuerySpec spec = new QuerySpec()
  .withScanIndexForward(false)   ◄──── 최근 순서대로 주문 목록을 반환하도록 지정
  .withHashKey("consumerId", consumerId)
  .withRangeKeyCondition(new RangeKeyCondition("creationDate")   ◄──── 반환할 주문일자의 최댓값
    .gt(filter.getSince().getMillis()));

filter.getStartKeyToken().ifPresent(token ->
  spec.withExclusiveStartKey(toStartingPrimaryKey(token)));

Map<String, Object> valuesMap = new HashMap<>();
                       필터 표현식을 만들고 OrderHistoryFilter에서 가져온 맵으로 자리끼우개 값을 세팅
String filterExpression =   ◄──┐
  Expressions.and(keywordFilterExpression(valuesMap,
    filter.getKeywords()),
    statusFilterExpression(valuesMap, filter.getStatus()));

if (!valuesMap.isEmpty())
  spec.withValueMap(valuesMap);

if (StringUtils.isNotBlank(filterExpression)) {
  spec.withFilterExpression(filterExpression);
}
                         호출부가 페이지 크기를 지정했다면 그에 맞게 결과 개수를 제한
filter.getPageSize().ifPresent(spec::withMaxResultSize);   ◄──┐

ItemCollection<QueryOutcome> result = index.query(spec);

return new OrderHistory(
  StreamSupport.stream(result.spliterator(), false)
    .map(this::toOrder)   ◄──── 조회 결과 반환된 항목으로 Order 생성
    .collect(toList()),
      Optional.ofNullable(result
        .getLastLowLevelResult()
        .getQueryResult().getLastEvaluatedKey())
        .map(this::toStartKeyToken));
}
```

이 메서드는 QuerySpec을 생성한 후, 쿼리를 실행하고 그 결과 반환된 아이템으로부터 Order 목록
이 담긴 OrderHistory를 만듭니다.

findOrderHistory()는 getLastEvaluatedKey()가 반환한 값을 JSON 토큰으로 직렬화하는 식으로 페이지네이션을 구현합니다. 클라이언트가 OrderHistoryFilter에 시작 토큰을 지정했다면, findOrderHistory()는 이 토큰을 직렬화하고 withExclusiveStartKey()로 시작 키를 세팅합니다.

지금까지 보다시피, CQRS 뷰를 구현하려면 DB 선정 문제부터 시작해서 효율적인 조회/수정이 가능한 데이터 모델의 설계, 동시 업데이트 처리 방법, 중복 이벤트를 걸러 내는 문제 등 고민해야 할 이슈가 참 많습니다. 동시성을 잘 처리하고 업데이트의 멱등성을 보장해야 하므로 유일하게 DAO만 코드가 다소 복잡합니다.

7.5 마치며

- 각 서비스 데이터는 프라이빗하기 때문에 여러 서비스의 데이터를 가져오는 쿼리는 구현하기 쉽지 않습니다.
- 여러 서비스의 데이터를 조회하는 쿼리는 크게 API 조합 패턴과 커맨드 쿼리 책임 분리(CQRS) 패턴으로 구현합니다.
- 여러 서비스에서 데이터를 취합하는 API 조합 패턴은 쿼리를 구현하기 가장 간편한 방법이므로 가능하다면 많이 사용하는 것이 좋습니다.
- API 조합 패턴은 쿼리가 조금만 복잡해져도 대량 데이터를 인-메모리 조인해야 하므로 효율이 낮습니다.
- CQRS 패턴은 뷰 전용 DB를 이용하여 쿼리합니다. 기능이 강력한 만큼 구현 복잡도는 비교적 높은 편입니다.
- CQRS 뷰 모듈은 중복 이벤트 솎아 내기, 동시 업데이트 처리 기능을 갖추어야 합니다.
- CQRS를 사용하면 한 서비스가 다른 서비스가 소유한 데이터를 반환하는 쿼리 구현도 가능하므로 관심사 분리 관점에서 유리합니다.
- 클라이언트는 CQRS 뷰의 최종 일관성을 처리해야 합니다.

8^장

외부 API 패턴

8.1 외부 API 설계 이슈

8.2 API 게이트웨이 패턴

8.3 API 게이트웨이 구현

8.4 마치며

이 장에서 다룰 핵심 내용

- 다양한 클라이언트에서 사용 가능한 API를 설계하는 과제
- API 게이트웨이 패턴, BFF 패턴 적용
- API 게이트웨이 설계와 구현
- 리액티브 프로그래밍을 응용하여 API 조합을 단순화
- GraphQL로 API 게이트웨이 구현

다른 애플리케이션처럼 FTGO에도 모바일 앱, 브라우저에서 실행되는 자바스크립트, 제휴사 애플리케이션 등의 클라이언트가 호출하는 REST API가 있습니다. 모놀리식 애플리케이션은 그 자체의 API가 클라이언트에 표출되지만, 마이크로서비스로 배포하면 서비스마다 API를 갖고 있기 때문에 어떤 종류의 API를 클라이언트에 표출해야 할지 결정해야 합니다. 그렇다면 클라이언트가 어떤 서비스가 있는지 직접 파악해서 원하는 서비스에 요청을 해야 할까요?

애플리케이션의 외부 API는 클라이언트 종류가 다양한 만큼 설계하기가 어렵습니다. 성격이 다른 클라이언트마다 다른 종류의 데이터를 요구하겠죠. 가령 일반적으로 데스크톱 브라우저 UI는 모바일 앱보다 더 많은 정보를 화면에 표시합니다. 또 서비스에 접근하는 네트워크 경로가 클라이언트마다 다릅니다. 방화벽 내부 클라이언트는 고성능 LAN을 통해 접속하지만 방화벽 외부의 클라이언트는 성능이 낮은 인터넷이나 모바일 네트워크를 통해 들어옵니다. 따라서 만능(one-size-fits-all, 모든 경우에 두루 적용되는) API 같은 것은 없습니다.

이 장은 우선 다양한 외부 API 설계 이슈를 살펴보고, 두 가지 외부 API 패턴(API 게이트웨이, BFF) 및 그 설계/구현 방법을 설명합니다. 이미 완성된 API 게이트웨이 제품을 갖다 쓰거나 직접 프레임워크를 개발하는 등 다양한 옵션을 차근차근 소개합니다. 스프링 클라우드 게이트웨이 프레임워크를 기반으로 API 게이트웨이를 설계/구현하는 방법을 알아봅니다. 끝으로 그래프 기반의 쿼리 언어를 제공하는 프레임워크인 GraphQL로 API 게이트웨이를 구축하는 방법을 설명합니다.

8.1 외부 API 설계 이슈

다음은 FTGO 애플리케이션의 서비스 API를 소비하는 네 종류의 클라이언트입니다(그림 8-1).

- 브라우저 기반의 일반 소비자 및 음식점 전용 UI, 내부 관리자용 UI가 구현된 웹 애플리케이션
- 브라우저에서 실행 중인 자바스크립트 애플리케이션
- 소비자용/배달원용 모바일 앱
- 서드파티 애플리케이션

웹 애플리케이션은 방화벽 내부에서 실행되기 때문에 대역폭이 높고 지연 시간이 짧은 LAN을 통해 서비스에 접속하지만, 다른 클라이언트는 방화벽 외부에 있으므로 상대적으로 대역폭이 낮고 지연이 높은 인터넷 또는 모바일 네트워크 환경에서 서비스에 접근합니다.

클라이언트가 서비스를 직접 호출하도록 API를 설계할 수도 있습니다. 아주 직관적이죠? 모놀리식 애플리케이션 API를 클라이언트가 단순 호출하는 방식입니다. 그러나 이런 방식은 마이크로서비스 아키텍처에서는 다음과 같은 단점이 있어서 거의 쓰지 않습니다.

- 서비스 API가 잘게 나뉘어져 있어서 클라이언트가 필요한 데이터를 가져오려면 여러 번 요청을 해야 하고, 그만큼 효율이 떨어지고 UX는 나빠집니다.
- 클라이언트가 서비스 및 API를 알아야 하는 구조라서 캡슐화가 되지 않고, 나중에 아키텍처와 API를 바꾸기도 어렵습니다.
- 클라이언트(특히 방화벽 외부에 있는 클라이언트)가 사용하기에 불편하거나 실용적이지 못한 IPC를 서비스에서 사용 중인 경우가 있습니다.

▼ 그림 8-1 FTGO 애플리케이션의 서비스와 클라이언트. 일부 클라이언트는 방화벽 내부, 나머지는 외부에 위치한다. 방화벽 외부 클라이언트는 저성능 인터넷/모바일 네트워크를 통해 방화벽 내부 클라이언트는 고성능 LAN을 통해 서비스에 접근한다

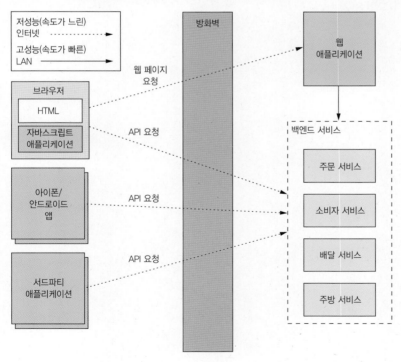

8.1.1 API 설계 이슈: FTGO 모바일 클라이언트

소비자는 FTGO 모바일 클라이언트에 접속해서 주문을 하고 이력을 관리합니다. 주문 상태, 지불 상태, 음식점 관점에서의 주문 상태 등의 주문 기본 정보와 배달 중일 경우 현재 위치 및 예상 배달 시간 등의 배달 상태를 한눈에 볼 수 있는 주문 조회 뷰를 개발한다고 합시다(7장).

모놀리식 버전에서는 주문 내역을 반환하는 API 끝점이 있어서 모바일 클라이언트가 원하는 정보를 요청 한 번으로 모두 가져올 수 있지만, 마이크로서비스 버전은 주문 데이터가 여러 서비스에 분산되어 있습니다.

- **주문 서비스**: 기본 주문 정보(주문 내역, 주문 상태 등)
- **주방 서비스**: 음식점 관점에서 주문 상태 및 픽업 준비를 마칠 예상 시간
- **배달 서비스**: 주문 배달 상태, 예상 배달 시간, 현재 위치
- **회계 서비스**: 주문 지불 상태

모바일 클라이언트가 서비스를 직접 호출하는 구조라면, 서비스를 여러 번 호출해서 데이터를 가져올 수밖에 없습니다(그림 8-2).

▼ 그림 8-2 모놀리식 애플리케이션 클라이언트는 요청 한 번으로 주문 내역을 조회할 수 있지만, 마이크로서비스 아키텍처의 클라이언트는 요청을 여러 번 전송해야 한다

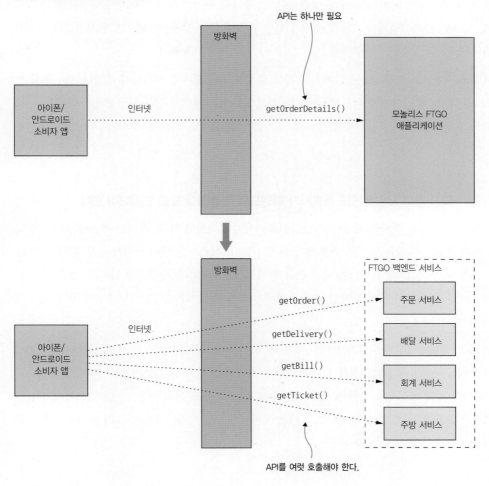

모바일 앱이 여러 서비스를 호출해서 그 결과를 조합하는 API 조합기 역할을 맡은 것입니다. 이렇게 설계하는 것도 그리 나쁘지 않아 보이지만, 몇 가지 심각한 문제점을 안고 있습니다.

클라이언트가 요청을 여러 번 전송하기 때문에 UX가 나빠진다

모바일 앱이 사용자에게 보여 줄 데이터를 여러 번 요청해서 가져와야 합니다. 애플리케이션과 서비스 간 상호 작용이 너무 자주 발생하면 (특히 인터넷 또는 모바일 네트워크로 접속하는 클라이언트의) 애플리케이션이 멎은 것처럼 보일 수 있습니다. 인터넷은 LAN보다 대역폭이 훨씬 낮고 지연 시간이 깁니다. 모바일 네트워크는 더 사정이 나쁘죠. 일반적으로 모바일 네트워크(인터넷)의 지연 시간이 LAN보다 100배는 더 깁니다.

모바일 앱은 동시에 요청을 실행해서 지연을 최소화하기 때문에 주문 내역을 조회할 때 더 높은 지연 시간이 문제가 되지 않을 수도 있습니다. 전체 응답 시간이 요청 하나의 응답 시간보다 길지 않죠. 하지만 클라이언트가 요청을 순차 실행할 수밖에 없는 상황이라면 UX가 형편없이 나빠질 것입니다.

네트워크 지연으로 인해 UX가 나빠지는 것도 문제이지만, 모바일 개발자가 복잡한 API 조합 코드를 작성할 일이 많아지게 되면 결국 UX를 개선해야 하는 본연의 임무를 달성하기 어렵겠죠. 네트워크 요청 횟수가 늘어날수록 전력 소모도 커질 테니 모바일 기기의 배터리도 더 빨리 닳을 것입니다.

캡슐화가 되지 않아 프런트엔드 개발자가 백엔드와 맞물려 코드를 변경해야 한다

캡슐화가 되지 않는 것도 문제입니다. 애플리케이션이 발전함에 따라, 서비스 개발자는 기존 클라이언트와 호환되지 않는 변경을 해야 할 일이 생깁니다. 시스템을 여러 서비스로 분해하는 체계를 건드려야 할 수도 있고, 서비스를 새로 추가하거나 기존 서비스를 병합해야 할 때도 있습니다. 그런데 서비스에 관한 지식이 모바일 앱에 포함되어 있으면 서비스 API를 변경하기가 아주 곤란해질 수 있습니다.

서버 쪽 애플리케이션과 다르게 모바일 앱은 새 버전을 출시하는 데 몇 시간, 심지어 며칠도 걸립니다. 애플, 구글이 업그레이드를 승인해도 모든 사용자가 바로 업그레이드를 내려받지는 않습니다. 끝까지 현재 버전을 고수하는 사람도 있을 텐데, 그렇다고 그런 사용자한테 업그레이드를 강요하면 역효과가 날 것입니다. 서비스 API를 모바일에 표출시키는 전략이 API를 발전시키는 데 중대한 걸림돌이 될 수도 있습니다.

클라이언트에 비친화적인 IPC를 사용 중인 클라이언트도 있다

클라이언트가 소비하기 어려운 프로토콜을 사용하는 서비스도 있습니다. 방화벽 외부에서 동작하는 클라이언트 애플리케이션은 대부분 HTTP, 웹 소켓 같은 프로토콜을 쓰지만, HTTP 외에도 서비스 개발자가 선택할 수 있는 프로토콜 종류는 정말 많습니다. gRPC 기반의 서비스도 있을 테고, AMQP 같은 메시징 프로토콜을 쓰는 서비스도 있을 것입니다. 이런 종류의 프로토콜은 내부에서는 잘 작동되지만, 모바일 클라이언트가 소비하기 어려운 경우가 많습니다. 더욱이 방화벽에 친화적이지 않은 프로토콜도 있습니다.

8.1.2 API 설계 이슈: 다른 종류의 클라이언트

모바일 클라이언트를 예로 들어 서비스에 직접 접근하는 클라이언트의 단점을 이야기했지만, 모바일 클라이언트뿐만 아니라 방화벽 외부에 있는 다른 종류의 클라이언트도 마찬가지입니다. FTGO 애플리케이션의 서비스를 소비하는 웹 애플리케이션, 브라우저 기반의 자바스크립트 애플리케이션, 서드파티 애플리케이션 같은 클라이언트는 어떤 API 설계 이슈가 있을까요?

웹 애플리케이션

전통적인 서버 쪽 웹 애플리케이션은 브라우저에서 HTTP 요청을 받아 HTML 페이지를 반환하며, 방화벽 내부에서 실행되고 LAN을 통해 서비스에 접근합니다. 웹 애플리케이션에 API 조합 로직을 구현하는 데 있어서 네트워크 대역폭과 지연 시간은 장애물이 아닙니다. 사실 웹 애플리케이션은 웹에 비친화적인 프로토콜로도 서비스에 접근할 수 있습니다. 웹 애플리케이션 개발 팀은 대개 같은 조직에 있는 백엔드 서비스 개발 팀과 긴밀한 협의하에 작업을 진행하므로 백엔드 서비스가 변경될 때마다 웹 애플리케이션도 쉽게 수정할 수 있습니다. 따라서 웹 애플리케이션이 직접 백엔드 서비스에 접근하는 것은 얼마든지 가능한 이야기입니다.

브라우저 기반의 자바스크립트 애플리케이션

요즘 브라우저 애플리케이션은 자바스크립트를 많이 사용합니다. 서버 쪽 웹 애플리케이션은 주로 HTML을 생성하지만 서비스를 호출하는 주체는 대부분 브라우저에서 실행되는 자바스크립트 코드입니다. FTGO도 백엔드 서비스를 호출하는 자바스크립트가 (소비자, 음식점, 관리자 등) 모든 웹 애플리케이션에 포함되어 있습니다. 가령 소비자 웹 애플리케이션은 서비스 API를 호출하는 자바스크립트로 주문 내역 페이지를 동적 리프레시(refresh)합니다.

브라우저 기반의 자바스크립트 애플리케이션은 서비스 API 변경 시 업데이트하기는 쉽지만, 모바일 앱처럼 인터넷을 통해 서비스에 접근하기 때문에 네트워크 지연 문제는 별반 다를 바 없습니다. 그런데 보통 일반 모바일 앱보다 더 정교한 브라우저 기반의 UI(특히 데스크톱 UI)는 더 많은 서비스를 조합해야 할 필요가 있습니다. 따라서 인터넷으로 접속한 소비자, 음식점 애플리케이션은 서비스 API를 효율적으로 조합하기 어려울 것입니다.

서드파티 애플리케이션

FTGO도 다른 회사처럼 서드파티 개발자용 API를 제공합니다. 외부 개발자들은 이 API를 응용해서 주문 관리 애플리케이션을 개발할 수 있습니다. 이런 서드파티 애플리케이션은 인터넷을 통해 API에 접속하기 때문에 API 조합이 비효율적일 공산이 크지만, API 조합의 비효율성은 서드파티 애플리케이션용 API를 설계하는 어려움에 비하면 비교적 사소한 문제입니다. 서드파티 개발자에게는 안정된 API가 필요하기 때문이죠.

아무리 잘나가는 회사라도 서드파티 개발자에게 무조건 새 API로 업그레이드하라고 강요할 수는 없습니다. API를 불안정하게 제공하면 경쟁사에 개발자를 빼앗길 수도 있기 때문에 서드파티 개발자용 API는 조심스럽게 발전시켜야 합니다. 그래서 구 버전을 꽤 오랫동안(어쩌면 영원히) 유지하는 경우도 흔합니다.

회사 입장에서 이런 요건은 상당히 부담스럽습니다. 장기간 하위 호환성을 관리할 책임을 백엔드 서비스 개발자에게 지우기란 현실적으로 어렵습니다. 따라서 서드파티 개발자에게 직접 서비스를 표출하는 대신 별도 팀에서 개발한 퍼블릭 API를 따로 가져가는 것이 좋습니다. 이런 퍼블릭 API를 곧이어 살펴볼 API 게이트웨이라는 아키텍처 컴포넌트로 구현합니다.

8.2 API 게이트웨이 패턴

서비스에 직접 접근하면 이렇게 여러모로 문제가 많습니다. 클라이언트가 인터넷을 통해서 API를 조합한다는 것 자체가 실용적인 발상은 아니죠. 캡슐화가 안 되므로 개발자가 서비스를 분해하고 API를 변경하기도 어렵습니다. 방화벽 외부에서 부적절한 프로토콜로 통신하는 서비스도 있기 때문에 API 게이트웨이를 사용하는 것이 훨씬 나은 방법입니다.

> Note ☰ **패턴: API 게이트웨이**
> 마이크로서비스 애플리케이션에 외부 API 클라이언트의 진입점에 해당하는 서비스를 구현한다.[1]

---

1 http://microservices.io/patterns/apigateway.html

8.2.1 API 게이트웨이 패턴 개요

API 게이트웨이는 방화벽 외부의 클라이언트가 애플리케이션에 API 요청을 하는 단일 창구 역할을 하는 서비스입니다. 객체 지향 설계 교과서에 나오는 퍼사드(Façade) 패턴을 떠올리면 이해가 빠릅니다. 퍼사드처럼 API 게이트웨이도 내부 애플리케이션 아키텍처를 캡슐화하고 자신의 클라이언트에는 API를 제공합니다. 인증, 모니터링, 사용량 제한 등 부수적인 일도 담당합니다. 그림 8-3은 클라이언트, API 게이트웨이, 서비스 간 관계입니다.

▼ 그림 8-3 API 게이트웨이는 방화벽 외부에서 애플리케이션 API를 호출하는 단일 창구다

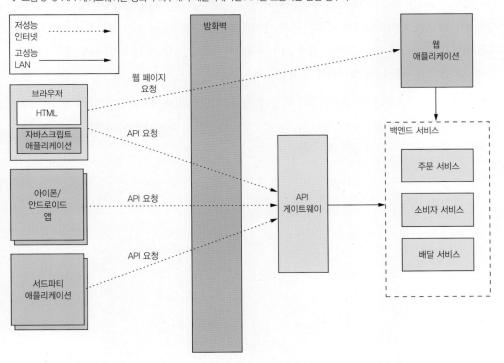

API 게이트웨이는 요청 라우팅, API 조합, 프로토콜 변환(protocol translation)을 관장합니다. 외부 클라이언트의 API 요청은 모두 API 게이트웨이로 향하고, API 게이트웨이는 적절한 서비스로 요청을 보냅니다. 여러 서비스의 호출 결과를 취합하는 API 조합 패턴 방식으로 요청을 처리하기도 하며, 클라이언트에 친화적인 프로토콜(예: HTTP, 웹 소켓)과 비친화적인 프로토콜 간 변환도 합니다.

요청 라우팅

요청 라우팅은 API 게이트웨이의 주요 기능 중 하나입니다. 요청이 들어오면 API 게이트웨이는 라우팅 맵(routing map)을 찾아보고 어느 서비스로 요청을 보낼지 결정합니다. 라우팅 맵은 이를테면 HTTP 메서드와 서비스의 HTTP URL을 매핑한 것입니다. 엔진엑스(nginx) 같은 웹 서버의 리버스 프록시(reverse proxy)[2]와 똑같습니다.

API 조합

API 게이트웨이는 단순 리버스 프록시보다 더 많은 일을 합니다. API 조합도 그중 하나입니다. 가령 FTGO API 게이트웨이에 구현된 주문 내역 조회 API 역시 API 조합 패턴으로 데이터를 가져옵니다. 그림 8-4와 같이 모바일 앱이 API 게이트웨이에 요청을 한 번 하면 API 게이트웨이는 여러 서비스에서 주문 내역 데이터를 조회합니다.

API 게이트웨이는 모바일 클라이언트가 요청 한 번으로 필요한 데이터를 조회할 수 있도록 대단위(coarse-grained) API를 제공합니다. 즉, 모바일 클라이언트는 getOrderDetails()라는 API 게이트웨이에 한 번만 요청하면 됩니다.

---

2 **역주** 클라이언트가 리버스 프록시를 서버인 것처럼 호출하고 리버스 프록시는 내부망에 위치한 적절한 서버로 요청을 라우팅하여 그 결과를 취합 후 다시 클라이언트로 돌려주는 방식

▼ 그림 8-4 API 게이트웨이는 대개 API를 조합하므로 모바일 기기 등의 클라이언트는 API 요청 한 번으로 데이터를 효율적으로 조회할 수 있다

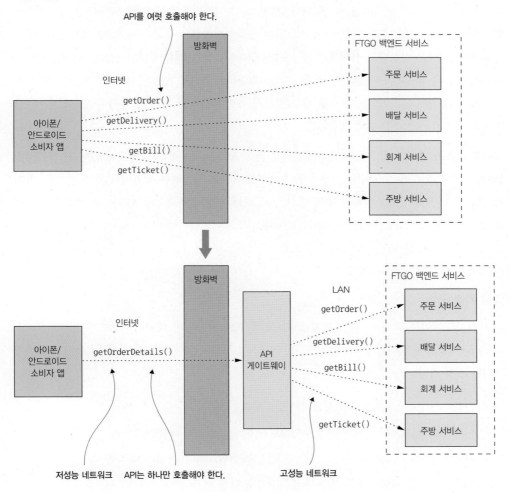

프로토콜 변환

API 게이트웨이는 프로토콜 변환을 수행합니다. 덕분에 애플리케이션 내부에서 REST와 gRPC를 혼용할 경우에도 외부 클라이언트에는 REST API를 제공할 수 있습니다. 프로토콜 변환이 필요한 경우, API 작업을 구현한 코드에서 외부 REST API ↔ 내부 gRPC API 변환을 합니다.

API 게이트웨이는 클라이언트마다 적합한 API를 제공한다

API 게이트웨이는 만능 API를 제공합니다. 개별 API는 각기 다른 클라이언트마다 요건도 천차만별이라는 문제가 있습니다. 예를 들어 서드파티 애플리케이션은 주문 내역 조회 API를 호출해서 전체 주문 내역을 반환받고 싶어 하지만 모바일 클라이언트는 그중 일부만 필요로 할 수 있겠죠. 다양한 종류의 서드파티 애플리케이션을 서비스해야 하는 퍼블릭 API는 서버가 어떤 필드와 객체를 반환해야 할지 클라이언트가 요청 시 지정하게 하면 되겠지만, 이렇게 클라이언트에 제어권을 순순히 내어 주는 경우는 거의 없습니다.

그러므로 API 게이트웨이가 각 클라이언트에 맞춤 API를 제공하는 방법이 좋습니다. 이를테면 모바일 클라이언트에는 모바일 요건에 맞게 설계된 API를 제공하는 것입니다. 안드로이드, 아이폰 모바일 앱별로 API를 달리할 수도 있고, 서드파티 개발자용 퍼블릭 API를 구현할 수도 있겠죠. 뒤에서 설명할 BFF 패턴은 클라이언트마다 API 게이트웨이를 따로 정의해서 클라이언트 맞춤 API 개념을 발전시킨 것입니다.

엣지 기능 구현

API 게이트웨이는 요청 라우팅, API 조합 등의 주요 기능뿐만 아니라, 엣지(주변) 기능(edge function)도 도맡아 처리합니다. 엣지 기능은 그 이름(주변)처럼 다음과 같이 애플리케이션 주변에 구현된 요청 처리 기능입니다.

- **인증**(authentication): 요청한 클라이언트의 신원을 확인
- **인가**(authorization): 특정 작업을 수행하도록 허가받은 클라이언트인지 확인
- **사용량 제한**(rate limiting): 특정(또는 전체) 클라이언트의 초당 요청 개수를 제한
- **캐싱**(caching): 서비스 요청 횟수를 줄이고자 응답을 캐시
- **지표 수집**(metrics collection): 과금 분석용 API 사용 지표 수집
- **요청 로깅**: 요청을 기록

위와 같은 엣지 기능이 구현된 곳은 세 군데입니다. 첫째, 백엔드 서비스(backend service)입니다. 캐싱, 지표 수집, 인증 같은 기능은 백엔드에 있어야 할 것 같지만, 요청이 서비스에 도달하기 전에 미리 애플리케이션이 요청을 인증하는 것이 더 안전합니다.

둘째, 외부 클라이언트와 직접 맞닿은 API 게이트웨이의 상류(upstream)입니다. 요청이 API 게이트웨이에 들어오기 전에 엣지 기능을 처리합니다.

셋째, 전용 엣지 서비스(dedicated edge service)입니다. 관심사가 분리되는 큰 장점이 있습니다. API 게이트웨이는 API 라우팅/조합에 집중하고 중요한 엣지 기능을 중앙화할 수 있습니다. 특히 다양한 언어/프레임워크로 개발된 API 게이트웨이가 여러 개인 애플리케이션에서 유용합니다. 이 방식의 단점은 홉(hop)[3] 카운트가 늘어나기 때문에 네트워크 지연이 증가하고 애플리케이션 복잡도 역시 증가한다는 점입니다.

결론적으로 전용 엣지 서비스를 사용하되, 인증 같은 엣지 기능은 API 게이트웨이에 구현하는 방법이 간편하고 좋습니다. 네트워크 홉이 하나만 줄어도 지연 시간은 짧아지고, 가동부 개수가 줄면 복잡도도 낮아집니다. API 게이트웨이와 서비스를 버무려 보안을 구현하는 방법은 11장에서 설명합니다.

API 게이트웨이 아키텍처

API 게이트웨이는 API 계층과 공통 계층으로 구성된 모듈 아키텍처 구조입니다(그림 8-5). API 계층에는 독립적인 하나 이상의 API 모듈이 있고, 각 API 모듈에는 특정 클라이언트용 API가 구현되어 있습니다. 공통 계층에는 엣지 기능 등의 공통 기능이 구현되어 있습니다.

▼ 그림 8-5 API 게이트웨이는 계층적 모듈 아키텍처 구조다. 클라이언트별 API는 별도 모듈로 구현하고, 인증처럼 전체 API에 필요한 기능은 공통 계층에 구현한다

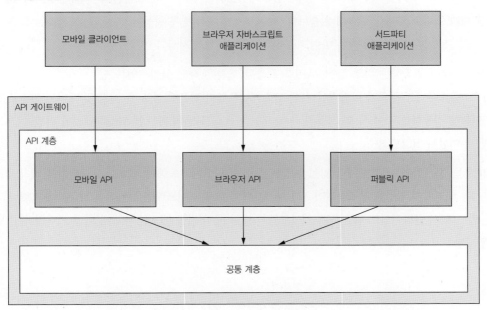

3　[역주] 컴퓨터 네트워크에서 출발지와 목적지 사이에 위치한 경로의 한 부분을 홉이라고 합니다. 데이터 패킷은 브리지, 라우터, 게이트웨이를 거치면서 출발지에서 목적지로 경유하는데, 패킷이 다음 네트워크 장비로 이동할 때마다 홉이 하나 발생합니다. (출처: 위키백과)

이 API 게이트웨이에는 세 API 모듈이 있습니다.

- **모바일 API**: FTGO 모바일 클라이언트용 API 구현
- **브라우저 API**: 브라우저에서 실행되는 자바스크립트 애플리케이션용 API 구현
- **퍼블릭 API**: 서드파티 개발자용 API 구현

API 모듈은 두 가지 방법으로 각 API 작업을 구현합니다. 첫째, 서비스 API 하나에 직접 매핑되는 API 작업은 해당하는 각각의 서비스 API로 요청을 보냅니다. 라우팅 규칙이 기술된 구성 파일을 읽어 들여 작동되는 범용 라우팅 모듈을 응용할 수 있겠죠.

둘째, API를 조합하는 복잡한 API 작업은 사용자 정의 코드로 구현합니다. API 작업을 구현한 코드는 각각 여러 서비스를 호출하여 결과를 조합하는 방법으로 요청을 처리합니다.

API 게이트웨이 소유권 모델

API 게이트웨이 개발/운영은 누가 담당할까요? 아주 중요한 문제죠. 몇 가지 방안이 있습니다. 먼저 API 게이트웨이를 전담할 팀을 따로 신설하는 것입니다. ESB(Enterprise Service Bus, 엔터프라이즈 서비스 버스)[4] 팀이 ESB 개발을 전담하는 SOA 체제와 비슷합니다. 그러나 모바일 앱 개발자가 어떤 서비스 API에 접근해야 할 경우, API 게이트웨이 팀에 공식 요청한 후 원하는 API가 표출될 때까지 마냥 기다릴 수밖에 없습니다. 이렇게 중앙에서 병목 현상이 발생하는 모양새는 느슨하게 결합된 자율 팀을 지향하는 마이크로서비스 아키텍처의 사상과 배치됩니다.

넷플릭스에서 권장하는 바와 같이, API가 표출된 모듈은 해당 클라이언트 팀(모바일, 웹, 퍼블릭 API 팀)이 소유하는 구조가 바람직합니다. API 게이트웨이 팀은 공통 모듈 개발 및 게이트웨이 운영 이슈에 집중하는 것이죠. 이 소유권(ownership, 오너십) 모델에 따르면 API를 개발한 팀별로 권한을 부여합니다(그림 8-6).

API를 변경할 일이 생기면 해당 팀이 변경된 소스를 API 게이트웨이 소스 리포지터리에 체크인합니다. 매끄럽게 협업을 진행하려면 API 게이트웨이 배포 파이프라인을 완전히 자동화해야 합니다. 안 그러면 클라이언트 팀은 API 게이트웨이 팀이 새 버전을 배포할 때까지 마냥 기다려야 할 것입니다.

---

4 역주 서비스들을 컴포넌트화된 논리적 집합으로 묶는 핵심 미들웨어로, 비즈니스 프로세스 환경에 맞게 설계 및 전개할 수 있는 아키텍처 패턴 (출처: 위키백과)

프런트엔드 패턴을 위한 백엔드

문제는 책임 소재가 불분명해진다는 것입니다. 여러 팀 사람들이 동일한 코드베이스에 소스를 커밋하고, API 게이트웨이 팀이 그 운영을 맡는 구조는 책임 소재가 불분명해지는 문제가 있습니다. SOA ESB만큼 나쁘지는 않아도 이렇게 각자의 책임 소재가 흐릿해지면 "빌드한 사람이 임자다(if you build it, you own it)."라는 마이크로서비스 아키텍처의 철학과 맞지 않게 됩니다.

❤ 그림 8-6 클라이언트 팀마다 자체 API 모듈을 갖고 있기 때문에 이 모듈을 바꿀 일이 생겨도 API 게이트웨이 팀에 따로 변경 요청할 필요가 없다

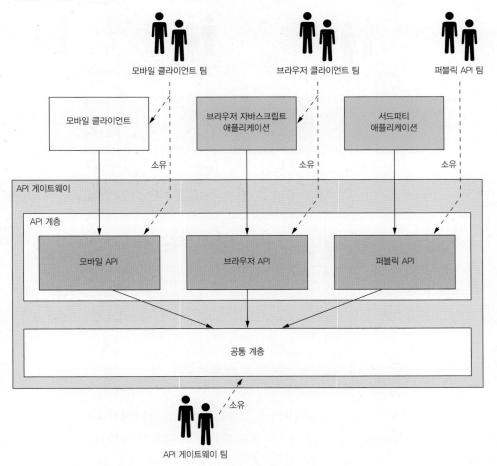

해결 방법은 각 클라이언트마다 API 게이트웨이를 따로 두는 BFF(Backends For Frontends, 프런트엔드를 위한 백엔드) 패턴을 적용하는 것입니다. 이 패턴은 사운드클라우드(SoundCloud)사의 필 칼

카도(Phil Calçado)[5]와 그의 동료들이 창안했습니다. 각 API 모듈이 하나의 클라이언트 팀이 개발/운영하는 스탠드얼론 API 게이트웨이가 되는 구조입니다(그림 8-7).

> **Note** ☰ **패턴: BFF(프런트엔드를 위한 백엔드)**
>
> 각 클라이언트 종류마다 API 게이트웨이를 따로 구현한다.[6]

▼ 그림 8-7 BFF 패턴. 클라이언트마다 API 게이트웨이를 따로 두고 클라이언트 팀은 자체 API 게이트웨이를, API 게이트웨이 팀은 공통 계층을 소유한다

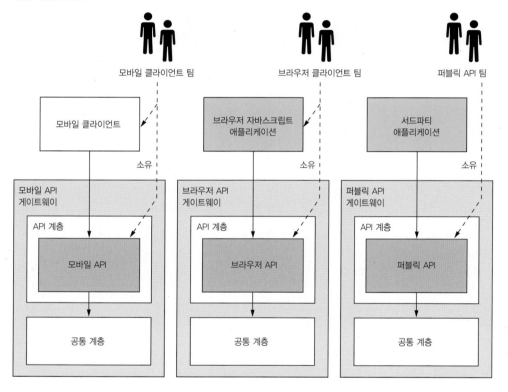

퍼블릭 API 팀은 자기네 API 게이트웨이를 소유/운영하고, 모바일 팀도 자기네 API 게이트웨이를 소유/운영하는 식입니다. 이론적으로는 API 게이트웨이마다 다른 기술을 사용하여 개발할 수 있지만, 공통 기능 코드가 중복될 우려가 있으므로 모든 API 게이트웨이에 동일한 기술 스택을 적용하는 것이 좋습니다. 공통 기능은 API 게이트웨이 팀이 개발한 공유 라이브러리입니다.

---

5   http://philcalcado.com/

6   http://microservices.io/patterns/apigateway.html

책임을 명확히 정의하는 것 외에도 BFF 패턴은 장점이 많습니다. 일단 API 모듈이 서로 격리되어 신뢰성이 향상됩니다. 즉, 어느 한 API가 오동작하더라도 다른 API는 영향을 받지 않습니다. API 모듈이 자체 프로세스로 작동되므로 관측성도 좋아지고, 각 API를 독립적으로 확장할 수 있습니다. API 게이트웨이를 더 작고 단순한 애플리케이션으로 만들 수 있어서 시동 시간도 단축됩니다.

8.2.2 API 게이트웨이의 장단점

API 게이트웨이 패턴도 장단점을 고루 갖고 있습니다.

API 게이트웨이의 장점

API 게이트웨이의 가장 큰 장점은 애플리케이션의 내부 구조를 캡슐화하는 것입니다. 클라이언트가 특정 서비스를 호출할 필요 없이 무조건 게이트웨이에 이야기를 하면 됩니다. API 게이트웨이는 클라이언트마다 최적의 API를 제공하므로 클라이언트-애플리케이션 간 왕복 횟수도 줄고 클라이언트 코드 역시 단순해집니다.

API 게이트웨이의 단점

개발, 배포, 관리를 해야 하는 고가용 컴포넌트가 하나 더 늘어나는 부담은 감수해야 합니다. API 게이트웨이가 개발 병목 지점이 될 우려도 있습니다. 개발자가 자신의 서비스 API를 표출하려면 반드시 API 게이트웨이를 업데이트해야 하는데, 그 프로세스가 가볍지 않으면 여러 개발자가 길게 줄을 서서 기다리게 될 것입니다. 이런 단점들은 있지만, 필요 시 BFF 패턴을 이용하여 팀별로 API를 독립적으로 개발/배포할 수 있으니 실제로 애플리케이션을 개발할 때에는 API 게이트웨이를 사용하는 편이 합리적입니다.

8.2.3 API 게이트웨이 사례: 넷플릭스

넷플릭스 API는 잘 알려진 API 게이트웨이 사례입니다. 넷플릭스의 스트리밍 서비스는 TV, 블루레이 플레이어, 스마트폰 등 수백 종류 기기에서 작동됩니다. 넷플릭스는 처음에 자사 스트리밍 서비스 API를 만능 스타일로 개발하고자 했지만,[7] 기기 종류가 워낙 광범위한 데다 요건도 제각각이어서 그렇게는 안 된다는 사실을 깨달았습니다. 현재 이 회사는 기기별 API가 따로 구현된 API 게이트웨이를 사용하며, API 구현 코드는 클라이언트 기기 팀이 소유/개발합니다.

API 게이트웨이 첫 버전에서는 각 클라이언트 팀이 API 라우팅/조합을 수행하는 그루비 스크립트를 작성하여 API를 구현했습니다. 각 스크립트는 서비스 팀에서 받은 자바 클라이언트 라이브러리로 하나 이상의 서비스 API를 호출하는 식이었죠. 이 방식은 별 문제가 없었고 클라이언트 개발자는 스크립트를 수천 개 작성했습니다. 넷플릭스 API 게이트웨이는 매일 수십억 건의 요청을 처리하고, API 호출당 평균 6~7개의 백엔드 서비스가 관여합니다. 넷플릭스는 이런 모놀리식 아키텍처가 너무 무겁고 관리하기 어렵다는 것을 깨달았습니다.

지금도 넷플릭스는 BFF 패턴과 유사한 API 게이트웨이 아키텍처로 이전하는 중입니다. 클라이언트 팀은 이 새로운 아키텍처에서 Node.js로 모듈을 개발합니다. 각 API 모듈은 자체 도커 컨테이너(Docker container)로 실행되지만 스크립트가 서비스를 직접 호출하는 것이 아니라, 넷플릭스 팔코(Netflix Falcor)를 이용하여 서비스 API를 표출한 부차(second) 'API 게이트웨이'를 호출합니다. 넷플릭스 팔코는 선언적으로 API를 동적 조합하는 API 기술로서, 클라이언트는 요청 한 번으로 여러 서비스를 호출할 수 있습니다. 이런 아키텍처 덕분에 API 모듈이 서로 분리되어 신뢰성/관측성이 향상되고 클라이언트 API 모듈은 독립적으로 확장할 수 있습니다.

8.2.4 API 게이트웨이 설계 이슈

API 게이트웨이를 설계할 때에는 다음과 같은 문제를 검토해야 합니다.

- 성능과 확장성
- 리액티브 프로그래밍 추상체를 이용하여 관리 가능한 코드 작성
- 부분 실패 처리
- 애플리케이션 아키텍처에서 선량한 시민(good citizen)[8] 되기

---

7   http://bit.ly/msp-12

8   역주 '선량한 시민(good citizen)'은 '다른 사람에게 부정적인 영향을 끼치지 않고 자신이 맡은 바 임무를 충실히 수행하는 시민'의 의미를 아키텍처 컴포넌트에 은유한 것으로 생각됩니다.

성능과 확장성

API 게이트웨이는 애플리케이션의 관문입니다. 외부 요청은 모두 게이트웨이를 거쳐야만 합니다. 넷플릭스처럼 매일 수십억 개 정도의 요청을 처리하는 회사는 드물지만, API 게이트웨이의 성능 및 확장성은 매우 중요한 문제입니다. 여기서 API 게이트웨이에 동기 I/O를 사용할 것인가, 비동기 I/O를 사용할 것인가 하는 문제는 성능 및 확장성에 가장 큰 영향을 미치는 설계 결정입니다.

동기 I/O 모델은 각 네트워크 접속마다 스레드를 하나씩 배정합니다. 따라서 프로그래밍 모델이 간단하고 잘 작동되는 편입니다. 널리 사용되는 자바 EE 서블릿 프레임워크도 (서블릿으로 요청을 비동기 처리하는 방법도 있지만) 동기 I/O 모델에 기반합니다. 그러나 동기 I/O는 다소 무거운 OS(Operating System, 운영 체제) 스레드를 사용하기 때문에 스레드 개수에 제약을 받고 API 게이트웨이의 동시 접속 가능 개수도 제한적입니다.

반면 비동기(논블로킹) I/O 모델은 단일 이벤트 루프 스레드(single event loop thread)가 I/O 요청을 각 이벤트 핸들러로 디스패치합니다. 비동기 I/O 기술은 아주 다양합니다. JVM 환경에서는 네티(Netty), 버텍스(Vertx), 제이보스 언더토우(JBoss Undertow) 등 NIO 기반의 프레임워크가 있고, 비JVM 환경에서는 크롬의 자바스크립트 엔진이 탑재된 Node.js 플랫폼이 유명합니다.

논블로킹 I/O는 다중 스레드를 사용하는 오버헤드가 없기 때문에 확장성이 더 좋습니다. 비동기/콜백 기반의 프로그래밍 모델은 훨씬 복잡한 편이라서 코드를 작성하고, 이해하고, 디버깅하기가 어려운 단점은 있습니다. 이벤트 핸들러는 이벤트 루프 스레드가 블로킹되지 않도록 제어권을 신속하게 반환해야 합니다.

논블로킹 I/O를 쓰는 것이 전체적으로 정말 더 나은 선택인지는 API 게이트웨이의 요청 처리 로직의 성격마다 다릅니다. 실제로 넷플릭스도 자사 엣지 서버인 주울(Zuul)을 NIO로 재작성했을 때 엇갈린 결과를 얻었습니다.[9]

NIO를 적용한 이후 네트워크 접속 비용은 예상대로 감소했습니다. 접속할 때마다 스레드를 배정할 필요가 없기 때문입니다. I/O 집약적 로직(예: 요청 라우팅)을 수행했던 주울 클러스터(Zuul cluster)는 처리율은 25% 증가하고 CPU 사용량은 25% 감소했습니다. 반면 CPU 집약적 로직(예: 복호화, 압축)을 수행하는 주울 클러스터는 전혀 개선되지 않았습니다.

---

9 http://bit.ly/msp-14

리액티브 프로그래밍 추상체

API 게이트웨이는 여러 백엔드 서비스를 호출한 결과를 조합한다고 했습니다. 백엔드 서비스에 따라 클라이언트 요청 매개변수에 전적으로 의존하는 것도 있고, 다른 서비스 요청의 결과에 의존하는 것도 있습니다. 한 가지 방법은 API 끝점 핸들러 메서드가 디펜던시에 의해 결정된 순서대로 서비스를 호출하는 것입니다. 예제 8-1이 이런 방식으로 작성한 findOrder() 요청 핸들러입니다. 네 서비스를 하나씩 호출합니다.

예제 8-1 백엔드 서비스를 차례로 호출하여 주문 내역을 조회한다

```
@RestController
public class OrderDetailsController {

  @RequestMapping("/order/{orderId}")
  public OrderDetails getOrderDetails(@PathVariable String orderId) {

  OrderInfo orderInfo = orderService.findOrderById(orderId);

    TicketInfo ticketInfo = kitchenService
      .findTicketByOrderId(orderId);

    DeliveryInfo deliveryInfo = deliveryService
      .findDeliveryByOrderId(orderId);

    BillInfo billInfo = accountingService
      .findBillByOrderId(orderId);

    OrderDetails orderDetails =
      OrderDetails.makeOrderDetails(orderInfo, ticketInfo,
        deliveryInfo, billInfo);

    return orderDetails;
  }
...
```

하지만 서비스를 순차 호출하면 결국 각 서비스의 응답 시간을 합한 시간만큼 기다려야 합니다. 응답 시간을 조금이라도 줄이려면 가능한 한 동시에 서비스를 호출해야 합니다. 이 예제처럼 서비스 호출 간 디펜던시가 전혀 없는 경우, 모든 서비스를 동시 호출하면 응답 시간이 현저히 줄어듭니다. 관리 가능한 동시성 코드를 개발하는 일이 관건이죠.

기존에는 확장 가능한, 동시성 코드를 콜백 방식으로 작성했습니다. 사실 비동기, 이벤트 주도 I/O 상당수는 원래 콜백 기반이고, 서비스를 동시 호출하는 서블릿 API 기반의 API 조합기도 대부분 콜백을 사용합니다. `ExecutorService.submitCallable()`을 호출하여 요청을 동시 처리하는 식입니다. 하지만 문제는 이 메서드가 블로킹 API를 가진 `Future`를 반환한다는 사실입니다. 확장성을 개선하려면 API 조합기가 `ExecutorService.submit(Runnable)`을 호출하고 각 `Runnable`이 요청 결과를 넘겨 콜백을 호출하는 것이 좋습니다. 결과를 쌓아 놓았다가 모든 결과가 수신되면 그때 콜백이 응답을 클라이언트에 반환합니다.

기존 비동기 콜백 방식으로 API 조합 코드를 작성하면 저 유명한 콜백 지옥(callback hell)[10]에 금세 빠지게 됩니다. 코드가 마구 뒤엉혀 알아보기 힘들고, 특히 병렬/순차 요청을 혼용해야 할 경우 에러가 나기 쉽습니다. 따라서 API 조합 코드는 리액티브하게 선언형 스타일로 작성하는 것이 더 낫습니다. 다음은 대표적인 JVM용 리액티브 추상체들입니다.

- 자바 8 `CompletableFutures`
- 리액터 프로젝트(Project Reactor) `Mono`
- RxJava(Reactive Extensions for Java, 자바 리액티브 확장판)[11]의 옵저버블(observable). 넷플릭스는 자사 API 게이트웨이의 문제를 해결하기 위해 RxJava를 개발했습니다.
- 스칼라 `Future`

Node.js 진영에서는 프라미스(promise)라는 자바스크립트 리액티브 확장판이나 RxJS를 사용합니다. 리액티브 추상체를 잘 활용하면 이해하기 쉽고 단순한 동시성 코드를 작성할 수 있습니다. 리액터 프로젝트 `Mono`와 스프링 5 프레임워크로 동시성 코드를 작성하는 방법은 이 장 뒷부분에서 다룹니다.

부분 실패 처리

API 게이트웨이는 확장도 가능해야 하지만 안정적으로 동작해야 합니다. 부하 분산기 후면에 여러 게이트웨이 인스턴스를 두고 가동하면 됩니다. 어느 인스턴스가 실패하면 부하 분산기가 알아서 요청을 다른 인스턴스에 라우팅할 것입니다.

---

10 역주 비동기 프로그래밍에서 흔히 발생하는 문제로, 함수의 매개변수로 전달되는 콜백 함수가 계속 반복되어서 코드 들여 쓰기 수준이 감당하기 어려울 정도로 깊어지는 현상

11 역주 RxJava의 기본 개념은 《RxJava 프로그래밍》(한빛미디어, 2017)에 잘 정리되어 있으니 참고하세요.

실패한 요청, 그리고 지연 시간이 너무 긴 요청도 적절히 잘 처리해야 합니다. API 게이트웨이가 서비스를 호출하는 시점에 서비스가 갑자기 느려지거나 응답 불능에 빠질 가능성은 항상 있기 때문에 대기 상태가 아주 오래, 어쩌면 영원히 지속될 수 있기 때문입니다. 리소스만 소모하고 정작 클라이언트에는 아무 응답도 못 주는 것이죠. 실패한 서비스로 들어온 요청이 스레드처럼 한정된 리소스를 계속 붙들고 있으면 결국 API 게이트웨이 전체가 전혀 요청을 처리할 수 없는 국면에 이르게 될 것입니다. 회로 차단기 패턴(3장)은 이 문제를 해결할 수 있는 좋은 방법입니다.

아키텍처의 선량한 시민 되기

서비스 디스커버리 패턴(3장)을 이용하면 API 게이트웨이 같은 서비스 클라이언트가 자신이 호출할 서비스 인스턴스의 네트워크 위치를 파악할 수 있습니다. 관측성 패턴(observability pattern)(11장)을 활용하면 개발자가 애플리케이션 동작 상태를 모니터링하고 문제를 진단하는 데 도움이 됩니다. API 게이트웨이도 다른 서비스처럼 아키텍처에 알맞게 선정된 패턴으로 구현해야 합니다.

8.3 API 게이트웨이 구현

지금까지 배운 API 게이트웨이의 역할을 정리하면 다음과 같습니다.

- **요청 라우팅**: 요청을 HTTP 메서드, 경로에 따라 서비스로 라우팅합니다. API 게이트웨이는 HTTP 요청 메서드를 이용하여 적절한 CQRS 쿼리 서비스로 라우팅해야 합니다. 커맨드와 쿼리는 각각 별도의 서비스로 처리합니다(7장).
- **API 조합**: API 조합 패턴(7장)에 따라 REST 끝점을 구현하고, 요청 핸들러는 여러 서비스를 호출한 결과를 조합합니다.
- **엣지 기능**: 가장 대표적인 엣지 기능은 인증입니다.
- **프로토콜 변환**: 서비스가 사용하는 클라이언트에 친화적인 프로토콜과 비친화적인 프로토콜을 상호 변환합니다.
- 애플리케이션 아키텍처의 선량한 시민이 됩니다.

API 게이트웨이를 구현하는 방법은 다음 두 가지입니다.

- **기성**(off-the-shelf)[12] **API 게이트웨이 제품/서비스를 활용**: 개발 노력은 (거의) 안 들지만 유연성은 제일 떨어집니다. 가령 기성 API 게이트웨이 제품은 대체로 API 조합을 지원하지 않습니다.
- **API 게이트웨이 프레임워크 또는 웹 프레임워크를 기반으로 API 게이트웨이를 직접 개발**: 가장 유연한 접근 방식이지만, 적잖은 개발 노력이 투입되어야 합니다.

8.3.1 기성 API 게이트웨이 제품/서비스 활용

API 게이트웨이 기능이 구현된 기성 서비스나 제품은 다양합니다. 그중 두 AWS 서비스를 먼저 소개하고, 여러분이 직접 내려받아 구성/실행할 수 있는 제품을 몇 가지 소개합니다.

AWS API 게이트웨이

아마존 웹 서비스가 제공한 AWS API 게이트웨이는 API를 개발/관리하는 서비스입니다. AWS API 게이트웨이의 API는 하나 이상의 HTTP 메서드를 지원하는 REST 리소스 세트입니다. 각각의 (메서드, 리소스)를 백엔드 서비스(AWS 람다 함수, 애플리케이션에 정의된 HTTP 서비스, AWS 서비스 등)로 라우팅할 수 있게 구성합니다. 필요 시 템플릿 기반으로 요청/응답을 변환하도록 구성할 수 있고, 요청 인증 기능도 내장되어 있습니다.

AWS API 게이트웨이는 필자가 앞서 열거한 API 게이트웨이 요건을 대부분 충족합니다. 처음에 구성만 잘 해두면 확장 등 나머지 일은 모두 AWS가 알아서 처리하므로 여러분이 직접 설치/운영을 신경 쓸 필요는 없습니다.

하지만 다른 요건은 충족시킬 수 없는 단점도 있습니다. 먼저 API 조합을 지원하지 않기 때문에 직접 백엔드 서비스에 조합 로직을 구현해야 합니다. 그리고 주로 JSON 위주의 HTTP(S)만, 서버 쪽 디스커버리 패턴(3장)만 지원됩니다. 애플리케이션은 보통 AWS ELB(Elastic Load Balancer, 일래스틱 로드 밸런서)로 EC2 인스턴스나 ECS 컨테이너에 요청을 부하 분산합니다. 이런 단점은 있지만 API 조합이 군이 필요 없다면 AWS API 게이트웨이는 API 게이트웨이 패턴이 충실히 반영된 훌륭한 서비스입니다.

---

12 **역주** 요즘은 잘 안 쓰는 말이지만, 역자가 어렸을 때만 해도 양복 정장은 신체 치수를 재단사가 일일이 재어 맞춤 제작하는 경우가 많아, 옷가게에서 구입하여 바로 입을 수 있는 옷을 '기성복'이라고 했습니다. IT 원서에서 자주 등장하는 '기성(off-the-shelf)'이라는 말도 이처럼 바로 제작사(또는 개발자) 홈페이지에서 내려받아 적용 가능한 라이브러리나 프레임워크 등의 아티팩트를 가리킵니다.

AWS 애플리케이션 부하 분산기

AWS ALB(Application Load Balancer, 애플리케이션 로드 밸런서)는 HTTP, HTTPS, 웹 소켓, HTTP/2용 부하 분산기입니다. 제공하는 기능은 AWS API 게이트웨이와 비슷합니다.[13] AWS EC2 인스턴스에서 가동 중인 백엔드 서비스로 요청을 라우팅하는 규칙이 ALB에 정의되어 있습니다.

AWS ALB도 AWS 서비스 중 하나이므로 직접 설치/운영할 필요가 없습니다. 라우팅 기능을 비롯한 API 게이트웨이로서의 기본적인 요건도 어느 정도 충족합니다. 하지만 기능이 제한적이고 HTTP 메서드 기반의 라우팅, API 조합, 인증 같은 로직은 없습니다.

다른 API 게이트웨이 제품

콩(Kong)[14]이나 트래픽(Traefik)[15] 등 여러분이 직접 설치/운영할 수 있는 오픈 소스 제품도 있습니다. 콩은 엔진엑스 HTTP 서버를 기반으로, 트래픽은 고 언어로 작성된 API 게이트웨이 제품입니다. 두 제품 모두 HTTP 메서드, 헤더, 경로를 이용하여 백엔드 서비스를 선택하는 유연한 라우팅 규칙을 구성할 수 있습니다. 콩은 엣지 기능이 구현된 플러그인을 끼워 넣을 수 있고, 트래픽은 서비스 레지스트리(3장)와 연계하는 기능까지 제공합니다.

강력한 라우팅, 엣지 기능이 탑재된 것과는 달리, API 조합은 여전히 지원하지 않습니다. 여러분이 직접 설치, 구성, 운영해야 하며, API 조합이 필요할 경우 직접 API 게이트웨이를 개발해야 합니다.

8.3.2 API 게이트웨이 자체 개발

API 게이트웨이는 요청을 다른 서비스로 위임하는 웹 애플리케이션이므로 특별히 개발하기 어려운 부분은 없습니다. 여러분이 익숙한 웹 프레임워크로 구축하면 됩니다. 하지만 다음 두 가지 이슈는 신중히 검토할 필요가 있습니다.

- 코딩 복잡도를 최소화할 수 있는 라우팅 규칙 정의 메커니즘을 구현합니다.
- HTTP 헤더 처리 등 HTTP 프록시 로직을 정확히 구현합니다.

---

13 https://aws.amazon.com/blogs/aws/new-aws-application-load-balancer/

14 역주 https://konghq.com/kong/

15 역주 https://traefik.io/

API 게이트웨이를 처음 개발할 때 이런 목적에 맞게 잘 설계된 프레임워크를 갖다 쓰면 이미 구현된 기능을 활용할 수 있으므로 코딩양이 엄청나게 줄어듭니다.

필자는 주울(넷플릭스의 오픈 소스 프로젝트)과 스프링 클라우드 게이트웨이(피보탈의 오픈 소스 프로젝트)를 사용합니다.

넷플릭스 주울

넷플릭스 주울은 라우팅, 사용량 제한, 인증 같은 엣지 기능이 탑재된 프레임워크입니다.[16] 개념 자체는 재사용 가능 요청 인터셉터(reusable request interceptor) 같은 서블릿 필터(servlet filter), 또는 Node.js 익스프레스 미들웨어(Express middleware)와 비슷합니다. HTTP 요청을 변환하는 필터 체인을 적절히 조합해서 요청을 처리하고, 백엔드 서비스를 호출 후 클라이언트에 반환하기 직전에 응답을 가공합니다. 주울을 바로 그냥 사용할 수도 있지만, 피보탈사가 개발한 스프링 클라우드 주울을 사용하면 주울 기반의 서버를 구성보다 관습(convention over configuration)[17] 방식으로 아주 손쉽게 개발할 수 있습니다.

주울은 라우팅과 엣지 기능을 처리하며, API 조합이 구현된 스프링 MVC 컨트롤러를 정의하면 확장도 가능합니다. 하지만 경로 기반의 라우팅만 지원되는 뼈아픈 한계가 있습니다. 예를 들어 GET /orders를 서비스 A로, POST /orders를 서비스 B로 라우팅하는 것은 불가능합니다. 7장에서 설명한 쿼리 아키텍처 역시 지원되지 않습니다.

스프링 클라우드 게이트웨이

모든 요건을 다 만족하는 옵션은 없습니다. 솔직히 말해서 필자는 API 게이트웨이 프레임워크를 찾아 헤매다가 결국 포기했습니다. 그래서 스프링 MVC 기반의 API 게이트웨이를 직접 개발하기 시작했죠. 우연히 스프링 클라우드 게이트웨이(Spring Cloud Gateway)라는 프로젝트를 알게 되었습니다.[18] 스프링 클라우드 게이트웨이는 스프링 5, 스프링 부트 2, 스프링 웹플럭스(리액터 프로젝트 기반의 리액티브 웹 프레임워크, 스프링 5의 일부임) 등의 프레임워크를 토대로 한 API 게이트웨이 프레임워크입니다. 리액터 프로젝트는 Mono 추상체를 제공하는 NIO 기반의 JVM 리액티브 프레임워크입니다.

---

16 https://github.com/Netflix/zuul

17 역주 소프트웨어 개발자가 정해야 하는 수많은 결정들을 줄여 주고 단순성을 확보하면서도 유연함을 잃지 않기 위한 설계 패러다임입니다. 프레임워크가 복잡해지고 기능이 방대해짐에 따라 사용하기 위해서는 수많은 설정 파일과 세팅을 해야 하는 부담이 생겨났고, CoC는 이를 해결하기 위해 자주 사용하는 부분은 관례를 정하여 생략하고 이를 따르지 않을 경우에만 설정을 하도록 하고 있습니다. (출처: 위키백과)

18 https://cloud.spring.io/spring-cloud-gateway/

스프링 클라우드 게이트웨이는 다음과 같이 단순하지만 범용적인 수단을 제공합니다.

- 요청을 백엔드 서비스로 보냅니다.
- API를 조합하는 요청 핸들러 역할을 합니다.
- 인증 등의 엣지 기능을 처리합니다.

그림 8-8은 이 프레임워크를 기반으로 구축한 API 게이트웨이의 핵심 요소들입니다.

▼ 그림 8-8 스프링 클라우드 게이트웨이로 구축한 API 게이트웨이의 아키텍처

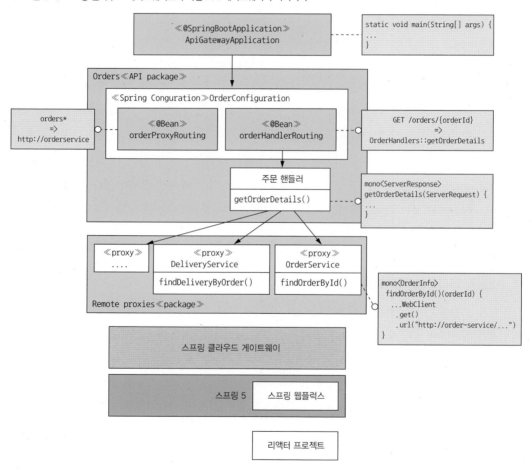

API 게이트웨이는 다음 패키지들로 구성됩니다.

- **ApiGatewayMain 패키지**: API 게이트웨이의 메인 프로그램
- **하나 이상의 API 패키지**: API 끝점이 구현된 API 패키지. 가령 Order 패키지에는 주문 관련 API 끝점이 구현되어 있습니다.
- **프록시 패키지**: 서비스를 호출하기 위해 API 패키지가 사용하는 프록시 클래스로 구성

OrderConfiguration은 주문 관련 요청을 라우팅하는 스프링 빈이 정의된 클래스입니다. 라우팅 규칙은 HTTP 메서드, 헤더, 경로를 조합하여 정하면 됩니다. API 요청을 백엔드 서비스 URL에 매핑하는 규칙은 orderProxyRouting 빈에 정의되어 있습니다. 예를 들어 경로가 /order로 시작하는 요청은 OrderService로 보냅니다.

orderHandlerRouting 빈은 orderProxyRouting 빈에 정의된 규칙을 재정의(override, 오버라이드)한 규칙을 정의합니다. API 요청을 핸들러 메서드, 즉 스프링 MVC 컨트롤러 메서드와 동등한 스프링 웹플럭스 메서드에 매핑하는 규칙입니다. 예를 들어 GET /orders/{orderId}는 OrderHandlers::getOrderDetails()로 매핑됩니다.

OrderHandlers 클래스의 getOrderDetails() 메서드는 API를 조합하여 주문 내역을 조회합니다. OrderService 같은 백엔드 서비스는 원격 프록시 클래스를 이용하여 호출하며, 이 서비스를 호출하는 메서드는 OrderHandlers 클래스에 있습니다.

OrderConfiguration 클래스부터 하나씩 코드를 살펴봅시다.

OrderConfiguration 클래스

OrderConfiguration은 /orders 끝점을 구현한 스프링 빈이 정의된 스프링 구성 클래스입니다. 스프링 웹플럭스 라우팅 DSL로 정의된 요청 라우팅 규칙은 orderProxyRouting, orderHandlerRouting 빈에 있습니다. orderHandlers 빈은 API를 조합하는 요청 핸들러입니다.

예제 8-2 /orders 끝점이 정의된 스프링 빈

```
@Configuration
@EnableConfigurationProperties(OrderDestinations.class)
public class OrderConfiguration {

    @Bean
```

```java
    public RouteLocator orderProxyRouting(
      RouteLocatorBuilder builder, OrderDestinations orderDestinations) {
      return builder.routes()
              .route(r -> r.path("/orders")
                .and().method("POST").uri(orderDestinations.getOrderServiceUrl()))
              .route(r -> r.path("/orders")
                .and().method("PUT").uri(orderDestinations.getOrderServiceUrl()))
              .route(r -> r.path("/orders/**")
                .and().method("POST").uri(orderDestinations.getOrderServiceUrl()))
              .route(r -> r.path("/orders/**")
                .and().method("PUT").uri(orderDestinations.getOrderServiceUrl()))
              .route(r -> r.path("/orders")
                .and().method("GET").uri(orderDestinations.getOrderHistoryServiceUrl()))
              .build();
    }
```

기본적으로 /orders로 시작하는 요청은 모두
orderDestinations.orderServiceUrl URL로 라우팅

```java
    @Bean
    public RouterFunction<ServerResponse>
      orderHandlerRouting(OrderHandlers orderHandlers) {
      return RouterFunctions.route(GET("/orders/{orderId}"),
        orderHandlers::getOrderDetails);
    }
```

GET /orders/{orderId}를
orderHandlers::getOrderDetails로 라우팅

```java
    @Bean
    public OrderHandlers orderHandlers(OrderService orderService,
      KitchenService kitchenService,
      DeliveryService deliveryService,
      AccountingService accountingService) {
      return new OrderHandlers(orderService, kitchenService,
        deliveryService, accountingService);
    }
  }
```

사용자 정의(custom, 커스텀)
요청 처리 로직이 구현된 빈

코드에서 보다시피, OrderDestinations는 백엔드 서비스 URL의 외부화 구성이 가능한 스프링 구성 프로퍼티 클래스입니다.

예제 8-3 백엔드 서비스 URL 구성을 외부화

```java
@ConfigurationProperties(prefix = "order.destinations")
public class OrderDestinations {

  @NotNull
```

```
  public String orderServiceUrl;

  public String getOrderServiceUrl() {
    return orderServiceUrl;
  }

  public void setOrderServiceUrl(String orderServiceUrl) {
    this.orderServiceUrl = orderServiceUrl;
  }
  ...
}
```

이 클래스 덕분에 주문 서비스 URL을 프로퍼티 파일에 order.destinations.orderServiceUrl로 지정하거나, OS 환경 변수 ORDER_DESTINATIONS_ORDER_SERVICE_URL로 지정할 수 있습니다.

OrderHandlers 클래스

OrderHandlers 클래스에는 API 조합을 비롯한 사용자 정의 로직이 구현된 요청 핸들러 메서드가 있습니다. 백엔드 서비스에 실제로 요청하는 여러 프록시 클래스가 이 클래스에 주입됩니다.

예제 8-4 OrderHandlers 클래스에 사용자 정의 요청 처리 로직을 구현한다

```
public class OrderHandlers  {

  private OrderServiceProxy orderService;
  private KitchenService kitchenService;
  private DeliveryService deliveryService;
  private AccountingService accountingService;

  public OrderHandlers(OrderServiceProxy orderService,
    KitchenService kitchenService,
    DeliveryService deliveryService,
    AccountingService accountingService
  ) {
    this.orderService = orderService;
    this.kitchenService = kitchenService;
    this.deliveryService = deliveryService;
    this.accountingService = accountingService;
  }
```

```
public Mono<ServerResponse> getOrderDetails(ServerRequest serverRequest) {
  String orderId = serverRequest.pathVariable("orderId");

  Mono<OrderInfo> orderInfo = orderService.findOrderById(orderId);

  Mono<Optional<TicketInfo>> ticketInfo =
    kitchenService
      .findTicketByOrderId(orderId)
      .map(Optional::of)    ◄──── TicketInfo를 Optional<TicketInfo>로 변환
      .onErrorReturn(Optional.empty());  ◄──── 서비스 호출이 실패하면 Optional.empty() 반환

  Mono<Optional<DeliveryInfo>> deliveryInfo =
    deliveryService
      .findDeliveryByOrderId(orderId)
      .map(Optional::of)
      .onErrorReturn(Optional.empty());

  Mono<Optional<BillInfo>> billInfo =
    accountingService
      .findBillByOrderId(orderId)
      .map(Optional::of)
      .onErrorReturn(Optional.empty());

  Mono<Tuple4<OrderInfo, Optional<TicketInfo>,   ◄──── 값 4개를 하나의 Tuple4로 조합
    Optional<DeliveryInfo>, Optional<BillInfo>>> combined =
    Mono.when(orderInfo, ticketInfo, deliveryInfo, billInfo);

  Mono<OrderDetails> orderDetails =   ◄──── Tuple4을 OrderDetails로 변환
    combined.map(OrderDetails::makeOrderDetails);

  return orderDetails.flatMap(person -> ServerResponse.ok()  ◄──┐
    .contentType(MediaType.APPLICATION_JSON)          OrderDetails를 ServerResponse로 변환
    .body(fromObject(person)))
    .onErrorResume(OrderNotFoundException.class,
      e -> ServerResponse.notFound().build());
  }
}
```

getOrderDetails()는 API를 조합해서 주문 내역을 조회하는 메서드입니다. 리액터 프로젝트의 Mono 추상체를 이용하여 확장 가능한 리액티브 스타일로 작성했습니다. 자바 8의 CompletableFuture보다 더 기능이 많은 Mono 클래스에는 값 아니면 예외, 둘 중 하나인 비동기 작업의 결과가 포함됩니다. 비동기 작업 결과 반환된 값을 변환하거나 조합할 수 있는 풍성한 API도 제공합니다. Mono를 이용하면 동시성 코드를 간단하고 이해하기 쉽게 작성할 수 있습니다. 예제 8-4의 getOrderDetails()는 네 서비스를 병렬 호출한 결과를 조합해서 OrderDetails 객체를 생성합니다.

getOrderDetails()는 스프링 웹플럭스에서 HTTP 요청을 나타내는 ServerRequest 객체를 매개변수로 받습니다. 이 메서드는 다음과 같은 일을 수행합니다.

1. orderId를 경로에서 추출합니다.

2. 프록시를 통해 네 서비스를 비동기 호출합니다. 결국 여러 Mono가 반환됩니다. 가용성을 높이기 위해 getOrderDetails()는 OrderService를 제외한 나머지 서비스의 반환 결과를 Optional로 처리합니다. Mono에 값 대신 예외가 반환될 경우 onErrorReturn() 호출 시점에 빈 Optional이 포함된 Mono로 자동 변환됩니다.

3. 결과를 값이 4개 포함된 Mono<Tuple4>을 반환하는 Mono.when()으로 비동기 조합합니다.

4. OrderDetails::makeOrderDetails를 호출하여 Mono<Tuple4>을 Mono<OrderDetails>로 변환합니다.

5. 스프링 웹플럭스에서 JSON/HTTP 응답을 나타내는 ServerResponse로 OrderDetails를 변환합니다.

getOrderDetails()는 Mono를 사용하기 때문에 어지럽고 읽기 어려운 콜백을 쓰지 않고도 서비스를 동시 호출하여 그 결과를 조합할 수 있습니다. Mono로 래핑된 서비스 API 호출 결과를 반환하는 서비스 프록시 중 하나를 봅시다.

OrderServiceProxy 클래스

OrderServiceProxy는 주문 서비스용 원격 프록시 클래스입니다. WebClient(스프링 웹플럭스의 리액티브 HTTP 클라이언트)로 주문 서비스를 호출합니다.

```
@Service
public class OrderServiceProxy {

private OrderDestinations orderDestinations;

private WebClient client;

  public OrderService(OrderDestinations orderDestinations, WebClient client) {
    this.orderDestinations = orderDestinations;
    this.client = client;
  }

  public Mono<OrderInfo> findOrderById(String orderId) {
    Mono<ClientResponse> response = client
      .get()
      .uri(orderDestinations.orderServiceUrl + "/orders/{orderId}",
        orderId)
      .exchange();    ◄──── 서비스 호출
    return response.flatMap(resp ->
      switch (resp.statusCode()) {
        case OK:
          return resp.bodyToMono(OrderInfo.class);    ◄──── 응답 본문을 OrderInfo로 변환
        case NOT_FOUND:
          return Mono.error(new OrderNotFoundException());
        default:
          return Mono.error(new RuntimeException("Unknown" + resp.statusCode()));
      }
    );
  }
}
```

OrderInfo를 조회하는 findOrderById()는 WebClient로 주문 서비스에 HTTP 요청을 합니다. 그리고 수신한 JSON 응답을 OrderInfo로 역직렬화합니다. WebClient는 리액티브 API를 갖고 있어서 응답을 Mono로 래핑하고, findOrder()는 flatMap()으로 Mono<ClientResponse>를 Mono<OrderInfo>로 변환합니다. bodyToMono()는 그 이름처럼 응답 본문을 반환형 Mono로 바꿉니다.

ApiGatewayApplication 클래스

ApiGatewayApplication은 API 게이트웨이의 main( ) 메서드가 위치한 표준 스프링 부트 메인 클래스입니다.

예제 8-6 API 게이트웨이의 main( ) 메서드

```
@SpringBootConfiguration
@ComponentScan
public class ApiGatewayApplication {
  public static void main(String[] args) {
    SpringApplication.run(ApiGatewayApplication.class, args);
  }
}
```

스프링 클라우드 게이트웨이는 API 게이트웨이를 구현하기에 딱 알맞은 프레임워크입니다. 간결한 라우팅 규칙 DSL로 기본적인 프록시 동작을 구성할 수 있고, API 조합 및 프로토콜 변환을 수행하는 핸들러 메서드로 쉽게 요청을 라우팅할 수 있습니다. 스프링 클라우드 게이트웨이는 확장 가능하면서 리액티브한 스프링 5와 리액터 프로젝트 프레임워크가 잘 버무려진 작품입니다. 그래프 기반의 쿼리 언어를 제공하는 GraphQL 역시 직접 API 게이트웨이를 개발할 때 쓸 만한 프레임워크입니다.

8.3.3 API 게이트웨이 구현: GraphQL

주문 내역을 반환하는 GET /orders/{orderId} 끝점을 FTGO API 게이트웨이에 구현한다고 합시다. 얼핏 보면 간단해 보이지만, 여러 서비스에서 데이터를 가져오는 끝점이기 때문에 서비스 호출 후 결과를 조합하는 API 조합 코드를 작성해야 합니다.

클라이언트마다 필요한 데이터가 다른 것도 문제입니다. 가령 '데스크톱 SPA 애플리케이션은 모바일 앱에서는 표시되지 않는 고객의 주문 평점을 표시한다'는 식의 요건이 있겠죠. 클라이언트마다 자기가 필요한 데이터를 지정하게 만들면 되지 않을까요?(3장) expand라는 매개변수로 반환될 연관 리소스를 지정하고, field라는 매개변수로 리소스마다 반환될 필드를 지정할 수 있도록 끝점 끝에 쿼리 매개변수를 덧붙이면 가능하겠죠. 아니면 BFF 패턴을 적용하는 과정의 일부로, 끝점을 여러 버전으로 정의하는 방법도 있을 것입니다. 하지만 API 게이트웨이에 필요한 수많은 API 끝점을 전부 이런 식으로 처리하기는 버겁습니다.

API 게이트웨이에 별의별 클라이언트를 지원하는 REST API를 구현하는 것은 시간 낭비입니다. 결국 GraphQL처럼 데이터를 효율적으로 가져오도록 설계된 그래프 기반의 API 프레임워크를 찾게 됩니다. 그래프 기반 API 프레임워크는 그래프 기반의 스키마로 서버 API를 구성하는 것이 핵심입니다(그림 8-9). 그래프 기반 스키마는 프로퍼티(필드) 및 다른 노드와 연관된 노드(타입)를 정의합니다. 클라이언트는 그래프 노드와 이들의 프로퍼티/관계 단위로 필요한 데이터를 지정해서 조회하기 때문에 API 게이트웨이로 원하는 데이터를 한 번에 모두 가져올 수 있습니다.

▼ 그림 8-9 API 게이트웨이의 API는 서비스에 매핑된 그래프 기반의 스키마로 구성한다. 클라이언트는 여러 그래프 노드를 조회하는 쿼리를 전송하며, 그래프 기반 API 프레임워크는 하나 이상의 서비스 데이터를 조회한다

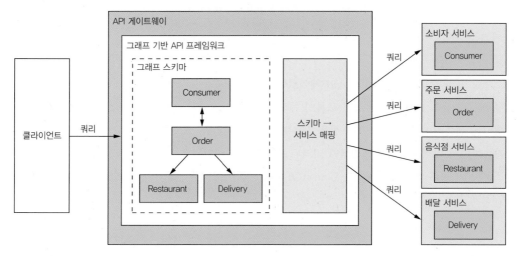

그래프 기반의 API 기술은 중요한 장점이 두 가지 있습니다. 첫째, 클라이언트가 반환 데이터를 제어할 수 있습니다. 덕분에 갖가지 클라이언트가 지원되는 충분히 유연한 단일 API를 개발할 수 있습니다. 둘째, 개발 수고를 엄청나게 덜 수 있습니다. 서버 쪽 코드를 API 조합과 투사(projection, 프로젝션)를 지원하도록 설계된 쿼리 실행 프레임워크로 작성하기 때문입니다. 이는 마치 클라이언트가 저장 프로시저(stored procedure)를 통해 데이터를 조회하도록 강제하는 대신 클라이언트가 직접 하부 DB를 대상으로 쿼리하게끔 만드는 것입니다.

이 절에서는 아폴로 GraphQL로 API 게이트웨이를 개발하는 지극히 기본적인 내용 몇 가지만 소개합니다. 자세한 정보는 GraphQL, 아폴로 GraphQL 공식 문서를 참고하세요.

GraphQL 기반 API 게이트웨이는 Node.js 익스프레스 웹 프레임워크 및 아폴로 GraphQL 서버를 이용하여 자바스크립트로 개발합니다. 다음은 설계 핵심 요소입니다.

- **GraphQL 스키마**: 서버 쪽 데이터 모델 및 이 모델이 지원하는 쿼리를 정의합니다.
- **리졸버 함수**: 스키마 엘리먼트를 다양한 백엔드 서비스에 매핑합니다.
- **프록시 클래스**: FTGO 애플리케이션 서비스를 호출합니다.

GraphQL 서버와 익스프레스 웹 프레임워크를 연계하는 소량의 글루 코드(glue code)[22]도 있습니다. GraphQL 스키마의 각 부분을 하나씩 살펴봅시다.

---

19 http://graphql.org

20 http://netflix.github.io/falcor/

21 http://www.apollographql.com

22 역주 글루(glue)는 '접착제'를 뜻하는 영어 단어입니다. 컴퓨터 프로그래밍에서 글루 코드는 호환되지 않는 다른 부분의 코드를 '맞추는' 기능에만 특화된 코드를 말합니다. 여타 기능 요건을 충족시키는 용도로는 쓰이지 않습니다.

▼ 그림 8-10 GraphQL 기반으로 설계한 FTGO API 게이트웨이

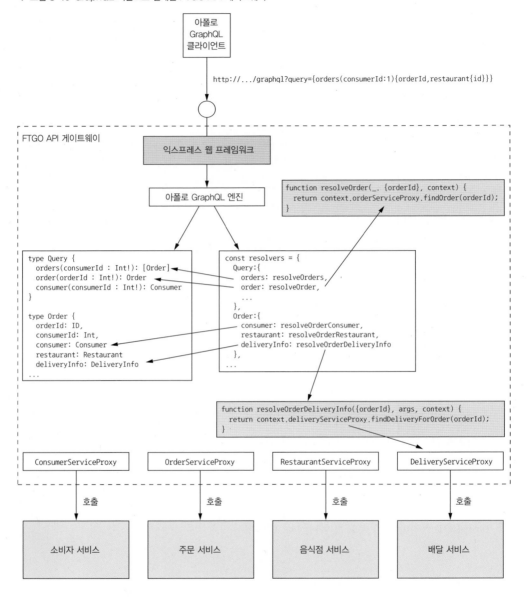

GraphQL 스키마 정의

GraphQL API는 스키마 중심적입니다. 서버 쪽 데이터 모델과 작업(예: 클라이언트가 수행 가능한 쿼리)의 구조를 정의한 타입들로 구성되죠. GraphQL에는 여러 종류의 타입이 있습니다. 이절의 예제는 그중 데이터 모델을 정의할 때 주로 많이 쓰는 객체형(object type)과 자바 이늄과 비

숫한 이늄(enum), 두 가지 타입만 사용합니다. 객체형에는 타입과 이름이 지정된 필드가 있습니다. 필드는 숫자, 문자열, 이늄 등의 스칼라형, 스칼라형 리스트, 다른 객체형의 레퍼런스(들)입니다. 기존 객체 지향 클래스의 필드와 비슷하지만 GraphQL의 필드는 값을 반환하는 함수 개념입니다. GraphQL 클라이언트는 인수를 가질 수 있으므로 함수가 반환한 데이터를 입맛에 맞게 가공할 수 있습니다.

GraphQL에서는 스키마에서 지원되는 쿼리를 필드로 정의합니다. 스키마 쿼리는 관례상 Query라는 객체형을 선언해서 정의합니다. Query 객체의 각 필드는 옵션 매개변수가 있는 네임드 쿼리와 반환형입니다. 쿼리를 이런 식으로 정의하는 것이 필자도 처음에 조금 이상했지만, GraphQL에서 필드는 함수라는 사실을 상기하니 도움이 되었습니다. 각 필드가 백엔드 데이터 소스와 어떻게 연관되는지 잘 살펴보면 점점 눈에 익을 것입니다.

예제 8-7은 GraphQL 기반으로 작성한 FTGO API 게이트웨이의 일부 스키마입니다. 여기에 정의된 객체형은 각각 FTGO 애플리케이션의 Consumer, Order, Restaurant 엔터티와 대응됩니다. 스키마 쿼리를 정의한 Query 객체형도 있습니다.

예제 8-7 FTGO API 게이트웨이의 GraphQL 스키마

```
type Query {    ◄──── 클라이언트에서 실행 가능한 쿼리를 정의
  orders(consumerId : Int!): [Order]
  order(orderId : Int!): Order
  consumer(consumerId : Int!): Consumer
}

type Consumer {
  id: ID    ◄──── 소비자 식별용 ID
  firstName: String
  lastName: String
  orders: [Order]
}    ◄──── 한 명의 소비자는 주문을 여러 건 할 수 있음

type Order {
  orderId: ID
  consumerId : Int
  consumer: Consumer
  restaurant: Restaurant
  deliveryInfo: DeliveryInfo
  ...
}
```

```
type Restaurant {
  id: ID
  name: String
  ...
}

type DeliveryInfo {
  status: DeliveryStatus
  estimatedDeliveryTime: Int
  assignedCourier: String
}

enum DeliveryStatus {
  PREPARING
  READY_FOR_PICKUP
  PICKED_UP
  DELIVERED
}
```

자세히 보면 객체형 Consumer, Order, Restaurant, DeliveryInfo는 해당 자바 클래스와 구조가 비슷합니다. 유일한 차이점은 식별자를 나타내는 ID형뿐입니다.

이 스키마에는 다음 세 쿼리가 정의되어 있습니다.

- **orders()**: 주어진 Customer가 주문한 여러 Order를 반환
- **order()**: 주어진 Order를 반환
- **consumer()**: 주어진 Consumer를 반환

세 쿼리는 각각 대응되는 REST 끝점과 별 차이가 없어 보이지만, GraphQL은 클라이언트가 반환 데이터를 좌지우지할 수 있게 강력한 제어권을 부여합니다. 비결은 클라이언트가 GraphQL 쿼리를 실행하는 방법에 있습니다.

GraphQL 쿼리 실행

GraphQL의 가장 큰 매력은 클라이언트가 반환 데이터를 쿼리 언어로 자유롭게 제어할 수 있다는 점입니다. 클라이언트는 쿼리 문서(query document)가 담긴 요청을 서버에 전송하여 쿼리를 실행합니다. 다음과 같이 소비자 firstName/lastName을 조회하는 간단한 쿼리는 쿼리명, 인수 값, 반환될 결과 객체 필드를 쿼리 문서에 명시합니다.

```
query {
  consumer(consumerId:1)   ◀── 소비자 정보를 조회하는 consumer라는 쿼리를 지정
  {   ◀── 반환할 Consumer의 필드
    firstName
    lastName
  }
}
```

이 쿼리는 주어진 Consumer의 firstName, lastName 필드를 반환합니다.

이번에는 소비자 정보와 이 소비자가 한 주문들, 그리고 주문별 음식점 ID와 음식점명을 반환하는 약간 복잡한 쿼리입니다.

```
query {
  consumer(consumerId:1) {
    id
    firstName
    lastName
    orders {
      orderId
      restaurant {
        id
        name
      }
      deliveryInfo {
        estimatedDeliveryTime
        name
      }
    }
  }
}
```

이 쿼리는 소비자의 주문 정보, 주문별 음식점 정보처럼 Consumer에 없는 데이터를 서버에 요청합니다. 이렇게 GraphQL 클라이언트는 타동적으로(transitively, 자의가 아닌 타의에 의해) 연관된 객체 필드 등 원하는 데이터를 정확히 특정할 수 있습니다.

첫인상과 달리 쿼리 언어는 제법 유연합니다. 쿼리는 Query 객체의 필드고, 이 객체의 어떤 필드를 서버가 반환해야 할지 쿼리 문서에 지정하는 구조입니다. 필드 하나만 조회하는 단순 케이스도 있겠지만, 여러 필드를 조회하는 여러 쿼리를 실행하도록 쿼리 문서에 지시할 수도 있습니다. 쿼리 문서는 필드마다 인수를 제공하고, 그 결과 객체의 어느 필드에 클라이언트가 관심 있는지 명시합니다. 다음은 소비자 2명을 조회하는 쿼리입니다.

```
query {
  c1: consumer(consumerId:1) {id, firstName, lastName}
  c2: consumer(consumerId:2) {id, firstName, lastName}
}
```

여기서 c1과 c2는 GraphQL 용어로 앨리어스(alias, 별명)라고 합니다. 반환된 결과에서 두 Consumer를 구분하고자 사용합니다. 안 그러면 둘 다 consumer가 되겠죠. 이렇게 타입이 같은 두 객체를 조회할 수도 있고, 다양한 타입의 객체를 여러 개 조회할 수도 있습니다.

GraphQL 스키마는 데이터의 형태와 지원되는 쿼리를 정의합니다. 그런데 이 스키마를 데이터 소스에 연결하면 더욱 그 진가가 발휘됩니다.

스키마를 데이터에 연결

GraphQL 서버는 쿼리 실행 시 하나 이상의 데이터 저장소에서 요청한 데이터를 가져와야 합니다. FTGO 애플리케이션에서는 GraphQL 서버가 데이터를 소유한 서비스 API를 하나하나 호출해야 할 것입니다. 스키마에 정의된 객체형 필드에 리졸버 함수를 붙이면 GraphQL 스키마를 데이터 소스와 연관 지을 수 있습니다. GraphQL 서버는 처음에는 최상위 쿼리로 데이터를 가져와 결과 객체(들)의 필드를 재귀 조회하는 리졸버 함수를 호출하여 API를 조합합니다.

리졸버 함수와 스키마를 연관 짓는 방법은 GraphQL 서버마다 다릅니다. 예제 8-8은 아폴로 GraphQL 서버를 이용하여 리졸버를 정의한 코드입니다. 이중 중첩된(doubly nested) 자바 스크립트 객체를 생성합니다. 최상위 프로퍼티는 각각 Query, Order 같은 객체형과 대응됩니다. Order. consumer 같은 2차 프로퍼티는 각각 해당 필드의 리졸버 함수를 정의합니다.

예제 8-8 GraphQL 스키마 필드에 리졸버 함수를 붙인다

```
const resolvers = {
  Query: {
    orders: resolveOrders,     ◀─── orders 쿼리 리졸버
    consumer: resolveConsumer,
    order: resolveOrder
  },
  Order: {
    consumer: resolveOrderConsumer,    ◀─── Order.consumer 필드 리졸버
    restaurant: resolveOrderRestaurant,
    deliveryInfo: resolveOrderDeliveryInfo
  ...
  };
```

리졸버 함수는 다음 세 매개변수를 받습니다.

- **객체**: resolveOrders 같은 최상위 쿼리 필드의 경우, 루트 객체 object는 보통 리졸버 함수가 무시합니다. 그 외의 경우는 리졸버가 부모 객체에 반환한 값이 object입니다. 예를 들어 Order.consumer 필드의 리졸버 함수에는 Order의 리졸버 함수가 반환한 값이 전달됩니다.
- **쿼리 인수**: 쿼리 문서에 명시된 값들입니다.
- **컨텍스트**: 모든 리졸버가 접근 가능한 전역 쿼리 실행 상태. 사용자 정보, 디펜던시를 리졸버에 전달하는 용도로 쓰입니다.

리졸버 함수는 단일 서비스를 호출하거나 API를 조합해서 여러 서비스의 데이터를 가져올 수 있습니다. 아폴로 GraphQL 서버의 리졸버 함수는 자바 CompletableFuture의 자바스크립트 버전에 해당하는 프라미스를 반환합니다. 프라미스에는 리졸버 함수가 데이터 저장소에서 가져온 객체(또는 객체 리스트)가 포함되어 있습니다. GraphQL 엔진은 결과 객체에 반환값을 담습니다.

몇 가지 예를 들어 봅시다. 다음 resolveOrders() 함수는 주문 쿼리의 리졸버입니다.

```
function resolveOrders(_, { consumerId }, context) {
  return context.orderServiceProxy.findOrders(consumerId);
}
```

컨텍스트의 OrderServiceProxy를 호출해서 소비자 주문 목록을 가져오는 함수입니다. 첫 번째 매개변수는 무시합니다. 쿼리 문서에 명시된 consumerId 인수를 OrderServiceProxy.findOrders()에 전달합니다. findOrders()는 OrderHistoryService에서 소비자 주문 목록을 조회하는 메서드입니다.

다음 resolveOrderRestaurant() 함수는 주문을 배달할 음식점을 조회하는 Order.restaurant 필드의 리졸버입니다.

```
function resolveOrderRestaurant({restaurantId}, args, context) {
  return context.restaurantServiceProxy.findRestaurant(restaurantId);
}
```

resolveOrders()로 조회한 Order의 restaurantId를 RestaurantServiceProxy.findRestaurant()에 넘겨 호출합니다.

GraphQL은 재귀 알고리즘을 이용하여 리졸버 함수를 실행합니다. 제일 먼저 Query 문서에 지정된 최상위 쿼리의 리졸버 함수를 실행하고, 쿼리가 반환한 객체마다 Query 문서에 지정된 필드를

8

외부 API 패턴

하나씩 순회합니다. 만약 필드에 리졸버가 달려 있으면 객체 및 Query 문서의 인수를 리졸버에 전달하여 호출합니다. 그리고 다시 이 리졸버가 반환한 객체(들)로 재귀합니다.

그림 8-11은 소비자가 한 주문 목록과 각 주문별 배달/음식점 정보를 가져오는 쿼리를 재귀 실행하는 알고리즘입니다. 일단 GraphQL 엔진은 Consumer를 조회하는 resolveConsumer()를 호출합니다. 그다음 소비자가 한 주문 목록을 반환하는 Consumer.orders 필드의 리졸버 resolveConsumerOrders()를 호출합니다. 그리고 GraphQL 엔진은 orders를 순회하면서 Order.restaurant 및 Order.deliveryInfo 필드의 리졸버를 각각 호출합니다.

▼ 그림 8-11 GraphQL은 쿼리 문서에 지정된 필드의 리졸버 함수를 재귀 호출하여 쿼리한다. 먼저 쿼리 리졸버를 실행하고 그 결과 객체 내부의 필드 리졸버를 재귀적으로 호출한다

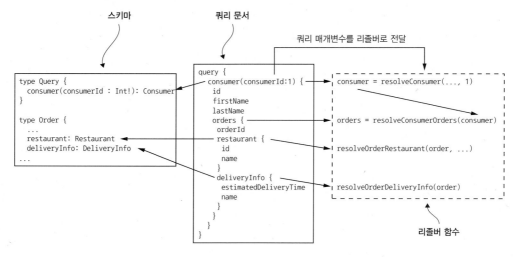

이런 식으로 리졸버를 실행하면 언젠가 여러 서비스에서 조회한 데이터로 가득한 Consumer 객체가 만들어질 것입니다.

배칭/캐싱으로 로딩 최적화

GraphQL이 쿼리 실행 시 엄청나게 많은 리졸버를 실행하게 될 가능성은 항상 있습니다. 각각의 리졸버는 독립적으로 실행되므로 서비스 왕복 횟수가 너무 많아지면 성능이 뚝 떨어질 위험성이 있습니다. 방금 전 예시한 쿼리를 예로 들어 봅시다. 주문이 N개 있으면 소비자 서비스에 한 번, 주문 이력 서비스에 한 번, 음식점 서비스에 N번 호출을 하게 될 것입니다. GraphQL 엔진이 음식점 서비스를 병렬 호출하더라도 성능이 저하될 우려가 있습니다.

그래서 성능을 최적화하기 위해 서버 쪽에서 배칭/캐싱을 조합하여 사용합니다. 배칭은 서비스를 N번 호출할 것을 N개 객체를 일괄 조회하는 호출 한 번으로 전환하고, 캐싱은 불필요한 중복 호출을 방지하기 위해 동일한 객체를 가져왔던 이전 결과를 재사용하는 기술입니다. 배칭/캐싱을 잘 활용하면 백엔드 서비스를 드나드는 횟수가 엄청나게 줄어듭니다.

Node.js 기반의 GraphQL 서버에서 배칭/캐싱을 구현하려면 데이터로더(DataLoader)[23] 모듈을 사용합니다. 이 모듈은 단일 이벤트 루프 실행 중 발생한 로드를 취합해서 개발자가 작성한 배치 로딩 함수를 호출하는 일을 합니다. 또 중복 로드를 막기 위해 호출을 캐시합니다. 예제 8-9는 RestaurantServiceProxy에 DataLoader를 적용한 코드입니다. findRestaurant()은 DataLoader를 통해 Restaurant을 로드합니다.

예제 8-9 DataLoader로 음식점 서비스 호출을 최적화한다

```
const DataLoader = require('dataloader');

class RestaurantServiceProxy {
  constructor() {
    this.dataLoader =        ◀─── DataLoader를 생성하여 batchFindRestaurants()를 배치 로딩 함수로 사용
      new DataLoader(restaurantIds =>
        this.batchFindRestaurants(restaurantIds));
  }

  findRestaurant(restaurantId) {   ◀─── 주어진 음식점을 DataLoader로 로딩
    return this.dataLoader.load(restaurantId);
  }

  batchFindRestaurants(restaurantIds) {   ◀─── 여러 음식점을 배치 로딩
    ...
  }
}
```

RestaurantServiceProxy와 DataLoader는 요청을 할 때마다 생성되기 때문에 DataLoader가 서로 다른 사용자의 데이터를 뒤섞을 일은 없습니다.

---

23 https://github.com/facebook/dataloader

아폴로 GraphQL 서버와 익스프레스를 연계

아폴로 GraphQL 서버는 GraphQL 쿼리를 실행합니다. 클라이언트가 이 서버를 호출하려면 웹 프레임워크에 연계해야 합니다. 아폴로 GraphQL 서버는 Node.js 진영에서 유명한 익스프레스 (Express) 등 다양한 웹 프레임워크와의 연계를 지원합니다.

예제 8-10은 아폴로 GraphQL 서버를 익스프레스 애플리케이션에서 사용하는 방법입니다. 여기서 핵심은 apollo-server-express 모듈에 있는 graphqlExpress 함수입니다. 이 함수는 스키마에 대해 GraphQL 쿼리를 실행하는 익스프레스 요청 핸들러를 빌드합니다. 예제 8-10에서는 요청을 GraphQL 요청 핸들러의 끝점인 GET /graphql, POST /graphql로 라우팅하도록 익스프레스를 구성했습니다. 또 프록시가 포함된 GraphQL 컨텍스트를 생성하여 각 리졸버가 사용할 수 있게 합니다.

예제 8-10 GraphQL 서버와 익스프레스 웹 프레임워크의 연계

```
const {graphqlExpress} = require("apollo-server-express");

const typeDefs = gql`  ◀──── GraphQL 스키마 정의
  type Query {
    orders: resolveOrders,
    ...
  }

  type Consumer {
    ...

const resolvers = {  ◀──── 리졸버 정의
  Query: {
    ...
  }
}
```

스키마와 리졸버를 조합하여
실행 가능한 스키마 생성

```
const schema = makeExecutableSchema({ typeDefs, resolvers });  ◀──┘
```

리포지터리를 리졸버에서 쓸 수
있게 컨텍스트에 주입

```
const app = express();

function makeContextWithDependencies(req) {  ◀──┘
  const orderServiceProxy = new OrderServiceProxy();
  const consumerServiceProxy = new ConsumerServiceProxy();
  const restaurantServiceProxy = new RestaurantServiceProxy();
  ...
  return {orderServiceProxy, consumerServiceProxy,
```

```
      restaurantServiceProxy, ...};
}
```
실행 가능한 스키마를 상대로 GraphQL 쿼리를
실행하는 익스프레스 요청 핸들러 생성

```
function makeGraphQLHandler() {   ◄──
  return graphqlExpress(req => {
    return {schema: schema, context: makeContextWithDependencies(req)}
  });
}
```
POST /graphql, GET /graphql 끝점을
GraphQL 서버로 라우팅

```
app.post('/graphql', bodyParser.json(), makeGraphQLHandler());   ◄──┘

app.get('/graphql', makeGraphQLHandler()); app.listen(PORT);

app.listen(PORT);
```

이 예제는 보안 등의 문제는 전혀 고려하지 않았지만, 구현하기는 어렵지 않습니다. 패스포트
(Passport)(11장)라는 Node.js의 보안 프레임워크를 활용하면 API 게이트웨이에서 사용자를 인증
할 수 있습니다. makeContextWithDependencies() 함수로 사용자 정보가 서비스까지 골고루 전파
되도록 각 리포지터리 생성자에 전달하는 방식입니다.

GraphQL 클라이언트 작성

GraphQL 서버는 HTTP 기반의 API를 제공하므로 클라이언트 애플리케이션은 적당한 HTTP
라이브러리를 이용하여 요청하면 됩니다(예: GET http://localhost:3000/graphql?query={orders
(consumerId:1){orderId,restaurant{id}}}). 하지만 요청 포맷을 적절히 잘 맞추어 주면서 클라
이언트 쪽 캐싱 등의 기능까지 제공하는 GraphQL 클라이언트 라이브러리를 사용하는 것이 더
쉽습니다.

예제 8-11은 간단한 GraphQL 기반의 FTGO 애플리케이션 클라이언트입니다. FtgoGraphQL
Client 클래스의 생성자는 아폴로 GraphQL 클라이언트 라이브러리에 있는 ApolloClient 인스
턴스를 생성합니다. findConsumer()는 이 ApolloClient로 소비자 이름을 조회하는 메서드입니다.

예제 8-11 아폴로 GraphQL 클라이언트에서 쿼리 실행

```
class FtgoGraphQLClient {

  constructor(...) {
    this.client = new ApolloClient({ ... });
```

```
    }

  findConsumer(consumerId) {
    return this.client.query({
      variables: {cid: consumerId},      ◄—— $cid 값 제공
        query: gql`
        query foo($cid : Int!) {    ◄—— $cid를 Int형 변수로 정의
          consumer(consumerId:$cid) {   ◄—— 쿼리 매개변수 consumerId 값을 $cid로 세팅
            id
            firstName
            lastName
          }
        } `,
    })
  }
}
```

findConsumer()처럼 클라이언트가 원하는 데이터를 조회하는 다양한 쿼리 메서드를 FtgoGraphQLClient 클래스에 정의할 수 있습니다.

비록 GraphQL의 기본 기능을 대략 훑어보는 수준이었지만, GraphQL이 기존 REST 방식의 API 게이트웨이를 대체할 만한 아주 괜찮은 대안이라고 여러분이 느꼈다면 그것으로 충분할 것 같습니다. GraphQL을 응용하면 정말 다양한 클라이언트가 지원되는 아주 유연한 API를 구현할 수 있으니, 여러분이 API 게이트웨이를 직접 개발할 때 잘 참고하세요.

8.4 마치며

- 애플리케이션 외부 클라이언트는 대부분 API 게이트웨이를 통해 서비스에 접근하며, API 게이트웨이는 클라이언트별 사용자 정의 API를 제공합니다. 요청 라우팅, API 조합, 프로토콜 변환, 인증 같은 엣지 기능도 API 게이트웨이가 담당합니다.

- 애플리케이션에 하나의 API 게이트웨이를 둘 수도 있지만, 클라이언트 유형마다 API 게이트웨이를 정의하는 BFF 패턴을 적용할 수 있습니다. BFF 패턴은 클라이언트 팀이 API 게이트웨이를 자체적으로 개발, 배포, 운영할 수 있어서 자율성이 크게 향상되는 장점이 있습니다.

- API 게이트웨이는 다양한 기술로 구현할 수 있습니다. 기성 API 게이트웨이 제품을 써도 되고, 여러분이 직접 프레임워크를 이용하여 API 게이트웨이를 개발할 수도 있습니다.

- 스프링 클라우드 게이트웨이는 API 게이트웨이 개발을 간편하게 도와주는 훌륭한 프레임워크입니다. 스프링 클라우드 게이트웨이는 메서드, 경로 등 요청 속성에 따라 요청을 직접 백엔드 서비스나 사용자 정의 핸들러 메서드로 보냅니다. 확장 가능하고 리액티브한 스프링 프레임워크 5와 리액터 프로젝트 프레임워크에 기반합니다. 사용자 정의 요청 핸들러를 리액티브 스타일로 직접 개발(예: 리액터 프로젝트의 Mono 추상체를 이용)하는 것도 얼마든지 가능합니다.

- GraphQL은 그래프 기반의 쿼리 언어를 제공하는 프레임워크입니다. 스프링 클라우드 게이트웨이와 더불어 API 게이트웨이 개발의 쌍벽을 이루는 기술이죠. 그래프 지향 스키마를 작성하여 서버 쪽 데이터 모델과 이 모델이 지원하는 쿼리를 기술한 후, 데이터를 조회하는 리졸버를 작성해서 스키마를 서비스에 매핑합니다. GraphQL에 기반한 클라이언트는 서버가 정확히 어떤 데이터를 반환해야 하는지 기술된 스키마를 대상으로 쿼리합니다. GraphQL 기반 API 게이트웨이는 다양한 클라이언트를 지원합니다.

8

외부 API 패턴

9^장

마이크로서비스
테스트 1부

9.1 마이크로서비스 아키텍처 테스트 전략

9.2 서비스 단위 테스트 작성

9.3 마치며

이 장에서 다룰 핵심 내용

- 효율적인 마이크로서비스 테스트 전략
- 목과 스텁을 이용하여 소프트웨어 엘리먼트를 따로 테스트
- 테스트 피라미드로 테스트 역량을 어디에 집중할지 결정
- 서비스 클래스를 단위 테스트

FTGO도 다른 애플리케이션처럼 옛날 방식으로 테스트를 해왔습니다. 테스트는 보통 개발을 마친 다음 이어지는 활동이죠. QA 팀은 개발자가 제출한 코드를 넘겨받아 잘 작동되는지 손으로 일일이 눌러 보며 테스트합니다. 그런데 이런 식의 테스트는 다음 두 가지 이유 때문에 결국 난관에 봉착하게 됩니다.

- **수동 테스트는 비효율의 극치다**: 기계가 더 잘할 수 있는 일을 사람이 한다는 것은 말도 안 되겠죠. 사람은 기계보다 느리고, 주 7일 24시간 일할 수 없습니다. 수동 테스트에 의존하면 소프트웨어를 신속하고 안전하게 전달할 수 없습니다. 자동화 테스트는 필수입니다.
- **테스트가 너무 늦다**: 테스트는 원래 개발이 끝난 애플리케이션을 냉정하게 평가하는 것이 주 목적이지만, 필자의 경험상 이런 테스트로는 불충분합니다. 개발자가 개발의 한 과정으로 자동화 테스트를 작성하는 것이 낫습니다. 그래야 코드를 수정하는 도중에도 테스트를 해보고 즉시 피드백을 받을 수 있어서 생산적으로 일할 수 있습니다.

테스트 자동화의 우울한 현 실태는 2018년판 소스 랩 테스팅 트렌드(Sauce Labs Testing Trends) 보고서에 잘 기술되어 있습니다.[1] 전체 조직 중 26%만 대체로 자동화되어 있고, 그나마 완전 자동화된 경우는 3%에 불과합니다! 툴과 프레임워크가 부족해서 수동 테스트에 의존하는 것은 아닙니다.

자바 테스트 프레임워크, JUnit(제이유닛)이 처음 발표된 시기가 1998년입니다. 테스트 자동화가 잘 안 되는 것은 대부분 문화적인 요인 때문입니다. "테스트는 QA가 하는 일이야.", "개발자가 그런 데 신경 쓸 시간이 어디 있어?" 이런 사고방식이죠. 물론 빨리 실행되고 효율적으로 관리할 수 있는 테스트 스위트(test suite, 테스트 꾸러미)를 개발하기가 쉽지 않은 이유도 있습니다. 특히 덩치가 큰 모놀리식 애플리케이션은 대부분 테스트하기가 아주아주 어렵습니다.

마이크로서비스 아키텍처를 도입하는 중요한 계기(motivation) 중 하나가 테스트성(testability)을 개선하는 것입니다(2장). 마이크로서비스 아키텍처 특유의 복잡성 때문이라도 테스트는 반드시 자동화해야 합니다. 많은 서비스를 시동하는 느리고 복잡하고 신뢰할 수 없는 종단 간 테스트 개수를 최소화하는 동시에, 많은 서비스가 정확히 상호 작용하는지 확인해야 하기 때문입니다.

마이크로서비스 테스트는 9~10장, 두 장에 걸쳐 이야기합니다. 9장은 테스트 개론이고, 10장은 고급 테스트 개념을 다룹니다. 분량은 제법 길지만 여느 현대 소프트웨어 개발에서 꼭 필요한, 특히 마이크로서비스 아키텍처에서 매우 중요한 테스트 개념/기법이니 자세히 읽어 보길 권장합니다.

---

1   https://saucelabs.com/resources/white-papers/testing-trends-for-2018

MICROSERVICES PATTERNS

9.1 마이크로서비스 아키텍처 테스트 전략

FTGO 애플리케이션의 주문 서비스를 변경할 일이 생겼다고 합시다. 당연히 고친 코드가 잘 작동되는지 직접 실행해 보아야겠죠. 주문 서비스와 이 서비스의 디펜던시(DB 등의 인프라, 타 애플리케이션 서비스)를 모두 실행한 상태에서 API를 호출하거나 화면에서 마우스를 클릭하며 서비스를 '테스트'할 것입니다. 그러나 이런 방식의 테스트는 일단 속도가 느리고 번거로운 수작업이 동반되는 치명적인 단점이 있습니다.

개발 도중 실행 가능한 자동화 테스트를 작성하는 것이 훨씬 낫습니다. 코드 편집 후 테스트 실행(가급적 단축키 한 번으로 실행되면 좋겠죠), 이 과정을 계속 반복하여 개발하는 것입니다. 테스트가 빨리 실행되기 때문에 개발자는 변경한 코드가 잘 작동되는지 수초 내로 알 수 있습니다. 빨리 실행되는 테스트를 작성하려면 어떻게 해야 할까요? 그리고 이런 테스트를 작성하면 그것으로 충분할까요, 아니면 좀 더 종합적인 테스트가 필요할까요? 이 장에서는 바로 이런 질문에 답하고자 합니다.

9.1.1 테스트 개요

편의상 앞으로 자동화 테스트(automated test)를 간단히 테스트(test)라고 약칭합니다. 다음은 위키피디아에서 검색한 테스트 케이스(test case)의 정의입니다.

> 테스트 케이스는 어떤 목표를 달성(예: 프로그램이 특정 경로를 실행하는지, 지정된 요건에 부합하는지 등을 확인)하기 위해 개발된 테스트 입력, 실행 조건, 기대 결과의 집합이다.[2]

다시 말해 테스트의 목적은 SUT(System Under Test, 테스트 대상 시스템)의 동작을 확인하는 것입니다(그림 9-1). 여기서 시스템이란 테스트해야 할 소프트웨어 엘리먼트를 가리키는 용어입니다. 클래스 수준의 작은 단위나 전체 애플리케이션만큼 큰 단위일 수도 있고, 여러 클래스나 개별 서비스처럼 중간 규모의 단위일 수도 있습니다. 테스트 스위트는 서로 연관된 테스트를 모아 놓은 것입니다.

❤️ 그림 9-1 테스트를 하는 목적은 SUT의 동작을 확인하는 것이다. SUT는 작게는 클래스부터 크게는 전체 애플리케이션까지 다양하다

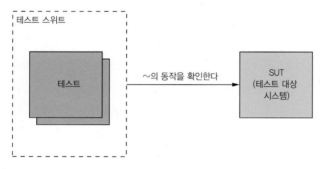

자동화 테스트 작성

자동화 테스트는 대부분 JUnit 등의 테스트 프레임워크로 작성합니다. 테스트 클래스에 속한 테스트 메서드가 바로 하나의 테스트입니다.

---

2 https://en.wikipedia.org/wiki/Test_case

▼ 그림 9-2 자동화 테스트는 테스트 클래스에 속한 테스트 메서드로 구현한다. 테스트는 1단계 설정(테스트 실행에 필요한 테스트 픽스처 초기화) → 2단계 실행(SUT를 호출) → 3단계 확인(테스트 결과 확인) → 4단계 정리(테스트 픽스처를 정리), 이렇게 4단계로 구성된다

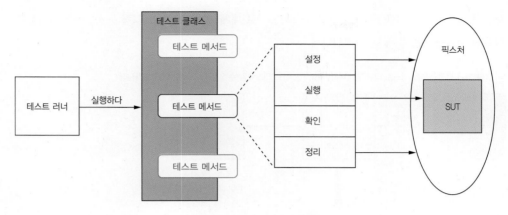

자동화 테스트는 다음 4단계로 구성됩니다.[3]

1. **설정**(setup): SUT와 그 디펜던시로 구성된 테스트 픽스처(test fixture)를 초기화합니다(예: 테스트 대상 클래스를 생성하고, 원하는 동작을 수행할 수 있는 상태로 초기화).

2. **실행**(exercise): SUT를 호출합니다(예: 테스트 대상 클래스의 메서드를 호출).

3. **확인**(verify): 호출 결과 및 SUT 상태를 단언(assertion, 어설션)합니다(예: 메서드 반환값이나 대상 클래스의 새 상태를 확인).

4. **정리**(teardown): 필요 시 테스트 픽스처를 깨끗이 정리합니다. 이 단계를 건너뛰는 테스트도 많지만, 설정 단계에서 초기화한 DB 트랜잭션을 롤백하는 등 뒷정리가 필요한 테스트도 있습니다.

코드 중복을 줄이고 테스트를 단순화하기 위해 테스트 메서드 이전에 실행되는 설정 메서드, 테스트 이후 실행되는 정리 메서드를 테스트 클래스에 따로 둡니다. 이렇게 작성한 테스트는 테스트 러너(runner, 실행기)로 실행합니다.

목/스텁을 이용한 테스트

SUT는 대부분 디펜던시를 갖고 있고, 이런 디펜던시 때문에 테스트가 복잡하고 느려질 수 있습니다. 가령 OrderController 클래스는 OrderService를 호출하고, OrderService 역시 다른 수많은 애

---

3   http://xunitpatterns.com/Four%20Phase%20Test.html

플리케이션/인프라 서비스에 의존합니다. OrderController 클래스를 테스트하기 위해 시스템 대부분을 가동시켜야 한다면 현실성이 없겠죠. SUT만 따로 테스트할 방법은 없을까요?

해결 방법은 디펜던시를 테스트 더블(test double)[4]로 대체하는 것입니다(그림 9-3). 테스트 더블은 디펜던시의 동작을 흉내 낸 객체입니다.

▼ 그림 9-3 디펜던시를 테스트 더블로 대체하면 SUT만 따로 테스트할 수 있어서 더 간단하고 빨라진다

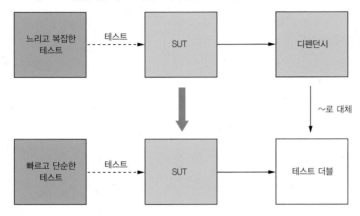

테스트 더블은 스텁(stub)과 목(mock), 두 종류입니다. 스텁과 목을 헷갈리는 사람들이 많은데, 동작 방식이 조금 다릅니다. 스텁은 SUT에 값을 반환하는 테스트 더블, 목은 SUT가 정확하게 디펜던시를 호출했는지 확인하는 테스트 더블입니다. 그리고 목은 스텁의 일종입니다.

테스트 더블을 이용하여 테스트하는 예제는 뒷부분에 나옵니다. 9.2.5절에서는 OrderService 클래스용 테스트 더블로 OrderController 클래스만 따로 테스트하는 방법을 설명할 예정입니다. OrderService의 테스트 더블은 모키토(Mockito)라는 자바 진영에서 유명한 목 객체 프레임워크로 구현합니다. 10장에서는 주문 서비스가 호출하는 다른 서비스용 테스트 더블로 주문 서비스를 테스트하는 방법을 설명합니다.

테스트 종류

테스트 종류는 정말 다양합니다. 성능 테스트(performance test), 사용성 테스트(usability test)는 애플리케이션의 서비스 품질 수준을 확인하는 테스트입니다. 이 장에서는 애플리케이션 또는 서비스의 동작 여부를 확인하는 자동화 테스트만 대상으로 다음 네 가지 테스트 작성 방법을 설명합니다.

---

4 [역주] 여기서 '더블(double)'은 2배라는 뜻이 아니라, 원배우와 꼭 닮은 대역 배우(주로 스턴트맨)를 가리키는 말입니다.

- **단위 테스트**(unit test): 서비스의 작은 부분(예: 클래스)을 테스트합니다.
- **통합 테스트**(integration test): 애플리케이션 서비스가 인프라 서비스(예: DB) 및 타 애플리케이션 서비스와 잘 연동되어 작동되는지 확인합니다.
- **컴포넌트 테스트**(component test): 개별 서비스에 대한 인수 테스트(acceptance test)
- **종단 간 테스트**(end-to-end test, 엔드투엔드 테스트): 전체 애플리케이션에 대한 인수 테스트

테스트를 이렇게 분류한 주요 기준은 범위(scope)입니다. 한쪽 끝에는 가장 작은 의미 있는 프로그램 엘리먼트(자바 등의 OOP 언어에서는 클래스)의 작동 여부를 확인하는 단위 테스트, 다른 쪽 끝에는 전체 애플리케이션이 잘 작동되는지 시험하는 종단 간 테스트가 있고, 그 중간에는 개별 서비스를 시험하는 컴포넌트 테스트가 있습니다. 통합 테스트(10장)는 상대적으로 범위는 좁지만 순수한 단위 테스트보다는 훨씬 복잡합니다. 테스트 종류는 범위뿐만 아니라 테스트 사분면을 이용하여 분류할 수도 있습니다.

> **Note ≡   컴파일 타임 단위 테스트**
>
> 테스트는 개발의 한 과정입니다. 요즘은 보통 코드를 편집하고 바로 테스트를 돌려보는 식으로 개발합니다. TDD(Test-Driven Development, 테스트 주도 개발)는 신규 기능을 개발하거나 버그를 고칠 때 일단 실패하는 테스트를 작성한 후, 그 테스트를 충족하는 코드를 작성합니다. 여러분이 TDD 신봉자가 아니더라도, 버그를 잡는 가장 좋은 방법은 먼저 버그를 재연하는 테스트를 작성한 후 그 버그를 바로잡는 코드를 작성하는 것입니다.
>
> 이렇게 개발 과정의 일부로 실행하는 테스트를 컴파일 타임 테스트(compile-time test)라고 합니다. 인텔리J나 이클립스 등 요즘 IDE에서는 코드를 따로 컴파일하지 않고, 단축키 한 번으로 컴파일과 테스트 실행까지 할 수 있습니다. 테스트는 가급적 초 단위로 빠르게 실행되어야 작업 흐름이 끊기지 않을 것입니다.

테스트 사분면: 테스트 분류 기준

브라이언 매릭(Brian Marick)이 창안한 테스트 사분면(test quadrant)은 다음 두 가지 척도로 테스트를 분류하는 방법입니다[5](그림 9-4).

- **비즈니스에 관한 테스트인가, 기술에 관한 테스트인가?**: 비즈니스 관련 테스트는 도메인 전문가의 용어를, 기술에 관한 테스트는 개발자와 구현의 용어를 써서 기술합니다.
- **테스트를 하는 목적이 프로그래밍을 지원하기 위함인가, 아니면 애플리케이션을 평가하기 위함인가?**: 개발자는 프로그래밍 지원 테스트를 일상 업무의 일부로 사용합니다. 애플리케이션 평가 테스트는 개선이 필요한 부분을 식별하는 것이 목표입니다.

---

5   http://bit.ly/msp-17

▼ 그림 9-4 두 가지 척도로 테스트를 분류한 테스트 사분면

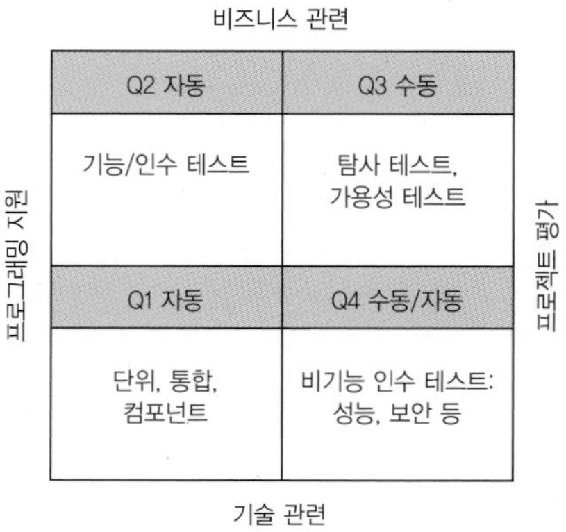

비즈니스 관련

Q2 자동	Q3 수동
기능/인수 테스트	탐사 테스트, 가용성 테스트
Q1 자동	Q4 수동/자동
단위, 통합, 컴포넌트	비기능 인수 테스트: 성능, 보안 등

(왼쪽 세로축) 프로그래밍 지원 (오른쪽 세로축) 프로젝트 평가

기술 관련

이렇게 테스트 사분면으로 분류하면 각 영역별로 4개의 테스트 유형이 도출됩니다.

- **Q1:** 프로그래밍/기술 관련 지원 – 단위/통합 테스트
- **Q2:** 프로그래밍/비즈니스 관련 지원 – 컴포넌트/종단 간 테스트
- **Q3:** 애플리케이션/비즈니스 관련 평가 – 사용성/예비 테스트
- **Q4:** 애플리케이션/기술 관련 평가 – 비기능(성능 등) 인수 테스트

테스트 피라미드 역시 테스트를 분류하는 또 다른 방법입니다.

테스트 피라미드: 테스트 역량을 집중

애플리케이션이 잘 동작한다고 확신하려면 여러 종류의 테스트를 작성해야 합니다. 그러나 테스트 범위가 늘어나면 실행 시간, 복잡도가 증가하고 그만큼 신뢰성은 떨어지기 마련입니다. 테스트를 믿지 못하면 테스트가 실패하더라도 그냥 무시하고 싶어지는 것이 사람 마음이니까 이런 테스트는 아예 테스트를 안 하느니만 못합니다.

스펙트럼의 한쪽 끝에는 개별 클래스를 대상으로 한 단위 테스트가 있습니다. 작성하기 쉽고 빨리 실행되며 미덥습니다. 다른 끝에는 전체 애플리케이션을 상대하는 거시적인 종단 간 테스트가 있습니다. 작성하기 어렵고 아주 느리고 너무 복잡해서 미덥지 못할 때가 많습니다. 개발/테스트 예산을 무한정 투자할 수는 없으므로 테스트 스위트의 효용성에 문제가 없는 한도 내에서 가장 범위가 좁은 테스트를 작성하는 것이 최선입니다.

이런 점에서 테스트 피라미드(그림 9-5)는 훌륭한 나침반입니다.[6] 피라미드 하부는 빠르고 간단하고 미더운 단위 테스트가, 상부는 느리고 복잡하고 취약한 종단 간 테스트가 위치합니다. 마치 USDA(미국 농무부)의 식품 피라미드[7]처럼 (물론 테스트 피라미드보다 더 유익하고 논란은 적지만) 각 테스트 유형의 상대적 비중을 잘 나타낸 그림입니다.

테스트 피라미드에서 핵심은 상부로 올라갈수록 작성하는 테스트 개수가 줄어든다는 사실입니다. 따라서 단위 테스트 개수는 많이, 종단 간 테스트 개수는 적게 작성해야 합니다.

▼ 그림 9-5 테스트 유형별 상대적인 비중을 나타낸 테스트 피라미드

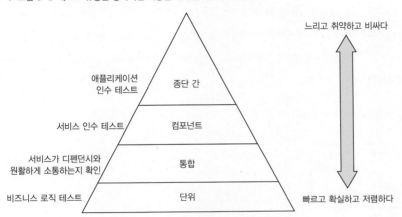

이 장에서는 주로 서비스 조각을 테스트하는 전략에 대해 이야기합니다. 이렇게 테스트하면 전체 서비스를 테스트하는 컴포넌트 테스트 개수도 최대한 줄어듭니다. 소비자 서비스처럼 다른 서비스와 독립적인 마이크로서비스는 어떻게 테스트해야 할지 명백하지만 다양한 서비스와 엮인 주문 서비스는 어떻게 테스트해야 할까요? 전체적으로 애플리케이션이 잘 동작하는지는 어떻게 확신할 수 있을까요? 마이크로서비스 애플리케이션에서는 테스트 복잡도가 개별 서비스보다 서비스 간 상호 작용에 있기 때문에 이런 문제들이 고민거리입니다.

9.1.2 마이크로서비스 테스트

IPC는 모놀리식보다 마이크로서비스에서 더 큰 비중을 차지합니다. FTGO 모놀리식 역시 안정된 API를 지원하는 스트라이프(지불), 트윌리오(메시징), 아마존 SES(이메일) 같은 서드파티 웹

---

6   https://martinfowler.com/bliki/TestPyramid.html

7   https://en.wikipedia.org/wiki/History_of_USDA_nutrition_guides

서비스를 호출하는 등 일부 외부 클라이언트/서비스와 통신을 합니다. 애플리케이션 모듈은 주로 프로그래밍 언어 기반의 API를 통해 서로 소통하며, 애플리케이션 주변에서 가끔 쓰이는 IPC는 주류가 아닙니다.

그러나 마이크로서비스 아키텍처에서는 IPC가 중추입니다. 마이크로서비스 기반의 애플리케이션은 팀별로 각자 맡은 서비스를 개발하고 꾸준히 API를 발전시키는 분산 시스템입니다. 서비스 개발자는 자신이 개발한 서비스가 그 디펜던시 및 클라이언트와 잘 연동되는지 테스트를 작성하여 확인해야 합니다.

3장에서 설명했듯이 서비스는 다양한 상호 작용 스타일과 IPC로 서로 통신합니다. REST, gRPC 등의 동기 프로토콜을 이용해서 요청/응답하는 서비스도 있고, 요청/비동기 응답 또는 비동기 메시징을 응용한 발행/구독 스타일로 통신하는 서비스도 있습니다. 그림 9-6은 FTGO 애플리케이션 서비스가 서로 통신하는 구조입니다.

▼ 그림 9-6 FTGO 애플리케이션의 서비스 간 통신

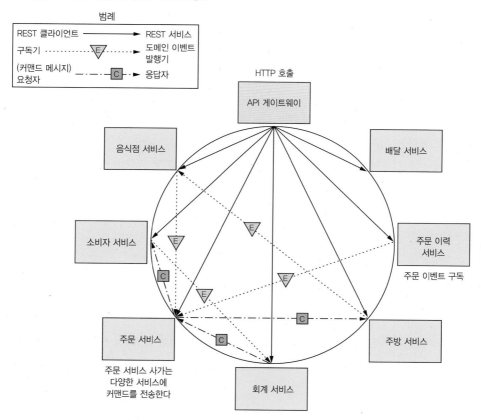

그림 9-6에서 화살표는 컨슈머 서비스 → 프로듀서 서비스, 즉 API를 소비하는 쪽에서 제공하는 쪽 방향으로 표시했습니다. 컨슈머는 상호 작용의 성격에 따라 API에 대해 가정을 합니다.

- **REST 클라이언트 → 서비스**: API 게이트웨이는 서비스로 요청을 라우팅하고 API를 조합합니다.
- **도메인 이벤트 컨슈머 → 구독기**: 주문 이력 서비스는 주문 서비스에서 발행된 이벤트를 소비합니다.
- **커맨드 메시지 요청자 → 응답자**: 주문 서비스는 여러 서비스에 커맨드 메시지를 전송하고 응답을 소비합니다.

두 서비스 간의 상호 작용은 다시 말해 두 서비스 사이의 합의 또는 계약입니다. 가령 주문 이력 서비스와 주문 서비스는 그들에게 발행될 이벤트 메시지의 구조와 채널에 대해 합의한 것입니다. API 게이트웨이와 서비스 역시 REST API 끝점에 대해 의견이 같아야 합니다. 주문 서비스, 그리고 이 서비스가 비동기 요청/응답 방식으로 호출하는 서비스들도 제각기 커맨드 채널/포맷, 응답 메시지 포맷에 대해 합의해야 합니다.

서비스 개발자는 자신이 소비하는 서비스의 API가 안정적인지 미리 확인해야 하며, 자신이 제공하는 서비스의 API를 함부로 바꾸지 않도록 주의해야 합니다. 가령 주문 서비스 담당 개발자는 주문 서비스에 의존하는 소비자 서비스, 주방 서비스 개발자가 주문 서비스와 호환되지 않는 방향으로 API를 변경하지 않도록 미리 알려 주어야 합니다. 물론 주문 서비스 개발자도 API를 변경해서 API 게이트웨이 또는 주문 이력 서비스와 서로 충돌하지 않게 주의해야 합니다.

두 서비스가 상호 작용할 수 있는지는 두 서비스를 모두 실행하고 통신을 일으키는 API를 호출한 후, 기대한 결과가 나오는지 확인하면 알 수 있습니다. 연계 문제는 이런 식으로 잡아낼 수 있지만, 이 방식은 기본적으로 종단 간 테스트입니다. 따라서 해당 서비스와 연관된 무수히 많은 중간 단계의 디펜던시까지 전부 실행시켜야 하는 난관이 있습니다. 원래 의도는 비교적 저수준의 IPC를 테스트하는 것이었는데, 비즈니스 로직 등의 복잡한 고수준 기능까지 호출하는 지경에 이른 것입니다. 종단 간 테스트는 가능한 한 작성하지 않는 것이 최선입니다. 서비스만 따로 떼어 내서 더 빠르고 간단하고 미더운 테스트를 수행하는 것이 좋습니다. 컨슈머 주도 계약 테스트(consumer-driven contract test)를 활용하면 됩니다.

컨슈머 주도 계약 테스트

API 게이트웨이의 `OrderServiceProxy`는 `GET /orders/{orderId}` 같은 REST 끝점을 여럿 호출합니다. 따라서 API 게이트웨이와 주문 서비스, 양쪽 API가 서로 맞는지 테스트를 작성해서 확인해야 합니다. 컨슈머 계약 테스트 용어로는 두 서비스가 컨슈머-프로바이더(consumer-provider) 관계를 맺는다고 이야기합니다. 컨슈머는 API 게이트웨이, 프로바이더는 주문 서비스가 되겠죠. 컨슈머 계약 테스트는 프로바이더의 API가 컨슈머가 기대한 바와 일치하는지 확인하는 프로바이더에 대한 통합 테스트입니다.

컨슈머 계약 테스트의 초점은 프로바이더 API의 '형상(shape)'이 컨슈머가 기대한 것과 부합하는지 확인하는 것입니다. REST 끝점의 경우, 컨슈머 계약 테스트는 프로바이더에 다음과 같은 일을 하는 끝점이 구현되었는지 확인합니다.

- 컨슈머가 기대한 HTTP 메서드와 경로인가?
- 컨슈머가 기대한 헤더를 받는가? (헤더가 있는 경우)
- 요청 본문을 받는가? (요청 본문이 있는 경우)
- 컨슈머가 기대한 상태 코드, 헤더, 본문이 포함된 응답을 반환하는가?

컨슈머 계약 테스트는 프로바이더의 비즈니스 로직을 빠짐없이 체크하는 테스트가 아니라는 점을 꼭 기억하세요. 비즈니스 로직은 단위 테스트로 확인해야 합니다. 나중에 설명하겠지만, REST API의 컨슈머 계약 테스트는 사실 목 컨트롤러(mock controller) 테스트입니다.

컨슈머 개발 팀은 계약 테스트 스위트를 작성한 후 (이를테면 깃(git) 풀 리퀘스트(pull request)[8] 방식으로) 프로바이더의 테스트 스위트에 추가합니다. 주문 서비스를 호출하는 타 서비스의 개발자도 테스트 스위트를 덧붙입니다(그림 9-7). 각 테스트 스위트는 각 컨슈머에 해당하는 주문 서비스의 API를 테스트합니다. 가령 주문 이력 서비스의 테스트 스위트는 주문 서비스가 기대한 이벤트를 제대로 발행하는지 확인합니다.

---

8 **역주** 깃에서 다른 개발자(팀)의 코드베이스를 포크(fork)해서 수정 후 커밋/푸시한 다음, 다시 원본 코드베이스에 병합(merge)하는 것을 말합니다.

▼ 그림 9-7 주문 서비스의 API를 소비하는 컨슈머 개발 팀은 계약 테스트 스위트를 추가하고, 컨슈머의 기대대로 API가 동작하는지 테스트 스위트로 확인한다

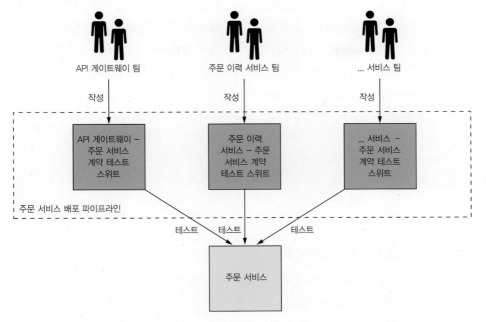

이렇게 취합된 테스트 스위트는 주문 서비스 배포 파이프라인으로 실행합니다. 그 결과 컨슈머 계약 테스트가 실패했다면, 이는 프로듀서 팀 사람들이 API를 계약에 안 맞게 고쳤다는 뜻입니다. 프로듀서 팀에서 API를 바로잡든가, 아니면 컨슈머 팀과 다시 협의해야 하겠죠.

> **Note ≡   컨슈머 주도 계약 테스트**
>
> 서비스가 클라이언트의 기대에 부합하는지 확인합니다.[9]

컨슈머 주도 계약 테스트는 사례에 의한 테스트(testing by example)를 합니다. 컨슈머/프로바이더 간 상호 작용을 계약(contract)이라는 샘플 모음집으로 정의하는 것입니다. 각 계약은 한 번의 상호 작용 도중 주고받는 샘플 메시지로 구성됩니다.

예를 들어 REST API의 계약은 HTTP 요청/응답 샘플을 모아 놓은 것입니다. 상호 작용을 OpenAPI나 JSON 스키마 등으로 정의하는 것이 더 나아 보이지만, 테스트를 작성할 때 스키마는 그다지 유용하지 않습니다. 스키마로 응답을 검증할 수는 있지만, 어차피 프로바이더에 샘플 요청을 넘겨 호출해야 하기 때문입니다.

---

9 http://microservices.io/patterns/testing/service-integration-contract-test.html

게다가 컨슈머 테스트는 샘플 응답도 필요합니다. 컨슈머 주도 계약 테스트의 초점은 프로바이더를 테스트하는 것이지만, 계약은 컨슈머가 계약을 준수하는지 확인하는 용도로도 사용하기 때문입니다. 예를 들어 REST 클라이언트의 컨슈머 쪽 계약 테스트에는 계약대로 HTTP 요청을 하고 HTTP 응답을 반환하는지 확인하는 HTTP 스텁 서비스를 구성합니다. 상호 작용 양쪽을 다 테스트해 보고 컨슈머/프로바이더가 바라보는 API가 서로 맞는지 확인하는 것입니다. 이런 테스트를 작성하는 방법은 뒷부분에서 예제 코드를 살펴보기로 하고, 먼저 스프링 클라우드 컨트랙트를 이용하여 컨슈머 계약 테스트를 작성합니다.

> **Note ≡ 패턴: 컨슈머 쪽 계약 테스트**
>
> 클라이언트가 서비스와 통신 가능한지 확인한다.[10]

서비스 테스트: 스프링 클라우드 컨트랙트

컨슈머 계약 테스트 프레임워크는 스프링 애플리케이션용 스프링 클라우드 컨트랙트(Spring Cloud Contract)[11]와 다양한 언어를 지원하는 팩트(Pact) 프레임워크군[12]이 유명합니다. FTGO는 스프링 기반 애플리케이션이므로 스프링 클라우드 컨트랙트를 적용합니다. 이 프레임워크는 계약을 그루비 DSL로 작성할 수 있게 지원합니다. 각 계약은 컨슈머/프로바이더 간의 구체적인 샘플(예: HTTP 요청/응답처럼)입니다. 스프링 클라우드 컨트랙트는 프로바이더의 계약 테스트 코드를 생성하고 컨슈머 통합 테스트용 목(예: 목 HTTP 서버)을 구성합니다.

예를 들어 API 게이트웨이 담당자인 여러분이 주문 서비스의 컨슈머 계약 테스트를 작성한다고 합시다. 그림 9-8과 같이 주문 서비스 팀과의 긴밀한 협의가 필요합니다. 여러분은 API 게이트웨이와 주문 서비스 간 상호 작용이 명시된 계약을 작성하고 이 계약을 바탕으로 주문 서비스 팀은 주문 서비스를, 여러분은 API 게이트웨이를 테스트합니다. 절차는 다음과 같습니다.

1. 하나 이상의 계약(예제 9-1)을 작성합니다. 각 계약은 API 게이트웨이가 주문 서비스에 전송할 HTTP 요청과 기대되는(expected) HTTP 응답입니다. 작성한 계약은 깃 풀 리퀘스트로 주문 서비스 팀에 전달합니다.

---

10 https://microservices.io/patterns/testing/consumer-side-contract-test.html

11 https://cloud.spring.io/spring-cloud-contract/

12 https://github.com/pact-foundation

2. 주문 서비스 팀은 컨슈머 계약 테스트로 주문 서비스를 테스트합니다. 테스트 코드는 스프링 클라우드 컨트랙트에서 자동 생성됩니다.

3. 주문 서비스 팀은 주문 서비스를 테스트한 계약을 메이븐 저장소로 발행합니다.

4. 여러분은 주문 서비스 팀이 발행한 계약을 이용하여 API 게이트웨이 테스트를 작성합니다.

▼ 그림 9-8 API 게이트웨이 팀은 계약을 작성한다. 이 계약을 토대로 주문 서비스 팀은 주문 서비스를 테스트 후 리포지터리에 발행한다. 이렇게 발행된 계약을 이용하여 API 게이트웨이 팀은 API 게이트웨이를 테스트한다

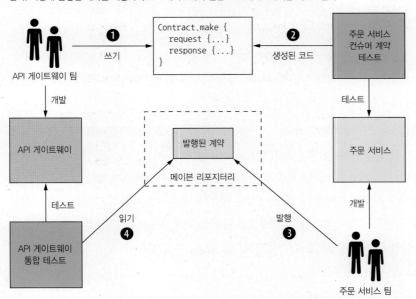

주문 서비스 팀이 발행한 계약을 갖고 API 게이트웨이를 테스트하기 때문에 이미 배포된 주문 서비스와 API 게이트웨이가 함께 잘 동작하리라 확신할 수 있습니다.

이 테스트 전략에서 핵심은 계약입니다. 예제 9-1은 HTTP 요청/응답으로 구성된 스프링 클라우드 컨트랙트 예제입니다.

예제 9-1 API 게이트웨이가 주문 서비스를 어떻게 호출하는지 기술한 계약

```
org.springframework.cloud.contract.spec.Contract.make {
  request {     ◀──── HTTP 요청의 메서드와 경로
    method 'GET'
    url '/orders/1223232'
  }
  response {   ◀──── HTTP 응답의 상태 코드, 헤더, 본문
    status 200
```

```
    headers {
      header('Content-Type': 'application/json;charset=UTF-8')
    }
    body("{ ... }")
  }
}
```

request 엘리먼트는 REST 끝점(GET /orders/{orderId})을 호출하는 HTTP 요청이고, response 엘리먼트는 API 게이트웨이가 기대하는 Order를 기술한 HTTP 응답입니다. 그루비 계약은 프로바이더 코드베이스의 일부입니다. 각 컨슈머 팀은 자기들이 개발한 서비스가 프로바이더와 상호 작용하는 방법이 기술된 계약을 작성해서 깃 풀 리퀘스트 등을 통해 프로바이더 팀에 건네줍니다. 프로바이더 팀은 계약을 JAR로 패키징해서 메이븐 저장소에 발행하는 일을 합니다. 컨슈머 쪽 테스트는 저장소에서 JAR 파일을 내려받습니다.

계약별 요청/응답은 테스트 데이터와 기대되는 동작의 명세라는 이중 역할을 합니다. 컨슈머 쪽 테스트에서 계약은 모키토의 목 객체와 유사한 스텁을 구성해서 주문 서비스 동작을 시뮬레이션하는 용도로 씁니다. 덕분에 API 게이트웨이는 굳이 주문 서비스를 실행하지 않아도 테스트가 가능합니다. 프로바이더 쪽 테스트에서는 코드-생성된 테스트 클래스가 계약의 요청을 프로바이더에 넘겨 호출하고, 실제로 프로바이더가 계약에 맞게 응답을 반환하는지 확인합니다. 스프링 클라우드 컨트랙트는 다음 장에서 좀 더 자세히 살펴보기로 하고, 우선 컨슈머 계약 테스트로 메시징 API를 테스트하는 주제로 넘어갑시다.

컨슈머 계약 테스트: 메시징 API

프로바이더 API부터 어떤 결과를 기대하는 컨슈머는 REST 클라이언트만 있는 것이 아닙니다. 도메인 이벤트를 구독하고 비동기 요청/응답 통신을 하는 서비스 역시 컨슈머입니다. 이런 서비스는 다른 서비스의 메시징 API를 소비하고 이 API의 특성에 대해 가정을 하기 때문에 역시 컨슈머 계약 테스트를 작성해야 합니다.

스프링 클라우드 컨트랙트를 이용하면 메시징 기반의 상호 작용도 테스트할 수 있습니다. 계약 구조 및 테스트에서 계약을 어떻게 사용할지는 상호 작용의 종류마다 다릅니다. 도메인 이벤트 발행의 계약은 샘플 도메인 이벤트로 구성됩니다. 프로바이더 테스트는 프로바이더가 이벤트를 발생시키도록 만들고 그것이 계약의 이벤트와 일치하는지 확인합니다. 컨슈머 테스트는 이 이벤트를 컨슈머가 처리할 수 있는지 확인합니다.

비동기 요청/응답 상호 작용의 계약은 HTTP 계약과 비슷하게 요청/응답 메시지로 구성됩니다. 프로바이더 테스트는 계약의 요청 메시지를 API에 넘겨 호출하고, 그 결과 반환된 응답이 계약의 응답과 일치하는지 확인합니다. 컨슈머 테스트는 계약을 이용하여 스텁 구독기를 구성하고, 이 스텁 구독기는 계약의 요청 메시지를 리스닝하다가 주어진 응답을 반환합니다. 테스트 예제는 10장에서 살펴보기로 하고, 이 장에서는 먼저 각종 테스트를 실행하는 배포 파이프라인부터 알아봅시다.

9.1.3 배포 파이프라인

배포 파이프라인은 모든 서비스에 있습니다. 제즈 험블(Jez Humble)은 배포 파이프라인은 개발자가 데스크톱에서 작성한 코드를 프로덕션에 반영하는 자동화 프로세스라고 말했습니다(〈신뢰할 수 있는 소프트웨어 출시(Continuous Delivery)〉(에이콘출판사, 2013)). 배포 파이프라인은 테스트 스위트 실행 단계, 서비스 릴리스/배포 단계 순서로 구성됩니다(그림 9-9). 완전 자동화가 가장 이상적이지만, 아무래도 일부 단계는 수작업으로 합니다. 보통 젠킨스 같은 CI(Continuous Integration, 지속적 통합) 서버로 배포 파이프라인을 구축합니다.

▼ 그림 9-9 주문 서비스의 배포 파이프라인 예시

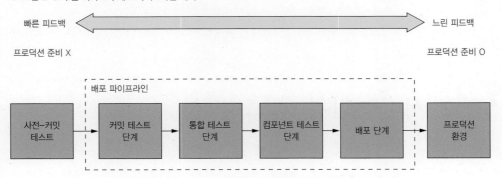

코드가 파이프라인을 흘러갈수록 테스트 스위트는 점점 더 프로덕션과 유사하면서도 엄격한 테스트 환경에 종속됩니다. 동시에 각 테스트 스위트의 실행 시간은 증가합니다. 테스트가 실패하면 가능한 한 빨리 피드백을 주자는 것입니다.

그림 9-9의 배포 파이프라인은 다음과 같은 단계를 거칩니다.

- **사전-커밋**(pre-commit) **테스트 단계**: 단위 테스트를 실행합니다(개발자가 변경분을 커밋하기 전에 수행).
- **커밋 테스트**(commit test) **단계**: 서비스 컴파일 후 단위 테스트를 실행하고 정적 코드 분석을 수행합니다.
- **통합 테스트**(integration test) **단계**: 통합 테스트를 실행합니다.
- **컴포넌트 테스트**(component test) **단계**: 서비스 컴포넌트 테스트를 실행합니다.
- **배포**(deploy) **단계**: 프로덕션에 서비스를 배포합니다.

CI 서버는 개발자가 변경분을 커밋하는 즉시 커밋 테스트 단계를 실행하므로 피드백이 아주 빠릅니다. 그 이후 단계는 실행 시간이 점점 길어지므로 그만큼 피드백도 느립니다. 테스트가 모두 성공하면 파이프라인은 최종 단계에서 변경분을 프로덕션에 배포합니다.

커밋부터 배포까지 배포 파이프라인의 모든 과정을 완전 자동화하면 좋겠지만, 실제로는 수작업이 필요한 상황이 생기게 마련입니다. 가령 스테이징 환경에서 수동 테스트를 해야 한다면 테스터가 버튼을 클릭해서 성공했음을 알려 주어야 다음 단계로 코드가 넘어갈 것입니다. 온-프레미스(on-premise)[13] 프로덕트 배포 파이프라인이라면, 새 버전의 서비스를 릴리스하고 나중에 프로덕트 릴리스로 묶어 고객에게 전달하면 됩니다.

9.2 / 서비스 단위 테스트 작성

주문 서비스에서 주문 소계(subtotal)가 정확히 계산되는지 테스트한다고 합시다. 주문 서비스를 실행하고 주문 생성 REST API를 호출한 후 반환된 HTTP 응답에 기댓값이 포함되어 있는지 테스트 코드를 작성해서 확인해야 하겠죠. 그러나 이렇게 작성한 테스트는 복잡하고 속도가 느립니다. 이 테스트가 Order 클래스의 컴파일 타임 테스트라면 완료될 때까지 기다려야 하므로 시간 낭비가 이만저만이 아닙니다. Order 클래스의 단위 테스트를 작성하는 것이 훨씬 생산적인 접근 방식입니다.

---

13 **역주** 클라우드 같은 원격 환경이 아니라, 자체 보유한 전산실 장비(서버)로 직접 설치/운영하는 방식

개발을 지원하는 기술 관련 테스트인 단위 테스트는 테스트 피라미드의 최하부에 있습니다(그림 9-10). 단위 테스트는 서비스의 아주 작은 부속품, 즉 단위(unit)가 제대로 동작하는지 확인합니다. 일반적으로 단위는 클래스이므로 단위 테스트는 해당 클래스가 예상대로 잘 동작하는지 확인하는 것이 목표입니다.

▼ 그림 9-10 단위 테스트는 피라미드의 주춧돌이다. 작성하기 쉽고 빨리 실행되며 신뢰할 만하다

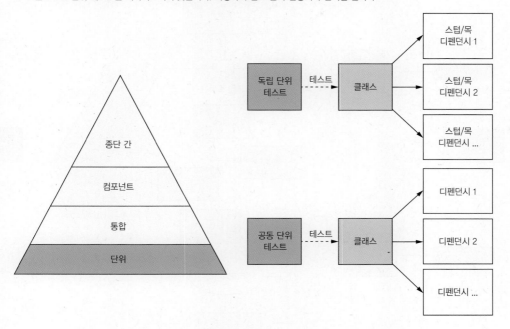

단위 테스트는 두 가지 종류가 있습니다.[14]

- **독립**(solitary) **단위 테스트**: 클래스 디펜던시를 목 객체로 나타내고 클래스를 따로 테스트합니다.
- **공동**(sociable) **단위 테스트**: 클래스와 디펜던시를 테스트합니다.

어떤 종류의 단위 테스트를 할지는 클래스의 책임과 아키텍처에서의 역할마다 다릅니다. 그림 9-11은 전형적인 육각형 아키텍처, 그리고 각 클래스별로 많이 쓰이는 단위 테스트 종류입니다. 일반적으로 컨트롤러와 서비스 클래스는 독립 단위 테스트, 엔터티와 밸류 객체 같은 도메인 객체는 공동 단위 테스트를 사용합니다.

---

14 https://martinfowler.com/bliki/UnitTest.html

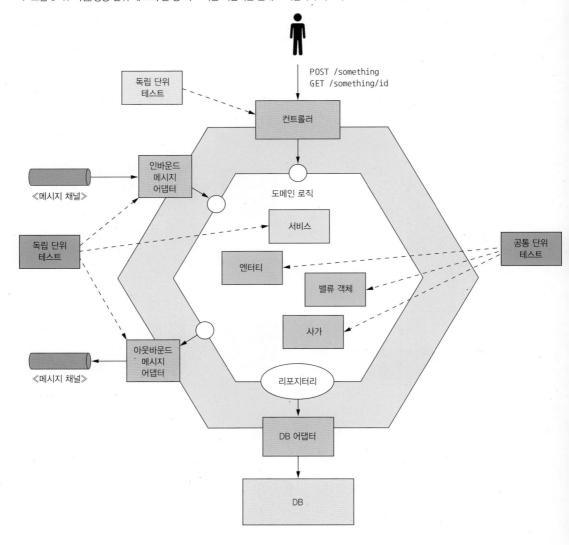

▼ 그림 9-11 독립/공동 단위 테스트, 둘 중 어느 쪽을 택할지는 클래스 역할마다 다르다

다음은 클래스별로 많이 쓰는 테스트 전략입니다.

- Order처럼 영속적으로 식별 가능한 엔터티(5장)는 공동 단위 테스트를 수행합니다.
- 값을 모아 놓은 Money 같은 밸류 객체(5장)는 공동 단위 테스트를 수행합니다.
- CreateOrderSaga처럼 여러 서비스에 걸쳐 데이터 일관성을 유지하는 사가는 공동 단위 테스트를 수행합니다.
- OrderService처럼 엔터티, 밸류 객체 어디에도 속하지 않는 비즈니스 로직을 구현한 클래스, 즉 도메인 서비스는 독립 단위 테스트를 수행합니다.

- HTTP 요청을 처리하는 컨트롤러(예: OrderController)는 독립 단위 테스트를 수행합니다.
- 인바운드/아웃바운드 메시징 게이트웨이는 독립 단위 테스트를 수행합니다.

엔터티부터 하나씩 테스트하는 방법을 알아봅시다.

9.2.1 단위 테스트 작성: 엔터티

예제 9-2는 Order 엔터티의 단위 테스트인 OrderTest 클래스입니다. 각 테스트를 실행하기 전에 @Before setUp()에서 필요한 Order를 생성합니다. @Test 메서드는 Order를 초기화한 후, Order 메서드 중 하나를 호출해서 수신한 반환값과 Order 상태를 단언합니다.

예제 9-2 간단하고 실행이 빠른 Order 엔터티의 단위 테스트

```
public class OrderTest {

  private ResultWithEvents<Order, OrderDomainEvent> createResult;
  private Order order;

  @Before
  public void setUp() throws Exception {
    createResult = Order.createOrder(CONSUMER_ID, AJANTA_RESTAURANT,
      chickenVindalooLineItems());
    order = createResult.result;
  }

  @Test
  public void shouldCalculateTotal() {
    assertEquals(CHICKEN_VINDALOO_PRICE.multiply(CHICKEN_VINDALOO_QUANTITY),
      order.getOrderTotal());
    }
  ...
}
```

@Test shouldCalculateTotal()은 Order.getOrderTotal()이 기댓값을 반환하는지 확인합니다. 단위 테스트는 비즈니스 로직을 빈틈없이 테스트합니다. 이 클래스의 단위 테스트는 Order 클래스와 그 디펜던시에 대한 공동 단위 테스트입니다. 실행이 매우 빨라서 컴파일 타임 테스트로 사용 가능합니다. Order 클래스는 Money 밸류 객체에 의존하므로 Money 클래스도 반드시 함께 테스트해야 합니다.

9.2.2 단위 테스트 작성: 밸류 객체

밸류 객체는 불변이고 부수 효과(side effect, 사이드 이펙트)[15]를 걱정할 필요가 없기 때문에 테스트 하기 쉬운 편입니다. 밸류 객체의 테스트는 주어진 상태로 밸류 객체를 생성한 후, 이 객체의 메서 드 하나를 호출해서 수신한 값을 단언합니다. 예제 9-3은 금액을 나타내는 단순 클래스 Money 밸류 객체의 테스트입니다. 두 Money 객체를 더하는 add(), Money 객체와 정수를 곱하는 multiply() 등 Money 클래스에 있는 메서드가 잘 동작하는지 확인합니다. Money 클래스는 의존하는 애플리케이션 클래스가 전혀 없기 때문에 이 테스트는 독립 단위 테스트입니다.

예제 9-3 간단하고 실행이 빠른 Money 밸류 객체의 단위 테스트

```java
public class MoneyTest {

    private final int M1_AMOUNT = 10;
    private final int M2_AMOUNT = 15;

    private Money m1 = new Money(M1_AMOUNT);
    private Money m2 = new Money(M2_AMOUNT);

    @Test
    public void shouldAdd() {    ◀── 두 Money 객체의 덧셈 가능 여부 확인
        assertEquals(new Money(M1_AMOUNT + M2_AMOUNT), m1.add(m2));
    }

    @Test
    public void shouldMultiply() {    ◀── Money 객체와 정수의 곱셈 가능 여부 확인
        int multiplier = 12;
        assertEquals(new Money(M2_AMOUNT * multiplier), m2.multiply(multiplier));
    }
    ...
}
```

---

15 [역주] 전산학에서 함수가 결괏값 이외에 다른 상태를 변경시킬 때 부수 효과가 있다고 합니다. 예를 들어 함수가 전역변수나 정적변수를 수정 하거나, 인자로 넘어온 것들 중 하나를 변경거나 화면이나 파일에 데이터를 쓰거나, 다른 부수 효과가 있는 함수에서 데이터를 읽어 오는 경 우가 있습니다. 부수 효과는 프로그램의 동작을 이해하기 어렵게 합니다. (출처: 위키백과)

9.2.3 단위 테스트 작성: 사가

중요한 비즈니스 로직이 구현된 CreateOrderSaga 클래스 같은 사가는 반드시 테스트를 해야 합니다. 사가는 사가 참여자에게 커맨드 메시지를 보내고 이들의 응답을 처리하는 영속적 객체입니다. 4장에서 배운 주문 생성 사가는 소비자 서비스, 주방 서비스 등 여러 서비스와 커맨드/응답 메시지를 교환합니다. 이 클래스의 테스트는 사가를 생성하고 사가가 참여자에게 기대한 순서대로 메시지를 전송하는지 확인합니다. 우선 별 문제가 없을 것을 전제로 한 테스트를 작성하고, 사가 참여자가 실패 메시지를 반환해서 사가가 롤백되는 다양한 시나리오에 대해서도 테스트를 작성해야 합니다.

실제 DB와 메시지 브로커를 스텁과 함께 사용해서 다양한 사가 참여자를 시뮬레이션하는 테스트를 작성하면 될 것 같습니다. 예를 들어 소비자 서비스용 스텁으로 consumerService 커맨드 채널을 구독하고 원하는 응답 메시지를 돌려주는 것입니다. 하지만 이런 식으로 작성된 테스트는 대개 느립니다. DB, 메시지 브로커와 상호 작용하는 클래스를 모킹(mocking)한(흉내 낸) 테스트를 작성하는 것이 더 낫습니다. 그래야 사가의 핵심 기능을 테스트하는 데 더 집중할 수 있기 때문입니다.

예제 9-4는 주문 생성 사가의 테스트 클래스입니다. 이벤추에이트 트램 사가 테스트 프레임워크로 작성한 사가 클래스와 그 디펜던시를 테스트하는 공동 단위 테스트입니다.[16] 이벤추에이트 트램 사가 테스트 프레임워크는 사가와의 세부 상호 작용을 추상한, 사용하기 쉬운 DSL을 제공합니다. 이 DSL로 사가를 생성할 수 있고, 사가가 커맨드 메시지를 올바르게 전달하는지 확인할 수 있습니다. 사가 테스트 프레임워크는 하부에서 DB, 메시징 인프라를 목으로 대체한 사가 프레임워크를 구성합니다.

예제 9-4 간단하고 실행이 빠른 주문 생성 사가의 단위 테스트

```
public class CreateOrderSagaTest {

  @Test
  public void shouldCreateOrder() {
    given()
      .saga(makeCreateOrderSaga(),    ◀── 사가 생성
        new CreateOrderSagaState(ORDER_ID,
          CHICKEN_VINDALOO_ORDER_DETAILS))
    .expect()    ◀── 소비자 서비스에 ValidateOrderByConsumer 메시지를 전송했는지 확인
      .command(new ValidateOrderByConsumer(CONSUMER_ID, ORDER_ID,
```

16 https://github.com/eventuate-tram/eventuate-tram-sagas

```
            CHICKEN_VINDALOO_ORDER_TOTAL))
        .to(ConsumerServiceChannels.consumerServiceChannel)
     .andGiven()  ◀──── 이 메시지에 성공 응답 전송
      .successReply()
     .expect()
      .command(new CreateTicket(AJANTA_ID, ORDER_ID, null)) ◀─┐
      .to(KitchenServiceChannels.kitchenServiceChannel);      │  주방 서비스에 CreateTicket
      ...                                                        메시지를 전송했는지 확인
  }


  @Test
  public void shouldRejectOrderDueToConsumerVerificationFailed() {
    given()
      .saga(makeCreateOrderSaga(),
        new CreateOrderSagaState(ORDER_ID, CHICKEN_VINDALOO_ORDER_DETAILS))
      .expect()
       .command(new ValidateOrderByConsumer(CONSUMER_ID, ORDER_ID,
         CHICKEN_VINDALOO_ORDER_TOTAL))
       .to(ConsumerServiceChannels.consumerServiceChannel)
      .andGiven()
       .failureReply()  ◀──── Order가 소비자 서비스에 의해 거부되었음을 알리는 응답 전송
      .expect()
       .command(new RejectOrderCommand(ORDER_ID))
       .to(OrderServiceChannels.orderServiceChannel); ◀─┐
  }                                                        │
}                                                  주문 서비스에 RejectOrderCommand
                                                   메시지를 전송했는지 확인
```

@Test shouldCreateOrder()는 별 문제가 없는 경우를 테스트하는 메서드입니다. 소비자 서비스가 주문을 거부하는 경우를 테스트하는 @Test shouldRejectOrderDueToConsumerVerification Failed()는 CreateOrderSaga가 주문이 거부된 소비자를 보상하기 위해 RejectOrderCommand를 제대로 전송하는지 확인합니다. 이 밖에도 CreateOrderSagaTest 클래스에는 다른 실패 경우를 테스트하는 메서드가 있습니다.

9.2.4 단위 테스트 작성: 도메인 서비스

서비스 비즈니스 로직은 대부분 엔터티, 밸류 객체, 사가로 구현하고, 그 나머지는 OrderService 같은 도메인 서비스 클래스로 구현합니다. OrderService는 전형적인 도메인 서비스 클래스입니다. 이 클래스에 있는 메서드는 엔터티와 리포지터리를 호출하며 도메인 이벤트를 발행합니다. 이

런 종류의 클래스를 효과적으로 테스트하는 방법은 리포지터리 및 메시징 클래스 같은 디펜던시를 모킹한 독립 단위 테스트를 수행하는 것입니다.

예제 9-5는 OrderService의 테스트 클래스입니다. 이 테스트는 서비스 디펜던시 목을 모키토로 테스트하는 독립 단위 테스트를 정의합니다. 각 테스트 코드가 작동되는 순서는 이렇습니다.

1. **설정**: 서비스 디펜던시의 목 객체를 구성합니다.

2. **실행**: 서비스 메서드를 호출합니다.

3. **확인**: 서비스 메서드가 올바른 값을 반환하고 디펜던시가 올바르게 호출되었는지 확인합니다.

예제 9-5 간단하고 실행이 빠른 OrderService 클래스의 단위 테스트

```java
public class OrderServiceTest {

  private OrderService orderService;
  private OrderRepository orderRepository;
  private DomainEventPublisher eventPublisher;
  private RestaurantRepository restaurantRepository;
  private SagaManager<CreateOrderSagaState> createOrderSagaManager;
  private SagaManager<CancelOrderSagaData> cancelOrderSagaManager;
  private SagaManager<ReviseOrderSagaData> reviseOrderSagaManager;
  private OrderDomainEventPublisher orderAggregateEventPublisher;

  @Before
  public void setup() {
    orderRepository = mock(OrderRepository.class);          ◀── OrderService 디펜던시용 모키토 목 생성
    eventPublisher = mock(DomainEventPublisher.class);
    restaurantRepository = mock(RestaurantRepository.class);
    createOrderSagaManager = mock(SagaManager.class);
    cancelOrderSagaManager = mock(SagaManager.class);
    reviseOrderSagaManager = mock(SagaManager.class);

    orderAggregateEventPublisher = mock(OrderDomainEventPublisher.class);
                                                       목 디펜던시가 주입된 OrderService 생성
    orderService = new OrderService(orderRepository, eventPublisher,  ◀──┐
      restaurantRepository, createOrderSagaManager,
      cancelOrderSagaManager, reviseOrderSagaManager);
  }

  @Test
  public void shouldCreateOrder() {
```

```
when(restaurantRepository      ◀── RestaurantRepository.findById()가 아잔타 음식점을 반환하도록 구성
  .findById(AJANTA_ID)).thenReturn(Optional.of(AJANTA_RESTAURANT);
when(orderRepository.save(any(Order.class))).then(invocation -> {  ◀──┐
  Order order = (Order) invocation.getArguments()[0];        주문 ID를 세팅하기 위해
  order.setId(ORDER_ID);                          OrderRepository.save()를 구성
  return order;
});

Order order = orderService.createOrder(CONSUMER_ID,   ◀── OrderService.create() 호출
  AJANTA_ID, CHICKEN_VINDALOO_MENU_ITEMS_AND_QUANTITIES);
                            새로 생성된 Order를 OrderService가 DB에 저장했는지 확인
verify(orderRepository).save(same(order));  ◀──┘
                                    OrderService가 OrderCreatedEvent를 발행했는지 확인
verify(orderAggregateEventPublisher).publish(order,  ◀──┘
  Collections.singletonList(new OrderCreatedEvent(CHICKEN_VINDALOO_ORDER_DETAILS,
    RestaurantMother.AJANTA_RESTAURANT_NAME)));

verify(createOrderSagaManager)  ◀── OrderService가 CreateOrderSaga를 생성했는지 확인
  .create(new CreateOrderSagaState(ORDER_ID,
    CHICKEN_VINDALOO_ORDER_DETAILS),
    Order.class, ORDER_ID);
  }
}
```

setUp()은 목 디펜던시가 주입된 OrderService를 생성합니다. @Test shouldCreateOrder()
는 OrderService.createOrder()가 OrderRepository를 호출하여 새로 만든 Order를 저장한 후,
OrderCreatedEvent를 발행하고 CreateOrderSaga를 생성하는 과정에서 문제가 없는지 확인합니다.

9.2.5 단위 테스트 작성: 컨트롤러

주문 서비스 같은 서비스는 대개 다른 서비스 및 API 게이트웨이에서 들어온 HTTP 요청을 처리
하는 컨트롤러를 하나 이상 갖고 있습니다. 컨트롤러 클래스는 각각 지정된 REST API 끝점을 담
당한 여러 메서드로 구성합니다. 메서드의 매개변수는 경로 변수(path variable)처럼 HTTP 요청에
서 추출된 값을 나타냅니다. 컨트롤러 메서드는 도메인 서비스 또는 리포지터리를 호출해서 그 응
답 객체를 반환합니다.

예를 들어 OrderController는 OrderService, OrderRepository를 호출합니다. 이런 컨트롤러를 효과적으로 테스트하려면 서비스와 리포지터리를 모킹한 독립 단위 테스트를 수행하는 방법이 좋습니다.

OrderServiceTest와 비슷한 테스트 클래스를 만들어 컨트롤러 클래스를 인스턴스화하고 메서드를 호출할 수도 있습니다. 하지만 이렇게 하면 요청 라우팅 같은 중요한 기능은 테스트할 수 없습니다. (스프링 프레임워크의 일부인 스프링 목 MVC, 또는 이를 기반으로 구축된 레스트 어슈어드 목(Rest Assured Mock) MVC 등의) 목 MVC 테스트 프레임워크를 활용하는 것이 훨씬 효율적입니다. 이런 프레임워크로 작성된 테스트는 HTTP 요청을 보내서 반환된 HTTP 응답을 단언할 수 있기 때문에 진짜 네트워크 호출을 하지 않아도 HTTP 요청 라우팅 및 자바 객체 ↔ JSON 변환이 가능합니다. 이를 위해 스프링 목 MVC는 물밑에서 제법 많은 스프링 MVC 클래스의 인스턴스를 생성합니다.

> **Note ≣ 이것이 진짜 단위 테스트가 맞을까?**
>
> 스프링 프레임워크를 이용한 테스트는 단위 테스트가 아니라고 생각하는 분도 있을 것입니다. 물론 필자가 지금까지 설명한 단위 테스트보다 확실히 무겁기는 합니다. 스프링 목 MVC 문서에서는 외부 서블릿 컨테이너(out-of-servlet-container) 통합 테스트라고 하는데,[17] 레스트 어슈어드 목 MVC에서는 이런 테스트도 단위 테스트라고 간주합니다.[18] 용어야 어떻든, 반드시 작성해야 할 중요한 테스트라는 사실은 의심할 여지가 없습니다.

예제 9-6은 OrderController의 테스트 클래스입니다. OrderController가 의존하는 목을 사용한 독립 단위 테스트입니다. 이 테스트는 레스트 어슈어드 목 MVC를 이용하여 작성했습니다. 이 프레임워크는 컨트롤러와의 세부 상호 작용을 추상한, 간단한 DSL을 제공하기 때문에 컨트롤러에 목 HTTP 요청을 전송하고 그 응답을 쉽게 확인할 수 있습니다. OrderControllerTest는 일단 OrderService와 OrderRepository의 모키토 목이 주입된 OrderController를 생성합니다. 각 테스트 메서드는 목을 구성한 후, HTTP 요청을 전송하고 그 응답이 정확한지 확인합니다. 필요하다면 컨트롤러가 정말 목을 호출했는지도 확인합니다.

---

17 http://bit.ly/msp-18

18 http://bit.ly/msp-19

```java
public class OrderControllerTest {

  private OrderService orderService;
  private OrderRepository orderRepository;
  private OrderController orderController;

  @Before
  public void setUp() throws Exception {
    orderService = mock(OrderService.class);
    orderRepository = mock(OrderRepository.class);          // OrderController 디펜던시용 목 생성
    orderController = new OrderController(orderService, orderRepository);   ◀─┘
  }

  @Test
  public void shouldFindOrder() {

    when(orderRepository.findById(1L))                      // 목 OrderRepository가 Order를 반환하도록 구성
      .thenReturn(Optional.of(CHICKEN_VINDALOO_ORDER));   ◀─┘

    given()
      .standaloneSetup(configureControllers(orderController))  ◀──── OrderController 구성
      .when()
        .get("/orders/1")   ◀──── HTTP 요청
      .then()
        .statusCode(200)   ◀──── 응답 상태 코드 확인
        .body("orderId",   ◀──── JSON 응답 본문 엘리먼트 확인
          equalTo(new Long(OrderDetailsMother.ORDER_ID).intValue()))
        .body("state",
          equalTo(OrderDetailsMother.CHICKEN_VINDALOO_ORDER_STATE.name()))
        .body("orderTotal",
          equalTo(CHICKEN_VINDALOO_ORDER_TOTAL.asString()));
  }

  @Test
  public void shouldFindNotOrder() { ... }

  private StandaloneMockMvcBuilder controllers(Object... controllers) { ... }
}
```

shouldFindOrder()는 일단 Order를 반환하도록 OrderRepository 목을 구성하고 HTTP 요청을 전송하여 주문을 조회합니다. 이 메서드는 최종적으로 요청이 성공했는지, 원하는 데이터가 응답 본문에 있는지 확인합니다.

9.2.6 단위 테스트 작성: 이벤트/메시지 핸들러

서비스는 흔히 외부 시스템에서 전송된 메시지를 처리합니다. 가령 주문 서비스는 다른 서비스가 발행한 도메인 이벤트를 처리하는 OrderEventConsumer라는 메시지 어댑터를 갖고 있습니다. 메시지 어댑터는 여느 컨트롤러처럼 도메인 서비스를 호출하는 단순 클래스입니다. 메시지 어댑터의 각 메서드는 메시지/이벤트에서 꺼낸 데이터를 서비스 메서드에 넘겨 호출합니다.

메시지 어댑터는 컨트롤러와 비슷한 방법으로 단위 테스트할 수 있습니다. 테스트별로 메시지 어댑터 인스턴스를 생성하고 메시지를 채널에 전송한 후, 서비스 목이 정확히 호출되었는지 확인하는 흐름입니다. 물론 하부의 메시징 인프라는 스터빙했기 때문에 어떤 메시지 브로커도 관여하지 않습니다.

예제 9-7은 OrderEventConsumer의 테스트 클래스입니다. OrderEventConsumer가 각 이벤트를 적절한 핸들러로 라우팅해서 OrderService가 올바르게 호출되었는지 확인합니다. 이 테스트는 이벤추에이트 트램 목 메시징(Eventuate Tram Mock Messaging) 프레임워크를 이용합니다. 이 프레임워크는 레스트 어슈어드와 동일한 given-when-then 포맷으로 목 메시징 테스트를 작성할 때 쉽게 이용 가능한 DSL을 제공합니다. 각 테스트는 목 OrderService가 주입된 OrderEventConsumer 인스턴스를 만들어 도메인 이벤트를 발행한 후 OrderEventConsumer가 서비스 목을 올바르게 호출하는지 확인합니다.

예제 9-7 간단하고 실행이 빠른 OrderEventConsumer 클래스의 단위 테스트

```
public class OrderEventConsumerTest {

  private OrderService orderService;
  private OrderEventConsumer orderEventConsumer;

  @Before
  public void setUp() throws Exception {
    orderService = mock(OrderService.class);          목 디펜던시로 OrderEventConsumer 인스턴스 생성
    orderEventConsumer = new OrderEventConsumer(orderService);  ◀──┘
```

```
    }

    @Test
    public void shouldCreateMenu() {

        CommonJsonMapperInitializer.registerMoneyModule();

        given()
          .eventHandlers(orderEventConsumer.domainEventHandlers())  ◄─────┐
        .when()                                        OrderEventConsumer 도메인 핸들러 구성
          .aggregate("net.chrisrichardson.ftgo.restaurantservice.domain.Restaurant",
            AJANTA_ID)
          .publishes(new RestaurantCreated(AJANTA_RESTAURANT_NAME,  ◄─────┐
            RestaurantMother.AJANTA_RESTAURANT_MENU))          RestaurantCreated 이벤트 발행
        .then()
          .verify(() -> {  ◄─── OrderEventConsumer가 OrderService.createMenu()를 호출했는지 확인
            verify(orderService)
              .createMenu(AJANTA_ID, AJANTA_RESTAURANT_NAME,
                new RestaurantMenu(RestaurantMother.AJANTA_RESTAURANT_MENU_ITEMS));
        });
      }
   }
```

setUp()에서 목 OrderService가 주입된 OrderEventConsumer를 생성합니다. shouldCreateMenu() 는 RestaurantCreated 이벤트 발행 후 OrderEventConsumer가 OrderService.createMenu()를 정말 호출했는지 확인합니다. 이런 종류의 단위 테스트 클래스는 실행 시간이 수 초 안팎으로 매우 빠릅니다.

그러나 단위 테스트로는 서비스가 서로 올바르게 상호 작용하는지 확인할 수 없습니다. 예를 들어 Order가 MySQL에 저장 가능한지, CreateOrderSaga가 커맨드 메시지를 올바른 포맷으로 올바른 메시지 채널에 전송했는지는 확인할 방법이 없습니다. 또 OrderEventConsumer가 처리한 RestaurantCreated 이벤트가 음식점 서비스가 발행한 이벤트와 동일한 구조인지도 알 수 없습니다. 한 서비스가 다른 서비스와 아무 문제없이 상호 작용하고 있는지는 통합 테스트를 실행해 보아야 알 수 있습니다. 전체 서비스를 따로따로 테스트하는 컴포넌트 테스트가 필요한 경우도 있습니다. 다음 장에서는 단위 테스트를 제외한 나머지 종류의 테스트 수행 방법을 다룹니다.

9.3 / 마치며

- 자동화 테스트는 소프트웨어를 신속하고 안전하게 전달하는 주요 근간입니다. 소프트웨어 전달은 원래 매우 복잡하기 때문에 마이크로서비스 아키텍처의 장점을 십분 활용하려면 반드시 테스트를 자동화해야 합니다.

- 테스트의 목적은 SUT(테스트 대상 시스템)의 동작을 확인하는 것입니다. 여기서 시스템이란 말은 시험할 소프트웨어 엘리먼트를 가리키는 다소 포괄적인 용어로서 좁은 의미로는 클래스, 넓은 의미로는 전체 애플리케이션 또는 그 중간 정도에 해당하는 클래스군이나 개별 서비스를 지칭합니다. 테스트 스위트는 서로 연관된 테스트를 모아 놓은 꾸러미입니다.

- 테스트를 단순화하고 재빨리 실행하려면 테스트 더블을 이용하세요. 테스트 더블은 SUT의 디펜던시 동작을 모킹한 객체입니다. 스텁과 목 두 가지 종류가 있습니다. 스텁은 SUT에 값을 반환하는 용도로, 목은 SUT가 정확하게 디펜던시를 호출하는지 확인하는 용도로 각각 쓰입니다.

- 테스트 피라미드는 서비스 테스트 역량을 어디에 집중할지 가늠하는 데 쓰입니다. 일반적으로 실행이 빠르고 결과가 확실하며 코드를 작성하기 쉬운 단위 테스트를 작성하는 것이 좋습니다. 종단 간 테스트는 느리고 취약하며 작성 시간도 오래 걸리므로 가급적 개수를 줄여야 합니다.

9

마이크로서비스 테스트 1부

10 장

마이크로서비스
테스트 2부

10.1 통합 테스트 작성

10.2 컴포넌트 테스트 개발

10.3 종단 간 테스트 작성

10.4 마치며

이 장에서 다룰 핵심 내용

- 서비스를 따로 테스트하는 여러 가지 기법

- 컨슈머 주도 계약 테스트를 작성하여 서비스 간 통신을 신속/정확하게 확인

- 애플리케이션 종단 간 테스트를 수행해야 할 경우와 그 방법

9장에서는 테스팅 개념을 소개하고 테스트 피라미드의 하부를 떠받치고 있는 단위 테스트에 대해 알아보았습니다. 9장에 이어 10장에서는 테스트 피라미드의 상부에 위치한 세 종류의 테스트에 관한 설명을 이어갑니다.

먼저 단위 테스트 바로 위에 있는 통합 테스트부터 시작합니다. 통합 테스트는 인프라 서비스, 타 애플리케이션 서비스와 적절히 연동되는지 확인하는 테스트입니다. 그다음 주제는 서비스에 대한 인수 테스트인 컴포넌트 테스트입니다. 컴포넌트 테스트는 디펜던시를 스터빙하여 서비스를 따로 테스트합니다. 끝으로 테스트 피라미드의 최상부에 위치한 종단 간 테스트입니다. 이 테스트는 서비스 그룹 또는 전체 애플리케이션을 대상으로 하기 때문에 가능한 한 적게 사용해야 합니다.

10.1 통합 테스트 작성

서비스는 대부분 다른 서비스와 상호 작용합니다. 다른 여러 서비스와 협동하는 주문 서비스가 좋은 예입니다(그림 10-1). 주문 서비스의 REST API는 API 게이트웨이가 소비하고, 도메인 이벤트는 주문 이력 서비스 등 다른 서비스가 소비합니다. 주문 서비스 역시 다른 서비스를 사용합니다. MySQL에 Order를 저장하고, 주방 서비스를 비롯한 다른 서비스에 커맨드를 보내서 받은 응답을 소비합니다.

❤️ 그림 10-1 통합 테스트를 통해 서비스가 클라이언트, 디펜던시와 통신 가능하다는 사실은 확인하지만 서비스를 통째로 테스트하지 않고 통신 기능이 구현된 어댑터 클래스를 따로따로 테스트한다

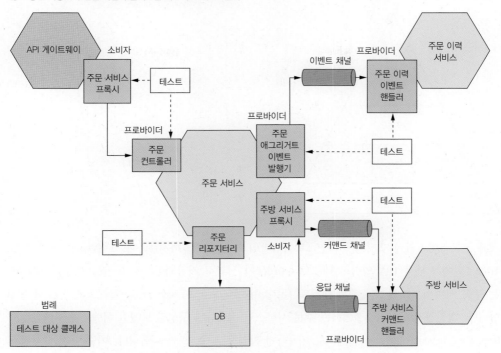

서비스가 잘 동작하는지는 인프라 서비스, 타 애플리케이션 서비스와 적절히 상호 작용하는지 확인해 보아야 알 수 있습니다. 서비스를 전부 띄워 놓고 일일이 API를 호출해 보는 종단 간 테스트를 해보면 가장 확실하겠지만, 이런 테스트는 느리고 취약하며 비용도 많이 듭니다. 종단 간 테스트도 나름의 역할은 있지만 테스트 피라미드 최상부에 위치한 만큼 가급적 그 횟수는 줄이는 것이 좋습니다(10.3절).

따라서 단위 테스트 바로 윗 단계인 통합 테스트를 작성하는 것이 훨씬 바람직한 전략입니다(그림 10-2). 통합 테스트는 종단 간 테스트처럼 전체 서비스를 실행시키지 않습니다. 그 대신 테스트 효과에 영향을 끼치지 않고도 테스트를 엄청나게 간소화하기 위해 두 가지 전략을 사용합니다.

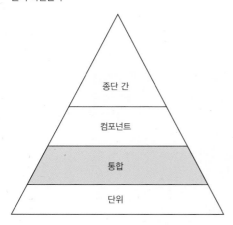

첫째, 각 서비스의 어댑터(가능하면 그 어댑터의 지원 클래스까지)를 테스트합니다. 예를 들어 10.1.1절에서 배울 JPA 영속화 테스트는 Order가 정확히 저장되었는지 확인합니다. 이 테스트는 주문 서비스 API를 호출해서 테스트하는 것이 아니라 OrderRepository 클래스를 직접 테스트합니다. 마찬가지로 10.1.3절에서는 주문 서비스가 정확하게 구성된 도메인 이벤트를 발행하는지 OrderDomainEventPublisher 클래스를 이용하여 확인하는 테스트가 나옵니다. 이렇게 전체 서비스 대신 소수의 클래스로 테스트 범위를 좁히면 테스트가 상당히 단순/신속해지는 이점이 있습니다.

둘째, 9장에서 배운 계약을 활용하는 전략입니다. 계약은 두 서비스 간 상호 작용의 구체적인 사례입니다. 계약의 구조는 서비스 간 상호 작용의 종류마다 다릅니다(표 10-1).

❤ 표 10-1 서비스 간 상호 작용과 계약 구조

상호 작용 유형	컨슈머	프로바이더	계약
REST 요청/응답	API 게이트웨이	주문 서비스	HTTP 요청/응답
발행/구독	주문 이력 서비스	주문 서비스	도메인 이벤트
비동기 요청/응답	주문 서비스	주방 서비스	커맨드 메시지 및 응답 메시지

계약은 발행/구독형 상호 작용일 경우 메시지 1개, 요청/응답 및 비동기 요청/응답형 상호 작용일 경우 메시지 2개로 각각 구성됩니다.

계약의 용도는 컨슈머/프로바이더 둘 다 테스트해서 서로 바라보는 API가 일치하는가 확인하는 것입니다. 사용 방법은 테스트 대상이 컨슈머인지, 프로바이더인지에 따라 다릅니다.

- **소비자 쪽 테스트**: 컨슈머의 어댑터에 대한 테스트. 계약을 이용하여 프로바이더를 모킹한 스텁을 구성할 수 있어서 프로바이더를 실행할 필요 없이 컨슈머 통합 테스트를 작성할 수 있습니다.
- **프로바이더 쪽 테스트**: 프로바이더의 어댑터에 대한 테스트. 어댑터의 디펜던시를 목으로 잡아 놓고 계약을 이용하여 어댑터를 테스트합니다.

10.1.1 통합 테스트: 영속화

대부분의 서비스는 DB에 데이터를 저장합니다. 주문 서비스는 Order 같은 애그리거트를 JPA로 MySQL에 저장합니다. 마찬가지로 주문 이력 서비스 역시 AWS DynamoDB에 CQRS 뷰를 관리합니다. 9장에서 작성한 단위 테스트는 인-메모리 객체를 테스트할 뿐, 서비스가 제대로 동작하는지는 저장 통합 테스트를 작성해서 서비스의 DB 접근 로직이 잘 동작하는지 확인해야 알 수 있습니다. 주문 서비스는 OrderRepository 같은 JPA 리포지터리를 테스트하면 되겠죠.

영속화 통합 테스트의 절차는 다음과 같습니다.

- **설정**(setup): DB 스키마를 생성하고 기지(known)의 상태로 초기화하는 DB를 설정합니다. DB 트랜잭션을 시작하기도 합니다.
- **실행**(execute): DB 작업을 수행합니다.
- **확인**(verify): DB 상태, 그리고 DB에서 조회한 객체를 단언합니다.
- **정리**(teardown): 설정 단계에서 시작한 트랜잭션을 롤백하는 등 DB에 변경한 내용을 언두해야 할 경우 필요한 단계입니다.

예제 10-1은 Order 애그리거트와 OrderRepository의 영속화 통합 테스트입니다. 영속화 통합 테스트는 JPA 기술로 DB 스키마를 생성하는 것 외에는 DB 상태에 대해 어떤 가정도 하지 않습니다. 결국 테스트는 DB에 변경한 내용을 롤백할 필요가 없고, 따라서 메모리에 데이터 변경분이 캐시되는 ORM 특유의 문제도 막을 수 있습니다.

예제 10-1 Order 저장 여부를 확인하는 통합 테스트

```
@RunWith(SpringRunner.class)
@SpringBootTest(classes = OrderJpaTestConfiguration.class)
public class OrderJpaTest {

    @Autowired
```

```
  private OrderRepository orderRepository;

  @Autowired
  private TransactionTemplate transactionTemplate;

  @Test
  public void shouldSaveAndLoadOrder() {

    long orderId = transactionTemplate.execute((ts) -> {
      Order order =
        new Order(CONSUMER_ID, AJANTA_ID, chickenVindalooLineItems());
      orderRepository.save(order);
      return order.getId();
    });

    transactionTemplate.execute((ts) -> {
      Order order = orderRepository.findById(orderId).get();

      assertNotNull(order);
      assertEquals(OrderState.APPROVAL_PENDING, order.getState());
      assertEquals(AJANTA_ID, order.getRestaurantId());
      assertEquals(CONSUMER_ID, order.getConsumerId().longValue());
      assertEquals(chickenVindalooLineItems(), order.getLineItems());
      return null;
    });
  }
}
```

shouldSaveAndLoadOrder() 테스트 메서드는 두 트랜잭션을 실행합니다. 첫 번째 트랜잭션은 생성된 Order를 DB에 저장하고, 두 번째 트랜잭션은 Order를 로드해서 각 필드가 적절히 초기화되었는지 확인합니다.

여기서 한 가지 고민해야 할 문제는 영속화 통합 테스트에서 사용된 DB를 어떻게 프로비저닝(provisioning)[1]하느냐 하는 것입니다. 테스트 도중에 DB 인스턴스를 실행하는 효과적인 방법은 도커를 활용하는 것입니다. 도커 컴포즈 그레이들(Docker Compose Gradle) 플러그인으로 컴포넌트 테스트 수행 도중 서비스를 자동으로 실행하는 방법은 10.2절에서 설명합니다. 가령 비슷한 방법으로 영속화 통합 테스트를 하는 동안에 MySQL 같은 DB를 실행할 수 있습니다.

---

1   **역주** 프로비저닝은 사용자의 요구에 맞게 시스템 자원을 할당, 배치, 배포해 두었다가 필요 시 시스템을 즉시 사용할 수 있는 상태로 미리 준비해 두는 것을 말합니다. 서버 자원 프로비저닝, OS 프로비저닝, 소프트웨어 프로비저닝, 스토리지 프로비저닝, 계정 프로비저닝 등이 있습니다. (출처: 위키백과)

DB는 서비스가 상호 작용하는 하나의 외부 서비스일 뿐입니다. 애플리케이션 서비스 간 통신에 대한 통합 테스트의 작성 방법을 REST부터 하나씩 살펴봅시다.

10.1.2 통합 테스트: REST 요청/응답형 상호 작용

REST는 흔히 쓰이는 서비스 간 통신 메커니즘입니다. REST 클라이언트/서비스는 REST 끝점 및 요청/응답 본문의 구조에 대해 합의해야 합니다. 클라이언트는 정확한 끝점에 HTTP 요청을 보내고, 서비스는 클라이언트가 기대한 응답을 반환해야 하죠.

FTGO API 게이트웨이는 소비자 서비스, 주문 서비스, 배달 서비스 등 여러 서비스의 REST API를 호출합니다. OrderService의 GET /orders/{orderId} 역시 API 게이트웨이가 호출하는 끝점입니다. API 게이트웨이와 주문 서비스가 종단 간 테스트 없이도 서로 잘 통신하는지 확신하려면 통합 테스트를 작성해서 확인해야 합니다.

9장에서도 말했듯이 통합 테스트는 컨슈머 주도 계약 테스트(9장)를 활용하는 것이 좋습니다. API 게이트웨이와 끝점 간 상호 작용은 HTTP 기반의 계약들로 기술할 수 있습니다. 각 계약은 HTTP 요청/응답으로 구성되며, API 게이트웨이와 주문 서비스를 테스트할 때 사용됩니다.

그림 10-3은 스프링 클라우드 컨트랙트를 이용해서 REST 기반의 상호 작용을 테스트하는 과정입니다. 소비자 쪽 API 게이트웨이 통합 테스트는 계약을 이용하여 주문 서비스의 동작을 흉내 낸 HTTP 스텁 서버를 구성합니다. 계약의 요청은 API 게이트웨이가 스텁에 어떤 HTTP 요청을 하는지 기술하고, 계약의 응답은 스텁이 API 게이트웨이에 어떤 응답을 돌려주는지 기술합니다. 스프링 클라우드 컨트랙트는 이런 계약을 이용하여 프로바이더 쪽 주문 서비스 통합 테스트를 코드-생성(code-generate)하고, 이 통합 테스트로 스프링 목 MVC나 레스트 어슈어드 목 MVC를 이용하여 컨트롤러를 테스트합니다.

소비자 쪽 OrderServiceProxyTest는 OrderServiceProxy를 호출하는데, 이 OrderServiceProxy는 와이어목(WireMock)[2]에 HTTP 요청을 하도록 설정된 상태입니다. 와이어목은 HTTP 서버를 효과적으로 모킹하는 툴로서, 이 테스트에서는 주문 서비스를 흉내 냅니다. 와이어목을 관리하고 계약에 명시된 HTTP 요청에 응답하도록 구성하는 작업은 스프링 클라우드 컨트랙트의 몫입니다.

---

2 역주 http://wiremock.org

❤ 그림 10-3 API 게이트웨이와 주문 서비스의 REST 통신 양쪽에 있는 어댑터 클래스가 계약대로 동작하는지 확인한다. 소비자 쪽 테스트는 OrderServiceProxy가 주문 서비스를 올바르게 호출했는지, 프로바이더 쪽 테스트는 REST API 끝점이 OrderController 에 제대로 구현되었는지 확인한다

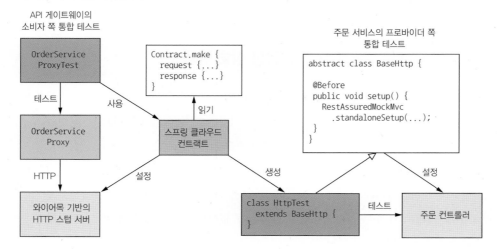

프로바이더 쪽에서 스프링 클라우드 컨트랙트는 HttpTest라는 테스트 클래스를 생성합니다. HttpTest는 레스트 어슈어드 목 MVC로 주문 서비스 컨트롤러를 테스트하는 클래스입니다. 이런 테스트 클래스는 반드시 손으로 작성한(handwritten) 기초 클래스를 상속해야 합니다. 이 예제는 목 디펜던시가 주입된 OrderController 인스턴스를 BaseHttp라는 기초 클래스가 생성한 후, RestAssuredMockMvc.standaloneSetup()을 호출해서 스프링 MVC를 구성합니다.

계약 예제부터 하나씩 작동 원리를 자세히 살펴봅시다.

REST API 계약 예제

예제 10-2에서 보다시피, REST 계약에는 클라이언트가 전송하는 HTTP 요청과 서버가 반환하리라 기대되는 HTTP 응답을 지정합니다. 계약의 요청에는 HTTP 메서드, 경로, 헤더(옵션), 계약의 응답에는 HTTP 상태 코드, 헤더(옵션), 본문(해당 시)을 적습니다.

예제 10-2 HTTP 요청/응답형 상호 작용을 기술한 계약

```
org.springframework.cloud.contract.spec.Contract.make {
  request {
    method 'GET'
    url '/orders/1223232'
  }
  response {
    status 200
```

```
    headers {
      header('Content-Type': 'application/json;charset=UTF-8')
    }
    body('''{"orderId" : "1223232", "state" : "APPROVAL_PENDING"}''')
  }
}
```

이 계약은 API 게이트웨이가 주문 서비스에서 주문을 성공적으로 조회하는 케이스를 기술합니다.
계약을 이용하여 통합 테스트를 작성하는 방법을 주문 서비스부터 하나씩 알아봅시다.

컨슈머 주도 계약 통합 테스트: 주문 서비스

주문 서비스의 컨슈머 주도 계약 통합 테스트는 이 서비스의 API가 클라이언트 기대에 부합하
는지 확인합니다. 스프링 클라우드 컨트랙트로 코드-생성된 테스트 클래스의 추상 기초 클래스
HttpBase는 테스트 설정 단계를 담당합니다. 이 클래스는 목 디펜던시가 주입된 컨트롤러를 생성
하고, 이 목이 컨트롤러가 기대한 응답을 만들어 내도록 설정합니다(예제 10-3).

예제 10-3 스프링 클라우드 컨트랙트가 코드-생성한 테스트를 위한 추상 기초 클래스 HttpBase

```java
public abstract class HttpBase {

  private StandaloneMockMvcBuilder controllers(Object... controllers) {
    ...
    return MockMvcBuilders.standaloneSetup(controllers)
      .setMessageConverters(...);
  }

  @Before
  public void setup() {                                 목이 주입된 OrderRepository 생성
    OrderService orderService = mock(OrderService.class);    ◀─┐
    OrderRepository orderRepository = mock(OrderRepository.class);
    OrderController orderController =
      new OrderController(orderService, orderRepository);   OrderRepository의 findById( )로
                                                           orderId 검색
    when(orderRepository.findById(OrderDetailsMother.ORDER_ID))   ◀─┘
      .thenReturn(Optional.of(OrderDetailsMother.CHICKEN_VINDALOO_ORDER));
    ...
    RestAssuredMockMvc.standaloneSetup(controllers(orderController));   ◀─┐
  }                                      계약에 지정된 orderId로 findById( ) 호출 시
}                                        OrderResponse가 Order를 반환하도록 구성
```

예제 10-2의 계약에 지정된 orderId인 1223232를 목 OrderRepository의 findById()에 전달합니다. 이 테스트로 주문 서비스의 GET /orders/{orderId} 끝점이 클라이언트의 기대를 충족하는지 확인할 수 있습니다.

자, 이에 상응하는 클라이언트 테스트도 필요하겠죠.

소비자 쪽 통합 테스트: API 게이트웨이의 OrderServiceProxy

API 게이트웨이의 OrderServiceProxy는 GET /orders/{orderId} 끝점을 호출합니다. 예제 10-4는 이 끝점이 계약대로 구현되었는지 확인하는 OrderServiceProxyIntegrationTest라는 테스트 클래스입니다. 이 클래스에 붙인 @AutoConfigureStubRunner는 스프링 클라우드 컨트랙트가 랜덤 포트에 와이어목 서버를 계약 내용대로 구성/실행하도록 지시하는 스프링 클라우드 컨트랙트에 내장된 애너테이션입니다. OrderServiceProxyIntegrationTest는 OrderServiceProxy가 와이어목 포트에 요청하도록 구성합니다.

예제 10-4 API 게이트웨이 OrderServiceProxy의 컨슈머 쪽 통합 테스트

```
@RunWith(SpringRunner.class)
@SpringBootTest(classes=TestConfiguration.class,
  webEnvironment=SpringBootTest.WebEnvironment.NONE)
@AutoConfigureStubRunner(ids =     ◄──── 스프링 클라우드 컨트랙트가 주문 서비스의 계약대로 와이어목을 구성하도록 지시
  {"net.chrisrichardson.ftgo.contracts:ftgo-order-service-contracts"}
)
@DirtiesContext
public class OrderServiceProxyIntegrationTest {
                                              와이어목이 실행 중인 랜덤 포트 획득
  @Value("${stubrunner.runningstubs.ftgo-order-service-contracts.port}")  ◄──┘
  private int port;
  private OrderDestinations orderDestinations;
  private OrderServiceProxy orderService;

  @Before
  public void setUp() throws Exception {
    orderDestinations = new OrderDestinations();
    String orderServiceUrl = "http://localhost:" + port;
    orderDestinations.setOrderServiceUrl(orderServiceUrl);    ◄──┐
    orderService = new OrderServiceProxy(orderDestinations,   와이어목에 요청하도록 구성된
      WebClient.create());                                    OrderServiceProxy 생성
```

```
  }

  @Test
  public void shouldVerifyExistingCustomer() {
    OrderInfo result = orderService.findOrderById("1223232").block();
    assertEquals("1223232", result.getOrderId());
    assertEquals("APPROVAL_PENDING", result.getState());
  }

  @Test(expected = OrderNotFoundException.class)
  public void shouldFailToFindMissingOrder() {
    orderService.findOrderById("555").block();
  }
}
```

각 테스트 메서드는 OrderServiceProxy를 호출해서 정확한 값이 반환되는지, 아니면 기대한 예외가 던져지는지 확인합니다. shouldVerifyExistingCustomer()는 findOrderById()가 계약의 응답에 지정한 동일한 값을 반환하는지 확인하고, shouldFailToFindMissingOrder()는 존재하지 않는 주문을 조회할 때 OrderServiceProxy가 OrderNotFoundException 예외를 던지는지 확인합니다. 이렇게 동일한 계약을 이용하여 클라이언트/서버 양쪽을 테스트해서 서로가 똑같은 API를 바라보는지 확인할 수 있습니다.

10.1.3 통합 테스트: 발행/구독 스타일 상호 작용

다수의 타 서비스가 소비하는 도메인 이벤트를 발행하는 서비스가 있습니다. 이런 서비스의 통합 테스트는 발행기/컨슈머가 바라보는 메시지 채널 및 도메인 이벤트 구조가 서로 일치하는지 확인해야 합니다. 가령 주문 서비스는 Order 애그리거트를 생성/수정할 때마다 Order* 이벤트를 발행하고, 주문 이력 서비스는 이 이벤트를 소비하는 컨슈머입니다. 따라서 이 두 서비스가 서로 문제없이 연동되는지 알 수 있는 테스트를 작성해야 합니다.

그림 10-4는 발행/구독 상호 작용을 통합 테스트하는 과정입니다. 앞서 보았던 REST 상호 작용의 테스트 과정과 상당히 비슷합니다. 상호 작용은 계약 세트로 정의하는 것은 같지만, 각 계약마다 도메인 이벤트를 지정하는 차이점이 있습니다.

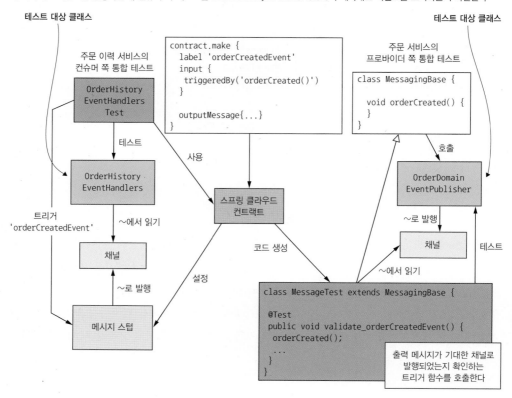

▼ 그림 10-4 계약을 기준으로 발행/구독 양쪽의 상호 작용을 테스트한다. 프로바이더 쪽 테스트는 OrderDomainEventPublisher 가 계약대로 이벤트를 발행하는지, 컨슈머 쪽 테스트는 OrderHistoryEventHandlers가 계약대로 이벤트를 소비하는지 확인한다

컨슈머 쪽 테스트는 각 계약에 지정된 이벤트를 발행하며 OrderHistoryEventHandler가 목 디펜던시를 올바르게 호출하는지 확인합니다.

프로바이더 쪽은 스프링 클라우드 컨트랙트가 (수기 작성된 추상 상위 클래스인) MessagingBase를 상속한 테스트 클래스를 코드-생성합니다. 각 테스트 메서드가 MessagingBase에 있는 훅 메서드 (hook method)를 호출하면 서비스에 의해 이벤트 발행이 트리거될 것입니다. 이 예제는 각 훅 메서드가 Order 애그리거트 이벤트의 발행을 담당한 OrderDomainEventPublisher를 호출합니다. 테스트 메서드는 OrderDomainEventPublisher가 기대되는 이벤트를 발행했는지 확인합니다.

OrderCreated 이벤트 발행 계약

예제 10-5는 OrderCreated 이벤트의 계약입니다. 이벤트의 채널, 기대되는 본문 및 메시지 헤더 가 명시되어 있습니다.

```
package contracts;

org.springframework.cloud.contract.spec.Contract.make {
    label 'orderCreatedEvent'    ◀── 이벤트 발행을 트리거하는 컨슈머 테스트에서 사용
    input {
        triggeredBy('orderCreated()')    ◀── 코드-생성된 프로바이더 테스트에 의해 호출
    }

    outputMessage {    ◀── OrderCreated 도메인 이벤트
    sentTo('net.chrisrichardson.ftgo.orderservice.domain.Order')
    body('''{"orderDetails":{"lineItems":[{"quantity":5,"menuItemId":"1",
        "name":"Chicken Vindaloo","price":"12.34","total":"61.70"}],
        "orderTotal":"61.70","restaurantId":1,
        "consumerId":1511300065921},"orderState":"APPROVAL_PENDING"}''')
    headers {
        header('event-aggregate-type',
            'net.chrisrichardson.ftgo.orderservice.domain.Order')
        header('event-type',
            'net.chrisrichardson.ftgo.orderservice.api.events.OrderCreatedEvent')
        header('event-aggregate-id', '99')
        }
    }
}
```

다음은 이 계약의 두 가지 주요 엘리먼트입니다.

- **label**: 컨슈머 테스트에서 스프링 컨트랙트가 이벤트 발행을 트리거하기 위해 사용하는 엘리먼트

- **triggeredBy**: 코드-생성된 테스트 메서드가 이벤트 발행을 트리거하기 위해 호출하는 상위 클래스의 메서드명

이제 이 계약이 어떻게 쓰이는지, 주문 서비스의 프로바이더 쪽 테스트부터 하나씩 살펴봅시다.

컨슈머 주도 계약 테스트: 주문 서비스

주문 서비스의 프로바이더 쪽 테스트 역시 컨슈머 주도 계약 통합 테스트입니다. 이 테스트는 Order 애그리거트 도메인 이벤트의 발행을 담당한 OrderDomainEventPublisher가 클라이언트의 기대대로 이벤트를 발행하는지 확인합니다. 예제 10-6은 스프링 클라우드 컨트랙트가 코드-생성한 테스트 클래스의 기초 클래스 MessagingBase입니다. 이 클래스는 OrderDomainEventPublisher

가 인-메모리 메시징 스텁을 사용하도록 구성하고, 코드-생성된 테스트가 이벤트 발행을 트리거하기 위해 호출하는 orderCreated() 같은 메서드를 정의합니다.

예제 10-6 스프링 클라우드 컨트랙트의 프로바이더 쪽 테스트용 추상 기초 클래스

```java
@RunWith(SpringRunner.class)
@SpringBootTest(classes = MessagingBase.TestConfiguration.class,
  webEnvironment = SpringBootTest.WebEnvironment.NONE)
@AutoConfigureMessageVerifier
public abstract class MessagingBase {

  @Configuration
  @EnableAutoConfiguration
  @Import({
    EventuateContractVerifierConfiguration.class,
    TramEventsPublisherConfiguration.class,
    TramInMemoryConfiguration.class})
  public static class TestConfiguration {

    @Bean
    public OrderDomainEventPublisher
      orderAggregateEventPublisher(DomainEventPublisher eventPublisher) {
      return new OrderDomainEventPublisher(eventPublisher);
    }
  }

  @Autowired
  private OrderDomainEventPublisher orderAggregateEventPublisher;
                  코드-생성된 테스트 하위 클래스는 orderCreated()를 호출하여 이벤트를 발행
  protected void orderCreated() {  ◄──┘
    orderAggregateEventPublisher.publish(CHICKEN_VINDALOO_ORDER,
      Collections.singletonList(new OrderCreatedEvent(CHICKEN_VINDALOO_ORDER_DETAILS,
        AJANTA_RESTAURANT_NAME)));
  }
}
```

이 테스트 클래스는 OrderDomainEventPublisher에 인-메모리 메시징 스텁을 구성합니다. orderCreated()는 앞서 보았던 예제 10-5의 계약으로 생성된 테스트 메서드가 호출합니다. 이 메서드는 OrderDomainEventPublisher를 호출하여 OrderCreated 이벤트를 발행하고, 테스트 메서드는 이 이벤트를 받아서 계약에 명시된 이벤트와 맞추어 봅니다. 다음은 여기에 해당되는 소비자 쪽 테스트입니다.

소비자 쪽 계약 테스트: 주문 이력 서비스

주문 이력 서비스는 주문 서비스가 발행한 이벤트를 소비하는 서비스입니다. 7장에서 설명했듯이, 이 이벤트를 처리하는 어댑터 클래스가 OrderHistoryEventHandlers입니다. 이 클래스의 이벤트 핸들러는 OrderHistoryDao를 호출해서 CQRS 뷰를 업데이트합니다. 예제 10-7은 소비자 쪽 통합 테스트입니다. 이 테스트 클래스는 목 OrderHistoryDao가 주입된 OrderHistoryEventHandlers를 생성합니다. 각 테스트 메서드는 먼저 스프링 클라우드를 호출해서 계약에 명시된 이벤트를 발행하고, OrderHistoryEventHandlers가 OrderHistoryDao를 올바르게 호출하는지 확인합니다.

예제 10-7 OrderHistoryEventHandlers 클래스의 컨슈머 쪽 통합 테스트

```java
@RunWith(SpringRunner.class)
@SpringBootTest(classes=OrderHistoryEventHandlersTest.TestConfiguration.class,
  webEnvironment=SpringBootTest.WebEnvironment.NONE)
@AutoConfigureStubRunner(ids =
  {"net.chrisrichardson.ftgo.contracts:ftgo-order-service-contracts"}
)
@DirtiesContext
public class OrderHistoryEventHandlersTest {

  @Configuration
  @EnableAutoConfiguration
  @Import({
    OrderHistoryServiceMessagingConfiguration.class,
    TramCommandProducerConfiguration.class,
    TramInMemoryConfiguration.class,
    EventuateContractVerifierConfiguration.class})
  public static class TestConfiguration {

    @Bean
    public ChannelMapping channelMapping() {
      return new DefaultChannelMapping.DefaultChannelMappingBuilder().build();
    }

    @Bean
    public OrderHistoryDao orderHistoryDao() {
      return mock(OrderHistoryDao.class);   ◀──┐  OrderHistoryEventHandlers에 주입할 목 OrderHistoryDao 생성
    }
  }

  @Test
```

```
public void shouldHandleOrderCreatedEvent() throws ... {

    when(orderHistoryDao.addOrder(any(Order.class),
        any(Optional.class))).thenReturn(false);
                            orderCreatedEvent 스텝을 트리거하여 OrderCreated 이벤트를 발생시킴
    stubFinder.trigger("orderCreatedEvent");   ◀──┘

    eventually(() -> {   ◀── OrderHistoryEventHandlers가 orderHistoryDao.addOrder()를 호출했는지 확인
        ArgumentCaptor<Order> orderArg = ArgumentCaptor.forClass(Order.class);
        ArgumentCaptor<Optional<SourceEvent>> sourceEventArg =
            ArgumentCaptor.forClass(Optional.class);

        verify(orderHistoryDao).addOrder(orderArg.capture(), sourceEventArg.capture());

        Order order = orderArg.getValue();
        Optional<SourceEvent> sourceEvent = sourceEventArg.getValue();

        assertEquals("Ajanta", order.getRestaurantName());
    });
}
```

테스트 메서드 shouldHandleOrderCreatedEvent()는 스프링 클라우드 컨트랙트가 OrderCreated
이벤트를 발행하도록 지시합니다. 그리고 OrderHistoryEventHandlers가 orderHistoryDao.
addOrder()를 호출했는지 확인합니다. 동일한 계약을 사용하는 도메인 이벤트의 발행기/컨슈머
양쪽을 테스트해서 API가 서로 맞는지 테스트하는 것입니다.

10.1.4 통합 계약 테스트: 비동기 요청/응답 상호 작용

발행/구독뿐만 아니라, 비동기 요청/응답 형태로 상호 작용하는 서비스도 메시징 기반으로 상호
작용할 수 있습니다. 4장에서 배운 주문 서비스는 주방 서비스를 비롯한 여러 타 서비스에 커맨드
메시지를 전송해서 수신한 응답 메시지를 사가로 처리합니다.

비동기 요청/응답 상호 작용에는 커맨드를 전송하는 서비스인 요청자(requestor), 커맨드 처리 후
응답을 반환하는 서비스인 응답자(replier)가 있습니다. 요청자와 응답자가 바라보는 커맨드 메시
지 채널명과 커맨드/응답 메시지의 구조는 반드시 일치해야 합니다. 이런 비동기 요청/응답 상호
작용의 통합 테스트는 어떻게 작성할까요?

그림 10-5는 주문 서비스와 주방 서비스 간 상호 작용을 테스트하는 과정입니다. 비동기 요청/응답 상호 작용의 통합 테스트는 REST 상호 작용의 테스트와 상당히 비슷해서 서비스 간 상호 작용을 계약 세트로 정의하는 것은 동일합니다. 계약에 HTTP 요청/응답 대신 입출력 메시지를 지정하는 것만 다릅니다.

▼ 그림 10-5 계약을 이용하여 비동기 요청/응답하는 양쪽 어댑터 클래스를 테스트한다. 프로바이더 쪽 테스트는 KitchenService CommandHandler가 커맨드 처리 후 응답을 반환하는지, 소비자 쪽 테스트는 KitchenServiceProxy가 계약대로 커맨드를 보내 응답을 처리하는지 확인한다

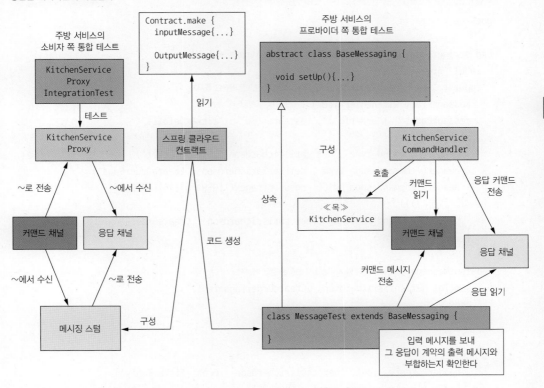

소비자 쪽 테스트는 커맨드 메시지 프록시 클래스가 커맨드 메시지를 전송하고 응답 메시지를 올바르게 처리하는지 확인합니다. 이 예제는 KitchenServiceProxyTest로 KitchenServiceProxy를 테스트합니다. 커맨드 메시지가 계약의 입력 메시지와 일치하고 이에 해당하는 출력 메시지로 응답하는지 확인하는 메시징 스텁을 스프링 클라우드 컨트랙트로 구성합니다.

스프링 클라우드 컨트랙트는 프로바이더 쪽 테스트를 코드-생성합니다. 각 테스트 메서드는 하나의 계약에 대응되며, 계약의 입력 메시지를 커맨드 메시지로 전송하고 그 응답 메시지가 계약의 출력 메시지와 일치하는지 테스트합니다.

비동기 요청/응답 계약 예제

예제 10-8은 하나의 입출력 메시지로 구성된 상호 작용의 계약입니다. 입출력 메시지 모두 메시지 채널, 본문, 헤더가 지정되어 있고, 프로바이더 관점에서 명명 규칙을 따랐습니다. 메시지를 읽을 채널은 입력 메시지의 messageFormat 엘리먼트, 응답을 전송할 채널은 출력 메시지의 sentTo 엘리먼트에 지정합니다.

예제 10-8 주문 서비스가 주방 서비스를 비동기 호출하는 방법이 기술된 계약

```
package contracts;

org.springframework.cloud.contract.spec.Contract.make {
  label 'createTicket'
  input {   ◀── 주문 서비스가 KitchenService 채널로 전송한 커맨드 메시지
    messageFrom('kitchenService')
    messageBody('''{"orderId":1,"restaurantId":1,"ticketDetails":{...}}''')
    messageHeaders {
      header('command_type','net.chrisrichardson...CreateTicket')
      header('command_saga_type','net.chrisrichardson...CreateOrderSaga')
      header('command_saga_id',$(consumer(regex('[0-9a-f]{16}-[0-9a-f]
        {16}'))))
      header('command_reply_to','net.chrisrichardson...CreateOrderSaga-Reply')
    }
  }
  outputMessage {   ◀── 주방 서비스에서 전송된 응답 메시지
    sentTo('net.chrisrichardson...CreateOrderSaga-reply')
    body([
      ticketId: 1
    ])
    headers {
      header('reply_type', 'net.chrisrichardson...CreateTicketReply')
      header('reply_outcome-type', 'SUCCESS')
    }
  }
}
```

이 예제의 입력 메시지는 KitchenService 채널로 보낸 CreateTicket 커맨드, 출력 메시지는 CreateOrderSaga의 응답 채널로 전송된 성공 응답입니다. 이렇게 작성한 계약을 테스트에서는 어떻게 사용할까요? 주문 서비스의 컨슈머 쪽 테스트부터 알아봅시다.

소비자 쪽 계약 통합 테스트: 비동기 요청/응답 상호 작용

비동기 요청/응답 상호 작용의 컨슈머 쪽 통합 테스트는 REST 클라이언트의 테스트와 거의 같습니다. 테스트는 서비스의 메시징 프록시를 호출해서 메시징 프록시가 계약대로 커맨드 메시지를 보내는지, 그리고 프록시가 응답 메시지를 적절히 처리하는지, 두 가지를 확인합니다.

예제 10-9는 주문 서비스가 주방 서비스를 호출 시 사용하는 메시징 프록시 KitchenServiceProxy의 컨슈머 쪽 통합 테스트입니다. 각 테스트는 KitchenServiceProxy로 커맨드 메시지를 전송하고 이 프록시가 기대되는 결과를 반환하는지 확인합니다. 스프링 클라우드 컨트랙트로 구성한 주방 서비스의 메시징 스텁은 입력 메시지와 커맨드 메시지가 일치하는 계약을 찾아내 그 출력 메시지를 응답으로 전송합니다. 이 테스트는 편의상 인-메모리 메시징을 사용하는 것으로 작성했습니다.

예제 10-9 주문 서비스의 컨슈머 쪽 계약 통합 테스트

```
@RunWith(SpringRunner.class)
@SpringBootTest(classes=
KitchenServiceProxyIntegrationTest.TestConfiguration.class,
  webEnvironment=SpringBootTest.WebEnvironment.NONE)
@AutoConfigureStubRunner(ids =      ◀── 주방 서비스 스텁이 메시지에 응답하도록 구성
  {"net.chrisrichardson.ftgo.contracts:ftgo-kitchen-service-contracts"}
)
@DirtiesContext
public class KitchenServiceProxyIntegrationTest {

  @Configuration
  @EnableAutoConfiguration
  @Import({
    TramCommandProducerConfiguration.class,
    TramInMemoryConfiguration.class,
    EventuateContractVerifierConfiguration.class})
  public static class TestConfiguration { ... }

  @Autowired
  private SagaMessagingTestHelper sagaMessagingTestHelper;

  @Autowired
  private KitchenServiceProxy kitchenServiceProxy;

  @Test
  public void shouldSuccessfullyCreateTicket() {
```

```
      CreateTicket command = new CreateTicket(AJANTA_ID,
        OrderDetailsMother.ORDER_ID,
      new TicketDetails(Collections.singletonList(
        new TicketLineItem(CHICKEN_VINDALOO_MENU_ITEM_ID,
          CHICKEN_VINDALOO,
          CHICKEN_VINDALOO_QUANTITY))));

      CreateTicketReply expectedReply = new
        CreateTicketReply(OrderDetailsMother.ORDER_ID);

      String sagaType = CreateOrderSaga.class.getName();

      CreateTicketReply reply =
        sagaMessagingTestHelper  ◀─── 커맨드 전송 및 응답 대기
          .sendAndReceiveCommand(kitchenServiceProxy.create, command,
            CreateTicketReply.class, sagaType);

      assertEquals(expectedReply, reply);  ◀─── 응답 확인
    }
  }
```

shouldSuccessfullyCreateTicket() 테스트 메서드는 CreateTicket 커맨드 메시지를 전송 후 기대되는 데이터가 응답에 포함되어 있는지 확인합니다. SagaMessagingTestHelper는 비동기 메시지 송수신을 해주는 테스트 헬퍼 클래스입니다.

프로바이더 쪽, 컨슈머 주도 계약 테스트: 비동기 요청/응답 상호 작용

프로바이더 쪽 통합 테스트는 프로바이더가 응답을 올바르게 전송해서 커맨드 메시지를 처리하는지 확인해야 합니다. 스프링 클라우드 컨트랙트는 계약별 테스트 메서드를 갖고 있는 테스트 클래스를 생성합니다. 각 테스트 메서드는 계약의 입력 메시지를 전송하고 그 응답이 계약의 출력 메시지와 일치하는지 확인합니다.

주방 서비스의 프로바이더 쪽 통합 테스트는 KitchenServiceCommandHandler 클래스를 테스트합니다. 이 클래스는 KitchenService를 호출해서 메시지를 처리합니다. 예제 10-10은 스프링 클라우드 컨트랙트로 코드-생성된 테스트의 기초 클래스 AbstractKitchenServiceConsumerContractTest입니다. 이 클래스는 목 KitchenService가 주입된 KitchenServiceCommandHandler를 생성합니다.

```
@RunWith(SpringRunner.class)
@SpringBootTest(classes=
  AbstractKitchenServiceConsumerContractTest.TestConfiguration.class,
  webEnvironment=SpringBootTest.WebEnvironment.NONE)
@AutoConfigureMessageVerifier
public abstract class AbstractKitchenServiceConsumerContractTest {

  @Configuration
  @Import({KitchenServiceMessageHandlersConfiguration.class,
    EventuateContractVerifierConfiguration.class})
  public static class TestConfiguration {

    @Bean
    public KitchenService kitchenService() {    ◀─── kitchenService 빈을 목으로 재정의
      return mock(KitchenService.class);
    }
  }

  @Autowired
  private KitchenService kitchenService;

  @Before
  public void setup() {                           목이 계약의 출력 메시지에 해당하는 값을 반환하도록 구성
    reset(kitchenService);
    when(kitchenService.createTicket(eq(1L), eq(1L), any(TicketDetails.class)))  ◀─┐
      .thenReturn(new Ticket(1L, 1L, new TicketDetails(Collections.emptyList())));
  }
}
```

KitchenServiceCommandHandler는 계약의 입력 메시지에 있는 인수로 KitchenService를 호출하고 그 반환값으로부터 응답 메시지를 생성합니다. 테스트 클래스의 setup()은 목 KitchenService가 계약의 출력 메시지에 해당하는 값을 반환하도록 구성합니다.

통합/단위 테스트는 서비스의 개별 부분의 동작을 확인합니다. 통합 테스트는 서비스가 자신의 클라이언트/디펜던시와 올바르게 소통하는지, 단위 테스트는 서비스 로직이 정확한지 확인합니다. 하지만 이 두 테스트는 전체 서비스를 실행하지는 않습니다. 전체 서비스가 잘 작동되는지 확인하려면 피라미드를 한 단계 올라가 컴포넌트 테스트를 작성해야 합니다.

10.2 컴포넌트 테스트 개발

주문 서비스가 의도했던 대로 동작하는지 확인한다고 합시다. 즉, 주문 서비스를 일종의 블랙 박스처럼 간주해서 API를 통해 동작 상태를 확인하는 서비스 인수 테스트를 작성하려고 합니다. 주문 서비스와 그 중간에 있는 디펜던시를 모두 배포해서 확인하는 종단 간 테스트는 느리고, 취약하고, 값비싼 테스트라고 했습니다.

> **Note ☰ 패턴: 서비스 컴포넌트 테스트**
>
> 서비스를 따로따로 테스트한다.[3]

서비스 인수 테스트는 통합 테스트와 종단 간 테스트 중간에 위치한 컴포넌트 테스트(그림 10-6)를 이용하여 작성하는 것이 효율적입니다. 컴포넌트 테스트는 모든 디펜던시를 각자의 동작을 모킹한 스텁으로 대체하고, 서비스를 따로 분리하여 그 동작을 확인합니다. 심지어 DB 같은 인프라 서비스도 인-메모리 버전을 사용하는 경우도 있습니다. 컴포넌트 테스트는 종단 간 테스트에 비해서 작성하기 쉽고 실행 속도가 빠릅니다.

서비스 인수 테스트를 작성하기 위해 거킨(Gherkin)이라는 테스트 DSL의 사용 방법을 먼저 간단히 살펴보고, 컴포넌트 테스트의 다양한 설계 이슈를 알아봅니다. 그리고 주문 서비스의 인수 테스트를 어떻게 작성하는지 설명합니다.

▼ 그림 10-6 컴포넌트 테스트는 서비스만 따로 테스트한다. 서비스 디펜던시는 보통 스텁으로 대체한다

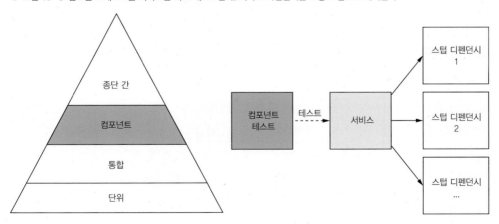

---

3 http://microservices.io/patterns/testing/service-component-test.html

10.2.1 인수 테스트 정의

인수 테스트는 소프트웨어 컴포넌트의 비즈니스와 연관된 테스트입니다. 인수 테스트는 사용자 스토리나 유스 케이스에서 출발하며, 내부 구현이 아닌 컴포넌트의 클라이언트 관점에서 어떤 동작이 외부에 드러나야 하는지 기술합니다. 예를 들어 '주문하기' 스토리는 주문 서비스의 주요 스토리 중 하나입니다.

> 나는 주문 서비스의 소비자로서
> 주문을 할 수 있어야 한다.

이 스토리는 다음과 같은 시나리오로 확장할 수 있습니다.

> 내가 유효한 소비자라면
> 내가 유효한 신용카드를 사용한다면
> 아잔타 음식점이 주문을 받는다면
> 내가 이 음식점에 치킨 빈달루를 주문할 경우
> 나의 주문은 승인되어야 한다.
> 그리고 OrderAuthorized 이벤트가 발행되어야 한다.

주문 서비스의 원하는 동작을 이 서비스의 API 관점에서 시나리오로 기술하는 것입니다.

시나리오마다 하나의 인수 테스트가 도출되며, given(~라면)은 설정 단계(setup phase), when(~경우)은 실행 단계(execute phase), then(~되어야 한다)과 and(그리고)는 확인 단계(verification phase)에 각각 해당됩니다. 위 시나리오의 인수 테스트는 다음과 같은 일을 수행할 것입니다.

1. POST /orders 끝점을 호출하여 Order를 생성합니다.

2. GET /orders/{orderId} 끝점을 호출하여 Order 상태를 확인합니다.

3. 올바른 메시지 채널을 구독하여 주문 서비스가 OrderAuthorized 이벤트를 발행했는지 확인합니다.

10.2.2 인수 테스트 작성: 거킨

인수 테스트는 자바 코드로 짜도 되지만, 고수준의 시나리오와 저수준의 구현 코드로 구성된 자바 테스트가 서로 어긋날 가능성이 있습니다. 또 시나리오 자체의 정확도가 너무 낮거나 모호해서 자바 코드로 옮길 수 없는 경우도 있습니다. 그래서 가급적 수동 변환 작업은 없애고 실행 가능한 시나리오를 작성하는 것이 좋습니다.

거킨은 실행 가능한 명세를 작성하는 DSL입니다. 좀 전에 보았던 것처럼 일상 언어로 작성한 시나리오 형태로 인수 테스트를 정의한 후, 큐컴버(Cucumber)라는 거킨 전용 테스트 자동화 프레임워크를 이용하여 명세를 실행합니다. 거킨, 큐컴버 덕분에 시나리오를 실행 가능한 코드로 전환하는 수작업을 할 필요가 없습니다.

한 서비스의 거킨 명세는 다수의 피처(feature, 기능/특성)로 구성되며, 각 피처는 앞서 보았던 것처럼 여러 시나리오로 기술합니다. 시나리오는 given-when-then 구조를 갖고 있습니다. given은 선행 조건(precondition), when은 액션 또는 발생한 이벤트, then/and는 기대되는 결과입니다.

예를 들어 주문 서비스의 원하는 동작은 주문하기(Place Order), 주문 취소(Cancel Order), 주문 변경(Revise Order) 같은 피처로 정의합니다. 주문하기 피처(예제 10-11)는 다음과 같은 엘리먼트로 구성됩니다.

- **명칭**: 피처명은 주문하기(Place Order)입니다.
- **명세 개요**: 피처가 존재하는 이유(사용자 스토리)를 기술합니다.
- **시나리오**: 주문이 승인되거나 신용카드 만료 등의 사유로 주문이 거부됩니다.

예제 10-11 주문하기 피처를 거킨으로 정의한 명세 및 시나리오

```
피처: 주문하기

나는 주문 서비스의 소비자로서
주문을 할 수 있어야 한다.

시나리오: 주문 승인
  내가 유효한 소비자라면
  내가 유효한 신용카드를 사용한다면
  아잔타 음식점이 주문을 받는다면
  내가 이 음식점에 치킨 빈달루를 주문할 경우
  나의 주문은 승인되어야 한다.
```

그리고 OrderAuthorized 이벤트가 발행되어야 한다.

시나리오: 신용카드 만료에 따른 주문 거부
   내가 유효한 소비자라면
   내가 만료된 신용카드를 사용한다면
   아잔타 음식점이 주문을 받는다면
   내가 이 음식점에 치킨 빈달루를 주문할 경우
   나의 주문은 거부되어야 한다.
   그리고 OrderRejected 이벤트가 발행되어야 한다.
...

이 두 시나리오에서 소비자는 주문을 시도합니다. 첫 번째 시나리오는 성공하지만 두 번째 시나리오는 신용카드가 만료되어 주문이 거부됩니다. 거킨에 대해 자세한 내용은 카밀 니씨에자 (Kamil Nicieja)가 쓴 〈Writing Great Specifications: Using Specification by Example and Gherkin(훌륭한 명세 작성하기: 예제 및 거킨에 의한 명세를 사용)〉(Manning Publications, 2017)을 참고하세요.

큐컴버를 이용한 거킨 명세 실행

큐컴버는 거킨으로 작성한 테스트를 실행하는 자동화 테스트 프레임워크입니다. 자바를 비롯한 다양한 언어를 지원합니다. 큐컴버를 사용하려면 먼저 스텝 데피니션 클래스(예제 10-12)를 작성합니다. 이 클래스는 given, then, when 각 스텝의 의미를 정의한 메서드로 구성됩니다. 스텝 데피니션 메서드에는 @Given, @When, @Then, @And를 붙이고, 큐컴버가 스텝을 매칭시키는 데 필요한 정규 표현식은 애네테이션의 값으로 지정합니다.

예제 10-12 자바 스텝 데피니션 클래스를 생성해서 거킨 시나리오를 실행한다

```java
public class StepDefinitions ... {

    ...

    @Given("A valid consumer")        ◀─── 내가 유효한 소비자라면
    public void useConsumer() { ... }

    @Given("using a(.?) (.*) credit card")   ◀─── 내가 유효한/만료된 신용카드를 사용한다면
    public void useCreditCard(String ignore, String creditCard) { ... }

    @When("I place an order for Chicken Vindaloo at Ajanta")
```

```
    public void placeOrder() { ... }

    @Then("the order should be (.*)")    ◀─── 나의 주문은 승인/거부되어야 한다.
    public void theOrderShouldBe(String desiredOrderState) { ... }
                            그리고 OrderAuthorized/OrderRejected 이벤트가 발행되어야 한다.
    @And("an (.*) event should be published")    ◀──┘
    public void verifyEventPublished(String expectedEventClass) { ... }

}
```

메서드의 종류가 곧 테스트의 특정 단계에 해당합니다.

- **@Given**: 설정 단계
- **@When**: 실행 단계
- **@Then, @And**: 확인 단계

스텝 클래스는 10.2.4절에서 자세히 설명하기로 하고, 그 전에 컴포넌트 테스트 설계 이슈를 몇 가지 알아봅시다.

10.2.3 컴포넌트 테스트 설계

주문 서비스의 컴포넌트 테스트를 작성한다고 합시다. 원하는 동작을 거킨을 이용하여 기술하고 큐컴버로 실행하는 방법은 10.2.2절에서 설명했습니다. 하지만 컴포넌트 테스트가 거킨 시나리오를 실행하려면 먼저 주문 서비스를 실행하고 서비스 디펜던시를 설정해야 합니다. 컴포넌트 테스트는 주문 서비스만 따로 테스트해야 하므로 여러 서비스의 스텁을 설정해야 합니다. 또 DB, 메시징 인프라도 구성해야 합니다. 속도와 단순성, 그리고 현실성을 적절히 잘 조화시킨 옵션을 몇 가지 소개합니다.

인-프로세스 컴포넌트 테스트

인-프로세스 컴포넌트 테스트(in-process component test)입니다. 이 테스트는 인-메모리 스텁과 목 디펜던시로 서비스를 실행합니다. 가령 스프링 부트 테스트 프레임워크로 스프링 부트 기반 서비스의 컴포넌트 테스트를 작성하는 것입니다. @SpringBootTest를 붙인 테스트 클래스는 동일한 JVM에서 서비스를 실행하고, 서비스가 목과 스텁을 사용할 수 있게 디펜던시를 주입합니다. 예를 들어 주문 서비스 테스트는 주문 서비스가 H2, HSQLDB, 더비(Derby) 등 인-메모리 JDBC DB와 이벤추에이트 트램용 인-메모리 스텁을 사용하도록 구성합니다. 인-프로세스 컴포넌트 테스트는 작성하기 간단하고 빨리 실행되지만, 배포 가능한 서비스를 테스트할 수 없는 단점이 있습니다.

아웃-오브-프로세스 컴포넌트 테스트

서비스를 프로덕션 레디 포맷으로 묶어 별도의 프로세스로 실행하는 것이 좀 더 현실적인 방법입니다. 요즘은 서비스를 도커 컨테이너 이미지로 패키징하는 방법이 일반화되고 있는 추세입니다 (12장). 아웃-오브-프로세스 컴포넌트 테스트(out-of-process component test)는 DB, 메시지 브로커 등은 실제 인프라 서비스를 사용하고, 애플리케이션 서비스 형태의 디펜던시는 스텁으로 대신합니다. 예를 들어 주문 서비스의 아웃-오브-프로세스 컴포넌트 테스트는 MySQL, 아파치 카프카는 진짜를 사용하고, 소비자/회계 서비스 등은 스텁을 둡니다. 주문 서비스는 다른 서비스와 메시지를 주고받으며 상호 작용하기 때문에 이런 스텁은 아파치 카프카의 메시지를 소비하고 응답 메시지를 돌려줍니다.

아웃-오브-프로세스 컴포넌트 테스트는 테스트 커버리지가 향상된다는 중요한 장점이 있습니다. 테스트할 것이 배포할 것과 더 가까이 있기 때문입니다. 그러나 이런 종류의 테스트는 작성하기 복잡하고, 실행이 느리고, 인-프로세스 컴포넌트 테스트보다 더 취약할 수도 있습니다.

아웃-오브-프로세스 컴포넌트 테스트에서 서비스를 스터빙하는 방법

SUT는 대개 응답을 돌려주는 상호 작용 형태로 디펜던시를 호출합니다. 가령 주문 서비스는 비동기 요청/응답 상호 작용 스타일로 다양한 서비스에 커맨드 메시지를 전송합니다. API 게이트웨이도 HTTP라는 요청/응답 상호 작용 스타일을 사용합니다. 아웃-오브-프로세스 테스트는 스텁이 요청 처리 및 응답 반환을 대신하도록, 이런 종류의 디펜던시에 스텁을 구성해야 합니다. 통합 테스트를 설명할 때 소개한 스프링 클라우드 컨트랙트(10.1절)를 써도 되고, 컴포넌트 테스트 전용 스텁을 구성하는 계약을 작성하는 방법도 있습니다. 하지만 통합 테스트와는 달리, 이런 계약은 컴포넌트 테스트만 쓰게 될 것이라는 점을 고려할 필요가 있습니다.

더구나 컴포넌트 테스트의 주 관심사는 컨슈머 계약을 테스트하는 것인데, 스프링 클라우드 컨트랙트까지 끌어 쓰는 것은 다소 무겁습니다. 계약이 포함된 JAR 파일을 클래스패스에 그냥 두지 말고 반드시 메이븐 저장소에 배포해야 하며, 동적 생성된 값과 관련된 상호 작용을 처리하는 일도 만만찮습니다. 아무래도 스텁을 테스트 내부에 구성하는 것이 훨씬 간단합니다.

이를테면 DSL을 스터빙한 와이어목으로 HTTP 스텁을 구성하는 것입니다. 마찬가지로 이벤추에이트 트램 메시징 기반의 서비스는 메시징 스텁을 구성해서 테스트할 수 있겠죠.

그럼 실제로 주문 서비스의 컴포넌트 테스트를 작성해 봅시다.

10.2.4 컴포넌트 테스트 작성: 주문 서비스

앞서 살펴본 것처럼 컴포넌트 테스트는 여러 가지 방법으로 구현할 수 있습니다. 이 절에서는 아웃-오브-프로세스 전략을 이용해서 도커 컨테이너에서 실행되는 서비스를 테스트하는 주문 서비스의 컴포넌트 테스트를 작성합니다. 그레이들 플러그인으로 테스트에서 도커 컨테이너를 시동/중단하는 방법도 배웁니다. 주문 서비스의 원하는 동작이 기술된 거킨 시나리오를 큐컴버로 실행하는 방법도 자세히 알아봅시다.

그림 10-7은 주문 서비스의 컴포넌트 테스트 설계입니다. OrderServiceComponentTest는 큐컴버를 실행하는 테스트 클래스입니다.

```
@RunWith(Cucumber.class)
@CucumberOptions(features = "src/component-test/resources/features")
public class OrderServiceComponentTest {
}
```

@CucumberOptions에는 거킨 피처 파일의 경로를 지정합니다. 그 위에 붙인 @RunWith(Cucumber.class)는 JUnit에 큐컴버 테스트 러너를 사용하라고 지시합니다. 그런데 일반적인 JUnit 테스트 클래스와는 달리 테스트 메서드가 하나도 없습니다. 거킨 피처를 읽어 테스트를 정의하고 OrderServiceComponentTestStepDefinitions 클래스로 실행 가능한 테스트를 만드는 것입니다.

스프링 부트 테스트 프레임워크에서 큐컴버를 사용하려면 구성을 조금 달리해야 합니다. OrderServiceComponentTestStepDefinitions는 테스트 클래스는 아니지만, 스프링 테스트 프레임워크의 일부인 @ContextConfiguration이 달려 있습니다. 그래서 이 애너테이션으로 스프링 ApplicationContext를 가져와 메시징 스텝 등 다양한 스프링 컴포넌트를 정의할 수 있습니다. 스텝 데피니션을 자세히 살펴봅시다.

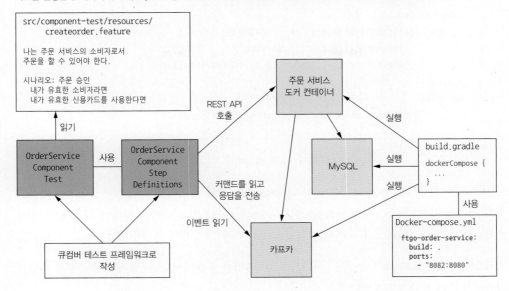

▼ 그림 10-7 주문 서비스의 컴포넌트 테스트는 큐컴버 테스트 프레임워크를 이용하여 거킨 인수 테스트 DSL로 작성한 테스트 시나리오를 실행한다. 아파치 카프카, MySQL 등의 인프라 서비스와 더불어 주문 서비스를 도커로 실행 후 테스트한다

OrderServiceComponentTestStepDefinitions 클래스

컴포넌트 테스트의 핵심은 주문 서비스의 컴포넌트 테스트에서 각 스텝의 의미를 정의한 OrderServiceComponentTestStepDefinitions 클래스입니다.

예제 10-13 Given using … credit card 스텝이 정의된 @GivenuseCreditCard() 메서드

```
@ContextConfiguration(classes=
  OrderServiceComponentTestStepDefinitions.TestConfiguration.class, webEnvironment =
  SpringBootTest.WebEnvironment.NONE)
public class OrderServiceComponentTestStepDefinitions {

  ...

  @Autowired
  protected SagaParticipantStubManager sagaParticipantStubManager;

  @Given("using a(.?) (.*) credit card")
  public void useCreditCard(String ignore, String creditCard) {
    switch (creditCard) {
      case valid :
        sagaParticipantStubManager          ← 성공 응답 전송
                .forChannel("accountingService")
```

```
              .when(AuthorizeCommand.class).replyWithSuccess();
        break;
      case expired:
        sagaParticipantStubManager    ◀—— 실패 응답 전송
                .forChannel("accountingService")
                .when(AuthorizeCommand.class).replyWithFailure();
        break;
      default:
        fail("Don't know what to do with this credit card");
    }
  }
```

이 메서드가 사용하는 SagaParticipantStubManager는 사가 참여자를 스텁으로 구성하는 테스트 헬퍼 클래스입니다. useCreditCard()는 이 클래스를 이용하여 신용카드 상태에 따라 성공/실패 메시지를 응답하는 회계 서비스 스텁을 구성합니다.

예제 10-14의 placeOrder()는 주문 서비스 REST API를 호출해서 Order를 생성하고 후속 스텁을 검증하기 위해 응답을 저장합니다.

예제 10-14 When I place an order for Chicken Vindaloo at Ajanta 스텝이 정의된 placeOrder() 메서드

```
@ContextConfiguration(classes=
  OrderServiceComponentTestStepDefinitions.TestConfiguration.class, webEnvironment =
  SpringBootTest.WebEnvironment.NONE)
public class OrderServiceComponentTestStepDefinitions {

  private int port = 8082;
  private String host = System.getenv("DOCKER_HOST_IP");

  protected String baseUrl(String path) {
    return String.format("http://%s:%s%s", host, port, path);
  }

  private Response response;

  @When("I place an order for Chicken Vindaloo at Ajanta")
  public void placeOrder() {

    response = given().    ◀—— 주문 서비스 REST API를 호출하여 Order 생성
      body(new CreateOrderRequest(consumerId,
        RestaurantMother.AJANTA_ID,
          Collections.singletonList(
```

```
        new CreateOrderRequest.LineItem(
            RestaurantMother.CHICKEN_VINDALOO_MENU_ITEM_ID,
            OrderDetailsMother.CHICKEN_VINDALOO_QUANTITY))))
    .contentType("application/json")
    .when()
    .post(baseUrl("/orders"));
}
```

baseUrl()은 주문 서비스의 URL을 반환하는 헬퍼 메서드입니다.

theOrderShouldBe()는 Order 생성이 성공했는지, 그리고 기대되는 상태인지 확인합니다.

예제 10-15 Then the order should be … 스텝이 정의된 @ThentheOrderShouldBe() 메서드

```
@ContextConfiguration(classes=
    OrderServiceComponentTestStepDefinitions.TestConfiguration.class, webEnvironment =
    SpringBootTest.WebEnvironment.NONE)
public class OrderServiceComponentTestStepDefinitions {

    @Then("the order should be (.*)")
    public void theOrderShouldBe(String desiredOrderState) {

        Integer orderId =     ◀──── Order가 잘 생성되었는지 확인
            this.response.then().statusCode(200).extract().path("orderId");

        assertNotNull(orderId);

        eventually(() -> {
            String state = given()
                .when()
                .get(baseUrl("/orders/" + orderId))
                .then()
                .statusCode(200)
                .extract()
                .path("state");
            assertEquals(desiredOrderState, state);   ◀──── Order 상태 확인
        });
    }
```

기대되는 상태를 단언하는 코드는 eventually() 호출 내부에 래핑되어 있어서 반복적으로 단언을
수행합니다.

And an ... event should be published 스텝이 정의된 verifyEventPublished()는 도메인 이벤트가 기대대로 발행되었는지 확인합니다.

```
@ContextConfiguration(classes=
  OrderServiceComponentTestStepDefinitions.TestConfiguration.class)
public class OrderServiceComponentTestStepDefinitions {

  @Autowired
  protected MessageTracker messageTracker;

  @And("an (.*) event should be published")
  public void verifyEventPublished(String expectedEventClass) {
    messageTracker.assertDomainEventPublished("net.chrisrichardson.ftgo.
      orderservice.domain.Order",
      "net.chrisrichardson.ftgo.orderservice.domain." + expectedEventClass);
  }
  ...
}
```

verifyEventPublished()에 쓰인 MessageTracker는 테스트 도중 발행된 이벤트를 기록하는 테스트 헬퍼 클래스입니다. 이 클래스와 SagaParticipantStubManager 인스턴스는 TestConfiguration @Configuration 클래스가 생성합니다.

이제 지금껏 작성한 컴포넌트 테스트를 실행합시다.

컴포넌트 테스트 실행

컴포넌트 테스트는 실행 속도가 느린 편이므로 ./gradlew test의 일부로 실행하는 방법은 영 내키지 않습니다. 테스트 코드를 src/component-test/java라는 별도 디렉터리에 넣고 ./gradlew componentTest 명령을 실행하는 것이 좋습니다. 상세한 그레이들 구성은 ftgo-order-service/build.gradle 파일을 참고하세요.

컴포넌트 테스트는 도커를 이용하여 주문 서비스 및 디펜던시를 실행합니다. 12장에서 설명하겠지만, 도커 컨테이너(Docker container)는 서비스 인스턴스를 격리된 샌드박스 내부에 배포할 수 있는, 경량급 OS 가상화 메커니즘입니다. 도커 컴포즈(Docker Compose)는 다수의 컨테이너를 정의하고 한 단위로 묶어 시동/중지시킬 수 있는 매우 유용한 툴입니다. 전체 애플리케이션/인프라 서비스의 컨테이너는 FTGO 애플리케이션 루트 디렉터리의 docker-compose 파일에 정의합니다.

그레이들 도커 컴포즈 플러그인을 이용하면 테스트를 실행하기 전에 컨테이너를 시동하고, 테스트 실행을 마친 후 컨테이너를 정지할 수 있습니다.

```
apply plugin: 'docker-compose'

dockerCompose.isRequiredBy(componentTest)
componentTest.dependsOn(assemble)

dockerCompose {
  startedServices = ['ftgo-order-service']
}
```

위와 같이 구성하면 그레이들은 두 가지 일을 합니다. 첫째, 컴포넌트 테스트 직전에 그레이들 도커 컴포즈 플러그인을 실행하고, 주문 서비스를 이 서비스가 의존하는 인프라 서비스와 함께 시동합니다. 둘째, 도커 이미지에 필요한 JAR 파일이 먼저 빌드되도록 componentTest가 assemble에 의존하도록 구성합니다. 컴포넌트 테스트는 다음 커맨드로 실행합니다.

```
./gradlew :ftgo-order-service:componentTest
```

이 커맨드는 2~3분 정도 걸쳐 다음과 같은 일을 합니다.

1. 주문 서비스를 빌드합니다.

2. 서비스 및 관련 인프라 서비스를 실행합니다.

3. 테스트를 실행합니다.

4. 실행 중인 서비스를 중지합니다.

10.3 종단 간 테스트 작성

컴포넌트 테스트는 서비스를 따로따로 테스트하지만 종단 간 테스트는 애플리케이션을 전부 테스트합니다. 테스트 피라미드 정상을 차지한 종단 간 테스트는 느리고, 취약하고, 개발 소요 시간이 깁니다.

▼ 그림 10-8 테스트 피라미드 최상단에 위치한 종단 간 테스트

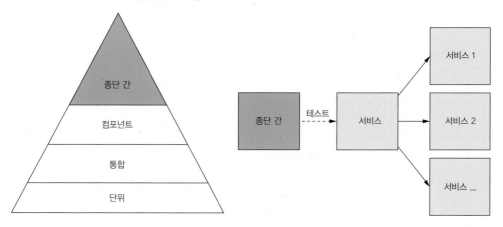

종단 간 테스트는 가동부가 무진장 많고, 수많은 서비스와 관련 인프라 서비스까지 함께 배포해야 하므로 느릴 수밖에 없습니다. 많은 서비스를 배포하는 테스트는 서비스 중 하나라도 배포 실패하면 무용지물이므로 테스트를 신뢰할 수 없게 될 가능성이 높습니다. 그래서 종단 간 테스트는 가능하다면 그 수를 줄이는 것이 좋습니다.

10.3.1 종단 간 테스트 설계

종단 간 테스트를 굳이 작성해야 한다면 사용자 탐험 테스트(user journey test)를 대신 작성하는 것이 좋습니다. 사용자 탐험 테스트는 사용자가 시스템을 돌아다니면서 여기저기 둘러보는 행위를 코드로 구현한 것입니다. 이를테면 주문하기, 주문 변경, 주문 취소 기능을 따로따로 테스트하는 대신 이 셋을 모두 수행하는 테스트를 하나만 작성하는 것입니다. 그러면 작성해야 할 테스트가 확 줄고 테스트 실행 시간도 단축되겠죠.

10.3.2 종단 간 테스트 작성

종단 간 테스트는 컴포넌트 테스트(10.2절)와 더불어 비즈니스와 관련된 테스트입니다. 따라서 업무 담당자가 이해할 수 있는 고수준의 DSL로 작성하는 것이 좋습니다. 종단 간 테스트도 거킨으로 테스트를 작성해서 큐컴버로 실행할 수 있습니다(예제 10-17). 아주 많은 액션이 테스트에 담겨 있다는 점만 제외하면 컴포넌트 테스트와 별반 다를 것이 없죠.

피처: 주문 변경 및 취소
  나는 주문 서비스의 소비자로서
  주문을 하고 변경 및 취소할 수 있어야 한다.

시나리오: 주문 생성, 변경, 취소
  내가 유효한 소비자라면
  내가 유효한 신용카드를 사용한다면
  아잔타 음식점이 주문을 받는다면
  내가 이 음식점에 치킨 빈달루를 주문할 경우   ◀── 주문 생성
  나의 주문은 승인되어야 한다.
  주문 총액은 $16.33일 것이다.
  그리고 내가 야채 사모사를 2개 추가해서 주문을 변경하면   ◀── 주문 변경
  주문 총액은 $20.97일 것이다.
  그리고 내가 주문을 취소하면
  주문이 취소되어야 한다.   ◀── 주문 취소

주문을 하고, 변경하고, 취소하는 시나리오입니다. 이제 한 번 실행해 봅시다.

10.3.3 종단 간 테스트 실행

종단 간 테스트를 실행하려면 필수 인프라 서비스 등 전체 애플리케이션을 실행해야 합니다. 이 작업은 그레이들 도커 컴포즈 플러그인을 이용하면 간편합니다(10.2절). 도커 컴포즈 파일로 하나의 애플리케이션 서비스 대신 모든 애플리케이션 서비스를 실행하는 것입니다.

`ftgo-end-to-end-test`가 FTGO 애플리케이션의 종단 간 테스트를 구현한 모듈입니다. 컴포넌트 테스트처럼 거킨으로 작성하고 큐컴버로 실행합니다. 그레이들 도커 컴포즈 플러그인은 테스트를 실행하기 전에 컨테이너를 실행하며, 테스트 실행까지는 4~5분 정도 걸립니다.

얼마 안 걸린다고 생각할 수도 있지만, 컨테이너만 수백 개에 달하는 대규모 시스템이라면 테스트 개수도 엄청나게 많고 실행이 끝나려면 며칠이 걸릴 수도 있습니다. 따라서 피라미드 하위 단계의 테스트를 위주로 작성하는 것이 최선입니다.

10.4 마치며

- 서비스 간 상호 작용을 테스트할 때에는 예제 메시지에 해당하는 계약을 활용하세요. 서비스와 그 중간 단계에 위치한 디펜던시를 전부 실행하는 굼뜬 테스트보다는 두 서비스의 어댑터가 계약에 맞게 동작하는지 확인하는 테스트를 작성하세요.

- 서비스가 API를 통해 잘 동작하는지는 컴포넌트 테스트를 작성하여 확인하세요. 디펜던시는 스터빙하고 서비스는 따로 테스트해서 컴포넌트 테스트를 단순/신속하게 수행하는 것이 좋습니다.

- 느리고 취약하면서 시간만 축내는 종단 간 테스트는 가급적 줄이고 사용자 탐험 테스트를 작성하세요. 사용자 탐험 테스트는 사용자가 애플리케이션에 접속하고 이동하는 과정을 모킹해서 비교적 규모가 큰 애플리케이션이 잘 동작하는지 고수준에서 확인합니다. 테스트 수가 적고 테스트마다 설정 같은 오버헤드를 최소화할 수 있어서 테스트가 빠릅니다.

11^장

프로덕션
레디 서비스 개발

11.1 보안 서비스 개발

11.2 구성 가능한 서비스 설계

11.3 관측 가능한 서비스 설계

11.4 서비스 개발: 마이크로서비스 섀시 패턴

11.5 마치며

이 장에서 다룰 핵심 내용

- 보안 서비스 개발
- 외부화 구성 패턴 적용
- 관측성 패턴 적용
  - 헬스 체크 API   - 로그 수집
  - 분산 추적   - 예외 추적
  - 애플리케이션 지표   - 감사 로깅
- 마이크로서비스 섀시 패턴을 응용한 서비스 개발 단순화

메리와 FTGO 팀원들은 서비스 분해, 서비스 간 통신, 트랜잭션 관리, 쿼리 및 비즈니스 로직 설계, 테스트까지 섭렵했다는 사실에 성취감을 만끽했습니다. 이제 기능 요건을 충족하는 서비스를 얼마든지 개발할 수 있다는 자신감이 생겼죠. 그러나 서비스를 프로덕션에 배포할 수 있게 준비하려면 세 가지 핵심 품질 속성, 즉 보안, 구성성, 관측성이 보장되어야 합니다.

첫 번째 품질 속성은 애플리케이션 보안(security)입니다. 개인 정보가 누출된 회사라는 오명을 쓰지 않으려면 안전한 애플리케이션을 개발해야 합니다. 보안 측면에서만 본다면 다행히 마이크로서비스 아키텍처는 기존 모놀리식 아키텍처와 큰 차이점은 없습니다. 지난 수 년간 모놀리스 애플리케이션을 개발/운영하며 습득한 노하우를 마이크로서비스에도 그대로 적용할 수 있죠. 하지만 애플리케이션 수준의 일부 보안 요소는 구현 방법을 달리할 수밖에 없습니다. 예를 들어 서비스 간에 사용자 신원을 전달하는 수단을 강구해야 합니다.

두 번째 품질 속성은 서비스 구성성(service configurability, 구성 편의성)입니다. 마이크로서비스는 대부분 메시지 브로커, DB 등 다수의 외부 서비스를 사용합니다. 네트워크 위치와 각 외부 서비스의 자격증명은 대개 서비스 실행 환경마다 다릅니다. 그렇다고 서비스에 구성 프로퍼티를 하드 코딩할 수는 없으니 런타임에 구성 프로퍼티 값을 서비스에 공급하는 외부화 구성 메커니즘을 활용해야 합니다.

세 번째 품질 속성은 관측성(observability, 가관측성)입니다. 모니터링, 로깅은 원래 FTGO 애플리케이션에 있는 기능이지만, 모든 요청을 API 게이트웨이와 하나 이상의 서비스가 처리하는 마이크로서비스 아키텍처에서는 해결해야 할 문제가 있습니다. 이를테면 6개의 서비스를 가동 중인데, 그중 어느 것이 지연을 유발했는지, 아니면 로그 항목이 다섯 서비스에 분산되어 있을 경우 어떻게 요청이 처리되는지 알아내려면 어떻게 해야 할까요? 문제가 발생했을 때 원인을 찾으려면 애플리케이션의 동작을 쉽게 파악할 수 있어야 합니다.

11.1 보안 서비스 개발

요즘은 어느 회사든 보안은 중대한 이슈입니다. 어느 회사의 기밀 자료를 모 해커가 탈취했다는 식의 뉴스는 거의 매일 보도됩니다. 누가 보아도 안전한 소프트웨어를 개발하려면 조직 차원에서 물리적 하드웨어 보안, 데이터 암호화, 인증/인가, 소프트웨어 취약점 패치 정책 등 다양한 영역의 보안 문제를 살펴야 합니다. 이런 문제는 어떤 아키텍처로 구축하든 대부분 중요합니다.

애플리케이션 개발자는 주로 다음 네 가지 보안 요소를 구현합니다.

- **인증**(authentication): 애플리케이션에 접근하는 애플리케이션이나 사람(주체(principal))의 신원을 확인합니다. 일반적으로 사용자 ID/패스워드나 애플리케이션 API 키/시크릿 등 주체의 자격증명으로 확인합니다.

- **인가**(authorization): 주체가 어떤 데이터에 어떤 작업을 요청하여 수행할 수 있는 권한이 있는지 확인합니다. 보통 역할 기반(role-based) 보안 및 ACL(Access Control List, 접근 제어 리스트)을 함께 사용합니다. 역할 기반 보안은 사용자마다 하나 이상의 역할을 배정해서 특정 작업의 호출 권한을 부여하고, ACL은 사용자 또는 역할을 대상으로 특정 비즈니스 객체나 애그리거트에 작업할 권한을 부여합니다.

- **감사**(auditing): 보안 이슈 탐지, 컴플라이언스(compliance)[1] 시행, 고객 지원을 위해 주체가 수행하는 작업을 추적합니다.

- **보안 IPC**: 모든 서비스를 드나드는 통신이 TLS(Transport Layer Security, 전송 계층 보안)를 경유하는 것이 가장 이상적입니다. 서비스 간 통신은 인증이 필요한 경우도 있습니다.

감사는 11.3절에서, 보안 IPC는 11.4.1절에서 서비스 메시(service mesh)와 함께 설명하고, 우선 이 절의 초점은 인증/인가의 구현 문제입니다.

먼저 현재 FTGO 모놀리스 애플리케이션은 보안이 어떻게 구현되었는지 살펴봅시다. 그런 다음 마이크로서비스 아키텍처에서 보안을 구현하는 작업이 왜 까다로운지, 또 모놀리스에서 잘 통했던 기법을 마이크로서비스에서는 왜 사용할 수 없는지 살펴봅니다. 그리고 마이크로서비스 아키텍처에서 실제로 보안을 구현하는 방법을 설명합니다.

11.1.1 기존 모놀리식 애플리케이션의 보안

FTGO 애플리케이션은 소비자, 배달원, 음식점 직원 등 다양한 사용자가 브라우저, 모바일을 통해 접속합니다. 누구나 애플리케이션에 접근하려면 로그인을 해야 합니다. 그림 11-1은 모놀리식 FTGO 애플리케이션의 클라이언트가 인증을 받고 요청을 하는 과정입니다.

---

1 [역주] 컴플라이언스(compliance)는 통상 법규준수/준법감시/내부통제 등의 의미로, 컴플라이언스 프로그램(compliance program)이란 '사업 추진 과정에서 기업이 자발적으로 관련 법규를 준수하도록 하기 위한 일련의 시스템'입니다. (출처: 위키백과)

사용자가 ID/패스워드로 로그인하면 클라이언트는 사용자 자격증명을 FTGO 애플리케이션에 POST 요청합니다. FTGO 애플리케이션은 자격증명이 맞으면 이 클라이언트에 세션 토큰을 반환합니다. 클라이언트는 그 이후 요청은 모두 이 세션 토큰을 포함시켜 전송합니다.

▼ 그림 11-1 FTGO 애플리케이션 클라이언트는 최초 로그인 시 세션 토큰(쿠키)을 획득하고 그다음부터는 세션 토큰을 넣어 요청한다

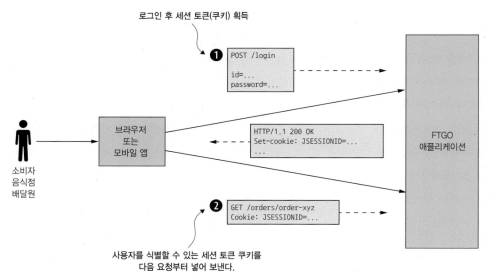

그림 11-2는 FTGO 애플리케이션에 구현된 보안을 고수준에서 바라본 그림입니다. 이 애플리케이션은 자바로 개발되었고 스프링 시큐리티(Spring Security) 프레임워크를 사용했지만, 필자는 Node.js 패스포트(Passport) 등의 타 프레임워크도 해당되는 일반화한 용어로 보안 설계를 기술하겠습니다.

> **Note ≡ 보안 프레임워크 응용**
>
> 인증/인가를 정확하게 구현하기는 어렵습니다. 따라서 이미 검증된 보안 프레임워크를 사용하는 것이 좋습니다. 프레임워크 선정 기준은 애플리케이션 기술 스택마다 다르지만, 그중 인기 있는 프레임워크를 추려 보면 다음과 같습니다.
>
> - **스프링 시큐리티(Spring Security)**[2]: 자바 애플리케이션에 많이 쓰이는 프레임워크. 인증/인가를 정교하게 처리합니다.
> - **아파치 시로(Apache Shiro)**[3]: 자바 기반 프레임워크
> - **패스포트(Passport)**[4]: Node.js 진영에서 유명한 보안 프레임워크. 인증에 초점을 둡니다.

---

2 https://projects.spring.io/spring-security/

3 https://shiro.apache.org

4 http://www.passportjs.org

보안 아키텍처의 핵심은 세션(session)입니다. 주체의 ID와 역할은 세션에 보관합니다. FTGO는 전형적인 자바 EE 애플리케이션으로 HttpSession 객체를 메모리에서 관리합니다. 세션은 세션 토큰(session token)으로 식별하며, 클라이언트는 요청할 때마다 세션 토큰을 같이 넣어 보냅니다. 세션 토큰은 보통 암호학적으로 강력한 무작위 숫자 등으로 알아보기 어렵게 만듭니다. FTGO 애플리케이션의 세션 토큰은 JSESSIONID라는 HTTP 쿠키입니다.

보안 컨텍스트(security context) 역시 보안 아키텍처의 주요 요소입니다. 현재 요청을 보낸 사용자 정보를 여기에 담습니다. 스프링 시큐리티 프레임워크는 자바 EE 표준에 따라 보안 컨텍스트를 정적 스레드 로컬(thread-local) 변수[5]에 저장합니다. 따라서 모든 요청 핸들러 코드가 얼마든지 보안 컨텍스트에 접근할 수 있습니다. 요청 핸들러는 현재 사용자의 신원/역할 등 모든 정보를 SecurityContextHolder.getContext().getAuthentication()으로 획득할 수 있습니다. 패스포트 프레임워크에서는 보안 컨텍스트를 request의 user 속성으로 보관합니다.

▼ 그림 11-2 클라이언트가 로그인을 요청하면 로그인 핸들러는 사용자 인증, 세션 정보를 초기화한 후 세션 토큰을 반환한다. 그다음 부터 클라이언트가 세션 토큰을 넣어 보내면 SessionBasedSecurityInterceptor는 주어진 세션의 사용자 정보를 조회하여 보안 컨텍스트를 설정한다. OrderDetailsRequestHandler 등의 요청 핸들러는 이 보안 컨텍스트에서 사용자 정보를 꺼내 쓰면 된다

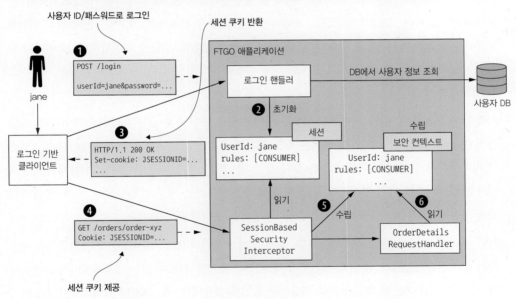

---

5 역주 자바 ThreadLocal 클래스를 이용하면 오직 하나의 스레드만 읽고 쓸 수 있는 변수를 생성할 수 있습니다. 글자 그대로 스레드의 지역 변수인 셈입니다.

그림 11-2의 이벤트 순서는 다음과 같습니다.

1. 클라이언트가 FTGO 애플리케이션에 로그인 요청을 합니다.

2. LoginHandler가 자격증명 확인, 세션 생성, 세션에 주체 정보 저장 등 일련의 로그인 요청 처리를 수행합니다.

3. LoginHandler가 클라이언트에 세션 토큰을 반환합니다.

4. 클라이언트는 이후 모든 작업을 호출할 때마다 세션 토큰을 넣어 보냅니다.

5. 4번 요청은 SessionBasedSecurityInterceptor가 제일 먼저 처리합니다. 이 인터셉터 (interceptor)는 요청이 들어올 때마다 세션 토큰을 확인한 후, 보안 컨텍스트를 설정합니다. 보안 컨텍스트에는 주체와 역할 관련 정보가 있습니다.

6. 요청 핸들러는 보안 컨텍스트를 이용하여 사용자가 작업을 수행할 권한이 있는지 판단하고 사용자의 신원을 획득합니다.

FTGO 애플리케이션은 역할에 따라 사용자를 인증합니다. 사용자 종류마다 CONSUMER(소비자), RESTAURANT(음식점), COURIER(배달원), ADMIN(관리자) 역할을 정의하고, 스프링 시큐리티의 선언형 (declarative) 보안 메커니즘을 이용하여 역할별로 서비스 및 URL 접근을 제한합니다. '소비자는 자신이 주문한 정보만 볼 수 있고, 관리자는 모든 주문을 다 볼 수 있다'는 식으로 역할은 비즈니스 로직에 섞여 있습니다.

이런 기존 모놀리식 애플리케이션의 설계는 사실 보안을 구현할 수 있는 유일한 수단입니다. 예를 들어 인-메모리 세션의 한 가지 단점은 특정 세션의 요청을 모두 동일한 애플리케이션 인스턴스로 라우팅하는 것입니다. 이런 요건은 부하 분산 및 작업을 복잡하게 만듭니다. 이를테면 애플리케이션 인스턴스를 닫기 전에 모든 세션이 만료되길 기다리는 세션 배수(session draining) 메커니즘을 구현해야 합니다. 아니면 DB에 세션을 저장하는 우회책도 있습니다.

서버 쪽 세션을 아예 없앨 수도 있습니다. 실제로 매 요청마다 API 키/시크릿 등 자격증명을 제공하는 API 클라이언트가 있기 때문에 서버 쪽 세션을 유지할 필요가 없는 애플리케이션도 많습니다. 아니면 세션 토큰에 세션 상태를 저장하는 방법도 있습니다. 자, 그런데 마이크로서비스 아키텍처에서 보안을 구현하기가 왜 어려울까요?

11.1.2 마이크로서비스 아키텍처에서의 보안 구현

마이크로서비스 아키텍처는 모든 외부 요청을 API 게이트웨이와 하나 이상의 서비스가 처리하는 분산 시스템입니다. API 게이트웨이는 주문 서비스, 주방 서비스, 회계 서비스 등 여러 서비스를 호출합니다. 이런 서비스는 각자 나름대로 보안을 구현해야 합니다. 가령 주문 서비스는 소비자 본인의 주문 정보만 조회할 수 있게 해야 하는데, 그러려면 인증/인가를 조합해야 합니다. 마이크로서비스 아키텍처에서 보안을 구현하려면 먼저 사용자의 인증/인가 처리를 누가 담당할지부터 결정해야 합니다.

그런데 마이크로서비스 애플리케이션은 모놀리식 애플리케이션의 설계를 그대로 베껴 쓸 수는 없기 때문에 보안 구현이 어렵습니다. 모놀리식에서 통했던 다음 두 가지 보안 요소는 마이크로서비스 아키텍처에서는 전혀 해당되지 않습니다.

- **인-메모리 보안 컨텍스트**(in-memory security context): 스레드 로컬 등 인-메모리 보안 컨텍스트를 이용해서 사용자 신원을 전달하는 방법이지만, 서비스는 메모리를 공유할 수 없으므로 인-메모리 보안 컨텍스트로 사용자 신원을 전달할 수 없습니다. 마이크로서비스 아키텍처에서는 다른 방법을 찾아보아야 합니다.
- **중앙화 세션**(centralized session): 인-메모리 보안 컨텍스트가 의미가 없으니 인-메모리 세션도 마찬가지입니다. 느슨한 결합 원칙에 위배되기는 하지만 이론상 여러 서비스가 DB 기반의 세션에 접근하는 것은 가능합니다. 마이크로서비스 아키텍처에서는 전혀 다른 세션 메커니즘이 필요합니다.

인증 처리부터 하나씩 마이크로서비스 아키텍처의 보안 문제를 살펴봅시다.

API 게이트웨이에서 인증 처리

인증을 처리하는 방법은 여러 가지입니다. 첫째, 서비스마다 알아서 사용자를 인증하는 것입니다. 하지만 미인증 요청이 내부 네트워크로 들어올 수 있고, 모든 개발자가 제대로 보안을 구현하리라 보기 어렵기 때문에 보안 취약점이 노출될 위험성이 큽니다.

더구나 인증하는 방식은 클라이언트마다 제각각입니다. 매 요청마다 (이를테면 기본 인증(basic authentication)[6]으로) 자격증명을 전송하는 순진한 클라이언트도 있고, 처음 한 번 로그인한 이후로는 요청할 때마다 세션 토큰을 발급하는 클라이언트도 있습니다. 이처럼 다양한 인증 메커니즘을 서비스가 모두 알아서 처리하게 놔두는 것은 무리입니다.

요청을 서비스에 보내기 전에 API 게이트웨이가 요청을 인증하는 것이 좋습니다. API 게이트웨이에 인증 로직을 중앙화하면 나중에 문제가 생겨도 한곳만 바로잡으면 되기 때문에 보안 취약점이 노출될 가능성이 현저히 줄어듭니다. 또 다양한 인증 메커니즘을 API 게이트웨이가 전담해서 처리하므로 복잡한 코드도 서비스에서 감출 수 있습니다(그림 11-3).

API 클라이언트는 자격증명을 포함시켜 요청을 전송하고 API 게이트웨이는 이 요청을 인증합니다. 로그인 기반 클라이언트는 사용자 자격증명을 API 게이트웨이에 POST 전송한 후 세션 토큰을 발급받습니다. API 게이트웨이는 요청을 인증한 후, 하나 이상의 서비스를 호출합니다.

> **Note ≡**   **패턴: 액세스 토큰**
>
> API 게이트웨이는 신원, 역할 등 사용자 정보가 담긴 토큰을 자신이 호출하는 서비스에 전달한다.[7]

API 게이트웨이로부터 호출받은 서비스는 요청 주체가 누구인지 알아야 하고, 인증을 마친 요청인지 아닌지 반드시 확인해야 합니다. 해결 방법은 API 게이트웨이가 매번 서비스에 요청을 할 때마다 토큰을 함께 넣어 보내는 것입니다. 서비스는 이 토큰을 이용하여 요청을 검증하거나 주체 정보를 획득할 수 있습니다.

---

6   **[역주]** 사용자명과 패스워드를 BASE64 인코딩하여 헤더에 전송하는, 보안에 매우 취약한 인증 방식입니다.

7   http://microservices.io/patterns/security/access-token.html

❤ 그림 11-3 API 게이트웨이는 클라이언트 요청 인증 후 보안 토큰을 서비스에 넣어 요청한다. 서비스는 이 보안 토큰을 이용하여 사용자 정보를 획득한다. API 게이트웨이도 보안 토큰을 세션 토큰으로 활용할 수 있다

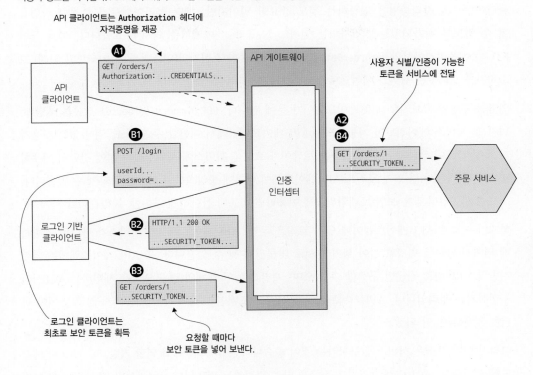

API 클라이언트 쪽 이벤트 순서는 다음과 같습니다.

1. 클라이언트는 자격증명이 포함된 요청을 전송합니다.

2. API 게이트웨이는 자격증명을 인증하고, 보안 토큰을 생성해서 서비스(들)에 전달합니다.

로그인 기반 클라이언트의 이벤트 순서는 다음과 같습니다.

1. 클라이언트는 자격증명이 포함된 로그인 요청을 합니다.

2. API 게이트웨이는 보안 토큰을 반환합니다.

3. 클라이언트는 작업을 호출하는 요청에 보안 토큰을 넣어 보냅니다.

4. API 게이트웨이는 보안 토큰을 검증하고 해당 서비스(들)로 포워딩합니다.

인가 처리

클라이언트의 자격증명을 인증하는 것도 중요한 일이지만, 해당 클라이언트가 요청한 작업을 할 수 있도록 허가되었는지 검사하는 인가(authorization) 메커니즘 역시 중요합니다. 예를 들어 FTGO 애플리케이션의 getOrderDetails()는 주문을 한 소비자와(인스턴스 기반의 보안 사례) 그 소비자를 도와주는 서비스 에이전트만 호출 가능한 쿼리 메서드입니다.

인가를 구현할 후보지로 API 게이트웨이가 눈에 띕니다. GET /orders/{orderId} 접근을 해당 소비자 및 서비스 에이전트만 가능하도록 API 게이트웨이에서 제한할 수 있겠죠. 권한 없는 사용자가 특정 경로에 접근할 경우, API 게이트웨이가 요청을 서비스에 포워딩하기 전에 간단히 거부하면 됩니다. 인증처럼 인가 로직도 API 게이트웨이 내부에 중앙화하면 보안을 강화할 수 있습니다. 스프링 시큐리티 같은 보안 프레임워크를 이용하면 비교적 간단하게 구현할 수 있습니다.

하지만 이렇게 API 게이트웨이에 인가 로직을 두면, API 게이트웨이와 서비스가 단단히 결합하게 되어서 나중에 변경할 일이 생기면 서로 맞물리게 될 수 있습니다. 또 API 게이트웨이는 역할 기반의 URL 경로 접근만 구현할 수 있으며, 개별 도메인 객체의 접근 권한을 제어하는 ACL까지 구현하기는 무리입니다. API 게이트웨이가 서비스 도메인 로직의 세부 내용까지 알고 있어야 한다는 것은 말이 안 되겠죠.

따라서 인가 로직은 서비스에 구현하는 것이 좋습니다. 서비스가 직접 역할 기반으로 URL과 메서드를 인가하고, ACL로 애그리거트 접근을 따로 관리하는 것입니다. 주문 서비스도 역할/ACL 기반으로 주문 접근을 인가할 수 있겠죠. FTGO 애플리케이션의 다른 서비스도 이런 식으로 인가 로직을 구현하면 됩니다.

JWT로 사용자 신원/역할 전달

API 게이트웨이가 어떤 종류의 토큰에 사용자 정보를 담아 서비스에 전달할지 결정해야 합니다. 토큰 종류는 두 가지입니다. 첫째, 난독화 토큰(opaque token)입니다. 보통 UUID(Universally Unique Identifier, 범용 고유 식별자)를 많이 씁니다. 성능 및 가용성이 떨어지고 지연 시간이 길다는 것이 단점입니다. 토큰 수신자가 토큰의 유효성을 검증하고 보안 서비스를 동기 RPC 호출하여 사용자 정보를 조회해야 하기 때문입니다.

둘째, 보안 서비스 호출이 필요 없는 투명 토큰(transparent token)입니다. JWT(JSON Web Token, 제이슨 웹 토큰)는 사실상 투명 토큰의 표준 규격입니다. 두 당사자 간의 사용자 신원/역할 등의 정보를 안전하게 표현하는 표준 수단이죠. 사용자 정보, 만료일자 등 각종 메타데이터가 포함된 JSON

객체를 페이로드(payload)에 담아 JWT 생성자(예: API 게이트웨이)와 JWT 수신자(예: 서비스)만 알 수 있는 시크릿으로 서명합니다. 덕분에 악의적인 제삼자가 JWT를 위·변조하기는 거의 불가능합니다.

하지만 JWT는 토큰 자체가 포함되어 있기 때문에 취소할 수 없다는 문제가 있습니다. 서비스가 JWT 서명과 만료일자를 확인 후 요청받은 작업을 수행하는 구조라서 토큰이 악의적인 해커의 손에 넘어가더라도 이를 취소할 방법이 마땅치 않습니다. 해결 방법은 유효 기간이 짧은 JWT를 발급하는 것입니다. JWT가 최대한 가까운 미래에 만료되도록 설정하면 해커가 JWT를 탈취하더라도 뭔가 해볼 수 있는 시간이 제약되겠죠. 그런데 이렇게 수명이 짧은 JWT를 발행하면 애플리케이션이 세션을 유지하기 위해 계속 JWT를 재발행해야 할 것입니다. 다행히 이 문제는 곧이어 설명할 OAuth 2.0이라는 보안 표준을 적용하여 해결할 수 있습니다.

OAuth 2.0 응용

자격증명, 역할 등 사용자 정보를 DB로 관리하는 사용자 서비스(User Service)를 구현한다고 합시다. API 게이트웨이는 이 사용자 서비스를 호출해서 클라이언트 요청을 인증하고 JWT를 획득합니다. 서비스 API를 설계해서 본인이 선호하는 웹 프레임워크로 구현하면 되겠지만, 이런 서비스는 FTGO 애플리케이션뿐만 아니라, 다른 시스템에도 있는 공통 기능이므로 아무래도 직접 개발하는 것은 비효율적입니다.

네, 이런 종류의 보안 인프라는 직접 개발할 필요가 없습니다. OAuth 2.0 표준이 제대로 구현된 기성 서비스나 프레임워크를 갖다 쓰면 됩니다. 원래 OAuth 2.0은 깃허브나 구글 등 퍼블릭 클라우드 서비스 사용자가 자기 정보에 접근하려는 서드파티 애플리케이션을 패스워드 노출 없이 허가할 수 있는 방안을 찾다가 정착된 인증 프로토콜입니다. 개발자가 자주 방문하는 깃허브 리포지터리에 서드파티 클라우드 기반의 지속적 통합(CI) 서비스가 접근하도록 보안 허가를 내주는 메커니즘도 바로 OAuth 2.0입니다.

OAuth 2.0은 처음에는 퍼블릭 클라우드 서비스의 접근 인가 수단으로 쓰였지만, 여느 애플리케이션의 인증/인가 용도로도 사용할 수 있습니다. 마이크로서비스 아키텍처에서 OAuth 2.0 프로토콜을 적용해서 보안을 구현해 봅시다.

다음은 OAuth 2.0의 핵심 개념입니다.

- **인증 서버**(Authorization Server): 사용자 인증 및 액세스/리프레시 토큰 획득 API를 제공합니다. 스프링 OAuth는 OAuth 2.0 인증 서버를 구축하는 대표적인 프레임워크입니다.

- **액세스 토큰**(Access Token): 리소스 서버 접근을 허가하는 토큰. 액세스 토큰은 구현체마다 포맷이 다르며, 스프링 OAuth는 JWT를 사용합니다.

- **리프레시 토큰**(Refresh Token): 클라이언트가 새 액세스 토큰을 얻기 위해 필요한 토큰. 수명은 길지만 취소 가능한(revocable) 토큰입니다.

- **리소스 서버**(Resource Server): 액세스 토큰으로 접근을 허가하는 서비스. 마이크로서비스 아키텍처는 서비스가 곧 리소스 서버입니다.

- **클라이언트**: 리소스 서버에 접근하려는 클라이언트. 마이크로서비스 아키텍처는 API 게이트웨이가 바로 OAuth 2.0 클라이언트입니다.

로그인 기반 클라이언트는 잠시 뒤로 미루고, 먼저 API 클라이언트를 인증하는 방법을 알아봅시다.

그림 11-4는 API 클라이언트의 요청을 API 게이트웨이가 인증하는 과정입니다. API 게이트웨이는 OAuth 2.0 인증 서버에 요청해서 액세스 토큰을 발급받는 방식으로 API 클라이언트를 인증합니다. 그런 다음 API 게이트웨이는 해당 서비스에 액세스 토큰을 포함시켜 하나 이상의 요청을 합니다.

이벤트 순서는 다음과 같습니다.

1. 클라이언트는 기본 인증을 이용하여 자격증명과 함께 요청합니다.

2. API 게이트웨이는 OAuth 2.0 인증 서버에 패스워드 승인(Password Grant)을 요청합니다.[10]

---

8 http://www.oauth.com

9 http://bit.ly/msp-21

10 http://www.oauth.com/oauth2-servers/access-tokens/password-grant/

450

3. 인증 서버는 API 클라이언트의 자격증명을 검증하고 액세스/리프레시 토큰을 반환합니다.

4. API 게이트웨이는 서비스에 요청을 할 때마다 발급받은 액세스 토큰을 넣어 보내고, 서비스는 액세스 토큰을 이용하여 요청을 인증합니다.

▼ 그림 11-4 API 게이트웨이는 OAuth 2.0 인증 서버에 패스워드 승인을 요청해서 API 클라이언트를 인증한다. 인증 서버는 액세스 토큰을 반환하고 API 게이트웨이는 이 토큰을 서비스에 담아 보낸다. 서비스는 토큰 서명을 확인 후 사용자 신원/역할 등 필요한 정보를 추출한다

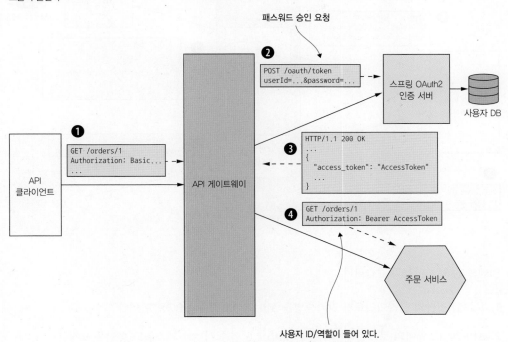

OAuth 2.0 기반의 API 게이트웨이는 액세스 토큰을 세션 토큰처럼 이용해서 세션 지향(session-oriented) 클라이언트[11]를 인증할 수 있습니다. 액세스 토큰이 만료되면 리프레시 토큰을 이용하여 액세스 토큰을 다시 발급받습니다. 그림 11-5는 API 게이트웨이가 OAuth 2.0 프로토콜을 이용하여 세션 지향 클라이언트를 처리하는 과정입니다. API 클라이언트가 API 게이트웨이의 /login 끝점에 자격증명을 POST하면 세션이 초기화됩니다. API 게이트웨이는 액세스/리프레시 토큰을 클라이언트에 반환하고, API 클라이언트는 API 게이트웨이에 요청을 할 때마다 두 토큰을 함께 넣어 보냅니다.

---

11 **역주** 접속 초기에 반드시 서버와 세션을 체결한 후 의미 있는 데이터를 주고받는 클라이언트

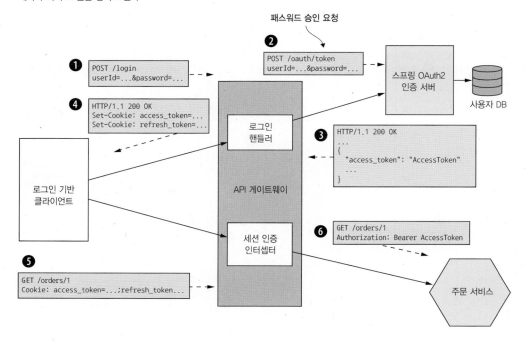

▼ 그림 11-5 클라이언트는 자격증명을 API 게이트웨이에 POST하여 로그인한다. API 게이트웨이는 클라이언트가 준 자격증명을 OAuth 2.0 인증 서버로 보내 인증 후, 액세스/리프레시 두 토큰을 쿠키로 반환한다. 다음부터 클라이언트는 API 게이트웨이에 요청할 때마다 이 두 토큰을 넣어 보낸다

이벤트 순서는 다음과 같습니다.

1. 로그인 기반의 클라이언트가 자격증명을 API 게이트웨이에 POST합니다.

2. API 게이트웨이의 로그인 핸들러는 OAuth 2.0 인증 서버에 패스워드 승인을 요청합니다.

3. 인증 서버는 클라이언트의 자격증명을 검증 후, 액세스/리프레시 토큰을 반환합니다.

4. API 게이트웨이는 인증 서버에서 받은 두 토큰을 클라이언트에 (이를테면 쿠키 포맷으로) 반환합니다.

5. 클라이언트는 액세스/리프레시 토큰을 API 게이트웨이에 요청할 때마다 실어 보냅니다.

6. API 게이트웨이의 세션 인증 인터셉터(session authentication Interceptor)는 액세스 토큰을 검증후 서비스에 토큰을 넣어 보냅니다.

액세스 토큰이 이미(또는 거의) 만료된 경우, API 게이트웨이는 인증 서버에 OAuth 2.0 리프레시 승인(Refresh Grant)을 요청해서[12] 액세스 토큰을 새로 발급받습니다. 리프레시 토큰이 아직 만료/해지 전이라면 인증 서버는 액세스 토큰을 새로 만들어 반환하며, API 게이트웨이는 새 액세스 토큰을 서비스에 전달하고 클라이언트에 반환합니다.

OAuth 2.0은 널리 검증된 보안 표준이라는 점에서 장점이 많습니다. 기성 OAuth 2.0 인증 서버를 그대로 갖다 쓰면 바퀴를 새로 발명하느라 여러분의 소중한 시간을 낭비하지 않아도 되고, 보안이 불안한 시스템을 개발할 위험성을 감수할 필요도 없습니다. 물론 OAuth 2.0이 마이크로서비스 아키텍처의 유일한 보안 수단은 아니지만, 어떻게 보안에 접근하든 다음 세 가지 기본 사상은 똑같습니다.

- API 게이트웨이는 클라이언트 인증을 담당합니다.
- API 게이트웨이 및 서비스는 투명 토큰(예: JWT)을 이용하여 주체 정보를 주고받습니다.
- 서비스는 토큰을 이용하여 주체의 신원/역할 정보를 획득합니다.

11.2 구성 가능한 서비스 설계

주문 이력 서비스는 아파치 카프카에서 전달받은 이벤트를 소비하고 AWS DynamoDB 테이블 아이템을 읽고 씁니다(그림 11-6). 이 서비스를 실행하려면 아파치 카프카의 네트워크 위치, AWS DynamoDB의 네트워크 위치, 자격증명 등 여러 가지 구성 프로퍼티가 필요합니다.

문제는 이런 구성 프로퍼티의 값이 서비스 실행 환경마다 다르다는 점입니다. 개발 환경과 운영 환경에서 사용하는 아파치 카프카 브로커와 AWS 자격증명은 당연히 다르겠죠. 환경을 구성하는 프로퍼티 값을 배포 서비스에 하드 코딩하는 것은 각 환경마다 동일한 작업을 반복해야 하므로 말도 안 되는 일입니다. 배포 파이프라인을 통해 같은 서비스를 여러 환경에 한 번에 배포할 수 있어야 합니다.

---

12 http://www.oauth.com/oauth2-servers/access-tokens/refreshing-access-tokens/

▼ 그림 11-6 주문 이력 서비스는 아파치 카프카, AWS DynamoDB를 활용한다. 각 서비스의 네트워크 위치, 자격증명 등 구성 프로퍼티 값을 설정해야 한다

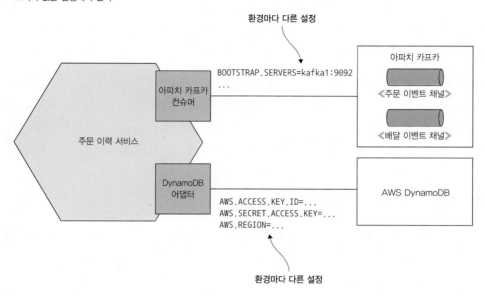

여러 구성 프로퍼티를 소스 코드에 미리 하드 코딩해 놓거나, 스프링 프레임워크의 프로파일(profile) 장치로 런타임에 프로퍼티 세트를 선택하는 구조는 보안에 취약하고 배포에 한계가 있어서 적절치 않습니다. 게다가 자격증명처럼 민감한 데이터는 해시코프 볼트(Hashicorp Vault)[13]나 AWS 파라미터 스토어[14] 같은 보안 저장 장치로 안전하게 저장되어야 합니다. 외부화 구성 패턴에 따라 런타임에 적합한 구성 프로퍼티를 서비스에 제공하는 방법이 낫습니다.

> Note ≡ **패턴: 외부화 구성**
>
> 런타임에 DB 자격증명, 네트워크 위치 등 구성 프로퍼티 값을 서비스에 제공한다.[15]

런타임에 구성 프로퍼티 값을 서비스에 제공하는 외부화 구성 메커니즘은 구현 방식에 따라 푸시/풀 두 가지 모델이 있습니다.

- **푸시 모델**(push model): OS 환경 변수, 구성 파일 등을 통해 배포 인프라에서 서비스로 프로퍼티 값을 전달합니다.
- **풀 모델**(pull model): 서비스 인스턴스가 구성 서버에 접속해서 프로퍼티 값을 읽어 옵니다.

---

13 http://www.vaultproject.io

14 https://docs.aws.amazon.com/systems-manager/latest/userguide/systems-manager-paramstore.html

15 http://microservices.io/patterns/externalized-configuration.html

11.2.1 푸시 기반의 외부화 구성

푸시 모델은 배포 환경과 서비스의 협동이 중요합니다. 배포 환경은 서비스 인스턴스가 생성될 때 프로퍼티 값을 제공합니다. 그림 11-7은 환경 변수로 값을 전달하는 방식입니다. 구성 파일로 전달하는 방식도 이와 마찬가지로 서비스 인스턴스가 시작될 때 구성 프로퍼티 값을 읽어 옵니다.

▼ 그림 11-7 배포 인프라는 주문 이력 서비스 인스턴스 생성 시 외부화 구성이 포함된 환경 변수를 세팅하며, 이렇게 세팅된 변수 값을 주문 이력 서비스가 읽는다

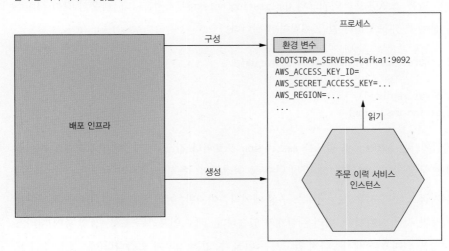

배포 환경과 서비스는 프로퍼티 값을 주고받는 방법을 서로 맞추어야 합니다. 구체적인 기술은 배포 환경마다 다릅니다. 도커 컨테이너를 통해 환경 변수를 지정하는 방법(12장)도 그중 하나입니다.

외부화 구성 프로퍼티 값을 환경 변수로 전달받은 애플리케이션은 System.getenv()로 값을 가져올 수 있지만, 자바 개발자라면 뭔가 더 편리한 장치가 내장된 프레임워크를 선호할 것입니다. 스프링 부트는 우선순위 규칙이 명확한 구성 프로퍼티 값을 다양한 소스로부터 가져올 수 있는 매우 유연한 외부화 구성 메커니즘을 제공합니다.[16]

스프링 부트가 프로퍼티 값을 읽어 올 수 있는 소스는 다음과 같습니다.

1. CLI 인수

2. OS 환경 변수(예: SPRING_APPLICATION_JSON) 또는 JSON 포맷으로 기술된 JVM 시스템 프로퍼티

---

16 https://docs.spring.io/spring-boot/docs/current/reference/html/boot-features-external-config.html

3. JVM 시스템 프로퍼티

4. OS 환경 변수

5. 현재 디렉터리의 구성 파일

프로퍼티명이 똑같을 경우, 위 목록에서 번호가 앞선 프로퍼티 값이 우선 적용됩니다. 예를 들어 OS 환경 변수 값이 구성 파일에서 읽은 프로퍼티 값을 덮어 쓸 수 있습니다.

구성 프로퍼티 값은 스프링 프레임워크의 ApplicationContext로 가져옵니다. 다음과 같이 서비스에 @Value를 붙여 특정 프로퍼티 값을 세팅하면 됩니다.

```
public class OrderHistoryDynamoDBConfiguration {

    @Value("${aws.region}")
    private String awsRegion;
```

스프링 프레임워크는 awsRegion 필드를 aws.region 프로퍼티 값으로 초기화합니다. aws.region 프로퍼티 값은 구성 파일, AWS_REGION 환경 변수 등 여러 소스 중 하나에서 읽습니다.

푸시 모델은 지금도 널리 사용되는 서비스 구성 메커니즘이지만, 이미 실행 중인 서비스를 재구성하기는 (불가능한 것은 아니지만) 어려운 한계가 있습니다. 배포 인프라 구조상, 실행 중인 서비스의 외부화 구성을 서비스를 재시동하지 않고서는 바꿀 수 없는 경우가 있습니다(예: 실행 중인 프로세스의 환경 변수 값은 기술적으로 변경 불가). 구성 프로퍼티 값이 여러 서비스에 흩어지는 것도 문제입니다. 그래서 풀 모델을 검토해야 할 필요가 있습니다.

11.2.2 풀 기반의 외부화 구성

풀 모델은 서비스 인스턴스가 시동 시 자신이 필요한 값을 구성 전용 서버에 접속하여 읽는 방식입니다(그림 11-8). 구성 서버 접속에 필요한 프로퍼티 값(예: 네트워크 위치)은 환경 변수 등의 푸시 구성 메커니즘을 통해 서비스 인스턴스에 제공됩니다.

구성 서버는 여러 가지 방법으로 구현할 수 있습니다.

- 버전 관리 시스템(예: 깃, SVN)
- SQL/NoSQL DB
- 전용 구성 서버(예: 스프링 클라우드 컨피그 서버), 자격증명 등 민감한 데이터를 보관하는 해시코프 볼트, AWS 파라미터 스토어

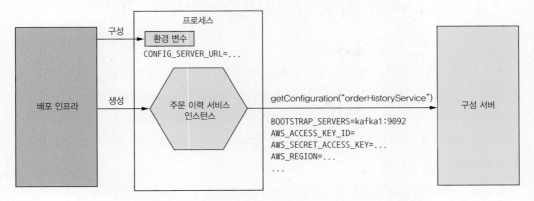

▼ 그림 11-8 서비스 인스턴스는 시동할 때 구성 전용 서버에 접속해서 필요한 프로퍼티 값을 가져온다. 배포 인프라는 구성 서버 접속에 필요한 프로퍼티 값을 제공한다

스프링 클라우드 컨피그(Spring Cloud Config)는 서버/클라이언트로 구성된, 유명한 구성 서버 기반 프레임워크입니다. 서버는 버전 관리 시스템, DB, 해시코프 볼트 등 구성 프로퍼티를 저장하는 다양한 백엔드 기술을 지원하고, 클라이언트는 서버에서 구성 프로퍼티를 가져와 스프링 ApplicationContext에 주입하는 역할을 합니다.

구성 서버가 있으면 여러모로 장점이 많습니다.

- **중앙화 구성**(centralized configuration): 모든 구성 프로퍼티를 한곳에서 관리하면 간편하고, 전역 기본값을 정의해서 서비스 단위로 재정의하는 식으로 중복 구성 프로퍼티를 제거할 수 있습니다.

- **민감한 데이터의 투명한 복호화**(transparent decryption): DB 자격증명 등 민감한 데이터는 암호화를 하는 것이 최선인데, 암호화한 데이터를 서비스 인스턴스에서 복호화하려면 암호화 키가 필요합니다. 구성 서버는 프로퍼티를 자동 복호화해서 서비스에 전달합니다.

- **동적 재구성**(dynamic reconfiguration): 수정된 프로퍼티 값을 폴링 등으로 감지해서 자동 재구성합니다.

물론 구성 서버도 결국 사람이 설정/관리해야 하는 부가적인 인프라 요소인 것은 맞지만, 스프링 클라우드 컨피그 등 괜찮은 오픈 소스 프레임워크가 많이 있어서 별로 부담스럽지는 않습니다.

11.3 / 관측 가능한 서비스 설계

이제 FTGO 애플리케이션을 프로덕션에 배포한다고 합시다. 운영자 입장에서는 초당 요청 수, 리소스 이용률 등 현재 애플리케이션의 상태가 가장 궁금하겠죠. 혹여라도 서비스 인스턴스가 실패하거나 디스크가 꽉 차버리는 등의 문제가 생기면 사용자에게 영향을 끼치기 전에 미리 그 사실을 알아내야 합니다. 또 문제가 발생하면 트러블슈팅을 하면서 근본 원인을 찾아낼 방법이 필요합니다.

하드웨어 가용성/이용률을 모니터링하는 등 애플리케이션을 운영하는 일은 대부분 운영자의 몫이지만, 개발자가 서비스 인스턴스의 동작과 헬스가 표출되도록 개발하면 운영자가 좀 더 쉽게 관리하고 트러블슈팅할 수 있을 것입니다(그림 11-9).

다음은 이런 관측 가능한 서비스를 설계하는 패턴입니다.

- **헬스 체크**(health check) **API**: 서비스 헬스를 반환하는 끝점을 표출합니다.
- **로그 수집**(log aggregation): 서비스 활동을 로깅하면서 검색/경고 기능이 구현된 중앙 로그 서버에 로그를 출력합니다.
- **분산 추적**(distributed tracing): 각 외부 요청에 ID를 하나씩 붙여 서비스 사이를 드나드는 과정을 추적합니다.
- **예외 추적**(exception tracking): 예외 중복 제거, 개발자 알림, 예외별 해결 상황 추적 등을 수행하는 예외 추적 서비스에 예외를 보고합니다.
- **애플리케이션 지표**(application metrics): 서비스는 카운터, 게이지 등 지표를 유지하고, 수집한 데이터를 지표 서버에 표출합니다.
- **감사 로깅**(audit logging): 사용자 액션을 로깅합니다.

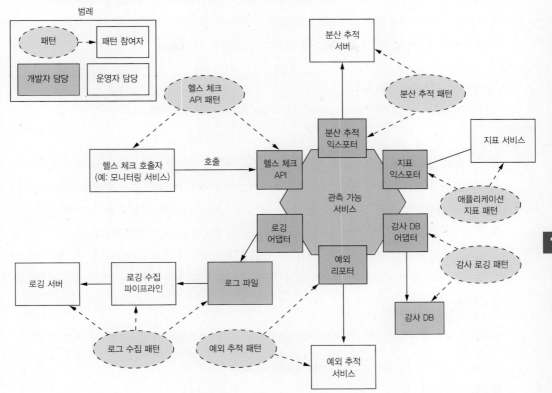

▼ 그림 11-9 관측성 패턴은 개발/운영자가 애플리케이션 동작을 이해하고 트러블슈팅할 수 있게 도와준다. 개발자는 서비스가 확실하게 관측될 수 있게 해야 한다. 운영자는 서비스가 표출한 정보를 수집하는 인프라를 맡는다

이런 패턴들의 가장 두드러진 특징은 개발자, 운영자 각자의 업무 영역이 각각 정해져 있는 것입니다. 가령 헬스 체크 API 패턴에서 개발자는 본인이 개발한 서비스의 헬스 체크 끝점을 정확히 구현하고, 운영자는 헬스 체크 API를 주기적으로 호출하여 시스템을 모니터링합니다. 로그 수집 패턴에서도 개발자는 서비스가 유용한 로그를 남기도록 개발하고, 운영자는 로그를 수집합니다.

헬스 체크 API 패턴부터 하나씩 살펴봅시다.

11.3.1 헬스 체크 API 패턴

실행 중이지만 요청을 처리할 수 없는 서비스가 있습니다. 이제 막 시동한 서비스 인스턴스도 준비가 다 끝날 때까지 요청을 받아 처리할 수 없습니다. FTGO 소비자 서비스도 메시징/DB 어댑터를 초기화하는 시간만 10초 정도 걸립니다. 요청을 처리할 준비가 아직 안 된 상황에서는 배포 인프라가 서비스 인스턴스에 HTTP 요청을 라우팅해 보아야 무의미할 것입니다.

또 서비스 인스턴스가 중단되지 않고 실패할 수도 있습니다. 예를 들어 소비자 서비스 인스턴스가 어떤 버그 때문에 접속 가능한 DB 커넥션이 고갈되어 DB 접근을 할 수 없게 되는 식이죠. 실행 중이지만 실패한 서비스 인스턴스에는 요청을 보내면 안 됩니다. 서비스 인스턴스가 복원되지 않으면 강제로 종료시킨 후 새 인스턴스를 생성해야 합니다.

> Note ≡   **패턴: 헬스 체크 API**
>
> 서비스는 서비스 상태를 반환하는 GET /health 등의 헬스 체크 API 끝점을 표출한다.[17]

서비스 인스턴스는 자신이 요청을 처리할 수 있는 상태인지 여부를 배포 인프라에 알려야 합니다. 배포 인프라가 호출 가능한 헬스 체크 끝점을 서비스에 구현하는 것이 좋은 방법입니다(그림 11-10). 자바 진영의 스프링 부트 액추에이터는 GET /actuator/health 끝점 호출 시 서비스 상태가 정상일 경우 200, 그 외에는 503이라는 상태 코드를 반환하는 라이브러리입니다. 닷넷 진영의 헬스체크(HealthChecks) 라이브러리는 GET /hc 끝점을 제공합니다.[18] 배포 인프라는 서비스 인스턴스 상태를 계속 살피고 문제가 있으면 즉시 조치를 할 수 있도록 주기적으로 헬스 체크 끝점을 호출합니다.

▼ 그림 11-10 서비스에 구현된 헬스 체크 끝점 덕분에 배포 인프라가 주기적으로 호출해서 서비스 인스턴스 상태를 파악할 수 있다

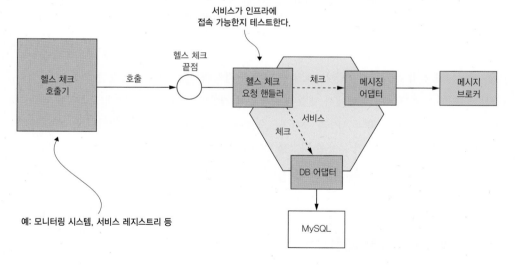

---

17 http://microservices.io/patterns/observability/health-check-api.html

18 http://bit.ly/msp-22

헬스 체크 요청 핸들러는 서비스 인스턴스 및 외부 서비스의 접속 상태를 테스트합니다. DB에도 주기적으로 테스트 쿼리를 전송합니다. 별 문제가 없으면 HTTP 200 상태 코드를, 문제가 있으면 HTTP 500 상태 코드를 반환합니다.

헬스 체크 요청 핸들러는 빈 HTTP 응답에 적절한 응답 코드를 반환할 때도 있지만, 각 어댑터의 자세한 헬스 정보도 함께 반환합니다. 트러블슈팅할 때 도움이 되겠죠. 그러나 민감한 정보도 포함될 수 있기 때문에 스프링 부트 액추에이터 같은 프레임워크는 헬스 끝점의 응답 수준을 상세히 구성할 수 있도록 지원합니다.

헬스 체크 기능을 구현할 때에는 서비스 인스턴스의 헬스를 보고하는 끝점을 어떻게 구현할지, 배포 인프라는 헬스 체크 끝점을 어떻게 호출할지, 두 가지를 고려해야 합니다.

헬스 체크 끝점 구현

헬스 체크 끝점을 구현한 코드는 서비스 인스턴스의 상태를 어떻게든 판단해야 합니다. 일단 서비스 인스턴스가 외부 인프라 서비스에 접근 가능한지 확인하면 되겠죠. 물론 방법은 인프라 서비스마다 다릅니다. 예를 들어 RDBMS 접속 상태는 DB 커넥션 객체를 얻고 테스트 쿼리를 실행하면 상태를 알 수 있습니다. 클라이언트의 서비스 API 호출을 모킹한 가짜 트랜잭션을 실행하면 더 정교하고 철저하게 헬스 체크를 할 수 있지만, 구현하는 데 시간이 걸리고 노력도 많이 듭니다.

스프링 부트 액추에이터는 /actuator/health 끝점을 호출하면 헬스 체크 실행 결과를 반환합니다. 이 라이브러리에는 구성보다 관습 방식으로 서비스가 사용하는 인프라를 체크하는 실용적인 로직이 구현되어 있습니다. 예를 들어 JDBC 데이터소스를 사용하는 서비스에는 테스트 쿼리를 실행하는 헬스 체크를, RabbitMQ 메시지 브로커를 쓰는 서비스에는 RabbitMQ 서버가 가동 중인지 확인하는 헬스 체크 로직을 자동으로 구성합니다.

HealthIndicator 인터페이스를 구현한 클래스를 정의해서 직접 헬스 체크 기능을 서비스에 구현할 수도 있습니다. 이 인터페이스에 정의된 health()는 헬스 체크 결과를 반환하며, 이 메서드는 /actuator/health 끝점을 구현한 코드가 호출합니다.

헬스 체크 끝점 호출

호출하는 코드가 없으면 헬스 체크 끝점은 쓸모가 없기 때문에 서비스를 배포할 때 배포 인프라가 헬스 체크 끝점을 호출하도록 구성합니다. 방법은 세부 인프라의 구조마다 다릅니다. 가령 넷플릭스 유레카(3장) 같은 서비스 레지스트리가 헬스 체크 끝점을 호출하도록 구성해서 네트워크 트래픽이 서비스 인스턴스로 전송되었는지 확인할 수 있습니다. 도커, 쿠버네티스로 구성하는 방법은 12장에서 다룹니다.

11.3.2 로그 수집 패턴

로그는 소중한 트러블슈팅 도구입니다. 애플리케이션 문제가 무엇인지 확인하려면 로그 파일부터 보는 것이 순서겠죠. 하지만 마이크로서비스 아키텍처에서 로그를 이용하는 것이 쉽지 않습니다. 가령 getOrderDetails() 쿼리에 발생한 오류는 어떻게 디버깅할까요? 로그 파일이 API 게이트웨이와 여러 서비스에 흩어져 있는 상황에서 필요한 로그 항목을 어떻게 끌어모을 수 있을까요?

> Note ≡ **패턴: 로그 수집**
>
> 전체 서비스 로그를 중앙 DB에 수집하여 검색/알림 기능을 제공한다.[19]

정답은 로그 수집입니다. 모든 서비스 인스턴스가 남긴 로그를 로그 수집 파이프라인을 통해 중앙 로깅 서버로 보내는 것입니다(그림 11-11). 로깅 서버에 저장된 로그 데이터는 간편하게 조회, 검색, 분석할 수 있고, 특정한 메시지가 로그에 있으면 알림을 전송하도록 구성할 수도 있습니다.

▼ 그림 11-11 로그 수집 인프라는 사용자가 로그를 확인/검색할 수 있도록 서비스 인스턴스의 로그를 모두 중앙 로깅 서버로 실어 나른다. 사용자는 검색 기준에 부합하는 로그 항목 수집 시 경고 알림이 생성되도록 구성할 수 있다

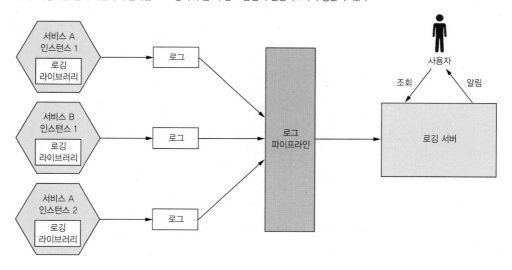

---

19 http://microservices.io/patterns/observability/application-logging.html

로깅 파이프라인과 로깅 서버는 보통 운영 팀이 담당하지만 유용한 로그를 남기도록 코딩하는 작업은 서비스 개발자의 몫입니다.

서비스 로그 생성

서비스 개발자는 몇 가지 문제를 검토해야 합니다. 우선 적합한 로깅 라이브러리를 선택한 후, 로그 항목을 어디에 출력할지 정해야 합니다.

프로그래밍 언어는 올바르게 구성된 로그 항목을 쉽게 생성할 수 있는 로깅 라이브러리를 하나쯤은 갖고 있습니다. 자바 진영에는 로그백(Logback), Log4J, JUL(java.util.logging) 삼총사, 다양한 로깅 프레임워크의 퍼사드 역할을 하는 SLF4J(Simple Logging Facade for Java)가 있습니다. Node.js 진영에도 Log4JS라는 유명한 로깅 프레임워크가 있습니다. 이런 라이브러리를 이용하여 로그를 남기는 코드를 서비스 코드 곳곳에 심어 두면 됩니다. 간혹 로깅 요건이 까다로울 경우에는 여러분이 직접 로깅 라이브러리를 래핑해서 API를 정의할 수도 있습니다.

로그를 남길 장소도 결정해야 합니다. 기존에는 잘 알려진 파일 시스템 경로에 로그 파일이 생성되도록 프레임워크를 설정했지만, 컨테이너, 서버리스 등 요즘 배포 기술(12장)에서는 보통 이렇게 하지 않습니다. 가령 AWS 람다는 로그를 출력할 '영구적인' 파일 시스템 자체가 처음부터 없으므로 stdout에 로깅해야 합니다. 서비스의 출력 결과를 갖고 뭘 할지는 배포 인프라가 결정합니다.

로그 수집 인프라

로깅 인프라는 로그를 수집, 저장합니다. 사용자는 이렇게 저장된 로그를 검색할 수 있습니다. ELK 스택(stack)은 다음 세 오픈 소스 제품으로 구성된 대표적인 로깅 인프라입니다.

- **일래스틱서치**(Elasticsearch): 로깅 서버로 쓰이는 텍스트 검색 지향 NoSQL DB
- **로그스태시**(Logstash): 서비스 로그를 수집하여 일래스틱서치에 출력하는 로그 파이프라인
- **키바나**(Kibana): 일래스틱서치 전용 시각화 툴

다른 오픈 소스 로그 파이프라인으로는 Fluentd나 아파치 플룸(Apache Flume)이 있고, 로깅 서버는 AWS 클라우드워치 로그(CloudWatch Logs) 등 다양한 상용 제품이 있습니다. 로그 수집은 마이크로서비스 아키텍처에서 대단히 유용한 디버깅 툴입니다.

11.3.3 분산 추적 패턴

getOrderDetails() 쿼리가 갑자기 느려진 원인을 찾는다고 합시다. 외부 네트워크는 문제가 없고 API 게이트웨이, 서비스 중 한곳에서 응답이 지연되었을 가능성이 높습니다. 서비스마다 평균 응답 시간을 재 보면 알겠지만, 이는 전체 요청에 대한 평균 시간이지, 개별 요청을 하나하나 측정한 시간은 아닙니다. 게다가 서비스 호출이 많이 중첩되면 복잡해지고, 한 사람이 그 모든 서비스를 다 잘 알 리도 없겠죠. 마이크로서비스 아키텍처에서는 성능 문제를 진단하고 트러블슈팅하기가 어려울 수 있습니다.

> Note ☰ **패턴: 분산 추적**
>
> 외부 요청마다 유일한 ID를 하나씩 부여해서 한 서비스에서 다음 서비스로 흘러가는 과정을 기록하고, 시각화/분석 기능을 제공하는 중앙화 서버에 자료를 남긴다.[20]

애플리케이션이 무슨 일을 하고 있는지 들여다보는 좋은 방법은 분산 추적(distributed tracing)을 활용하는 것입니다. 분산 추적은 모놀리식 애플리케이션의 성능 프로파일러(performance profiler)와 비슷한 것으로, 요청을 처리할 때마다 서비스 호출 트리 정보(예: 시작 시간, 종료 시간 등)를 기록합니다. 서비스가 외부 요청을 처리하며 어떤 상호 작용을 했는지, 어느 지점에서 얼마큼 시간을 썼는지 파악할 수 있죠.

그림 11-12에서 분산 추적 서버는 API 게이트웨이가 요청을 처리할 때 일어났던 일을 화면에 나타냅니다. API 게이트웨이로 들어온 인바운드 요청과 게이트웨이가 주문 서비스에 요청한 내용이 있습니다. 분산 추적 서버는 각 요청마다 수행한 작업과 시간을 표시합니다.

---

20 http://microservices.io/patterns/observability/distributed-tracing.html

❤️ 그림 11-12 API 게이트웨이가 주문 서비스로 보낸 요청의 처리 과정을 나타낸 집킨 서버 화면. 각 요청은 하나의 트레이스로 표시되며, 트레이스는 여러 스팬으로 구성된다. 또 스팬마다 자식 스팬을 거느릴 수 있고, 스팬은 서비스 호출 한 번에 해당한다. 세부 수집 수준에 따라 스팬이 서비스 내부 작업 호출을 나타내는 경우도 있다

부모 스팬   자식 스팬   추적

그림 11-12와 같은 것을 트레이스(trace)라고 합니다. 외부 요청을 나타내는 트레이스는 하나이상의 스팬(span)으로 구성됩니다. 스팬은 작업을 나타내며, 작업명, 시작/종료 타임스탬프(timestamp)가 주요 속성입니다. 중첩된 작업은 하나 이상의 자식 스팬으로 나타낼 수 있습니다. 그림 11-12에서 최상위 스팬은 API 게이트웨이 호출이고, 자식 스팬은 API 게이트웨이의 서비스호출입니다.

분산 추적은 각 외부 요청마다 ID를 부여하는 부수 효과를 유발합니다. 서비스는 이 요청 ID를로그에 남길 수 있고, 특정 외부 요청에 대한 로그 항목은 수집된 로그에서 이 ID로 쉽게 찾을 수있습니다. 예를 들어 주문 서비스가 다음과 같은 로그 항목을 출력했다고 합시다.

```
2018-03-04 17:38:12.032 DEBUG [ftgo-order-
    service,8d8fdc37be104cc6,8d8fdc37be104cc6,false]
  7 --- [nio-8080-exec-6] org.hibernate.SQL         :
select order0_.id as id1_3_0_, order0_.consumer_id as consumer2_3_0_, order
  0_.city as city3_3_0_,
  order0_.delivery_state as delivery4_3_0_, order0_.street1 as street5_3_0_, order0_.
street2 as street6_3_0_, order0_.zip as zip7_3_0_,
order0_.delivery_time as delivery8_3_0_, order0_.a
```

[ftgo-order-service,8d8fdc37be104cc6,8d8fdc37be104cc6,false]에는 다음 네 가지 분산 추적 정보가 있습니다(SLF4J 매핑된 진단 컨텍스트(Mapped Diagnostic Context)[21] 참고).

- **ftgo-order-service**: 애플리케이션명
- **8d8fdc37be104cc6**: 트레이스 ID

---

21 http://www.slf4j.org/manual.html

- **8d8fdc37be104cc6**: 스팬 ID

- **false**: 스팬이 분산 추적 서버로 익스포트(export, 내보내기)가 되지 않았다는 플래그

8d8fdc37be104cc6를 로그 파일에서 검색하면 해당 요청의 로그를 모두 찾을 수 있습니다. 분산 추적은 각 서비스에 쓰이는 인스트루멘테이션 라이브러리(instrumentation library)와 분산 추적 서버, 두 부분으로 구성됩니다. 트레이스와 스팬을 관리하는 인스트루멘테이션 라이브러리는 현재 트레이스 ID, 부모 스팬 ID 등의 추적 정보를 아웃바운드 요청에 추가하고 분산 추적 서버에 트레이스를 보고합니다. 추적 정보 전파에 관한 표준으로 많이 쓰는 B3[22]는 X-B3-TraceId, X-B3-ParentSpanId 같은 헤더를 사용합니다. 분산 추적 서버는 트레이스를 저장하고 UI로 시각화하여 표시하는 기능을 제공합니다.

▼ 그림 11-13 (API 게이트웨이를 포함한) 각 서비스는 외부 요청이 들어올 때마다 ID를 할당하고, 서비스 간 상태 추적을 전파하면서 분산 추적 서버에 스팬을 보고하는 인스트루멘테이션 라이브러리를 사용한다

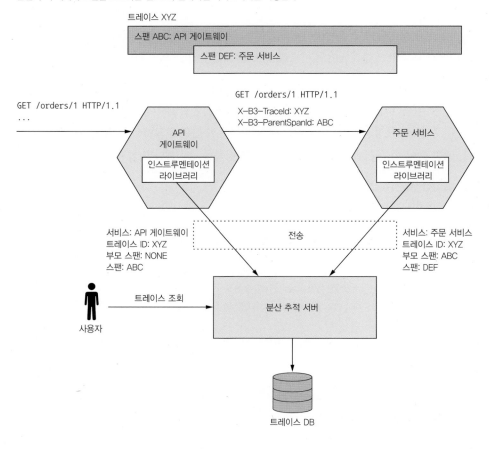

---

22 https://github.com/openzipkin/b3-propagation

인스트루멘테이션 라이브러리

인스트루멘테이션 라이브러리는 스팬 트리를 만들어 분산 추적 서버로 보냅니다. 이 라이브러리를 서비스 코드가 직접 호출할 수도 있지만, 인스트루멘테이션 로직과 여타 비즈니스 로직이 서로 얽히므로 인터셉터나 애스팩트 지향 프로그래밍(AOP)을 이용하는 것이 더 깔끔합니다.

AOP 프레임워크로 잘 알려진 스프링 클라우드 슬루스(Spring Cloud Sleuth)는 스프링 프레임워크의 AOP 메커니즘을 이용하여 분산 추적 기능을 서비스에 자동 연계합니다. 이 라이브러리를 디펜던시로 추가하면 서비스가 (스프링 클라우드 슬루스로 처리되지 않는 경우를 제외하고) 분산 추적 API를 직접 호출할 필요가 없습니다.

분산 추적 서버

인스트루멘테이션 라이브러리는 분산 추적 서버에 스팬을 전송하고, 분산 추적 서버는 전달받은 스팬을 서로 짜깁기해서 완전한 트레이스 형태로 만든 후 DB에 저장합니다. 원래 트위터가 개발한 오픈 집킨(Open Zipkin)은 잘 알려진 분산 추적 서버입니다. 서비스는 HTTP나 메시지 브로커를 통해 스팬을 집킨 서버로 전송하고, 집킨 서버는 SQL/NoSQL DB 같은 저장소에 트레이스를 보관합니다. 그림 11-12와 같이 트레이스를 표시하는 화면 UI도 있습니다. AWS 엑스레이(X-ray)도 분산 추적 서버의 일종입니다.

11.3.4 애플리케이션 지표 패턴

운영 환경에서 모니터링(monitoring)과 알림(alerting) 기능은 매우 중요합니다. 모니터링 시스템은 기술 스택의 모든 부분에서 지표를 수집하여 중요한 애플리케이션 헬스 정보를 제공합니다(그림 11-14). 수집하는 지표는 인프라 수준(예: CPU, 메모리, 디스크 사용률)부터 애플리케이션 수준(예: 서비스 요청 지연 시간, 실행 요청 수)까지 다양합니다. 가령 주문 서비스라면 주문 접수/승인/거부 건수 같은 지표가 필요하겠죠. 지표는 시각화/알림 기능을 제공하는 지표 서비스가 수집합니다.

Note ≡   **패턴: 애플리케이션 지표**

서비스는 수집, 시각화, 알림 기능을 제공하는 중앙 서버로 지표를 보고한다.

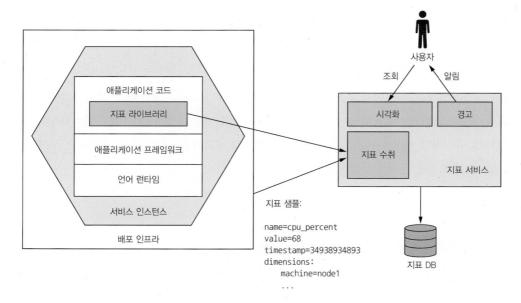

❤ 그림 11-14 스택 수준마다 지표를 수집하여 지표 서비스에 저장하고 시각화 및 알림 기능을 제공한다

지표는 주기적으로 샘플링(sampling)합니다. 다음은 지표 샘플의 세 가지 속성입니다.

- **name**: 지표명(예: jvm_memory_max_bytes, placed_orders)
- **value**: 수치 값
- **timestamp**: 샘플링 시간

디멘션(dimension)이라는 임의의 이름-값 쌍을 지원하는 모니터링 시스템도 있습니다. 예를 들어 jvm_memory_max_bytes를 area="heap", id="PS Eden Space"와 area="heap", id="PS Old Gen" 같은 디멘션과 함께 보고하는 것입니다. 머신명, 서비스명, 서비스 인스턴스 식별자 등 부가 정보를 제공하는 용도로 쓰입니다. 모니터링 시스템은 보통 하나 이상의 디멘션과 함께 지표 샘플을 수집(합계 또는 평균)합니다.

모니터링 역시 대부분 운영 팀이 관장하지만 서비스 개발자도 두 가지 임무가 있습니다. 첫째, 서비스가 자신의 동작에 관한 지표를 수집하도록 구현해야 합니다. 둘째, 이런 지표를 JVM 및 애플리케이션 프레임워크 수준에서 수집한 지표와 함께 지표 서버에 표출해야 합니다.

서비스 수준의 지표 수집

지표 수집 기능 구현에 필요한 작업 공수는 애플리케이션에 사용한 프레임워크와 수집하려는 지표 종류마다 다릅니다. 스프링 부트 기반의 서비스는 마이크로미터 메트릭스(Micrometer Metrics)라는 라이브러리를 디펜던시로 추가하고 구성 코드 몇 줄만 넣으면 기본 지표(예: JVM)는 바로 수집(표출) 가능합니다. 스프링 부트의 자동 구성(autoconfiguration) 기능 덕분에 개발자가 지표 라이브러리를 일일이 구성하고 신경 쓸 필요가 없습니다. 애플리케이션에 특정한 지표를 수집하고 싶다면 마이크로미터 메트릭스 API를 직접 호출하는 코드를 서비스에 작성하면 됩니다.

예제 11-1은 OrderService에서 주문 접수/승인/거부 건수에 관한 지표를 수집하는 코드입니다. 마이크로미터 메트릭스의 MeterRegistry라는 인터페이스를 이용하여 이런 사용자 정의 지표를 수집합니다. 각 메서드는 해당 네임드 카운터를 하나씩 올립니다.

예제 11-1 OrderService로 주문 접수/승인/거부 건수를 추적한다

```
public class OrderService {

                               애플리케이션에 특정한 지표를 관리하는
  @Autowired                   마이크로미터 메트릭스 라이브러리
  private MeterRegistry meterRegistry;  ◀

  public Order createOrder(...) {
                                          주문 성공 시 placedOrders 카운터 증가
    ...
    meterRegistry.counter("placed_orders").increment();  ◀
    return order;
  }

  public void approveOrder(long orderId) {
                                          주문 승인 시 approvedOrders 카운터 증가
    ...
    meterRegistry.counter("approved_orders").increment();  ◀
  }

  public void rejectOrder(long orderId) {
                                          주문 거부 시 rejectedOrders 카운터 증가
    ...
    meterRegistry.counter("rejected_orders").increment();  ◀
  }
```

지표 서비스에 지표 전달

서비스는 수집한 지표를 푸시(push) 또는 풀(pull) 방식으로 메트릭스 서비스에 전달합니다. 푸시 모델은 서비스 인스턴스가 API를 호출하여 메트릭스 서비스에 지표를 밀어 넣는(push) 방법입니다(예: AWS 클라우드워치).

풀 모델은 메트릭스 서비스(또는 로컬에서 실행되는 에이전트)가 서비스 API를 호출하여 서비스 인스턴스에서 지표를 당겨 오는(pull) 방법입니다(예: 오픈 소스 모니터링/알림 시스템으로 유명한 프로메테우스(Prometheus)).

FTGO 애플리케이션의 주문 서비스는 `micrometer-registry-prometheus` 라이브러리로 프로 메테우스와 연계합니다. 클래스패스에 이 라이브러리를 두고 스프링 부트에서 `GET /actuator/prometheus`하면 프로메테우스가 기대한 포맷으로 지표를 가져올 수 있습니다. 다음은 실제로 OrderService가 보고한 사용자 정의 지표입니다.

```
$ curl -v http://localhost:8080/actuator/prometheus | grep _orders
# HELP placed_orders_total
# TYPE placed_orders_total counter
placed_orders_total{service="ftgo-order-service",} 1.0
# HELP approved_orders_total
# TYPE approved_orders_total counter
approved_orders_total{service="ftgo-order-service",} 1.0
```

프로메테우스 서버는 주기적으로 이 끝점을 폴링하여 지표를 가져옵니다. 프로메테우스에 축적된 지표 데이터는 그라파나(Grafana)[23]라는 시각화 툴로 조회할 수 있습니다. 또 알림 기능도 설정할 수 있습니다. 예를 들어 `placed_orders_total`의 변화율이 특정 임계치 이하로 떨어지면 알림을 받는 식입니다.

애플리케이션 지표는 애플리케이션이 동작을 파악하는 중요한 단서를 제공합니다.

알림 기능 덕분에 운영자는 사고가 터져 문제가 커지기 전에 신속히 조치할 수 있습니다.

11.3.5 예외 추적 패턴

예외 로그를 남겨야 하는 경우는 드물지만, 예외는 문제의 근본 원인을 식별하는 데 중요한 단서입니다. 또 예외는 시스템 실패 또는 프로그래밍 버그가 징후이기도 합니다. 기존에는 직접 로그

---

23 https://grafana.com

파일에서 예외를 검색하거나, 로그 파일에 예외가 출현하면 알림을 보내도록 로깅 서버를 구성했지만, 이런 방식은 다음과 같은 한계가 있습니다.

- 로그 파일은 대부분 한 줄짜리 로그 항목이 많지만, 예외는 보통 여러 줄로 나옵니다.
- 로그 파일에 있는 예외의 해결 과정을 추적할 메커니즘이 없습니다. 결국 예외를 이슈 추적기에 일일이 복사/붙여넣기 해야 합니다.
- 중복된 예외를 자동으로 하나의 예외로 식별하여 처리할 방법이 없습니다.

Note ≡ **패턴: 예외 추적**

서비스는 중복된 예외를 제거하고, 알림을 생성하고, 예외 해결 과정을 관리하는 중앙 서비스에 예외를 보고한다.[24]

중복된 예외를 제거하고, 알림을 생성하고, 예외 해결 과정을 관리하는 예외 추적 서비스를 따로 두는 것이 좋습니다. 여타 서비스에 예외가 발생하면 무조건 (REST API 등으로) 예외 추적 서비스에 보고하도록 구성하는 것이죠(그림 11-15).

서비스가 예외 추적 서비스 API를 직접 호출해도 되지만, 예외 추적 서비스에 내장된 클라이언트 라이브러리를 활용하는 것이 좋습니다. 허니배저(HoneyBadger)라는 클라이언트 라이브러리는 예외를 붙잡아 보고하는 서블릿 필터 등 편리한 연계 장치를 제공합니다.

▼ 그림 11-15 서비스는 예외를 예외 추적 서비스에 보고하여 중복 예외를 걸러 내고 개발자에게 발생 사실을 알린다. 예외 추적 서비스는 예외 조회/관리용 UI를 제공한다

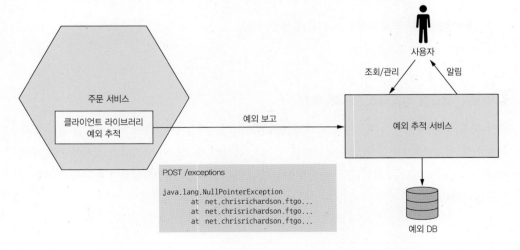

---

24 http://microservices.io/patterns/observability/audit-logging.html

예외 추적 패턴은 운영 이슈를 신속하게 발견하여 대응할 수 있게 해주는 유용한 수단입니다.

11.3.6 감사 로깅 패턴

감사 로깅(audit logging)은 각 사용자의 액션을 기록하는 것입니다. 감사 로그는 일반적으로 고객 지원, 컴플라이언스 준수, 수상한 동작 감지 용도로 쓰입니다. 사용자 신원 및 사용자가 수행한 작업, 비즈니스 객체(들)를 감사 로그 항목에 꼼꼼히 기록해서 DB에 저장합니다.

감사 로깅을 구현하는 방법은 다음과 같습니다.

- 감사 로깅 코드를 비즈니스 로직에 추가합니다.
- 애스펙트 지향 프로그래밍(AOP)을 활용합니다.
- 이벤트 소싱을 이용합니다.

감사 로깅 코드를 비즈니스 로직에 추가

감사 로깅 코드를 서비스 비즈니스 로직 곳곳에 심어 두는 것입니다. 서비스 메서드마다 감사 로그 항목을 생성하고 DB에 저장하는 것이죠. 문제는 감사 로깅 코드와 비즈니스 로직이 한데 섞여 관리하기가 쉽지 않다는 점입니다. 개발자가 일일이 감사 로깅 코드를 작성하기 때문에 에러가 날 가능성도 높습니다.

---

25 http://www.honeybadger.io

26 https://sentry.io/welcome/

27 http://microservices.io/patterns/observability/audit-logging.html

애스팩트 지향 프로그래밍 활용

AOP를 응용해서 각 서비스 메서드의 호출을 자동 인터셉트하는 어드바이스(advice)를 (스프링 AOP 등의 AOP 프레임워크로) 구성해서 감사 로그 항목을 저장할 수도 있습니다. 서비스 메서드가 호출될 때마다 자동 기록되는 확실한 방법이지만, 어드바이스는 메서드명과 인수만 접근할 수 있으므로 어떤 비즈니스 객체를 대상으로 액션이 이루어지는지 판단하거나 비즈니스 지향적인 감사 로그 항목을 만들기는 어렵습니다.

이벤트 소싱 이용

이벤트 소싱을 이용하여 비즈니스 로직을 구현하는 것입니다. 6장에서 잠시 언급했듯이, 이벤트 소싱은 생성/수정 작업의 감사 로그를 자동으로 제공하는 기능이 있습니다. 사용자 신원을 각각의 이벤트에 기록하면 됩니다. 단 이 방법은 쿼리는 기록하지 않기 때문에 쿼리를 별도 로그 항목으로 남겨야 할 경우는 다른 방법을 강구해야 합니다.

MICROSERVICES PATTERNS

11.4 서비스 개발: 마이크로서비스 섀시 패턴

지표, 예외 추적기에 예외 보고, 로깅, 헬스 체크, 외부화 구성, 보안 등 서비스에 구현해야 할 다양한 관심사를 세 절에 걸쳐 살펴보았습니다. 이 밖에도 3장에서 배운 서비스 디스커버리, 회로 차단기 기능을 서비스에 추가 구현해야 하는데, 이런 작업을 매번 서비스를 개발할 때마다 반복한다는 것은 말이 안 됩니다. 그랬다가는 정작 중요한 비즈니스 로직 개발에 착수하기까지 (몇 주까지는 아니더라도) 최소한 며칠은 걸리겠죠.

> Note ☰ **패턴: 마이크로서비스 섀시**
>
> 예외 추적, 로깅, 헬스 체크, 외부화 구성, 분산 추적 등의 횡단 관심사를 처리하는 프레임워크(들)를 기반으로 서비스를 구축한다.[28]

---

28 http://microservices.io/patterns/microservice-chassis.html

마이크로서비스 섀시(microservice chassis)는 횡단 관심사 처리에 특화된 프레임워크(들)입니다. 마이크로서비스 섀시 기반으로 서비스를 구축하면 횡단 관심사를 처리하는 코드를 서비스에 작성할 일이 거의 없고 그만큼 개발 속도는 빨라집니다(그림 11-16).

▼ 그림 11-16 마이크로서비스 섀시 프레임워크는 예외 추적, 로깅, 헬스 체크, 외부화 구성, 분산 추적 등 여러 가지 일을 처리한다

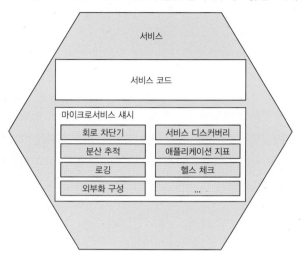

11.4.1 마이크로서비스 섀시

마이크로서비스 섀시 프레임워크는 다양한 관심사를 처리합니다.

- 외부화 구성
- 헬스 체크
- 애플리케이션 지표
- 서비스 디스커버리
- 회로 차단기
- 분산 추적

마이크로서비스 섀시를 적용하면 개발자가 작성해야 할 코드가 확 줄고 경우에 따라 코드를 전혀 작성하지 않아도 됩니다. 덕분에 개발자는 서비스 비즈니스 로직 개발에만 전념할 수 있죠. 물론 정해진 요건에 알맞게 마이크로서비스 섀시를 구성해야 합니다.

FTGO 애플리케이션은 스프링 부트, 스프링 클라우드를 마이크로서비스 섀시로 활용합니다. 외부화 구성 같은 기능은 스프링 부트가, 회로 차단기 같은 기능은 스프링 클라우드가 각각 제공합니다. 스프링 클라우드는 클라이언트 쪽 서비스 디스커버리 기능도 제공하지만 FTGO 애플리케이션은 서비스 디스커버리 전용 인프라를 사용합니다. 고 언어로 작성된 애플리케이션은 고 킷 (Go Kit)[29]이나 마이크로(Micro)[30]를 마이크로서비스 섀시로 사용하면 됩니다.

서비스를 개발하는 모든 언어/플랫폼 조합마다 마이크로서비스 섀시가 하나씩 필요한 단점은 있습니다. 다행히 마이크로서비스 섀시에 구현된 기능은 대부분 인프라에 대신 구현할 수 있습니다. 이를테면 서비스 디스커버리는 웬만한 배포 환경은 다 지원하는 기능입니다. 마이크로서비스 섀시의 네트워크 관련 기능은 앞으로 서비스 메시라는 서비스 외부에서 실행되는 인프라 계층에서 대부분 처리될 것입니다.

11.4.2 이제는 서비스 메시로

마이크로서비스 섀시는 다양한 횡단 관심사를 구현하기 좋은 수단이지만, 사용하는 프로그래밍 언어마다 하나씩 필요하다는 점이 문제입니다. 스프링 부트, 스프링 클라우드는 자바/스프링으로 작성된 서비스에는 유용하지만 Node.js 기반 서비스에는 아무 소용이 없습니다.

> Note ≡ **패턴: 서비스 메시**
>
> 회로 차단기, 분산 추적, 서비스 디스커버리, 부하 분산, 룰 기반 트래픽 라우팅 등 다양한 관심사가 구현된 네트워킹 계층을 통해 서비스를 드나드는 모든 네트워크 트래픽을 라우팅한다.[31]

이런 문제점 때문에 공통 기능 일부를 서비스 외부에 위치한 서비스 메시에 구현하게 된 것입니다. 서비스 메시는 한 서비스와 다른 서비스, 그리고 외부 애플리케이션 간의 소통을 조정하는 인프라입니다. 서비스를 드나드는 네트워크 트래픽은 모두 회로 차단기, 분산 추적, 서비스 디스커버리, 부하 분산, 룰 기반 트래픽 라우팅 등 다양한 관심사가 구현된 서비스 메시를 통과합니다(그림 11-17). 또 서비스 메시는 TLS 기반의 IPC로 서비스 간 IPC를 보안합니다. 따라서 특정 공통 기능을 서비스에 직접 구현할 필요가 없습니다.

---

29 https://github.com/go-kit/kit

30 https://github.com/micro/micro

31 http://microservices.io/patterns/deployment/service-mesh.html

▼ 그림 11-17 서비스를 드나드는 모든 네트워크 트래픽은 회로 차단기, 분산 추적, 서비스 디스커버리, 부하 분산 등 다양한 기능이 구현된 서비스 메시를 통과한다

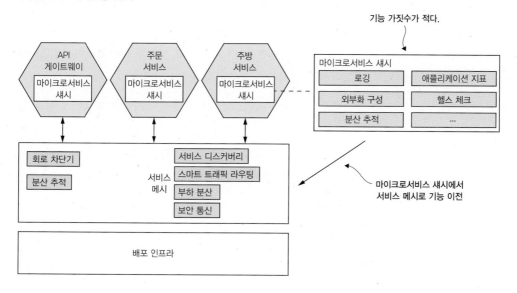

서비스 메시 덕분에 마이크로서비스 섀시는 외부화 구성, 헬스 체크 등 애플리케이션 코드와 단단히 결합된 관심사만 구현하면 되기 때문에 훨씬 더 단순해집니다. 단 마이크로서비스 섀시는 분산 추적 정보를 전파하여 분산 추적을 할 수 있게 지원해야 합니다(예: 11.3.3절에서 언급한 B3 표준 헤더).

Note ≡   **서비스 메시의 현재 상태**

서비스 메시를 구현한 제품으로는 다음과 같은 것들이 있습니다.

- 이스티오(Istio)[32]
- 링커드(Linkerd)[33]
- 콘듀이트(Conduit)[34]

이 책을 쓰는 현재 가장 성숙한 제품은 링커드입니다. 이스티오, 콘듀이트는 아직 한창 개발 중입니다. 흥미진진한 신기술 정보는 각 제품별 문서를 참고하세요.

---

32 https://istio.io

33 https://linkerd.io

34 https://conduit.io

서비스 메시는 개발자가 다양한 횡단 관심사를 신경 쓸 필요가 없게 해주므로 미래 전망이 매우 밝습니다. 트래픽을 라우팅하는 능력도 있어서 배포와 릴리스를 분리할 수 있고, 그래서 새 버전의 서비스를 프로덕션에 배포만 하고 내부 테스터 등 특정 사용자에게만 릴리스하는 일도 가능합니다. 자세한 내용은 12장에서 서비스를 쿠버네티스로 배포하는 방법과 함께 다시 설명하겠습니다.

11.5 마치며

- 서비스는 당연히 본연의 기능 요건을 충족해야 하지만 그와 동시에 안전하고 구성 가능하며 관측 가능해야 합니다.

- 마이크로서비스 아키텍처 보안 역시 모놀리식 아키텍처와 대동소이하지만 API 게이트웨이와 서비스가 사용자 신원을 주고받는 방식, 인증/인가를 담당하는 주체 등 어쩔 수 없이 차이 나는 부분은 있습니다. 일반적으로는 API 게이트웨이에서 클라이언트를 인증합니다. API 게이트웨이는 서비스를 요청할 때마다 투명 토큰(예: JWT)을 같이 넣어 보냅니다. 사용자의 신원 및 역할 정보가 이 토큰에 있고, 서비스는 이 정보를 가져와 리소스 접근을 승인합니다. OAuth 2.0은 마이크로서비스 아키텍처 보안을 구현하기에 더없이 훌륭한 수단입니다.

- 서비스는 대부분 메시지 브로커, DB 등 하나 이상의 외부 서비스를 사용합니다. 외부 서비스별 네트워크 위치와 자격증명은 서비스 실행 환경마다 다르기 때문에 외부화 구성 패턴을 적용하고 런타임에 구성 프로퍼티를 서비스에 공급해야 합니다. 배포 인프라는 대개 이런 프로퍼티 값을 서비스 인스턴스 생성 시 OS 환경 변수나 프로퍼티 파일을 통해 제공받습니다. 서비스 인스턴스가 직접 자신의 프로퍼티 값을 구성 서버에서 가져오는 방법도 있습니다.

- 운영자/개발자는 관측성 패턴을 구현할 책임을 분담합니다. 운영자는 로그 수집, 지표, 예외 추적, 분산 추적을 처리하는 관측성 인프라를 담당하고, 개발자는 본인이 개발한 서비스가 관측 가능하도록 보장해야 합니다. 헬스 체크 API 끝점을 추가하고, 로그 항목을 생성하고, 지표를 수집/표출하고, 예외 추적 서비스에 예외를 보고하고, 분산 추적하는 코드를 서비스에 구현합니다.

- 개발을 단순화/가속화하려면 서비스를 마이크로서비스 섀시 기반으로 개발하는 것이 좋습니다. 마이크로서비스 섀시는 이 장에서 언급한 갖가지 횡단 관심사를 처리하는 프레임워크(들)입니다. 향후 마이크로서비스 섀시의 네트워킹 관련 기능은 서비스 메시(전체 서비스 네트워크 트래픽이 흐르는 인프라 소프트웨어 계층)로 옮아갈 전망입니다.

12^장

마이크로서비스 배포

12.1 서비스 배포: 언어에 특정한 패키징 포맷 패턴

12.2 서비스 배포: 가상 머신 패턴

12.3 서비스 배포: 컨테이너 패턴

12.4 FTGO 애플리케이션 배포: 쿠버네티스

12.5 서비스 배포: 서버리스 패턴

12.6 REST 서비스 배포: AWS 람다 및 AWS 게이트웨이

12.7 마치며

이 장에서 다룰 핵심 내용

- 4대 주요 배포 패턴의 작동 원리와 장단점
    - 언어별 패키징 포맷
    - 서비스를 가상 머신으로 배포
    - 서비스를 컨테이너로 배포
    - 서버리스 배포
- 쿠버네티스를 이용한 서비스 배포
- 서비스 메시를 이용한 배포와 릴리스를 구분
- AWS 람다를 이용한 서비스 배포
- 배포 패턴 선정

메리와 FTGO 팀원들의 첫 서비스 개발은 거의 끝나갑니다. 아직 완성된 수준은 아니지만, 개발자 노트북과 젠킨스 CI 서버에서는 잘 돌아갑니다. 그러나 이것만으로는 부족하죠. 소프트웨어는 프로덕션에서 실행되고 사용자가 접속하기 전에는 별로 가치가 없습니다. 이제 FTGO 서비스도 프로덕션에 배포할 준비를 해야 합니다.

배포는 프로세스와 아키텍처, 두 상호 연관된 개념의 조합입니다. 배포 프로세스는 소프트웨어를 프로덕션에 반영하기 위해 사람(개발/운영자)이 해야 하는 단계들로 구성됩니다. 배포 아키텍처는 소프트웨어가 실행되는 환경의 구성을 정의합니다. 1990년대 후반, 필자가 엔터프라이즈 자바 애플리케이션을 처음 개발하던 시절 이후 배포 프로세스는 많이 달라졌습니다. 개발자가 운영 팀에 코드를 일일이 넘겨주던 수작업 과정은 고도로 자동화되었고, 물리적인 프로덕션 환경은 점점 가볍고 일시적인(ephemeral) 컴퓨팅 인프라로 대체되었습니다(그림 12-1).

❤ 그림 12-1 무겁고 수명이 긴 물리 머신은 점점 가볍고 일시적인 기술로 대체되었다

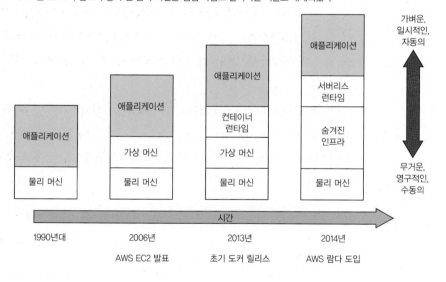

1990년대에는 애플리케이션을 프로덕션에 배포하기 위해 깨알 같은 작업 지시서를 작성한 후, 옆 칸에 근무하는 운영 팀 담당자에게 애플리케이션 코드를 전달했습니다. 애플리케이션을 배포해 달라고 요청하는 트러블 티켓(trouble ticket)을 제출했죠. 어쨌든, 여기까지 진행되면 그다음은 개발자가 도와주어야 할 문제가 생기지 않는 한 전적으로 운영자가 알아서 했습니다. 운영 팀은 보통 웹로직(WebLogic)이나 웹스피어(WebSphere) 같은 고가의 무거운 애플리케이션 서버를 구매/설치했습니다. 어두컴컴한 콘솔창에서 셸 커맨드를 실행하여 애플리케이션을 배포했고, 늘 자신의 반려동물이나 되는 양, 애지중지 아끼면서 육중한 머신에 소프트웨어 패치/업데이트를 했습니다.

이런 고가의 애플리케이션 서버는 2000년대 중반 무렵부터 아파치 톰캣, 제티 등 가벼운 오픈 소스 웹 컨테이너로 점차 대체되었습니다. 하나의 웹 컨테이너에 애플리케이션을 여러 개 실행할 수도 있지만, 대부분 웹 컨테이너당 하나의 애플리케이션이 적당했죠. 그리고 점점 가상 머신이 물리 머신을 대체하기 시작했습니다.

물론 그래도 머신을 반려동물처럼 다루는 사람들이 많았고 여전히 배포 프로세스는 기본적으로 수작업이었습니다.

요즘은 배포 프로세스가 완전히 다릅니다. 작성한 코드를 별도의 운영 팀에 넘겨주는 것이 아니라, 데브옵스(DevOps) 체제하에 개발 팀이 직접 자기 애플리케이션 또는 서비스를 배포합니다. 어떤 회사는 운영자가 개발자에게 코드 배포용 콘솔을 제공하기도 하고, 테스트 성공 시 배포 파이프라인이 코드를 프로덕션에 자동 배포하는 더 바람직한 시스템을 구축한 회사도 있습니다.

운영 환경에 사용되는 컴퓨팅 리소스 역시 물리 머신을 추상한 개념이 등장하면서 많은 변화를 겪었습니다. AWS 등 고도로 자동화한 클라우드에 기반한 가상 머신은 수명이 긴 물리/가상 머신을 급속히 대체했습니다. 오늘날 가상 머신은 기본적으로 불변입니다(immutable). 반려동물이 아니라 언제든지 처분 가능한 소처럼 취급하고, 재구성(reconfiguration)을 하기보다는 폐기 후 재생성합니다. 가상 머신 위에서 더 가벼운 추상 계층으로 진화한 컨테이너는 애플리케이션 배포 수단으로 점점 인기를 얻고 있습니다. 또 많은 유스 케이스에 훨씬 가벼운 서버리스 배포 플랫폼(예: AWS 람다)을 사용할 수 있습니다.

배포 프로세스/아키텍처가 발전을 거듭한 것은 마이크로서비스 아키텍처가 점점 더 많이 채택되고 있는 추세와 무관하지 않습니다. 요즘 애플리케이션은 보통 다양한 프로그래밍 언어와 다양한 프레임워크로 작성된 서비스가 수십 개, 수백 개에 이릅니다. 서비스 하나가 곧 작은 애플리케이션이니 사실상 애플리케이션을 수십 개, 수백 개 운영하는 셈이죠. 따라서 시스템 관리자가 서버 및 서비스를 일일이 손으로 구성하는 것은 불가능에 가깝습니다. 또 마이크로서비스를 확장시켜 배포하려면 고도로 자동화한 배포 프로세스/아키텍처가 있어야 합니다.

그림 12-2는 고수준에서 바라본 프로덕션 환경입니다. 이런 환경이 잘 갖추어져 있어야 개발자는 서비스를 구성/관리하고, 배포 파이프라인은 새 버전의 서비스를 배포하고, 사용자는 이렇게 구현된 서비스의 기능에 접근할 수 있습니다.

▼ 그림 12-2 프로덕션 환경을 단순화한 그림. 프로덕션 환경은 개발자가 본인이 담당한 서비스를 배포/관리하는 서비스 관리 인터페이스, 서비스가 가동 중인지 확인하는 런타임 서비스 관리, 서비스 동작을 시각화하고 알림을 생성하는 모니터링, 사용자 요청을 서비스로 전송하는 요청 라우팅, 이렇게 총 네 가지 기능을 제공한다

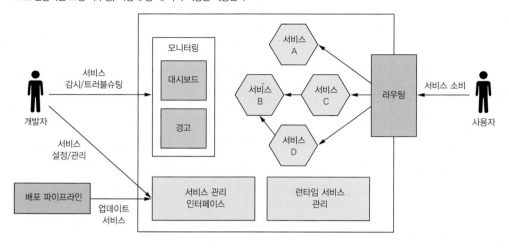

프로덕션 환경의 4대 필수 기능은 다음과 같습니다.

- **서비스 관리 인터페이스**(service management interface): 개발자가 서비스를 생성, 수정, 구성할 수 있는 인터페이스를 제공합니다. CLI이나 GUI 배포 툴에서 호출하는 REST API가 가장 좋습니다.

- **런타임 서비스 관리**(runtime service management): 서비스 인스턴스가 항상 적정한 개수만큼 실행되도록 합니다. 서비스 인스턴스가 깨지거나 어떤 이유에서든 요청을 처리할 수 없을 때, 프로덕션 환경은 해당 인스턴스를 재시동해야 합니다. 아예 머신 자체가 깨질 경우, 서비스 인스턴스를 다른 머신에서 재시동해야 합니다.

- **모니터링**(monitoring): 서비스가 무슨 일을 하고 있는지, 로그 파일 및 지표를 개발자가 관찰할 수 있게 합니다. 프로덕션 환경은 문제가 있으면 지체 없이 개발자에게 알려야 합니다. 모니터링은 11장에서 관측성이라는 명칭으로 이미 설명했습니다.

- **요청 라우팅**(request routing): 사용자 요청을 서비스로 보냅니다.

이 장에서는 네 가지 주요 배포 옵션을 설명합니다.

- **언어에 특정한 패키지(예: JAR/WAR 파일)로 서비스를 배포**: 이 방식은 단점이 많지만 그것이 다른 옵션을 권장하는 이유라서 살펴볼 가치가 있습니다.

- **서비스를 가상 머신으로 배포**: 서비스를 가상 머신 이미지로 묶어 배포하는 방식입니다. 서비스의 기술 스택을 캡슐화할 수 있습니다.

- **서비스를 컨테이너로 배포**: 컨테이너는 가상 머신보다 가볍습니다. 유명한 도커 오케스트레이션 프레임워크인 쿠버네티스를 이용하여 FTGO 애플리케이션의 음식점 서비스를 배포하는 방법을 설명합니다.

- **서비스를 서버리스 배포 기술로 배포**: 서버리스는 컨테이너보다 더 최근에 나온 기술입니다. 유명 서버 플랫폼인 AWS 람다로 음식점 서비스를 배포하는 방법을 설명합니다.

12.1 서비스 배포: 언어에 특정한 패키징 포맷 패턴

스프링 부트로 개발한 음식점 서비스를 배포한다고 합시다. 먼저 언어에 특정한 패키지로 배포하는 방법이 가장 먼저 떠오릅니다. 프로덕션에 배포할 코드와 필요한 런타임을 모두 언어에 특정한 패키지(JAR/WAR 파일)에 넣고 배포하는 것입니다. Node.js로 개발한 서비스라면 소스 코드와 모듈 디렉터리, 고 언어로 개발한 서비스라면 OS에 특정한 실행 파일을 배포합니다.

> Note ≣ **패턴: 언어에 특정한 패키징 포맷**
>
> 언어에 특정한 패키지 형태로 프로덕션에 배포한다.[1]

음식점 서비스를 배포하려면 우선 필요한 런타임(JDK)을 설치해야 합니다. WAR 파일로 배포하려면 웹 컨테이너(예: 아파치 톰캣)도 설치해야 합니다. 패키지를 머신에 복사하고 서비스를 시동하면, 서비스 인스턴스는 개별 JVM 프로세스로 실행됩니다.

서비스를 프로덕션에 자동 배포하는 배포 파이프라인을 구축하는 것이 가장 이상적입니다(그림 12-3). 이 배포 파이프라인은 실행 가능한 JAR/WAR 파일을 빌드하고, 프로덕션 환경의 서비스 관리 인터페이스를 호출해서 새 버전의 서비스를 배포합니다.

---

1 http://microservices.io/patterns/deployment/language–specific–packaging.html

▼ 그림 12-3 배포 파이프라인은 실행 가능 JAR 파일을 빌드해서 프로덕션에 배포한다. 배포된 각 서비스 인스턴스는 JDK 또는 JRE가 설치된 머신에서 실행되는 JVM 프로세스다

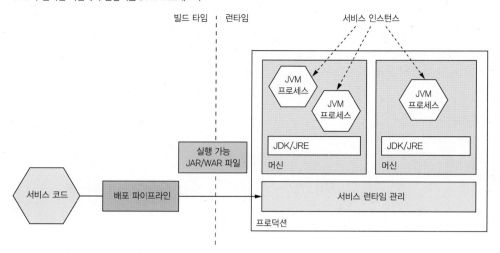

서비스 인스턴스는 대부분 단일 프로세스이지만, 여러 프로세스로 구성할 때도 있습니다. 이를테면 자바 서비스 인스턴스는 JVM에서 실행되는 하나의 프로세스이지만, Node.js 서비스는 동시 처리를 위해 여러 개의 워커(worker) 프로세스를 파생시킬 수 있습니다. 같은 프로세스에 여러 서비스 인스턴스를 배포할 수 있게 지원하는 언어도 있습니다.

그림 12-4와 같이 머신 하나에 여러 JVM을 띄워 놓고, JVM당 하나의 서비스 인스턴스를 가동시킬 수도 있습니다.

▼ 그림 12-4 여러 서비스 인스턴스를 같은 머신에 배포. 서비스가 같은 인스턴스와 서비스가 다른 인스턴스가 공존할 수 있다. OS 오버헤드는 서비스 인스턴스에 고루 분산되며, 각 서비스 인스턴스는 별도 프로세스로 작동되기 때문에 서로 격리되어 있다

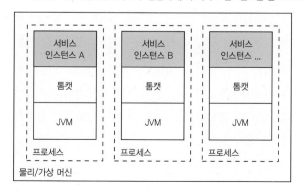

단일 프로세스에 여러 서비스 인스턴스를 실행하는 것이 가능한 언어도 있습니다. 가령 그림 12-5와 같이 하나의 아파치 톰캣에 자바 서비스를 여러 개 실행할 수 있습니다.

▼ 그림 12-5 여러 서비스 인스턴스를 동일한 웹 컨테이너 또는 애플리케이션 서버에 배포. 서비스가 같은 인스턴스와 서비스가 다른 인스턴스가 공존할 수 있다. OS/런타임 오버헤드는 모든 서비스 인스턴스에 고루 분산되지만, 서비스 인스턴스는 같은 프로세스에 있기 때문에 서로 격리되어 있지 않다

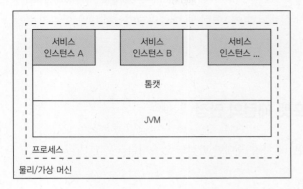

과거에 무겁고 값비싼 애플리케이션 서버(예: 웹로직, 웹스피어)에서 자주 사용했던 애플리케이션 배포 방식입니다. 서비스를 OSGI 번들로 묶어 각 OSGI 컨테이너에 여러 서비스 인스턴스를 실행할 수도 있습니다.

12.1.1 언어에 특정한 패키징 포맷 패턴의 장점

언어에 특정한 패키징 포맷 패턴은 다음과 같은 장점이 있습니다.

- 배포가 빠릅니다.
- 리소스를 효율적으로 활용할 수 있습니다(특히 같은 머신이나 같은 프로세스 내에서 여러 인스턴스를 실행할 때).

배포가 빠르다

호스트에 서비스를 복사해서 그냥 시동하면 되기 때문에 서비스 인스턴스를 배포하는 속도가 가장 빠릅니다. 자바로 개발한 서비스는 JAR/WAR 파일을 복사하고, Node.js나 루비로 개발한 서비스는 소스 코드를 복사합니다. 네트워크를 통해 복사되는 바이트 수도 비교적 적습니다.

서비스를 시동하는 시간도 거의 안 걸립니다. 자체가 프로세스인 서비스는 그냥 시동하면 되고, 서비스가 같은 컨테이너에서 실행 중인 인스턴스들 중 하나라면 컨테이너에 동적 배포하거나, 컨테이너를 재시동하면 됩니다. 오버헤드가 없어서 서비스도 빨리 시동되는 편입니다.

리소스를 효율적으로 활용할 수 있다

여러 서비스 인스턴스가 머신과 OS를 공유하므로 리소스를 효율적으로 활용할 수 있습니다. 여러 서비스 인스턴스가 같은 프로세스에서 실행되면(예: 여러 웹 애플리케이션이 같은 아파치 톰캣 서버와 JVM을 공유) 훨씬 더 효율적입니다.

12.1.2 언어에 특정한 패키징 포맷 패턴의 단점

그러나 언어에 특정한 패키징 포맷 패턴은 몇 가지 중대한 단점도 있습니다.

- 기술 스택을 캡슐화할 수 없습니다.
- 서비스 인스턴스가 소비하는 리소스를 제한할 방법이 없습니다.
- 여러 서비스 인스턴스가 동일 머신에서 실행될 경우 서로 격리할 수 없습니다.
- 서비스 인스턴스를 어디에 둘지 자동으로 결정하기 어렵습니다.

기술 스택을 캡슐화할 수 없다

운영자는 각 서비스의 배포 방법을 자세히 알고 있어야 합니다. 서비스별로 런타임 버전이 정해져 있고(예: 자바 웹 애플리케이션은 실행 가능한 아파치 톰캣, JDK 버전이 정해져 있음), 필요한 소프트웨어 패키지 버전이 상이할 수 있으므로 정확하게 구분해서 설치해야 합니다.

서비스마다 사용한 언어/프레임워크가 다양할 수 있고, 같은 언어/프레임워크라도 버전이 제각각일 수도 있으니 많은 세부 정보를 운영 팀과 공유해야 합니다. 이런 복잡성 탓에 버전이 맞지 않는 언어 런타임이 머신에 설치되는 등 갖가지 이유로 배포 중 에러가 발생할 가능성이 높습니다.

서비스 인스턴스가 소비하는 리소스를 제한할 방법이 없다

서비스 인스턴스가 소비하는 리소스를 제한할 방법이 마땅찮습니다. 한 프로세스가 전체 CPU/메모리를 다 소모하면 다른 서비스 인스턴스와 OS 리소스는 기아에 허덕이겠죠. 프로그램 버그 때문에 이런 현상은 얼마든지 생길 수 있습니다.

여러 서비스 인스턴스가 동일 머신에서 실행될 경우 서로 격리할 수 없다

같은 머신에 여러 인스턴스를 실행하면, 각 인스턴스를 서로 격리할 수 없습니다. 어느 서비스 인스턴스가 오동작하면 다른 서비스 인스턴스에도 영향을 끼칠 수 있기 때문에 애플리케이션이 불안정한 모습을 보일 가능성이 있습니다.

서비스 인스턴스를 어디에 둘지 자동으로 결정하기 어렵다

같은 머신에 여러 서비스 인스턴스를 실행하면 서비스 인스턴스의 위치를 결정하는 문제도 고민해야 합니다. CPU, 메모리 같은 리소스는 한정되어 있고 각 서비스 인스턴스는 일정량의 리소스가 필요하기 때문에 너무 지나치지 않게, 머신을 최대한 효율적으로 활용하는 방향으로 서비스 인스턴스를 배정해야 합니다. VM 기반의 클라우드 및 컨테이너 오케스트레이션 프레임워크는 이런 일을 자동으로 처리합니다.

서비스를 언어에 특정한 패키지로 묶어 배포하는 패턴은 익숙한 만큼 단점도 많습니다. 무엇보다 효율이 우선이라면 모르겠지만 이제는 잘 안 쓰는 방식입니다.

12.2 / 서비스 배포: 가상 머신 패턴

AWS EC2 서버에 FTGO 음식점 서비스를 배포한다고 합시다. EC2 인스턴스를 미리 생성/구성하고, 실행 가능한 JAR/WAR 파일을 복사하면 됩니다. 하지만 클라우드를 활용한다는 점을 제외하면 이전 절과 별 다를 것이 없는 방식입니다. 서비스를 AMI(Amazon Machine Image, 아마존 머신 이미지)로 묶어 배포하는 요즘 방식이 낫습니다(그림 12-6). 각 서비스 인스턴스는 AMI로부터 생성된 EC2 인스턴스입니다. EC2 인스턴스는 정상 인스턴스를 적당한 개수만큼 작동시키는 AWS 오토 스케일링(Auto Scaling, 자동 확장) 그룹으로 관리합니다.

> Note ☰　**패턴: 서비스를 VM으로 배포**
>
> 서비스를 VM 이미지로 묶어 프로덕션에 배포한다. 각 서비스 인스턴스가 하나의 VM이다.[2]

2　http://microservices.io/patterns/deployment/service-per-vm.html

서비스의 배포 파이프라인은 VM 이미지 빌더를 실행해서 서비스 코드 및 소프트웨어 실행에 필요한 각종 라이브러리가 포함된 VM 이미지를 생성합니다. 예를 들어 FTGO 서비스의 VM 이미지 빌더는 JDK 및 서비스의 실행 가능한 JAR를 설치합니다. VM 이미지 빌더는 리눅스 init 시스템(예: upstart)을 이용하여 VM 부팅 시 애플리케이션이 실행되도록 VM 이미지 머신을 구성합니다.

▼ 그림 12-6 배포 파이프라인은 언어 런타임을 포함하여 서비스 가동에 필요한 모든 요소가 포함된 가상 머신 이미지(예: EC2 AMI) 형태로 서비스를 패키징한다. 각 서비스 인스턴스는 이렇게 패키징한 이미지를 토대로 런타임 시 VM 인스턴스(예: EC2 인스턴스)를 만든다. EC2 일래스틱 부하 분산기는 들어온 요청을 각 인스턴스로 고루 분산한다

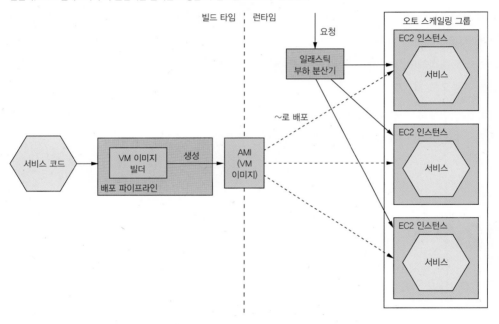

배포 파이프라인에서 사용 가능한 VM 이미지 빌드 툴은 다양합니다. 초기에는 넷플릭스가 동영상 스트리밍 서비스를 AWS에 배포하는 데 사용했던 애미네이터(Aminator)라는 툴로 EC2 AMI를 생성했습니다. 그 후 등장한 패커(Packer)라는 VM 이미지 빌더는 애미네이터와는 달리 EC2, 디지털 오션(Digital Ocean), 버추얼 박스, VMWare 등 다양한 가상화 기술을 지원합니다.[3] 패커로 AMI를 생성하려면, 기초 이미지와 소프트웨어 설치 후 AMI를 구성하는 각종 프로비저너(provisioner)가 명시된 구성 파일을 작성합니다.

---

3 http://www.packer.io

AWS 일래스틱 빈스토크(Elastic Beanstalk)를 이용하면 서비스를 쉽게 VM으로 배포할 수 있습니다. 일래스틱 빈스토크는 실행 코드를 WAR 파일로 묶어 업로드하면, 서비스를 부하 분산된 하나 이상의 매니지드(managed) EC2 인스턴스로 배포합니다. 쿠버네티스만큼 인기 있는 것은 아니지만, 마이크로서비스 애플리케이션을 EC2에 배포하는 간편한 방법입니다.

흥미로운 사실은 일래스틱 빈스토크가 이 장에서 설명한 세 가지 배포 패턴의 요소를 조합한다는 것입니다. 자바, 루비, 닷넷 등 다양한 언어에 알맞은 다양한 패키징 포맷도 지원하죠. 애플리케이션을 VM으로 배포하지만 AMI를 빌드하는 것이 아니라, 시동 시 애플리케이션을 설치하는 기초 이미지를 사용합니다.

일래스틱 빈스토크는 도커 컨테이너로도 배포할 수 있습니다. 각 EC2 인스턴스는 하나 이상의 컨테이너를 실행합니다. 도커 오케스트레이션 프레임워크와 달리, 확장 단위는 컨테이너가 아니라 EC2 인스턴스입니다.

12.2.1 가상 머신 패턴의 장점

가상 머신 패턴은 다음과 같은 장점이 있습니다.

- VM 이미지로 기술 스택을 캡슐화합니다.
- 서비스 인스턴스가 격리됩니다.
- 성숙한 클라우드 인프라를 활용합니다.

VM 이미지로 기술 스택을 캡슐화한다

서비스와 연관된 디펜던시를 모두 VM 이미지에 담을 수 있습니다. 서비스 실행에 필요한 소프트웨어를 빈틈없이 설치/설정할 수 있으니 에러 날 일도 거의 없습니다. 서비스를 가상 머신으로 묶는다는 것은 기술 스택이 캡슐화된 블랙 박스를 만드는 것과 같습니다. VM 이미지는 따로 수정할 필요 없이 어디라도 배포할 수 있습니다. 서비스 배포 API가 곧 VM 관리 API라서 더 간단하고 확실하게 배포할 수 있습니다.

서비스 인스턴스가 격리된다

각 서비스 인스턴스가 서로 완전히 떨어져 동작합니다. 이것이 모든 가상 머신 기술이 궁극적으로 추구하는 목표 중 하나입니다. 정해진 CPU/메모리 리소스가 가상 머신마다 배정되므로 다른 서비스에 있는 리소스를 빼앗아 올 수가 없습니다.

성숙한 클라우드 인프라를 활용한다

고도로 자동화한 클라우드 인프라를 십분 활용할 수 있습니다. AWS 등의 퍼블릭 클라우드는 물리 머신에 과부하를 유발하지 않는 방향으로 여러 VM을 스케줄링하며, VM 간 부하 분산 및 자동 확장 등 유용한 부가 기능도 제공합니다.

12.2.2 가상 머신 패턴의 단점

가상 머신 패턴은 다음과 같은 단점이 있습니다.

- 리소스를 효율적으로 활용할 수 없습니다.
- 배포가 비교적 느립니다.
- 시스템 관리 오버헤드가 발생합니다.

리소스를 효율적으로 활용할 수 없다

서비스 인스턴스마다 OS를 포함한 전체 가상 머신의 오버헤드가 있습니다. 또 퍼블릭 IaaS 가상 머신은 대부분 VM 크기가 한정되어 있어서 VM을 십분 활용하기 어렵습니다. 상대적으로 무거운 자바 기반 서비스라면 크게 문제되지 않겠지만, 가벼운 Node.js나 고 언어 서비스라면 비효율적인 배포 방식입니다.

배포가 비교적 느리다

'느리다'는 말은 어디까지나 상대적인 개념이지만, VM 이미지는 대부분 크기가 커서 빌드 시간이 몇 분 정도 걸리고 네트워크를 통해 이동하는 데이터양도 많습니다. VM 이미지에서 VM 인스턴스를 생성할 때에도 네트워크 데이터양이 많기 때문에 다소 시간이 걸리는 편입니다. 몇 분 걸리는 예전 배포 프로세스보다는 훨씬 빠른 편이지만, 곧이어 소개할 경량급 배포 패턴에 비하면 느립니다.

시스템 관리 오버헤드가 발생한다

OS/런타임 패치를 해야 합니다. 소프트웨어를 배포하는 데 이 정도 시스템 관리는 불가피한 작업이라고 생각할 수도 있겠지만, 서버리스 배포(12.5절)를 하면 이런 시스템 관리도 필요가 없습니다.

VM의 장점은 그대로 유지한 채 더 가볍게 마이크로서비스를 배포할 방법은 없을까요?

12.3 서비스 배포: 컨테이너 패턴

컨테이너는 더 최근에 등장한 가벼운 배포 수단입니다. OS 수준에서 가상화한 메커니즘이죠. 컨테이너는 다른 컨테이너들과 격리된 샌드박스에서 하나(때로 여러 개)의 프로세스로 실행됩니다. 이를테면 자바 서비스를 실행하는 컨테이너는 JVM 프로세스로 구성됩니다.

프로세스 입장에서 컨테이너는 마치 자체 머신에서 실행되는 것처럼 실행됩니다. 또 고유한 IP 주소를 갖고 있으므로 포트 충돌 가능성도 없고(예: 자바 프로세스는 모두 8080번 포트를 리스닝) 컨테이너마다 자체 루트 파일 시스템을 갖고 있습니다. 컨테이너 런타임은 OS 메커니즘을 이용하여 컨테이너를 서로 격리시킵니다. 솔라리스 존스(Solaris Zones) 같은 제품도 있지만, 가장 유명한 컨테이너 런타임은 역시 도커(docker)입니다.

> Note ☰ **패턴: 서비스를 컨테이너로 배포**
>
> 서비스를 컨테이너 이미지로 묶어 프로덕션에 배포한다. 각 서비스 인스턴스가 곧 하나의 컨테이너다.[4]

---

4 http://microservices.io/patterns/deployment/service-per-container.html

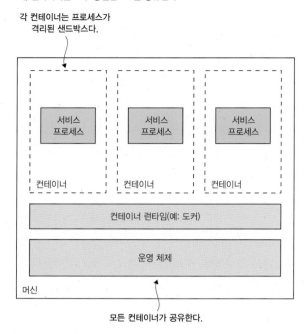

▼ 그림 12-7 컨테이너는 격리된 샌드박스에서 하나 이상의 프로세스로 실행된다. 일반적으로 하나의 머신에 여러 컨테이너가 실행되며, 컨테이너는 모두 동일한 OS를 공유한다

컨테이너를 생성할 때 CPU, 메모리, (컨테이너 구현체에 따라) I/O 리소스를 지정할 수 있습니다. 컨테이너 런타임은 컨테이너가 지정된 임계치를 초과하여 함부로 머신 리소스를 독차지하지 않도록 감시합니다. 쿠버네티스 같은 오케스트레이션 프레임워크를 사용할 경우에는 특히 컨테이너의 리소스를 잘 지정해야 합니다. 컨테이너가 요청한 리소스에 따라 오케스트레이션 프레임워크는 컨테이너를 실행할 머신을 선택하고 머신에 과부하가 걸리지 않도록 합니다.

그림 12-8은 서비스를 컨테이너로 배포하는 과정입니다. 배포 파이프라인은 빌드 타임에 컨테이너 이미지 빌드 툴로 서비스 코드 및 이미지 디스크립션을 읽고 컨테이너 이미지를 생성한 후, 레지스트리에 보관합니다. 런타임에는 레지스트리에서 컨테이너 이미지를 당겨 와 컨테이너를 생성합니다.

빌드 타임, 런타임 과정을 좀 더 자세히 살펴봅시다.

▼ 그림 12-8 컨테이너 이미지로 패키징된 서비스는 레지스트리에 저장된다. 이렇게 저장된 이미지를 토대로 런타임에 여러 컨테이너가 인스턴스를 만들어 서비스를 구성한다. 컨테이너는 대부분 가상 머신에서 실행되고 하나의 VM이 여러 컨테이너를 실행한다

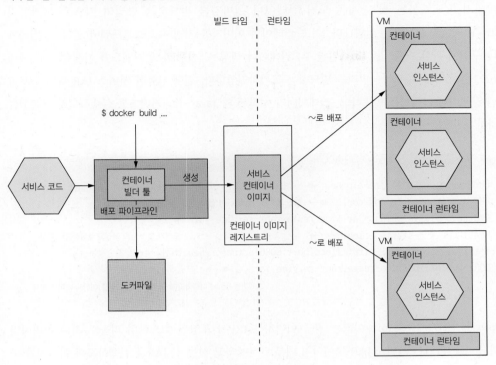

12.3.1 서비스를 도커로 배포

서비스를 컨테이너로 배포하려면 반드시 컨테이너 이미지로 묶어야 합니다. 컨테이너 이미지는 애플리케이션과 서비스 구동에 필요한 모든 소프트웨어로 구성된 파일 시스템 이미지입니다. 더 가벼운 이미지도 있지만, 이미지는 대부분 온전한 리눅스 루트 파일 시스템입니다. 가령 스프링 부트 서비스는 실행 가능한 서비스 JAR 파일, 정확한 버전의 JDK가 들어 있는 컨테이너 이미지를 빌드해서 배포합니다. 마찬가지로 자바 웹 애플리케이션은 WAR 파일, 아파치 톰캣, JDK가 모두 포함된 컨테이너 이미지를 빌드하여 배포합니다.

도커 이미지 빌드

이미지를 빌드하는 첫 단계는 도커 컨테이너 이미지를 빌드하는 방법이 기술된 도커파일 (Dockerfile)을 생성하는 일입니다. 기초 컨테이너 이미지를 지정하고 소프트웨어 설치 및 컨테이너 구성에 관한 커맨드를 죽 나열한 후, 컨테이너 생성 시 실행할 셸 커맨드를 기재합니다. 예제 12-1은 음식점 서비스 이미지를 빌드하는 도커파일입니다. 실행 가능한 서비스 JAR 파일이 포함된 컨테이너 이미지를 빌드하고, 컨테이너가 시작될 때 java -jar 커맨드를 실행하도록 구성했습니다.

예제 12-1 음식점 서비스 이미지를 빌드하는 도커파일

```
FROM openjdk:8u171-jre-alpine    ◀── 기초 이미지
RUN apk --no-cache add curl      ◀── 헬스 체크에 사용할 curl 설치
CMD java ${JAVA_OPTS} -jar ftgo-restaurant-service.jar  ◀──  컨테이너 시동 시 java -jar를
                                                             실행하도록 도커 구성
HEALTHCHECK --start-period=30s --
interval=5s CMD curl http://localhost:8080/actuator/health || exit 1  ◀──  도커가 헬스 체크 끝점을 호출하도록 구성
COPY build/libs/ftgo-restaurant-service.jar .  ◀──
                                 그레이들 build 디렉터리에 생성된 JAR 파일을 이미지 내부로 복사
```

---

openjdk:8u171-jre-alpine이라는 기초 이미지는 JRE가 포함된 최소한의 리눅스 기본 이미지입니다. 도커파일은 서비스 JAR를 이미지 내부로 복사하고 시동 시 JAR를 실행하도록 이미지를 구성합니다. 또 주기적으로 헬스 체크 끝점(11장)을 호출하도록 지시합니다. 이 예제는 HEALTHCHECK 지시자를 이용하여 처음 서비스가 시동을 마칠 때까지 30초 대기 후 5초마다 한 번씩 헬스 체크 끝점 API를 호출하도록 설정했습니다.

도커파일이 준비되면 이미지를 빌드할 수 있습니다. 예제 12-2는 음식점 서비스 이미지를 빌드하는 셸 커맨드입니다. 서비스 JAR 파일을 빌드하고 도커 build 커맨드로 이미지를 생성합니다.

예제 12-2 음식점 서비스 컨테이너 이미지를 빌드하는 셸 커맨드

```
cd ftgo-restaurant-service    ◀── 서비스 디렉터리 변경
../gradlew assemble    ◀── 서비스 JAR 빌드
docker build -t ftgo-restaurant-service .    ◀── 이미지 빌드
```

도커 build 커맨드는 두 인수를 받습니다. -t에 지정한 문자열은 이미지명이고 그 오른쪽 .는 도커에서 컨텍스트라고 합니다. 컨텍스트(이 예제는 현재 디렉터리)는 도커파일 및 이미지를 빌드하기 위해 사용되는 파일들로 구성됩니다. build 커맨드로 도커 데몬에 컨텍스트를 업로드하면 도커 데몬이 이미지를 빌드합니다.

도커 이미지를 레지스트리에 푸시

빌드 프로세스의 최종 단계는 새로 빌드된 도커 이미지를 레지스트리에 푸시하는 것입니다. 도커 레지스트리(Docker registry)는 자바 라이브러리가 집합된 메이븐 저장소나 Node.js 패키지가 모여 있는 npm 레지스트리 같은 것입니다. 도커 허브(Docker hub)는 대표적인 퍼블릭 도커 레지스트리로, 메이븐 센트럴(Maven Central)이나 NpmJS.org와 비슷한 역할을 합니다. 물론 도커 클라우드 레지스트리(Docker Cloud registry)나 AWS EC2 컨테이너 레지스트리(Container Registry) 등의 서비스가 제공하는 프라이빗 레지스트리(private registry)도 있습니다.

이미지를 레지스트리에 푸시하려면 두 도커 커맨드를 실행해야 합니다. 첫째, tag 커맨드로 이미지 앞에 호스트명과 레지스트리 포트(옵션)를 붙입니다. 이미지명 뒤에 버전을 붙일 수도 있는데, 서비스를 새로 릴리스할 때에는 버전이 중요합니다. 예를 들어 레지스트리 호스트명이 registry. acme.com이라면 다음 커맨드로 이미지를 태깅합니다.

```
docker tag ftgo-restaurant-service registry.acme.com/ftgo-restaurant-
service:1.0.0.RELEASE
```

둘째, 도커 push 커맨드로 태그를 붙인 이미지를 레지스트리에 업로드합니다.

```
docker push registry.acme.com/ftgo-restaurant-service:1.0.0.RELEASE
```

도커 이미지에 있는 계층화 파일 시스템(layered file system) 덕분에 이미지 일부만 네트워크로 전송되므로 이 커맨드는 의외로 금방 실행됩니다. 이미지의 OS, 자바 런타임, 애플리케이션은 별도 계층에 있습니다. 도커는 목적지에 존재하지 않는 계층만 전송합니다. 애플리케이션 계층은 대부분 전체 이미지의 극히 일부분에 지나지 않으므로 네트워크를 통해 이미지를 신속하게 전송할 수 있습니다.

이미지를 레지스트리에 푸시했으니 이제 컨테이너를 생성할 차례입니다.

도커 컨테이너 실행

서비스를 컨테이너 이미지로 패키징한 후에는 하나 이상의 컨테이너를 생성할 수 있습니다. 컨테이너 인프라는 이미지를 레지스트리에서 프로덕션 서버로 당겨 오고, 이 이미지로부터 컨테이너를 하나 이상 만듭니다. 각 컨테이너가 바로 하나의 서비스 인스턴스인 셈입니다.

컨테이너를 생성/시동하는 도커 커맨드는 run입니다. 예제 12-3은 음식점 서비스를 실행하는 run 커맨드입니다. 컨테이너 이미지, 런타임 컨테이너 내부에 세팅할 환경 변수 등 다양한 인수를 받습니다. 이로써 DB 네트워크 위치 등의 외부화 구성 정보를 전달할 수 있습니다.

예제 12-3 컨테이너화 서비스를 실행하는 docker run 커맨드

```
docker run \
  -d \          ◀── 백그라운드 데몬으로 실행
  --name ftgo-restaurant-service \   ◀── 컨테이너명
  -p 8082:8080 \   ◀── 컨테이너 8080번 포트를 호스트 머신의 8082번 포트로 바인딩
  -e SPRING_DATASOURCE_URL=... -e SPRING_DATASOURCE_USERNAME=... \   ◀── 각종 환경 변수
  -e SPRING_DATASOURCE_PASSWORD=... \
  registry.acme.com/ftgo-restaurant-service:1.0.0.RELEASE   ◀── 실행할 이미지
```

run 커맨드는 필요 시 레지스트리에서 이미지를 당겨 옵니다. 컨테이너가 생성/시동되면 도커파일에 지정된 java -jar 커맨드가 실행됩니다.

run 커맨드는 사용법이 간단해 보이지만, 몇 가지 문제가 있습니다. 우선 run은 단일 머신에서 실행되는 컨테이너를 생성하므로 서비스를 확실하게 배포할 수 있는 방법이 아닙니다. 컨테이너가 충돌하거나 머신이 재부팅될 때 컨테이너를 자동 재시동하는 등의 기본적인 관리 기능은 도커 엔진이 제공하지만 머신 충돌까지는 처리할 수 없습니다.

홀로 존재하는 서비스가 드물다는 점도 문제입니다. 대부분 DB나 메시지 브로커 등 다른 서비스에 의존하므로 서비스, 디펜던시까지 한 단위로 묶어 배포(deploy)/배포해제(undeploy)하는 것이 좋습니다.

아니면 개발 중에 도커 컴포즈(Docker Compose)를 사용하면 간편합니다. 도커 컴포즈는 컨테이너를 YAML 파일에 선언적으로 정의할 수 있게 해주는 툴입니다. 여러 컨테이너를 하나의 그룹으로 묶어 시동/중지할 수 있죠. 또 다양한 외부화 구성 프로퍼티를 YAML 파일에 간편하게 지정할 수 있는 장점도 있습니다. 도커 컴포즈의 자세한 내용은 〈Docker in Action〉(제프 니콜로프(Jeff Nickoloff) 저, Manning Publications, 2016)을 추천합니다. 이 책 예제 코드에 있는 docker-compose.yml 파일을 잘 읽어 보세요.

그러나 도커 컴포즈 역시 단일 머신에 국한되는 것이 문제입니다. 서비스를 확실하게 배포하려면 쿠버네티스처럼 여러 머신을 하나의 리소스 풀로 전환해 주는 도커 오케스트레이션 프레임워크가 필요합니다. 쿠버네티스는 잠시 후 12.4절에서 살펴보기로 하고, 먼저 컨테이너 배포의 장단점을 알아봅시다.

12.3.2 컨테이너 패턴의 장점

컨테이너 패턴은 여러모로 장점이 많습니다. 우선 컨테이너는 가상 머신의 장점을 거의 그대로 갖고 있습니다.

- 기술 스택의 캡슐화. 서비스 관리 API가 곧 컨테이너 API가 됩니다.
- 서비스 인스턴스가 격리됩니다.
- 서비스 인스턴스의 리소스를 제한할 수 있습니다.

가상 머신과 달리 컨테이너는 가벼운 기술이고, 컨테이너 이미지는 빌드가 빠릅니다. 필자의 노트북에서도 스프링 부트 애플리케이션을 컨테이너 이미지로 묶어 보니 5초 이상 걸리지 않습니다. 이미지 계층의 일부만 전송하면 되므로 컨테이너 레지스트리에서 컨테이너 이미지를 가져오거나 레지스트리로 밀어 넣는 작업도 빠른 편입니다. 컨테이너는 장황한 OS 부팅 프로세스도 빠져 있기 때문에 시동도 매우 빠릅니다. 컨테이너가 시동될 때 실행되는 것은 서비스가 전부입니다.

12.3.3 컨테이너 패턴의 단점

컨테이너 이미지를 직접 관리해야 하는 부담이 있습니다. OS와 런타임 패치도 정기적으로 해주어야 합니다. 구글 컨테이너 엔진이나 AWS ECS 같은 컨테이너 솔루션을 호스팅해서 쓰지 않는 한, 컨테이너 인프라 및 실행 기반인 VM 인프라를 직접 관리해야 합니다.

MICROSERVICES PATTERNS

12.4 FTGO 애플리케이션 배포: 쿠버네티스

쿠버네티스로 FTGO 음식점 서비스를 배포하는 방법을 소개하겠습니다. 도커 컴포즈는 개발/테스트를 할 때 아주 유용한 툴이지만(12.3.1절), 프로덕션에서 컨테이너로 묶은 서비스를 확실하게 실행하려면 좀 더 정교한 컨테이너 런타임이 필요합니다. 쿠버네티스(Kubernetes)는 도커 오케스트레이션 프레임워크로서, 도커를 기반으로 여러 머신을 하나의 서비스 실행 리소스 풀로 전환하는 소프트웨어 계층입니다. 또 서비스 인스턴스나 머신이 깨지더라도 항상 서비스 인스턴스별 개수가 원하는 만큼 실행되도록 유지합니다. 쿠버네티스처럼 정교한 툴로 컨테이너에 날개를 달아 주면 그야말로 최강의 서비스 배포 수단이 됩니다.

쿠버네티스가 어떤 툴이고 어떤 기능이 있는지 소개하고, 아키텍처에 대해 대략 훑어본 후, 쿠버네티스로 서비스를 배포하는 방법을 설명합니다. 쿠버네티스는 복잡한 주제라서 이 책에서 모든 내용을 다루기는 어렵고 개발자 관점에서 툴 사용법 정도만 언급하겠습니다. 더 자세한 내용은 〈Kubernetes in Action〉(에이콘출판사, 2018)을 읽어 보세요.

12.4.1 쿠버네티스 개요

쿠버네티스는 도커가 실행되는 여러 머신을 하나의 리소스 풀로 취급하는 도커 오케스트레이션 프레임워크입니다. N개의 서비스 인스턴스를 실행하라고 지시하면 나머지는 쿠버네티스가 알아서 처리합니다. 다음은 쿠버네티스 같은 도커 오케스트레이션 프레임워크의 주요 기능입니다(아키텍처는 그림 12-9 참고).

- **리소스 관리**: 여러 머신을 CPU, 메모리, 스토리지 볼륨을 묶어 놓은 하나의 리소스 풀로 취급합니다.
- **스케줄링**: 컨테이너를 실행할 머신을 선택합니다. 스케줄링은 기본적으로 컨테이너의 리소스 요건 및 노드별 리소스 상황에 따라 결정됩니다. 또 유사성(affinity)을 찾아내 여러 컨테이너를 같은 노드에 배치하거나, 반대로 반유사성(anti-affinity)을 발견하여 컨테이너를 다른 노드에 옮깁니다.
- **서비스 관리**: 마이크로서비스에 직접 매핑되는 서비스를 명명하고 버저닝합니다. 정상 인스턴스를 항상 적정 개수만큼 가동시키고 요청 부하를 인스턴스에 고루 분산합니다. 서비스를 롤링 업데이트(rolling update)[5]하는 기능도 있어서 구 버전으로 바로 롤백할 수 있습니다.

---

5 **역주** 파드(pod) 인스턴스를 점진적으로 새로운 것으로 업데이트하여 디플로이먼트(deployment) 업데이트가 서비스 중단 없이 이루어질 수 있게 하는 것입니다. (출처: 쿠버네티스 튜토리얼)

도커 오케스트레이션 프레임워크는 애플리케이션 배포 수단으로 점차 각광받고 있습니다. 도커 스웜(Docker Swarm)은 도커 엔진에 포함되어 있어서 쉽게 설정/이용할 수 있습니다. 쿠버네티스는 설정/관리는 복잡하지만 기능은 훨씬 정교합니다. 이 책을 쓰는 현재 쿠버네티스는 오픈 소스 커뮤니티에서 대세로 굳어지고 있습니다. 쿠버네티스의 작동 원리를 좀 더 자세히 알아봅시다.

쿠버네티스 아키텍처

쿠버네티스는 머신 클러스터에서 실행됩니다. 그림 12-10은 쿠버네티스 클러스터의 아키텍처입니다. 쿠버네티스 클러스터의 머신은 마스터(master), 노드(node) 둘 중의 하나입니다. 클러스터는 대부분 소수의(보통 하나의) 마스터와 하나 이상의 노드로 구성됩니다. 마스터는 클러스터를 관장하며, 노드는 하나 이상의 파드(pod)를 실행하는 워커입니다. 파드는 여러 컨테이너로 구성된 쿠버네티스의 배포 단위입니다.

마스터는 다음 컴포넌트를 실행합니다.

- **API 서버**: kubectl CLI에서 사용하는 서비스 배포/관리용 REST API
- **etcd**: 클러스터 데이터를 저장하는 키-값 NoSQL DB
- **스케줄러**: 파드를 실행할 노드를 선택
- **컨트롤러 관리자**: 컨트롤러를 실행합니다. 컨트롤러는 클러스터가 원하는 상태가 되도록 제어합니다. 가령 복제 컨트롤러(replication controller)는 서비스 인스턴스가 적정 개수만큼 실행되도록 인스턴스를 시동/중지합니다.

▼ 그림 12-10 쿠버네티스 클러스터는 클러스터를 관리하는 마스터와 서비스를 실행하는 노드들로 구성된다. 개발자, 배포 파이프라인은 API 서버를 통해 쿠버네티스와 상호 작용한다. API 서버 역시 다른 클러스터 관리 소프트웨어와 함께 마스터에서 실행되며, 애플리케이션 컨테이너는 노드에서 실행된다. 각 노드는 애플리케이션 컨테이너를 관리하는 큐블릿과 애플리케이션 요청을 파드로 라우팅하는 큐브 프록시를 실행한다

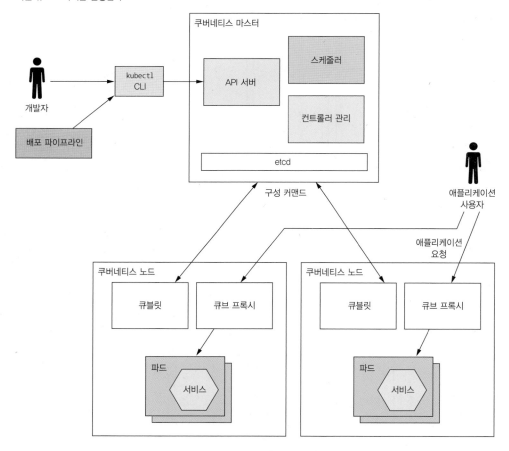

노드는 다음 컴포넌트를 실행합니다.

- **큐블릿**(kubelet): 노드에서 실행되는 파드를 생성/관리합니다.
- **큐브 프록시**(kube-proxy): 여러 파드에 부하를 분산하는 등 네트워킹 관리를 합니다.
- **파드**: 애플리케이션 서비스

쿠버네티스 핵심 개념

쿠버네티스는 꽤 복잡한 편이지만, 객체라는 핵심 개념만 잘 이해하면 효과적으로 활용할 수 있습니다. 쿠버네티스에는 여러 종류의 객체가 있는데, 개발자 입장에서 중요한 객체를 정리하면 다음과 같습니다.

- **파드**(pod): 쿠버네티스의 기본 배포 단위입니다. IP 주소, 스토리지 볼륨을 공유하는 하나 이상의 컨테이너로 구성됩니다. 서비스 인스턴스의 파드는 보통 JVM 실행 컨테이너처럼 하나의 컨테이너로 구성하지만 지원 기능이 구현된 사이드카 컨테이너(sidecar container)가 하나 이상 포함된 경우도 있습니다. 가령 엔진엑스 서버에는 git pull로 주기적으로 웹 사이트에서 최신 버전을 내려받는 사이드카를 둡니다. 파드의 컨테이너와 파드가 실행하는 노드, 둘 중 하나는 언제라도 깨질 수 있기 때문에 파드는 일시적(ephemeral)입니다.
- **디플로이먼트**(deployment): 파드의 선언형 명세입니다. 항상 파드 인스턴스(서비스 인스턴스)를 원하는 개수만큼 실행시키는 컨트롤러입니다. 롤링 업데이트/롤백 기능이 탑재된 버저닝을 지원합니다.
- **서비스**(service): 클라이언트에 안정된 정적 네트워크 위치를 제공합니다. 인프라에서 제공된 서비스 디스커버리(3장) 형태를 따릅니다. IP 주소와 이 주소로 해석되는 DNS명이 할당된 서비스는 TCP/UDP 트래픽을 하나 이상의 파드에 고루 분산합니다. IP 주소, DNS명은 오직 쿠버네티스 내부에서만 접근할 수 있습니다. 클러스터 외부에서 접근 가능한 서비스의 구성 방법은 잠시 후 설명합니다.
- **컨피그맵**(ConfigMap): 하나 이상의 애플리케이션 서비스에 대한 외부화 구성(11장)이 정의된 이름-값 쌍의 컬렉션입니다. 파드 컨테이너의 데피니션은 컨테이너 환경 변수를 정의하기 위해 컨피그맵을 참조합니다. 컨피그맵을 이용하여 컨테이너 내부에서 구성 파일을 만들 수도 있습니다. 패스워드처럼 민감한 정보는 시크릿(Secret)이라는 컨피그맵 형태로 저장합니다.

12.4.2 쿠버네티스 배포: 음식점 서비스

쿠버네티스에 서비스를 배포하려면 먼저 디플로이먼트를 정의합니다. 쿠버네티스 오브젝트는 YAML 파일로 정의하는 것이 가장 쉽습니다. 예제 12-4는 파드 레플리카 2개를 실행하도록 지정한, 음식점 서비스의 디플로이먼트 YAML 파일입니다. 이 파드는 컨테이너가 하나뿐입니다.

환경 변수 값 등 다른 속성과 더불어 실행되는 도커 이미지는 컨테이너 데피니션에 명시합니다. 컨테이너의 환경 변수는 외부화 서비스 구성 파일에 있습니다. 스프링 부트는 이 변수 값을 읽어 들여 애플리케이션 컨텍스트의 프로퍼티로 쓸 수 있게 준비합니다.

예제 12-4 ftgo-restaurant-service의 쿠버네티스 디플로이먼트

```
apiVersion: extensions/v1beta1
kind: Deployment    ◀──── 디플로이먼트형 객체로 지정
  metadata:
  name: ftgo-restaurant-service    ◀──── 배포명
spec:
replicas: 2    ◀──── 파드 레플리카 개수
template:
    metadata:
      labels:
        app: ftgo-restaurant-service    ◀──── 값이 ftgo-restaurant-service인 app 라벨을 파드마다 붙임
    spec:    ◀──── 컨테이너 하나만 정의된 파드 명세
      containers:
      - name: ftgo-restaurant-service
        image: msapatterns/ftgo-restaurant-service:latest
        imagePullPolicy: Always
        ports:
        - containerPort: 8080    ◀──── 컨테이너 포트
          name: httpport
        env:    ◀──── 스프링 부트가 읽을 컨테이너 환경 변수
          - name: JAVA_OPTS
            value: "-Dsun.net.inetaddr.ttl=30"
          - name: SPRING_DATASOURCE_URL
            value: jdbc:mysql://ftgo-mysql/eventuate
          - name: SPRING_DATASOURCE_USERNAME
            valueFrom:
              secretKeyRef:
                name: ftgo-db-secret
                key: username
          - name: SPRING_DATASOURCE_PASSWORD
            valueFrom:
```

```
        secretKeyRef:
          name: ftgo-db-secret    ◀── ftgo-db-secret이라는 쿠버네티스 시크릿에서 가져올 민감한 값들
          key: password
      - name: SPRING_DATASOURCE_DRIVER_CLASS_NAME
        value: com.mysql.jdbc.Driver
      - name: EVENTUATELOCAL_KAFKA_BOOTSTRAP_SERVERS
        value: ftgo-kafka:9092
      - name: EVENTUATELOCAL_ZOOKEEPER_CONNECTION_STRING
        value: ftgo-zookeeper:2181
    livenessProbe:    ◀── 쿠버네티스가 헬스 포인트 끝점을 호출하도록 구성
      httpGet:
        path: /actuator/health
        port: 8080
      initialDelaySeconds: 60
      periodSeconds: 20
    readinessProbe:
      httpGet:
      path: /actuator/health port: 8080
    initialDelaySeconds: 60
    periodSeconds: 20
```

이 디플로이먼트는 음식점 서비스의 헬스 체크 끝점을 호출하도록 쿠버네티스를 구성합니다. 쿠버네티스는 헬스 체크 끝점을 호출해서 서비스 인스턴스 상태를 파악할 수 있습니다(11장). readinessProbe는 트래픽을 해당 서비스 인스턴스로 라우팅해도 괜찮은지 알아보는 헬스 체크입니다. 이 예제는 쿠버네티스가 초기 30초 지연 후 20초마다 한 번씩 /actuator/health 끝점을 호출하도록 구성합니다. readinessProbe 연속 횟수(기본값은 1)만큼 성공하면 서비스가 준비되었다고 간주하고, 특정 횟수(기본값 3)만큼 실패하면 준비가 덜 되었다고 봅니다. 쿠버네티스는 readinessProbe로 준비를 마친 서비스 인스턴스로만 트래픽을 보냅니다.

다음 헬스 체크는 livenessProbe입니다. 구성 방법은 readinessProbe와 같습니다. livenessProbe는 트래픽을 서비스 인스턴스로 라우팅할지 결정하는 것이 아니라, 쿠버네티스가 서비스 인스턴스를 중지/재시작해야 할지 판단할 수 있는 근거를 제공합니다. 쿠버네티스는 livenessProbe가 특정 횟수(기본값 3)만큼 연속 실패하면 해당 서비스를 중단/재시동합니다.

YAML 파일이 준비되었으면 kubectl apply 커맨드로 디플로이먼트를 생성/수정합니다.

```
kubectl apply -f ftgo-restaurant-service/src/deployment/kubernetes/ftgo-
  restaurant-service.yml
```

이 커맨드는 쿠버네티스 API 서버에 요청해서 디플로이먼트와 파드를 생성합니다.

디플로이먼트를 생성하려면 먼저 ftgo-db-secret이라는 쿠버네티스 시크릿을 생성해야 합니다. 안전한 방법은 아니지만 다음과 같이 간단히 만들 수 있습니다.

```
kubectl create secret generic ftgo-db-secret \
--from-literal=username=mysqluser --from-literal=password=mysqlpw
```

DB 사용자 ID와 패스워드를 그냥 CLI에 지정해서 시크릿을 생성한 것입니다. 시크릿을 안전하게 생성하는 방법은 쿠버네티스 문서를 참조하세요.[6]

쿠버네티스 서비스 생성

파드가 실행되면 쿠버네티스 디플로이먼트는 파드가 계속 실행되도록 최선을 다할 것입니다. 그런데 파드 IP 주소는 동적 할당되기 때문에 HTTP 요청을 원하는 클라이언트 입장에서는 쓸모가 없습니다. 해결 방법은 3장에서 배운 서비스 디스커버리 메커니즘을 활용하는 것입니다.

클라이언트 쪽 디스커버리 메커니즘을 부착하고 넷플릭스 OSS 유레카 등의 서비스 레지스트리를 설치하면 됩니다. 고맙게도 서비스 디스커버리 메커니즘은 쿠버네티스에 기본 내장되어 있어서 번거로운 작업을 할 필요가 없습니다.

IP 주소 및 DNS명이 할당된 서비스는 하나 이상의 파드 클라이언트에 안정된 끝점을 제공하는 쿠버네티스 오브젝트입니다. 서비스는 자신의 IP 주소로 향하는 트래픽 부하를 여러 파드에 고루 분산합니다. 예제 12-5는 음식점 서비스의 쿠버네티스 서비스입니다. 이 서비스는 http://ftgo-restaurant-service:8080 트래픽을 디플로이먼트에 정의된 파드로 보냅니다.

예제 12-5 음식점 쿠버네티스 서비스가 정의된 YAML 파일

```
apiVersion: v1
kind: Service
metadata:
name: ftgo-restaurant-service    ◀── 서비스명, 즉 DNS명
spec:
  ports:
  - port: 8080    ◀── 외부 포트
    targetPort: 8080    ◀── 트래픽을 라우팅할 컨테이너 포트
  selector:
    app: ftgo-restaurant-service    ◀── 트래픽을 라우팅할 컨테이너 선택
---
```

---

6   https://kubernetes.io/docs/concepts/configuration/secret/#creating-your-own-secrets

핵심은 대상 파드를 선택하는 셀렉터(selector)입니다. 예제는 app 라벨의 값이 ftgo-restaurant-service인 파드를 선택하도록 구성했는데, 잘 보면 예제 12-4에 정의된 컨테이너에 이 라벨이 부착되어 있습니다.

YAML 파일을 작성한 후, 서비스는 다음 커맨드로 생성합니다.

```
kubectl apply -f ftgo-restaurant-service-service.yml
```

쿠버네티스 서비스까지 정상 생성되었으니, 이제 쿠버네티스 클러스터 내부에서 작동되는 모든 음식점 서비스의 클라이언트는 http://ftgo-restaurant-service:8080에 접속할 수 있습니다. 실행 중인 서비스를 업그레이드하는 방법은 잠시 후 설명하기로 하고, 먼저 쿠버네티스 클러스터 외부에서 접근 가능한 서비스를 구현하는 방법을 알아봅시다.

12.4.3 API 게이트웨이 배포

음식점 서비스의 쿠버네티스 서비스(예제 12-5)는 클러스터 내부에서만 접근할 수 있습니다. 음식점 서비스 입장에서는 문제될 것이 없지만, 외부 세계에서 서비스로 향하는 트래픽 라우팅이 주 임무인 API 게이트웨이는 클러스터 외부에서도 접근 가능해야 합니다. 쿠버네티스 서비스는 이런 유스 케이스도 지원합니다. 방금 전에는 ClusterIP라는 기본 서비스를 살펴보았지만, NodePort, LoadBalancer 등 다른 종류의 서비스도 있습니다.

NodePort 서비스는 광역 클러스터 포트(cluster-wide port)를 통해 클러스터의 모든 노드에 접근할 수 있습니다. 어떤 클러스터 노드라도 광역 클러스터 포트를 경유한 트래픽은 모두 백엔드 파드로 부하 분산 처리됩니다. 단 포트 번호는 30000~32767 중에서 택일해야 합니다. 예제 12-6은 소비자 서비스의 30000번 포트로 트래픽을 라우팅한 것입니다.

예제 12-6 NodePort 서비스의 YAML 파일: 소비자 서비스의 30000번 포트로 트래픽을 라우팅한다

```
apiVersion: v1
kind: Service
metadata:
  name: ftgo-api-gateway
spec:
  type: NodePort    ◀──── NodePort로 타입 지정
  ports:
```

```
    - nodePort: 30000   ◄─── 광역 클러스터 포트
      port: 80
      targetPort: 8080
  selector:
    app: ftgo-api-gateway
---
```

API 게이트웨이의 경우, 클러스터 내부는 `http://ftgo-api-gateway`, 외부는 `http://<node-ip-address>:30000` URL을 각각 사용합니다(node-ip-address는 한 노드의 IP 주소). NodePort 서비스를 구성한 후, 인터넷에서 들어온 요청을 노드에 부하 분산하도록 AWS ELB를 구성하면 됩니다. ELB는 마음대로 제어할 수 있기 때문에 아주 유연하게 구성 가능한 장점이 있습니다.

LoadBalancer는 클라우드에 특정한 부하 분산기를 자동 구성하는 서비스입니다. AWS에서 쿠버네티스를 실행하면 부하 분산기는 ELB가 될 것입니다. 이 서비스를 이용하면 더 이상 직접 부하 분산기를 구성할 필요가 없습니다. 물론 SSL 인증서 등 ELB를 구성하는 일부 옵션을 쿠버네티스가 제공하더라도 구성 자체에 대한 제어권이 약해지는 단점은 있습니다.

12.4.4 무중단 배포

음식점 서비스를 새로 개편하게 되어 변경분을 프로덕션에 배포한다고 합시다. 쿠버네티스를 이용하면 간단히 실행 중인 서비스를 다음 세 단계로 업데이트할 수 있습니다.

1. 새 컨테이너 이미지를 빌드하고 앞서 설명한 절차대로 레지스트리에 푸시합니다. 이미지에 붙인 버전 태그만 `ftgo-restaurant-service:1.1.0.RELEASE`처럼 달리하면 됩니다.

2. 새 이미지를 참조하도록 YAML 파일의 서비스 디플로이먼트 부분을 편집합니다.

3. `kubectl apply -f` 커맨드로 디플로이먼트를 업데이트합니다.

쿠버네티스는 파드를 롤링 업데이트합니다. 즉, 단계적으로 1.1.0.RELEASE 버전을 실행하는 파드를 생성하고 1.0.0.RELEASE 버전을 실행하는 파드를 중지합니다. 그런데 쿠버네티스는 정말 영리하게도, 파드마다 신 버전이 요청 처리 준비가 완료되기 전에는 구 버전을 절대 중지하지 않습니다. 바로 좀 전에 설명한 readinessProbe로 헬스 체크를 해서 파드의 준비 상태를 확인하는 것이죠. 결국 항상 요청 처리가 가능한 파드만 남게 되고, 새 파드가 정상 시동되면 언젠가 모든 디플로이먼트 파드가 새 버전을 실행하게 될 것입니다.

만약 뭔가 문제가 생겨 1.1.0.RELEASE 파드가 시동하지 않는다면 어떻게 될까요? 컨테이너 이미지명에 오타가 있거나, 새 구성 프로퍼티가 바라보는 환경 변수 값이 누락되는 등 버그가 있을 수 있겠죠. 어쨌든 파드 시동이 실패하면 배포는 진퇴양난일 것입니다. 해결 방법은 두 가지입니다. YAML 파일을 정정 후 kubectl apply -f를 재실행해서 디플로이먼트를 업데이트하거나, 아예 디플로이먼트를 롤백하는 것입니다.

디플로이먼트는 롤아웃(rollout)이라는 이력을 관리합니다. 덕분에 업데이트를 할 때마다 롤아웃이 생성되므로 다음 커맨드로 어렵잖게 이전 버전으로 롤백할 수 있습니다.

```
kubectl rollout undo deployment ftgo-restaurant-service
```

롤백이 끝나면 쿠버네티스는 1.1.0.RELEASE를 실행하는 파드를 구 버전 1.0.0.RELEASE를 실행하는 파드로 교체합니다.

쿠버네티스 디플로이먼트는 서비스를 무중단 배포할 수 있는 좋은 방법입니다. 그런데 파드 준비가 끝나고 운영 트래픽이 막 들어오는 상황에서 버그가 발견되면 어떻게 될까요? 쿠버네티스가 새 버전을 계속 롤아웃하면서 점점 많은 사용자가 영향을 받겠죠. 모니터링 시스템이 이슈를 일찍 발견해서 디플로이먼트를 롤백하면 다행이지만, 일부 사용자는 그래도 영향을 받을 것입니다. 이런 문제가 없도록 새 버전의 서비스를 보다 확실하게 시작하려면 서비스 배포(서비스를 프로덕션에서 작동시키는 것)와 릴리스(운영 트래픽을 처리할 수 있게 만드는 것)를 분리해야 합니다. 서비스 메시가 바로 이런 일을 해주는 기술입니다.

12.4.5 배포와 릴리스 분리: 서비스 메시

새 버전의 서비스를 시작하기 전에 스테이징 환경에서 테스트하고, 문제가 없으면 구 서비스 인스턴스를 새 서비스 인스턴스로 롤링 업데이트를 하고…… 기존에는 이런 식으로 프로덕션 배포를 했습니다. 쿠버네티스 디플로이먼트는 롤링 업데이트를 아주 직관적으로 수행하지만 이는 스테이징 환경에서 테스트를 통과한 서비스라면 프로덕션에서도 잘 동작하리라 예상한 것입니다. 그러나 안타깝게도 현실은 늘 그렇지 않습니다.

우선 운영 환경은 스테이징 환경보다 훨씬 더 용량이 큰 트래픽을 처리하므로 스테이징을 정확히 운영과 동일한 레플리카로 맞추기는 어렵습니다. 그렇다고 두 환경을 정확히 동기화하는 것도 시간이 너무 많이 소요됩니다. 환경이 완전히 일치하지 않아서 막상 프로덕션에 소스를 올리면 버그가 발견되는 경우도 있습니다. 설령 정확히 동일한 레플리카로 맞추었다 하더라도 테스트가 모든 버그를 잡아낸다는 보장은 없습니다.

새 버전을 확실하게 시작하려면 배포와 릴리스를 따로 분리하는 것이 상책입니다.

- **배포**: 운영 환경에서 실행
- **서비스 릴리스**: 최종 사용자에게 서비스를 제공

그리고 다음 5단계를 거쳐 서비스를 프로덕션에 배포합니다.

1. 최종 사용자 요청을 서비스에 라우팅하지 않고 새 버전의 서비스를 프로덕션에 배포합니다.

2. 프로덕션에서 새 버전을 테스트합니다.

3. 소수의 최종 사용자에게 새 버전을 릴리스합니다.

4. 모든 운영 트래픽을 소화할 때까지 점점 더 많은 사용자에게 새 버전을 릴리스합니다.

5. 어딘가 문제가 생기면 곧장 구 버전으로 되돌립니다. 새 버전이 정확히 잘 동작한다는 확신이 들면 구 버전을 삭제합니다.

완전 자동화한 배포 파이프라인으로 이 5단계를 수행하고, 새로 배포한 서비스에 오류가 없는지 주의 깊게 모니터링하는 것이 최선입니다.

기존에는 이런 식으로 배포와 릴리스를 분리하는 일 자체가 너무 방대해서 도저히 엄두가 나지 않았습니다. 지금은 서비스 메시 덕분에 훨씬 수월해졌습니다. 서비스 메시는 한 서비스와 다른 서비스, 외부 애플리케이션의 모든 통신을 중재하는 네트워킹 인프라입니다(11장). 서비스 메시는 마이크로서비스 섀시 프레임워크의 일부 기능도 담당하지만 그와는 별도로 규칙 기반의 부하 분산 및 트래픽 라우팅 기능을 제공하므로 여러 버전의 서비스를 동시에 확실하게 실행할 수 있습니다. 따라서 테스트 사용자는 A 버전의 서비스로, 최종 사용자는 B 버전의 서비스로 나누어 라우팅하는 것도 가능합니다.

서비스 메시 제품은 종류가 다양하지만 이 책에서는 (원래 구글, IBM, 리프트(Lyft)가 공동 개발한) 이스티오(Istio)라는 오픈 소스를 사용합니다. 이스티오가 어떤 제품이고, 어떤 기능이 있는지 간단히 살펴보고, 애플리케이션을 이스티오로 배포하는 방법을 설명합니다. 그리고 이 제품의 트래픽 라우팅 기능을 활용하여 업그레이드를 서비스에 배포/릴리스하는 방법을 알아보겠습니다.

이스티오 서비스 메시 개요

공식 웹 사이트[7]에 따르면 '이스티오는 마이크로서비스를 연결, 관리, 보안하는 오픈 플랫폼'입니다. 이스티오는 모든 서비스 네트워크 트래픽이 통과하는 네트워킹 계층입니다. 이스티오에 내장된 풍성한 기능은 다음 네 가지로 분류할 수 있습니다.

- **트래픽 관리**: 서비스 디스커버리, 부하 분산, 라우팅 규칙, 회로 차단기 등
- **보안**: 전송 계층 보안(TLS)을 이용한 서비스 간 통신 보안
- **텔레메트리**(telemetry): 네트워크 트래픽 관련 지표 수집 및 분산 추적
- **정책 집행**: 쿼터 및 사용률 제한 정책 적용

이 절은 이스티오의 트래픽 관리 기능에만 집중합니다.

그림 12-11은 컨트롤 플레인(control plane)과 데이터 플레인(data plane)으로 구성된 이스티오의 아키텍처입니다. 컨트롤 플레인은 데이터 플레인이 트래픽을 라우팅하도록 구성하는 등의 관리 역할을 맡고, 데이터 플레인은 서비스 인스턴스별 엔보이 프록시(envoy proxy)로 구성됩니다.

컨트롤 플레인을 구성하는 양대 컴포넌트는 파일럿(pilot)과 믹서(mixer)입니다. 파일럿은 하부 인프라에서 배포된 서비스 관련 정보를 추출합니다. 예를 들어 쿠버네티스를 실행 중이라면 파일럿은 서비스와 정상 파드를 조회하겠죠. 또 파일럿은 엔보이 프록시가 미리 정의된 라우팅 규칙에 따라 트래픽을 라우팅하도록 구성합니다. 믹서는 엔보이 프록시에서 텔레메트리를 수집하고 정책을 집행하는 역할을 합니다.

---

7 https://istio.io

❤ 그림 12-11 이스티오는 파일럿과 믹서로 구성된 컨트롤 플레인, 엔보이 프록시 서버로 이루어진 데이터 플레인으로 구성된다. 파일럿은 하부 인프라에서 배포된 서비스 관련 정보를 추출하고 데이터 플레인을 구성한다. 믹서는 쿼터 등 정책을 집행하고 텔레메트리를 수집해서 모니터링 인프라 서버에 보고한다. 엔보이 프록시 서버는 서비스를 드나드는 트래픽을 라우팅한다. 서비스 인스턴스마다 하나의 엔보이 프록시 서버가 있다

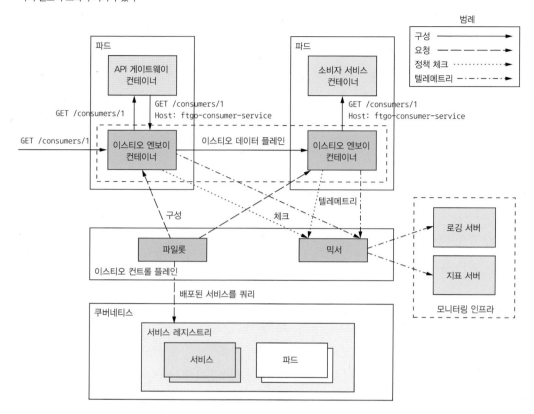

이스티오의 엔보이 프록시는 엔보이(Envoy)[8]를 변형한 것입니다. 엔보이는 저수준 프로토콜(예: TCP)부터 고수준 프로토콜(예: HTTP/HTTPS)까지 다양한 프로토콜을 지원하는 고성능 프록시입니다. MongoDB, 레디스, DynamoDB 프로토콜도 이해하고 회로 차단기, 사용량 제한, 자동 재시도 등 서비스 간 통신을 확실하게 지원합니다. 애플리케이션 내부에서 TLS로 엔보이 간 통신을 보안할 수도 있습니다.

---

8 http://www.envoyproxy.io

이스티오는 엔보이를 사이드카, 즉 서비스 인스턴스와 함께 실행되면서 횡단 관심사를 처리하는 프로세스 또는 컨테이너로 활용합니다. 쿠버네티스를 실행할 경우, 서비스 파드 내부의 컨테이너가 바로 엔보이 프록시입니다. 파드 개념이 없는 다른 환경에서는 동일한 컨테이너에서 엔보이가 하나의 서비스로 실행됩니다. 서비스를 드나드는 트래픽은 그 서비스의 엔보이 프록시를 통해 흘러가며, 컨트롤 플레인에 명시된 규칙에 따라 트래픽이 라우팅됩니다(예: 직접 서비스 → 서비스 통신이 서비스가 됨 → 서비스 엔보이 → 목적지 엔보이 → 서비스).

> **Note ≡　패턴: 사이드카**
>
> 횡단 관심사는 서비스 인스턴스와 함께 실행되는 사이드카 프로세스나 컨테이너에 구현한다.[9]

이스티오는 쿠버네티스 포맷의 YAML 파일로 구성합니다. kubectl과 비슷한 istioctl 커맨드가 있어서 CLI에서 규칙/정책을 등록, 수정, 삭제할 수 있습니다. 쿠버네티스에서 이스티오를 사용한다면 그냥 kubectl을 써도 됩니다.

이스티오로 서비스를 배포

이스티오로 서비스를 배포하는 것은 아주 쉽습니다. 배포하려는 애플리케이션 서비스마다 쿠버네티스 서비스와 디플로이먼트를 정의합니다. 예제 12-7은 소비자 서비스의 서비스 및 디플로이먼트입니다. 앞서 살펴보았던 데피니션과 거의 같지만, 다음과 같은 요건이 충족되어야 하므로 몇 가지 차이점이 있습니다.

- 쿠버네티스 서비스 포트는 〈프로토콜〉[접미어] 포맷의 이스티오 명명 관례를 따라야 합니다 (〈프로토콜〉 부분은 http, http2, grpc, mongo, redis). 익명 포트는 이스티오가 TCP 포트로 간주해서 규칙 기반의 라우팅을 적용하지 않습니다.
- 이스티오로 분산 추적을 하려면 파드에 app이라는 라벨을 붙여 서비스를 식별해야 합니다 (예: app: ftgo-consumer-service).
- 여러 버전의 서비스를 동시에 실행하려면 쿠버네티스 디플로이먼트명에 버전을 넣어야 합니다(예: ftgo-consumer-service-v1, ftgo-consumer-service-v2). 디플로이먼트의 파드에는 version: v1처럼 버전 식별 라벨을 붙여야 이스티오가 해당 버전으로 라우팅합니다.

---

9 http://microservices.io/patterns/deployment/sidecar.html

```
apiVersion: v1
kind: Service
metadata:
  name: ftgo-consumer-service
spec:
  ports:
- name: http          ◀──── 네임드 포트
  port: 8080
    targetPort: 8080
  selector:
    app: ftgo-consumer-service
---
apiVersion: extensions/v1beta1
kind: Deployment
metadata:
  name: ftgo-consumer-service-v2    ◀──── 버저닝된 디플로이먼트
  spec:
    replicas: 1
    template:
      metadata:
        labels:
          app: ftgo-consumer-service    ◀──── 기준 라벨
          version: v2
      spec:
        containers:
        - image: image: ftgo-consumer-service:v2    ◀──── 이미지 버전
...
```

그런데 서비스 파드에 있는 엔보이 프록시 컨테이너는 어떻게 실행할까요? 다행히 이스티오는 파드 데피니션을 자동 수정해서 엔보이 프록시를 포함하는 식으로 아주 쉽게 해결합니다. 방법은 두 가지입니다. 첫째, 수동으로 사이드카를 주입한 후 istioctl kube-inject 커맨드를 실행합니다.

```
istioctl kube-inject -f ftgo-consumer-service/src/deployment/kubernetes/ftgo-
  consumer-service.yml | kubectl apply -f -
```

쿠버네티스 YAML 파일을 읽어 엔보이 프록시가 포함된, 수정된 구성을 출력하는 커맨드입니다. 수정된 구성은 kubectl apply로 파이프(pipe)됩니다.

둘째, 자동 사이드카 주입(automatic sidecar injection)을 활용합니다. 이 기능을 활성화하면 서비스를 kubectl apply로 배포할 수 있고, 쿠버네티스는 알아서 이스티오를 호출하여 엔보이 프록시를 포함하도록 파드 데피니션을 수정합니다.

kubectl describe 커맨드로 서비스 파드를 들여다보면 실제 서비스 컨테이너보다 더 많은 것들로 구성되어 있습니다.

```
$ kubectl describe po ftgo-consumer-service-7db65b6f97-q9jpr
Name: ftgo-consumer-service-7db65b6f97-q9jpr
Namespace: default
...

Init Containers:
  istio-init:   ◀—— 파드 초기화
    Image:        docker.io/istio/proxy_init:0.8.0
  ...
Containers:
  ftgo-consumer-service:   ◀—— 서비스 컨테이너
    Image:        msapatterns/ftgo-consumer-service:latest
  ...
  istio-proxy:
    Image:        docker.io/istio/proxyv2:0.8.0   ◀—— 엔보이 컨테이너
...
```

v1 버전으로 보내는 라우팅 규칙 생성

ftgo-consumer-service-v2 디플로이먼트를 배포했다고 합시다. 라우팅 규칙이 없으면 이스티오는 모든 버전의 서비스에 요청을 부하 분산하므로 ftgo-consumer-service의 버전 1과 버전 2에 골고루 요청이 흘러갑니다. 이렇게 할 의도였다면 처음부터 이스티오를 쓸 이유가 없겠죠. 새 버전을 안전하게 롤아웃하려면 모든 트래픽을 현재 버전인 v1으로 라우팅하는 규칙을 정의해야 합니다.

▼ 그림 12-12 트래픽을 모두 v1 파드로 보내는 소비자 서비스의 라우팅 규칙. 자체 트래픽을 v1 하위 집합으로 보내는 VirtualService와 v1 하위 집합을 version: v1이라는 라벨을 붙인 파드로 정의한 DestinationRule로 구성된다. 이 규칙을 적용하면 트래픽을 새 버전에 보내지 않고도 배포할 수 있다

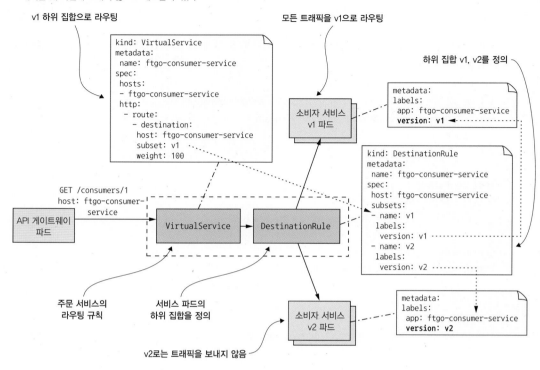

그림 12-12는 전체 트래픽을 v1으로 보내는 소비자 서비스의 라우팅 규칙입니다. 이 규칙은 VirtualService, DestinationRule 두 이스티오 객체로 구성됩니다.

VirtualService는 하나 이상의 호스트명에 대한 요청을 어떻게 라우팅할지 정의합니다. 이 예제에는 ftgo-consumer-service라는 단일 호스트명에 대한 라우팅 규칙을 정의했습니다.

```
apiVersion: networking.istio.io/v1alpha3
kind: VirtualService
metadata:
  name: ftgo-consumer-service    ◀── 소비자 서비스에 적용
spec:
  hosts:
  - ftgo-consumer-service
  http:
    - route:
      - destination:
```

```
    host: ftgo-consumer-service  ◀── 소비자 서비스에 라우팅
    subset: v1  ◀── v1 하위 집합
```

VirtualService는 소비자 서비스 파드의 v1 하위 집합에 대한 모든 요청을 라우팅합니다. HTTP 요청 기반 라우팅, 여러 가중 목적지(weighted destination)에 부하 분산하는 복잡한 예제는 잠시 후 설명합니다.

VirtualService 외에도 하나 이상의 서비스 파드에 대한 하위 집합이 정의된 DestinationRule을 지정해야 합니다. 파드의 하위 집합은 대부분 서비스 버전입니다. DestinationRule에는 부하 분산 알고리즘 등 트래픽 정책도 정의할 수 있습니다. 다음은 소비자 서비스의 DestinationRule입니다.

```
apiVersion: networking.istio.io/v1alpha3
kind: DestinationRule
metadata:
  name: ftgo-consumer-service
spec:
  host: ftgo-consumer-service
  subsets:
  - name: v1  ◀── 하위 집합명
    labels:
      version: v1  ◀── 하위 집합에 대한 파드 셀렉터
  - name: v2
    labels:
      version: v2
```

v1, v2 두 파드 하위 집합이 정의된 DestinationRule입니다. v1 하위 집합은 version: v1 라벨을 붙인 파드를, v2 하위 집합은 version: v2 라벨을 붙인 파드를 각각 선택합니다. 이 규칙이 적용되면 이스티오는 version: v1 라벨이 붙은 파드에만 트래픽을 보내므로 v2를 안심하고 배포할 수 있습니다.

v2 소비자 서비스 배포

다음은 소비자 서비스 v2 디플로이먼트입니다.

```
apiVersion: extensions/v1beta1
kind: Deployment
metadata:
```

```
      name: ftgo-consumer-service-v2  ◄── 버전 2
  spec:
  replicas: 1
  template:
    metadata:
      labels:
        app: ftgo-consumer-service
        version: v2  ◄── 파드에 버전 라벨을 붙임
  ...
```

이 디플로이먼트는 ftgo-consumer-service-v2라고 명명하고 version: v2 라벨을 파드에 붙였습니다. 디플로이먼트를 생성하면 ftgo-consumer-service는 두 버전이 함께 실행되지만, 이스티오는 라우팅 규칙에 따라 v2에 트래픽을 보내지 않습니다. 이제 v2로 테스트 트래픽을 흘릴 준비가되었습니다.

v2 트래픽 라우팅 테스트

새 버전의 서비스가 배포되었으니 당연히 테스트를 해보아야죠. 테스트 사용자는 testuser라는 요청 헤더를 추가하기로 합시다. 이 헤더를 붙인 요청은 v2 인스턴스로 향하도록 다음과 같이 VirtualService를 수정합니다.

```
apiVersion: networking.istio.io/v1alpha3
kind: VirtualService
metadata:
  name: ftgo-consumer-service
spec:
  hosts:
  - ftgo-consumer-service
  http:
    - match:
      - headers:
          testuser: regex:
            "^.+$"  ◄── 공백 아닌 testuser 헤더와 매치
      route:
      - destination:
        host: ftgo-consumer-service
        subset: v2  ◄── 테스트 사용자를 v2로 라우팅
    - route:
      - destination:
          host: ftgo-consumer-service
          subset: v1  ◄── 나머지 사용자는 모두 v1으로 라우팅
```

이제 VirtualService는 원래 기본 루트에, testuser 헤더를 붙인 요청은 v2 하위 집합으로 라우팅하는 규칙이 추가되었습니다. 규칙을 업데이트한 후 소비자 서비스를 테스트해 보고 v2에 문제가 없다는 확신이 생기면 일부 운영 트래픽을 v2로 흘려 봅니다.

운영 트래픽을 v2로 라우팅

새로 배포한 서비스의 테스트가 끝났으면 이제 운영 트래픽을 새 버전의 서비스로 보냅니다. 처음에는 트래픽을 조금만 흘려 보는 것이 좋습니다. 다음 예제는 v1에 95%, v2에 5%의 트래픽을 각각 보내는 규칙입니다.

```
apiVersion: networking.istio.io/v1alpha3
kind: VirtualService
metadata:
  name: ftgo-consumer-service
spec:
  hosts:
  - ftgo-consumer-service
  http:
    - route:
      - destination:
          host: ftgo-consumer-service
          subset: v1
        weight: 95
      - destination:
          host: ftgo-consumer-service
          subset: v2
        weight: 5
```

v2 서비스가 운영 트래픽을 잘 처리한다는 믿음이 생기면 트래픽양을 100%까지 점점 늘립니다. 언젠가 이스티오가 v1 파드에는 전혀 트래픽을 보내지 않는 날이 오겠죠. 신구 버전을 잠시 공존하게 놔둔 후 v1 디플로이먼트는 나중에 지우면 됩니다.

이스티오를 이용하면 배포와 릴리스를 쉽게 구분할 수 있어서 새 버전의 서비스를 좀 더 확실하게 시작할 수 있습니다. 이 절은 전체 이스티오 기능 중 극히 일부만 살펴보았습니다. 이 책을 쓰는 현재, 이스티오는 1.1 버전까지 나왔습니다. 이스티오 같은 서비스 메시 제품이 점점 무르익어 언젠가 운영 환경 표준으로 굳혀질 것이라 생각하니 필자는 벌써부터 기대가 됩니다.

12.5 서비스 배포: 서버리스 패턴

언어에 특정한 패키징(12.1절), VM으로서의 서비스(12.2절), 컨테이너로서의 서비스(12.3절)는 각기 다른 배포 패턴이지만 몇 가지 공통점이 있습니다. 첫째, 어떤 (물리 머신이든, 가상 머신이든, 컨테이너든 간에) 컴퓨팅 리소스를 사전에 프로비저닝해야 합니다. 부하 상태에 따라 VM/컨테이너 개수를 동적 조정하는 자동 확장 기능을 갖춘 배포 플랫폼도 있지만, 어떤 VM이든, 컨테이너든 (설사 아무 일도 안 하더라도) 준비하는 비용은 지불해야 합니다.

둘째, 사람이 직접 시스템 관리를 해야 합니다. 어떤 머신에서 가동하든 그 OS는 반드시 패치해야 하고, 물리 머신일 경우 랙킹(racking), 스태킹(stacking)하는 작업도 병행해야 합니다. 언어 런타임도 관리 대상입니다. 아마존은 이런 작업을 '무차별적 고생(undifferentiated heavy lifting)'이라고 표현합니다. 컴퓨터가 탄생한 이래로 시스템 관리는 누군가는 반드시 해야 할 일이었죠. 그러나 이제는 서버리스라는 솔루션이 있습니다.

12.5.1 AWS 람다를 이용한 서버리스 배포

"함수, 이벤트, 데이터가 교차하는 지점에서 마술 같은 일이 일어납니다!" 2014년도 AWS 리인벤트(Re:Invent) 행사에서 아마존 CTO 베르너 보겔스(Werner Vogels)는 AWS 람다를 이렇게 소개했습니다. 그의 말마따나 AWS 람다는 처음에는 이벤트 주도 서비스를 배포하려는 용도로 시작되었지만, 이제는 서버리스(serverless) 배포 기술의 전형으로서 정말 '마술' 같은 일을 합니다.

> Note ☰ **서버리스 배포 기술**
>
> 주요 퍼블릭 클라우드는 모두 서버리스 배포 기능을 제공하지만 아무래도 AWS 람다가 가장 앞서 있습니다. 이 책을 쓰는 현재, 구글 클라우드는 베타 버전인 구글 클라우드 함수(Google Cloud functions)[10]를, 마이크로소프트 애저는 애저 함수(Azure functions)[11]를 서비스 중입니다.

⊙ 계속

---

[10] https://cloud.google.com/functions/

[11] https://azure.microsoft.com/en-us/services/functions

AWS 람다는 자바, Node.js, C#, 고 언어, 파이썬을 지원합니다. 람다 함수는 대부분 AWS 서비스를 호출하여 요청을 처리하는 무상태(stateless) 서비스입니다. 예를 들어 어떤 이미지가 S3 버킷에 업로드될 때마다 DynamoDB의 IMAGES 테이블에 데이터를 삽입하고 키네시스에 메시지를 발행해서 이미지 처리를 트리거하는 람다 함수를 호출하는 식입니다. 물론 서드파티 웹 서비스도 호출할 수 있습니다.

서비스를 배포하려면 우선 애플리케이션을 ZIP 또는 JAR 파일로 묶고 AWS 람다에 업로드합니다. 그런 다음 요청을 처리(하고 이벤트를 호출)할 함수명을 지정합니다. AWS 람다는 들어온 요청을 처리하기에 충분한 개수만큼 마이크로서비스 인스턴스를 자동 실행합니다. AWS 사용자는 요청별 소요 시간 및 메모리 사용량에 해당하는 비용만 지불하면 됩니다. AWS 람다도 물론 만능은 아니고 나름대로 한계가 있지만, 개발자와 개발 조직 누구도 서버, 가상 머신, 컨테이너 관련 부분을 신경 쓸 필요가 없다는 점에서 매우 강력합니다.

> Note ☰ **패턴: 서버리스 배포**
>
> 퍼블릭 클라우드에서 제공하는 서버리스 배포 메커니즘을 이용하여 서비스를 배포한다.[14]

12.5.2 람다 함수 개발

람다 함수는 이전 패턴들과는 사뭇 다른 프로그래밍 모델을 사용하며, 프로그래밍 언어마다 코드 및 패키징이 다릅니다. 자바 람다 함수는 AWS 람다의 자바 코어 라이브러리에 포함된 제네릭 인터페이스 RequestHandler를 구현한 클래스입니다(예제 12-8). 이 인터페이스는 I(입력 타입), O(출력 타입) 두 타입 매개변수를 받습니다. I, O는 람다 함수가 처리할 요청에 따라 결정됩니다.

---

12 https://openwhisk.apache.org

13 https://fission.io

14 http://microservices.io/patterns/deployment/serverless-deployment.html

```
public interface RequestHandler<I, O> {
  public O handleRequest(I input, Context context);
}
```

RequestHandler 인터페이스에는 handleRequest() 메서드 하나밖에 없습니다. 이 메서드는 입력 객체(input object)와 (요청 ID 등 람다 실행 환경에 접근할 수 있게 해주는) 컨텍스트(context)를 매개변수로 받고 출력 객체(output object)를 반환합니다. AWS API 게이트웨이에서 프록싱되어 들어온 HTTP 요청을 처리하는 람다 함수 입장에서 I는 APIGatewayProxyRequestEvent, O는 APIGatewayProxyResponseEvent입니다. 가만 보니 예전 자바 EE 서블릿과 많이 닮았죠?

자바 람다는 ZIP 또는 JAR 파일로 패키징합니다. JAR 파일은 메이븐 셰이드(Maven Shade) 플러그인으로 생성한 우버(uber) JAR(또는 팻(fat) JAR) 파일입니다. ZIP 파일 내부에서는 루트 디렉터리에 클래스가 있고 JAR 디펜던시는 모두 lib 디렉터리에 있습니다.

12.5.3 람다 함수 호출

람다 함수를 호출하는 방법은 다음 네 가지입니다.

- HTTP 요청
- AWS 서비스에서 생성된 이벤트
- 스케줄링된 호출
- API를 직접 호출

HTTP 요청 처리

AWS API 게이트웨이가 HTTP 요청을 람다 함수로 라우팅하는 것입니다. API 게이트웨이는 람다 함수를 HTTPS 끝점으로 표출하고, HTTP 요청 객체가 들어오면 이를 람다 함수로 전달하여 HTTP 응답 객체를 반환하는 HTTP 프록시 역할을 합니다. API 게이트웨이를 AWS 람다와 함께 사용하면 REST 서비스를 아예 람다 함수로 배포하는 것도 가능합니다.

AWS 서비스에서 생성된 이벤트 처리

다음과 같이 AWS 서비스에서 생성된 이벤트를 람다 함수가 처리하도록 트리거합니다.

- S3 버킷에 객체가 생성됩니다.
- DynamoDB 테이블의 데이터 항목이 생성, 수정, 삭제됩니다.
- 키네시스 스트림에서 메시지를 읽을 준비가 됩니다.
- SES를 통해 이메일을 수신합니다.

AWS 람다는 다른 AWS 서비스와 완벽하게 연계되므로 광범위한 태스크를 수행하는 데 유용합니다.

람다 함수 스케줄링

리눅스 크론 같은 스케줄러로 람다 함수가 주기적으로(예: 매분, 3시간, 7일마다 한 번씩) 호출되도록 설정합니다. 크론 표현식을 쓰면 더 구체적으로 아주 유연하게 스케줄을 지정할 수 있습니다 (예: 월요일~금요일 오후 2:15에 호출).

웹 서비스를 요청하여 람다 함수 호출

애플리케이션이 웹 서비스를 요청해서 람다 함수를 호출합니다. 웹 서비스를 요청할 때 람다 함수 명과 입력 이벤트 데이터를 지정하고, 람다 함수를 동기/비동기 호출합니다. 동기 호출 시 웹 서비스의 HTTP 응답에는 람다 함수의 응답 본문이, 비동기 호출 시 람다 실행이 성공적으로 시작되었음을 알리는 응답이 각각 반환됩니다.

12.5.4 람다 함수의 장점

서비스를 람다 함수로 배포하면 다음과 같은 장점이 있습니다.

- **다양한 AWS 서비스와의 연계**: DynamoDB, 키네시스 등 풍부한 AWS 서비스의 이벤트를 소비할 수 있고, AWS API 게이트웨이를 통해 HTTP 요청을 처리하는 람다를 아주 쉽게 작성할 수 있습니다.
- **시스템 관리 업무가 많이 경감됨**: 저수준의 시스템 관리는 더 이상 신경 쓸 필요가 없습니다. OS, 런타임 패치는 신경 쓸·필요 없이 오직 애플리케이션 개발에만 전념할 수 있습니다.
- **탄력성**: AWS 람다는 애플리케이션 부하 처리에 필요한 개수만큼 인스턴스를 실행합니다. 필요한 능력을 어렵게 예측할 필요도 없고, VM/컨테이너를 과대/과소 프로비저닝할 위험도 감수할 필요가 없습니다.

- **사용량만큼 과금**: VM/컨테이너가 유휴 상태인 동안에도 분당, 시간 단위로 과금되는 일반적인 IaaS 클라우드와 달리, AWS 람다는 실제로 요청을 처리하기 위해 소비한 리소스만큼 비용을 지불합니다.

12.5.5 람다 함수의 단점

AWS 람다는 더없이 간편한 서비스 배포 수단이지만, 다음과 같은 단점도 있습니다.

- **긴–꼬리 지연**(long-tail latency): AWS 람다는 코드를 동적 실행하므로 AWS가 애플리케이션 인스턴스를 프로비저닝하고 애플리케이션을 시동하기까지 시간이 걸립니다. 그래서 요청에 따라 많이 지연되는 경우도 있습니다. 특히 자바로 작성한 서비스는 보통 시동 시간이 적어도 수 초는 걸립니다. 지연 시간이 매우 중요한 서비스라면 AWS 람다가 적합하지 않을 수도 있습니다.
- **제한된 이벤트/요청 기반 프로그래밍 모델**: AWS 람다는 처음부터 실행 시간이 긴 서비스(예: 서드파티 메시지 브로커에서 유입된 메시지를 소비하는 서비스)를 배포할 용도는 아닙니다.

이처럼 AWS 람다가 모든 서비스에 다 맞는 것은 아니지만, 다른 배포 패턴을 고려하기 전에 서버리스 배포가 여러분이 생각하는 요건에 부합하는지 잘 따져 보세요.

12.6 REST 서비스 배포: AWS 람다 및 AWS 게이트웨이

자, AWS 람다로 음식점 서비스를 한 번 배포해 봅시다. 음식점 정보를 REST API로 관리하는 음식점 서비스는 가령 아파치 카프카에 오랫동안 접속한다든지 하는 일은 없으므로 AWS 람다로 구현하기에 적합합니다. 이 서비스는 REST 끝점마다 하나씩 배정된 람다 함수들로 구성되며, AWS API 게이트웨이는 HTTP 요청을 이 함수들로 라우팅합니다.

각 요청 핸들러 클래스마다 람다 함수가 하나씩 있습니다. 람다 함수 `ftgo-create-restaurant`
은 `CreateRestaurantRequestHandler` 클래스를, 람다 함수 `ftgo-find-restaurant`은
`FindRestaurantRequestHandler`를 각각 호출합니다. 이 두 요청 핸들러 클래스는 같은 서비스에서
밀접하게 연관된 기능을 수행하므로 restaurant-service-aws-lambda.zip 파일에 함께 묶습니다.
지금부터 핸들러 클래스부터 하나씩 서비스를 설계해 봅시다.

12.6.1 음식점 서비스를 AWS 람다 버전으로 설계

서비스 아키텍처(그림 12-14)는 기존 서비스 아키텍처와 크게 다르지 않습니다. 스프링 MVC 컨
트롤러 대신 AWS 람다 요청 핸들러 클래스가 있을 뿐, 나머지 비즈니스 로직은 그대로입니다.

표현 계층은 AWS 람다 함수가 HTTP 요청을 처리하기 위해 호출하는 요청 핸들러로 구
성됩니다. 비즈니스 계층은 `RestaurantService`, `Restaurant` JPA 엔터티, DB를 캡슐화한
`RestaurantRepository`로 기존 구조와 같습니다.

▼ 그림 12–13 음식점 서비스를 AWS 람다 함수로 배포. AWS API 게이트웨이는 HTTP 요청을 AWS 람다 함수로 라우팅한다.
AWS 람다 함수는 음식점 서비스에 정의된 요청 핸들러 클래스로 구현한다

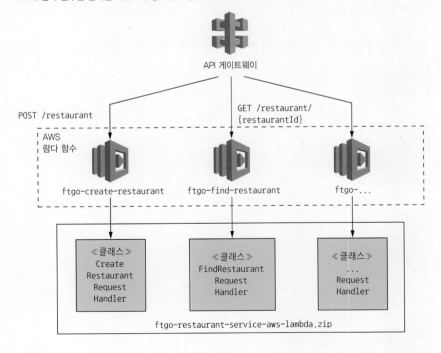

▼ 그림 12-14 음식점 서비스를 AWS 람다 기반으로 설계. 표현 계층에는 람다 함수를 구현한 요청 핸들러 클래스가 있고, 기존 방식처럼 서비스 클래스, 엔터티, 리포지터리로 구성된 비즈니스 계층을 호출한다

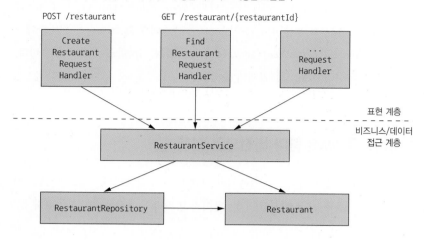

FindRestaurantRequestHandler 클래스

GET /restaurant/{restaurantId} 끝점을 구현한 이 클래스는 다른 요청 핸들러 클래스들과 함께 최하단 클래스 계층에 속합니다(그림 12-15). 계층 구조상 AWS SDK의 RequestHandler 인터페이스가 루트고, 그 하위 추상 클래스들은 에러 처리, 디펜던시 주입을 담당합니다.

▼ 그림 12-15 요청 핸들러 클래스 설계. 중간에 위치한 추상 하위 클래스들은 에러 처리, 디펜던시 주입을 담당한다

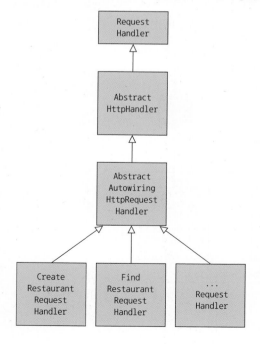

HTTP 요청 핸들러의 기초 추상 클래스 AbstractHttpHandler는 요청 처리 도중 발생한 예외를 붙잡아 내부 서버 오류 응답(500)을 반환합니다. AbstractAutowiringHttpRequestHandler 클래스는 요청 처리에 필요한 디펜던시를 주입합니다. FindRestaurantRequestHandler 클래스의 handleHttpRequest()는 HTTP 요청을 나타낸 APIGatewayProxyRequestEvent를 매개변수로 받아 RestaurantService를 호출하여 음식점 정보를 검색 후, HTTP 응답에 해당하는 APIGatewayProxyResponseEvent를 반환합니다.

예제 12-9 GET /restaurant/{restaurantId}의 핸들러 클래스

```
public class FindRestaurantRequestHandler
  extends AbstractAutowiringHttpRequestHandler {

  @Autowired
  private RestaurantService restaurantService;

  @Override
  protected Class<?> getApplicationContextClass() {
    return CreateRestaurantRequestHandler.class;    ◀─┐
  }                                          애플리케이션 컨텍스트로 사용할
                                             스프링 자바 구성 클래스

  @Override
  protected APIGatewayProxyResponseEvent
    handleHttpRequest(APIGatewayProxyRequestEvent request, Context context) {
    long restaurantId;
    try {
      restaurantId = Long.parseLong(request.getPathParameters()
        .get("restaurantId"));
    } catch (NumberFormatException e) {
      return makeBadRequestResponse(context);    ◀─┐
    }                             restaurantId가 존재하지 않거나 유효하지 않을 경우
                                  400 Bad Request(잘못된 요청입니다) 응답 반환

    Optional<Restaurant> possibleRestaurant =
      restaurantService.findById(restaurantId);

    return possibleRestaurant    ◀── 음식점을 반환하거나, 404 Not Found(찾을 수 없습니다) 응답 반환
      .map(this::makeGetRestaurantResponse)
      .orElseGet(() -> makeRestaurantNotFoundResponse(context,
        restaurantId));
  }

  private APIGatewayProxyResponseEvent makeBadRequestResponse(Context context) {
    ...
```

```
      }

  private APIGatewayProxyResponseEvent
    makeRestaurantNotFoundResponse(Context context, long restaurantId) { ... }

  private APIGatewayProxyResponseEvent
    makeGetRestaurantResponse(Restaurant restaurant) { ... }
}
```

코드를 보면 알다시피, 서블릿과 매우 유사합니다. HttpServletRequest를 받아 HttpServlet
Response를 반환하는 service() 대신 APIGatewayProxyRequestEvent를 받아 APIGatewayProxy
ResponseEvent를 반환하는 handleHttpRequest() 메서드가 있습니다.

AbstractAutowiringHttpRequestHandler 클래스로 디펜던시 주입

AWS 람다 함수는 웹 애플리케이션도 아니고 main() 메서드가 있는 자바 애플리케이션도 아
닙니다. 하지만 우리가 익숙한 스프링 부트를 활용할 수 없다면 말이 안 되겠죠. 예제 12-10의
AbstractAutowiringHttpRequestHandler는 요청 핸들러에 필요한 디펜던시를 주입하는 클래스입
니다. 이 클래스는 SpringApplication.run()으로 ApplicationContext를 생성 후, 최초로 들어온
요청을 처리하기 전에 디펜던시를 자동와이어링(autowire)합니다. FindRestaurantRequestHandler
처럼 이 클래스의 하위 클래스는 모두 getApplicationContextClass()를 구현해야 합니다.

예제 12-10 디펜던시를 주입하는 AbstractAutowiringHttpRequestHandler

```
public abstract class AbstractAutowiringHttpRequestHandler
  extends AbstractHttpHandler {

  private static ConfigurableApplicationContext ctx;
  private ReentrantReadWriteLock ctxLock = new ReentrantReadWriteLock();
  private boolean autowired = false;
                                        스프링 부트 애플리케이션 컨텍스트는 한 번만 생성
  protected synchronized ApplicationContext getAppCtx() { ◄──┐
    ctxLock.writeLock().lock();
    try {
      if (ctx == null) {
        ctx = SpringApplication.run(getApplicationContextClass());
      }
      return ctx;
    } finally {
      ctxLock.writeLock().unlock();
```

```
    }
  }
```

ApplicationContext를 생성하기 위해
필요한 구성 클래스 반환

```
  protected abstract Class<?> getApplicationContextClass(); ◄─┘

  @Override
  protected void
  beforeHandling(APIGatewayProxyRequestEvent request, Context context) {
    super.beforeHandling(request, context);
```
최초로 요청을 처리하기 전에 요청 핸들러에
디펜던시를 자동와이어링하여 주입
```
    if (!autowired) {
      getAppCtx().getAutowireCapableBeanFactory().autowireBean(this); ◄─┘
      autowired = true;
    }
  }
}
```

이 클래스는 AbstractHttpHandler의 beforeHandling()을 재정의해서 최초로 요청을 처리하기 전
에 자동와이어링으로 디펜던시를 주입합니다.

AbstractHttpHandler 클래스

음식점 서비스 요청 핸들러는 결국 RequestHandler<APIGatewayProxyRequestEvent, APIGateway
ProxyResponseEvent>를 구현한 AbstractHttpHandler를 상속합니다(예제 12-11). 이 클래스의 주
임무는 요청 처리 시 발생한 예외를 붙잡아 에러 코드 500을 던지는 일입니다.

예제 12-11 예외를 붙잡아 HTTP 응답 500을 반환하는 AbstractHttpHandler

```
public abstract class AbstractHttpHandler implements
  RequestHandler<APIGatewayProxyRequestEvent, APIGatewayProxyResponseEvent> {

  private Logger log = LoggerFactory.getLogger(this.getClass());

  @Override
  public APIGatewayProxyResponseEvent handleRequest(
    APIGatewayProxyRequestEvent input, Context context) {
    log.debug("Got request: {}", input);
    try {
      beforeHandling(input, context);
      return handleHttpRequest(input, context);
    } catch (Exception e) {
      log.error("Error handling request id: {}", context.getAwsRequestId(), e);
```

```java
    return buildErrorResponse(new AwsLambdaError(
      "Internal Server Error",
      "500",
      context.getAwsRequestId(),
      "Error handling request: " + context.getAwsRequestId() + " "
        + input.toString()));
  }
}

protected void beforeHandling(APIGatewayProxyRequestEvent request,
  Context context) {
  // 아무 것도 안 한다.
}

protected abstract APIGatewayProxyResponseEvent
    handleHttpRequest(APIGatewayProxyRequestEvent request, Context context);
}
```

12.6.2 ZIP 파일로 서비스 패키징

서비스를 배포하려면 먼저 ZIP 파일로 묶어야 합니다. 그레이들 태스크를 이용하면 간편하게 ZIP 파일로 빌드할 수 있습니다.

```
task buildZip(type: Zip) {
  from compileJava
  from processResources into('lib') {
    from configurations.runtime
  }
}
```

이 태스크를 실행하면 루트 디렉터리에는 클래스/리소스, lib 디렉터리에는 JAR 파일이 있는 ZIP 파일이 생성됩니다.

ZIP 파일이 준비되었으니 이제 람다 함수를 배포합시다.

12.6.3 서버리스 프레임워크로 람다 함수 배포

AWS가 제공한 툴로 람다 함수를 배포하고 API 게이트웨이를 구성하는 것은 꽤 지루한 작업입니다. 다행히 람다 함수를 쉽게 사용할 수 있게 도와주는 오픈 소스 서버리스 프로젝트(OpenSource Serverless Framework)가 있습니다. 람다 함수와 REST 끝점이 기술된 serverless.yml 파일만 작성하면 서버리스가 대신 람다 함수를 배포하고 이 함수들로 요청을 라우팅하는 API 게이트웨이를 생성/구성합니다.

예제 12-12 음식점 서비스를 람다 함수로 배포하는 serverless.yml 파일

```
service: ftgo-application-lambda

provider:
  name: aws          ◀─── AWS에 배포한다고 서버리스에 전달
runtime: java8
timeout: 35
region: ${env:AWS_REGION}
stage: dev
  environment:       ◀─── 환경 변수를 통해 외부화 구성 제공
    SPRING_DATASOURCE_DRIVER_CLASS_NAME: com.mysql.jdbc.Driver
    SPRING_DATASOURCE_URL: ...
    SPRING_DATASOURCE_USERNAME: ...
    SPRING_DATASOURCE_PASSWORD: ...

package:    ◀─── 람다 함수가 포함된 ZIP 파일
  artifact: ftgo-restaurant-service-aws-lambda/build/distributions/
    ftgo-restaurant-service-aws-lambda.zip

functions:    ◀─── 핸들러 함수, HTTP 끝점으로 구성된 람다 함수 정의
  create-restaurant:
    handler: net.chrisrichardson.ftgo.restaurantservice.lambda
      .CreateRestaurantRequestHandler
    events:
      - http:
        path: restaurants
        method: post
  find-restaurant:
    handler: net.chrisrichardson.ftgo.restaurantservice.lambda
      .FindRestaurantRequestHandler
    events:
```

```
- http:
  path: restaurants/{restaurantId}
  method: get
```

그리고 이 YAML 파일을 읽어 람다 함수를 배포하고 AWS API 게이트웨이를 구성하는 서버리스 배포 커맨드를 실행합니다. 잠시 후 API 게이트웨이 끝점을 통해 바로 서비스에 접속해 볼 수 있을 것입니다. AWS 람다는 각 음식점 서비스의 람다 함수 인스턴스를 부하 처리에 필요한 개수만큼 알아서 준비합니다. 코드를 변경할 경우, ZIP 파일을 다시 빌드해서 람다를 업데이트하고 다시 서버리스 배포를 하면 되죠. 서버는 전혀 관여하지 않습니다!

그리 멀지 않은 과거에 애플리케이션을 물리 머신에 수동 배포했던 시절을 떠올리면 참으로 놀라운 인프라의 진보입니다. 이제는 고도로 자동화한 퍼블릭 클라우드가 다양한 가상 배포 옵션까지 제공합니다. 서비스를 가상 머신으로 배포하거나 이보다 조금 더 나은 컨테이너로 배포할 수도 있고, 쿠버네티스 같은 도커 오케스트레이션 프레임워크를 이용할 수도 있습니다. 이제는 아예 인프라를 신경 쓸 필요 없이, 가볍고 일시적인 람다 함수로 서비스를 배포하는 단계까지 왔습니다.

12.7 / 마치며

- 서비스 요건이 충족되는 가능한 한 가벼운 배포 패턴을 선택하세요. 서버리스 > 컨테이너 > 가상 머신 > 언어에 특정한 패키징 순서로 따져 보세요.

- 서버리스 배포는 긴 꼬리 지연이 있고 요건상 이벤트/요청 기반의 프로그래밍 모델을 사용해야 하므로 모든 서비스에 맞지는 않지만, OS, 런타임을 관리할 필요가 없고 탄력적인 자동화 프로비저닝, 요청 단위 과금 등 상당히 매력적인 요소가 있습니다.

- OS 수준의 경량급 가상화 기술인 도커 컨테이너는 서버리스 배포보다 더 유연하며 지연 가측성(predictable latency)이 우수합니다. 머신 클러스터에 배포된 여러 컨테이너를 관리하는 도커 오케스트레이션 프레임워크(예: 쿠버네티스)를 함께 사용하면 이상적입니다. 물론 OS와 런타임뿐만 아니라, 도커 오케스트레이션 프레임워크와 그 하부 VM까지 사람이 직접 관리해야 하는 단점은 있습니다.

- 서비스를 가상 머신으로 배포할 수 있습니다. 가상 머신은 비교적 무거운 배포 수단이고 배포 자체가 느린 데다 컨테이너보다 리소스를 더 많이 사용하지만 아마존 EC2 등 요즘 클라우드 서비스는 고도로 자동화되어 있고 기능이 다양합니다. 작고 간단한 애플리케이션이라면 굳이 도커 오케스트레이션 프레임워크를 설정하지 말고 가상 머신으로 배포하는 것이 더 쉽습니다.

- 서비스를 언어에 특정한 패키지로 배포하는 방법은 서비스가 아주 소수인 경우를 제외하면 가급적 삼가는 것이 좋습니다. 마이크로서비스로 처음 전환할 때에는 기존 모놀리식에서 사용했던 동일한 방법으로 서비스를 배포할 수밖에 없겠죠(13장). 그래도 어느 정도 서비스 개발이 진행되었다면, 쿠버네티스 같은 정교한 배포 인프라를 구성하는 것을 권장합니다.

- 서비스 메시는 서비스를 드나드는 모든 네트워크 트래픽을 조율하는 네트워크 계층입니다. 덕분에 일단 서비스를 프로덕션에 배포하고 테스트를 마친 후, 운영 트래픽을 서비스로 라우팅할 수 있습니다. 배포와 릴리스를 분리하면 새 버전의 서비스를 확실하게 오픈할 수 있습니다.

13^장

마이크로서비스로
리팩터링

13.1 마이크로서비스 리팩터링 개요

13.2 모놀리스 → 마이크로서비스 리팩터링 전략

13.3 서비스와 모놀리스 간 협동 설계

13.4 새 기능을 서비스로 구현: 배달 실패한 주문 처리

13.5 모놀리스 분해: 배달 관리 추출

13.6 마치며

이 장에서 다룰 핵심 내용

- 모놀리식 애플리케이션을 마이크로서비스 아키텍처로 전환하는 시점
- 모놀리식을 마이크로서비스로 단계적으로 리팩터링해야 하는 이유
- 새 기능을 서비스로 구현
- 모놀리스에서 서비스 추출
- 서비스와 모놀리스의 연계

필자는 독자 여러분이 이 책을 읽고 마이크로서비스 아키텍처가 무엇이고 어떤 장단점이 있는지, 언제 어떻게 사용하는 것인지 충분히 이해하기를 바랍니다. 여러분 중에는 크고 복잡한 모놀리식 애플리케이션 운영을 맡고 있는 분들도 있을 것입니다. 더디고 고통스러운 애플리케이션 개발/배포 작업이 반복되는 지루한 일상에 시달리고 있는 사람에게 마이크로서비스는 어쩌면 먼 나라 이야기처럼 들릴지도 모릅니다. 메리와 FTGO 팀원들도 그랬지만, 처음에는 마이크로서비스 아키텍처를 어디서부터 어떻게 도입해야 맞는 것인지 막막할 따름이지요.

하지만 애플리케이션을 처음부터 뜯어고치지 않아도 모놀리식 지옥에서 벗어날 수 있게 해주는 고마운 전략이 있습니다. 이른바 스트랭글러 애플리케이션(strangler application)을 개발해서 단계적으로 모놀리식을 마이크로서비스로 전환하는 것입니다. 모놀리스에서 서비스를 하나씩 추출해서 새 기능을 구현하는 식으로 마이크로서비스를 개발하고, 이런 서비스로 구성된 스트랭글러 애플리케이션은 점점 더 키우고 모놀리스는 차츰 쪼그라들어 고사하게 만드는 전략입니다. 스트랭글러 애플리케이션의 가장 큰 장점은 처음부터 애플리케이션을 완전히 새로 만들지 않아도 비즈니스 가치를 이른 시기에 자주 전달할 수 있다는 점입니다.

이 장은 우선 모놀리스를 마이크로서비스 아키텍처로 리팩터링할 필요성부터 이야기합니다. 새 기능을 서비스로 구현하고 모놀리스에서 서비스를 추출하는 방식으로 스트랭글러 애플리케이션을 개발하는 방법, 그리고 모놀리스와 서비스의 연계 및 DB 일관성 유지, 보안 처리 등 다양한 주제를 훑어봅니다. 끝으로 전혀 새로운 기능의 배달 지연 서비스와 모놀리스에서 추출한 배달 서비스, 두 예제 서비스를 살펴보는 것으로 마무리하겠습니다.

13.1 / 마이크로서비스 리팩터링 개요

여러분이 FTGO처럼 크고 낡은 모놀리식 애플리케이션의 기술 책임자라고 합시다. 기술 팀이 새로운 기능을 신속하고 확실하게 전달하지 못하면 경영진은 복창이 터지겠죠. FTGO는 분명히 전형적인 모놀리식 지옥에 빠져 어려움을 겪어 왔고, 마이크로서비스는 적어도 겉보기에는 확실한 해결책인 것 같습니다. 자, 그럼 이런 상황에서 여러분은 새 기능 개발은 당분간 포기하고 모든 개발 역량을 마이크로서비스 아키텍처로의 전환에 집중해야 한다고 주장하겠습니까?

필자는 우선 마이크로서비스로의 리팩터링을 고민해야 하는 이유부터 따져 보려 합니다. 또 소프트웨어 개발 프로세스가 형편없어서가 아니라 모놀리식 지옥에 빠져 있기 때문에 갖가지 소프트웨어 개발 문제가 불거진다는 사실을 명확히 인지하는 것이 왜 중요한지 설명합니다. 모놀리스를 마이크로서비스로 단계적으로 리팩터링하는 전략을 설명하고, 비즈니스를 지원하기 위해 개선 사항을 조기에, 자주 전달하는 것이 왜 중요한지 언급하고자 합니다. 또 소수의 서비스 개발이 완료되기 전에는 정교한 배포 인프라에 투자하는 일을 삼가야 하는 이유를 설명합니다. 끝으로 서비스를 아키텍처에 도입하는 다양한 전략을 소개합니다.

13.1.1 모놀리스를 왜 리팩터링하는가?

마이크로서비스 아키텍처는 여러모로 장점이 많습니다. 유지보수성, 테스트성, 배포성이 우수하고 개발을 빨리 할 수 있으며, 확장성도 우수하고 오류 격리(fault isolation)도 잘 됩니다. 기술 스택을 발전시키기도 훨씬 쉽습니다. 그러나 모놀리스를 마이크로서비스로 리팩터링하는 작업은 매우 고된 여정입니다. 무엇보다 새 기능 개발에 필요한 리소스가 분산됩니다. 따라서 경영진은 중대한 비즈니스 문제를 마이크로서비스로 해결할 수 있을 때에만 마이크로서비스 도입을 추진하려고 할 것입니다.

이미 모놀리식 지옥에 빠진 상황이라면 다음과 같은 비즈니스 문제를 적어도 한 가지는 겪고 있을 것입니다.

- **느린 전달**(slow delivery): 애플리케이션을 이해, 관리, 테스트하기가 어려워서 개발자 생산성이 떨어집니다. 조직 차원에서도 경쟁사와 효율적으로 경쟁하기 어렵고 유리한 고지를 빼앗길 위험이 있습니다.
- **버그 투성이 소프트웨어 릴리스**(buggy software release): 테스트성의 결여는 곧 소프트웨어 릴리스가 버그 투성이일 때가 많다는 뜻입니다. 당연히 서비스에 불만을 품게 된 고객은 속속 이탈하고 회사 이익은 타격을 받겠죠.
- **나쁜 확장성**: 모놀리식 애플리케이션은 리소스 요건이 전혀 다른 모듈을 하나의 실행 가능한 컴포넌트로 조합하기 때문에 확장이 어렵습니다. 어느 정도 이상은 확장할 수 없거나, 설령 가능하다 해도 비용이 너무 많이 듭니다. 결국 애플리케이션이 현재의, 또는 미래에 예상되는 고객의 니즈를 지원할 수 없습니다.

아키텍처라는 옷이 더 이상 맞지 않아 이런 문제가 생긴 것은 아닌지 잘 살펴야 합니다. 전달이 더디고 릴리스한 소프트웨어가 버그 투성이인 이유는 대부분 소프트웨어 개발 프로세스가 낙후되었기 때문입니다. 예를 들어 여러분이 아직도 수동 테스트에 의존하고 있다면 자동화 테스트 하나만 도입해도 개발 속도가 엄청 빨라지게 될 것입니다. 확장 문제 또한 아키텍처를 바꾸지 않고도 해결할 수 있습니다. 먼저 간단한 방안부터 시험해 보고, 그래도 고질적인 소프트웨어 전달 문제가 반복되면 그때 가서 마이크로서비스 아키텍처 전환을 고려해도 늦지 않습니다.

13.1.2 모놀리스 옥죄기

애플리케이션 아키텍처를 모놀리식에서 마이크로서비스로 전환하는 프로세스는 애플리케이션 현대화(application modernization)[1]의 한 가지 형태입니다. 지난 수십 년간 많은 개발자가 실시한 애플리케이션 현대화는 레거시 애플리케이션을 현대 아키텍처와 최신 기술 스택이 접목된 애플리케이션으로 탈바꿈시키는 과정입니다. 마이크로서비스 아키텍처로 리팩터링할 때에도 애플리케이션 현대화 과정에서 경험을 통해 축적된 노하우를 충분히 활용할 수 있습니다. "완전히 뜯어고치기(big bang rewrite)'를 삼가하라." 지난 세월을 통틀어 사람들이 깨달은 가장 중요한 교훈입니다.

이를테면 마이크로서비스처럼 새로운 아키텍처의 애플리케이션을 개발한답시고 기존 애플리케이션을 완전히 뜯어고치는 일은 하지 말라는 것입니다. 레거시 코드베이스와 결별하고 처음부터 산뜻하게 새 출발하는 것이 얼핏 멋져 보이기는 하지만 리스크가 너무 커서 결국 실패하는 프로젝트가 될 가능성이 높습니다. 수 개월 내지 수 년에 걸쳐 기존 기능을 똑같이 옮긴 후에야 현재 업무에 필요한 기능을 구현할 수 있을 텐데, 레거시 애플리케이션 개발도 병행해야 하기 때문에 에너지는 여기저기 분산되고 당초 의도했던 목표는 점점 멀어지게 될 것입니다. 더구나 지금은 더 이상 필요 없는 기능까지 다시 구현하는 시간 낭비도 만만치 않습니다. 마틴 파울러의 말처럼, "'완전히 뜯어고치기'가 보장하는 유일한 것은 '전부 다' 뜯어고친다는 점입니다!"

---

1 https://en.wikipedia.org/wiki/Software_modernization

따라서 완전히 뜯어고치는 대신 모놀리식 애플리케이션을 단계적으로 리팩터링하는 것이 좋습니다(그림 13-1). 기존 애플리케이션과 함께 실행되면서 새로운 마이크로서비스 애플리케이션을 조금씩 빌드한 스트랭글러 애플리케이션을 개발하는 것입니다. 시간이 지날수록 모놀리식에 구현된 기능은 점점 가짓수가 줄어 완전히 없어지거나 또 다른 마이크로서비스가 됩니다. 이 전략은 마치 고속도로에서 자동차를 시속 110km로 운전하면서 정비하는 것과 비슷합니다. 물론 이것도 쉬운 일은 아니지만, '완전히 뜯어고치기'보다는 훨씬 덜 위험합니다.

▼ 그림 13-1 여러 서비스로 구성된 스트랭글러 애플리케이션이 모놀리스를 단계적으로 대체한다. 결국 모놀리스는 스트랭글러 애플리케이션으로 완전 교체되거나 다른 마이크로서비스로 변신한다

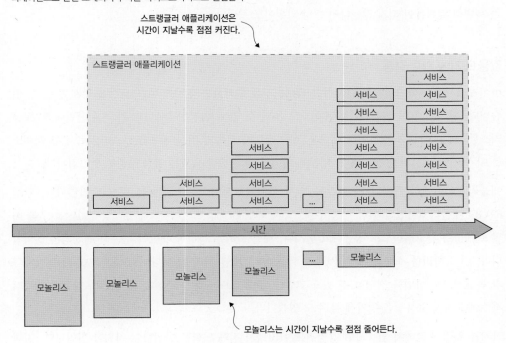

마틴 파울러는 이 애플리케이션 현대화 전략을 가리켜 스트랭글러 애플리케이션 패턴이라고 했습니다.[2] 스트랭글러(옥죄는 것)라는 말은 열대 우림 지대에서 흔히 자라는 스트랭글러 덩굴(strangler vine, 또는 스트랭글러 피그(strangler fig)[3])에서 유래되었습니다. 이 덩굴은 숲 꼭대기 너머로 햇볕을 쬐기 위해 나무 주위를 칭칭 감고 자랍니다. 그러다 언젠가 나무 전체를 덩굴로 뒤덮어 나무가 수명이 다 되어 죽으면 나무 모양의 덩굴만 덩그러니 남게 되죠.

---

2 http://www.martinfowler.com/bliki/StranglerApplication.html

3 https://en.wikipedia.org/wiki/Strangler_fig

리팩터링 작업은 보통 수 개월~수 년은 족히 걸립니다. 스티브 예이그(Steve Yegge)라는 파워 블로거에 따르면, 아마존 닷컴은 모놀리스를 리팩터링하는 데에만 2년이 걸렸다고 합니다. 초대형 시스템은 리팩터링이 네버 엔딩 스토리가 될 가능성도 있습니다. 모놀리스를 쪼개는 것보다 영업 이익 산출 등 더 중요한 작업이 많은 경우 충분히 그럴 수 있겠죠. 지금 진행 중인 개발에 모놀리스가 특별히 걸림돌이 되지 않는다면 그냥 놔두어도 됩니다.

값을 조기에 자주 검증

마이크로서비스 아키텍처로 단계적인 리팩터링을 수행하면 투자에 따른 보상을 즉시 받을 수 있습니다. 완성되기 전까지는 아무런 혜택도 누릴 수 없는 '완전히 뜯어고치기'와는 딴판이죠. 모놀리스를 조금씩 리팩터링하면서 새로운 기술 스택과 고속의 최신 데브옵스 스타일로 신규 서비스를 각각 개발/전달하는 것입니다. 덕분에 여러분 팀의 전달 속도는 점점 꾸준히 빨라집니다.

애플리케이션에서 가치가 큰 부분을 먼저 마이크로서비스로 이전하는 것도 방법입니다. 가령 FTGO 애플리케이션의 핵심 경쟁 우위(competitive advantage, 경쟁사보다 훨씬 앞서 있는 부분)를 배달 스케줄링 알고리즘으로 정했다고 합시다. 배달 관리는 특성상 개발이 꾸준히 진행되는 영역입니다. 배달 관리를 스탠드얼론 서비스로 추출하면, 배달 관리 팀은 나머지 다른 FTGO 개발자들과 독립적으로 작업을 진행할 수 있고 그만큼 개발 속도는 빨라집니다. 새 버전의 알고리즘을 더 자주 배포해서 효용성을 평가해 볼 수도 있습니다.

가치를 일찍 전달해서 입증하면 경영진도 아키텍처 전환 노력을 아낌없이 지원할 것입니다. 리팩터링을 하게 되면 결국 평상시 기능 개발에 쏟을 시간이 줄어들기 때문에 경영진의 지속적인 지원은 매우 중요한 요소입니다. 과거에 큰 포부를 갖고 시도해 보았는데 별다른 혜택을 보지 못해 기술 부채(technical debt)[4]를 지게 된 회사의 경영진은 이런 정리 작업에 더 이상 비용을 들이고 싶지 않을 것입니다. 단계적으로 마이크로서비스를 리팩터링하면 그 전환 가치를 경영진에게 일찍, 그리고 더 자주 보여 줄 수 있습니다.

---

4 **역주** 현 시점에서 더 오래 소요될 수 있는 더 나은 접근 방식을 사용하는 대신 쉬운(제한된) 솔루션을 채택함으로써 발생되는 추가적인 재작업의 비용을 반영하는 소프트웨어 개발의 한 관점입니다. 기술 부채는 금전적인 채무에 비유할 수 있습니다. (출처: 위키백과)

모놀리스 변경 최소화

마이크로서비스 아키텍처로 전환할 때 모놀리스를 광범위하게 뜯어고치는 행위는 삼가라는 말은 이 장에서 반복되는 논지입니다. 마이크로서비스로 전환하려면 모놀리스를 어떤 식으로든 변경해야 하지만 여기저기 많은 곳을 변경하는 것은 시간도 많이 걸리고, 비싸고, 위험합니다.

그래서 변경 범위를 줄일 수 있는 전략이 있습니다. 추출된 서비스에 있는 데이터를 모놀리스 DB에 도로 복제하거나(13.2.3절), 모놀리스에 미치는 영향을 줄이기 위해 서비스 추출 순서를 잘 조정(13.3.2절)합니다. 이런 전략을 잘 적용하면 모놀리스를 리팩터링하는 작업량을 줄일 수 있습니다.

기술 배포 인프라: 모든 것이 다 필요한 것은 아니다

필자는 앞서 쿠버네티스, AWS 람다, 서비스 디스커버리 등의 배포 플랫폼을 비롯하여 여러 가지 신선한 신기술을 언급했습니다. 지금 당장이라도 최신 기술 중 하나를 골라잡아 인프라를 구축해서 마이크로서비스로 전환하고픈 욕망을 느끼는 독자도 있을 것입니다. 평소에 경영진으로부터 뭐라도 좀 해보라고 압박을 받거나, PaaS 업체에 아는 사람들이 이런 종류의 인프라에 돈 좀 쓰라고 피곤하게 굴기도 하죠.

인프라를 미리 다 구축하고 싶은 마음이야 굴뚝 같겠지만, 인프라 개발에 필요한 선행 투자는 최소화하는 것이 좋습니다. 반드시 있어야 할 것은 테스트 자동화 배포 파이프라인이 유일합니다. 예를 들어 서비스가 몇 개 안 된다면 정교한 배포 인프라, 관측성 인프라는 당장 없어도 지장이 없습니다. 처음에는 서비스 디스커버리용 구성 파일을 하드 코딩해서 사용해도 충분합니다. 마이크로서비스 아키텍처를 도입해서 정말 실제로 경험을 해보기 전까지는 막대한 투자가 필요한 기술 인프라에 관한 의사 결정은 나중으로 미루세요. 서비스를 몇 개 돌려 보면서 어떤 기술이 나은지 경험을 쌓은 후에 해도 늦지 않습니다.

13.2 모놀리스 → 마이크로서비스 리팩터링 전략

다음은 모놀리스를 단계적으로 옥죄어 마이크로서비스로 교체하는 3대 전략입니다.

1. 새 기능을 서비스로 구현합니다.

2. 표현 계층과 백엔드를 분리합니다.

3. 기능을 여러 서비스로 추출해서 모놀리스를 분해합니다.

1번은 모놀리스의 성장을 중단시키는 전략입니다. 마이크로서비스 전환을 간접적으로 계속 지원하면서 그 가치를 신속하게 입증하는 수단입니다. **2~3**번은 모놀리스 분해에 관한 전략입니다. 모놀리스를 리팩터링할 때 **2**번 전략은 사용할 때도 있고 안 할 때도 있지만, 기능을 모놀리스에서 스트랭글러 애플리케이션으로 전환하는 **3**번 전략은 반드시 사용합니다.

13.2.1 새 기능을 서비스로 구현한다

"구멍에 빠졌다는 것을 알았으면 땅은 그만 파라." 모놀리식 애플리케이션이 거의 관리 불능 상태라면 이 구멍의 법칙(Law of Holes)[5]만큼 유익한 조언도 없을 것입니다. 이미 거대하고 복잡해진 모놀리식 애플리케이션에 새 기능이 구현된 코드는 더 이상 추가하지 마세요. 그럴수록 모놀리스는 더 비대해지고 관리하기 어려워질 뿐입니다.

모놀리식을 마이크로서비스로 전환할 때에는 새 기능을 서비스로 구현하는 작업부터 실천하는 것이 좋습니다. 모놀리스는 성장을 더디게 만들고 새 기능은 전혀 새로운 코드베이스에서 개발하므로 개발 속도가 붙고 마이크로서비스 아키텍처의 진가가 금세 드러납니다.

---

5 https://en.m.wikipedia.org/wiki/Law_of_holes

새 서비스를 모놀리스에 연계

그림 13-2는 새 기능을 서비스로 구현한 이후의 애플리케이션 아키텍처입니다. 이 아키텍처에는 새 서비스와 모놀리스 외에도 서비스를 애플리케이션에 통합하는 두 가지 요소가 포함되어 있습니다.

- **API 게이트웨이**: 새 기능의 요청은 새 서비스로, 기존 요청은 모놀리스로 각각 라우팅합니다.
- **통합 글루 코드**(integration glue code): 서비스가 모놀리스 데이터에 접근하고 모놀리스에 구현된 기능을 호출할 수 있게 서비스를 모놀리스에 통합합니다.

통합 글루 코드(13.3.1절)는 스탠드얼론 컴포넌트가 아니라, 모놀리스에 있는 어댑터 및 하나 이상의 IPC를 사용하는 서비스로 구성됩니다. 예를 들어 배달 지연 서비스(13.4.1절)의 통합 글루 코드는 REST와 도메인 이벤트를 모두 사용합니다. 서비스는 REST API를 호출하여 모놀리스에 있는 고객 연락처 정보를 가져옵니다. 모놀리스는 배달 지연 서비스가 주문 상태를 추적하고 제시간에 배달되지 못할 주문에 응답할 수 있도록 Order 도메인 이벤트를 발행합니다.

새 기능을 서비스로 구현하는 시점

새 기능을 모놀리스 대신 스트랭글러 애플리케이션에 전부 다 구현할 수 있다면 이상적이겠죠. 새 기능을 새 서비스나 기존 서비스의 일부로 구현하면 기존 모놀리스 코드베이스는 굳이 건드릴 필요가 없습니다. 하지만 모든 새 기능을 서비스로 구현할 수 있는 것은 아닙니다.

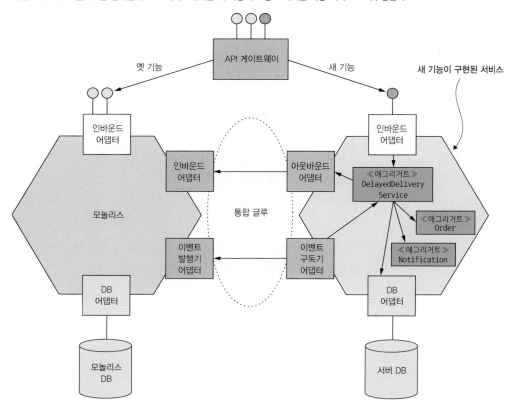

▼ 그림 13-2 새 기능은 스트랭글러 애플리케이션의 일부인 서비스로 구현된다. 동기/비동기 API가 구현된 어댑터로 구성된 통합 글루는 서비스와 모놀리스를 연계한다. API 게이트웨이는 새 기능의 요청 트래픽을 해당 서비스로 라우팅한다

마이크로서비스는 본질적으로 비즈니스 능력 위주로 구성된, 느슨하게 결합된 서비스이기 때문입니다. 의미 있는 서비스라고 하기에는 기능 자체가 너무 작은 경우가 있습니다. 가령 기존 클래스에 필드/메서드 몇 개만 추가하면 되는 경우가 그렇습니다. 새 기능이 기존 모놀리스 코드에 너무 단단히 매여 있는 경우도 있습니다. 이런 기능을 무리하게 서비스로 구현하면 과도한 IPC가 발생하고 새로운 성능 문제가 야기될 수 있습니다. 또 데이터 일관성을 유지하는 것도 문제입니다. 새 기능을 서비스로 구현할 수 없다면, 일단 모놀리스에 새로운 기능을 구현합니다. 나중에 다른 관련 기능과 함께 해당 기능을 자체 서비스로 추출할 수 있습니다.

새 기능을 서비스로 구현하면 개발 속도가 올라갑니다. 마이크로서비스 아키텍처의 진가를 신속하게 입증할 수 있는 좋은 방법이죠. 하지만 언젠가는 **2~3**번 전략으로 모놀리스를 분해해야 합니다. 스트랭글러 애플리케이션으로 기능을 이전하려면 모놀리스에 있는 기능을 서비스라는 그릇에 담아내야 합니다. 모놀리스를 수평적으로 쪼개도 개발 속도를 높이는 데 도움이 됩니다. 그 방법을 알아봅시다.

13.2.2 표현 계층과 백엔드를 분리한다

표현 계층을 비즈니스 로직과 데이터 접근 계층에서 분리하면 모놀리식 애플리케이션의 덩치를 줄일 수 있습니다. 엔터프라이즈 애플리케이션은 일반적으로 다음 세 계층으로 구성됩니다.

- **표현 계층**: HTTP 요청을 처리해서 웹 UI에 전달할 HTML 페이지를 생성하는 모듈로 구성됩니다. 사용자 인터페이스가 정교한 애플리케이션은 표현 계층이 코드 대부분을 차지합니다.
- **비즈니스 로직**: 엔터프라이즈 애플리케이션 특성상 복잡한 비즈니스 규칙이 구현된 모듈로 구성됩니다.
- **데이터 접근 로직**: DB, 메시지 브로커 등 인프라 서비스에 접근하는 모듈로 구성됩니다.

표현 로직, 비즈니스 로직, 데이터 접근 로직은 보통 명확하게 구분됩니다. 비즈니스 계층에는 비즈니스 로직을 캡슐화한, 하나 이상의 퍼사드로 구성된 대단위(coarse-grained) API가 있습니다. 이 API가 바로 모놀리스를 더 작은 두 애플리케이션으로 쪼갤 수 있는 틈새에 해당합니다(그림 13-3).

▼ 그림 13-3 백엔드, 프런트엔드를 분리하면 독립적으로 배포할 수 있고 서비스가 호출하는 API가 표출된다

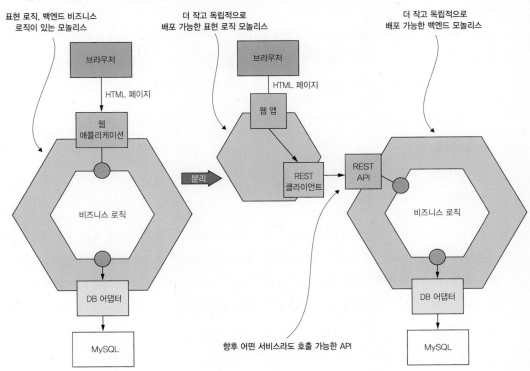

즉, 표현 계층이 포함된 애플리케이션 A와 비즈니스/데이터 접근 로직이 포함된 애플리케이션 B로 나누는 것입니다. 분리한 후에는 표현 계층 애플리케이션 A가 비즈니스 계층 애플리케이션 B를 원격 호출합니다.

이런 식으로 모놀리스를 나누면 두 가지 큰 이점이 있습니다. 첫째, 두 애플리케이션을 서로 독립적으로 개발, 배포, 확장할 수 있습니다. 특히 표현 계층 개발자는 백엔드를 배포할 필요 없이 UI 작업을 신속히 반복하면서 A/B 테스트를 쉽게 수행할 수 있습니다. 둘째, 나중에 개발할 마이크로서비스가 호출할 수 있는 원격 API가 표출됩니다.

그러나 이 전략은 완전한 해결책이 아닙니다. 두 애플리케이션 중 적어도 하나는, 아니면 둘 다 모두 여전히 관리하기 힘든 모놀리스가 될 소지가 있습니다. 그래서 모놀리스를 서비스로 교체하는 **3번** 전략이 필요합니다.

13.2.3 기능을 여러 서비스로 추출한다

새 기능을 서비스로 구현하고 백엔드에서 프런트엔드 웹 애플리케이션을 떼어 내는 것만으로는 한계가 있습니다. 결국 대부분의 개발을 모놀리스 코드베이스에서 하는 것은 똑같습니다. 애플리케이션 아키텍처를 확실히 개선하고 개발 속도를 높이려면 모놀리스가 가진 비즈니스 능력을 하나씩 서비스로 옮기는 분해 전략을 구사해야 합니다. 그래야 나중에 서비스로 구현한 비즈니스 능력이 점점 많아질수록 모놀리스는 규모가 축소될 것입니다.

모놀리스라는 빵을 수직으로 썰어 보면 서비스로 추출해야 할 기능은 다음 네 덩이입니다.

* API 끝점이 구현된 인바운드 어댑터
* 도메인 로직
* DB 접근 로직 등이 구현된 아웃바운드 어댑터
* 모놀리스의 DB 스키마

모놀리스에서 코드를 추출해서 스탠드얼론 서비스로 이전합니다(그림 13-4). API 게이트웨이는 추출된 비즈니스 능력을 호출하는 요청은 해당 서비스로, 나머지 요청은 예전과 다름없이 모놀리스로 각각 라우팅합니다. 통합 글루 코드를 통해 모놀리스 및 서비스가 서로 협동하는 구조입니다. 통합 글루 코드는 서비스에 있는 어댑터 및 하나 이상의 IPC를 사용하는 모놀리스로 구성됩니다(13.3.1절).

서비스를 추출하는 작업은 어렵습니다. 일단 모놀리스 도메인 모델을 어떻게 개별 도메인 모델 2개(둘 중 하나는 서비스의 도메인 모델)로 나눌지 결정해야 합니다. 물론 객체 레퍼런스 같은 디펜던시도 쪼개야 합니다. 기능을 서비스로 이전하기 위해 클래스를 분리해야 할 수도 있습니다. DB 역시 리팩터링이 필요합니다.

모놀리스 코드베이스는 대부분 지저분해서 서비스 추출은 시간이 많이 걸립니다. 따라서 어떤 서비스를 추출할지 신중히 결정해야 합니다. 아무래도 가장 가치가 큰 애플리케이션 영역을 집중적으로 리팩터링하는 것이 낫겠죠. 서비스를 추출하기 전에 그만큼 고생한 대가가 있을지 스스로 질문해 보세요.

▼ 그림 13-4 서비스를 추출해서 모놀리스를 쪼갠다. 비즈니스 로직과 어댑터로 구성된 기능 덩이를 찾아내 서비스로 추출(즉, 코드를 서비스 내부로 이전)한다. 새로 추출된 서비스와 모놀리스는 통합 글루가 제공한 API를 통해 협동한다

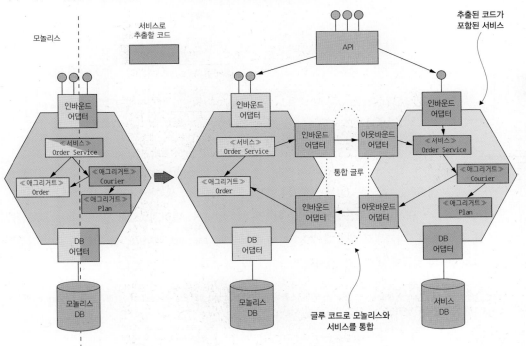

비즈니스에 가장 중요하고 계속 발전하는 서비스를 가장 먼저 추출하는 것이 좋겠습니다. 장점이 별로 없는 서비스를 추출하느라 굳이 에너지를 낭비할 필요는 없습니다. 서비스 추출 시 어떤 점이 어려운지, 그리고 해결 방법은 무엇인지 자세히 알아봅시다.

도메인 모델 분리

서비스를 추출하려면 먼저 모놀리스 도메인 모델에서 서비스의 도메인 모델을 추출합니다. 도메인 모델을 나누려면 대수술이 필요합니다. 서비스 경계에 걸쳐 있는 객체 레퍼런스를 제거하는 일이 어렵습니다. 모놀리스에 잔류한 클래스가 이미 서비스로 이전한 클래스를 참조하거나, 혹은 그 반대의 경우도 있을 것입니다. 가령 그림 13-5에서 추출한 주문 서비스의 Order 클래스는 모놀리스에 남아 있는 Restaurant 클래스를 계속 참조합니다. 서비스 인스턴스는 보통 하나의 프로세스이기 때문에 서비스 경계를 넘나드는 객체 레퍼런스는 있을 수 없습니다. 이런 객체 레퍼런스는 솎아 내야 합니다.

▼ 그림 13-5 도메인 클래스 Order는 Restaurant 클래스를 참조한다. Order를 별도의 서비스로 추출하려면 프로세스 간 객체 참조란 있을 수 없기 때문에 Restaurant을 바라보는 레퍼런스에도 뭔가 작업을 해야 한다

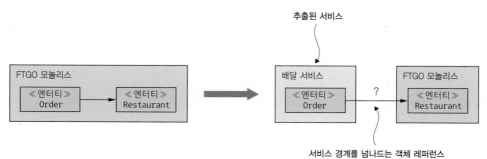

이 문제를 해결하는 방법은 DDD 애그리거트(5장) 관점으로 생각하는 것입니다. 애그리거트는 객체 레퍼런스 대신 기본키로 서로를 참조하기 때문입니다. 따라서 Order, Restaurant 두 클래스를 각각의 애그리거트로 생각해서 Order 클래스의 Restaurant 레퍼런스를 기본키 값이 저장된 restaurantId 필드로 대체하면 됩니다.

▼ 그림 13-6 프로세스 경계를 넘나드는 객체 레퍼런스를 제거하려면 Order 클래스의 Restaurant 레퍼런스를 Restaurant의 기본키로 대체해야 한다

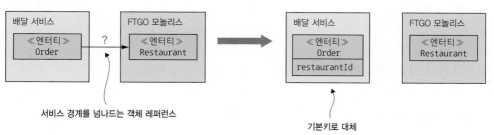

클래스에 있는 객체 레퍼런스를 기본키로 대체하는 것은 사소한 변경이지만, 객체 레퍼런스를 참조하는 클라이언트에는 큰 영향을 미칠 수도 있습니다. 서비스와 모놀리스 간에 데이터를 복제하면 변경 범위를 줄일 수 있는데, 가령 배달 서비스는 모놀리스에 있는 Restaurant 클래스와 정확히 동일한 Restaurant 클래스를 정의하면 됩니다. 자세한 내용은 이 절 뒷부분에서 다룹니다.

이처럼 서비스를 추출하는 것은 전체 클래스를 단순히 서비스로 옮기는 것 이상으로 많은 것들이 얽히고설켜 있습니다. 다른 일을 하는 클래스 내부에 깊숙이 내장된 기능을 추출하는 일도 도메인 모델을 나눌 때 정말 어려운 부분입니다. 이를테면 FTGO 애플리케이션의 Order 클래스는 주문 관리, 배달 관리 등 갖가지 비즈니스 능력이 집결된 만능 클래스입니다. 배달 관리를 서비스로 추출할 때에도 Order 클래스에서 Delivery 클래스를 발라내야 합니다(13.5절). 기존 Order 클래스의 다른 기능들과 함께 묻혀 있던 배달 관리만 떼어 내서 Delivery 엔터티에 구현하는 것입니다.

DB 리팩터링

도메인 모델은 단순히 코드만 변경한다고 나누어지는 것이 아닙니다. 도메인 모델의 클래스는 대부분 영속적이라서 필드가 DB 스키마에 매핑되어 있습니다. 따라서 모놀리스에서 서비스를 추출한다는 것은 데이터도 함께 이전한다는 것을 의미하며, 모놀리스에 있던 DB 테이블도 서비스 DB로 옮겨야 합니다.

또 엔터티를 나누려면 해당 DB 테이블도 분리해서 서비스로 이전해야 합니다. 가령 배달 관리를 서비스로 추출한다면 Order 엔터티를 쪼개서 Delivery 엔터티를 추출하고, DB 수준에서는 ORDERS 테이블을 쪼개서 DELIVERY 테이블을 새로 만듭니다. 그런 다음 DELIVERY 테이블을 서비스로 이전합니다.

〈리팩터링 데이터베이스(Refactoring Databases)〉(위키북스, 2007)에는 DB 스키마를 리팩터링하는 전략(예: 테이블을 둘 이상의 테이블로 나누는 '테이블 나누기(Split Table)' 리팩터링)이 상세히 기술되어 있어서 모놀리스에서 서비스를 추출할 때 큰 도움이 됩니다. 데이터를 복제해서 DB 클라이언트가 새 스키마를 사용하도록 단계적으로 업데이트한다는 발상도 정말 기막힙니다. 이런 아이디어를 잘 활용하면 서비스 추출 시 모놀리스의 변경 범위를 줄일 수 있습니다.

변경 범위를 줄이기 위해 데이터를 복제

서비스를 추출하기 위해 객체 레퍼런스를 기본키로 대체하고 클래스를 분리하는 식으로 모놀리스 도메인 모델을 변경하면 코드베이스에도 파문을 일으켜 모놀리스를 광범위하게 뜯어고치게 될 수도 있습니다. 가령 Order 엔터티를 분리하여 Delivery 엔터티를 추출하는 작업만 해도 새로 이전한 필드를 참조하는 코드를 모조리 찾아 고쳐야 하겠죠. 이런 작업은 시간이 엄청나게 걸려서 모놀리스 분해에 심각한 걸림돌이 됩니다.

〈리팩터링 데이터베이스〉에 나오는 방식을 응용하면 값비싼 변경 작업을 나중으로 미루거나 우회할 수 있습니다. DB 리팩터링에서 가장 큰 장애물은 전체 DB 클라이언트가 새 스키마를 사용하도록 바꾸는 일입니다. 〈리팩터링 데이터베이스〉 저자들이 제시한 해결책은 전이 기간 동안에는 원본 스키마를 유지하되, 원본 스키마와 신규 스키마를 동기화하는 트리거를 사용하는 것입니다. 그래야 자연스럽게 클라이언트가 구 스키마에서 신 스키마로 조금씩 옮아 갈 수 있겠죠.

모놀리스에서 서비스를 추출할 때에도 이런 접근 방식이 유리합니다. 가령 Delivery 엔터티를 추출한다면 전이 기간 중에는 Order 엔터티를 거의 고치지 않은 상태로 둡니다. 또 배달 관련 필드는 읽기 전용으로 만들고 배달 서비스 데이터는 다시 모놀리스에 복제해서 최신 상태를 유지합니다(그림 13-7). 이제 모놀리스에서 배달 관련 필드를 업데이트하는 코드를 찾아내 새 배달 서비스를 호출하도록 변경하면 됩니다.

배달 서비스 데이터를 복제하면 Order 엔터티 구조를 그대로 유지할 수 있으니 당장 필요한 작업량은 크게 줄어듭니다. 배달과 연관된 Order 엔터티의 필드나 ORDERS 테이블 컬럼을 사용하는 코드를 차차 배달 서비스로 옮기면 됩니다. 아예 모놀리스에 이런 변경을 할 필요가 없는 경우도 있겠죠. 해당 코드가 나중에 서비스로 추출되면 서비스는 배달 서비스에 접근할 수 있습니다.

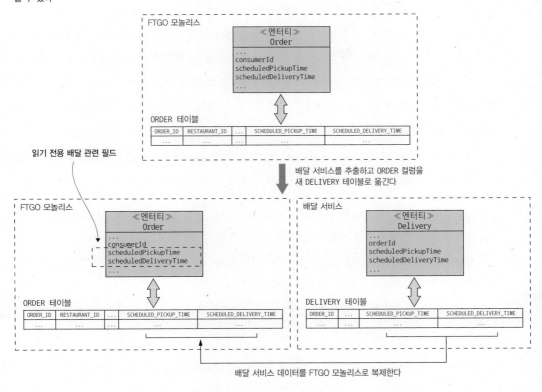

어떤 서비스를 언제 추출하나

모놀리스를 찢는 작업은 시간이 많이 걸리기 때문에 어떤 서비스를 어떤 순서로 추출할지 신중히 잘 결정해야 합니다. 일단 추출 시 가장 혜택이 큰 서비스에 집중하는 것이 낫겠죠. 마이크로서비스 아키텍처로 전환하면 어떤 혜택이 있는지 지속적으로 경영진에게 보여 주어야 할 필요도 있습니다.

낯선 곳을 여행할 때에는 내가 어디로 가고 있는지 알아야 합니다. 마이크로서비스 전환이라는 긴 여행은 시간별로 구획된 아키텍처(time-boxed architecture) 정의부터 시작하는 것이 좋습니다. 1~2주 정도 짧은 시간을 들여 어떤 아키텍처가 이상적인지 궁리하고 그에 알맞은 서비스를 정의하는 것입니다. 이렇게만 해도 여러분이 지향하는 목적지가 뚜렷해집니다. 물론 이 아키텍처가 고정불변은 아니라는 사실은 기억해야 합니다. 모놀리스를 분해하며 쌓은 경험을 토대로 처음에 생각했던 아키텍처를 조금씩 다듬어 가는 것입니다.

대략의 목적지가 정해지면 이제 본격적으로 모놀리스를 나눌 차례입니다. 서비스 추출 순서를 정하는 데 도움이 될 만한 전략을 몇 가지 귀뜀합니다.

첫째, 모놀리스 개발을 사실상 동결하고 요건이 있을 때마다 서비스를 추출합니다. 모놀리스에 기능을 구현하거나 버그를 잡지 말고, 필요한 서비스(들)를 추출해서 고쳐 쓰는 것입니다. 모놀리스를 어쩔 수 없이 분해하게 만드는 장점은 있지만, 장기적 니즈가 아닌 단기 요건에 의해 서비스를 추출하게 되는 단점도 있습니다. 이를테면 상대적으로 안정된 시스템 파트에 사소한 변경을 할 때조차 서비스를 추출하게 될 수도 있겠죠. 사소한 이익을 좇아 고생만 할 수도 있습니다.

둘째, 좀 더 계획적인 접근 방식으로 서비스 추출 시 기대되는 혜택을 애플리케이션 모듈별로 순위를 매깁니다. 다음은 서비스로 추출하는 것이 더 이로운 이유입니다.

- **개발 가속화**: 애플리케이션 개발 일정상 다음 해까지 개발 분량이 많을 것으로 예상되는 파트는 서비스로 전환하면 개발 속도가 빨라집니다.
- **성능, 확장성, 신뢰성 문제 해결**: 애플리케이션 성능, 확장성에 문제가 있거나 미덥지 못한 부분이라면 서비스로 전환할 가치가 충분합니다.
- **다른 서비스로 추출할 수 있게 만듦**: 한 서비스를 추출하면 모듈 간 디펜던시 때문에 다른 서비스의 추출이 단순해지는 경우도 있습니다.

이런 기준에 따라 기대 효과별 순위를 정하여 리팩터링 태스크를 애플리케이션 백로그(backlog)에 추가합니다. 이 방식은 좀 더 전략적이고 비즈니스 니즈와 더 긴밀히 맞물린다는 장점이 있습니다. 스프린트를 계획할 때 기능을 구현하는 것이 더 가치가 있을지, 서비스를 추출하는 것이 더 가치가 있을지 잘 따져 보세요.

13.3 / 서비스와 모놀리스 간 협동 설계

대부분의 서비스는 모놀리스와 협동하며 동작합니다. 서비스가 모놀리스의 데이터에 접근하거나 특정 작업을 호출해야 할 때가 있습니다. 예를 들어 배달 지연 서비스는 모놀리스의 주문 정보, 고객 연락처 정보를 가져옵니다(13.4.1절). 반대로 모놀리스가 서비스의 데이터에 접근하거나 기능을 호출하는 경우도 있습니다.

여기서 중요한 포인트는 서비스와 모놀리스 사이의 데이터 일관성을 유지하는 것입니다. 특히 모놀리스에서 서비스를 추출하면 원래 ACID 트랜잭션에 묶여 있던 코드도 함께 분리되는데, 데이터 일관성이 그대로 계속 유지되도록 잘 살펴야 합니다. 경우에 따라 사가로 데이터 일관성을 맞추어야 할 경우도 있습니다.

서비스와 모놀리스의 상호 작용은 통합 글루 코드가 관장합니다. 그림 13-8은 서비스와 모놀리스에서 IPC로 통신하는 어댑터로 구성된 통합 글루입니다. 요건에 따라 서비스와 모놀리스는 REST 또는 메시징으로 상호 작용하며, 그 밖의 다양한 IPC로 통신할 수 있습니다.

▼ 그림 13-8 서비스와 모놀리스는 상대방의 데이터에 접근할 일이 많은데, API를 구현한 어댑터로 구성된 통합 글루 덕분에 이런 상호 작용이 가능하다. API는 메시징에 기반한 것도 있고 RPI 기반인 것들도 있다

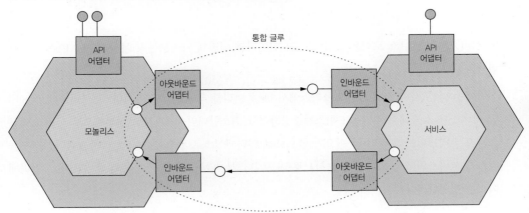

배달 지연 서비스는 REST와 도메인 이벤트 둘 다 사용합니다. 고객 연락처는 모놀리스에서 REST로 가져오고, 주문 상태는 모놀리스에서 발행되는 도메인 이벤트를 구독해서 추적합니다.

13.3.1 통합 글루 설계

어떤 기능을 서비스로 구현하거나 모놀리스에서 서비스를 추출하면, 반드시 그 서비스와 모놀리스가 협동할 수 있게 해주는 통합 글루도 개발해야 합니다. 통합 글루는 특정 IPC를 이용하는 코드를 서비스 및 모놀리스 양쪽에 구성합니다. 통합 글루는 사용하는 IPC 종류마다 구조가 다릅니다. 예를 들어 서비스가 모놀리스를 REST 호출할 경우, 서비스에는 REST 클라이언트, 모놀리스에는 웹 컨트롤러가 위치한 통합 글루가 구성됩니다. 서비스가 발행한 도메인 이벤트를 모놀리스가 구독하는 구조라면 서비스에 이벤트 발행 어댑터, 모놀리스에 이벤트 핸들러를 거느린 통합 글루가 구성될 것입니다.

통합 글루 API 설계

통합 글루를 설계하려면 우선 도메인 로직에 어떤 API를 제공할지 결정해야 합니다. 데이터를 조회할지, 수정할지에 따라 인터페이스 스타일이 달라집니다. 모놀리스에서 고객 연락처를 가져오는 배달 지연 서비스를 예로 들면, 이 서비스의 비즈니스 로직은 통합 글루가 어떤 IPC로 고객 연락처를 가져오는지 전혀 알 필요가 없으므로 IPC를 인터페이스로 캡슐화하는 것이 좋습니다. 배달 지연 서비스는 데이터를 조회하는 서비스이기 때문에 다음과 같이 CustomerContactInfoRepository를 정의합니다.

```
interface CustomerContactInfoRepository {
  CustomerContactInfo findCustomerContactInfo(long customerId)
}
```

이 서비스의 비즈니스 로직은 통합 글루가 데이터를 어떻게 가져오는지 몰라도 이 API를 호출하면 됩니다.

이번에는 다른 서비스입니다. 모놀리스에서 배달 관리를 추출한다고 합시다. 모놀리스에서는 배달 서비스를 호출해서 배달을 (재)스케줄링하거나 취소합니다. 여기서도 내부적으로 어떤 IPC를 쓰는지는 비즈니스 로직이 알 필요가 없으므로 인터페이스로 캡슐화하는 것이 좋습니다. 단 모놀리스가 서비스의 작업을 호출해야 하므로 리포지터리는 말이 안 되고, 다음과 같이 서비스 인터페이스를 정의합니다.

```
interface DeliveryService {
  void scheduleDelivery(...);
  void rescheduleDelivery(...);
  void cancelDelivery(...);
}
```

모놀리스의 비즈니스 로직은 통합 글루를 어떻게 구현했든 알 필요 없이 이 API를 호출하면 됩니다.

상호 작용 스타일과 IPC 선택

통합 글루에서 중요한 설계 포인트는 서비스와 모놀리스가 협동할 수 있게 해주는 상호 작용 스타일과 IPC를 선택하는 일입니다. 서비스와 모놀리스, 어느 한쪽이 다른 쪽을 조회/수정하기 위해 무엇이 필요한가에 따라 선택하면 됩니다(3장).

어느 한쪽이 상대방의 데이터를 조회해야 한다면 몇 가지 옵션이 있습니다. 우선 리포지터리 인터페이스를 구현한 어댑터로 데이터 프로바이더의 API를 호출하는 것입니다(그림 13-9). 이 API도여느 REST, gRPC처럼 요청/응답을 주고받을 것입니다. 배달 지연 서비스도 모놀리스에 구현된REST API를 호출해서 고객 연락처를 가져올 수 있습니다.

▼ 그림 13-9 CustomerContactInfoRepository 인터페이스를 구현한 어댑터는 모놀리스 REST API를 호출하여 고객 정보를 가져온다

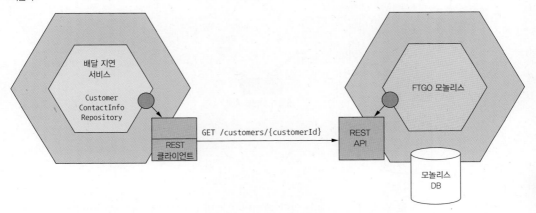

이 예제에서 배달 지연 서비스의 도메인 로직은 CustomerContactInfoRepository 인터페이스를 호출하여 고객 연락처를 조회합니다. 실제로 모놀리스의 REST API는 이 인터페이스의 구현체가 호출합니다.

조회 API를 호출하여 데이터를 조회하는 것은 단순해서 좋지만, 요청 개수가 많아지면 효율이 아주 나빠질 공산이 큽니다. 또 프로바이더가 대량 데이터를 반환할 수도 있고, 동기 IPC라서 가용성이 떨어지는 단점도 있습니다. 이런 까닭에 실제로 조회 API는 잘 안 씁니다.

다음은 데이터 컨슈머가 데이터 레플리카(즉, CQRS 뷰)를 유지하는 방법입니다(그림 13-10). 데이터 컨슈머는 데이터 프로바이더가 발행한 도메인 이벤트를 구독해서 이 레플리카를 항상 최신상태로 유지합니다.

▼ 그림 13-10 통합 글루는 모놀리스 데이터를 서비스로 복제한다. 모놀리스는 도메인 이벤트를 발행하며, 서비스에 구현된 이벤트 핸들러는 이 이벤트를 받아 서비스 DB를 업데이트한다

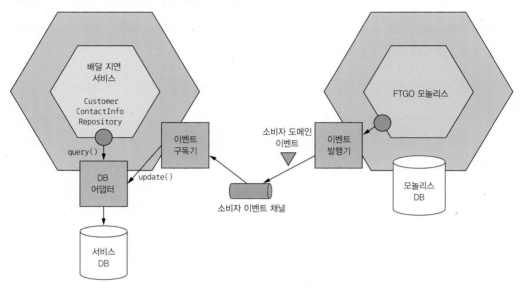

레플리카는 여러모로 장점이 많습니다. 일단 데이터 프로바이더를 반복적으로 쿼리하는 오버헤드가 감소해서 좋습니다. 또 7장에서 CQRS를 설명할 때 언급했듯이, 레플리카를 잘 설계하면 쿼리 효율을 높일 수 있습니다. 물론 레플리카를 관리해야 하는 복잡성은 불가피하고, 모놀리스가 도메인 이벤트를 발행하도록 고치는 작업이 여의치 않을 수도 있습니다.

조회는 이런데, 그럼 수정은 어떨까요? 데이터를 수정할 때에는 서비스와 모놀리스 모두 데이터 일관성을 유지해야 합니다. 수정을 요청하는 쪽(요청자)은 자신의 DB를 이미 업데이트했거나 앞으로 업데이트해야 할 필요가 있습니다. 중요한 것은 양쪽 모두 업데이트가 되어야 한다는 사실입니다. 해결 방법은 서비스와 모놀리스가 이벤추에이트 트램 같은 프레임워크에 구현된 트랜잭셔널 메시징으로 통신하는 것입니다. 단순한 경우에는 요청자가 알림 메시지를 보내거나 업데이트를 트리거하는 이벤트를 발행하면 되지만, 복잡한 경우에는 요청자가 사가를 이용하여 데이터 일관성을 유지해야 합니다(13.3.2절).

부패-방지 계층 구현

새로운 기능을 완전히 새로운 서비스로 구현한다고 합시다. 모놀리스 코드베이스 때문에 제약을 받을 일은 없으므로 최신 개발 기법을 응용할 수 있고 전혀 새로운 도메인 모델을 개발할 수 있습니다. 또 FTGO 모놀리스 도메인은 너무 구식인 데다 어설프게 정의되어 있어서 개념 자체를 새

롭게 모델링할 수 있고, 그에 따라 서비스 도메인 모델 역시 전혀 다른 클래스명, 필드명, 필드 값을 가지게 될 것입니다. 가령 배달 지연 서비스는 역할이 매우 한정된 Delivery 엔터티를 갖고 있지만, 모놀리스는 엄청나게 많은 일을 하는 Order 엔터티를 갖고 있습니다. 두 도메인 모델은 성격 자체가 다르기 때문에 서비스와 모놀리스가 서로 소통하려면 DDD에서 말하는 ACL(Anti-Corruption Layer, 부패-방지 계층)을 구현해야 합니다.

> Note ≡ **패턴: 부패-방지 계층**
>
> 상이한 두 도메인 모델이 서로 상대편을 더럽히지 않도록 변환해 주는 소프트웨어 계층[6]이다.

ACL의 목표는 레거시 모놀리스의 도메인 모델이 서비스 도메인 모델을 더럽히지 못하게 만드는 것입니다. 즉, 서로 다른 두 도메인 모델 간의 변환을 담당하는 코드 계층입니다. 배달 지연 서비스의 CustomerContactInfoRepository 인터페이스에는 CustomerContactInfo를 반환하는 findCustomerContactInfo()가 정의되어 있습니다(그림 13-11). 이 인터페이스를 구현한 클래스는 반드시 배달 지연 서비스의 공용 언어(ubiquitous language)와 FTGO 모놀리스의 공용 언어 사이의 변환을 해주어야 합니다.

▼ 그림 13-11 모놀리스를 호출하는 서비스 어댑터는 서비스 도메인 모델과 모놀리스 도메인 모델 간 변환을 해주어야 한다

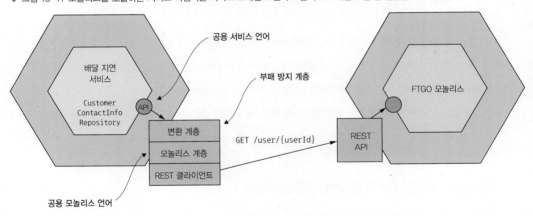

findCustomerContactInfo() 구현체는 FTGO 모놀리스를 호출하여 고객 정보를 조회한 후 그 응답을 CustomerContactInfo로 변환합니다. 이 예제는 변환이 지극히 단순하지만 상태 코드 값을 매핑하는 등 변환 로직이 복잡한 경우가 더 많습니다.

---

6 https://microservices.io/patterns/refactoring/anti-corruption-layer.html

도메인 이벤트를 소비하는 이벤트 구독기도 ACL을 갖고 있습니다. 도메인 이벤트는 발행기 도메인 모델의 일부라서 이벤트 핸들러가 도메인 이벤트를 구독기 도메인 모델로 변환해야 합니다. 예를 들어 그림 13-12에서 FTGO 모놀리스는 Order 도메인 이벤트를 발행합니다. 이 이벤트를 구독하는 이벤트 핸들러는 배달 서비스에 있습니다.

▼ 그림 13-12 이벤트 핸들러는 이벤트 발행기의 도메인 모델을 구독기의 도메인 모델로 변환한다

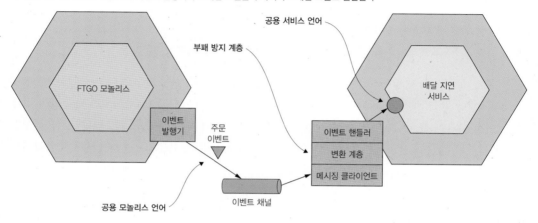

이벤트 핸들러는 도메인 이벤트를 모놀리스 도메인 언어에서 배달 서비스의 언어로 변환해야 합니다. 클래스, 속성명, 어쩌면 속성 값도 매핑해야 할 수도 있습니다.

ACL은 서비스만 사용하는 것이 아닙니다. 모놀리스 역시 ACL을 이용하여 서비스를 호출하고 서비스가 발행한 도메인 이벤트를 구독합니다. 예를 들어 FTGO 모놀리스는 배달 서비스에 알림 메시지를 보내서 배달 스케줄을 잡습니다. 알림은 DeliveryService 인터페이스의 메서드를 호출해서 전송합니다. 구현 클래스는 전달받은 매개변수를 배달 서비스가 이해 가능한 메시지로 변환합니다.

모놀리스가 도메인 이벤트를 발행/구독하는 방법

도메인 이벤트는 중요한 협동 장치입니다. 새로 개발한 서비스는 이벤추에이트 트램(3장) 등의 프레임워크를 이용하여 쉽게 이벤트를 발행/소비할 수도 있고, 이벤트 소싱(6장)을 이용해서 이벤트를 발행할 수도 있습니다. 하지만 모놀리스가 이벤트를 발행/소비하도록 고치기는 쉽지 않습니다. 왜 그럴까요?

모놀리스가 도메인 이벤트를 발행하는 방법은 두 가지입니다. 첫째, 서비스가 사용하는 것과 동일한 이벤트 발행 장치를 적용하는 방법입니다. 특정 엔터티를 변경하는 코드를 모조리 찾아내 이벤트 발행 API를 호출하는 코드를 끼워 넣는 것입니다. 그런데 모놀리스는 대부분 이렇게 바꾸기가 쉽지 않습니다. 설상가상으로, 도메인 이벤트 발행 자체가 거의 불가능한 저장 프로시저 형태로 비즈니스 로직이 구현된 모놀리스도 적지 않습니다.

둘째, DB 수준에서 도메인 이벤트를 발행하는 방법입니다. 트랜잭션 로그 테일링이나 폴링(3장) 중 한 가지 방법을 사용하면 되겠죠. 트랜잭션 로그 테일링은 모놀리스를 변경할 필요가 없어서 간편합니다. 그러나 DB 수준에서 이벤트를 발행하면 업데이트 사유를 식별하고 적절한 고수준의 비즈니스 이벤트를 발행하기가 어렵습니다. 따라서 대부분 비즈니스 엔터티가 아닌, 테이블 변경 사항을 나타내는 수준의 이벤트만 발행하게 되겠죠.

다행히 서비스가 발행한 도메인 이벤트는 모놀리스에서 쉽게 구독할 수 있습니다. 이벤추에이트 트램 같은 프레임워크로 이벤트 핸들러를 작성하면 됩니다. 하지만 메시지 브로커 클라이언트를 지원하지 않는 언어로 모놀리스가 개발되었다면 이벤트를 구독하기가 까다로울 것입니다. 이럴 때에는 이벤트를 구독하는 작은 '헬퍼(helper)' 애플리케이션을 작성해서 모놀리스 DB를 직접 업데이트할 필요가 있습니다.

13.3.2 서비스와 모놀리스에 걸쳐 데이터 일관성 유지

서비스와 모놀리스에 걸쳐 데이터 일관성을 유지하는 것도 어려운 일입니다. 서비스 작업이 모놀리스 데이터를 수정할 때도 있고, 모놀리스 작업이 서비스 데이터를 수정할 때도 있습니다. 가령 모놀리스에서 주방 서비스를 추출했다고 합시다. 사가로 Ticket과 Order를 일관되게 맞추려면 createOrder(), cancelOrder() 등 모놀리스 주문 관리 작업을 변경해야 합니다.

그러나 모놀리스가 순순히 사가에 참여하겠다고 하지는 않겠죠. 사가는 보상 트랜잭션으로 변경분을 언두한다고 했습니다(4장). 예를 들어 주방 서비스가 주문을 거부할 경우, CreateOrderSaga는 해당 주문을 거부된 주문으로 표시하는 보상 트랜잭션을 포함시킵니다. 모놀리스가 이런 보상 트랜잭션까지 지원하도록 바꾸려면 코드를 상당 부분 고쳐야 하고 시간도 엄청나게 걸립니다. 또 사가 간 비격리 문제를 처리할 대책도 모놀리스에 강구해야 합니다. 이렇게 코드를 고치는 비용이 서비스 추출에 아주 큰 걸림돌이 될 가능성이 높습니다.

다행히 사가는 대부분 구현하기 어렵지 않습니다. 특히 모놀리스에 있는 트랜잭션이 피봇 트랜잭션, 재시도 가능 트랜잭션 둘 중 하나라면 아주 쉽습니다(4장). 모놀리스 트랜잭션을 보상 처리할 필요가 없도록 서비스 추출 순서를 잘 조정하면 더 단순해집니다. 모놀리스가 보상 트랜잭션을 지원하도록 변경하는 것은 까다롭습니다. 모놀리스에서 보상 트랜잭션을 구현하기가 왜 어려운지, 몇 가지 예를 들어 알아봅시다.

보상 트랜잭션을 지원하도록 모놀리스를 고치기는 어렵다

모놀리스에서 주방 서비스를 추출할 경우, 어떤 보상 트랜잭션 문제가 있을까요? Order 엔터티를 분리하고 주방 서비스에 Ticket 엔터티를 생성해야 할 것입니다. 그런데 이 리팩터링은 createOrder() 등 기존 모놀리스에 구현된 여러 커맨드에 영향을 미칩니다.

모놀리스에 구현된 createOrder() 커맨드는 다음과 같은 단계로 구성된 단일 ACID 트랜잭션을 실행합니다.

1. 주문 내역을 확인합니다.

2. 주문 가능한 소비자인지 확인합니다.

3. 소비자 신용카드를 승인합니다.

4. 주문을 생성합니다.

이 트랜잭션을 다음 단계로 구성된 사가로 대체해야 합니다.

1. 모놀리스

   - 주문을 APPROVAL_PENDING 상태로 생성합니다.
   - 주문 가능한 소비자인지 확인합니다.

2. 주방 서비스

   - 주문 내역을 확인합니다.
   - 티켓을 CREATE_PENDING 상태로 생성합니다.

3. 모놀리스

   - 소비자 신용카드를 승인합니다.
   - 주문 상태를 APPROVED로 변경합니다.

4. 주방 서비스

   - 티켓 상태를 AWAITING_ACCEPTANCE 상태로 변경합니다.

4장에서 배운 CreateOrderSaga와 비슷하게 네 로컬 트랜잭션(모놀리스 2개 + 주방 서비스 2개)으로 사가를 구성합니다. 첫 번째 트랜잭션은 주문을 APPROVAL_PENDING 상태로 생성합니다. 두 번째 트랜잭션은 티켓을 CREATE_PENDING 상태로 생성합니다. 세 번째 트랜잭션은 소비자 신용카드 승인 후 주문 상태를 APPROVED로 바꿉니다. 마지막 네 번째 트랜잭션은 티켓 상태를 AWAITING_ACCEPTANCE로 변경합니다.

주문을 생성하는 첫 번째 트랜잭션을 보상 가능 트랜잭션으로 만들어야 한다는 사실이 이 사가에서 구현이 어려운 부분입니다. 주방 서비스에서 발생하는 두 번째 로컬 트랜잭션이 실패할 경우 첫 번째 로컬 트랜잭션이 수행한 업데이트를 모놀리스가 언두해야 하기 때문입니다. 따라서 Order 엔터티에 APPROVAL_PENDING 상태를 두어야 합니다. 주문이 생성 중이라는 사실을 알리는 시맨틱 락 대책(4장)입니다.

그런데 Order 엔터티에 상태를 추가하면 이것 때문에 고쳐야 할 모놀리스 코드가 한둘이 아닐 것입니다. 이 엔터티를 건드리는 코드를 모조리 찾아 고쳐야 할 텐데, 시간도 많이 걸릴뿐더러 개발 리소스가 낭비될 것입니다. 더구나 모놀리스는 테스트하기 어려운 경우가 많아 위험성이 높은 작업입니다.

사가 적용 시 모놀리스는 보상 트랜잭션을 지원할 필요가 없다

사가는 도메인마다 다릅니다. 좀 전에 살펴보았던 사가처럼 모놀리스가 보상 트랜잭션을 지원해야 하는 경우도 있지만, 서비스를 추출할 때 모놀리스에 보상 트랜잭션을 구현할 필요가 없는 사가를 설계하는 것도 가능합니다. 모놀리스는 후속 트랜잭션이 실패할 가능성이 있는 경우에만 보상 트랜잭션을 지원하면 되기 때문이죠. 각 트랜잭션이 피봇/재시도 가능 트랜잭션이라면 보상 트랜잭션이 실행될 일이 없으므로 모놀리스 변경 작업을 최소화할 수 있습니다.

예를 들어 주방 서비스 대신 주문 서비스를 추출한다고 합시다. Order 엔터티를 쪼개서 주문 서비스에 날씬해진 Order를 생성하는 리팩터링을 해야겠죠. createOrder()를 비롯하여 모놀리스에서 주문 서비스로 이전된 여러 커맨드가 영향을 받을 것입니다. 따라서 다음 순서대로 createOrder() 커맨드가 사가를 이용하도록 변경해야 합니다.

1. 주문 서비스

- 주문을 APPROVAL_PENDING 상태로 생성합니다.

2. 모놀리스

- 주문 가능한 소비자인지 확인합니다.
- 주문 내역을 확인하고 티켓을 생성합니다.
- 소비자 신용카드를 승인합니다.

3. 주문 서비스

- 주문 상태를 APPROVED로 변경합니다.

세 로컬 트랜잭션(모놀리스 1개 + 주문 서비스 2개)으로 구성된 사가입니다. 첫 번째 트랜잭션(주문 서비스)은 주문을 APPROVAL_PENDING 상태로 생성합니다. 두 번째 트랜잭션(모놀리스)은 주문 가능한 소비자인지 확인한 후, 신용카드를 승인하고 티켓을 생성합니다. 세 번째 트랜잭션(주문 서비스)은 주문 상태를 APPROVED로 변경합니다.

모놀리스 트랜잭션이 이 사가의 피봇 트랜잭션입니다. 돌아올 수 없는 강을 건너는 바로 그 지점이죠. 모놀리스 트랜잭션이 완료되면 사가는 끝까지 실행됩니다. 이 사가는 첫 번째, 두 번째 단계만 실패할 가능성이 있습니다. 세 번째 트랜잭션은 실패할 일이 없으므로 두 번째 모놀리스 트랜잭션은 롤백시킬 필요가 없습니다. 따라서 보상 트랜잭션을 지원해야 하는 모든 복잡성은 모놀리스보다 테스트하기 좋은 주문 서비스에 집중됩니다.

서비스 추출 시 작성해야 할 사가가 모두 이런 구조라면 모놀리스를 변경할 일이 훨씬 줄어들 것입니다. 그리고 모놀리스 트랜잭션이 피봇 트랜잭션, 재시도 가능 트랜잭션 둘 중 하나가 되도록 서비스 추출 순서를 정교하게 조정하는 방법도 있습니다.

서비스 추출 순서를 조정하면 보상 트랜잭션을 모놀리스에 구현하지 않아도 된다

방금 전 살펴보았듯이, 주방 서비스를 추출하려면 모놀리스에 보상 트랜잭션을 구현해야 하지만 주문 서비스는 그럴 필요가 없습니다. 이는 서비스를 추출하는 순서가 중요하다는 것을 의미합니다. 서비스 추출 순서를 잘 조정하면 보상 트랜잭션 지원을 위해 모놀리스를 광범위하게 수정하는 수고를 아낄 수 있습니다. 이를테면 FTGO 모놀리스에서 주문 서비스, 소비자 서비스 순서로 추출하면, 주방 서비스는 한결 추출하기가 수월해집니다.

소비자 서비스를 추출하면 createOrder() 커맨드가 사용하는 사가는 다음과 같습니다.

1. **주문 서비스**: 주문을 APPROVAL_PENDING 상태로 생성합니다.

2. **소비자 서비스**: 주문 가능한 소비자인지 확인합니다.

3. **모놀리스**

   - 주문 내역을 확인하고 티켓을 생성합니다.

   - 소비자 신용카드를 승인합니다.

4. **주문 서비스**: 주문 상태를 APPROVED로 변경합니다.

모놀리스 트랜잭션이 이 사가의 피봇 트랜잭션입니다. 주문 서비스에는 보상 트랜잭션을 구현합니다.

다음은 주방 서비스 차례입니다. 이 서비스를 추출하면 createOrder() 커맨드가 사용하게 될 사가는 다음과 같습니다.

1. **주문 서비스**: 주문을 APPROVAL_PENDING 상태로 생성합니다.

2. **소비자 서비스**: 주문 가능한 소비자인지 확인합니다.

3. **주방 서비스**: 주문 내역을 확인하고 티켓을 CREATE_PENDING 상태로 생성합니다.

4. **모놀리스**: 소비자 신용카드를 승인합니다.

5. **주방 서비스**: 티켓 상태를 APPROVED로 변경합니다.

6. **주문 서비스**: 주문 상태를 APPROVED로 변경합니다.

이 사가도 모놀리스 트랜잭션이 피봇 트랜잭션입니다. 주문 서비스, 주방 서비스에는 보상 트랜잭션을 구현합니다.

내친김에 회계 서비스까지 추출해 볼까요? 이 서비스를 추출하면 createOrder() 커맨드가 사용하게 될 사가는 다음과 같습니다.

1. **주문 서비스**: 주문을 APPROVAL_PENDING 상태로 생성합니다.

2. **소비자 서비스**: 주문 가능한 소비자인지 확인합니다.

3. **주방 서비스**: 주문 내역을 확인하고 티켓을 CREATE_PENDING 상태로 생성합니다.

4. **모놀리스**: 소비자 신용카드를 승인합니다.

5. **주방 서비스**: 티켓 상태를 APPROVED로 변경합니다.

6. **주문 서비스**: 주문 상태를 APPROVED로 변경합니다.

이렇게 추출 순서를 잘 맞추면 모놀리스를 복잡하게 변경하면서까지 사가를 쓰지 않아도 됩니다. 다음은 마이크로서비스 아키텍처 전환 시 보안은 어떻게 처리하는지 알아봅시다.

13.3.3 인증/인가 처리

모놀리스 애플리케이션에 구현된 보안 메커니즘 역시 마이크로서비스에 맞게 조정해야 합니다(보안 관련 내용은 11장 참고). 마이크로서비스 애플리케이션은 JWT 같은 토큰 형태로 사용자 신원을 전달합니다. 인-메모리 세션 상태를 관리하고 스레드 로컬을 활용하여 사용자 신원을 전달하는 기존 모놀리식 애플리케이션과는 완전히 다릅니다. 결국 모놀리식 보안 메커니즘과 JWT 기반의 보안 메커니즘을 동시 지원하는 일이 관건입니다.

모놀리스의 로그인 핸들러는 약간 손을 보면 간단히 해결됩니다(그림 13-13). 로그인 핸들러가 ID/역할 등의 사용자 정보가 포함된 추가 쿠키(USERINFO)를 반환하면, 브라우저는 이후 모든 요청에 이 쿠키를 넣어 보냅니다. API 게이트웨이는 쿠키에서 이 정보를 추출하여 HTTP 요청에 포함시켜 서비스를 호출하고, 서비스는 자신이 필요한 사용자 정보를 꺼내 쓸 수 있습니다.

❤ 그림 13-13 로그인 핸들러를 수정하여 사용자 정보가 포함된 USERINFO 쿠키(JWT)를 세팅한다. API 게이트웨이는 이 쿠키를 서비스 호출 시 인증 헤더에 실어 보낸다

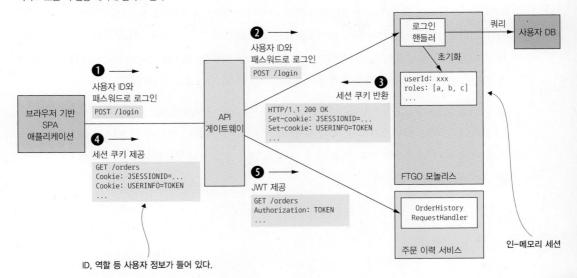

이벤트 순서는 다음과 같습니다.

1. 클라이언트가 사용자 자격증명을 포함시켜 로그인 요청을 합니다.

2. API 게이트웨이는 로그인 요청을 FTGO 모놀리스에 보냅니다.

3. 모놀리스는 JSESSIONID 세션 쿠키, USERINFO 쿠키가 포함된 응답을 반환합니다. ID/역할 등의 사용자 정보는 USERINFO 쿠키에 있습니다.

4. 클라이언트는 USERINFO 쿠키가 포함된 요청을 보내 서비스를 호출합니다.

5. API 게이트웨이는 USERINFO 쿠키를 검증 후 Authorization 요청 헤더에 넣어 서비스를 호출합니다. 서비스는 USERINFO 쿠키 검증 후 사용자 정보를 추출합니다.

LoginHandler와 API 게이트웨이를 좀 더 자세히 알아봅시다.

모놀리스의 LoginHandler는 USERINFO 쿠키를 세팅한다

LoginHandler는 POST 전송된 사용자 자격증명을 처리해서 사용자를 인증하고 사용자 정보를 세션에 저장합니다. 이런 기능은 보통 스프링 시큐리티나 패스포트 같은 보안 프레임워크를 이용하여 구현합니다. 기본 인-메모리 세션을 설정한 경우, JSESSIONID 세션 쿠키가 세팅된 HTTP 응답이 반환됩니다. 마이크로서비스로 전환하려면 LoginHandler가 USERINFO 쿠키도 함께 세팅하도록 변경해야 합니다.

API 게이트웨이는 USERINFO 쿠키를 Authorization 헤더에 매핑한다

API 게이트웨이는 요청을 라우팅하고 API를 조합하는 일을 담당하며(8장), 모놀리스 및 서비스에 하나 이상의 요청을 합니다. API 게이트웨이는 USERINFO 쿠키를 검증 후 이 쿠키를 Authorization 요청 헤더에 넣어 서비스에 전달합니다. 쿠키를 Authorization 헤더에 매핑시켜 클라이언트 종류와 상관없이 표준 방식으로 확실하게 사용자 신원을 서비스에 전달하는 것입니다.

결국 언젠가는 로그인이나 사용자 관리 기능도 서비스로 추출하겠지만, 모놀리스 로그인 핸들러는 살짝만 고쳐도 서비스가 사용자 정보에 접근할 수 있습니다. 덕분에 비즈니스 측면에서 가장 가치가 큰 서비스 개발에 집중할 수 있고, 사용자 관리처럼 상대적으로 중요도가 떨어지는 서비스는 나중에 추출해도 됩니다.

13.4 새 기능을 서비스로 구현: 배달 실패한 주문 처리

배달되지 않은 주문에 대한 고객 서비스가 엉망이라는 불만이 자주 접수되어 배달 실패한 주문 처리 프로세스를 개선한다고 합시다. 대부분의 주문은 제시간에 배달되지만, 아주 늦게 배달되거나 아예 배달되지 않을 때도 간혹 있습니다. 갑작스런 교통 체증 탓에 배달원이 음식점에 늦게 도착하면 주문 픽업도 늦어지고 결국 배달은 지연되죠. 배달원이 도착을 했는데 음식점이 문을 닫아 배달 불가한 황당한 사건도 가끔 있습니다. 화가 잔뜩 난 고객의 전화를 받고 나서야 모든 것이 배달 문제라는 사실을 뒤늦게 알게 된 고객 서비스 담당자는 더욱 당황스럽겠죠.

> Note ≡ **경험담: 내 아이스크림은 어디에?**
>
> 어느 주말 저녁, 필자는 밖에 나가기 귀찮아 사람들이 많이 쓰는 음식 배달 앱에서 스미튼(Smitten) 아이스크림을 주문했습니다. 그런데 끝내 아이스크림은 배달되지 않았고, 다음 날 아침 필자 주문이 취소되었다는 회사 메일을 받았습니다. 자기가 무엇 때문에 전화했는지도 모르는 고객 서비스 직원의 혼란스러운 목소리가 녹음된 보이스메일과 함께요. 아마 필자가 트위터에 남긴 글을 읽고 그랬던 모양입니다. 어쨌든, 이 배달 회사는 불가피한 실수를 적절히 조치할 수 있는 체계를 마련하지 못했습니다.

대부분의 배달 문제는 FTGO 애플리케이션에 적용되었던 원시적인 배달 알고리즘이 원인인 것으로 밝혀졌습니다. 더 정교한 스케줄러를 개발하고 있지만 언제 끝날지 도통 기미가 안 보입니다. 그래서 임시방편으로 지연/취소된 주문은 미리 고객의 양해를 구하도록 조치하고, 필요 시 고객이 클레임을 걸기 전에 보상책을 제시하는 정책을 수립했습니다.

우리가 구현해야 할 새 기능은 다음과 같습니다.

1. 주문이 제시간에 배달되지 못하면 이 사실을 고객에게 알립니다.

2. 음식점 영업 종료 전에 주문 픽업을 할 수 없어 배달 자체가 불가능한 경우, 이 사실을 고객에게 알립니다.

3. 주문을 제시간에 배달할 수 없을 경우, 고객 서비스 센터에 연락해서 미리 고객에게 보상책을 제시하는 식으로 상황을 해결하도록 합니다.

4. 배달 통계를 추적합니다.

새 기능은 아주 간단합니다. 각 주문 상태를 추적해서 약속한 시간에 음식을 배달할 수 없을 경우, 고객 및 고객 서비스 센터에 (이메일 등으로) 알려 주는 코드를 작성하면 됩니다.

그런데 이 새 기능을 어떻게, 아니 더 정확히는 어디에 적용해야 맞을까요? 모놀리스에 구현하면 코드를 개발/테스트하기 어렵고 모놀리스는 더욱 커지겠죠. 구멍에 빠졌다는 것을 알았으면 그만 땅을 파는 것이 최선이라는 구멍의 법칙에 따라, 모놀리스 몸집은 더 이상 키우지 말고 새 기능을 서비스로 구현하는 것이 낫습니다.

13.4.1 배달 지연 서비스 설계

배달 지연 서비스(Delayed Order Service)라는 서비스를 새로 만들기로 합시다. 그림 13-14는 이 서비스를 구현한 이후 모놀리스, 배달 지연 서비스, API 게이트웨이로 구성된 애플리케이션 아키텍처입니다. 배달 지연 서비스는 getDelayedOrders()라는 단일 쿼리가 정의된 API를 호출해서 현재 지연 중이거나 배달 불가한 주문 목록을 조회합니다. API 게이트웨이는 서비스에 getDelayedOrders() 요청만 라우팅하고 다른 요청은 모두 모놀리스로 보냅니다. 배달 지연 서비스는 통합 글루 덕분에 모놀리스 데이터에 접근할 수 있습니다.

배달 지연 서비스의 도메인 모델은 DelayedOrderNotification, Order, Restaurant 등 다양한 엔터티로 구성됩니다. 핵심 로직은 DelayedOrderService 클래스에 구현합니다. 타이머는 이 클래스를 주기적으로 호출해서 제시간에 배달되지 못할 것으로 예상되는 주문 목록을 검색합니다. Order 와 Restaurant을 쿼리해 보면 알 수 있겠죠. DelayedOrderService는 제시간에 배달할 수 없는 주 문 정보를 고객 및 고객 서비스 센터에 알립니다.

배달 지연 서비스는 Order, Restaurant 엔터티를 소유하지 않습니다. 그 대신 모놀리스에서 데이 터를 복제합니다. 그리고 고객 연락처는 따로 저장하지 않고 모놀리스에서 직접 조회합니다.

▼ 그림 13-14 배달 지연 서비스 설계. 이 서비스는 통합 글루 덕분에 Order, Restaurant 엔터티, 고객 연락처 등의 모놀리스 데이 터를 가져올 수 있다

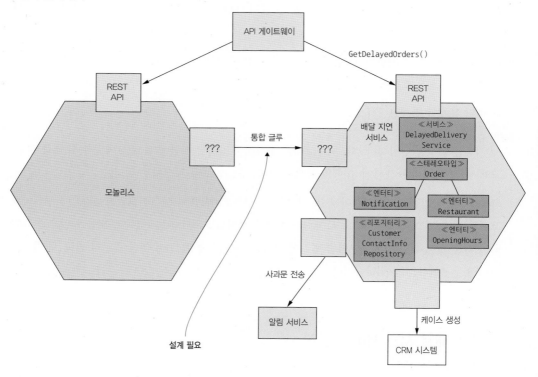

13.4.2 배달 지연 서비스를 위한 통합 글루 설계

새 기능을 구현할 서비스에 자체 엔터티 클래스를 둘 수도 있지만, 배달 지연 서비스는 모놀리 스에 있는 데이터에 더 많이 접근합니다. 이 서비스에는 고객에게 보낸 알림 정보를 나타내는 DelayedOrderNotification 엔터티가 있습니다. 그러나 방금 전 말했듯이 Order, Restaurant 엔터티 는 모놀리스 데이터를 복제해서 가져옵니다. 또 고객에게 알림을 보내려면 연락처 정보가 필요하기 때문에 배달 지연 서비스가 모놀리스 데이터에 접근할 수 있도록 통합 글루를 구현해야 합니다.

그림 13-15는 통합 글루의 설계입니다. 모놀리스는 Order, Restaurant 도메인 이벤트를 발행하고, 배달 지연 서비스는 이 이벤트를 수신하여 각 엔터티별 레플리카를 업데이트합니다. 또 배달 지연 서비스는 주문을 제시간에 배달할 수 없을 경우, 고객 연락처를 조회하는 모놀리스의 REST 끝점을 호출해서 해당 고객에게 지연 사실을 알립니다.

▼ 그림 13-15 통합 글루 덕분에 배달 지연 서비스는 모놀리스 데이터에 접근할 수 있다

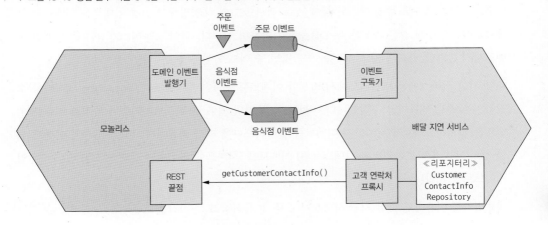

고객 연락처를 수신하는 REST API부터 하나씩 각 연계 파트를 살펴봅시다.

CustomerContactInfoRepository로 고객 연락처 조회

배달 지연 서비스 같은 서비스에서 모놀리스 데이터를 읽는 방법은 두 가지입니다. 가장 단순한 방법은 모놀리스에 있는 API를 호출해서 데이터를 가져오는 것입니다. 고객 연락처를 조회하는 용도로는 적당합니다. 배달 지연 서비스가 고객 연락처를 조회할 일이 비교적 적고 데이터 크기도 아주 작기 때문에 지연이나 성능 이슈는 거의 발생할 일이 없습니다.

CustomerContactInfoRepository는 배달 지연 서비스에서 고객 연락처를 조회하는 인터페이스입니다. 이 인터페이스는 모놀리스의 getCustomerContactInfo()를 호출하여 고객 정보를 조회하는 CustomerContactInfoProxy가 구현합니다.

주문/음식점 도메인 이벤트의 발행과 소비

하지만 배달 지연 서비스가 모든 주문 상태와 음식점 시간 데이터를 모놀리스에서 조회하는 것은 실용적이지 않습니다. 네트워크로 대량 데이터를 반복적으로 전송하는 것은 대단히 비효율적입니다. 따라서 좀 더 복잡하기는 하지만 모놀리스가 발행한 이벤트를 구독해서 Order, Restaurant 레

플리카를 유지하는 두 번째 방법을 사용해야 합니다. 여기서 레플리카는 모놀리스 데이터를 전부 다 복사하는 것이 아니라, Order, Restaurant 엔터티 중 일부 속성에 해당하는 하위 집합만 저장한다는 사실을 꼭 기억하세요.

모놀리스가 Order 및 Restaurant 도메인 이벤트를 발행하도록 변경하는 방법은 두 가지입니다 (13.3.1절). 첫째, 모놀리스에서 Order, Restaurant이 등장하는 코드를 모두 찾아 고수준 도메인 이벤트를 발행하도록 변경합니다. 둘째, 트랜잭션 로그를 테일링해서 변경된 내용을 이벤트로 복제합니다. 이 예제 같은 경우는 두 DB를 동기화하면 됩니다. 굳이 모놀리스가 고수준 도메인 이벤트까지 발행할 필요는 없으므로 두 가지 방법 중 어느 쪽이든 좋습니다.

배달 지연 서비스에는 모놀리스에서 발생한 이벤트를 구독하면서 Order, Restaurant 엔터티를 수정하는 이벤트 핸들러를 구현합니다. 이벤트 핸들러의 세부 로직은 모놀리스가 특정한 고수준 이벤트를 발행하느냐, 저수준 변경 이벤트를 발행하느냐에 따라 다릅니다. 어느 경우든, 이벤트 핸들러는 (모놀리스에 바인딩된 컨텍스트의) 이벤트를 (서비스에 바인딩된 컨텍스트의) 엔터티의 업데이트로 변환합니다.

레플리카를 이용하면 배달 지연 서비스가 주문 및 음식점 오픈 시간을 효율적으로 쿼리할 수 있는 중요한 장점이 있습니다. 물론 로직은 더 복잡해지고, 필요한 Order, Restaurant 이벤트를 모놀리스가 발행하도록 고쳐야 하는 부담은 따릅니다. 다행히 배달 지연 서비스는 ORDERS, RESTAURANT 테이블의 일부 컬럼만 필요하므로 13.3.1절에서 보았던 문제는 발생하지 않습니다.

배달 지연 관리 같은 새 기능을 스탠드얼론 서비스로 구현하면 개발, 테스트, 배포가 일사천리로 진행됩니다. 또 모놀리스의 낡은 기술 대신 따끈따끈한 새 기술 스택을 적용해 볼 수 있고, 모놀리스가 더 뚱뚱해지는 현상을 멈출 수 있습니다. FTGO 개발 팀은 배달 지연 관리뿐만 아니라 다양한 새 기능을 개별 서비스로 구현할 수 있습니다.

그러나 모든 변경분을 새 서비스로 구현할 수는 없습니다. 새 기능을 구현하든, 기존 기능을 변경하든 모놀리스를 여러 군데 뜯어고쳐야 하는 경우도 적지 않습니다. 모놀리스를 끼고 진행하는 개발은 대개 더디고 고통스럽습니다. 원하는 기능을 고객에게 빨리 전달하려면 모놀리스에 있던 기능을 서비스로 전환해서 모놀리스를 잘게 나누어야 합니다.

13.5 모놀리스 분해: 배달 관리 추출

새로운 라우팅 알고리즘을 추가해서 FTGO 배달 관리 기능을 개선한다고 합시다. 가장 큰 걸림돌은 현재 모놀리스 코드베이스의 일부인 배달 관리가 주문 관리와 뒤엉켜 있다는 점입니다. 배달 관리를 새로 개발, 테스트, 배포하는 작업은 아주 더디게 진행될 것입니다. 개발 속도를 높이려면 배달 관리를 배달 서비스로 추출해야 합니다.

13.5.1 현행 배달 관리 기능

배달 관리는 음식점에서 주문을 픽업하여 소비자에게 배달하는 배달원의 스케줄링을 담당합니다. 각 배달원은 배정된 픽업 및 배달 스케줄에 따라 특정 시간에 음식점에서 주문을 픽업하고 소비자에게 배달합니다. 소비자가 주문하고, 주문을 취소/변경하고, 배달원의 위치/가용성이 변경되면 당연히 배달 계획도 변경됩니다.

FTGO 애플리케이션에서 가장 오래된 부분 중 하나인 배달 관리는 주문 관리 일부로 삽입되어 있습니다(그림 13-16). 사실상 대부분의 코드는 OrderService에 있고 Delivery를 명시적으로 나타낸 곳이 한곳도 없습니다. scheduledPickupTime, scheduledDeliveryTime 등의 배달 관련 필드는 Order 엔터티 안에 내장되어 있습니다.

모놀리스에서 배달 관리를 호출할 때 사용하는 커맨드는 다음과 같습니다.

- **acceptOrder()**: 음식점이 주문을 접수하고 언제까지 준비하겠다고 밝힌 시점에 호출됩니다. 이 작업은 배달 관리를 호출해서 배달 스케줄을 잡습니다.
- **cancelOrder()**: 소비자가 주문을 취소할 때 호출됩니다. 필요한 경우, 배달을 취소합니다.
- **noteCourierLocationUpdated()**: 배달원의 모바일 앱이 호출합니다. 배달원의 위치를 업데이트하고 배달 스케줄을 재조정합니다.
- **noteCourierAvailabilityChanged()**: 배달원의 모바일 앱이 호출합니다. 배달원의 가용성을 업데이트하고 배달 스케줄을 재조정합니다.

배달 관리에 필요한 데이터를 조회하는 쿼리도 다양합니다.

- **getCourierPlan()**: 배달원의 모바일 앱이 호출합니다. 배달원의 계획을 반환합니다.

- **getOrderStatus()**: 배정된 배달원, 도착 예정 시각 등 배달 관련 정보 및 주문 상태를 반환합니다.

- **getOrderHistory()**: 여러 주문을 대상으로 한다는 점만 제외하고 getOrderStatus()와 같습니다.

❤ 그림 13-16 FTGO 모놀리스의 배달 관리는 주문 관리와 기능이 뒤얽혀 있다

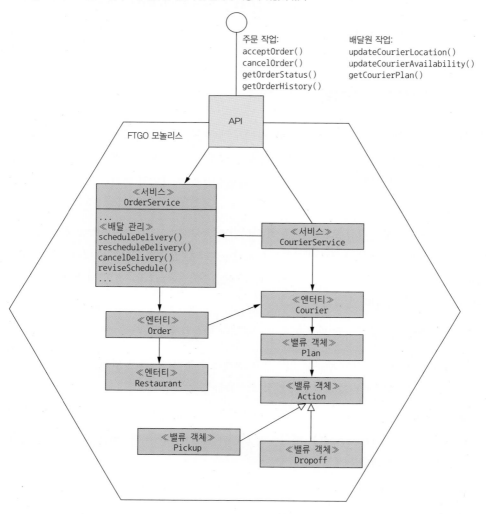

서비스로 추출하면 상부에 컨트롤러가 있고 하부에 DB 테이블이 있는 전체를 수직으로 잘라 놓은 조각이 됩니다(13.2.3절). 배달원 관련 커맨드 및 쿼리는 배달 관리의 일부라고 볼 수 있습니다. 배달 관리는 배달원 계획을 생성하며, 배달원 위치 및 가용성 정보를 주로 소비하는 주체입니

다. 하지만 가급적 개발 노력을 최소화하려면 이런 작업들은 모놀리스에 남겨 두고 알고리즘 핵심만 추출하는 것이 좋습니다. 따라서 첫 번째 버전의 배달 서비스는 접근이 공개된 API는 표출하지 않고 모놀리스에 의해서만 호출될 것입니다. 지금부터 배달 서비스를 본격적으로 설계해 봅시다.

13.5.2 배달 서비스 개요

신규 배달 서비스에는 배달 스케줄링, 재스케줄링, 배달 취소 기능을 구현할 예정입니다. 그림 13-17은 배달 서비스를 추출한 이후 고수준에서 바라본 FTGO 애플리케이션 아키텍처입니다. 이 아키텍처를 구성하는 모놀리스와 배달 서비스는 양쪽에 다 있는 통합 글루 API를 통해 서로 협동합니다. 배달 서비스는 자체 도메인 모델과 DB를 갖고 있습니다.

▼ 그림 13-17 배달 서비스 추출 후 고수준에서 바라본 FTGO 애플리케이션. 모놀리스, 배달 서비스는 각자 API로 구성된 통합 글루를 통해 협동한다

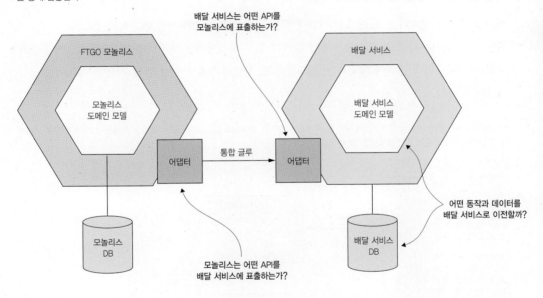

이 아키텍처를 더 구체화하여 서비스 도메인 모델을 결정하려면 다음 질문에 답해야 합니다.

- 어떤 동작과 데이터를 배달 서비스로 이전할까?
- 배달 서비스는 어떤 API를 모놀리스에 표출하는가?
- 모놀리스는 어떤 API를 배달 서비스에 표출하는가?

모놀리스와 서비스 간의 역할 분배가 API에 영향을 주기 때문에 이런 문제는 서로 연관되어 있습니다. 예를 들어 배달 서비스는 모놀리스가 제공한 API를 호출해서 모놀리스 DB에 있는 데이터를 가져와야 하며, 그 반대 역시 마찬가지입니다. 배달 서비스와 모놀리스가 협동할 수 있게 해주는 통합 글루는 잠시 후 설계하기로 하고, 우선 배달 서비스의 도메인 모델부터 설계합시다.

13.5.3 배달 서비스의 도메인 모델 설계

배달 관리를 추출하려면 먼저 기능이 구현된 클래스를 식별해야 합니다. 이 작업이 선행되어야 어떤 클래스를 배달 서비스로 옮겨 도메인 로직을 구성할지 결정할 수 있겠죠. 클래스를 나누어야 할 경우도 있을 것입니다. 또 서비스와 모놀리스 간에 복제할 데이터도 결정해야 합니다.

배달 관리를 구성할 엔터티/필드 식별

배달 서비스를 설계하는 첫 단계는 배달 관리를 면밀히 분석하여 어떤 엔터티와 필드가 있는지 식별하는 작업입니다. 그림 13-18은 배달 관리의 일부에 해당하는 엔터티와 필드입니다. 배달 스케줄링 알고리즘의 입출력에 해당하는 필드들인데, 모놀리스에 구현된 다른 기능에서도 이들 필드를 사용합니다.

▼ 그림 13-18 배달 관리 및 모놀리스에 구현된 타 모듈에 쓰이는 엔터티와 필드. 각 필드는 읽기, 쓰기 또는 읽기/쓰기 모두 가능하며, 모놀리스와 배달 관리 또는 둘 다 접근할 수 있다

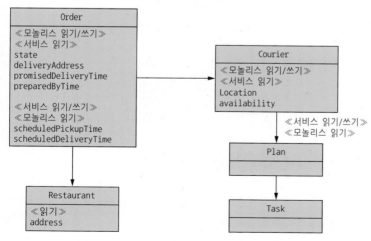

배달 스케줄링 알고리즘은 주문한 음식점(Restaurant), 약속한 배달 시간(promisedDeliveryTime), 배달 주소(deliveryAddress), 배달원의 위치(location), 가용성(availability), 현재 계획(Plan) 등 다양한 속성을 읽어 배달원 계획(Plan), 예정 주문 픽업 시간(scheduledPickupTime), 예정 배달 시간(scheduledDeliveryTime)을 업데이트합니다. 보다시피, 배달 관리가 사용하는 필드는 모놀리스에서도 사용하는 것들입니다.

배달 서비스로 이전할 데이터 결정

어떤 엔터티와 필드가 배달 관리에 참여하는지 식별했으니, 이제 그중 어떤 엔터티/필드를 서비스로 옮길 것인지 결정할 차례입니다. 이상적인 경우라면 서비스가 접근한 데이터는 해당 서비스에서만 사용될 테니 그냥 데이터를 서비스로 옮기면 됩니다. 그러나 이렇게 단순한 케이스는 거의 없고 이 예제도 마찬가지입니다. 배달 관리에 쓰는 모든 엔터티와 필드는 모놀리스에 구현된 다른 기능도 함께 사용하는 것들입니다.

결국 우리는 어떤 데이터를 서비스로 옮길지 결정할 때 두 가지를 고민해야 합니다. 첫째, 서비스는 어떻게 모놀리스에 잔류한 데이터에 접근할 것인가? 둘째, 모놀리스는 어떻게 서비스로 이전된 데이터에 접근할 것인가? 그리고 서비스와 모놀리스 간 데이터 일관성을 유지하는 문제도 신중하게 잘 생각해야 합니다.

배달 서비스의 주 임무는 배달원 계획을 관리하고 Order 테이블의 scheduledPickupTime, scheduledDeliveryTime을 업데이트하는 것이므로 이 두 필드는 배달 서비스에 두는 것이 마땅합니다. Courier 테이블의 location, availability 필드도 배달 서비스로 옮길 수 있지만, 가급적 변경을 최소화하는 것이 좋으니 일단 이 두 필드는 모놀리스에 남겨 둡시다.

배달 서비스 도메인 로직 설계

그림 13-19는 배달 서비스 도메인 모델의 설계입니다. 이 서비스의 핵심은 Delivery, Courier 같은 도메인 클래스입니다. DeliveryServiceImpl은 배달 관리 비즈니스 로직의 진입점입니다. 이 클래스는 DeliveryServiceEventsHandler, DeliveryServiceNotificationsHandlers에 의해 호출되는 DeliveryService, CourierService 인터페이스를 구현한 클래스입니다.

배달 관리 비즈니스 로직은 대부분 모놀리스에서 복사해 온 것입니다. 가령 모놀리스의 Order 엔터티를 이름만 Delivery로 바꾸어 배달 서비스로 복사하고, 배달 관리에 사용한 필드만 남겨 놓고 다른 필드는 모두 삭제합니다. Courier 엔터티 역시 그대로 복사해서 대부분 삭제합니다. 배달 서비스의 도메인 로직을 개발하려면 모놀리스에서 코드를 풀어야 하고 잡다한 디펜던시를 쪼개야 하는데, 이 과정에서 많은 시간이 소요될 가능성이 높습니다. 다시 말하지만 정적 타입 언어를 사용하면 이런 작업을 할 때 컴파일러의 도움을 받을 수 있어서 코드를 리팩터링하기가 훨씬 수월합니다.

배달 서비스는 스탠드얼론 서비스가 아닙니다. 이제 배달 서비스와 모놀리스가 서로 협동할 수 있게 엮어 주는 통합 글루를 설계할 차례입니다.

▼ 그림 13-19 배달 서비스의 도메인 모델 설계

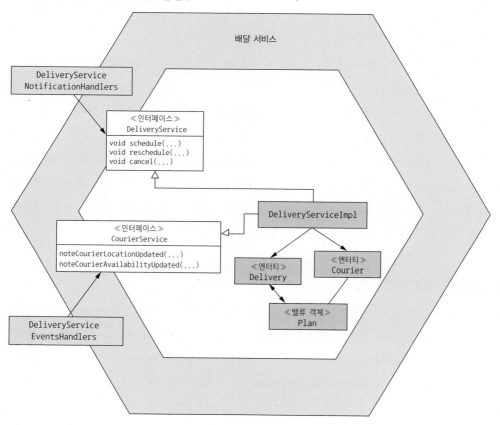

13.5.4 배달 서비스의 통합 글루 설계

모놀리스는 배달 서비스를 호출해서 데이터를 주고받을 수 있어야 배달 관리를 할 수 있습니다.
통합 글루 덕분에 이런 협동이 가능합니다. 그림 13-20은 배달 서비스의 통합 글루 설계입니다.
배달 서비스는 배달 관리 API를 갖고 있습니다. 모놀리스는 Courier 도메인 이벤트를 발행하고,
배달 서비스는 Delivery, Courier 도메인 이벤트를 발행합니다.

배달 서비스 API 설계

배달 서비스는 모놀리스가 배달 스케줄을 잡거나 변경/취소할 수 있는 API를 제공해야 합니다.
이런 경우 느슨한 결합을 촉진하고 가용성을 높이는 비동기 메시징을 사용하는 것이 좋습니다. 모
놀리스에서 발행된 Order 도메인 이벤트를 배달 서비스가 구독하는 방법도 있습니다. 이벤트 타
입에 따라 Delivery를 생성, 변경, 취소하는 것입니다. 모놀리스가 명시적으로 배달 서비스를 호
출할 필요가 없다는 장점은 있지만, 도메인 이벤트에 의존하게 되면 각 Order 이벤트가 Delivery
에 어떤 영향을 미치는지 배달 서비스가 알고 있어야 하는 단점이 있습니다.

▼ 그림 13-20 배달 서비스의 통합 글루 설계. 배달 서비스는 배달 관리 API를 제공한다. 서비스와 모놀리스는 도메인 이벤트를 교환
해서 데이터를 동기화한다

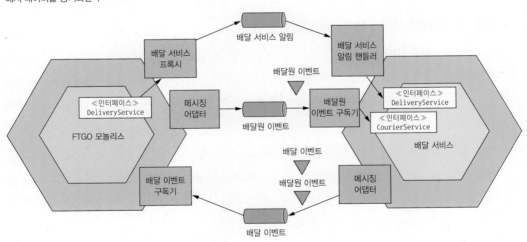

따라서 모놀리스가 배달 서비스에 명시적으로 Delivery를 생성, 변경, 취소하도록 지시할 수 있도록 알림 기반의 API를 배달 서비스에 구현하는 것이 좋습니다. 배달 서비스의 API는 메시지 알림 채널 및 세 가지 메시지 타입(ScheduleDelivery, ReviseDelivery, CancelDelivery)으로 구성됩니다. 알림 메시지에는 배달 서비스에 필요한 Order 정보가 들어 있습니다. 예를 들어 ScheduleDelivery 알림 메시지에는 픽업 시간/위치, 배달 시간/위치 정보가 있습니다. 주문이 어떻게 돌아가는지 배달 서비스가 몰라도 된다는 것이 이 방법의 가장 중요한 장점입니다. 배달 서비스는 오로지 배달 관리에만 집중할 뿐, 주문에 대해서는 아무것도 모릅니다.

배달 서비스가 모놀리스 데이터에 접근하는 방법

배달 서비스는 모놀리스에 있는 배달원의 위치 및 가용성 데이터를 가져와야 합니다. 이런 데이터는 양이 매우 클 가능성도 있기 때문에 서비스가 모놀리스를 반복적으로 조회하는 것은 실용성이 떨어집니다. 따라서 배달 서비스가 데이터를 복제해 갈 수 있도록 모놀리스가 Courier 도메인 이벤트 CourierLocationUpdated, CourierAvailabilityUpdated를 발행하는 것이 낫습니다. 배달 서비스는 CourierEventSubscriber가 도메인 이벤트를 구독하면서 자신의 Courier 버전을 업데이트하고, 필요 시 배달 재스케줄링도 트리거합니다.

모놀리스가 배달 서비스 데이터에 접근하는 방법

모놀리스도 배달 서비스로 이전된 데이터(예: 배달원 계획)를 읽어야 합니다. 모놀리스도 서비스를 쿼리할 수는 있지만, 그렇게 하려면 모놀리스를 많이 고쳐야 합니다. 따라서 당분간은 모놀리스 도메인 모델과 DB 스키마는 그대로 놔두고 필요한 데이터를 서비스에서 모놀리스로 복제해오는 것이 쉽습니다.

가장 쉬운 방법은 배달 서비스가 Courier, Delivery 도메인 이벤트를 발행하는 것입니다. 배달 서비스가 배달원 계획을 업데이트할 때 CourierPlanUpdated 이벤트를, 배달 스케줄을 수정할 때 DeliveryScheduleUpdate 이벤트를 발행하는 식입니다. 그러면 모놀리스는 이 도메인 이벤트를 소비해서 자신의 DB를 업데이트하는 것입니다.

13.5.5 배달 서비스와 상호 작용할 수 있게 모놀리스를 변경

여러 가지 측면에서, 배달 서비스는 가장 쉬운 추출 프로세스입니다. 모놀리스를 고치는 것은 이 것보다 훨씬 어렵지만, 다행히 서비스에 있는 데이터를 다시 모놀리스로 복제하면 변경 작업을 대 폭 줄일 수 있습니다. 하지만 배달 서비스를 호출해서 배달을 관리하려면 어떤 식으로든 모놀리스 를 수정하기는 해야 합니다. 지금부터 그 방법을 설명합니다.

DeliveryService 인터페이스 정의

먼저 배달 관리 코드를 앞서 정의한 메시지 기반의 API에 해당되는 자바 인터페이스로 캡슐화합 니다. 이 인터페이스(그림 13-21)에는 배달 스케줄을 잡고, 변경/취소하는 메서드가 있습니다.

▼ 그림 13-21 1단계: 배달 서비스 정의. 배달 서비스는 배달 관리 로직을 호출하는 대단위 원격 API다

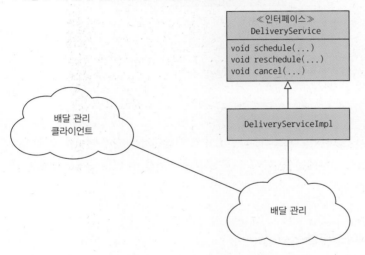

이 인터페이스는 나중에 배달 서비스로 메시지를 전송하는 프록시로 구현하겠지만, 지금은 배달 관리 코드를 호출하는 클래스로 이 API를 구현합니다.

DeliveryService 인터페이스는 IPC로 구현하기에 적합한 대단위 인터페이스입니다. 앞서 정의했 던 알림 메시지에 해당하는 schedule(), reschedule(), cancel() 메서드가 정의되어 있습니다.

DeliveryService 인터페이스를 호출하도록 모놀리스를 리팩터링

배달 관리를 호출하는 코드를 모놀리스에서 모두 찾아 DeliveryService 인터페이스를 사용하도록 변경합니다(그림 13-22). 이 작업이 모놀리스에서 서비스를 추출하는 가장 어려운 과정이고 시간이 많이 소요될 수 있습니다.

▼ 그림 13-22 2단계: 모놀리스가 DeliveryService 인터페이스를 통해 배달 관리를 호출하도록 변경

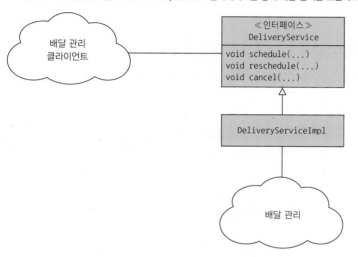

모놀리스가 자바 같은 정적 타입 언어로 개발되었다면 IDE로 디펜던시를 쉽게 식별할 수 있어서 큰 도움이 됩니다. 그렇지 않을 경우에는 변경할 코드를 충분히 커버할 수 있는 테스트 코드를 자동화하여 수행하는 것이 좋습니다.

DeliveryService 인터페이스 구현

마지막으로 DeliveryServiceImpl 클래스를 스탠드얼론 배달 서비스에 알림 메시지를 보내는 프록시로 교체합니다. 하지만 기존 구현 코드를 바로 폐기하지는 않고, 모놀리스가 기존 구현 코드와 배달 서비스 사이를 동적으로 왔다 갔다 할 수 있게 설계합니다(그림 13-23). DeliveryService 인터페이스는 기존 구현 코드를 호출할지, 배달 서비스를 호출할지 결정하는 동적 피처 토글(feature toggle)을 사용한 클래스로 구현합니다.

▼ 그림 13-23 3단계: DeliveryService를 배달 서비스에 메시지를 보내는 프록시 클래스로 구현. 피처 토글은 모놀리스가 옛 구현 코드를 사용할지, 새 배달 서비스를 사용할지 결정한다

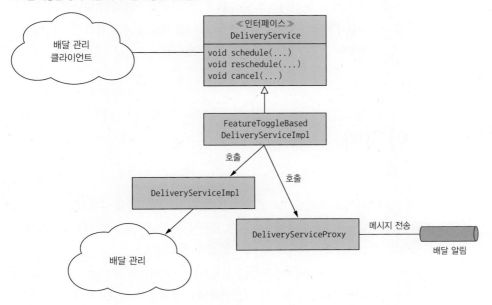

피처 토글을 사용하면 배달 서비스를 처음 오픈하더라도 훨씬 부담이 적습니다. 배달 서비스를 배포해서 원없이 테스트해 보고 문제가 없으면 트래픽을 새 배달 서비스로 향하도록 바꾸어 주면 됩니다. 만약 배달 서비스에 오류가 있으면 다시 옛 구현 코드로 되돌리면 그만입니다.

> Note ≡ **피처 토글**
>
> 피처 토글(또는 피처 플래그(feature flag)) 덕분에 코드 변경분을 사용자에게 릴리스하지 않고도 배포할 수 있습니다. 또 새 코드를 배포해서 애플리케이션의 동작을 동적으로 변경하는 일도 가능합니다. 시간이 나면 마틴 파울러가 쓴 멋진 글[7]을 꼭 읽어 보세요.

배달 서비스가 확실히 기대대로 잘 동작하면 모놀리스에서 배달 관리 코드를 들어내도 됩니다.

배달 서비스와 배달 지연 서비스는 FTGO 개발 팀이 마이크로서비스 아키텍처로 전환하는 과정에서 개발해야 할 서비스의 일례입니다. 이런 서비스를 구현한 이후에 뭘 할지는 비즈니스 우선순위에 따라 결정되겠죠. 주문 이력 서비스(7장)가 다음 추출 대상이 될 가능성도 있습니다. 이 서비스를 추출하면 배달 서비스 데이터를 모놀리스에 도로 복제할 필요가 없습니다.

---

7   https://martinfowler.com/articles/feature-toggles.html

주문 이력 서비스를 개발한 이후, FTGO 개발 팀은 13.3.2절에서 기술한 순서대로(주문 서비스 → 소비자 서비스 → 주방 서비스……) 서비스를 추출할 수 있습니다. 서비스를 하나씩 추출할수록 애플리케이션의 유지보수성과 테스트성은 점점 개선되고 개발 속도는 점점 빨라질 것입니다.

13.6 / 마치며

- 마이크로서비스 아키텍처로 전환하기로 결정하기 전, 소프트웨어 전달 문제의 주원인이 지금의 모놀리식 아키텍처가 너무 비대해져서 그런 것인지 잘 살펴보아야 합니다. 소프트웨어 개발 프로세스를 개선하면 전달 속도를 더 빠르게 할 수 있습니다.

- 스트랭글러 애플리케이션을 개발하여 마이크로서비스를 단계적으로 전환하는 것이 좋습니다. 스트랭글러 애플리케이션은 모놀리식 애플리케이션 주변을 마이크로서비스로 구성된 새 애플리케이션으로 하나씩 쌓아 가는 것을 말합니다. 경영진이 아키텍처 전환 노력을 아낌없이 지원할 수 있도록 마이크로서비스 아키텍처의 가치를 조기에 보여 주어야 합니다.

- 마이크로서비스를 도입하는 가장 좋은 방법은 새 기능을 서비스로 구현해서 현대 기술과 개발 프로세스를 쉽고 빠르게 적용해 보는 것입니다. 마이크로서비스로 전환하면 어떤 점이 좋은지 신속하게 검증하는 것이 좋습니다.

- 모놀리스를 분해하는 한 가지 방법은 표현 계층을 백엔드와 분리해서 2개의 작은 모놀리스로 만드는 것입니다. 엄청난 개선은 아니지만, 각각의 모놀리스를 독립적으로 배포할 수 있다는 점에서 의미가 있습니다. 가령 UI 팀은 백엔드에 전혀 영향을 주지 않고 UI 설계를 쉽게 반복할 수 있습니다.

- 모놀리스를 분해하는 주된 방법은 기능을 여러 서비스로 단계적으로 전환하는 것입니다. 이때 혜택이 가장 큰 서비스를 우선 추출해야 합니다. 이를테면 지금도 한창 개발 중인 서비스를 추출하는 것이 아무래도 개발 속도를 높이는 데 도움이 되겠죠.

- 새로 개발된 서비스는 거의 대부분 모놀리스와 상호 작용을 해야 합니다. 모놀리스 데이터를 접근하거나 모놀리스의 기능을 호출해야 할 때가 많죠. 반대로 모놀리스가 서비스에 있는 데이터를 접근하고 기능 호출을 해야 할 때도 있습니다. 모놀리스 내부에 인바운드/아웃바운드 어댑터로 구성된 통합 글루를 이용하면 모놀리스와 서비스 간 협동이 가능합니다.

- 모놀리스 도메인 모델이 서비스 도메인 모델을 오염시키지 않게 하려면 부패 방지 계층(도메인 모델 사이를 변환하는 소프트웨어 계층)을 통합 글루에 적용해야 합니다.

- 서비스를 추출할 때 모놀리스에 미치는 영향을 최소화하기 위해 서비스로 이전된 데이터를 다시 모놀리스 DB에 복제합니다. 모놀리스 스키마는 불변이므로 이렇게 하면 모놀리스 코드베이스를 여러 군데 고칠 필요가 없습니다.

- 서비스 개발 시 모놀리스가 개입된 사가를 구현해야 할 경우가 많지만, 모놀리스를 많이 뜯어고쳐야 하는 보상 트랜잭션은 구현하기 쉽지 않습니다. 서비스 추출 순서를 잘 조정하면 굳이 모놀리스에 보상 트랜잭션을 구현할 필요가 없습니다.

- 마이크로서비스 아키텍처로 전환할 때 모놀리스 애플리케이션에 구현된 인-메모리 세션 기반의 보안 메커니즘과 서비스에서 쓰이는 토큰 기반의 보안 메커니즘을 동시 지원해야 합니다. 다행히 모놀리스의 로그인 핸들러가 보안 토큰이 담긴 쿠키를 생성하도록 고쳐서 API 게이트웨이가 서비스에 이 토큰을 전달하도록 변경하면 간단히 해결할 수 있습니다.

한국어판 부록

A

실습 환경 구성

A.1 실습 준비

A.2 WSL 설치

A.3 도커 설치 및 구성

A.4 소스 내려받아 빌드하기

A.5 컨테이너 실습

A.6 더 보기

이 책의 저자는 16GB 메모리가 탑재된 자신의 맥북 프로에서 예제 코드를 작성했고 국내 독자 여러분이 대부분 사용하는 윈도 PC 환경을 전혀 고려하지 않았기 때문에 실습하기 어려운 부분이 있습니다. 다행히 윈도 10 Pro 버전에서 리눅스용 하위 시스템(WSL, Windows Subsystem for Linux)을 설치하면 리눅스 환경에서 셸 스크립트 실행이 가능하므로 한국어판 부록에서는 이 실습 환경을 구성하는 방법을 비교적 자세히 안내하겠습니다(이미 macOS나 우분투, CentOS 등 유닉스 커널 기반의 PC를 사용 중인 분들은 A.1, A.2절은 건너뛰고 도커를 설치하는 A.3절부터 내용을 참고하여 실습을 진행하기 바랍니다(도커까지 이미 설치된 상태라면 A.4절부터 시작해도 좋습니다).

다만 본론으로 들어가기 전에 두 가지만 말씀 드립니다.

첫째, 이 책의 주제는 마이크로서비스 아키텍처이지, 도커 컴포즈나 쿠버네티스 같은 컨테이너 인프라 기술이 아닙니다. 따라서 굳이 마이크로서비스를 배포하는 인프라 기술에 관심이 없거나 당장 알 필요가 없다고 느끼는 분들은 마이크로서비스 아키텍처 본연의 학습에 더 집중하길 권장합니다. 서점에 가면 알겠지만, 도커 등의 가상화 컨테이너 기술에 관한 내용만 해도 두꺼운 책 몇 권에 이를 정도로 방대하니 처음부터 너무 욕심 낼 필요는 없습니다.

둘째, 이 책의 예제 코드를 실습하려면 꽤 높은 사양의 PC가 필요합니다. 특히 가동하는 컨테이너가 14개나 되므로 하이퍼스레딩이 지원되는 i7 계열 CPU에 16GB 정도의 메모리는 있어야 원활한 테스트가 가능합니다. 저 역시 구형 노트북에서는 실행이 되지 않아 i7-8565U, 16GB가 탑재된 신형 노트북에서 가까스로 테스트를 마쳤습니다.

남이 작성한 코드를 실습하면서 겪게 되는 트러블슈팅 과정도 여러분에게 중요한 산지식이 되므로 도중에 포기하지 말고 끝까지 연구해 보세요!

A.1 실습 준비

A.1.1 운영 체제: 윈도 10 Pro

⊞+R 실행창에서 winver 입력하여 빌드 넘버가 1607 이상인지 확인합니다. 빌드 넘버가 낮을 경우 윈도 업데이트를 시도하세요. 윈도 Home 버전으로는 본 내용을 실습할 수 없습니다.

▼ 그림 A-1 윈도 빌드 정보 확인

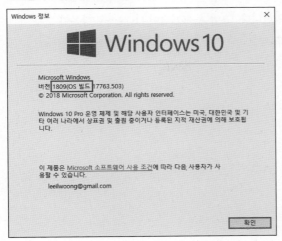

A.1.2 하이퍼-V 가상화 지원

[Ctrl]+[Shift], [ESC] 단축키로 작업 관리자 창의 **성능** 탭에서 '가상화' 지원 여부를 확인합니다.

▼ 그림 A-2 가상화 지원 여부 확인

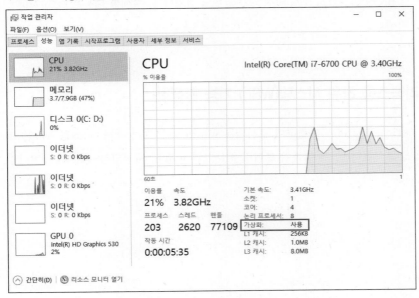

박스로 표시한 부분처럼 '가상화: 사용'으로 표시되지 않을 경우, ⊞+R 실행창에서 Optional Features 입력하여 Windows 기능창을 확인합니다. 그림 A-3과 같이 Hyper-V 항목이 모두 체크 되어 있는지 확인하고, 그렇지 않을 경우 모두 체크 후 PC를 재부팅하여 다시 확인합니다.

▼ 그림 A-3 Hyper-V 항목 확인

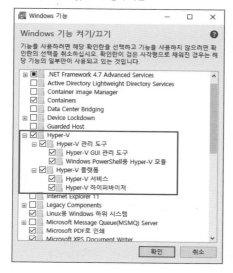

구형 PC는 부팅 시 BIOS 설정까지 조정해야 하는 경우도 있습니다. 자세한 내용은 http://bit. ly/msp-23을 참고하세요.

A.1.3 윈도 리눅스용 하위 시스템(WSL) 기능 활성화

⊞+R 실행창, OptionalFeatures 입력하여 표시되는 Windows 기능창에서 **Linux용 Windows 하위 시스템** 항목을 체크합니다. 이 항목이 보이지 않는다면 WSL이 지원되지 않는 윈도 버전입니다.

MICROSERVICES PATTERNS

A.2 WSL 설치

리눅스 배포판은 다양하지만 가장 많은 개발자가 즐겨 쓰는 우분투를 설치하겠습니다(이 글을 쓰는 현재, 최신 버전은 18.04.2 LTS입니다). CentOS 등 다른 배포판도 세부적인 명령어만 다를 뿐 전반적인 내용은 같습니다.

그림 A-5와 같이 Microsoft Store에서 'Ubuntu'를 검색해서 우분투를 설치합니다.

설치가 다 끝난 후 '최근에 추가한 앱' 목록 중 **Ubuntu**를 클릭하면 CLI가 표시됩니다. 다음과 같이
사용자명과 비밀번호를 설정하라고 나오면 원하는 이름과 비밀번호를 설정합니다.

```
Installing, this may take a few minutes...
Please create a default UNIX user account. The username does not need to match your
Windows username.
For more information visit: https://aka.ms/wslusers
Enter new UNIX username:
```

그리고 다음과 같이 설치된 버전을 확인합니다.

```
leeilwoong@LEEILWOONG-PC:~$ lsb_release -a
No LSB modules are available.
Distributor ID: Ubuntu
Description:    Ubuntu 18.04.2 LTS
Release:        18.04
Codename:       bionic
```

과거에는 윈도 PC에서 시그윈(Cygwin) 같은 별도 툴을 설치하거나 버추얼 박스 등으로 가상 머신을 설치해서 리눅스 환경을 사용했지만, 이제 그럴 필요 없이 WSL 덕분에 이처럼 윈도에서도 우분투 셸을 자연스럽게 띄워 리눅스 명령어를 실행할 수 있습니다.

다음 명령어로 기본 패키지를 최신 버전으로 일괄 업데이트합니다.

```
sudo apt update && apt -y upgrade && apt -y autoremove
```

자바 JDK는 저자가 권장하는 1.8 버전을 사용합니다. 인터넷을 검색하여 설치하세요. 정상 설치되면 다음과 같이 버전이 표시됩니다.

```
leeilwoong@LEEILWOONG-PC:~$ java -version
java version "1.8.0_221"
Java(TM) SE Runtime Environment (build 1.8.0_221-b11)
Java HotSpot(TM) 64-Bit Server VM (build 25.221-b11, mixed mode)
```

Note ≡ **자바 JDK 설치 방법**

OpenJDK와 Oracle JDK 중 원하는 것을 설치하면 됩니다. OpenJDK를 설치하면 java -version에 openjdk version "1.8.0_221"처럼 나옵니다.

OpenJDK의 경우

```
sudo apt-get install openjdk-8-jdk
```

Oracle JDK의 경우

오라클 사이트에 로그인한 후 리눅스용 jdk 8 버전 내려받은 후 다음 명령을 실행합니다.

```
mv /mnt/c/Users/it/Downloads/jdk-8u231-linux-x64.tar.gz .
tar xzf jdk-8u231-linux-x64.tar.gz
sudo mv jdk1.8.0_231 /opt/

vi ~/.profile
export JAVA_HOME=/opt/jdk1.8.0_231
export PATH=${JAVA_HOME}/bin:${PATH}
```

A.3 도커 설치 및 구성

다음은 윈도에 도커 데스크톱(Docker Desktop)을 설치할 차례입니다(자세한 절차는 공식 매뉴얼[1]을 참고하세요).

설치하기 전에 ⊞+R, virtmgmt.msc를 입력해서 Hyper-V 관리자 상태를 확인합시다. 그림 A-6의 박스로 표시한 부분처럼 내 PC 이름이 올바르게 표시되면 정상입니다. 이렇게 표시되지 않으면 도커를 설치해도 사용할 수가 없으니 A.1 실습 준비로 다시 돌아가 윈도 상태를 재확인하세요.

▼ 그림 A-6 Hyper-V 확인

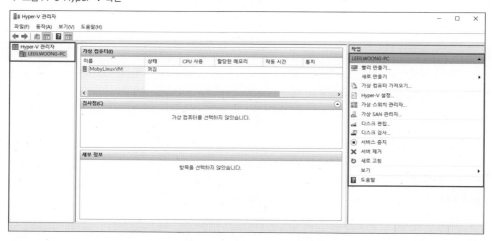

브라우저에 다음 주소를 입력하여 도커 설치 파일을 내려받아 기본 설정 그대로 설치합니다.

https://download.docker.com/win/stable/Docker%20for%20Windows%20Installer.exe

설치가 완료되면 트레이 영역에 🐳 아이콘이 추가된 것을 볼 수 있습니다. 이 아이콘에서 마우스 오른쪽 버튼 클릭, Settings창으로 들어갑니다.

---

1 역주 https://docs.docker.com/docker-for-windows/install

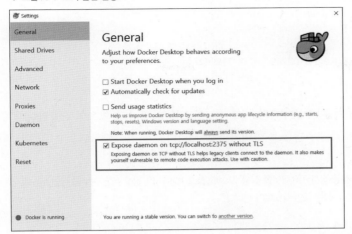

WSL로 설치한 우분투와 윈도 도커 데스크톱을 연결하려면 그림 A-7에서 박스로 표시한 부분처럼 **Expose daemon on**… 항목을 체크하세요. 왼쪽 하단의 Docker is running 메시지가 녹색 아이콘과 함께 표시되면 도커 데스크톱이 정상 시동된 것입니다.

우분투에도 도커를 설치해야 합니다. 다음 명령어를 실행하여 자동 설치하세요.

```
curl -fsSL https://get.docker.com/ | sudo sh
```

도커를 실행하려면 기본적으로 root 권한이 필요하기 때문에 root 아닌 사용자가 sudo 없이 사용할 수 있게 다음과 같이 사용자를 docker 그룹에 추가합니다.

```
sudo usermod -aG docker $USER
```

이제 실습에 꼭 필요한 DOCKER_HOST_IP, COMPOSE_HTTP_TIMEOUT 등의 환경 변수 값을 세팅해야 합니다. 다음 순서대로 환경 변수를 세팅하세요.

~/.profile 파일에 도커 관련 환경 변수를 추가합니다.

```
leeilwoong@LEEILWOONG-PC:~$ cat >> ~/.profile
export DOCKER_HOST=localhost:2375
export DOCKER_HOST_IP=$(ip route get 8.8.8.8 | awk '{print $NF; exit}')
export COMPOSE_HTTP_TIMEOUT=240
^D
```

이렇게 추가한 내용을 . ~/.profile로 적용한 후, 환경 변수가 제대로 세팅되었는지 확인합니다.

A

실습 환경 구성

```
leeilwoong@LEEILWOONG-PC:~$ echo $DOCKER_HOST
tcp://localhost:2375
leeilwoong@LEEILWOONG-PC:~$ echo $DOCKER_HOST_IP
192.168.0.43
leeilwoong@LEEILWOONG-PC:~$ echo $COMPOSE_HTTP_TIMEOUT
240
```

위 결과처럼 DOCKER_HOST_IP가 여러분 PC의 내부 IP 주소를 가리키고 있으면 OK입니다.
localhost나 127.0.0.1 등 로컬 루프백 주소를 가리키면 안 됩니다.

Note ≡   저자가 안내한 것처럼 전용 점검 컨테이너를 실행해서 DOCKER_HOST_IP 정상 세팅 여부를 확인하는 방
법도 있습니다(도커 데스크톱은 반드시 실행 중인 상태여야 합니다).

```
leeilwoong@LEEILWOONG-PC:~$ docker run -p 8889:8888 -e DOCKER_DIAGNOSTICS_
PORT=8889 -e DOCKER_HOST_IP --rm eventuateio/eventuateio-docker-networking-
diagnostics:0.2.0.RELEASE
DOCKER_HOST_IP= 192.168.0.43
Server running on port: 8889
About to make HTTP request to self
Making HTTP request to self via url= http://192.168.0.43:8889
SUCCESSS!!!!
```

환경 변수를 세팅했다면 다음과 같이 도커 프로세스를 시동 후 상태를 확인합니다. 클라이언트,
서버 모두 정상적으로 버전이 표시되어야 합니다(이 글을 쓰는 현재, 도커 최신 버전은 19.03.1입
니다).

```
leeilwoong@LEEILWOONG-PC:~$ sudo service docker start
* Starting Docker: docker
[ OK ]
leeilwoong@LEEILWOONG-PC:~$ docker version
 Client: Docker Engine - Community
  Version:          19.03.1
  API version:      1.40
  Go version:       go1.12.5
  Git commit:       74b1e89
  Built:            Thu Jul 25 21:21:05 2019
  OS/Arch:          linux/amd64
  Experimental:     false

 Server: Docker Engine - Community
  Engine:
```

```
Version:          19.03.1
API version:      1.40 (minimum version 1.12)
Go version:       go1.12.5
Git commit:       74b1e89
Built:            Thu Jul 25 21:19:41 2019
OS/Arch:          linux/amd64
Experimental:     false
containerd:
 Version:         1.2.6
 GitCommit:       894b81a4b802e4eb2a91d1ce216b8817763c29fb
runc:
 Version:         1.0.0-rc8
 GitCommit:       425e105d5a03fabd737a126ad93d62a9eeede87f
docker-init:
 Version:         0.18.0
 GitCommit:       fec3683
```

도커 컴포즈는 다음 두 명령어를 차례로 실행하여 설치합니다.

```
sudo curl -L https://github.com/docker/compose/releases/download/1.24.1/docker-compose-
`uname -s`-`uname -m` -o /usr/bin/docker-compose

sudo chmod +x /usr/bin/docker-compose
```

설치 후 버전을 확인합니다(이 글을 쓰는 현재, 도커 컴포즈 최신 버전은 1.24.1입니다).

```
leeilwoong@LEEILWOONG-PC:~/ftgo-application$ docker-compose -v
docker-compose version 1.24.1, build 4667896b
```

MICROSERVICES PATTERNS

A.4 / 소스 내려받아 빌드하기

다음과 같이 홈 디렉터리에서 깃허브의 소스 코드를 내려받습니다. 저자의 깃허브에서 내려받아
도 되지만, 이 부록은 길벗출판사의 깃허브에 업로드한 버전을 기준으로 설명하겠습니다.[2]

---

2 역주 2019년 8월에 저자의 깃허브를 역자의 깃허브로 folk한 버전을 기준으로 테스트한 것입니다.

```
leeilwoong@LEEILWOONG-PC:~/$ git clone https://github.com/nililee/ftgo-application
Cloning into 'ftgo-application'...
remote: Enumerating objects: 247, done.
remote: Counting objects: 100% (247/247), done.
remote: Compressing objects: 100% (163/163), done.
remote: Total 3560 (delta 88), reused 198 (delta 61), pack-reused 3313
Receiving objects: 100% (3560/3560), 622.68 KiB | 853.00 KiB/s, done.
Resolving deltas: 100% (1305/1305), done.
Checking out files: 100% (443/443), done.
```

새로 생성된 ~/ftgo-application 디렉터리로 이동해서 내려받은 파일을 확인합니다.

```
leeilwoong@LEEILWOONG-PC:~/ftgo-application$ ll
total 68
drwxrwxrwx 1 leeilwoong leeilwoong 4096 Sep  4 15:12 ./
drwxr-xr-x 1 leeilwoong leeilwoong 4096 Sep  5 14:00 ../
drwxrwxrwx 1 leeilwoong leeilwoong 4096 Sep  4 10:21 .circleci/
drwxrwxrwx 1 leeilwoong leeilwoong 4096 Sep  4 10:21 .git/
-rwxrwxrwx 1 leeilwoong leeilwoong  154 Sep  4 10:21 .gitignore*
drwxrwxrwx 1 leeilwoong leeilwoong 4096 Sep  4 10:24 .gradle/
-rw-rw-rw- 1 leeilwoong leeilwoong  577 Sep  4 10:21 LICENSE.md
-rw-rw-rw- 1 leeilwoong leeilwoong 9342 Sep  4 10:21 README.adoc
-rw-rw-rw- 1 leeilwoong leeilwoong 1725 Sep  4 10:21 TODO.txt
-rwxrwxrwx 1 leeilwoong leeilwoong  403 Sep  4 10:21 _wait-for-services.sh*
drwxrwxrwx 1 leeilwoong leeilwoong 4096 Sep  4 10:24 build/
-rwxrwxrwx 1 leeilwoong leeilwoong  164 Sep  4 10:21 build-and-restart-service.sh*
-rwxrwxrwx 1 leeilwoong leeilwoong  418 Sep  4 10:21 build-and-run.sh*
-rwxrwxrwx 1 leeilwoong leeilwoong 1613 Sep  4 10:21 build-and-test-all.sh*
-rwxrwxrwx 1 leeilwoong leeilwoong  337 Sep  4 10:21 build-contracts.sh*
-rw-rw-rw- 1 leeilwoong leeilwoong  876 Sep  4 10:21 build.gradle
drwxrwxrwx 1 leeilwoong leeilwoong 4096 Sep  4 10:22 buildSrc/
drwxrwxrwx 1 leeilwoong leeilwoong 4096 Sep  4 10:27 common-swagger/
drwxrwxrwx 1 leeilwoong leeilwoong 4096 Sep  4 10:21 deployment/
-rwxrwxrwx 1 leeilwoong leeilwoong 8741 Sep  4 15:12 docker-compose.yml*
drwxrwxrwx 1 leeilwoong leeilwoong 4096 Sep  4 10:21 dynamodblocal/
drwxrwxrwx 1 leeilwoong leeilwoong 4096 Sep  4 10:21 dynamodblocal-init/
drwxrwxrwx 1 leeilwoong leeilwoong 4096 Sep  4 10:30 ftgo-accounting-service/
drwxrwxrwx 1 leeilwoong leeilwoong 4096 Sep  4 10:28 ftgo-accounting-service-api/
drwxrwxrwx 1 leeilwoong leeilwoong 4096 Sep  4 10:24 ftgo-accounting-service-contracts/
drwxrwxrwx 1 leeilwoong leeilwoong 4096 Sep  4 10:31 ftgo-api-gateway/
drwxrwxrwx 1 leeilwoong leeilwoong 4096 Sep  4 15:34 ftgo-api-gateway-graphql/
drwxrwxrwx 1 leeilwoong leeilwoong 4096 Sep  4 10:28 ftgo-common/
drwxrwxrwx 1 leeilwoong leeilwoong 4096 Sep  4 10:31 ftgo-common-jpa/
```

```
drwxrwxrwx 1 leeilwoong leeilwoong 4096 Sep  4 10:31 ftgo-consumer-service/
drwxrwxrwx 1 leeilwoong leeilwoong 4096 Sep  4 10:31 ftgo-consumer-service-api/
drwxrwxrwx 1 leeilwoong leeilwoong 4096 Sep  4 10:24 ftgo-consumer-service-contracts/
drwxrwxrwx 1 leeilwoong leeilwoong 4096 Sep  4 10:31 ftgo-end-to-end-tests/
...
```

셸 스크립트와 그레이들 래퍼는 실행할 수 있게 퍼미션을 조정합니다.

```
leeilwoong@LEEILWOONG-PC:~/ftgo-application$ chmod a+x *.sh
leeilwoong@LEEILWOONG-PC:~/ftgo-application$ chmod a+x gradlew
```

이제 ./build-contracts.sh를 실행합니다. 처음 실행하면 그레이들 래퍼부터 시작하여 관련 디펜던시를 모두 내려받기 때문에 꽤 오래 걸릴 수 있습니다.

```
leeilwoong@LEEILWOONG-PC:~/ftgo-application$ ./build-contracts.sh
Using publish
Starting a Gradle Daemon, 1 incompatible and 1 stopped Daemons could not be reused, use
--status for details

Deprecated Gradle features were used in this build, making it incompatible with Gradle
5.0.
Use '--warning-mode all' to show the individual deprecation warnings.
See https://docs.gradle.org/4.10.2/userguide/command_line_interface.html#sec:command_
line_warnings

BUILD SUCCESSFUL in 57s
20 actionable tasks: 17 executed, 3 up-to-date
```

빌드 성공(BUILD SUCCESSFUL) 메시지가 표시되면 정상입니다.

이제 ./gradlew assemble로 도커 컨테이너에 배포할 JAR 파일을 만듭시다. 이 과정 역시 PC 사양 및 네트워크 환경에 따라 상당한 시간이 소요될 수 있으니 인내심을 가지세요.

```
leeilwoong@LEEILWOONG-PC:~/ftgo-application$ ./gradlew assemble

> Task :ftgo-accounting-service:compileJava UP-TO-DATE
> Task :ftgo-consumer-service:compileJava UP-TO-DATE
> Task :ftgo-kitchen-service:compileJava UP-TO-DATE
> Task :ftgo-order-history-service:compileJava UP-TO-DATE
> Task :ftgo-order-service:extractIncludeProto UP-TO-DATE
> Task :ftgo-restaurant-service:compileJava UP-TO-DATE
```

```
Deprecated Gradle features were used in this build, making it incompatible with Gradle
5.0.
Use '--warning-mode all' to show the individual deprecation warnings.
See https://docs.gradle.org/4.10.2/userguide/command_line_interface.html#sec:command_
line_warnings

BUILD SUCCESSFUL in 6m 49s
75 actionable tasks: 72 executed, 3 up-to-date
```

다음과 같이 JAR 파일을 찾아보면 주요 서비스의 ../build/libs 디렉터리에 JAR 파일이 생성되었음을 알 수 있습니다.

```
leeilwoong@LEEILWOONG-PC:~/ftgo-application$ find . -name ftgo-*.jar
...
./ftgo-accounting-service/build/libs/ftgo-accounting-service.jar
./ftgo-accounting-service-api/build/libs/ftgo-accounting-service-api.jar
./ftgo-accounting-service-contracts/build/libs/ftgo-accounting-service-contracts-stubs.
jar
./ftgo-accounting-service-contracts/build/libs/ftgo-accounting-service-contracts.jar
./ftgo-api-gateway/build/libs/ftgo-api-gateway.jar
./ftgo-common/build/libs/ftgo-common.jar
./ftgo-common-jpa/build/libs/ftgo-common-jpa.jar
./ftgo-consumer-service/build/libs/ftgo-consumer-service.jar
./ftgo-consumer-service-api/build/libs/ftgo-consumer-service-api.jar
./ftgo-consumer-service-contracts/build/libs/ftgo-consumer-service-contracts-stubs.jar
./ftgo-consumer-service-contracts/build/libs/ftgo-consumer-service-contracts.jar
./ftgo-end-to-end-tests/build/libs/ftgo-end-to-end-tests.jar
./ftgo-kitchen-service/build/libs/ftgo-kitchen-service-stubs.jar
./ftgo-kitchen-service/build/libs/ftgo-kitchen-service.jar
./ftgo-kitchen-service-api/build/libs/ftgo-kitchen-service-api.jar
./ftgo-kitchen-service-contracts/build/libs/ftgo-kitchen-service-contracts-stubs.jar
./ftgo-kitchen-service-contracts/build/libs/ftgo-kitchen-service-contracts.jar
./ftgo-order-history-service/build/libs/ftgo-order-history-service-stubs.jar
./ftgo-order-history-service/build/libs/ftgo-order-history-service.jar
./ftgo-order-service/build/libs/ftgo-order-service-stubs.jar
./ftgo-order-service/build/libs/ftgo-order-service.jar
./ftgo-order-service-api/build/libs/ftgo-order-service-api.jar
./ftgo-order-service-contracts/build/libs/ftgo-order-service-contracts-stubs.jar
./ftgo-order-service-contracts/build/libs/ftgo-order-service-contracts.jar
./ftgo-restaurant-service/build/libs/ftgo-restaurant-service.jar
./ftgo-restaurant-service-api/build/libs/ftgo-restaurant-service-api.jar
./ftgo-restaurant-service-aws-lambda/build/libs/ftgo-restaurant-service-aws-lambda.jar
./ftgo-test-util/build/libs/ftgo-test-util.jar
```

A.5 컨테이너 실습

A.5.1 도커 컴포즈 실행

docker-compose up -d로 도커 컴포즈를 데몬 모드로 시동합니다.

```
leeilwoong@LEEILWOONG-PC:~/ftgo-application$ docker-compose up -d
...
Creating ftgo-application_dynamodblocal_1       ... done
Creating ftgo-application_zookeeper_1           ... done
Creating ftgo-application_ftgo-api-gateway_1    ... done
Creating ftgo-application_mysql_1               ... done
Creating ftgo-application_dynamodblocal-init_1  ... done
Creating ftgo-application_kafka_1               ... done
Creating ftgo-application_cdc-service_1         ... done
Creating ftgo-application_ftgo-accounting-service_1        ... done
Creating ftgo-application_ftgo-consumer-service_1          ... done
Creating ftgo-application_ftgo-restaurant-service_1        ... done
Creating ftgo-application_ftgo-kitchen-service_1           ... done
Creating ftgo-application_ftgo-order-history-service_1     ... done
Creating ftgo-application_zipkin_1                         ... done
Creating ftgo-application_ftgo-order-service_1             ... done
Creating ftgo-application_ftgo-api-gateway-graphql_1       ... done
```

docker ps로 도커 컨테이너 상태(색으로 표시한 부분)를 확인해 보면 서비스 가짓수가 많아 처음에는 상태가 unhealthy로 표시되지만 의존하는 컨테이너가 차례로 시동되면 점점 health로 상태가 바뀌는 컨테이너가 늘어납니다. 모두 health가 되면 구동에 성공한 것입니다. 만약 제대로 구동이 안 되면, Windows Docker의 **Settings > Advanced**에서 CPUs와 Memory를 늘려 주고(예를 들어 CPU 4, Memory 4096MB 등) docker-compose up -d를 다시 실행해 주세요. 이 부분은 PC 성능(특히 CPU/메모리 사양)에 따라 양상이 다양하게 나타날 수 있습니다.

```
leeilwoong@LEEILWOONG-PC:~/ftgo-application$ docker ps
CONTAINER ID        IMAGE                                          COMMAND
CREATED             STATUS                        PORTS
NAMES
8c9abd3124ed        ftgo-application_ftgo-accounting-service       "/bin/sh -c 'java
${···"    27 seconds ago     Up 25 seconds (health: starting)   0.0.0.0:8085->8080/tcp
```

```
ftgo-application_ftgo-accounting-service_1
9284e055c0af      ftgo-application_ftgo-kitchen-service           "/bin/sh -c 'java
${…"    27 seconds ago     Up 24 seconds (health: starting)    0.0.0.0:8083->8080/tcp
ftgo-application_ftgo-kitchen-service_1
0ecdd50d5d2e      ftgo-application_ftgo-consumer-service          "/bin/sh -c 'java
${…"    27 seconds ago     Up 25 seconds (health: starting)    0.0.0.0:8081->8080/tcp
ftgo-application_ftgo-consumer-service_1
da7e875c96bd      ftgo-application_ftgo-order-history-service     "/bin/sh -c 'java
${…"    27 seconds ago     Up 24 seconds (health: starting)    0.0.0.0:8086->8080/tcp
ftgo-application_ftgo-order-history-service_1
8f5c608dbaf7      ftgo-application_ftgo-order-service             "/bin/sh -c 'java
${…"    28 seconds ago     Up 25 seconds (health: starting)    0.0.0.0:8082->8080/tcp
ftgo-application_ftgo-order-service_1
...
```

PORTS 부분만 따로 보면 각 컨테이너(정확히는, 컨테이너 인스턴스)가 어떤 외부/내부 포트로 매핑되어 시동했는지 알 수 있습니다. 이 부록에서는 도커 명령어를 다루지는 않으니 관심 있는 독자 여러분은 도커 명령어를 입력하여 시동이 끝난 컨테이너 인스턴스에 접속해 보세요.

A.5.2 스웨거 접속

스웨거(Swagger)는 아주 유명한 API 문서화 툴입니다. 소스 코드에 애너테이션을 넣어 유려한 API 문서 페이지를 자동 생성하는 막강한 기능을 자랑하죠(자세한 내용은 공식 사이트[3]를 참고하세요).

저자는 FTGO 애플리케이션에서 중요한 일부 API를 스웨거 페이지로 작성했습니다. <DOCKER_HOST_IP> 부분을 여러분 PC 환경의 IP(echo $DOCKER_HOST_IP로 확인)로 교체하여 접속하세요.

- **소비자 생성**: http://${DOCKER_HOST_IP?}:8081/swagger-ui.html
- **음식점 생성**: http://${DOCKER_HOST_IP?}:8084/swagger-ui.html
- **주문 생성/조회**: http://${DOCKER_HOST_IP?}:8082/swagger-ui.html
- **주문 이력 조회**: http://${DOCKER_HOST_IP?}:8086/swagger-ui.html

---

3 역주 https://swagger.io/

예를 들어 첫 번째 소비자 서비스에 구현된 소비자 생성 API를 테스트한다고 합시다. 역자 PC
에서는 DOCKER_HOST_IP가 192.168.0.43이므로 크롬 등의 브라우저에서 http://192.168.0.
43:8081/swagger-ui.html에 접속합니다.

▼ 그림 A-8 소비자 생성 API 테스트

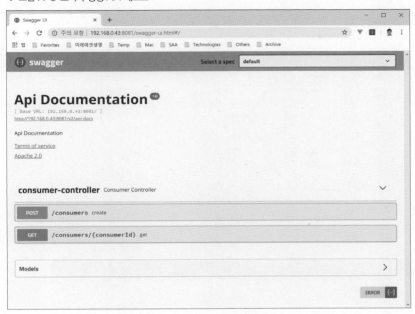

consumer-controller 영역에서 소비자를 생성하는 POST /consumers 끝점을 호출하려면 녹색 바
를 클릭해서 바로 밑에 표시되는 **Try it out** 버튼을 클릭합니다. 그런 다음 그림 A-9와 같이 원하는
요청 본문을 JSON 포맷으로 작성하고 **Execute** 버튼을 클릭해서 소비자 서비스에 POST합니다.

▼ 그림 A-9 소비자 생성 API에 전달할 데이터

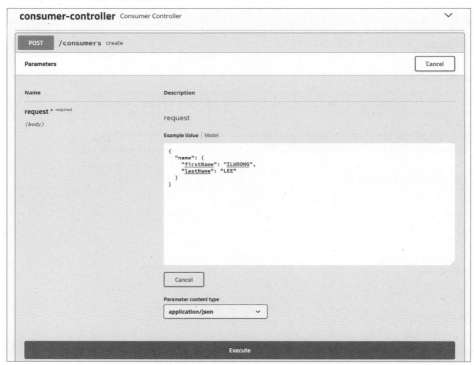

소비자 서비스가 반환한 응답을 보면 consumerId가 1인 소비자가 생성되었음을 알 수 있습니다.

▼ 그림 A-10 소비자 생성 API 호출 결과

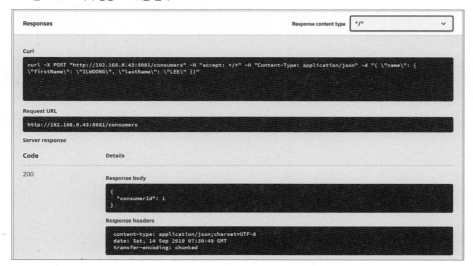

두 번째 소비자 조회 API로 방금 전 생성한 consumerId = 1인 소비자를 검색하면 정상 조회됩니다. GET에서 **Try it out** 버튼을 클릭 후 1을 입력하고 **Execute** 버튼을 클릭하면 됩니다.

▼ 그림 A-11 소비자 조회 API 호출 결과

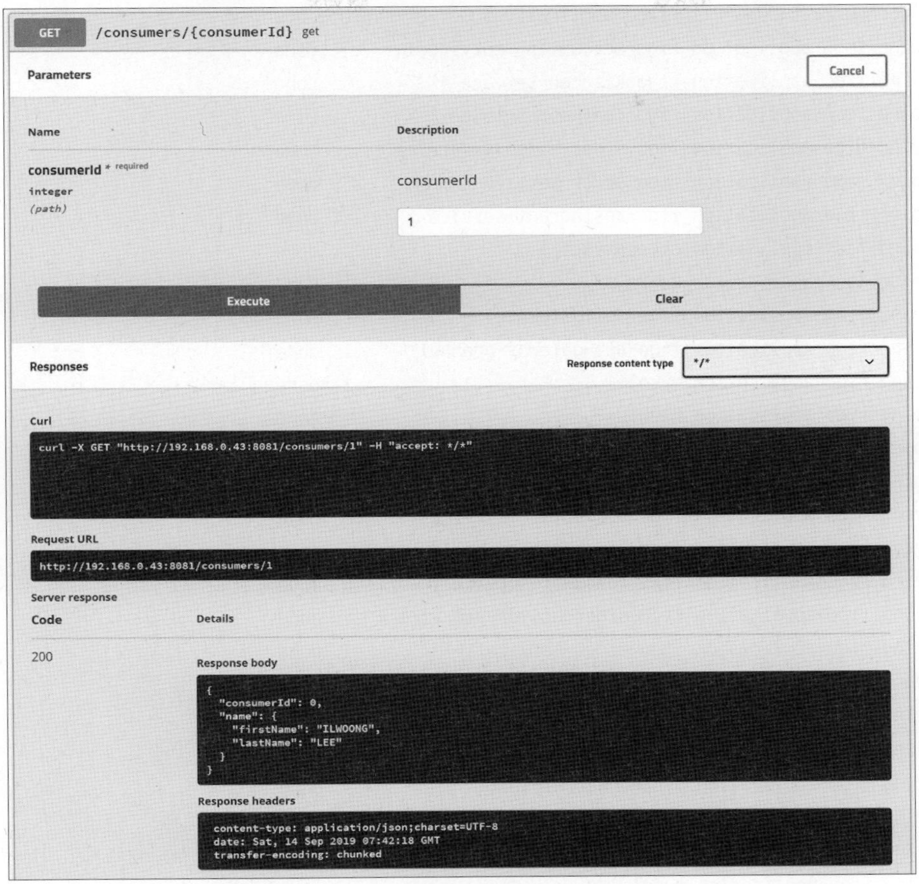

스웨거를 사용하는 가장 간단한 예를 들었지만, 이런 식으로 각 마이크로서비스에 구현된 REST 또는 gRPC 기반의 API를 시험해 볼 수 있습니다. 굳이 스웨거가 아니더라도 CLI 스타일의 curl 이나 Postman, Insomnia 같은 툴을 이용하면 편리합니다.

A.5.3 도커 컴포즈 종료

도커 컴포즈를 종료하려면 다음 명령어를 실행합니다.

```
leeilwoong@LEEILWOONG-PC:~/ftgo-application$ docker-compose down -v
Stopping ftgo-application_ftgo-accounting-service_1     ... done
Stopping ftgo-application_ftgo-kitchen-service_1        ... done
Stopping ftgo-application_ftgo-consumer-service_1       ... done
Stopping ftgo-application_ftgo-order-history-service_1 ... done
Stopping ftgo-application_ftgo-order-service_1          ... done
Stopping ftgo-application_ftgo-restaurant-service_1     ... done
Stopping ftgo-application_cdc-service_1                 ... done
Stopping ftgo-application_kafka_1                       ... done
Stopping ftgo-application_ftgo-api-gateway_1            ... done
Stopping ftgo-application_ftgo-api-gateway-graphql_1    ... done
Stopping ftgo-application_mysql_1                       ... done
Stopping ftgo-application_zipkin_1                      ... done
Stopping ftgo-application_dynamodblocal_1              ... done
Stopping ftgo-application_zookeeper_1                  ... done
Removing ftgo-application_ftgo-accounting-service_1     ... done
Removing ftgo-application_ftgo-kitchen-service_1        ... done
Removing ftgo-application_ftgo-consumer-service_1       ... done
Removing ftgo-application_ftgo-order-history-service_1 ... done
Removing ftgo-application_ftgo-order-service_1          ... done
Removing ftgo-application_ftgo-restaurant-service_1     ... done
Removing ftgo-application_cdc-service_1                 ... done
Removing ftgo-application_kafka_1                       ... done
Removing ftgo-application_dynamodblocal-init_1         ... done
Removing ftgo-application_ftgo-api-gateway_1            ... done
Removing ftgo-application_ftgo-api-gateway-graphql_1    ... done
Removing ftgo-application_mysql_1                       ... done
Removing ftgo-application_zipkin_1                      ... done
Removing ftgo-application_dynamodblocal_1              ... done
Removing ftgo-application_zookeeper_1                  ... done
Removing network ftgo-application_default
```

A.6 더 보기

수고하셨습니다! 도커를 처음 사용하는 분들이 여기까지 실습에 성공했다면 그 자체로도 큰 성취감을 느꼈으리라 생각됩니다. 저자는 도커 컴포즈보다 더 정교한 컨테이너 관리 툴인 쿠버네티스로도 실습할 수 있게 ~/ftgo-application/deployment/kubernetes/scripts/ 디렉터리에 관련 스크립트를 작성했지만, 이 부분은 이 부록에서는 생략하고 도커 기술에 관심 있는 독자 여러분의 숙제로 남기겠습니다.

끝으로 역자가 이 책을 번역하면서 가장 유용하게 참고했던 도서 3권을 추천합니다.

1. 〈DDD START!〉(최범균 저, 지앤선, 2016)

2. 〈도커/쿠버네티스를 활용한 컨테이너 개발 실전 입문〉(야마다 아키노리 저/심효섭 역, 위키북스, 2019)

3. 〈스프링 마이크로서비스 코딩 공작소(Spring Microservices in Action)〉(존 카넬 저/정성권 역, 길벗, 2018)

A

실습 환경 구성

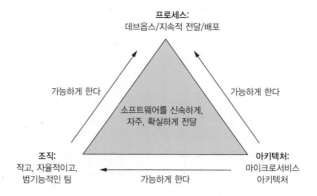

대규모 복잡한 애플리케이션을 빠르게, 자주, 확실하게 전달하려면 데브옵스를 잘 조합해야 한다. 지속적 전달/배포, 소규모 자율적인 팀, 마이크로서비스 아키텍처도 그런 조합의 일부다.

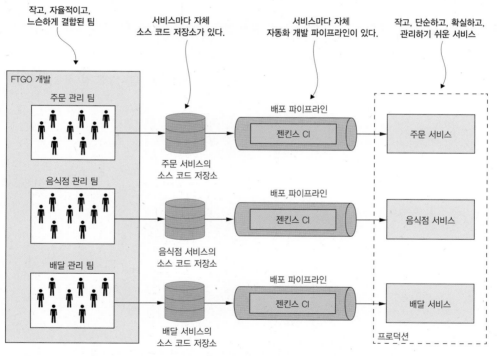

마이크로서비스 아키텍처의 애플리케이션은 비즈니스 능력 중심으로 느슨하게 결합된 서비스들로 구성된다. 각 팀은 각기 맡은 서비스를 독립적으로 개발, 테스트, 배포한다.

A

AbstractAutowiringHttpRequestHandler 526

AbstractAutowiringHttpRequestHandler 클래스 525

AbstractHttpHandler 525

acceptance test 377

Accept Order 83

Access Control List 441

Access Token 61, 450

Accounting Service 42

AccountingServiceCommandHandler 278

ACID 154, 171

ACID 트랜잭션 158, 272, 274, 294, 551, 558

ACL 441, 555

action 168

ActiveMQ 134

advice 473

affinity 498

aggregate 196, 202

AggregateRepository 269

agile 28

alerting 467

alias 362

alternative 53

Amazon Machine Image 487

AMI 487

anti-affinity 498

Anti-Corruption Layer 555

antipattern 93

AOP 472

Apache Flume 463

Apache Kafka 134

Apache Shiro 442

API 107

APIGatewayProxyRequestEvent 525

APIGatewayProxyResponseEvent 525

API 게이트웨이 61, 120, 288, 291, 324, 330, 338, 341, 346, 385, 409, 411, 446, 448, 506, 530, 541, 565

API 끝점 289, 326, 342

API 명세 131

API 모듈 335

API 서버 500

API 조합 295, 331, 344, 351, 355

API 조합기 288, 290, 293, 296, 327

API 조합 패턴 58, 286, 289, 290, 294, 311, 332

ApolloClient 인스턴스 367

apollo-server-express 모듈 366

ApplicationContext 456

application infrastructure 55

Application Load Balancer 346

application metrics 60

application modernization 536

application pattern 55

apply() 247, 249-250

architecture style 69

artifact 40

Asana 242

assertion 375

asynchronous 105

asynchronous request/response 106

Atomicity 171

auditing 441

audit logging 60, 472

authentication 334, 441

authorization 334, 441, 448

Authorization 39

Authorization Server 450

Authorization 요청 헤더 563-564

authorize() 278

autoconfiguration 469

automatic sidecar injection 513

Auto Scaling 487

autowire 526

AWS ALB 346

AWS API 게이트웨이 345, 520-521

AWS DynamoDB 310

AWS EC2 서버 487

AWS EC2 컨테이너 레지스트리 495
AWS ECS 497
AWS ELB 345, 506
AWS S3 310
AWS SQS 134
AWS 람다 463, 518, 521, 530
AWS 람다 함수 345, 523, 526
AWS 엑스레이 467
AWS 오토 스케일링 487
AWS 일래스틱 빈스토크 489
AWS 자격증명 453
AWS 클라우드워치 로그 463
AWS 키네시스 134
AWS 파라미터 스토어 454
Axon 263

B

B3 466
backend service 334
Backends For Frontends 337
backlog 550
basic authentication 446
beforeHandling( ) 527
behavior 199
BFF 337-338
BFF 패턴 355
Big Ball of Mud 29
binary 105
binlog 266
body 127
bounded context 37, 91
brokerless 126
build 커맨드 494
business capability 62
business logic layer 73

C

caching 334
callback hell 343
caller 108
centralized configuration 457
centralized session 445
choreography 162
CI 33, 387
circuit breaker 119
CloudWatch Logs 463
cluster-wide port 505
coarse-grained 332, 543
code artifact 91
command 76, 85, 127
CommandEndpoint 185
Command Query Responsibility Segregation 58
commit test 388
compensatable transaction 174, 558
compensating transaction 558
competitive advantage 538
compliance 441
component test 377, 388
composition 286
composition pattern 58
concurrency anomaly 154
ConfigMap 501
consistency 157, 171
consumer-driven contract test 61, 381
consumer group 137
consumer-provider 382
consumer-side contract test 61
Container Registry 495
content negotiation 110
continuous delivery/deployment 44
continuous deployment 33
Continuous Integration 33, 387
contract 383
control plane 509

convention over configuration 347
countermeasure 558
CQRS 58, 295, 298-299, 301
CQRS 뷰 304, 309, 417, 553
CQRS 패턴 286
create( ) 265
Create Order Saga 158
credential 61
cross-cutting concerns 61
cross-functional 62
CRUD 작업 300
Cucumber 426
cyclic dependency 166

D

DAO 307
DataLoader 365
data plane 509
DB 리팩터링 548
DB 스키마 78, 242, 407, 547, 576
DB 스키마 변경 258
DB 어댑터 197, 229
DDD 68, 91-92, 97, 201, 211
DDD 도메인 모델 설계 206
DDD 애그리거트 205, 236
DDD 애그리거트 패턴 196
deadlock 176
Debezium 142
declarative 155
dedicated edge service 335
definition 117
Delayed Order Service 565
Delivery Service 42
dependency 69
deploy 388
deployment 501
deployment frequency 64
deployment view 70

design decision 72
DevOps 481
dichotomy 50
dimension 468
dirty reads 172
discovery 56
distributed monolith 47, 79
distributed system 48
distributed tracing 60, 464
distributed transaction 57
Distributed Transaction Processing 156
DNS명 124
docker 491
Docker Cloud registry 495
Docker Compose 434, 496
Docker Compose Gradle 408
Docker container 340, 434
Dockerfile 494
Docker hub 495
Docker registry 495
Docker Swarm 499
document 127
Domain-Driven Design 68
domain expert 79
Domain Specific Language 183
doubly nested 362
DSL 183
dumb pipe 43
Durability 171
dynamic reconfiguration 457
DynamoDB 보조 인덱스 307
DynamoDB 스트림즈 143

E

Elastic Beanstalk 489
Elastic Load Balancer 345
Elasticsearch 463
element 69

ELK 스택 463
encryption 261
endpoint 60
end-to-end test 60, 377
Enterprise Service Bus 336
entities 테이블 265
entity 201
enum 230
envelope object 212
Envoy 510
envoy proxy 509
ephemeral 480, 501
ESB 336
etcd 500
Eureka 124
event 127
event enrichment 214
events adapter 77
Event Store 263
event storming 214
events 테이블 264
EVENTS 테이블 244, 252-253, 256, 262, 266
event trigger 215
eventual consistency 95, 154
Eventuate 263
Eventuate Client 244
Eventuate Tram 143
Eventuate Tram Mock Messaging 399
evolvability 110
evolve 90
exception tracking 60
exercise 375
Express 366
extensibility 37

F

façade 41, 331
factory 202
fallback value 120
fault isolation 34, 535
feature 426
feature branch 33
feature toggle 578
filter expression 315
find( ) 265
firewall friendly 116
FK 207
Fluentd 463
Flyway 258
fold 245
Food to Go 28
Foreign Key 207
forward transaction 185
FTGO 28
FTGO 애플리케이션 32, 96, 286, 373, 441, 569
full isolation 172
fully managed 310
functional requirement 36
fuzzy/nonrepeatable reads 172

G

Gartner hype cycle 50
GDPR 261
General Data Protection Regulation 261
generalization 53
geosearch 87
geospatial extensions 297
Gherkin 424
git 382
given 86
given-when-then 포맷 399
glue code 357

god class 68
GoLang 30
good citizen 340
Grafana 470
GraphQL 115, 363, 368
GraphQL API 358
graphqlExpress 함수 366
GraphQL 서버 367
GraphQL 스키마 362
GraphQL 엔진 364
GraphQL 클라이언트 361
gRPC 116, 193, 290, 328, 380, 553

H

handleHttpRequest( ) 메서드 526
handler 128
handleRequest( ) 메서드 520
Hashicorp Vault 454
HATEOAS 114
header 127
health check 60
HealthIndicator 인터페이스 461
heartbeat 123
hexagonal architecture 29
HoneyBadger 471
hop 335
HTTP/2 118
HttpSession 객체 443
HTTP 동사 113, 115
HTTP 상태 코드 410
HTTP 스텁 서비스 384
HTTP 컨텐트 협상 110
HTTP 쿠키 443
HTTP 프록시 520
Hypertext As The Engine Of Application State
    114

I

idempotency 115
idempotent 138
identity 61
IDL 107
implementation view 70
inbound adapter 30
indirection 260
infrastructure pattern 55
in−memory security context 445
in−process component test 428
instrumentation library 466
integration glue code 541
integration test 377, 388
Interface Definition Language 107
introduce parameter object 248
invariant 203
IPC 56, 100, 104, 146, 380, 551−552, 577
Istio 476, 509
istioctl kube−inject 커맨드 512
istioctl 커맨드 511
iteration 49

J

JAR/WAR 파일 485
java.util.logging 463
Jira 242
JPA 223, 230, 236, 250
JPA 영속화 테스트 406
JSESSIONID 443
JSESSIONID 세션 쿠키 563
JSON Web Token 448
JSON 스키마 표준 111
JSON 웹 토큰 61
JSON 직렬화 255
JUL 463
JUnit 372

JUnit 테스트 클래스 430
JWT 61, 448, 562

K

Kibana 463
Kinesis 134
Kitchen Service 42
Kong 346
kubectl apply -f 507
kubectl apply 커맨드 503
kubectl describe 커맨드 513
kubelet 501
kube-proxy 501
Kubernetes 497

L

label 415
Lagom 263
Law of Holes 540
layered architecture 72
layered file system 495
lead time 64
LinkedIn Databus 142
livenessProbe 503
load balancer 31
lock 175
Log4J 463
Log4JS 463
log aggregation 60
Logback 463
log entry 141
logical view 70
Logstash 463
long-tail latency 522
lost updates 172

M

maintainability 37
MAJOR 109
managed 489
marker interface 213
master 499
Maven Shade 520
Mean Time To Recover 64
merge 33
message broker 43
messageFormat 420
metadata 127
metrics collection 334
Micrometer Metrics 469
Microservice Chassis 61
migration 258
MINOR 109
mixer 509
mock 376
mock controller 382
mocking 393
Mockito 376
modularity 40
monitoring 467, 482
monolith 29
MTTR 64
MyBATIS 241
MySQL binlog 266

N

named attribute 313
named property 110
Netflix Falcor 115, 340
Netflix Hystrix 120
network latency 81
node 499
Node.js 367

Node.js 익스프레스 웹 프레임워크 357
Node.js 패스포트 442
non-blocking 112
nonfunctional requirement 37
non-key 314
NoSQL DB 140, 157, 208, 256, 272, 302, 305
NoSQL 이벤트 저장소 274

O

OAuth 2.0 449, 451-452
observability 440
observability pattern 344
observable 292, 343
one-to-many 105
one-to-one 105
one-way notification 106, 130
opaque token 448
OpenSource Serverless Framework 529
Open Zipkin 467
operation 73, 100
operations adapter 77
optimistic locking 230
Optimistic Offline Lock 177
orchestration 162
orchestrator class 166
Order Service 42
ORM 프레임워크 241, 245
orthogonal 106
O/R 임피던스 불일치 문제 259
OSGI 번들 485
OS/런타임 패치 491
OS 환경 변수 455
outbound adapter 30
OUTBOX 테이블 150, 252
out-of-process component test 429
ownership 336

P

Pact 384
pagination 316
parameterized 213
partial failure 104
partitioned 137
partition key 314
partition tolerance 157
Passport 442
PATCH 109
path variable 396
pattern format 51
pattern language 49
PENDING 상태 150
performance profiler 464
performance test 376
persistence layer 73
pessimistic locking 307
pilot 509
pivot transaction 161, 174, 558
Place Order 82
pod 499, 501
point-to-point 128
Polly 120
postcondition 85
pre-commit 388
precondition 85
predecessor 53
presentation layer 73
primitive value 212
principal 441
private 42
problem domain 200
problem space 91
process() 247, 249-250
process view 70
profile 454
Project Reactor 343

promise 343
protocol translation 331
provisioner 488
provisioning 408
pseudo event 257
pseudonymization 262
publish/async response 106
publish-subscribe 128
publish/subscribe 106
pull model 454
pull request 382
push model 454

Q

query 76, 85
query document 360
QuerySpec 320
Query 객체 359

R

RabbitMQ 134
rate limiting 334
RDBMS 이벤트 저장소 273, 275, 280
Reactive Extensions for Java 343
readinessProbe 503, 506
reconfiguration 481
reduce 245
ReflectiveMutableCommandProcessingAggregate
    267
Refresh Grant 453
Refresh Token 450
registrar 125
relay 140
replica 58
repository 202
representation 113
RequestHandler 519

RequestHandler〈APIGatewayProxyRequestEvent,
    APIGatewayProxyResponseEvent〉 527
RequestHandler 인터페이스 524
request/response 106
request routing 482
resource 34
Resource Server 450
REST 113, 116, 146, 193, 380, 409, 553
REST API 94, 147, 225, 324, 356, 388, 404, 432,
    522
REST API 끝점 381, 396
REST API 어댑터 197
Rest Assured Mock 397
Restaurant Service 42
REST IDL 115
REST 끝점 290, 311, 360, 386
REST 성숙도 모델 114
REST 클라이언트 386, 421, 551
retriable transaction 161, 174, 558
reverse Conway maneuver 63
reverse proxy 332
revise() 248
Ribbon 124
rich domain model 242
Robustness principle 109
role 61
rollout 507
round-robin 124
RPC 메커니즘 136
RPI 112
runner 375
runtime isolation 78
runtime service management 482
run 커맨드 496
RxJava의 옵저버블 292, 343

S

SaaS 33

saga   154, 558
SagaCommandDispatcher   278
SagaCommandEvent   281
SagaOrchestratorCreated 이벤트   280
SagaOrchestratorUpdated 이벤트   280
saga pattern   57
SagaReplyRequested   278
SagaReplyRequestedEvent   278
save( )   269
scope   377
secondary index   307, 314
Secret   501
security   440
security context   443
selector   505
self-contained service   81
self describing   110
self registration   123
semantic lock   558
semantic lock countermeasure   174
Semantic Versioning specification   108
Semvers   108
sentTo   420
sequencing   160
serverless   518
serverless.yml 파일   529
service   202, 501
service component test   61
service configurability   440
Service Level Agreement   63
service management interface   482
Service Oriented Architecture   43
service registry   122
servlet filter   347
session   443
session authentication Interceptor   452
session draining   444
session-oriented   451
setup   375

setup( )   423
shape   382
sharded   137
shared library   78
sidecar container   501
side effect   392
Simple Logging Facade for Java   463
Simple Queue Service   134
single event loop thread   341
Single Page Application   304
Single Point Of Failure   133
singleton class   182
SLA   63
SLF4J   463
slow delivery   535
smart pipe   43
snapshots 테이블   265
SOA   43, 337
sociable   389
soft delete   261
Software-as-a-Service   33
solitary   389
sort key   314
SPA   304
span   465
specialization   53
SPOF   133
Spring Cloud   124
Spring Cloud Config   457
Spring Cloud Contract   384
Spring Cloud Gateway   347
Spring Cloud Sleuth   467
Spring Data Release Ingalls   218
Spring Security   442
sprint   31
SQL DB   305
SQL 스크립트   258
stack   463
standalone   77

state 199
state machine 168
statically typed language 107
stored procedure 356
strangler application 534
Strategy pattern 51
streams 143
structure 69
stub 376
sub-domain 91
sub-resource 115
subscriber 257
subset 39
successor 53
SUT 374
Swagger 115
synchronous 105

T

teardown 375
technical debt 538
telemetry 509
testability 34, 37, 372
test double 376
test fixture 375
testing by example 383
test quadrant 377
test suite 372
then 86
thread-local 443
time-boxed architecture 549
TLS 441
trace 465
Traefik 346
transactional messaging 56
transaction log miner 141
transaction script pattern 196
transition 65, 168

transparent decryption 457
transparent token 448
Transport Layer Security 441
triggeredBy 415
two-step incremental algorithm 310
typed message 118

U

ubiquitous language 91, 555
underlying 112
unit test 377
Universally Unique Identifier 448
upcaster 259
update( ) 265, 269, 278
UpdateItemSpec 319
UpdateOptions 279
usability test 376
use case 36
User Experience 98
user journey test 436
User Service 449
user story 71
UUID 448
UUID 토큰 262
UX 98

V

value object 201, 212
verb 113
verify 375
VMWare 488
VM 이미지 488, 490

W

WAR 파일 483
waterfall 63

webhook 212
Web Token 61
weighted destination 515
well-defined 187
WireMock 409
worker 484

X

X-B3-ParentSpanId 466
X-B3-TraceId 466
XML 스키마 111
X/Open DTP 모델 156
X/Open XA 156
X-ray 467
X축 확장 38

Y

YAML 파일 505, 512, 530
Y축 확장 39

Z

ZIP 파일 528
Zuul 341
Z축 확장 39

ㄱ

가관측성 440
가명화 262
가상 IP(VIP) 주소 124
가상 머신의 오버헤드 490
가용성 148, 157, 293
가용성 저하 133
가중 목적지 515
가짜 이벤트 257
가트너 하이프 사이클 50

간접화 260
감사 441
감사 로그 257, 282
감사 로깅 60, 242, 472
값 다시 읽기 177
값에 의한 178
갓 클래스 68
강제 조항 52
객체-관계 매핑 프레임워크 242
객체-관계 임피던스 부정합 242
객체 레퍼런스 207, 547
객체 지향 도메인 모델 196
객체 지향 설계 201
거킨 424, 426
격리성 171
견고성 원칙 109
결과 86
결과 맥락 52
결함 격리 34, 46
경계 컨텍스트 37, 91
경로 변수 396
경쟁사보다 훨씬 앞서 있는 부분 538
계약 383, 385, 406, 410
계층화 아키텍처 72
계층화 파일 시스템 495
고 언어 30
공동 단위 테스트 389, 391
공동 폐쇄 원칙 93
공용 언어 91, 555
공유 라이브러리 78
과금 522
관계 72
관계형 DB 256
관리성 37
관문 41
관심사를 분리 299, 303
관측 가능한 서비스 458
관측성 440
관측성 패턴 59, 344

광역 클러스터 포트　505
교환적 업데이트　176
구멍의 법칙　540
구성보다 관습　347
구성 편의성　440
구조의 집합　69
구현 뷰　70
그라파나　470
그래프 기반의 API　356
그레이들　434
그레이들 태스크　528
그루비 DSL　384
그 자체만으로도 의미가 분명한　110
글루 코드　357
기능 분해　39, 68
기능 브랜치　33
기능 요건　36
기능/특성　426
기댓값　391
기본 인증　446
기본키　223, 230, 236, 300, 306, 546, 548
기술 부채　538
기술 스택　486, 489
기초 메시징　144
긴-꼬리 지연　522
깃　382
깃 풀 리퀘스트　386
끝점　60

ㄴ

낙관적 오프라인 락　204
낙관적 오프라인 락 패턴　177
낙관적 잠금　230, 251
난독화 토큰　448
네임드 속성　313
네임드 프로퍼티　110
네트워크 대역폭　329

네트워크 지연　81, 94, 328
네트워크 타임아웃　120
넷플릭스 API　339
넷플릭스 주울　347
넷플릭스 팔코　115, 340
넷플릭스 히스트릭스　120
노드　499
논리 뷰　70
논블로킹　112
논블로킹 I/O　341
느린 전달　535
느슨하게 결합　150
느슨하게 결합된 서비스　542
느슨한 결합　45, 77, 135, 166

ㄷ

단방향 알림　106, 130
단방향 알림 스타일 API　131
단언　375, 391, 433
단위 테스트　377-378, 389, 399-400, 423
단일 서비스 쿼리　298
단일 이벤트 루프 스레드　341
단일 장애점　133
단일 책임 원칙　93
단일.페이지 애플리케이션　304
단일 프로세스　484
대단위 API　332, 543
대안　53
대책　558
대체 값　120
더티 읽기　172
덤 파이프　43
데드락　176
데브옵스　481
데이터 레플리카　58, 149, 220, 553
데이터로더 모듈　365
데이터 복제　149

데이터의 레플리카 297
데이터 일관성 156, 210, 236, 286, 294, 542, 554, 573
데이터 접근 객체 307
데이터 접근 로직 543
데이터 프로바이더 553–554
데이터 플레인 509
데이터 하위 집합 39
도메인 객체 203
도메인 로직 553
도메인 모델 82–83, 87, 202, 205, 545–546, 571–572, 573
도메인 모델 간의 변환 555
도메인 모델 패턴 200
도메인 이벤트 145, 211–212, 214, 220, 236, 245, 259, 399, 541, 556–557, 567–568, 575
도메인 이벤트 발행 어댑터 197
도메인 이벤트 패턴 197
도메인 전문가 79
도메인 주도 설계 68
도메인 특화 언어 183
도커 124, 491
도커 레지스트리 495
도커 스웜 499
도커 오케스트레이션 프레임워크 498, 530
도커 컨테이너 340, 434
도커 컴포즈 434, 496
도커 컴포즈 그레이들 플러그인 408
도커 클라우드 레지스트리 495
도커파일 494
도커 허브 495
독립 단위 테스트 389, 391, 395, 397
독립적으로 움직이는 77
동기 105
동기 IPC 94
동기 프로토콜 104
동시 비정상 154
동시 업데이트 252, 322
동작 199

동적 재구성 457
동적 피처 토글 578
등록기 125
디멘션 468
디비지움 142
디스커버리 56
디펜던시 69, 234, 375, 429
디플로이먼트 501, 503–504, 507, 511, 513, 515

ㄹ

라곰 263
라우팅 규칙 516
라운드-로빈 124
락 175
람다 함수 529
래빗엠큐 134
런타임 격리 78
런타임 서비스 관리 482
레거시 애플리케이션 개발 536
레벨 0 114
레벨 1 114
레벨 2 114
레벨 3 114
레스트 어슈어드 목 397
레스트 어슈어드 목 MVC 409
레지스트라 125
레지스트리 492
레플리카 508, 554, 567–568
로그백 463
로그 수집 60, 462
로그 수집 파이프라인 462
로그스태시 463
로그 엔트리 141
로그인 핸들러 562, 564
로그 항목 141
로깅 서버 463
로컬 트랜잭션 159, 559–560
롤 61

롤링 업데이트　498, 506
롤백　159
롤아웃　507
리눅스 init 시스템　488
리눅스 루트 파일 시스템　493
리눅스 크론　521
리듀스　245
리드 타임　64
리버스 프록시　332
리본　124
리소스　34, 487
리소스 서버　450
리소스 표현형　113
리액터 프로젝트 Mono　343, 353
리액티브 API　354
리액티브 설계 기법　292
리액티브 추상체　343
리졸버　364
리졸버 함수　362
리치 도메인 모델　242
리팩터링　534, 536, 538, 560
리포지터리　202, 210, 236, 394, 397
리포지터리 인터페이스　73
리프레시 승인　453
리프레시 토큰　450
릴리스　508, 517
링크드인 데이터버스　142

ㅁ

마스터　499
마이그레이션　258
마이너　109
마이바티스　241
마이크로미터 메트릭스　469
마이크로서비스　41, 46
마이크로서비스 섀시　61, 473-474

마이크로서비스 아키텍처　35, 43, 47, 64-65, 75, 79,
　　87, 92, 107, 156, 193, 196, 209, 286, 380, 445,
　　464, 534-535, 538, 540, 549
마이크로서비스 아키텍처 패턴 언어　49, 54, 61
마이크로서비스 애플리케이션　236
마커 인터페이스　213
마커 인터페이스 타입　219
만능 클래스　68, 81, 92, 95, 547
매개변수 객체 도입 패턴　248
매개변수화 객체　213
매니지드 EC2 인스턴스　489
맥박　123
머신 클러스터　499
메멘토 패턴　255
메시지 ID　279
메시지 릴레이　140
메시지 버퍼링　135
메시지 브로커　43, 132-133, 136, 138, 142-143, 157,
　　220, 310, 393, 557
메시지 순서　134
메시지 어댑터　399
메시지 채널　128, 135
메시지 컨슈머　255-256
메시지 핸들러　128
메시징　236
메시징 API　216
메시징 끝점　185
메시징 모델　127
메시징 채널　148
메시징 프로토콜　328
메시징 프록시　421
메이븐 셰이드 플러그인　520
메이저　109
메타데이터　127
멱등성　115
멱등하다　138
멱등한 메시지 처리 메커니즘　276
멱등한 메시지 핸들러 작성　138
멱등한 이벤트 핸들러　308

명령 85
명령/CUD 76
모놀리스 29, 552, 566, 571, 576
모놀리스 개발 550
모놀리스 분해 540
모놀리스 애플리케이션 562
모놀리스 코드베이스 545
모놀리스 트랜잭션 558, 560
모놀리식 애플리케이션 236, 287
모놀리식 지옥 535
모니터링 467-468, 482
모듈성 40
모바일 네트워크 325
모바일 클라이언트 326
모키토 376
모키토 목 397
모킹 393
목 376
목 객체 395
목 디펜던시 396, 411
목적지 채널 186
목 컨트롤러 382
문서 127
문제 공간 91
문제 영역 200
믹서 509

ㅂ

바디 127
바이너리 105
반복 49
반유사성 498
발견/검색 56
발전 90
발전성 110
발행/구독 106, 130, 413
발행-구독 채널 128
발행/비동기 응답 106

방화벽 친화적 116
배달 서비스 42
배달 지연 서비스 565
배칭/캐싱 365
배포 517
배포 단계 388
배포 뷰 70
배포 빈도 64
배포성 45
배포 인프라 460-461
배포 파이프라인 383, 387-388, 453, 483, 508
배포 패턴 59
배포 프로세스 480
배포 플랫폼 539
배포 환경 455
백로그 550
백엔드 서비스 334, 342, 348
밸류 객체 201, 212, 229, 391-392
버저닝된 API 110
버전 관리 시스템 456
버전 파일 177
범기능 팀 62
범용 고유 식별자 448
범위 377
변경 범위 539
변경분 실패율 64
변이 65
별명 362
보상 가능 트랜잭션 174, 558-559
보상 트랜잭션 160, 184, 190, 557-558, 560
보안 IPC 441
보안 메커니즘 562
보안 컨텍스트 443
보안 토큰 447
보조 인덱스 314, 320
보케블러리 82
복제 시차 303, 305
본문 127
부분 실패 104, 119, 121

부수 효과 392
부패–방지 계층 555
부하 분산기 31, 38
분산 모놀리스 47, 79
분산 시스템 48, 118, 380
분산 추적 60, 464–465, 476
분산 추적 서버 464
분산 트랜잭션 57, 95, 139, 158
분산 트랜잭션 처리 156
분할 허용성 157
분해 전략 87
불변 값 203, 207
브로커가 없는 126
브로커 기반의 아키텍처 132
브로커리스 기반의 메시징 아키텍처 132
브로커리스 아키텍처 126
비공개 42
비관적 관점 176
비관적 잠금 307
비기능 요건 37
비동기 105
비동기 API 130
비동기 메시징 575
비동기 상호 작용 스타일 148
비동기 요청/응답 106, 129
비동기 요청/응답 상호 작용의 통합 테스트 419
비식별 속성 314
비정상 173
비즈니스 객체 88
비즈니스 계층 544
비즈니스 능력 62, 88
비즈니스 로직 196, 198, 227, 234, 246, 249, 393, 543
비즈니스 로직 계층 73
비즈니스 엔터티 98, 141
빌드 아티팩트 40

ㅅ

사가 154, 158, 231, 234, 271, 282, 393, 557–558, 560
사가 ID 275
사가 데피니션 184, 188
사가 오케스트레이터 179, 181, 193, 255, 273, 275–276, 279–280
사가 참여자 프록시 179
사가 참여자 프록시 클래스 182
사가 커맨드 276
사가 패턴 57
사람 441
사례에 의한 테스트 383
사본/복제본 58
사용량 제한 334
사용성 테스트 376
사용자 경험 98
사용자 서비스 449
사용자 스토리 71, 425
사용자 자격증명 442
사용자 탐험 테스트 436
사이드 이펙트 392
사이드카 511
사이드카 컨테이너 501
사전–커밋 테스트 단계 388
상관관계 ID 166
상태 199
상태 기계 168–169
상태 기계 모델 231
상태 모델 96
상태 전이 96, 168, 216, 245–246, 254
생성/수정/삭제(CUD) 기능 299
샤드 키 137
샤딩된 채널 137
서드파티 등록 패턴 125
서드파티 애플리케이션 330
서로 연관성 없이 독립적 106
서버리스 배포 기술 518

서버 쪽 디스커버리 패턴 126
서브스크라이버 257
서블릿 필터 347
서비스 76, 202, 501
서비스 API 76, 99, 105, 108
서비스 간 협동 99
서비스 관리 인터페이스 482
서비스 구성성 440
서비스 디스커버리 122, 124, 126
서비스 디펜던시 428
서비스 디펜던시 목 395
서비스 레지스트리 122, 124, 504
서비스로서의 소프트웨어 33
서비스로 추출 570
서비스를 VM으로 배포 487
서비스를 컨테이너로 배포 491
서비스 메시 475
서비스 비동기 API 131
서비스 비즈니스 로직 394
서비스 수준 협약서 63
서비스 이벤트 98
서비스 인수 테스트 424
서비스 인스턴스 121-122, 460, 484, 486-487, 489
서비스 인터페이스 73
서비스 지향 아키텍처 43
서비스 추출 547, 550
서비스 추출 순서 561
서비스 컴포넌트 테스트 61
서비스 클래스 394
서비스 품질 요건 37
서비스 호출 트리 정보 464
선량한 시민 340
선언형 메커니즘 155
선행자 53
선행 조건 85
설계 결정 72
설정 375
성능 테스트 376
성능 프로파일러 464

세분화 53
세션 443
세션 배수 메커니즘 444
세션 인증 인터셉터 452
세션 지향 클라이언트 451
세션 토큰 442
셀렉터 505
소비자 쪽 테스트 407, 419
소스 병합 33
소실된 업데이트 172
소유권 336
소프트 삭제 261
소프트웨어 아키텍처 69
소프트웨어 엘리먼트 69
소프트웨어 전달 문제 536
수동 테스트 372, 388
수평 확장 266
순서화 160
순환 의존성 166
스냅샷 버전 254
스마트 파이프 43
스웨거 115
스칼라 Future 343
스케줄러 500
스케줄링 498
스키마 주도 API 기술 357
스탠드얼론 서비스 538, 568
스탠드얼론 프로세스 77, 266
스텁 376, 393, 429
스테이징 환경 508
스텝 431
스텝 데피니션 클래스 427
스트랭글러 애플리케이션 534, 537, 541-542
스트랭글러 애플리케이션 패턴 537
스트리밍 RPC 117
스팬 465
스프린트 31
스프링 ApplicationContext 430
스프링 데이터 릴리스 잉갈스 218

스프링 목 MVC   397, 409
스프링 부트 액추에이터   460
스프링 빈   193
스프링 빈 구성 클래스   191
스프링 시큐리티   563
스프링 시큐리티 프레임워크   442
스프링 웹플럭스   353
스프링 웹플럭스 라우팅 DSL   349
스프링 클라우드   124, 417, 475
스프링 클라우드 게이트웨이   347, 355
스프링 클라우드 슬루스   467
스프링 클라우드 컨트랙트   384, 386, 409-410, 412, 414, 419, 421
스프링 클라우드 컨피그   457
스프링 프레임워크   35, 191
시간별로 구획된 아키텍처   549
시나리오   71, 427
시맨틱 락   175, 558
시맨틱 락 대책   174
시맨틱 버저닝 명세   108
시스템 작업   81-82, 86, 98
시스템 작업의 가용성   147
시퀀싱   160
시크릿   501
신원   61
실행   375
실행기   375
싱글턴 클래스   182

아마존 머신 이미지   487
아브로   111
아사나   242
아웃바운드 어댑터   30, 74, 197, 210
아웃-오브-프로세스 컴포넌트 테스트   429
아이덴티티   61
아키텍처 스타일   69, 75
아키텍처 시나리오   80

아파치 시로   442
아파치 카프카   134, 266
아파치 플룸   463
아폴로 GraphQL   357
아폴로 GraphQL 서버   363, 366
아폴로 GraphQL 클라이언트 라이브러리   367
안티패턴   93
알림   467
암호화   261
애그리거트   202, 206, 208, 216, 221, 233, 240, 251, 254, 273, 289, 302, 309, 546
애그리거트 ID   250, 275
애그리거트 루트   206, 216, 229
애그리거트 이력   241-242, 259
애그리거트 클래스   258
애그리거트 타입   219, 313
애미네이터   488
애스팩트 지향 프로그래밍   472
애자일   28
애자일 개발 프로세스   63
애플리케이션   80
애플리케이션 로드 밸런서   346
애플리케이션 보안   440
애플리케이션 상태 엔진으로서의 하이퍼미디어   114
애플리케이션 아키텍처   544
애플리케이션 인프라   55
애플리케이션 지표   60, 467, 470
애플리케이션 패턴   55
애플리케이션 현대   536
액세스 토큰   61, 446, 450
액션   168
액손   263
액티브엠큐   134
앨리어스   362
어댑터   74
어댑터 클래스   417
어드바이스   473
어설션   375
언어에 특정한 패키징 포맷   483

언어/프레임워크 486
업캐스터 259
엔드투엔드 테스트 377
엔드포인트 60
엔벨로프 객체 212
엔보이 510
엔보이 프록시 509, 510-511, 512
엔터티 201, 394, 559, 572
엔터프라이즈 서비스 버스 336
엔터프라이즈 애플리케이션 198
엘리먼트 72
엣지 기능 344, 348
여러 기능을 고루 갖춘 62
역 콘웨이 전략 63
역할 61, 444
연관 패턴 53
영속적 객체 393
영속화 방식 241
영속화 통합 테스트 407-408
영속화(퍼시스턴스) 계층 73
예상 응답 타입 186
예외 추적 60, 471
오너십 336
오류 격리 535
오케스트레이션 162, 171
오케스트레이션 사가 166, 273
오케스트레이션 프레임워크 492
오케스트레이터 클래스 166
오퍼레이션 73
오픈 소스 서버리스 프로젝트 529
오픈 집킨 467
와이어목 409, 430
와이어목 서버 412
완전 격리 172
완전 관리형 DB 310
외래키 207, 306
외부 API 패턴 324
외부화 구성 350, 454, 476
외부화 구성 패턴 61

외부화 구성 프로퍼티 455
외부화 서비스 구성 파일 502
요청 라우팅 125, 331-332, 344, 482
요청 로깅 334
요청/비동기 응답 스타일 API 131
요청/응답 106, 129
요청/응답 메시지 데피니션 117
요청/응답 스타일 116
요청 핸들러 348, 443, 523
요청 헤더 39
용례 36
운영 복잡도 48
운영 트래픽 517
운영 환경 508
워커 프로세스 484
원격 프록시 클래스 349, 353
원시 값 212
원자성 140, 171
원자적으로 응답을 전송 276
웹 서비스 521
웹 소켓 메시지 212
웹 애플리케이션 325, 329
웹훅 212
유럽 연합 일반 정보 보호 규정 261
유레카 124
유레카 클라이언트를 지원하는 정교한 HTTP 클라이언트
    124
유사성 498
유스 케이스 36, 425
유지보수성 37
육각형 아키텍처 29, 73, 77, 389
음식점 서비스 42
의존관계 69
이늄 230
이름을 가진 프로퍼티 110
이벤추에이트 263
이벤추에이트 클라이언트 267
이벤추에이트 클라이언트 프레임워크 244, 254, 270
이벤추에이트 트램 143

이벤추에이트 트램 목 메시징 프레임워크 399
이벤추에이트 트램 사가 테스트 프레임워크 393
이벤추에이트 트램 사가 프레임워크 180, 183, 185, 272, 274
이벤추에이트 트램 프레임워크 143-144, 218, 256
이벤트 127
이벤트 ID 275
이벤트 강화 214
이벤트 구독기 257
이벤트 릴레이 266
이벤트 발행 236, 243, 252-253, 400, 414
이벤트 발행기 253
이벤트 브로커 266
이벤트 소싱 240, 243, 245-246, 252, 257, 259-260, 262, 271-272, 276, 279, 282, 302, 473, 556
이벤트 순서 189, 266
이벤트 스키마 261, 282
이벤트 스토밍 214-215
이벤트 스토어 263
이벤트 어댑터 77
이벤트 저장소 241, 272
이벤트 채널 130
이벤트 컨슈머 213
이벤트 타입 247, 258
이벤트 트리거 식별 215
이벤트 핸들러 261, 271, 274, 281, 300, 305-306, 308, 312, 316, 556, 568
이분법 50
이스티오 476, 509, 517
이전 258
이중 중첩된 362
이중 중첩된 자바 스크립트 객체 362
이진 포맷 105, 111, 127
이터레이션 49
익스프레스 366
인가 334, 441, 448
인-메모리 메시징 스텁 416
인-메모리 보안 컨텍스트 445
인-메모리 상태 245

인-메모리 세션 444
인-메모리 조인 299, 302
인바운드 어댑터 30, 74, 197, 210, 221, 234
인수 테스트 377, 425
인스트루멘테이션 라이브러리 466
인증 334, 441
인증 서버 450, 452
인증/인가 445
인터페이스 107
인터페이스 스타일 552
인터페이스 정의 언어 107
인프라 서비스 405, 437
인프라 패턴 55
인-프로세스 컴포넌트 테스트 428
일관된 데이터 뷰 95
일관성 157, 171
일대다 105
일대일 105
일래스틱 로드 밸런서 345
일래스틱서치 463
일반화 53
일시적 480, 501
일체형 29

ㅈ

자가 등록 패턴 123
자격증명 61, 446
자기 서술적 110
자기 완비형 서비스 81
자동 구성 469
자동 사이드카 주입 513
자동와이어링 526
자동화 테스트 64, 373
자동 확장 487
자바 8 CompletableFutures 343
자바 CompletableFuture 292, 363
자바 리액티브 확장판 343
자바스크립트 애플리케이션 329

자바 인터페이스 577
자원 34
자율성 45
작업 73, 100
작업 어댑터 77
잘 정의된 서비스 호출 API 187
잠금 175
재구성 481
재사용 가능한 기능 78
재시도 가능 트랜잭션 161, 174, 558
저장 프로시저 356
전략 패턴 51
전송 계층 보안 441
전용 엣지 서비스 335
전제 86
점대점 채널 128
접근 제어 리스트 441
정렬 키 314
정리 375
정의한 코드 117
정적 스레드 로컬 변수 443
정적 타입 언어 107, 574
제이슨 웹 토큰 448
제이유닛 372
조건부 업데이트 317
조건부 표현식 320
조회 85
조회/R 76
조회(R) 기능 299
종단 간 테스트 60, 377-378, 404, 435
주문 변경 사가 193
주문 생성 사가 158, 162, 167, 173
주문 서비스 42
주문 접수 스토리 83
주문 취소 사가 193
주문하기 스토리 82
주방 서비스 42
주울 341
주체 441

중계기 43, 140
중복 메시지 138
중복 메시지 처리 137
중복 업데이트 320
중복 이벤트 261, 275, 309, 317, 322
중앙화 구성 457
중앙화 세션 445
지라 242
지리 검색 87
지리 공간 확장팩 297
지속성 171
지속적 배포 33
지속적 전달 64
지속적 전달/배포 44
지속적 통합 33, 387
지속적 통합 서비스 449
지연 시간 329
지표 467
지표 수집 334
직교적 106
진화 90
진흙잡탕 패턴 29
집합체 196

ㅊ

차단하지 않는 112
처리기 128
최상위 능력 89
최종 일관성 95, 154

ㅋ

캐싱 334
캡슐화 328, 339
커넥터 72
커맨드 76, 85, 127, 404
커맨드 메서드 246-247
커맨드 메시지 145, 170, 190, 226, 418

커맨드 메시지 ID   281
커맨드 쿼리 책임 분리   58, 294
커맨드 쿼리 책임 분산   286
커맨드 클래스   269
커맨드 타입   186
커맨드 핸들러 메서드   227
커밋 테스트 단계   388
컨슈머 계약   429
컨슈머 계약 테스트   385
컨슈머 그룹   137
컨슈머 주도 계약 테스트   61, 381, 383-384, 409
컨슈머 주도 계약 통합 테스트   411
컨슈머 쪽 계약 테스트   61, 384
컨슈머 쪽 테스트   414
컨슈머 테스트   386
컨슈머-프로바이더 관계   382
컨테이너   485, 491, 495
컨테이너 데피니션   502
컨테이너 런타임   492
컨테이너 이미지   493, 497
컨트롤러 관리자   500
컨트롤 플레인   509
컨피그맵   501
컴포넌트 테스트   377, 379, 404, 424, 428, 430-431, 434
컴포넌트 테스트 단계   388
컴포즈 플러그인   435
컴플라이언스   441
코드 아티팩트   91
코레오그래피   162, 165
코레오그래피 사가   240, 271, 273
콜백   243, 343
콜백 지옥   343
콩   346
쿠버네티스   124, 492, 496, 507
쿠버네티스 클러스터   505
쿼리   76, 85
쿼리 API   305
쿼리 문서   360

쿼리 서비스   300
큐브 프록시   501
큐블릿   501
큐컴버   426
크리덴셜   61
클라이언트   325
클라이언트/서비스   129
클라이언트 쪽 디스커버리 패턴   123
클래스 다이어그램   84
키바나   463

E

타입 매개변수   269
타입이 정해진 메시지   118
테스트 꾸러미   372
테스트 대상 시스템   374
테스트 더블   376
테스트 러너   375
테스트 메서드   413, 418
테스트 사분면   377-378
테스트성   34, 37, 44, 372
테스트 스위트   372, 383, 387
테스트 자동화 배포 파이프라인   539
테스트 커버리지   429
테스트 케이스   374
테스트 클래스   397, 416
테스트 프레임워크   374
테스트 피라미드   379, 405
테스트 픽스처   375
테스트 헬퍼 클래스   422, 432
텍스트 검색 엔진   301
텍스트 포맷   105
텔레메트리   509
토픽   266
통합 글루   552, 566, 575
통합 글루 API   571
통합 글루 코드   541, 544, 551
통합 테스트   377, 404, 423

통합 테스트 단계 388
투명 토큰 448, 453
투명한 복호화 457
트래픽 346
트랜잭셔널 메시지 170
트랜잭셔널 메시징 56, 146, 165, 188, 218
트랜잭셔널 아웃박스 패턴 140
트랜잭션 154, 236, 252
트랜잭션 관리 155
트랜잭션 로그 마이너 141
트랜잭션 로그 테일링 142, 252, 263
트랜잭션 모델 256, 280
트랜잭션 스크립트 패턴 196, 199-200
트러블슈팅 458
트레이스 465

ㅍ

파드 499, 501, 504, 515-516
파드 레플리카 502
파일럿 509
파티셔닝된 137
파티션 키 314
패스포트 563
패치 109
패키징 포맷 59
패턴 51
패턴 언어 51, 54
패턴 포맷 51
팩토리 202
팩트 프레임워크군 384
퍼블릭 API 334
퍼사드 41
퍼사드 패턴 331
퍼지/반복 불가능한 읽기 172
페이지네이션 316, 322
평균 복구 시간 64
포워드 트랜잭션 185
포트 73

폭포수 개발 프로세스 63
폴드 245
폴리 120
폴링 141, 252
폴링 발행기 141
표현 계층 543-544
표현(프레젠테이션) 계층 73
푸드투고 28
푸시 모델 454, 456
풀 리퀘스트 382
풀 모델 454, 456
프라미스 343
프라이빗 데이터 저장소 42
프런트엔드를 위한 백엔드 337-338
프런트엔드를 위한 백엔드 패턴 288
프로덕션 508
프로덕션 환경 481
프로메테우스 서버 470
프로바이더 서비스 288-289, 292, 295
프로바이더 쪽 테스트 407, 415, 419
프로바이더 쪽 통합 테스트 422
프로바이더 테스트 386
프로비저너 488
프로비저닝 408
프로세스 간 통신 56
프로세스 뷰 70
프로토콜 버퍼 111, 117
프로토콜 변환 331, 333, 344
프로파일 454
프록시 클래스 187
플라이웨이 258
피봇 트랜잭션 161, 174, 558, 560
피처 426
피처 토글 579
필드 572
필터 매개변수 315
필터 표현식 315

ㅎ

하부 통신 프로토콜 112
하위 능력 89
하위 도메인 91
하위 리소스 115
하위 호환성 109, 117, 258
하트비트 API 123
해시코프 볼트 454
핵심 경쟁 우위 538
핸들러 메서드 190, 226
허니배저 471
헤더 127
헬스 체크 476
헬스 체크 API 60, 460
헬스 체크 API 패턴 459
헬스 체크 URL 123
헬스 체크 끝점 460, 494, 503
헬스 체크 요청 핸들러 461
협동자 180
형상 382
호출부 108
호출하는 코드 108
홉 카운트 335
확인 375
확장성 37
회계 서비스 42
회로 차단기 119
회로 차단기 패턴 120
횡단 관심사 61, 474, 477
후행자 53
후행 조건 85

기호

@And 427-428
@Before setUp() 391
@ContextConfiguration 430
@CucumberOptions 430
@Entity 201
@EventHandlerMethod 270
@EventSubscriber 270
@Given 427-428
@RunWith(Cucumber.class) 430
@Test 391
@Then 427-428
@Transactional 155
@Value 456
@When 427-428

번호

2PC 57
2단계 증분 알고리즘 310
4+1 뷰 모델 70, 75